佛門孝經

《地藏菩薩本願經》滿文譯本校注

莊吉發 校注

滿語叢刊
文史哲出版社印行

國家圖書館出版品預行編目資料

佛門孝經：《地藏菩薩本願經》滿文譯本校注 / 莊吉發校注. -- 初版 -- 臺北市：文史哲, 民 104.05

面；　公分（滿語叢刊；21）

ISBN 978-986-314-256-0（平裝）

1.方等部

221.36　　　　104006952

滿語叢刊　21

佛門孝經

《地藏菩薩本願經》滿文譯本校注

校注者：莊吉發
出版者：文史哲出版社
http:// www.lapen.com.tw
e-mail:lapen@ms74.hinet.net
登記證字號：行政院新聞局版臺業字五三三七號
發行人：彭正雄
發行所：文史哲出版社
印刷者：文史哲出版社
臺北市羅斯福路一段七十二巷四號
郵政劃撥帳號：一六一八〇一七五
電話886-2-23511028・傳真886-2-23965656

實價新臺幣五八〇元

中華民國一〇四年（2015）五月初版

ISBN 978-986-314-256-0　65121

佛門孝經

《地藏菩薩本願經》滿文譯本校注

目　　次

—佛門孝經—

《地藏菩薩本願經》滿文譯本校注導讀

佛教歷經二千餘年的傳佈，久已成爲世界性的宗教，佛教經典就是亞洲各民族共同的精神寶藏，對東方語文、思想的保存，影響深遠。《大藏經》是佛教一切經典的總集，漢文《大藏經》分爲經律論三部，佛的教法稱爲經，佛的教誡稱爲律，佛弟子研習經律而有所著述稱爲論，統稱三藏。藏文《大藏經》則僅分爲甘珠爾（bKaḥ-ḥGyur）及丹珠爾（bsTan-ḥGyur）二部。前者相當於漢文《大藏經》的經藏及律藏二部，後者相當於漢文《大藏經》的論藏。

有清一代，《大藏經》的繙譯，主要是中國境內各族文字的互譯，包括滿文本、蒙文本、藏文本、滿漢合璧本、滿蒙合璧本、滿藏合璧本、滿蒙漢藏合璧本等，有寫本，也有刻本。清高宗乾隆皇帝生於康熙五十年（1711）八月十三日，雍正十三年（1735）八月二十二日即位，年二十五歲，改明年爲乾隆元年（1736）。乾隆三十七年（1772），當他六十二歲時，深慨於印度佛經先後譯成漢藏蒙各種文字，獨闕滿文，於是命設清字經館於西華門內，由章嘉國師綜其事，達天蓮筏僧協助，考取滿謄錄、纂修若干員，將漢文《大藏經》繙譯成滿文，至乾隆五十五年（1790），歷時十九年，繙譯告成，以朱色刷印成帙，題爲《清文繙譯全藏經》，以寓大藏之全的意思。同年二月初一日，清高宗親撰〈清文繙譯全藏經序〉，並分別譯成藏文、蒙文、漢文，成爲滿、藏、蒙、漢四體文字。其漢字序文云：

為事在人，成事在天，天而不佑，事何能成？人而不為，天何從佑？然而為事又在循理，為不循理之事，天弗佑也。予所舉之大事多矣！皆賴昊乾默佑，以至有成，則予之所以感貺奉行之忱，固不能以言語形容，而方寸自審，實不知其當何如也？武功之事，向屢言之，若夫訂四庫全書，及以國語譯漢全藏經二事，胥舉於癸巳年六旬之後，既而悔之，恐難觀其成。越十餘載而全書成，茲未逮二十載而所譯漢全藏經又畢蕆。夫耳順古稀已為人生所艱致，而況八旬哉！茲以六旬後所剏為之典，逮八旬而得觀國語大藏之全成，非昊乾嘉庇，其孰能與於斯，而予之所以增惕欽承者，更不知其當何如矣！至於國語譯大藏，恐人以為惑於禍福之說，則不可不明示其義。夫以禍福趨避教人，非佛之第一義諦也。第一義諦，佛且本無，而況於禍福乎！但眾生不可以第一義訓之，故以因緣禍福引之，由漸入深而已。然予之意仍並不在此，蓋梵經一譯而為番，再譯而為漢，三譯而為蒙古。我皇清主中國百餘年，彼三方久屬臣僕，而獨闕國語之大藏可乎！以漢譯國語，俾中外胥習國語，即不解佛之第一義諦，而皆知尊君親上，去惡從善，不亦可乎！是則朕以國語譯大藏之本意在此，不在彼也。茲以耄耋觀蕆事，實為大幸，非溺於求福之說，然亦即蒙天福佑，如願臻成所為，益深畏滿怵惕儆戒而已耳，是為序[1]。

1 《清文繙譯全藏經》（臺北，國立故宮博物院，乾隆五十五年，清內務府原刻朱印滿文本），〈御製清文繙譯全藏經序〉，頁上一至上三。

序文中指出,「梵經一譯而為番,再譯而為漢,三譯而為蒙古。」句中「番」,是指藏文《大藏經》,包括甘珠爾及丹珠爾二部。

滿文《大藏經》原刻朱色初印本首函除載清高宗〈御製清文繙譯全藏經序〉外,亦詳載清字經館譯刻等員名銜,包括總裁、副總裁、提調官、纂修官、收掌官、繙譯官、謄錄官、校對官、閱經總裁、閱經副總裁、辦理經咒喇嘛、校對經咒喇嘛、總校僧人、講經僧人等員,多達九十六員,可以說是清代規模頗大的譯經事業。

滿文《大藏經》,共一百零八函,計六百九十九部,二千四百六十六卷。各函經葉上下經板彩繪諸佛菩薩圖像,例如《大般若經》第一卷,其一葉上是首葉,經名由左至右,分別以滿、藏、蒙、漢四體文字標列,居中讚語書明「頂禮佛」(namo buddha ya)、「頂禮法」(namo dharma ya)、「頂禮僧」(namaḥ saṃgha ya)等字樣,左側彩繪釋迦牟尼佛像,右側彩繪文珠菩薩像,圖像鮮明,獨具風格。

佛教對於中國學術的最大貢獻,便是佛經的繙譯。佛教徒的譯經事業,從東漢末年到唐朝,達到了最高潮。印度的佛教思想,藉著繙譯的佛經在中國散播,使中國人的思想和生活都發生了劇烈的變動。據統計從東漢末年到盛唐時代的六百年間,因繙譯佛經而創造的新詞彙和成語,便有數萬之多[2],對中國語文的發展,大有助益。佛教思想也逐漸注入中國的傳統文化之中,唐人的詩,已含有濃厚的佛學色彩,使儒家文化吸收了新營養。

有清一代,佛教經典譯成滿蒙藏文者,卷帙非常可觀,

2 傅樂成著《中國通史》,下冊(臺北,大中國圖書公司,民國六十七年十月),頁 485。

在譯經過程中，增加了許多詞彙，對中國少數民族語文的研究，提供了豐富的語文資料。內府朱印滿文本《清文繙譯全藏經》第九十一函，包括十七部經典，其中第十六部經典爲《地藏菩薩本願經》（na i niyamangga fusa i da forobun i nomun），計二卷。此外，北京國家圖書館、中央民族大學圖書館也藏有滿漢合璧《地藏菩薩本願經》，刻本，二卷。盧秀麗、閻向東主編《遼寧省圖書館滿文古籍圖書綜錄》，對《地藏菩薩本願經》曾作扼要介紹：「唐釋實叉難陀譯，清刻本，一冊，綫裝，滿漢合璧本。實叉難陀，唐朝高僧，于闐人。善大小乘，旁通異學。武后時被徵至京，譯文殊授記等經。以母老歸。景龍中再次被徵至京，卒於京城。是書半葉版框高二十一・五釐米，寬十四・四釐米，十二行，行字不等。四周雙欄，白口。書口處依次有文書名，黑魚尾，漢文卷次、頁碼。」[3]滿漢合璧本《地藏菩薩本願經》、內府滿文朱印本《地藏菩薩本願經》，雖據漢文譯出滿文，惟其譯文不盡相同，進行比較研究，頗具意義。

地藏菩薩，滿文讀如"na i niyamangga fusa"，句中"niyamangga"，意即「親戚」，地藏，是地下的親屬。《地藏菩薩本願經》又稱《地藏本願經》，經中記述釋迦牟尼佛在忉利天替母說法，後召地藏菩薩永爲幽明教主，使世人有親人者，都得報本薦親，共登極樂世界。此經詳述地獄諸相，及追薦功德，向稱佛門中孝經。地藏菩薩亟於救度眾生，曾許

3 盧秀麗、閻向東主編《遼寧省圖書館滿文古籍圖書綜錄》（瀋陽，2003年），子部，頁489。尹富撰〈《地藏菩薩本愿經》綜考〉《四川大學學報》（哲學社會科學版），成都，2007年，第6期，頁50，文中指出，《地藏菩薩本愿經》在兩宋時期已經相當流行，肯定該經爲中土所撰僞經。

下地獄不空誓不成佛的弘願，故以地藏本願爲佛典名。劉雅琴撰〈《地藏經》音樂文化研究—記安徽蕪湖廣濟寺超度亡靈儀式〉一文指出，《地藏本願經》的功用主要是對故去亡靈進行超度，以達到解脫衆生的目的。《地藏本願經》是一部記載萬物衆生其生、老、病、死的過程，及如何讓自己改變命運的方法，並能超度過去的怨親債主令其解脫的因果經。佛家認爲人的生死自無始劫以來皆輪迴不已，福報的聚集和修行的功德力的累積是他人無法替代的，這一觀點正好又迎合了中國社會傳統文化中信奉一個生命的逝去必要使其靈魂得以超脫、安寧以致穩妥進入「極樂世界」的精神理念。由此《地藏本願經》起到了修福修慧，廣利有情衆生的作用[4]。

《地藏菩薩本願經》，滿漢合璧本、內府滿文朱印本，各二卷；卷上，計六品；卷下，計七品，可將各品名稱譯文列表如下。

《地藏菩薩本願經》，卷上品名譯文對照表

漢文	滿漢合璧本		內府滿文朱印本		備註
忉利天宮神通品第一	ᡤᡡᠰᡳᠨ ᡳᠯᠠᠨ ᠠᠪᡴᠠᡳ ᡤᡠᡵᡠᠩ ᡩᡝ ᡧᡝᠩᡤᡝ ᡨᡠᠯᠪᡳᠨ ᡳᠯᡝᡨᡠᠯᡝᡵᡝ ᡠᠵᡠᡳ ᡶᡳᠶᡝᠯᡝᠨ᠉	gūsin ilan abkai gurung de šengge tulbin iletulere ujui fiyelen.	ᡤᡡᠰᡳᠨ ᡳᠯᠠᠨ ᠠᠪᡴᠠᡳ ᡤᡠᡵᡠᠩ ᠨᡳ ᡧᡝᠩᡤᡝ ᡨᡠᠯᠪᡳᠨ᠈ ᡠᠵᡠᡳ ᡶᡳᠶᡝᠯᡝᠨ᠉	gūsin ilan abkai gurung ni šengge tulbin, ujui fiyelen.	

4 劉雅琴撰〈《地藏經》音樂文化研究 — 記安徽蕪湖廣濟寺超度亡靈儀式〉，《現代企業教育》，2012 年 6 月下期（安徽，蕪湖，安徽師範大學音樂學院），頁 231。

漢文	滿漢合璧本		內府滿文朱印本		備註
分身集會品第二	ᡩᡝᠨᡩᡝᡥᡝ ᠪᡝᠶᡝ ᡳᠰᠠᠮᡝ ᠠᠴᠠᡵᠠ ᠵᠠᡳ ᡶᡳᠶᡝᠯᡝᠨ	dendehe beye isame acara jai fiyelen.	ᠪᡝᠶᡝᠪᡝ ᡶᠠᡴᠰᠠᠯᠠᡶᡳ ᡳᠰᠠᠨ ᡩᡝ ᡳᠰᠠᠨᠵᡳᡵᡝ ᠵᠠᡳ ᡶᡳᠶᡝᠯᡝᠨ	beyebe faksalafi isan de isanjire jai fiyelen.	
觀眾生業緣品第三	ᡤᡝᡵᡝᠨ ᡝᡵᡤᡝᠩᡤᡝᡳ ᠸᡝᡳᠯᡝᠨ ᡳ ᡥᠣᠯᠪᠣᡥᠣᠨ ᠪᡝ ᠴᡳᠨᠴᡳᠯᠠᡵᠠ ᡳᠯᠠᠴᡳ ᡶᡳᠶᡝᠯᡝᠨ	geren ergenggei weilen i holbohon be cincilara ilaci fiyelen.	ᡤᡝᡵᡝᠨ ᡝᡵᡤᡝᠩᡤᡝᡳ ᠸᡝᡳᠯᡝᠨ ᡥᠣᠯᠪᠣᡥᠣᠨ ᠪᡝ ᠴᡳᠨᠴᡳᠯᠠᡵᠠ ᡳᠯᠠᠴᡳ ᡶᡳᠶᡝᠯᡝᠨ	geren ergenggei weilen holbohon be cincilara ilaci fiyelen.	
閻浮眾生業感品第四	ᡯᠠᠮᠪᡠ ᡨᡳᠪ ᡳ ᡤᡝᡵᡝᠨ ᡝᡵᡤᡝᠩᡤᡝᡳ ᠸᡝᡳᠯᡝᠨ ᡳ ᠵᡳᠪᡠᡵᡝ ᡩᡠᡳᠴᡳ ᡶᡳᠶᡝᠯᡝᠨ	dzambu tib i geren ergenggei weilen i jibure duici fiyelen.	ᡯᠠᠮᠪᡠ ᡨᡳᠪ ᡳ ᡤᡝᡵᡝᠨ ᡝᡵᡤᡝᠩᡤᡝ ᠰᡠᡳ ᡳ ᠠᠴᡳᠩᡤᡳᠶᠠᠪᡠᡥᠠᠩᡤᡝ ᡩᡠᡳᠴᡳ ᡶᡳᠶᡝᠯᡝᠨ	dzambu tib i geren ergengge sui i acinggiyabuh-angge duici fiyelen.	

漢文	滿漢合璧本		內府滿文朱印本		備註
地獄名號品第五		na i gindana i gebu i sunjaci fiyelen.		na i gindana i gebu colo, sunjaci fiyelen.	
如來讚歎品第六	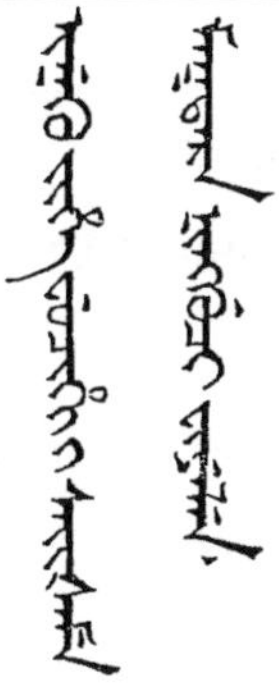	ineku jihe fucihi i saišame maktara ningguci fiyelen.	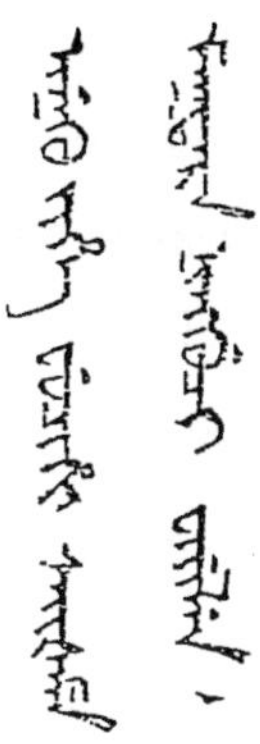	ineku jihe fucihi saišame maktara ningguci fiyelen.	

《地藏菩薩本願經》，卷下品名譯文對照表

漢文	滿漢合璧本		內府滿文朱印本		備註
利益存亡品第七	ᠪᠠᠨᠵᡳᡵᡝ ᠠᡴᡡᡥᠠᠩᡤᡝ ᡩᡝ ᠠᡳᠰᡳ ᡨᡠᠰᠠ ᠠᡵᠠᡵᠠ ᠨᠠᡩᠠᠴᡳ ᡶᡳᠶᡝᠯᡝᠨ	banjire akūhangge de aisi tusa arara nadaci fiyelen.	ᠪᠠᠨᠵᡳᡵᡝ ᠪᡠᠴᡝᡵᡝ ᡠᡵᠰᡝ ᡩᡝ ᠠᡳᠰᡳ ᡨᡠᠰᠠ ᠠᡵᠠᡵᠠ ᠨᠠᡩᠠᠴᡳ ᡶᡳᠶᡝᠯᡝᠨ	banjire bucere urse de aisi tusa arara nadaci fiyelen.	
閻羅王眾讚歎品第八	ᡳᠯᠮᡠᠨ ᡥᠠᠨ ᠰᠠᡳ ᡶᡝᡵᡤᡠᠸᡝᠮᡝ ᠮᠠᡴᡨᠠᡵᠠ ᠵᠠᡴᡡᠴᡳ ᡶᡳᠶᡝᠯᡝᠨ	ilmun han sai ferguweme maktara jakūci fiyelen.	ᡤᡝᡵᡝᠨ ᡳᠯᠮᡠᠨ ᡥᠠᠨ ᠰᡝ ᠮᠠᡴᡨᠠᠮᡝ ᡶᡝᡵᡤᡠᠸᡝᡵᡝ ᠵᠠᡴᡡᠴᡳ ᡶᡳᠶᡝᠯᡝᠨ	geren ilmun han se maktame ferguwere jakūci fiyelen.	
稱佛名號品第九	ᡶᡠᠴᡳᡥᡳ ᡳ ᡤᡝᠪᡠ ᠴᠣᠯᠣ ᠪᡝ ᡨᡠᡴᡳᠶᡝᡵᡝ ᡠᠶᡠᠴᡳ ᡶᡳᠶᡝᠯᡝᠨ	fucihi i gebu colo be tukiyere uyuci fiyelen.	ᡶᡠᠴᡳᡥᡳ ᡳ ᡤᡝᠪᡠ ᠴᠣᠯᠣ ᠪᡝ ᡨᡠᡴᡳᠶᡝᠴᡝᡵᡝ ᡠᠶᡠᠴᡳ ᡶᡳᠶᡝᠯᡝᠨ	fucihi i gebu colo be tukiyecere uyuci fiyelen.	

漢文	滿漢合璧本		內府滿文朱印本		備註
校量布施功德緣品第十	ᡶᡠᠯᡝᡥᡠᠨ ᠪᡠᡵᡝ ᡤᡠᠩᡤᡝ ᡝᡵᡩᡝᠮᡠ ᡳ ᡥᠣᠯᠪᠣᡥᠣᠨ ᠪᡝ ᡩᡠᡳᠪᡠᠯᡝᠮᡝ ᠪᠣᡩᠣᡵᠣ ᠵᡠᠸᠠᠨᠴᡳ ᡶᡳᠶᡝᠯᡝᠨ	fulehun bure gungge erdemu i holbohon be duibuleme bodoro juwanci fiyelen.	ᡶᡠᠯᡝᡥᡠᠨ ᠪᡠᡵᡝ ᡤᡠᠩᡤᡝ ᡝᡵᡩᡝᠮᡠ ᡳ ᡥᠣᠯᠪᠣᡥᠣᠨ ᠪᡝ ᡩᡠᡳᠪᡠᠯᡝᠮᡝ ᠪᠣᡩᠣᡵᠣ ᠵᡠᠸᠠᠨᠴᡳ ᡶᡳᠶᡝᠯᡝᠨ	fulehun bure gungge erdemu i holbohon be duibuleme bodoro juwanci fiyelen.	
地神護法品第十一	ᠨᠠ ᡳ ᡝᠨᡩᡠᡵᡳ ᡳ ᠨᠣᠮᡠᠨ ᠪᡝ ᡴᠠᡵᠮᠠᡵᠠ ᠵᡠᠸᠠᠨ ᡝᠮᡠᠴᡳ ᡶᡳᠶᡝᠯᡝᠨ	na i enduri i nomun be karmara juwan emuci fiyelen.	ᠨᠠ ᡳ ᡝᠨᡩᡠᡵᡳ ᡳ ᠨᠣᠮᡠᠨ ᠪᡝ ᡴᠠᡵᠮᠠᡵᠠ ᠵᡠᠸᠠᠨ ᡝᠮᡠᠴᡳ ᡶᡳᠶᡝᠯᡝᠨ᠉	na i enduri i nomun be karmara juwan emuci fiyelen.	
見聞利益品第十二	ᠰᠠᠪᡠᡵᡝ ᡩᠣᠨᠵᡳᡵᡝ ᡩᡝ ᠠᡳᠰᡳ ᡨᡠᠰᠠ ᠠᡵᠠᡵᠠ ᠵᡠᠸᠠᠨ ᠵᡠᠸᡝᠴᡳ ᡶᡳᠶᡝᠯᡝᠨ	sabure donjire de aisi tusa arara juwan juweci fiyelen.	ᠰᠠᠪᡠᡵᡝ ᡩᠣᠨᠵᡳᡵᡝ ᡩᡝ ᠠᡳᠰᡳ ᡨᡠᠰᠠ ᠠᡵᠠᡵᠠ ᠵᡠᠸᠠᠨ ᠵᡠᠸᡝᠴᡳ ᡶᡳᠶᡝᠯᡝᠨ᠉	sabure donjire de aisi tusa arara juwan juweci fiyelen.	

漢文	滿漢合璧本		內府滿文朱印本		備註
囑累人天品第十三	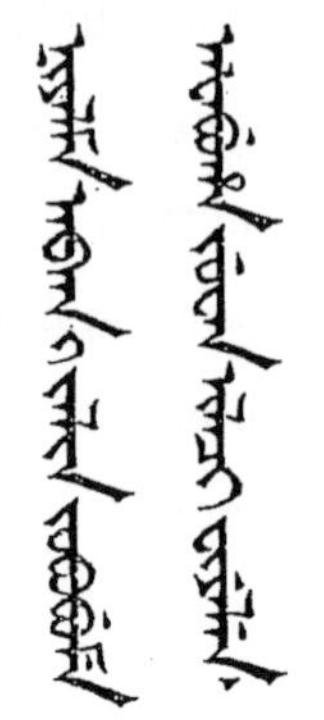	niyalma abka i jalin jobobume afabuha juwan ilaci fiyelen.	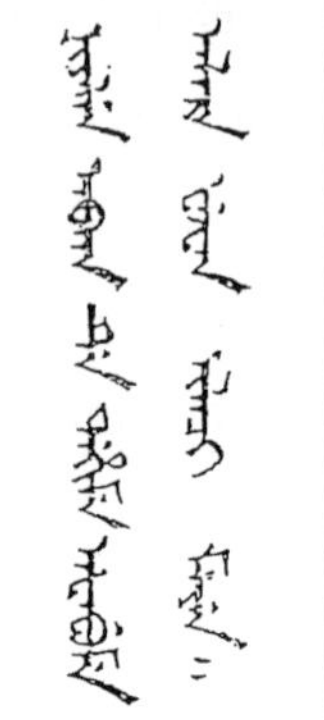	niyalma abka de dahime afabume alara juwan ilaci meyen.	

北京中華書局出版《中華大藏經》，收錄《地藏菩薩本願經》，上、下二卷，計十三品，附校勘記。對照滿漢合璧本，各品名稱俱相同。滿漢合璧本、內府滿文朱印本品名，雖據漢文譯出滿文，但譯文大同小異。其中〈忉利天宮神通品第一〉，合璧本滿文作“gūsin ilan abkai gurung de šengge tulbin iletulere ujui fiyelen”，意即「在三十三天宮顯神通第一章」。朱印本滿文作“gūsin ilan abkai gurung ni šengge tulbin, ujui fiyelen”，意即「三十三天宮的神通第一章」。〈分身集會品第二〉，「分身集會」，合璧本滿文作“dendehe beye isame acara”，朱印本滿文作“beyebe faksalafi isan de isanjire”。〈觀眾生業緣品第三〉，句中「業緣」，合璧本滿文作“weilen i holbohon”，朱印本滿文作“weilen holbohon”。〈閻浮眾生業感品第四〉，句中「業感」，合璧本滿文作“weilen i jibure”，朱印本滿文作“sui i acinggiyabuhangge”。〈地獄名號品第五〉，句中「名號」，合璧本滿文作“gebu”，意即「名字」，朱印本滿文作“gebu colo”，意即「名號」，文義相合。〈如來讚歎品第六〉，句中「如來讚歎」，合璧本滿文作“ineku jihe fucihi i saišame maktara”，朱印本滿文作“ineku jihe fucihi saišame maktara”，句中省略“i”。〈利益存亡品第七〉，句中「存亡」，合璧本滿文作“banjire akūhangge”，朱印本滿文作“banjire bucere urse”，意即「存亡的人們」。〈閻羅王衆讚歎品第八〉，合璧本滿文作“ilmun han sai ferguweme maktara”，朱印本滿文作“geren ilmun han se maktame ferguwere”。〈稱佛名號品第九〉、〈校量布施功德緣品第十〉、〈地神護法品第十一〉、〈見聞利益品第十二〉，合璧本、朱印本譯文俱相同。〈囑累人天品第十三〉，合璧本滿文作“niyalma abka i jalin jobobume afabuha juwan ilaci fiyelen”，意即「爲人天苦累囑付第十三章」，朱印本滿文作“niyalma abka de dahime afabume alara juwan ilaci meyen”，意即「再三囑付人天第十三節」。大致而言，合璧本和朱印本的滿文品名譯文，頗爲相近。

有清一代，佛教經典譯成滿文者，卷帙頗多，在繙譯過程中，增加了許多詞彙，使滿文更具有文以載道的功能，可將滿漢合璧本、內府滿文朱印本常見詞彙列表如下。

《地藏菩薩本願經》滿文佛經詞彙簡表

漢文	滿漢合璧本		詞義	內府滿文朱印本	
地藏	ᠨᠠ ᡳ ᠨᡳᠶᠠᠮᠠᠩᡤᠠ	na i niyamangga	地下的親屬	ᠨᠠ ᡳ ᠨᡳᠶᠠᠮᠠᠩᡤᠠ	na i niyamangga
本願	ᡩᠠ ᡶᠣᡵᠣᠪᡠᠨ	da forobun	原本祝禱	ᡩᠠ ᡶᠣᡵᠣᠪᡠᠨ	da forobun

漢文	滿漢合璧本		詞義	內府滿文朱印本	
神通	ᡧᡝᠩᡤᡝ ᡨᡠᠯᠪᡳᠨ	šengge tulbin	神測	ᡧᡝᠩᡤᡝ ᡨᡠᠯᠪᡳᠨ	šengge tulbin
智慧	ᠰᡠᡵᡝ ᡠᠯᡥᡳᠰᡠ	sure ulhisu	聰敏	ᠰᡠᡵᡝ ᡠᠯᡥᡳᠰᡠ	sure ulhisu
喜捨	ᡠᡵᡤᡠᠨ ᡨᡝᡴᠰᡳᠨ	urgun teksin	喜慶整齊	ᡠᡵᡤᡠᠨ ᡨᡝᡴᠰᡳᠨ	urgun teksin
解脫	ᡠᠮᡝᠰᡳ ᡠᡴᠴᠠᡵᠠ	umesi ukcara	全然開脫	ᡠᠮᡝᠰᡳ ᡠᡴᠴᠠᡵᠠ	umesi ukcara
無漏	ᡝᡶᡠᠵᡝᠨ ᠠᡴᡡ	efujen akū	不壞	ᡝᡶᡠᠵᡝᠨ ᠠᡴᡡ	efujen akū

漢文	滿漢合璧本		詞義	內府滿文朱印本	
自在天		toosengga abka	權變天		toosengga abka
無量		mohon akū	無窮的		mohon akū
十地		juwan tangka	十層		juwan tangka
方便		mergen arga	明智的方法		mergen arga
正見		unenggi sabun	真見		unenggi sabun

漢文	滿漢合璧本		詞義	內府滿文朱印本	
無間地獄		jaka akū na i gindana	無間斷地獄	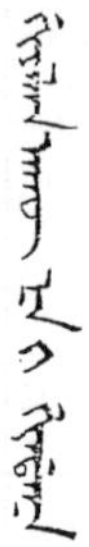	giyalan akū na i gindana
因果		deribun šanggan	開始、完成		nikejen šanggan
果報		šanggan karulan	完成報答		šanggan karulan
善知識		sain mergen baksi	好的賢達儒士		sain mergen baksi

漢文	滿漢合璧本		詞義	內府滿文朱印本	
宿命	ᠨᡝᠨᡝᡥᡝ ᠵᠠᠯᠠᠨ	nenehe jalan	先世	ᠨᡝᠨᡝᡥᡝ ᠵᠠᠯᠠᠨ	nenehe jalan
善女人	ᠰᠠᡳᠨ ᡶᡠᠯᡝᡥᡝᠩᡤᡝ ᠰᠠᡵᡤᠠᠨ ᠵᡠᠰᡝ	sain fulehengge sargan juse	好的根基的女子們	ᠰᠠᡳᠨ ᡶᡠᠯᡝᡥᡝᠩᡤᡝ ᠰᠠᡵᡤᠠᠨ ᠵᡠᠰᡝ	sain fulehengge sargan juse
惡業	ᡝᡥᡝ ᠸᡝᡳᠯᡝᠨ	ehe weilen	壞的造作	ᡝᡥᡝ ᠸᡝᡳᠯᡝᠨ	ehe weilen
布施	ᡶᡠᠯᡝᡥᡠᠨ ᠪᡠᡵᡝ	fulehun bure	給恩惠	ᡶᡠᠯᡝᡥᡠᠨ ᠪᡠᡵᡝ	fulehun bure
彼岸	ᠴᠠᡵᡤᡳ ᡩᠠᠯᡳᠨ	cargi dalin	對岸	ᠴᠠᡵᡤᡳ ᡩᠠᠯᡳᠨ	cargi dalin

漢文	滿漢合璧本		詞義	內府滿文朱印本	
業障	ᠸᡝᡳᠯᡝ ᡩᠠᠯᡳᠪᡠᠨ	weile dalibun	造作遮擋	ᠸᡝᡳᠯᡝᠨ ᡳ ᡩᠠᠯᡳᠪᡠᠨ	weilen i dalibun
妄語	ᡥᠣᠯᠣ ᡤᡳᠰᡠᠨ	holo gisun	謊言	ᡥᠣᠯᠣ ᡤᡳᠰᡠᠨ	holo gisun
忉利天	ᡤᡡᠰᡳᠨ ᡳᠯᠠᠨ ᠠᠪᡴᠠ	gūsin ilan abka	三十三天	ᡤᡡᠰᡳᠨ ᡳᠯᠠᠨ ᠠᠪᡴᠠ	gūsin ilan abka
不可說	ᡤᡳᠰᡠᡵᡝᠮᡝ ᠸᠠᠵᡳᡵᠠᡴᡡ	gisureme wajirakū	說不完	ᡤᡳᠰᡠᡵᡝᠴᡳ ᠣᠵᠣᡵᠠᡴᡡ	gisureci ojorakū

漢文	滿漢合璧本		詞義	內府滿文朱印本	
娑婆世界		dosombure mangga jalan jecen	堪忍世界	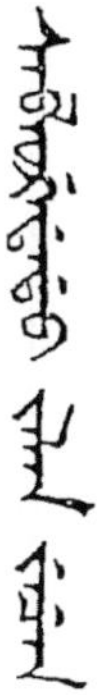	sablog'adado jalan jecen
摩訶薩		amba fusa	大菩薩		amba fusa
伽藍		juktehen	寺院		juktehen
白衣		baisin	白丁		bolgo etukungge
胡跪		bethe bukdafi	彎單腿下跪行請安禮		emu bethe bukdafi

漢文	滿漢合璧本		詞義	內府滿文朱印本	
七七日		dehi uyun inenggi	四十九日		dehi uyun inenggi
土地		banaji enduri	土地神		banaji enduri
三七日		orin emu inenggi	二十一日		orin emu inenggi
摩頂		uju be bišume	摸頭		uju be bišume

漢文	滿漢合璧本		詞義	內府滿文朱印本	
五辛		sunja hacin i furgin	五種辣的	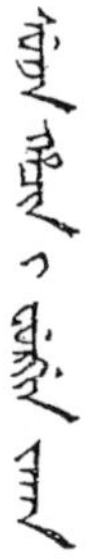	sunja hacin i furgin jaka
大士		amba fusa	大菩薩		amba fusa
香華		hiyan ilha	香花		hiyan ilha

資料來源：《地藏菩薩本願經》，滿漢合璧本；《na i niyamangga fusa i da forobun i nomun》，乾隆五十五年（1790），內府滿文朱印本。

前列簡表，是將滿漢合璧本和內府滿文朱印本滿文詞彙依次並列，並標明詞義。其中「地藏」，滿文讀如“na i niyamangga”，意即「地下的親屬」，世人有親在幽明地界者，都可報本薦親。「本願」，滿文讀如“da forobun”，意即「原本祝禱」，地藏菩薩原本曾許願祝禱地獄不空誓不成佛，故以本願爲經名。「神通」，滿文讀如“šengge tulbin”，句中“šengge”，是預知者，譯漢作「神」解，“tulbin”，意即「預測」，因預測神準，能預知未來，故稱「神通」。「無漏」，滿文讀如“efujen akū”，意即「不壞」。「自在天」，句中「自在」，滿文讀如“toosengga”，意即「有權勢的」，或作「權變」。「無間地獄」，句中「無間」，滿文讀如“jaka akū”，意即「無間斷」，相傳冥府地獄，名號各別，彼此相連，其中無間地獄，展轉相寄，倘若墮此地獄，日夜受罪，苦楚相連，更無間斷，故稱無間。「因果」，滿文讀如“deribun šanggan”，意即「開始、完成」。「善知識」，滿文讀如“sain mergen baksi”，句中“baksi”，意即「儒士」、「先生」，好的賢達儒士就是善知識。「善女人」，滿文讀如“sain fulehengge sargan juse”，句中“fulehengge”，意即「根基的」，有好根基的女子，就是善女人。「彼岸」，滿文讀如“cargi dalin”，意即「對岸」。「妄語」，滿文讀如“holo gisun”，意即「謊言」。「忉利天」，滿文讀如“gūsin ilan abka”，意即「三十三天」，梵語讀如“trāyastriṃśa”，位於須彌山之頂，爲帝釋所居天界。「不可說」，內府滿文朱印本作“gisureci ojorakū”，滿漢文義相合。合璧本滿文作“gisureme wajirakū”，意即「說不完」。「娑婆世界」，句中「娑婆」，梵語讀如“sahā”，朱印本滿文作“sablog'adado”，合璧本滿文作“dosombure mangga”，意即「堪忍」，娑婆世界，就是堪忍世界。「摩訶薩」，爲梵語「摩訶薩埵」之略，梵語讀如“mahāsattva”，滿文讀如“amba fusa”，意即「大菩薩」。「伽藍」，爲「僧伽藍摩」之略，梵語讀如“saṃghārāma”，滿文讀如“juktehen”，意即「寺院」。「白衣」，朱印本滿文作“bolgo etukungge”，意即「穿潔淨衣服的」。合璧本滿文作“baisin”，意即「白丁」。「胡跪」，合璧本滿文作“bethe bukdafi”，朱印本滿文作“emu bethe bukdafi”，意即「彎單腿下跪行請安禮」，是女真、滿洲等民族的傳統禮俗。「土地」，滿文讀如“banaji enduri”，意即「土地神」。「七七日」，滿文讀如“dehi uyun inenggi”，意即「四十九日」，是七七日的積數。「三七日」，滿文讀如“orin emu inenggi”，意即「二十一日」，是三七日的積數。「摩頂」，滿

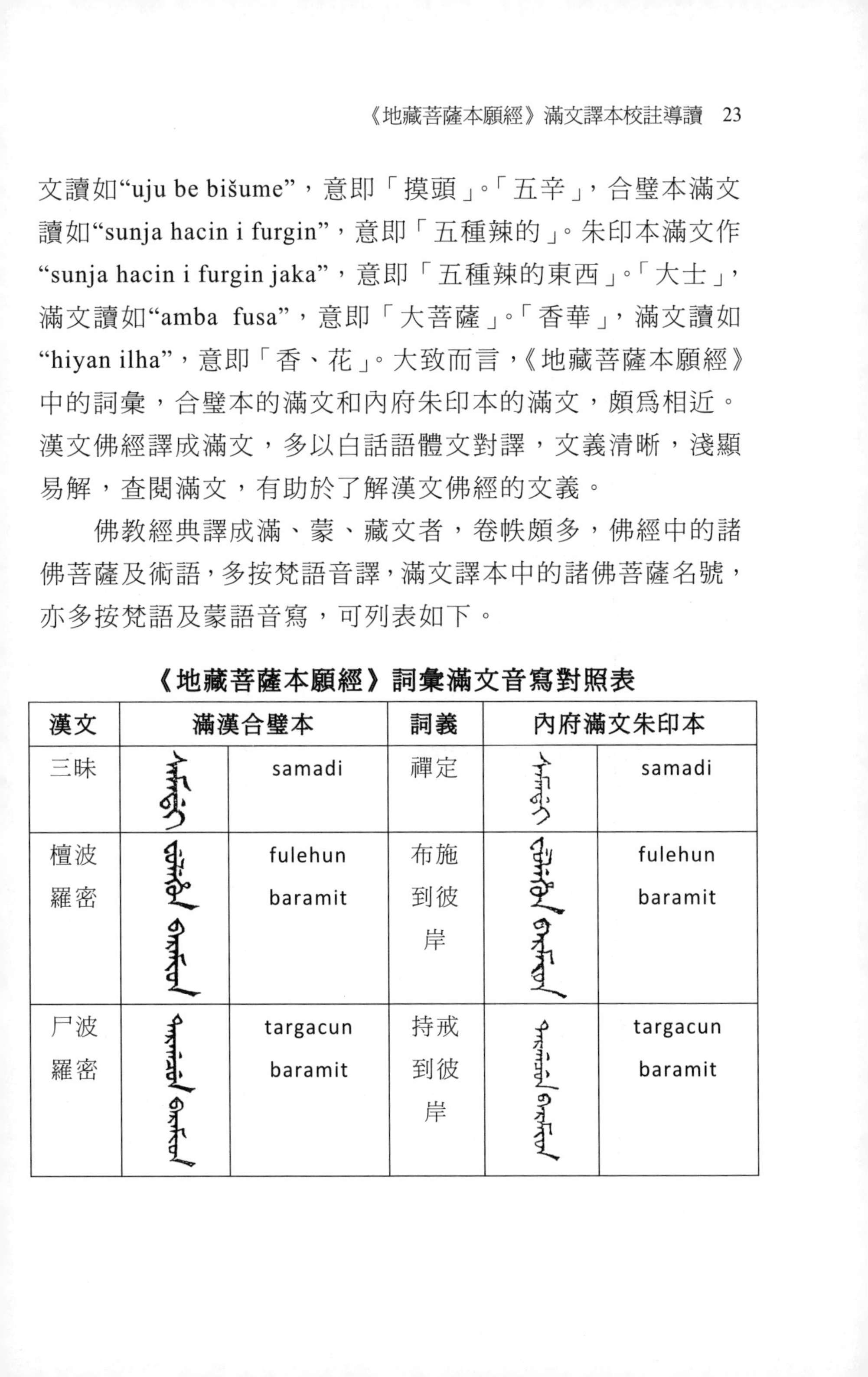

文讀如“uju be bišume”，意即「摸頭」。「五辛」，合璧本滿文讀如“sunja hacin i furgin”，意即「五種辣的」。朱印本滿文作“sunja hacin i furgin jaka”，意即「五種辣的東西」。「大士」，滿文讀如“amba fusa”，意即「大菩薩」。「香華」，滿文讀如“hiyan ilha”，意即「香、花」。大致而言，《地藏菩薩本願經》中的詞彙，合璧本的滿文和內府朱印本的滿文，頗爲相近。漢文佛經譯成滿文，多以白話語體文對譯，文義清晰，淺顯易解，查閱滿文，有助於了解漢文佛經的文義。

佛教經典譯成滿、蒙、藏文者，卷帙頗多，佛經中的諸佛菩薩及術語，多按梵語音譯，滿文譯本中的諸佛菩薩名號，亦多按梵語及蒙語音寫，可列表如下。

《地藏菩薩本願經》詞彙滿文音寫對照表

漢文	滿漢合璧本		詞義	內府滿文朱印本	
三昧		samadi	禪定		samadi
檀波羅密		fulehun baramit	布施到彼岸		fulehun baramit
尸波羅密		targacun baramit	持戒到彼岸		targacun baramit

漢文	滿漢合璧本		詞義	內府滿文朱印本	
羼提波羅密	ᡴᡳᡵᡳᠴᡠᠨ ᠪᠠᡵᠠᠮᡳᡨ	kiricun baramit	忍辱到彼岸	ᡴᡳᡵᡳᠴᡠᠨ ᠪᠠᡵᠠᠮᡳᡨ	kiricun baramit
毗離耶波羅密	ᡴᡳᠴᡝᠨ ᠪᠠᡵᠠᠮᡳᡨ	kicen baramit	精進到彼岸	ᡴᡳᠴᡝᠨ ᠪᠠᡵᠠᠮᡳᡨ	kicen baramit
禪波羅密	ᠰᠠᠮᠠᡩᡳ ᠪᠠᡵᠠᠮᡳᡨ	samadi baramit	禪定到彼岸	ᠰᠠᠮᠠᡩᡳ ᠪᠠᡵᠠᠮᡳᡨ	samadi baramit
般若波羅密	ᠰᡠᡵᡝ ᠪᠠᡵᠠᠮᡳᡨ	sure baramit	智慧到彼岸	ᠰᡠᡵᡝ ᠪᠠᡵᠠᠮᡳᡨ	sure baramit
須燄摩天	ᡩᠠᡳᠨ ᠠᡴᡡ ᠠᠪᡴᠠ	dain akū abka	妙善天	ᡩᠠᡳᠨ ᠠᡴᡡ ᠠᠪᡴᠠ	dain akū abka
兜率陀天	ᡠᡵᡤᡠᠩᡤᡝ ᠠᠪᡴᠠ	urgungge abka	喜足天	ᡠᡵᡤᡠᠩᡤᡝ ᠠᠪᡴᠠ	urgungge abka

漢文	滿漢合璧本		詞義	內府滿文朱印本	
梵眾天	ᡝᠰᡵᡠᠨ ᡳ ᠠᡳᠮᠠᠨ ᠠᠪᡴᠠ	esrun i aiman abka	梵部天	ᡝᠰᡵᡠᠨ ᠠᡳᠮᠠᠨ ᡳ ᠠᠪᡴᠠ	esrun aiman i abka
無量淨天	ᠮᠣᡥᠣᠨ ᠠᡴᡡ ᡥᡡᡨᡠᡵᡳᠩᡤᠠ ᠠᠪᡴᠠ	mohon akū hūturingga abka	無量福天	ᠮᠣᡥᠣᠨ ᠠᡴᡡ ᡥᡡᡨᡠᡵᡳᠩᡤᠠ ᠠᠪᡴᠠ	mohon akū hūturingga abka
摩醯首羅天	ᠠᠮᠪᠠ ᡨᠣᠣᠰᡝᠩᡤᠠ ᠠᠪᡴᠠ	amba toosengga abka	大自在天	ᠮᠠᡥᡳᡧᡠᠸᠠᡵᠠ ᠠᠪᡴᠠ	mahišuwara abka
般若	ᠪᠠᡵᠠᠨᡯᠠ	barandza	智慧	ᠰᡠᡵᡝ ᠪᠠᡵᠠᠮᡳᡨ	sure baramit

漢文	滿漢合璧本		詞義	內府滿文朱印本	
聲聞		šarwag'a	聽聞佛陀言教的覺悟者		šarwak'a
恆河		g'angg'a	恆河		g'angg'a
辟支佛		bradig'abut	緣覺獨覺		bradig'abut
那由他		samuri	一千億		samuri
阿僧祇		asanggi	無量數		asanggi
婆羅門		biraman	淨行		biraman
閻浮提		dzambu tibu	贍部洲		dzambu tib

漢文	滿漢合璧本		詞義	內府滿文朱印本	
尸羅		šila	持戒		targacun
悅帝利		cadari	田主		šadiri
阿耨多羅三藐三菩提		delesi akū unenggi hafuka bodi	無上正等正覺		delesi akū unenggi hafuka bodi
天帝		hormosda	帝釋天		hormosda
比丘		bikcu	比丘		bikcu
比丘尼		bikcuni	比丘尼	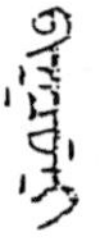	bikcuni
優婆塞		ubasi	近善男		ubasi

漢文	滿漢合璧本		詞義	內府滿文朱印本	
優婆夷		ubasanca	近善女		ubasanca
羅漢		arhat	阿羅漢		arhat
彌勒		maidari	彌勒	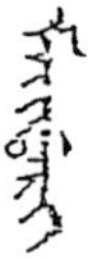	maidari
涅槃		nirwan	圓寂		nirwan
摩耶夫人		maya fujin	摩耶夫人		maya fujin
沙門		šarman	淨志		šarman
阿逸多		maidari	彌勒	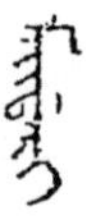	maidari
須彌山		sumiri alin	妙光妙高		sumiri alin

漢文	滿漢合璧本		詞義	內府滿文朱印本	
梵志		biraman	婆羅門		birman
阿鼻		abidz	無間		abidz
普賢菩薩		samandabadara fusa	普賢菩薩		samandabadara fusa
夜叉		yakca	能噉鬼		yakca
祁利失王		kirijy da	祁利失長		kirijy wang
祁利叉王		kirica da	祁利叉長		kirica wang
阿那吒王		ag'aja da	阿那吒長		ag'aja wang
梵王		esrun han	寂靜王		esrun i han

漢文	滿漢合璧本		詞義	內府滿文朱印本	
帝釋		hormosda	天帝		hormosda
波頭摩		batma	紅蓮華		batma
拘留孫佛		g'arg'asundi fucihi	所應斷已斷成就美妙		g'arg'asundi fucihi
毘婆尸佛		bibasa fucihi	勝觀、種種見		bibaša fucihi
袈裟幢		g'arša kiltangga	不正色幢		g'arša kiltangka
釋迦牟尼佛		šigiyamuni fucihi	能仁佛		šigiyamuni fucihi

資料來源：《地藏菩薩本願經》滿漢合璧本、內府滿文朱印本。

表中所列滿文音寫諸佛菩薩及術語，是僅就《地藏菩薩本願經》內所見者列舉說明，其中「三昧」，梵語讀如“samādhi”，滿文音寫作“samadi”，意即「禪定」。「檀波羅密多」，梵語讀如“dānāpāramitā”。“dānā”，意即「布施」，漢文「檀那」，略稱「檀」。“pāramitā”，意即「彼岸」，漢文作「波羅密多」，略稱「波羅密」。滿文作“fulehun baramit”，句中“fulehun”，意即「布施」，是“dānā”的意譯，“baramit”是“pāramitā”的音寫。「尸波羅密」是「尸羅波羅密」的略稱。「尸羅波羅密」，梵語讀如“śīla-pāramitā”，“śīla”，意即「持戒」。滿文作“targacun baramit”，句中“targacun”，意即「持戒」，是“śīla”的意譯。“baramit”，意即「彼岸」。「羼提波羅密」，句中「羼提」，梵語讀如“kṣānti”，意即「忍辱」，滿文作“kiricun baramit”，句中“kiricun”，意即「忍辱」，是“kṣānti”的意譯，“baramit”是“pāramitā”的音寫。「毘離耶波羅密」，句中「毘離耶」，梵語讀如“virya”，意即「勤修精進」，滿文“kicen”，意即「勤勉」，是“virya”的意譯。「禪波羅密」，梵語讀如“dhyāna-pāramitā”，意即「定到彼岸」，滿文作“samadi baramit”，意即「禪定到彼岸」，文義相近。「般若波羅蜜」，句中「般若」，梵語讀如“prajñā”，意即「智慧」，滿文作“sure baramit”，句中“sure”，意即「智慧」，是“prajñā”的意譯，“baramit”是“pāramitā”的音寫。「須燄摩天」，梵語讀如“suyāma-derarāja”，句中「suyāma」，漢文作「須燄摩」，又作「須炎摩」，意即「善時分」，又作「妙善」，滿文作“dain akū”，意即「無征戰」。「兜率陀天」，句中「兜率陀」，又作「兜率」，梵語讀如“tuṣita”，意即「喜樂」，滿文作“urgungge”，文義相合。「無量淨天」，滿文讀如“mohon akū hūturingga abka”，意即「無量福天」。「摩醯首羅」，又作「莫醯伊濕伐羅」，梵語讀如“maheśvara”，意即「大自在」，朱印本滿文作“mahišuwara”，合璧本滿文作“amba toosengga”，意即「大自在」，文義相合。「聲聞」，梵語讀如“śrāvaka”，意即「聽聞佛陀言教的覺悟者」，滿文音寫作“šarwag'a”。「辟支佛」，梵語讀如“pratyekabuddha”，滿文音寫作“bradig'abut”，意即「緣覺」或作「獨覺」。「那由他」，梵語讀如“nayuta”，漢文音譯作「那由他」，意即「一千億」，滿文作“samuri”。「阿僧祇」，梵語讀如“asaṃkhya”，意即「無量數」，滿文音寫作“asanggi”。「婆羅門」，梵語讀如“brāhmaṇa”，意即「淨行」，滿文音寫作“biraman”。「閻浮提」，梵語讀如“jambu-dvipa”，意即「贍部洲」，是須彌山南方四大洲之一，滿文音寫作“dzambu tib”。「尸羅」，梵語讀如“śīla”，意即「持戒」，合璧本滿文音寫作“šila”，朱印本滿文作“targacun”，意即「持戒」，文義相合。「悅帝利」，疑爲「刹帝利」之訛，合璧本滿文作“cadari”，朱印本滿文作“šadiri”。「阿耨多羅三藐三菩提」，梵語讀如“anuttara-samyak-saṃbodi”，滿文意譯作“delesi akū unenggi hafuka bodi”，意即「無上正等正覺」。「天帝」，據蒙文音寫滿文作“hormosda”。「比丘」，梵語讀如“bhikṣu”，意即「受具足戒出家佛弟子之通稱」，滿文音寫作“bikcu”。「比丘尼」，梵語讀如“bhikṣuṇī”，意即「受具足戒出家佛女子之通稱」，滿文音寫作“bikcuni”。「優婆塞」，梵語讀如“upāsaka”，意即「清信士」、「近善男」，滿文音寫作“ubasi”。「優婆夷」，梵語讀如“upāsikā”，意即「清信女」、「近善女」，滿文音寫作“ubasanca”。「羅漢」，梵語讀如“arhat”，漢文略稱「羅漢」，滿文音寫作“arhat”。「彌勒」，梵語讀如“maitreya”，滿文音寫作“maidari”。「涅槃」，梵語讀如“nirvāṇa”，意即「圓寂」、「寂滅」，滿文音寫作“nirwan”。「摩耶夫人」，句中「摩耶」，梵語讀如“māyā”，滿文音寫作“maya”。“fujin”，漢文音譯作「福晉」，意譯作「夫人」。「沙門」，梵語讀如“śramaṇa”，意即「淨志」、「勤勞」等，指佛教僧侶，滿文音寫作“šarman”。「阿逸多」，梵語讀如“ajita”，滿文作“maidari”，意即「彌勒」。「須彌山」，梵語讀如“sumeru”，意即「妙光」、「妙高」，滿文音寫作“sumiri alin”。漢字「梵」，梵語讀如“brahman”，滿文音寫作“biraman”。「阿鼻」，梵語讀如“avīci”，意即「無間」，阿鼻地獄即八熱地獄，滿文音寫作“abidz”。「普賢菩薩」，梵語讀如“samantabhadra”，滿文音寫作“samandabadara”。「夜叉」，梵語讀如“yakṣa”，滿文音寫作“yakca”，意即「能噉鬼」、「捷疾鬼」。「祁利失王」，朱印本滿文音寫作“kirijy wang”，合璧本滿文作“kirijy da”，意即「祁利失長」。「祁利叉王」，朱印本滿文音寫作“kirica wang”，合璧本滿文作“kirica da”，意即「祁利叉長」。「波頭摩」，梵語讀如“padma”，意即「紅蓮華」，或稱「紅蓮」，滿文音寫作“batma”。「拘留孫佛」，梵語讀如“krakucchanda”，意即「所應斷已斷」、「成就美妙」，滿文音寫作“g'arg'asundi fucihi”。「毘婆尸」，梵語讀如“vipaśyin”，意即「勝觀」、「種種觀」、「種種見」，爲過去七佛的第一佛。合璧本滿文音寫作“bibasa fucihi”，朱印本滿文音寫作“bibaša fucihi”，滿文意譯作“hafu bulekušere fucihi”。「袈裟」，梵語讀如“kāṣāya”，意即「不正色」，滿文音寫作“g'arša”。「幢」，滿文讀如“kiltan”。「釋迦牟尼」，梵語讀如“śākyamuni”，意即「能仁」，釋迦族的聖人，滿文音寫作“šigiyamui”。以上所列諸佛菩薩名號，多按梵語讀音轉寫滿文。滿文音寫諸佛菩薩名號，不勝枚舉，逐一對照梵語讀音，有助於了解諸佛菩薩及相關術語的詞義。

滿文與漢文是兩種不同的語文，漢文本佛經多屬文言文體裁，文字較深奧，古今讀音，不盡相同，佛經滿文譯本，多屬語體文體裁，淺顯明晰，對照滿文，有助於了解漢文佛經的文義。從滿文繙譯的技巧及讀音的差異，也有助於了解清代滿洲語文的發展變化，佛經滿文譯本的印刷流傳，對滿文的研究，提供了極珍貴而且豐富的語文資料。在繙譯佛經的過程中，一方面創造了許多新詞彙，一方面使原來通行的滿文詞彙擴大其涵義，更能充分表達佛經教義的原本理蘊，佛經滿文譯本的問世，確實增加一種文字以保存佛教的教義思想。蒐集滿文佛經詞彙，可以增訂《五譯合璧集要》或《經語集要》等工具書。將佛經滿文譯本中的佛教術語分類整理，也可以編纂滿文佛學辭典，以供誦讀滿文佛經時查閱參考。《地藏菩薩本願經》是佛門中的孝經，流傳甚廣，其滿漢合璧本，刻工精細，字體優美，爲提供初學滿文者參考，特將滿漢合璧《地藏菩薩本願經》影印校注。首先感謝臺北國立故宮博物院滿文進修班沈惠珠律師贈閱滿漢合璧《地藏菩薩本願經》。校注本滿文羅馬拼音及校注文字，由國立中正大學博士班林加豐同學、中國文化大學博士班簡意娟同學打字排版。駐臺北韓國代表部連寬志先生、國立苗栗農工國文科彭悅柔老師協助校對，並承國立臺灣大學中文學系滿文班同學的熱心參與，在此一併致謝。

二〇一五年三月

莊吉發識

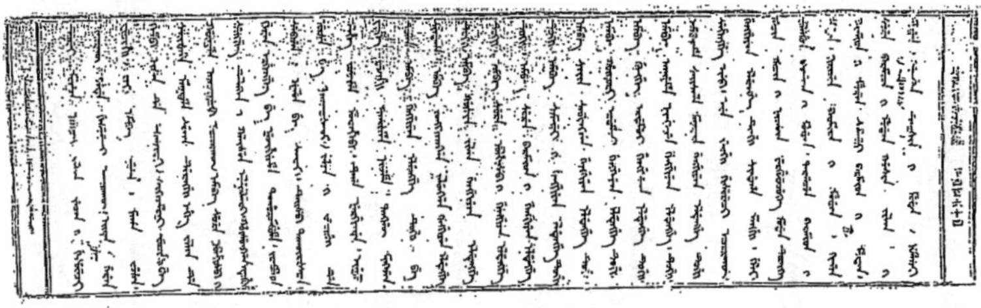

《地藏菩薩本願經》，內府朱印滿文本上四百六十四至四百六十五

臺北 國立故宮博物院藏

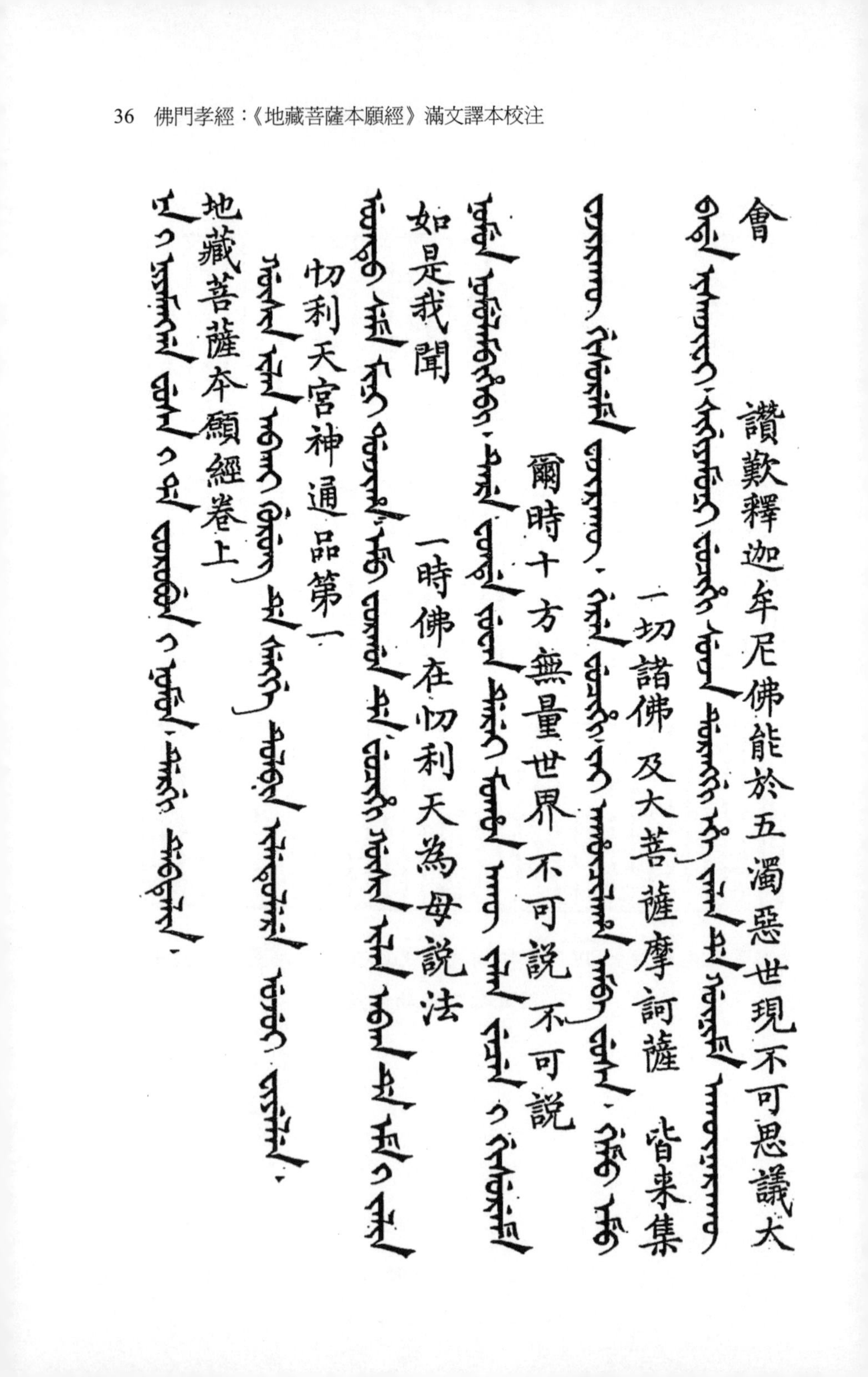

地藏菩薩本願經卷上

忉利天宮神通品第一

如是我聞 一時佛在忉利天為母說法

爾時十方無量世界不可說不可說

一切諸佛及大菩薩摩訶薩皆来集

會

讚歎釋迦牟尼佛能於五濁惡世現不可思議大

na i niyamangga fusa i da forobun i nomun, dergi debtelin.

gūsin ilan abkai gurung de[1] šengge tulbin iletulere[2] ujui fiyelen.

uttu seme mini donjiha, emu forgon de fucihi gūsin ilan abka de[3] eme i jalin nomun nomulambihebi.[4] tere fonde[5] juwan derei mohon akū jalan jecen i gisureme wajirakū[6], gisureme wajirakū, geren fucihi,[7] jai ahūcilaha amba fusa,[8] gemu emu bade isanjifi,[9] šigiyamuni fucihi[10] sunja duranggi ehe jalan de gūnime akūnarakū[11]

1 格助詞"de"，朱印本滿文作"ni"。
2 朱印本滿文無"iltulere"一詞。
3 格助詞"de"，朱印本滿文作"de bifi"。
4 "nomulambihebi"，朱印本滿文作"nomulame bihebi"。
5 "tere fonde"，朱印本滿文作"tere nerginde"。
6 "gisureme wajirakū"，意即「說不完」。朱印本滿文作"gisureme ojorakū"，意即「不可說」，滿漢文義相合。
7 "geren fucihi"，意即"諸佛"，朱印本滿文據漢文譯作"eiten geren fucihi"，滿漢文義相合。
8 "ahūcilaha amba fusa"，意即"爲首的大菩薩"，朱印本滿文作"amba fusa, maha fusa"，句中"maha"，漢語作「摩訶」，梵語讀如"mahā"，意即"大"，「摩訶薩」，意即「大菩薩」。
9 "gemu emu bade isanjifi"，意即「皆來一處集會」，朱印本滿文作"gemu isan de isanjifi"，意即「皆來集會」，滿漢文義相合。
10 朱印本滿文作"šikiyamuni fucihi be saišame maktame"，句中"šikiyamuni"，誤，當作"šigiyamuni"；"saišame maktame"，意即「誇獎」。
11 "gūnime akūnarakū"，朱印本滿文作"gūnime akūnaci ojorakū"。

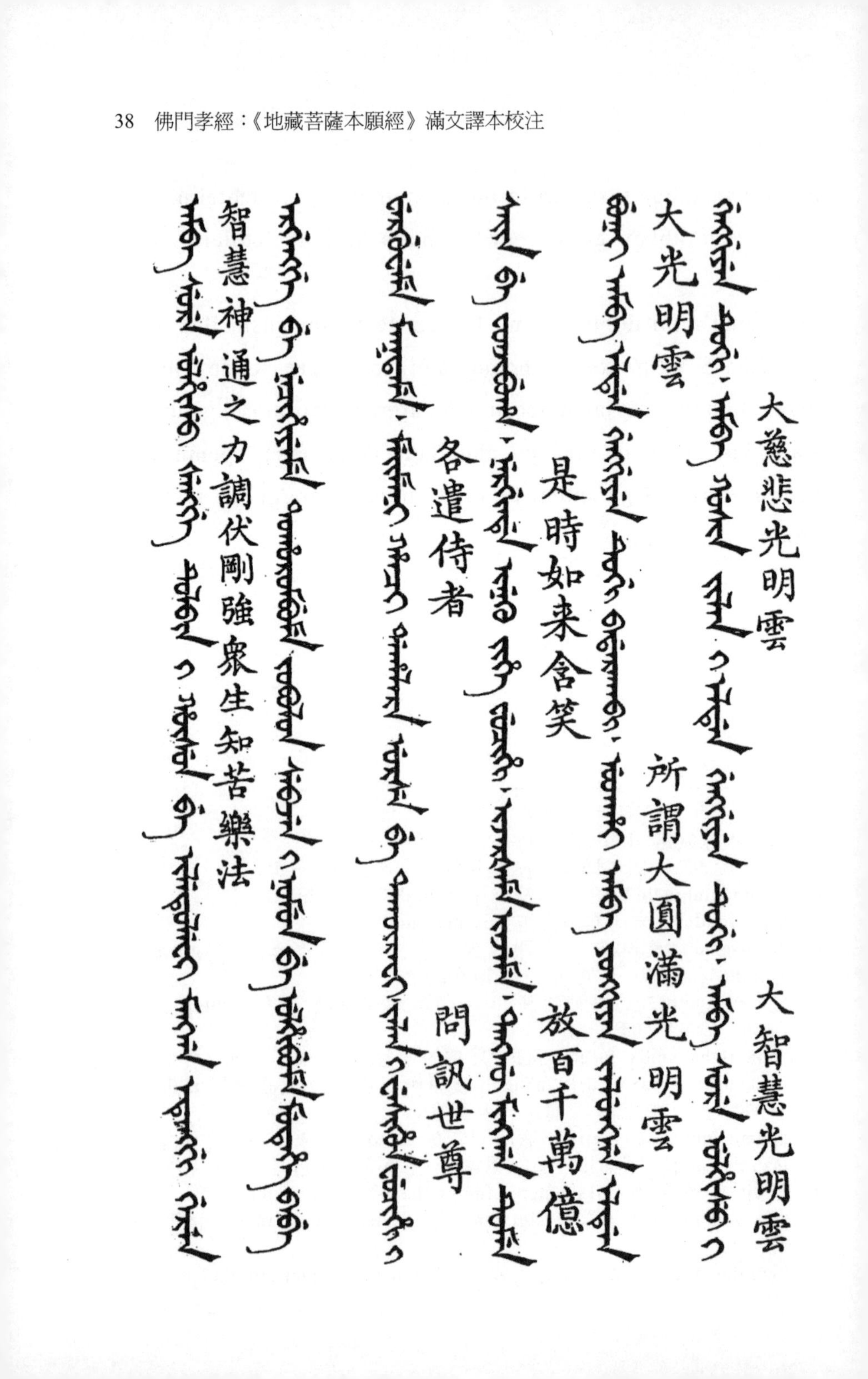

智慧神通之力調伏剛強眾生知苦樂法

各遣侍者

問訊世尊

是時如来含笑

放百千萬億

大光明雲

所謂大圓滿光明雲

大慈悲光明雲

大智慧光明雲

amba sure ulhisu šengge tulbin[12] i hūsun be iletulefi[13] mangga etenggi[14] geren ergengge be necihiyeme tohorombume jobolon sebjen[15] i nomun be ulhibume mutehe babe[16] ferguweme maktame[17], meimeni hanci dahalara urse be takūrafi,[18] jalan i wesihun fucihi i sain be fonjibuha.[19] nerginde[20] ineku jihe fucihi, ijaršame injeme, tanggū minggan tumen bunai[21] amba elden genggiyen tugi badarakabi.[22] uthai amba yongkiyan jalungga[23] elden genggiyen tugi, amba gosin jilan i elden genggiyen tuggi,[24] amba sure ulhisu i

12 朱印本滿文作“amba sure ulhisu i šengge tulbin ”。句中置定語格助詞“i”。

13 “hūsun be iletulefi”，朱印本滿文作“hūsun iletulefi”，刪略賓語格助詞“be”。

14 “mangga etenggi”，朱印本滿文作“hūsungga etuhun”。

15 漢語「苦樂」，合璧本滿文作“jobolon sebjen”，朱印本滿文作“jobolon sebajen”，“sebajen”，誤，當作“sebjen”。

16 “nomun be ulhibume mutehe babe”，朱印本滿文作“nomun be safi”。

17 漢語「讚歎」，合璧本滿文作“ferguweme maktame”，朱印本滿文作“saišame maktame”，移置“šigiyamuni fucihi be”之後。

18 朱印本滿文作“tesu takūršara urse be takūršafi”。

19 朱印本滿文作“jalan i fucihi de elhe fonjime mutehebi”。

20 “nerginde”，朱印本滿文作“tere nerginde”。

21 漢語「億」，滿文作“bunai”，朱印本滿文闕漏“bunai”。

22 朱印本滿文作“amba genggiyen eldengge tugi be sindaha”。

23 朱印本滿文作“amba yongkiyangga jalungga”，省略“uthai”。

24 朱印本滿文作“amba gosin jilan genggiyen eldengge tugi”，省略格助詞“i”。

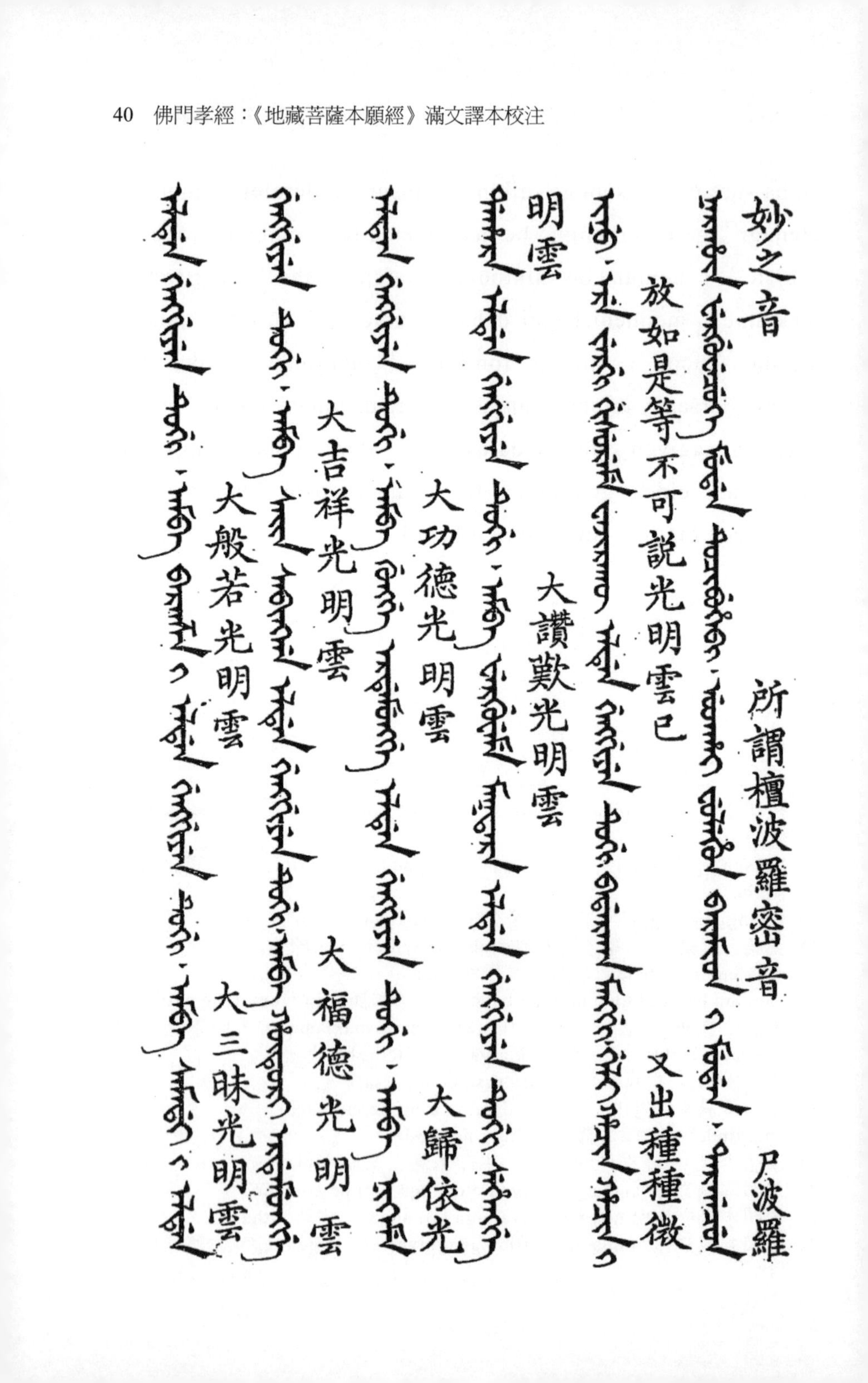

大般若光明雲　大三昧光明雲

大吉祥光明雲　大福德光明雲

大功德光明雲　大歸依光明雲

大讚歎光明雲

放如是等不可說光明雲已　又出種種微妙之音

所謂檀波羅密音　尸波羅

elden genggiyen tugi, amba barandza[25] i elden genggiyen tugi, amba samadi i elden genggiyen tugi, amba sain sabingga elden genggiyen tugi, amba hūturi erdemungge[26] elden genggiyen tugi, amba gungge erdemungge[27] elden genggiyen tugi, amba nikeme dahara elden genggiyen tugi, [28] amba ferguweme maktara [29] elden genggiyen tugi sehengge inu. ere jergi gisureme wajirakū[30] elden genggiyen tugi badaraka[31] manggi, geli hacin hacin i narhūn ferguwecuke mudan tucibuhebi.[32] uthai fulehun baramit i mudan,[33] targacun

25 “barandza”，漢文作「般若」，梵語讀如“prajñā”，意即「智慧」，朱印本滿文作“sure baramit”。

26 “hūturi erdemungge”，朱印本滿文作“hūturi erdemui”。

27 “gungge erdemungge”，朱印本滿文作“gungge erdemui”。

28 「大歸依光明雲」，合璧本滿文作“amba nikeme dahara elden genggiyen tugi”，朱印本滿文作“amba akdame nikere genggiyen eldengge tugi”。

29 「大讚歎」，合璧本滿文作“amba ferguweme maktara”，朱印本滿文作“ambarame saišame maktara”。

30 “gisureme wajirakū”，朱印本滿文作“gisureci ojorakū”。

31 “tugi badaraka”，朱印本滿文作“tugi sindaha”。

32 “geli hacin hacin i narhūn ferguwecuke mudan tucibuhebi”，句中“tucibuhebi”，朱印本滿文作“tucike”。

33 「檀波羅密」，梵語讀如“dānāpāramitā”。“dānā”，漢文作「檀那」，略稱「檀」。「所謂檀波羅密音」，合璧本滿文作“uthai fulehun baramit i mudan”， 朱印本滿文作“fulehun baramit i mudan”，省略“uthai”。

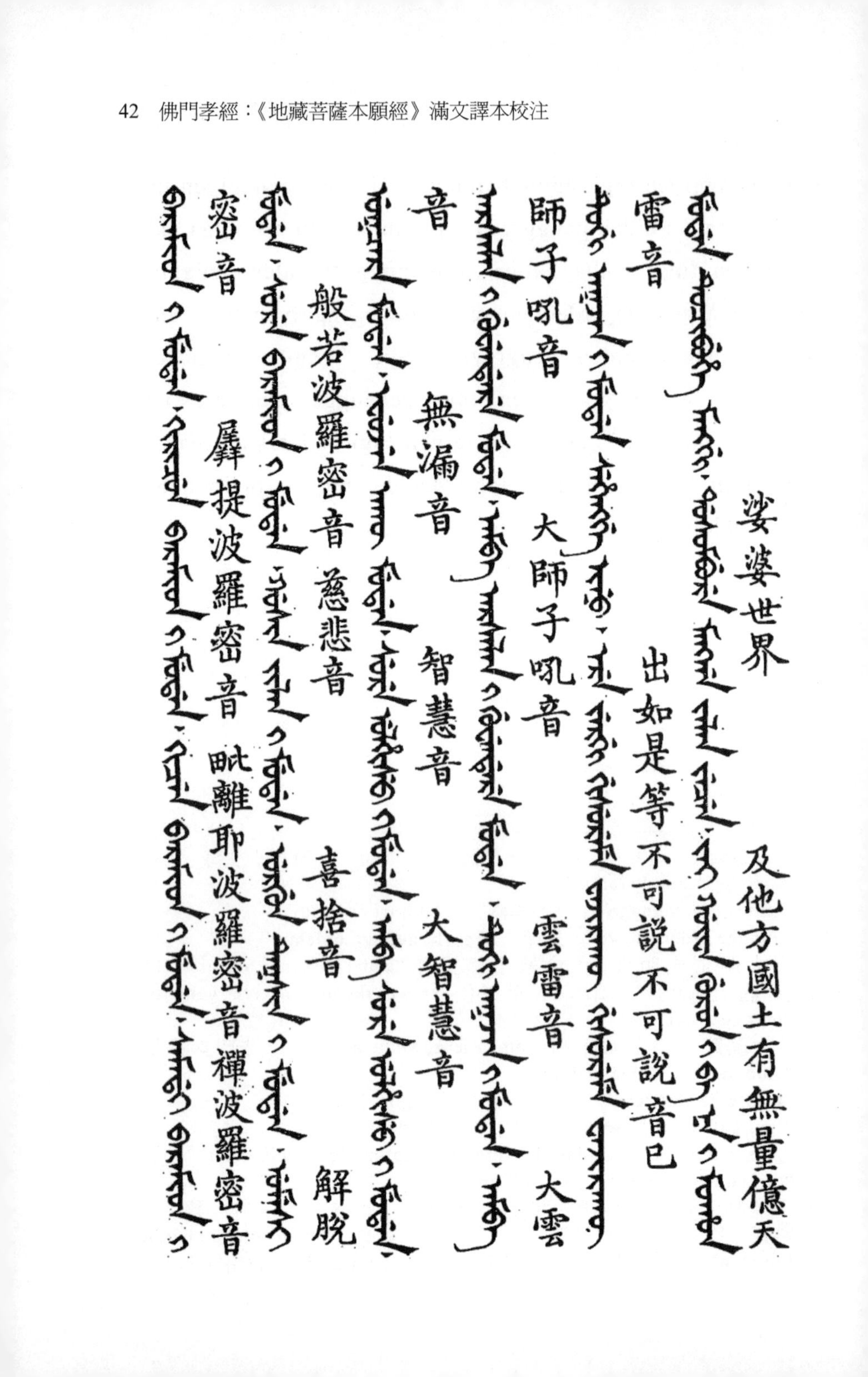

密音　羼提波羅蜜音　毗離耶波羅蜜音　禪波羅蜜音

般若波羅蜜音　慈悲音　喜捨音　解脫

音　無漏音　智慧音　大智慧音

師子吼音　大師子吼音　雲雷音　大雲

雷音　出如是等不可說不可說音已

娑婆世界　及他方國土有無量億天

baramit i mudan,[34] kiricun baramit i mudan,[35] kicen baramit i mudan,[36] samadi baramit i mudan,[37] sure baramit i mudan,[38] gosin jilan i mudan, urgun teksin i mudan, umesi ukcara mudan, efujen akū mudan, sure ulhisu i mudan, amba sure ulhisu i mudan, arsalan i guwendere mudan, amba arsalan i guwendere mudan, tugi akjan i mudan,[39] amba tugi akjan i mudan sehengge inu.[40] ere jergi gisureme wajirakū gisureme wajirakū mudan tucibuhe manggi, dosombure manga jalan jecen,[41] jai gūwa gurun i ba na i mohon

---

34 「尸波羅密」，又作「尸羅波羅密」，梵語讀如“śīla-pāramitā”，「尸羅」（śīla），意即「持戒」，「波羅密」（pāramitā），意即「到彼岸」，滿文譯作“targacun baramit”，文義相合。

35 「羼提波羅密」，句中「羼提」，梵語讀如“kṣānti”，意即「忍辱」，滿文作“kiricun”。

36 「毗離耶波羅密」，句中「毗離耶」，梵語讀如“virya”，意即「勤修精進」，滿文作“kicen”，文義相合。

37 「禪波羅密」，梵語讀如“dhyāna-pāramitā”，意即「禪定到彼岸」，滿文作“samadi baramit”。

38 「般若波羅密」，句中「般若」，梵語讀如“prajñā”，意即「智慧」，滿文作“sure”。

39 “tugi akjan i mudan”，朱印本滿文作“tugi akjangga mudan”。

40 “amba tugi akjan i mudan”，朱印本滿文作“amba tugi akjangga mudan”。

41 「娑婆世界」，句中「娑婆」，梵語讀如“sahā”，意即「堪忍」。合璧本滿文作“dosombure”，朱印本滿文作“sablog'adado”。

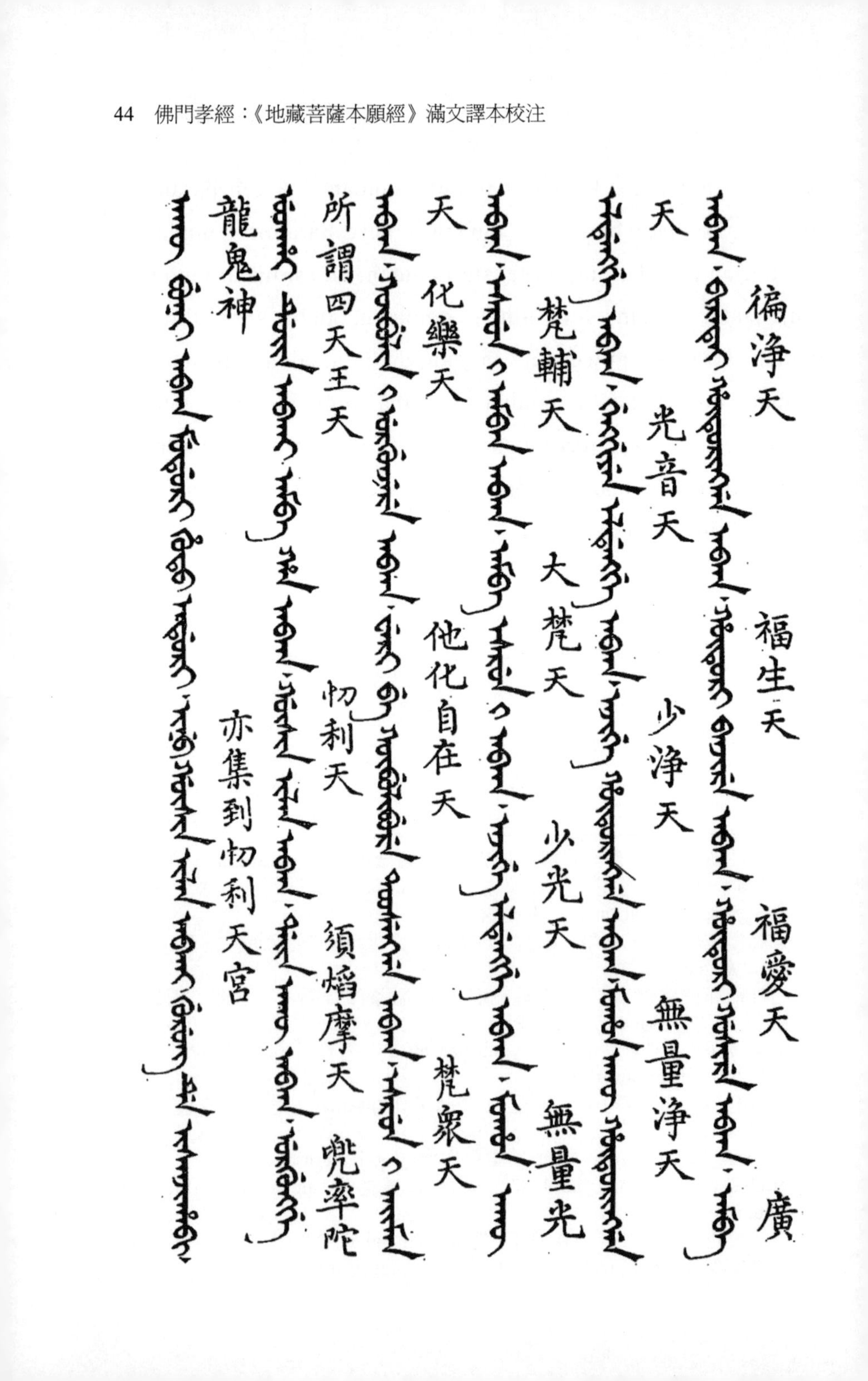

徧淨天 福生天 福愛天 廣
天 光音天 少淨天 無量淨天
梵輔天 大梵天 少光天 無量光
天 化樂天 他化自在天 梵衆天
所謂四天王天 忉利天 須燄摩天 兜率陀
龍鬼神 亦集到忉利天宮

akū bunai abka[42] muduri hutu enduri,[43] inu gūsin ilan abkai gurung de isanjihabi,[44] uthai duin abkai amba han abka,[45] gūsin ilan abka, dain akū abka,[46] urgungge abka,[47] kūbulin i urgunjere abka, weri be kūbulibure toosengga abka, esrun i aiman abka, esrun i amban abka, amba esrun i abka,[48] ajige eldengge abka, mohon akū eldengge abka, genggiyen eldengge abka, ajige hūturingga abka, mohon akū hūturingga abka, biretei hūturingga abka, hūturi banjire abka, hūturi gosire abka,[49] amba

---

42 「他方國土」，合璧本滿文作“gūwa gurun i ba na”，朱印本滿文作“gūwa derei gurun i ba na”，滿漢文義相合。

43 「龍鬼神」，合璧本滿文作“muduri hutu enduri”，朱印本滿文作“muduri hutu enduri sa”。

44 “inu gūsin ilan abkai gurung de isanjihabi”，句中“isanjihabi”，朱印本滿文作“isanjiha”。

45 “uthai duin abkai amba han abka”，朱印本滿文作“duin abkai amba han”。

46 「須焰摩天」，梵語讀如“suyāma-devarāja”，“suyāma”，漢文作「須焰摩」，又作「須炎摩」，意即「善時分」，滿文作“dain akū”，意即「無征戰」。

47 「兜率陀天」，句中「兜率陀」，又作「兜率」，梵語讀如“tuṣita”，意即「喜樂」，滿文作“urgungge”，文義相合。

48 朱印本滿文作“amba esrun, abka”，疑誤，當作“amba esrun i abka”。

49 「福愛天」，合璧本滿文作“hūturi gosire abka”，朱印本滿文作“hūturi buyere abka”。

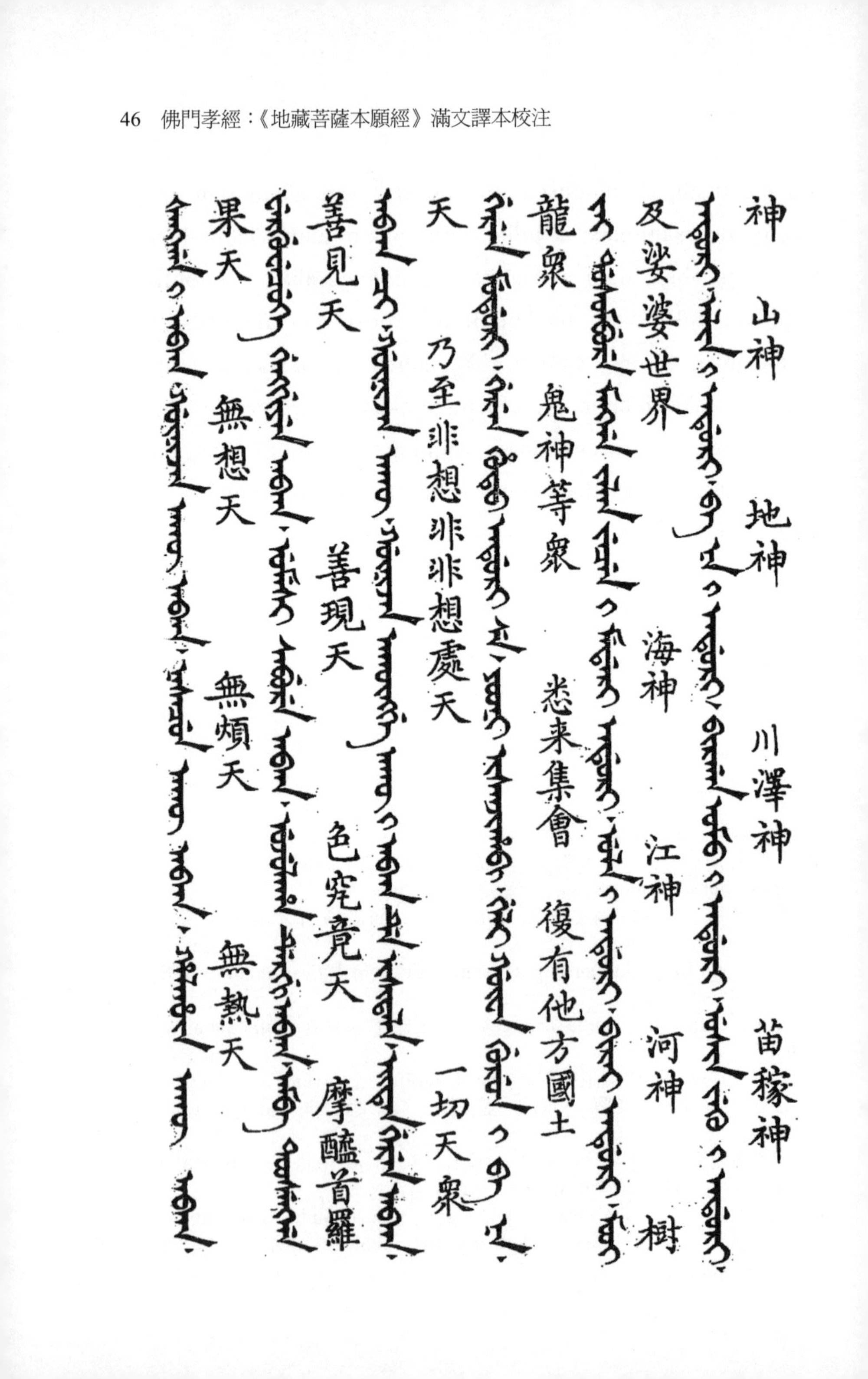

神　山神　地神　川澤神　苗稼神

及娑婆世界　海神　江神　河神　樹

龍衆　鬼神等衆　悉来集會　復有他方國土

天　乃至非想非非想處天　一切天衆

善見天　善現天　色究竟天　摩醯首羅

果天　無想天　無煩天　無熱天

šanggan i abka, gūnijan akū abka, nasacun akū abka,[50] halhūn akū abka, ferguwecuke geggiyen abka, umesi sabure abka, ujulaha dergi abka, amba toosengga abka ci,[51] gūnijan akū,[52] gūnijan akūngge akū i abka de isitala,[53]eiten geren abka,[54] geren muduri,[55] geren hutu enduri se,[56] yooni isanjihabi. geli gūwa gurun i ba na, jai dosombure mangga jalan jecen i mederi enduri, ula i enduri,[57] birai enduri, mooi eduri, alin i enduri, ba na i enduri,[58] birgan omo i enduri,[59] usin jeku i enduri,[60]

50 「無煩天」，合璧本滿文作"nasacun akū abka"，朱印本滿文作"acacun akū abka"，句中"acacun"，誤，當作"nasacun"。

51 「摩醯首羅天」，又作「莫醯伊濕伐羅」，梵語讀如"maheśvara"，意即「大自在」。合璧本滿文作"amba toosengga"，文義相合。朱印本滿文作"mahišuwara"，與梵語讀音相近。

52 "gūnijan akū"，朱印本滿文作"gūnin akū"。

53 朱印本滿文作"gūnijan akūngge akū i banjire akūnan de isitala"。

54 「一切天眾」，合璧本滿文作"eiten geren abka"，朱印本滿文作"eiten abkai geren"。

55 「龍眾」，合璧本滿文作"geren muduri"，朱印本滿文作"muduri geren"。

56 「鬼神等眾」，合璧本滿文作"geren hutu enduri se"，朱印本滿文作" hutu enduri jergi geren"。

57 「江神」，合璧本滿文作"ula i enduri"，朱印本滿文作" ula enduri"。

58 「地神」，合璧本滿文作"ba na i enduri"，朱印本滿文作" na i enduri"。

59 「川澤神」，合璧本滿文作"birgan omo i enduri"，朱印本滿文作" yorohon hali i enduri"，句中" yorohon"，誤，當作" yohoron"。

60 「苗稼神」，合璧本滿文作"usin jeku i enduri"，朱印本滿文作"jeku i enduri"，滿漢文義略有出入。

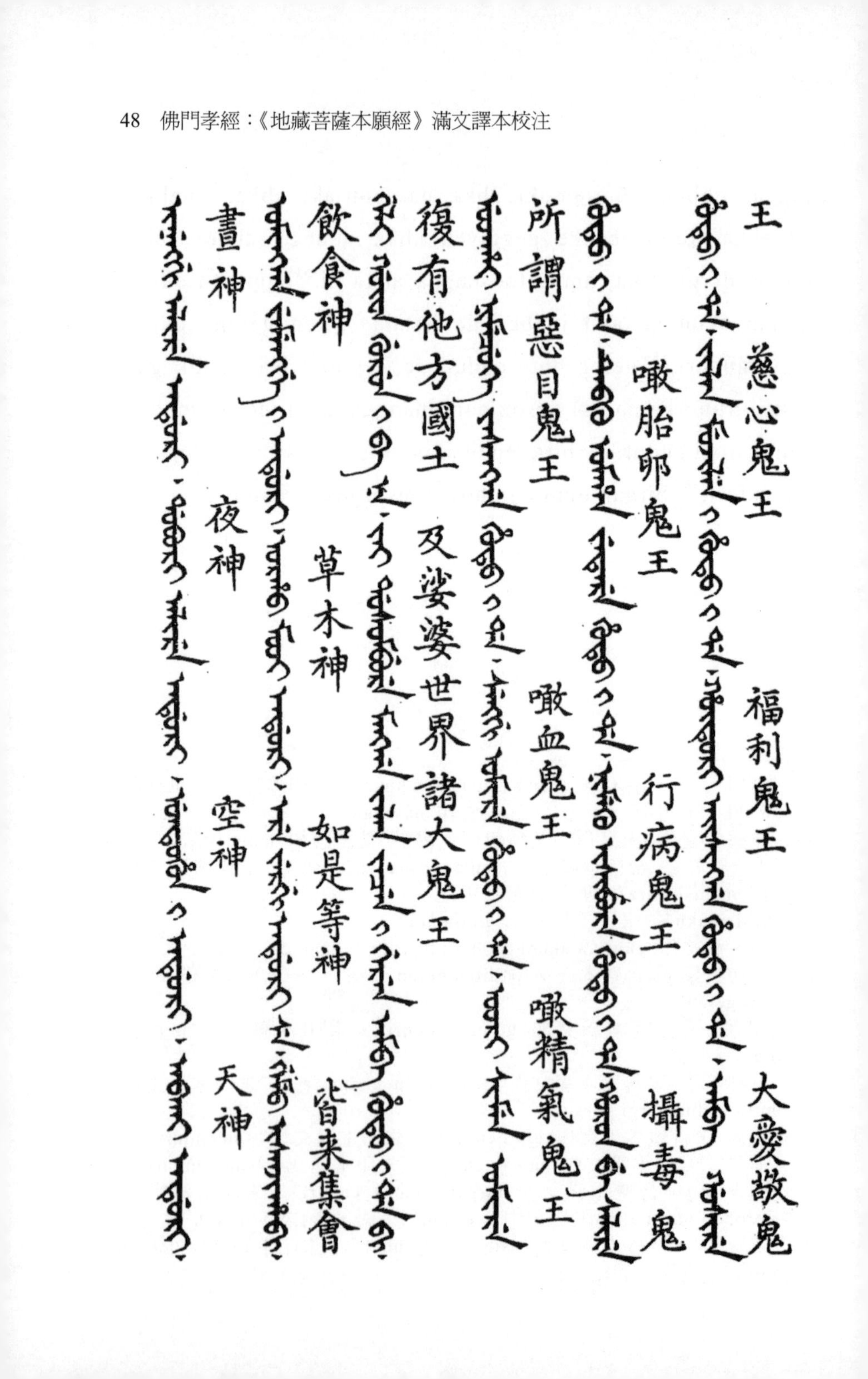

晝神　夜神　空神　天神

飲食神　草木神　如是等神　皆来集會

復有他方國土　及娑婆世界諸大鬼王

所謂惡目鬼王　噉血鬼王　噉精氣鬼王

噉胎卵鬼王　行病鬼王　攝毒鬼

王　慈心鬼王　福利鬼王　大愛敬鬼

inenggi alire enduri,[61] dobori alire enduri,[62] untuhun i enduri,[63] abkai enduri, omingga jemengge i enduri,[64] orho mooi enduri, ere jergi enduri se,[65] gemu isanjihabi,[66] geli gūwa gurun i ba na,[67] jai dosombure magga jalan jecen i geren amba hutu i da bi,[68] uthai nimecuke yasangga hutu i da,[69] senggi omire hutu i da, oori simen omire hutu i da,[70] tebku umhan jetere hutu i da, nimeku isibure hutu i da,[71] horon be salire hutu i da,[72] jilan mujilen i hutu i da,[73] hūturi aisingga hutu i da[74] amba gosire

---

61 朱印本滿文作“inenggi enduri”。
62 朱印本滿文作“dobori enduri”。
63 朱印本滿文作“untuhun enduri”。
64 朱印本滿文作“omingga jemengge enduri”。
65 朱印本滿文作“ere jergingge enduri bici”。
66 朱印本滿文作“yooni isan de isanjihabi”。
67 朱印本滿文作“geli gūwa derei gurun ba na”。
68 「娑婆世界」，朱印本滿文作“sablog'adado jalan jecen”，合璧本滿文作“dosombure magga jalan jecen”。
69 朱印本滿文作“ehe yasangga hutu i da”。
70 朱印本滿文作“oori sukdun simire hutu i da”。
71 朱印本滿文作“nimeku be selgiyere hutu i da”。
72 朱印本滿文作“horon bargiyatara hutu i da”。
73 朱印本滿文作“gosingga mujilen i hutu i da”。
74 朱印本滿文作“hūturi aisi i hutu i da”。

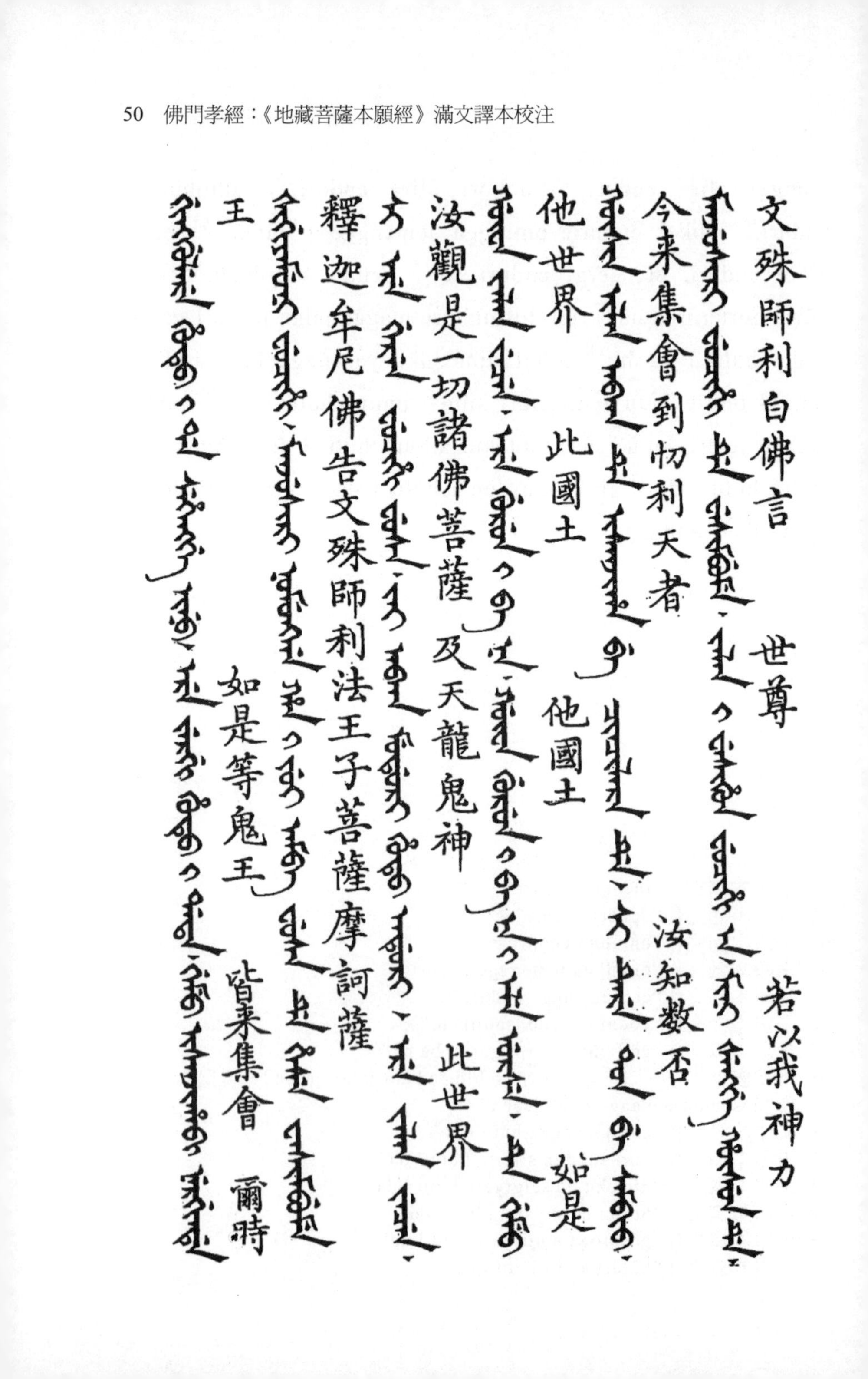

王 如是等鬼王 皆来集會 爾時

釋迦牟尼佛告文殊師利法王子菩薩摩訶薩

汝觀是一切諸佛菩薩 及天龍鬼神 此世界

他世界 此國土 他國土 如是

今来集會到忉利天者 汝知数否

文殊師利白佛言 世尊 若以我神力

ginggulere hutu i da sehengge inu.[75] ere jergi hutu i data,[76] gemu isanjihabi.[77] nerginde šigiyamuni fucihi,[78] manjusiri nomungga han i jui amba fusa de hese wasimbume,[79] si ere geren fucihi fusa,[80] jai abka muduri hutu enduri, ere jalan jecen, gūwa jalan jecen,[81] ere gurun i ba na, gūwa gurun i ba na i ele urse,[82] te gemu gūsin ilan abka de isanjiha be cincilara de,[83] si tere ton be sambio.[84] manjusiri fucihi de wesimbume, jalan i wesihun fucihi a, mini šengge hūsun de,[85]

---

75 朱印本滿文作"amba hairan ginggun i hutu i da sehengge inu"。
76 朱印本滿文作"ere jergi hutu i da sa bifi"。
77 朱印本滿文作"gemu isan de isanjihabi"。
78 朱印本滿文作"tere nerginde šigiyamuni fucihi"。
79 "manjusiri nomungga han i jui amba fusa de hese wasimbume"，句中"manjusiri nomungga han"，朱印本滿文作"manjusiri nomun han"；"amba fusa"朱印本滿文作"fusa amba fusa"。
80 朱印本滿文作"suwe tuwa, enteke eiten geren fucihi fusa "。
81 朱印本滿文作"tere jalan jecen"。
82 朱印本滿文作"tere gurun i ba na"。
83 朱印本滿文作"uttu te gūsin ilan abkai isan de isanjirengge"。
84 朱印本滿文作"suwe ton be sambio akūn"。
85 「若以我神力」，合璧本滿文作"mini šengge hūsun de"，朱印本滿文作"aika mini šengge hūsun oci"。

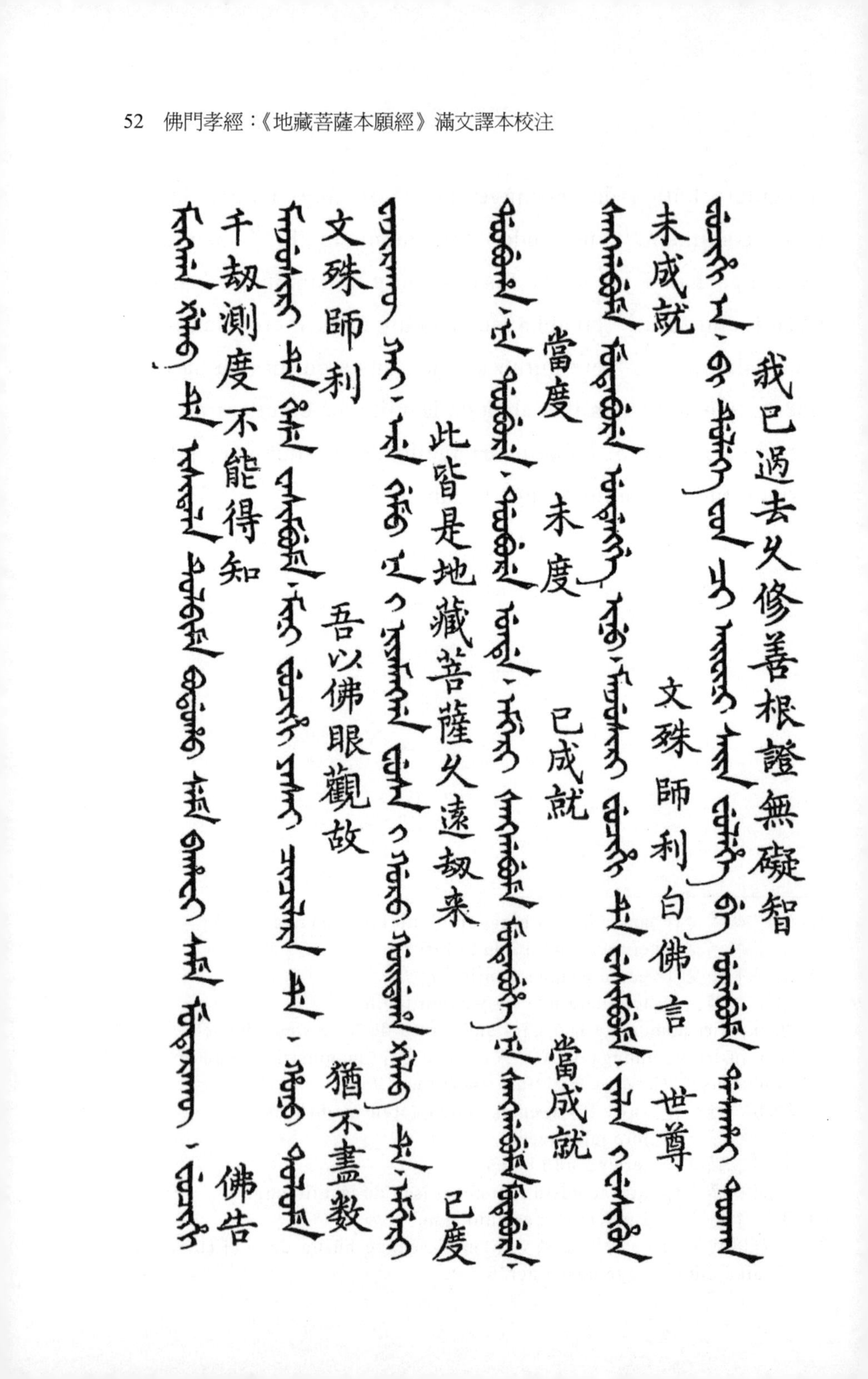

千劫測度不能得知　佛告

文殊師利　吾以佛眼觀故　猶不盡數

此皆是地藏菩薩久遠劫來　已度

當度　未度　已成就　當成就

未成就　文殊師利白佛言　世尊

我已過去久修善根證無礙智

minggan g'alab de isitala tulbime bodoho seme bahafi same muterakū.[86] fucihi manjusiri de hese wasimbume,[87] mini fucihi yasai cincilara de,[88] hono tolome wajirakū kai.[89] ere gemu na i niyamangga fusa i goro goidaha g'alab de,[90] emgeri doobuha, ne doobure, doobure unde,[91] emgeri šanggabume mutebuhe,[92] ne šanggabume mutebure,[93] šanggabume mutebure undengge inu. manjusiri fucihi de wesimbume, jalan i wesihun fucihi a, bi duleke fon ci aifini sain fulehe be urebume dasahai[94] tookan

86 朱印本滿文作"minggan g'alab otolo bodoho seme bahafi same muterakū"。句中「g'alab」，梵語讀如"kalpa"，漢文譯作「劫」。
87 朱印本滿文作"fucihi manjusiri de alame hese wasimbume"。
88 朱印本滿文作"bi fucihi yasai tuwambime"。
89 朱印本滿文作"hono ton be akūmbuhakū kai"。
90 朱印本滿文作"ere gemu na i niyamangga fusa goro goidatala g'alab ci ebsi"。
91 朱印本滿文作"ne i doobuci acara doobure unde "。
92 朱印本滿文作"šanggabume mutebuhe"。
93 朱印本滿文作"ne i šaggabume mutebuci acara"。
94 「我已過去久修善根」，合璧本滿文作"bi duleke fon ci aifini sain fulehe be urebume dasahai"，朱印本滿文作"bi duleke fonde goidatala sain fulehe be dasafi"。

地作何行立何願而能成就不思議事

唯願世尊

廣說地藏菩薩摩訶薩因

必懷疑惑

設使頂受

未免興謗

生等

雖聞如來誠實之語

小果聲聞

天龍八部

及未來世諸衆

聞佛所言

即當信受

akū sure be baha turgunde,[95] fucihi i nomulaha be donjifi,[96] uthai akdafi alime gaiha.[97] ajige šanggan i šarwag'a,[98] abka muduri jakūn aiman, jai jidere unde jalan i geren ergengge, udu ineku jihe fucihi i unenggi yargiyan gisun be donjiha seme, urunakū kenehunjeme tathūnjambi.[99] uthai alime gaiha seme,[100] ehecure be boljoci ojorakū,[101] bairengge jalan i wesihun fucihi, na i niyamangga amba fusa i deribun i tangka,[102] ai weilen yabuha,[103] ai forobun ilibuha de gūnime akūnarakū[104] baita be

---

95 「證無礙智」，合璧本滿文作"tookan akū sure be baha turgunde"，朱印本滿文作"tookan akū sure be unenggileme baha"。

96 "fucihi i nomulaha be donjifi"，句中"donjifi"，朱印本滿文作"donjime"。

97 「即當信受」，合璧本滿文作"uthai akdafi alime gaiha"，朱印本滿文作"uthai ginggun i alime gaiha"。

98 「小果聲聞」，合璧本滿文作"ajige šanggan i šarwag'a"，朱印本滿文作"tenteke ajige šanggan i šarwag'a"，句中"šarwag'a"，梵語讀如"śrāvaka"，漢譯作「聲聞」，意即「聽聞佛陀言教的覺悟者」。

99 朱印本滿文作"toktofi kenehunjen tathūnjan tebumbi"。

100 朱印本滿文作"uthai hukšeme alicibe"。

101 朱印本滿文作"inu wakašara ba bisire be boljoci ojorakū be dahame"。

102 「菩薩摩訶薩」，合璧本滿文作"amba fusa"，朱印本滿文作"fusa amba fusa"；「因地」，合璧本滿文作"deribun i tangka"，朱印本滿文作"na i deribun de "。

103 朱印本滿文作"ai weilen deribuhe"。

104 「不思議」，合璧本滿文作"gūnime akūnarakū"，朱印本滿文作"gūnime akūnaci ojorakū"。

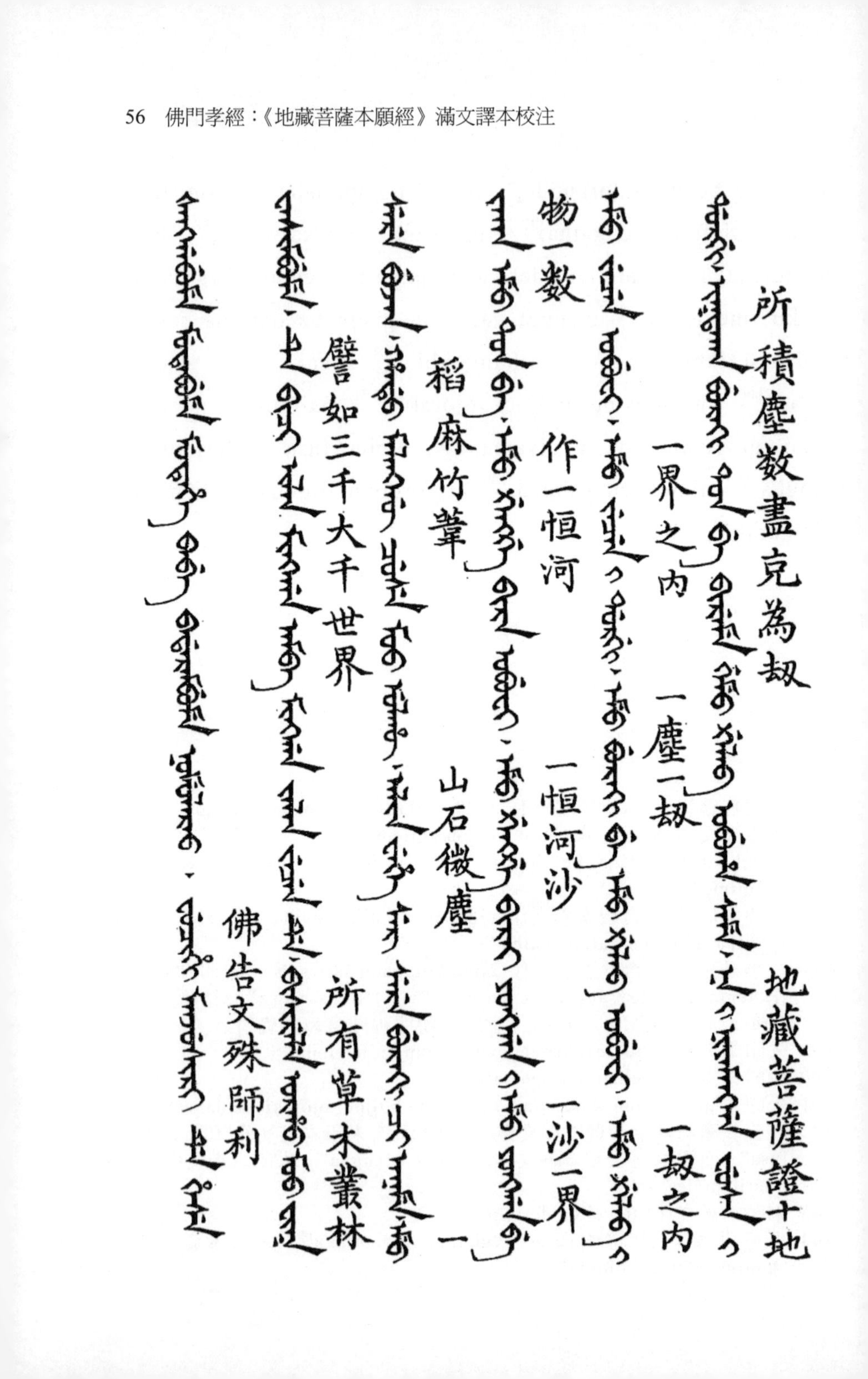

佛告文殊師利

譬如三千大千世界

所有草木叢林

稻麻竹葦

山石微塵

一

物一數

作一恒河

一恒河沙

一沙一界

一界之內

一塵一劫

一劫之內

所積塵數盡充為劫

地藏菩薩證十地

šanggabume mutebume mutehe [105] babe badarambume nomularao. fucihi manjusiri de hese wasimbume,[106] te bici ilan minggan amba minggan jalan jecen de,[107] bisirele orho moo fik sere bujan,[108] handu malanggū[109] cuse moo ulhū, alin wehe ser sere buraki ci aname,[110] emu jaka emu ton be,[111] emu g'angg'a bira obufi,[112] emu g'angg'a birai yonggan i emu yonggan be emu jecen obufi,[113] emu jecen i dorgi,[114] emu buraki be emu g'alab obufi,[115] emu g'alab i dorgi,[116] iktaka buraki ton be bireme gemu g'alab obuha seme,[117] na i niyamagga fusa i

105 "mutebume mutehe"，朱印本滿文作"mutehe"。
106 "hese wasimbume"，朱印本滿文作"alame hese wasimbume"。
107 朱印本滿文作"duibuleci ilan minggan amba minggan i jalan jecen de"。按"te bici"，意即「設如」，"duibuleci"，意即「譬如」。
108 朱印本滿文作"bisire ele orho moo, bujan šuwa"。
109 朱印本滿文作"handu olo"。按"olo"，意即「線麻」，"malanggū"，意即「芝麻」。
110 「微塵」，合璧本滿文作"ser sere buraki"，朱印本滿文作"narhūn buraki"。
111 朱印本滿文作"emu jalan i emu ton be"，句中"jalan"，疑誤，當作"jaka"。
112 朱印本滿文作"emu g'angg'a bira obukini"。
113 朱印本滿文作"emu g'angg'a bira yunggan, emu yunggan i jecen"，句中"yunggan"，誤，當作"yonggan"。
114 朱印本滿文作"emu jecen i dorgi de"。
115 朱印本滿文作"emu buraki, emu g'alab"。
116 朱印本滿文作"emu g'alab i dorgide"。
117 朱印本滿文作"iktambuha, boraki i ton be wacihiyame g'alab obukini"。句中"boraki"，誤，當作"buraki"。

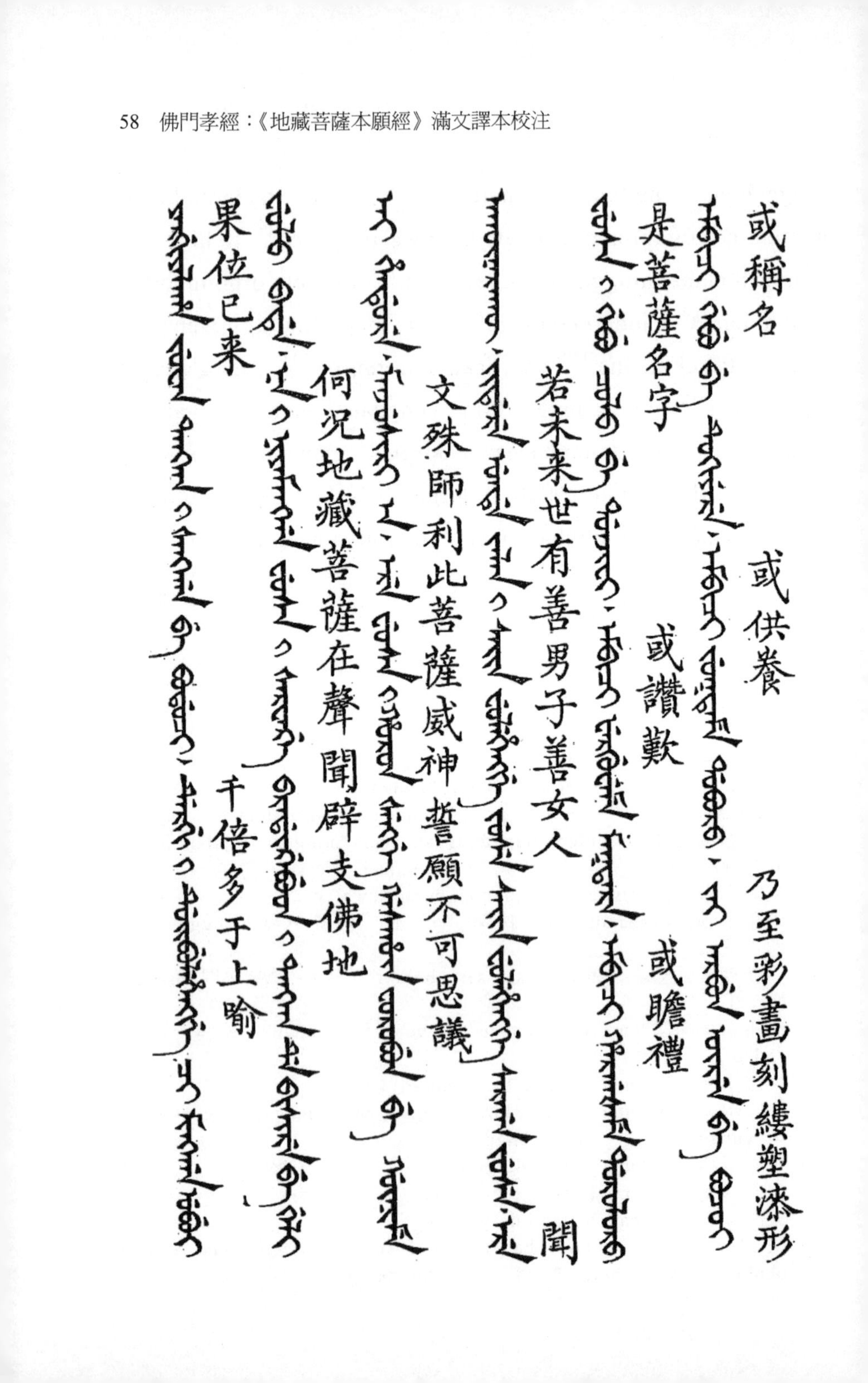

或稱名 或供養 乃至彩畫刻鏤塑漆形

是菩薩名字 或讚歎 或瞻禮

若未來世有善男子善女人 聞

文殊師利此菩薩威神誓願不可思議

何況地藏菩薩在聲聞辟支佛地

果位已來 千倍多于上喻

yargiyalaha juwan tangka i šanggan be bodoci,[118] dergi i duibulehengge ci minggan ubui fulu bade,[119] na i niyamangga fusa i šarwag'a bradig'abut i tangka de bisire be geli ai hendure.[120] majusiri a, ere fusa i horon šengge gashūn forobun be gūnime akūnarakū,[121] jidere unde jalan i sain fulehengge juse sain fulehengge sargan juse, ere fusa i gebu colo be donjifi,[122] embici ferguweme maktara,[123] embici hargašame doroloro,[124] embici gebu be tukiyere,[125] embici jukteme doboro,[126] jai arbun ūren[127] be bocoi

118 「地藏菩薩證十地果位已來」，朱印本滿文作“na i niyamangga fusa, juwan tangka i šanggan soorin be yargiyalame baha ci ebsi ”。句中“juwan tangka ”，梵語讀如“daśa-bhūmi”，是指佛教修行過程中的十個階位。

119 朱印本滿文作“dergi duibuleme gisurehe ci minggan ubu fulu ojoro bade”。

120 「辟支佛」，梵語讀如“pratyekabuddha”，滿文音譯作“bradig'abut”，「辟支佛地」，滿文作“bradig'abut i tangka”。

121 朱印本滿文作“ere fusa i adistit horon šengge gashūn forobun be gūnime akūnaci ojorakū”。

122 「菩薩名字」，合璧本滿文作“fusa i gebu colo”，朱印本滿文作“fusa i gebu”。

123 朱印本滿文作“eici saišame maktara”。

124 朱印本滿文作“eici hargašame doroloro”。

125 朱印本滿文作“eici colo be tukiyere”。

126 朱印本滿文作“eici jukteme doboro”。

127 「形像」，合璧本滿文作“arbun ūren”，朱印本滿文作“arbun lakšan”。句中“lakšan”，梵語讀如“lakṣaṇa”，漢文作「相」。

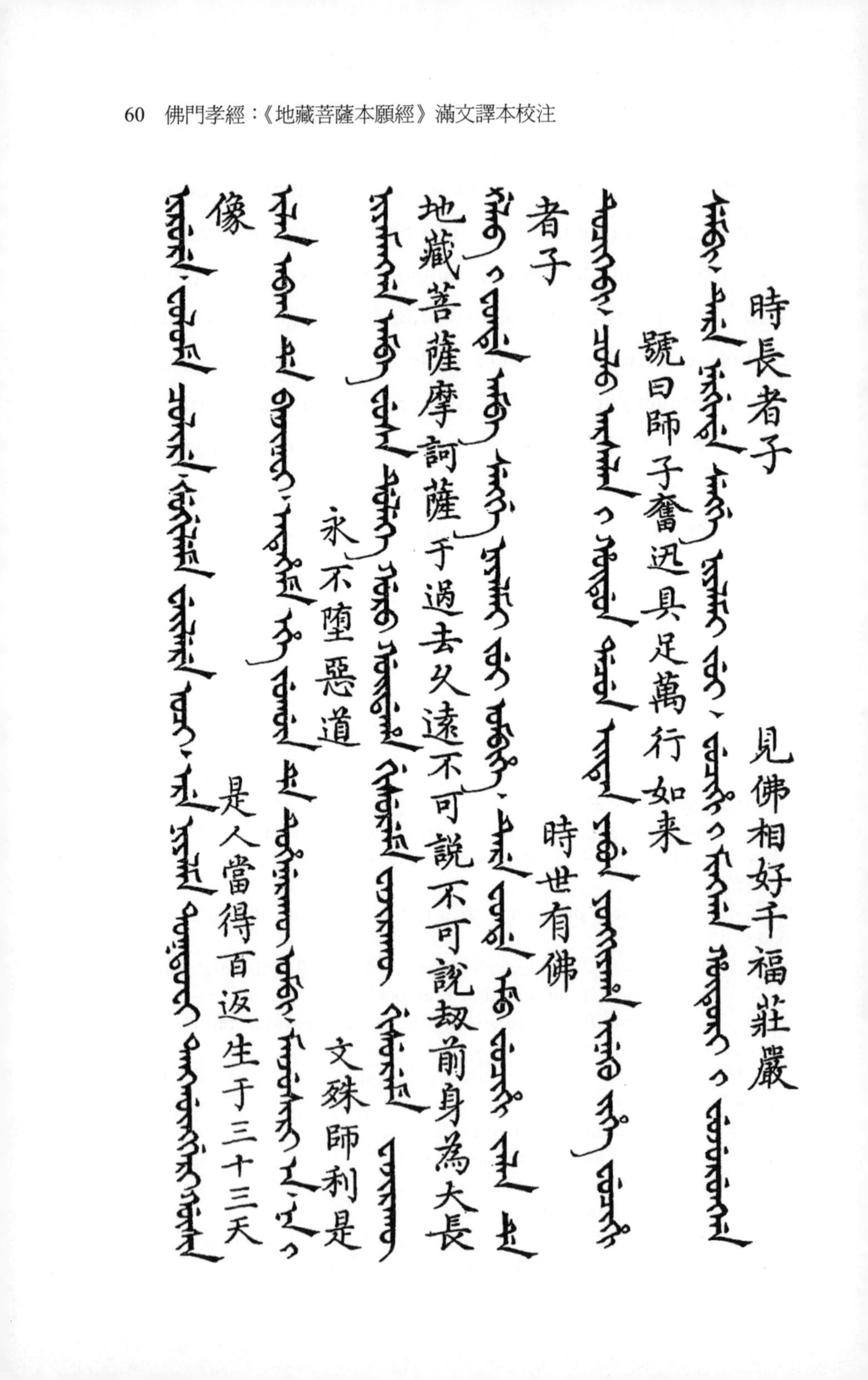

像

是人當得百返生于三十三天

永不墮惡道

文殊師利是

地藏菩薩摩訶薩于過去久遠不可說不可說刼前身為大長

者子

時世有佛

號曰師子奮迅具足萬行如来

時長者子

見佛相好千福莊嚴

nirure,[128] folome colire,[129] šugileme weilere oci,[130] ere niyalma toktofi tanggūnggeri gūsin ilan abka de banjinafi,[131] enteheme ehe jugūn de tuhenerakū ombi.[132] manjusiri a, na i niyamangga amba fusa[133] duleke goro goidaha[134] gisureme wajirakū gisureme wajirakū[135] g'alab i fonde,[136] amba sengge niyalmai jui ombihe.[137] tere fonde emu fucihi jalan de tucikebi,[138] colo arsalan i hūdun dacun eiten yabun yongkiyaha[139] ineku jihe fucihi sembi. tere nerginde sengge niyalmai jui,[140] fucihi i minggan hūturi i fujurungga

128 "bocoi nirure"，朱印本滿文作"nirure"。
129 「刻鏤」，合璧本滿文作"folome colire"，滿漢文義相合，朱印本滿文作"foloro"。
130 "šugileme weilere"，朱印本滿文作"cifara šugilara"，意即「塑漆」。
131 朱印本滿文作"ere niyalma tanggū forgošon de bahafi gūsin ilan abka de banjinafi"。
132 朱印本滿文作"ainaha seme ehe banjin de tuhenerakū ombi"。
133 "amba fusa"，朱印本滿文作"fusa amba fusa"。
134 朱印本滿文作"duleke goro goidatala"。
135 朱印本滿文作"gisureci ojorakū dade gisureci ojorakū "。
136 「劫前」，朱印本滿文作"g'alab i cala"，滿漢文義相合，合璧本滿文作"g'alab i fonde"，意即「劫時」，文義不合。
137 朱印本滿文作"beye amba sengge i jui oho fonde"。
138 朱印本滿文作"jalan de fucihi bifi"。
139 朱印本滿文作"colo oci, arsalan hoo sere tumen yabun be yooni tesubuhe"。
140 朱印本滿文作"nerginde sengge i jui"。

因問彼佛作何行願而得此相

時師子奮迅具足萬行

如來　告長者子　欲證此

身　當須久遠度脫一切受苦衆生

文殊師利　時長者子　因發願言

我今盡未來際　不可計劫　為是罪苦六

yangsangga sain lakšan be sabufi,[141] tere fucihi de ai forobun weilen deribuhe de teni enteke lakšan be baha ni seme fonjiha de,[142] nerginde arsalan i hūdun dacun eiten yabun yongkiyaha inekū jihe fucihi,[143] sengge niyalmai jui de hese wasimbume,[144] enteke beye bahaki seci,[145] giyan i goro goidatala eiten gosihon be alire[146] geren ergengge be doobuci acambi sehe.[147] manjusiri a, tere nerginde sengge niyalmai jui,[148] forobun forobume wesimbume,[149] bi te ci jidere unde,[150] tolome wajirakū g'alab de isitala,[151] ere sui gosihon be

141 朱印本滿文作“fucihi i lakšan sain minggan hūturi i miyamime yangselara be sabuha de”。
142 朱印本滿文作“tereci fucihi de wesimbume, fonjime, ai yabun forobun be deribuhe de, ere lakšan be baha ni”。
143 朱印本滿文作“nerginde arsalan hoo sere tumen yabun be yooni tesubuhe,ineku jihe fucihi”。
144 朱印本滿文作“sengge i jui de alame hese wasimbume”。
145 朱印本滿文作“ere gese beyebe yargiyalame bahaki seci”。
146 朱印本滿文作“giyan i enteheme eiten jobolon be aliha”。
147 朱印本滿文作“geren ergengge be doobume ukcabuci acambi”。
148 朱印本滿文作“nerginde sengge i jui”。
149 “forobun forobume wesimbume”，句中“wesimbume”，朱印本滿文作“hendume”。
150 朱印本滿文作“bi te jidere unde”。
151 朱印本滿文作“bodoci ojorakū, g'alab de wacihiyabume”。

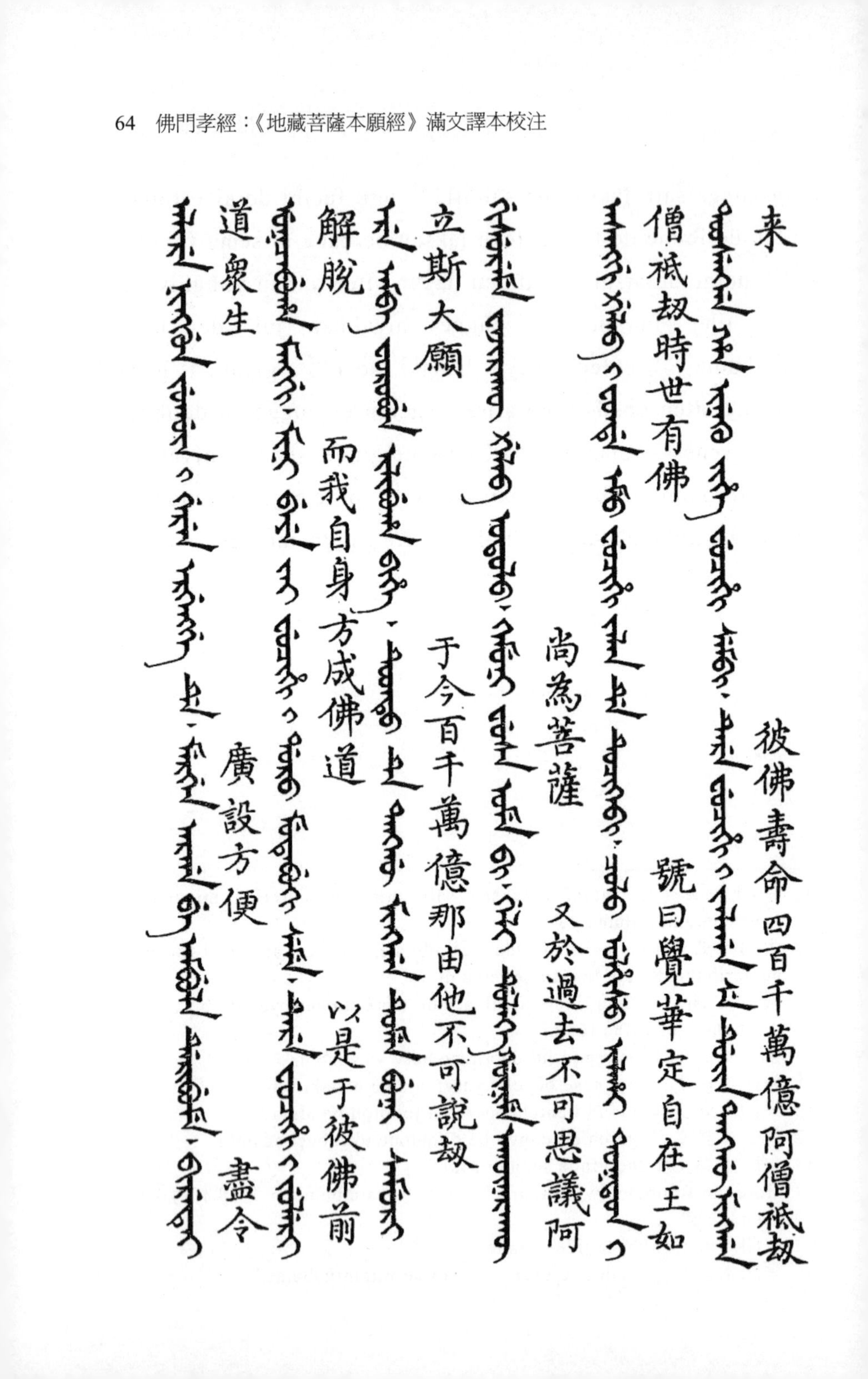

来

彼佛壽命四百千萬億阿僧祇劫

僧祇劫時世有佛

號曰覺華定自在王如

尚為菩薩

又於過去不可思議阿

立斯大願

于今百千萬億那由他不可說劫

解脫

而我自身方成佛道

以是于彼佛前

道衆生

廣設方便

盡令

alire ninggun jugūn i geren ergengge de,[152] mergen arga be ambula deribume,[153] biretei ukcabuha manggi,[154] mini beye jai fucihi i doro mutebuki seme,[155] tere fucihi i juleri ere amba forobun ilibuha bihe.[156] tuttu te tanggū minggan tumen bunai samuri gisureme wajirakū g'alab otolo,[157] kemuni fusa ome bi.[158] geli duleke gūnime akūnarakū[159] asanggi g'alab i fonde emu fucihi jalan de tucikebi,[160] colo ulhisu ilhai tokton i toosengga han ineku jihe fucihi sembi.[161] tere fucihi i jalgan se duin tanggū minggan

152 朱印本滿文作“enteke sui jobolon ninggun banjin i geren ergengge de”。

153 朱印本滿文作“ambula mergen arga deribufi”。

154 朱印本滿文作“wacihiyame umesi ukcabure jakade”。

155 朱印本滿文作“mini beye teni fucihi i doro šanggahabi”。

156 朱印本滿文作“ere durun i tere fucihi i juleri uttu amba forobun ilibufi”。

157 朱印本滿文作“te tanggū minggan tumen bunai samuri gisureci ojorakū g'alab otolo”。句中“samuri”，梵語讀如“nayuta”，漢文音譯作「那由他」，意即「萬萬兆」，古代最大數目。

158 朱印本滿文作“kemuni fusa ome bihebi”。

159 朱印本滿文作“geli duleke gūnime akūnaci ojorakū”。

160 朱印本滿文作“asanggi g'alab i fonde, jalan de fucihi bifi”，句中“asanggi”，梵語讀如“asaṃkhya”，又作“asaṃkhyeya”，漢文作「阿僧祇」，意即「無數」，或「無央數」。

161 朱印本滿文作“colo oci, bodi ilha tokton toosengga han ineku jihe fucihi sembi”。句中“bodi”，梵語讀如“bodhi”，漢文作「菩提」，意即「正覺」。

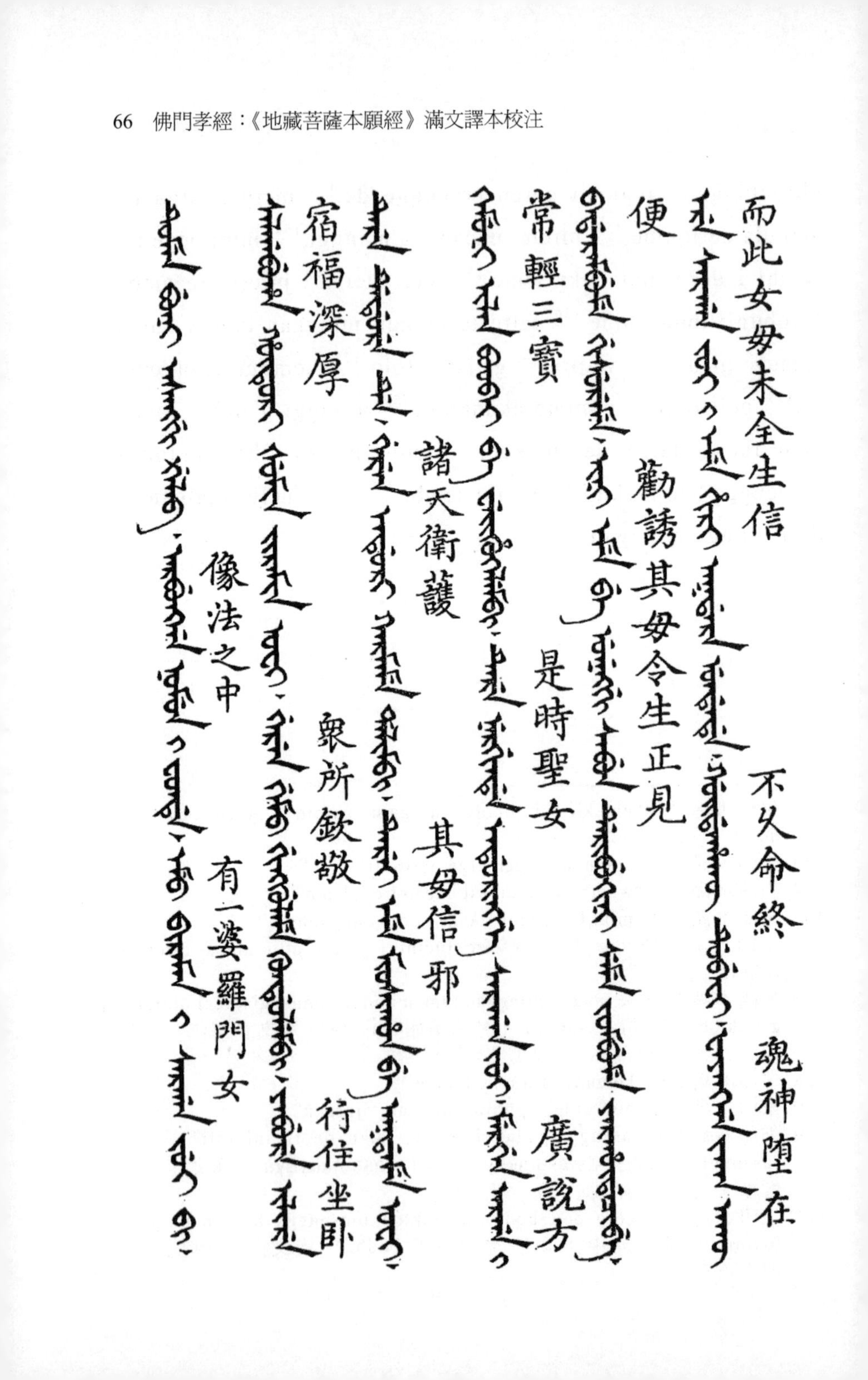

像法之中 有一婆羅門女

宿福深厚 眾所欽敬 行住坐臥

諸天衛護 其母信邪

常輕三寶 是時聖女 廣說方

便 勸誘其母令生正見

而此女母未全生信 不久命終 魂神墮在

tumen bunai asanggi g'alab. arbungga nomun i fonde,[162] emu biraman i sargan jui bi,[163] salgabuha hūturi šumin jiramin ofi,[164] geren gemu gingguleme kundulembi.[165] yabure ilire tere dedure de,[166] geren enduri karmame dalimbi,[167] terei eme miosihon be akdame ofi,[168] kemuni ilan boobai be weihukelembi. tere nerginde enduringge sargan jui,[169] mergen arga i badarambume gisureme,[170] ini eme be unenggi sabun deribukini seme jombume yarhūdacibe,[171] ere sargan jui i eme hiri akdara undede,[172] goidahakū dubefi,[173] fayangga jaka akū

162 朱印本滿文作"lakšan nomun i dorgide"。
163 朱印本滿文作"emu biraman i sargan jui bifi"。句中"biraman"，梵語讀如"brāhmaṇa"，漢文作「婆羅門」。
164 朱印本滿文作"nenehe jalan i hūturi šumin jiramin"。
165 朱印本滿文作"geren i kunduleme ginggulerengge"。
166 朱印本滿文作"yabure ilinara tere dedure de"。
167 朱印本滿文作"geren enduri dalime karmambi"。
168 朱印本滿文作"ini eme miosihon de akdame"。
169 "tere nerginde enduringge sargan jui"，句中"nerginde"，朱印本滿文作"fonde"。
170 朱印本滿文作"ambula mergen arga i gisureme"。
171 朱印本滿文作"mini eme be tafulame yarhūdame unenggi sabun banjikini secibe"。
172 朱印本滿文作"ere sargan jui i eme, yooni obume akdahakū ofi"。
173 朱印本滿文作"goidahakū ergen dubefi"。

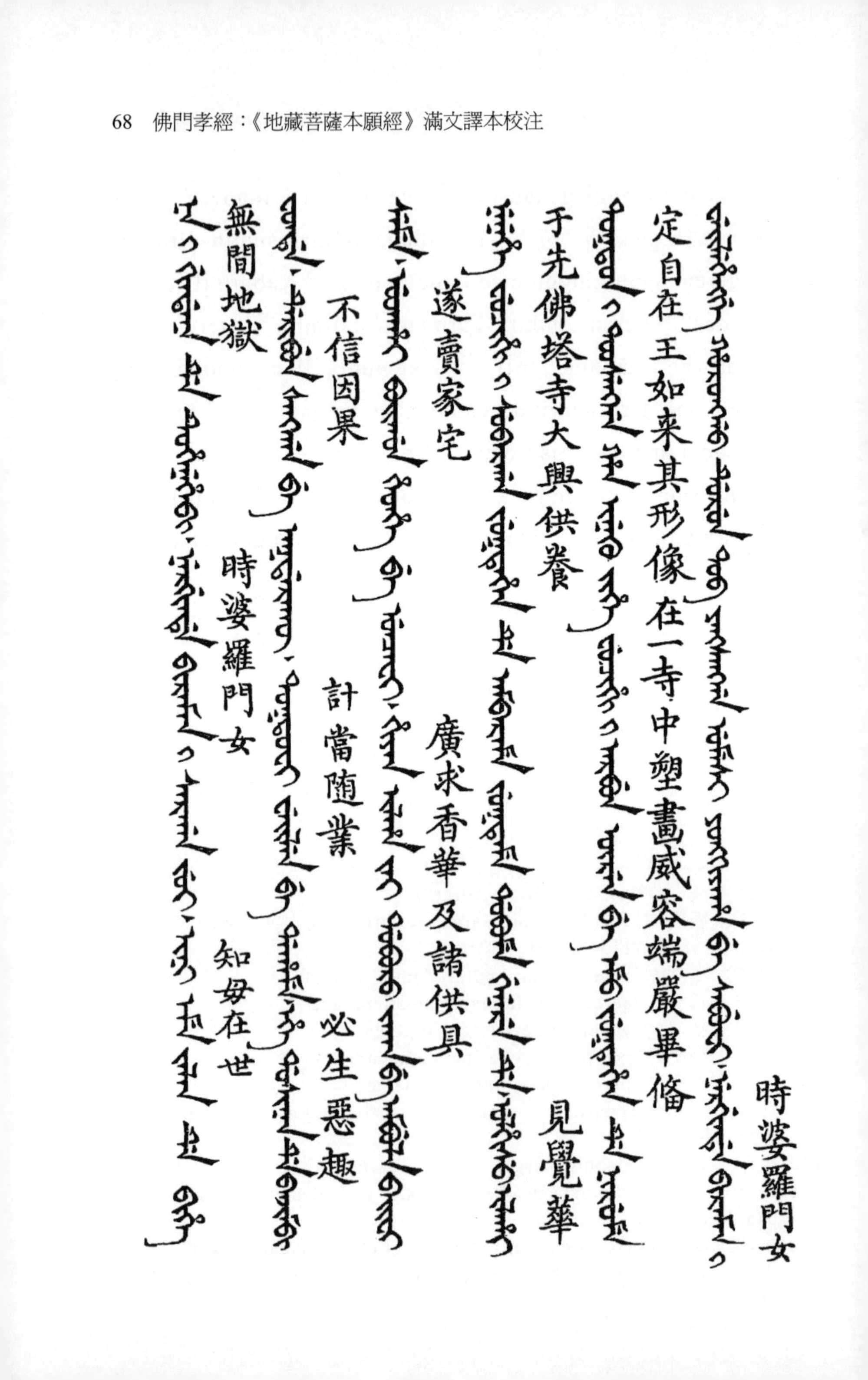

無間地獄

時婆羅門女

知母在世

不信因果

計當隨業

必生惡趣

遂賣家宅

廣求香華及諸供具

于先佛塔寺大興供養

見覺華

定自在王如來其形像在一寺中塑畫威容端嚴畢備

時婆羅門女

na i gindana de tuhenehebi.[174] nerginde biraman i sargan jui, ini eme jalan de bihe fonde,[175] deribun šangga be akdarakū,[176] toktofi weilen be dahame,[177] ehe dosinan de banjimbi seme,[178] uthai boigon hethe be uncafi,[179] hiyan ilha jai doboro jaka be ambula baifi[180] nenehe fucihi i subargan juktehen de ambarame jukteme dobome genere de,[181] ulhisu ilhai tokton i toosengga han ineku jihe fucihi i arbun ūren be emu juktehen de nirume weilehengge horonggo durun tob yangsangga umesi yongkiyaha be sabufi,[182] nerginde biraman i

174 朱印本滿文作"fayangga oron giyalan akū na i gindana de tuhenehe"。「魂神」，朱印本滿文作"fayangga oron"，意即「魂魄」；「無間」，合璧本滿文作"jaka akū"，朱印本滿文作"giyalan akū"。

175 朱印本滿文作"ini eme jalan de bisire fonde"。

176 「不信因果」，句中「因果」，朱印本滿文作"nikenjere šanggan"，合璧本滿文作"deribun šanggan"，滿漢文義相合。

177 朱印本滿文作"urunakū weilen be dahame"。

178 朱印本滿文作"ehe dosinan de banjinaha be bodome bahafi"，句中"ehe dosinan"，漢文作「惡趣」，梵語讀如"durgati"。

179 朱印本滿文作"tereci boobe uncafi"。

180 朱印本滿文作"ambula hiyan ilha, geren doboro jaka hacin be baifi"。

181 朱印本滿文作"nenehe fucihi. subarhan juktehen de ambula jukteme dobome"。「塔」，合璧本滿文作"subargan"，異。

182 「覺華」，合璧本滿文作"ulhisu ilha"，朱印本滿文作"bodi ilha"；「形象」，合璧本滿文作"arbun ūren"，朱印本滿文作"arbun lakšan"；「威容」，合璧本滿文作"horonggo durun"，朱印本滿文作"horon lakšan"。

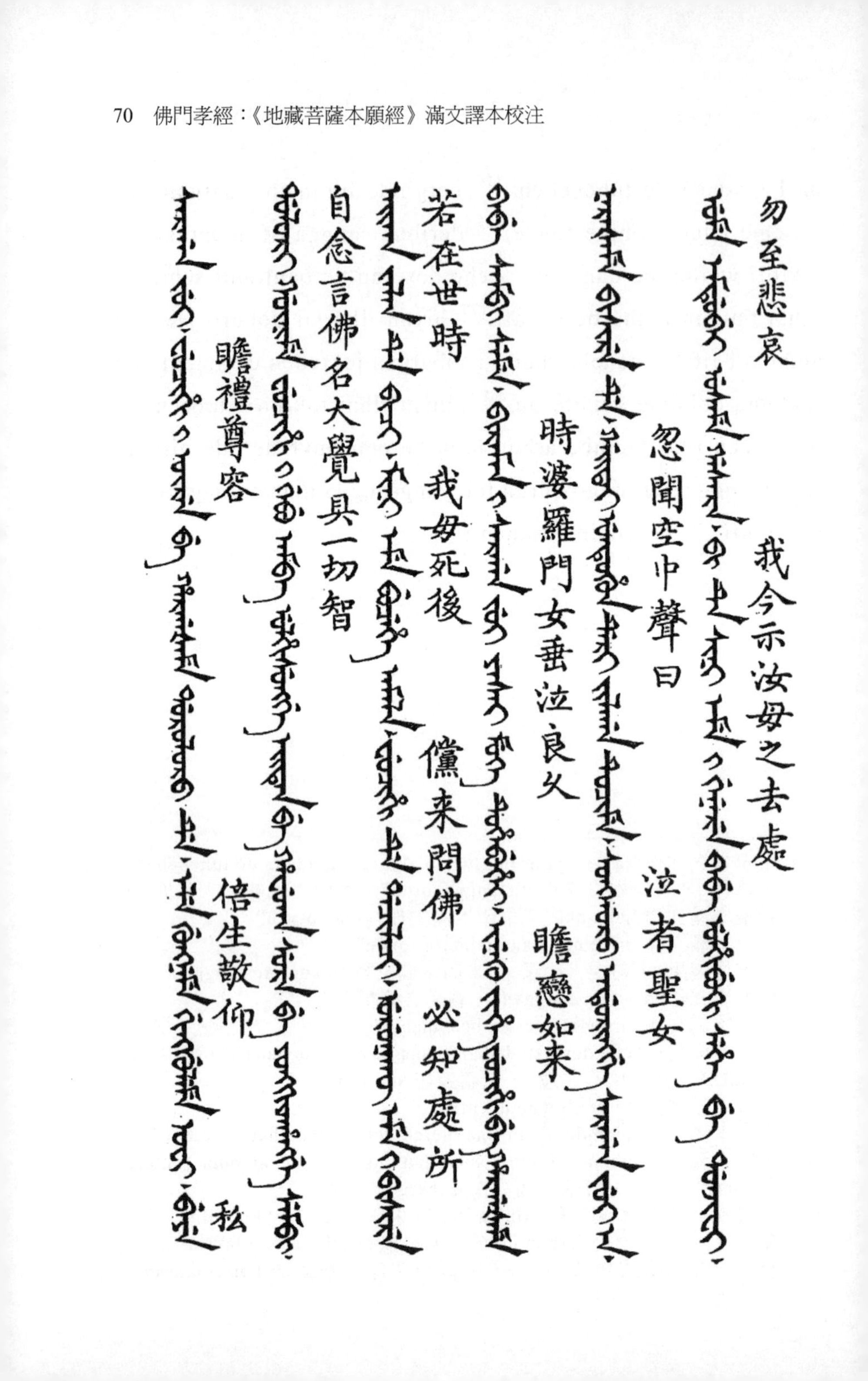

瞻禮尊容　倍生敬仰　私

自念言佛名大覺具一切智

若在世時　我母死後　儻來問佛　必知處所

時婆羅門女垂泣良久　瞻戀如來

忽聞空中聲曰　泣者聖女

勿至悲哀　我今示汝母之去處

sargan jui, fucihi i ūren be hargašame doroloro de,[183] ele gungneme gingguleme ofi,[184] beye dolori gūnime fucihi i gebu amba ulhisungge eiten be hafuka sure be yongkiyahangge sembi.[185] aika jalan de bici,[186] mini eme bucehe amala,[187] fucihi de dacilaci,[188] urunakū eme i bisire babe sambi seme,[189] biraman i sargan jui yasai muke tuhebuhei,[190] ineku jihe fucihi be hargašame narašame bisire de,[191] gaitai untuhun deri jilgan tucime,[192] songgoro enduringge sargan jui a, ume emdubei usame gasara,[193] bi te sini eme i genere babe ulhibuki sehe be donjifi,[194]

---

183 朱印本滿文作"wesihun cira be hargašame dorolome"。
184 朱印本滿文作"ubui nonggime gingguleme hargašame tuwame"。
185 朱印本滿文作"dolori jondome hendume fucihi i colo amba bodi eiten hafuka sure be yongkinahabi"。
186 朱印本滿文作"aika jalan de bisire erinde"。
187 朱印本滿文作"mini eme akū oho amala"。
188 朱印本滿文作"fucihi de baime fonjinjici"。
189 朱印本滿文作"urunakū ya bade bisire be sambi seme"。
190 朱印本滿文作"biraman i sargan jui yasai muke tuhebume kejine"。
191 "ineku jihe fucihi be hargašame narašame bisire de"，句中"hargašame narašame bisire"，朱印本滿文作"narašame hargašame"。
192 朱印本滿文作"gaitai untuhun deri jilgan tucifi hendume"。
193 朱印本滿文作"ume hon nasame gasara"。
194 朱印本滿文作"bi te sini eme i bisire babe jorime ulhibure"。

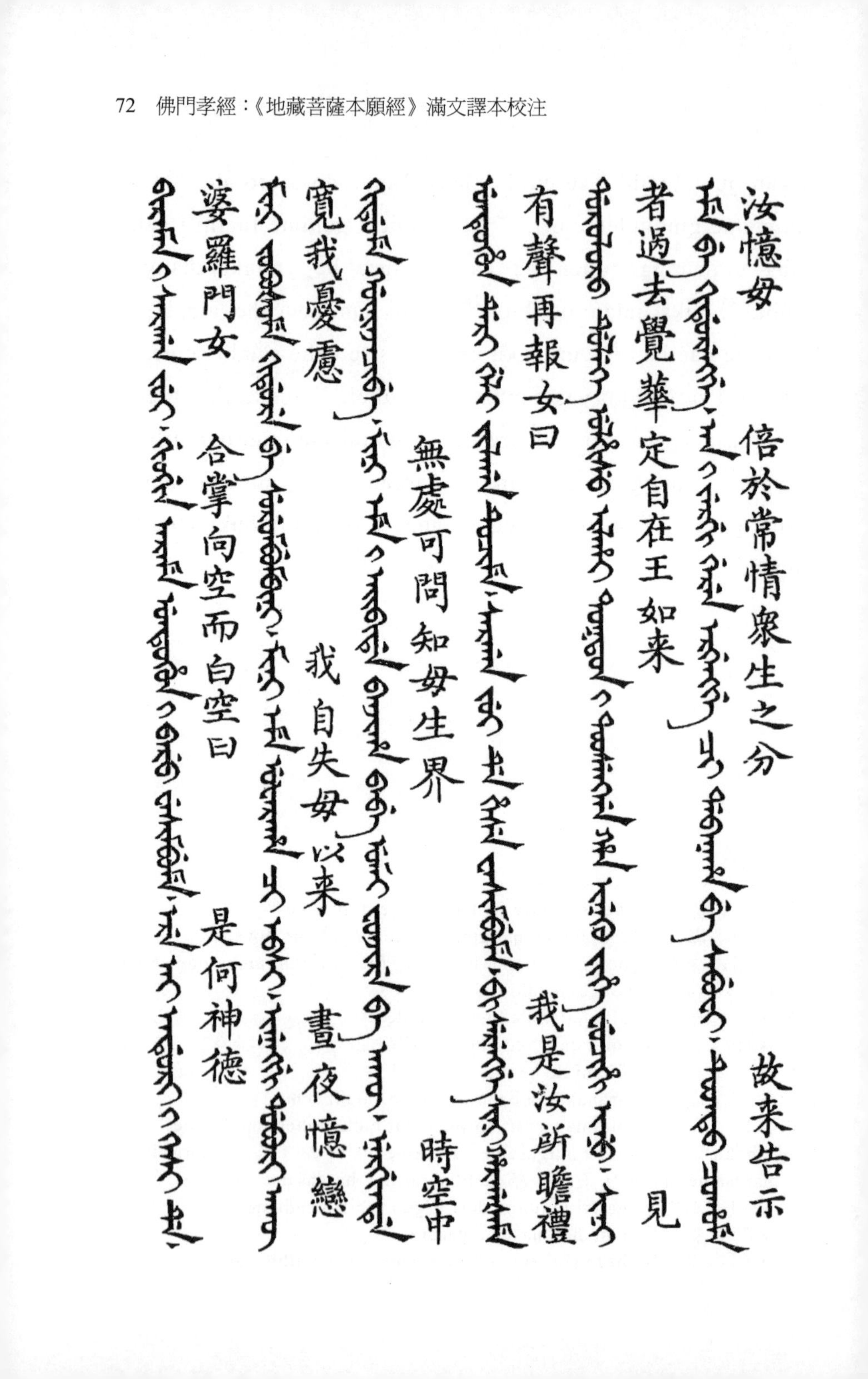

汝憶母 倍於常情衆生之分 故来告示

者過去覺華定自在王如来 見

有聲再報女曰 我是汝所瞻禮

無處可問知母生界 時空中

寛我憂慮 我自失母以来 晝夜憶戀

婆羅門女 合掌向空而白空曰 是何神德

biraman i sargan jui, giogin arame untuhun i baru wesimbume,[195] ere ai enduri i kesi de,[196] mini jobošome kidure be surumbumbini.[197] mini eme ufaraha ci ebsi, inenggi dobori akū kidume gūninjacibe,[198] mini eme i aibide banjiha babe umai fonjire ba akū.[199] nerginde untuhun deri geli jilgan tucime,[200] sargan jui de hese wasimbume,[201] bi serengge sini hargašame doroloro duleke ulhisu ilhai tokton i toosengga han ineku jihe fucihi inu.[202] sini eme be kidurengge, an i jergi geren ergengge ci dabanaha be sabufi,[203] tuttu cohome

195 朱印本滿文作"untuhun i baru giogin arame untuhun de hendume"。
196 朱印本滿文作"ai enduri erdemui "。
197 朱印本滿文作"mini jobome gasara be sulfa obumbini"。
198 "inenggi dobori akū kidume gūninjacibe"，句中"gūninjacibe"，朱印本滿文作"gūnime"。
199 朱印本滿文作"eme i banjiha jecen be fonjinara ba akū"。
200 "nerginde untuhun deri geli jilgan tucime"，句中"tucime"，朱印本滿文作"bifi"。
201 朱印本滿文作"geli sargan jui de alame hendume"。
202 「我是汝所瞻禮者」，合璧本滿文作"bi serengge sini hargašame doroloro"，朱印本滿文作"bi sini hargašame doroloho"；「覺華」，合璧本滿文作"ulhisu ilhai"，朱印本滿文作"bodi ilha"。
203 朱印本滿文作"geren ergenggei an i jergici tucinehe be safi"。

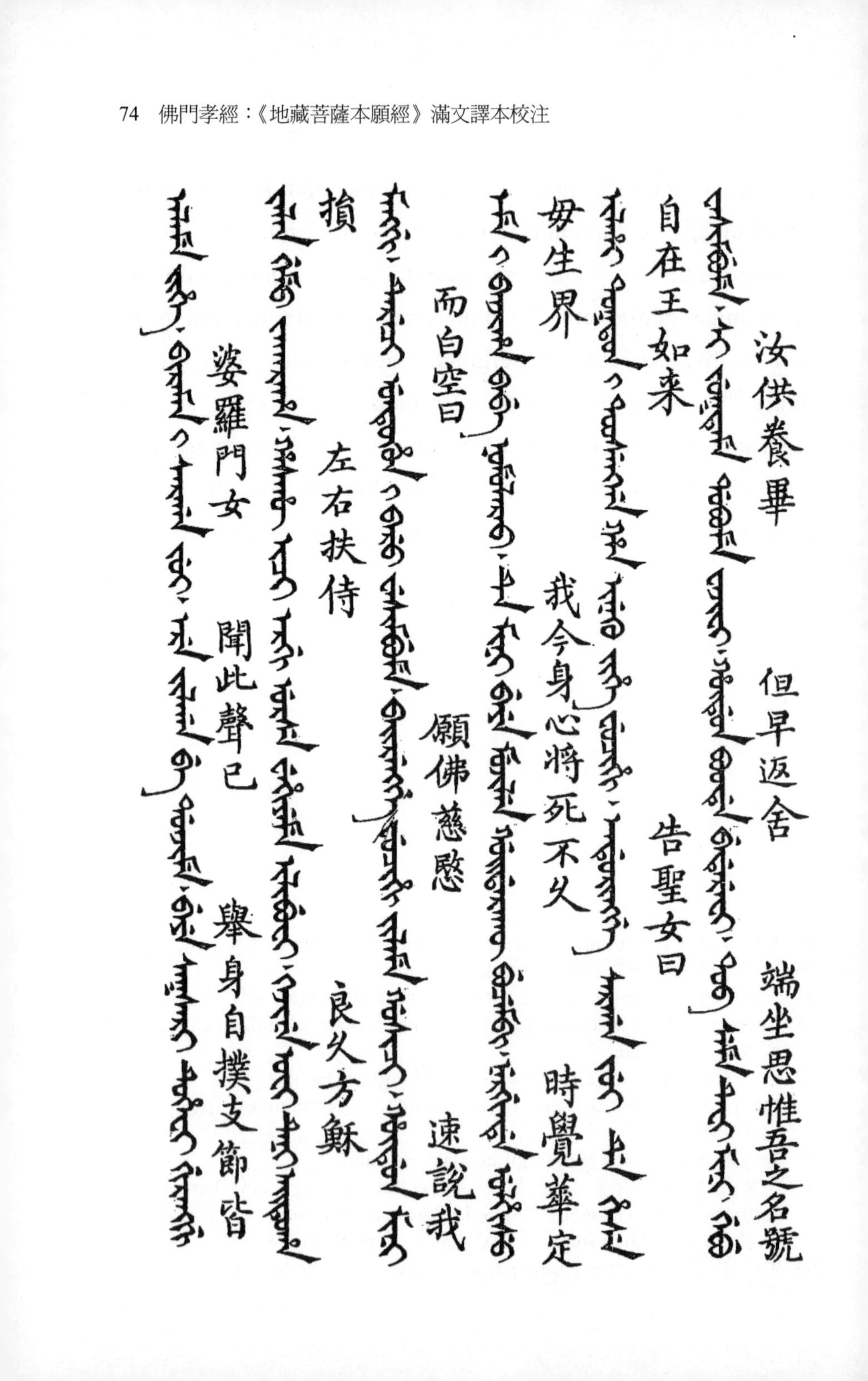

汝供養畢 但早返舍 端坐思惟吾之名號

自在王如來 告聖女曰

母生界 我今身心將死不久 時覺華定

而白空曰 願佛慈愍 速說我

損 左右扶侍 良久方穌

婆羅門女 聞此聲已 舉身自撲支節皆

alame jihe.[204] biraman i sargan jui, ere jilgan be donjime,[205] beye saksari tuhefi giranggi jalan gemu jakaraha.[206] hashū ici ergi urse wehiyeme ilibufi, kejine ofi teni aituha manggi,[207] tereci untuhun i baru wesimbume,[208] bairengge fucihi jilame gosici,[209] hūdun mini eme i banjiha babe nomularao,[210] te mini beye mujilen goidarakū bucembi.[211] nerginde ulhisu ilhai tokton i toosengga han ineku jihe fucihi,[212] enduringge sargan jui de hese wasimbume,[213] si jukteme dobome wajifi,[214] hūdun boode bederefi,[215] tob seme tefi mini gebu

---

204 朱印本滿文作"tuttu ulhibume alanjihabi"。

205 朱印本滿文作"ere jilgan be donjiha manggi"。

206 朱印本滿文作"beye hub seme tuhefi gargan jalan gemu kokirafi"。

207 朱印本滿文作"kejine goidafi teni antuha"，句中"antuha"，誤，當作"aituha"。

208 朱印本滿文作"untuhun de alame hendume"。

209 朱印本滿文作"fucihi šar seme jilame"。

210 朱印本滿文作"mini eme i banjiha jecen be hūdun gisurereo"。

211 朱印本滿文作"te mini beye goidarakū bucere hamika sefi"。

212 "nerginde ulhisu ilhai tokton i toosengga han ineku jihe fucihi"，句中"ulhisu ilhai"，朱印本滿文作"bodi ilha"。

213 朱印本滿文作"enduringge sargan jui de alame hese wasimbume"。

214 朱印本滿文作"si te jukteme dobome wajiha manggi"。

215 「但早返舍」，合璧本滿文作"hūdun boode bederefi"，朱印本滿文作"uthai erdeken i boode mari"。

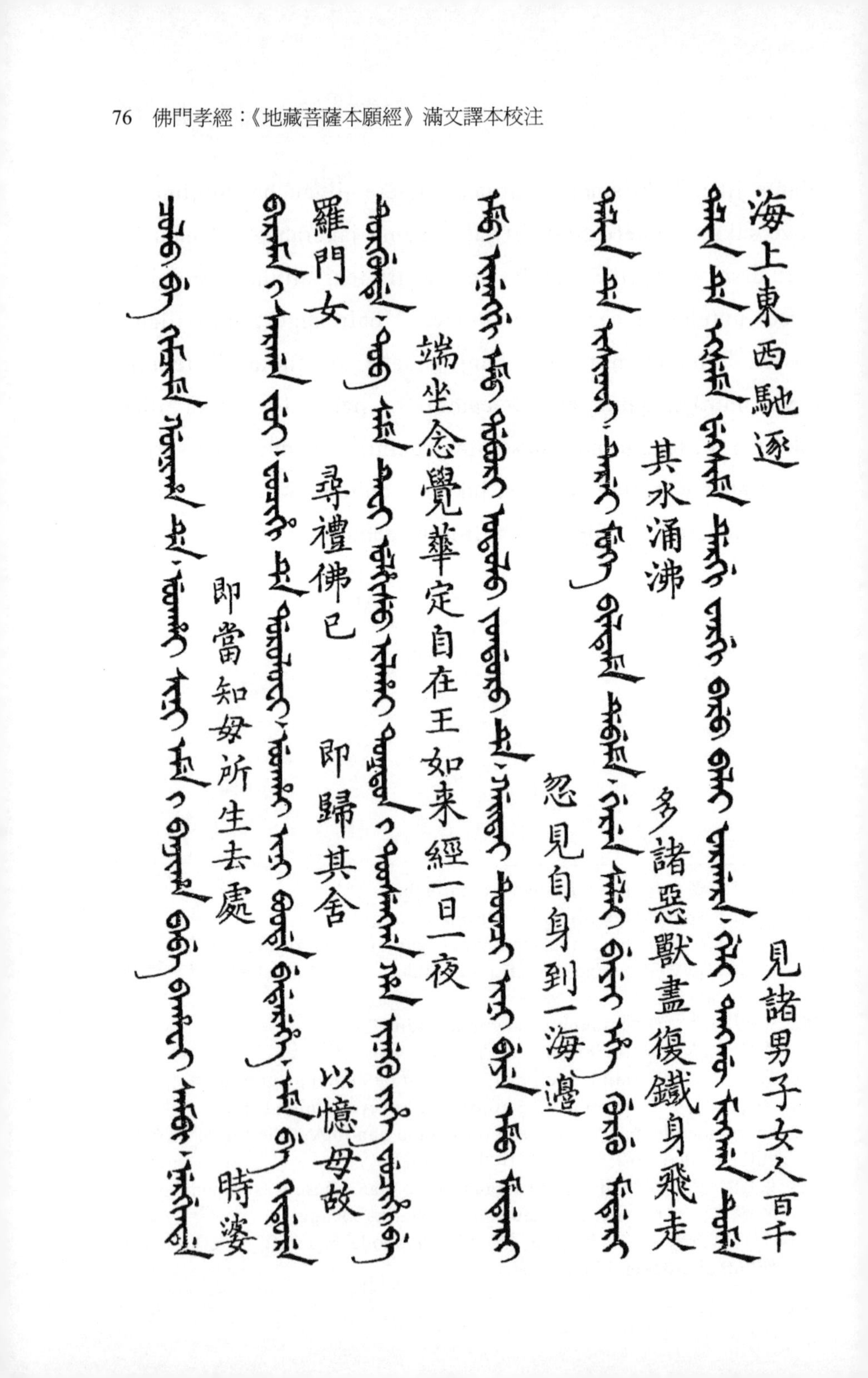

即當知母所生去處　時婆

羅門女　尋禮佛已　即歸其舍　以憶母故

端坐念覺華定自在王如来經一日一夜

忽見自身到一海邊

其水涌沸　多諸惡獸盡復鐵身飛走

海上東西馳逐　見諸男子女人百千

colo be kimcime gūniha de,[216] uthai sini eme i banjiha babe bahafi sambi.[217] nerginde biraman i sargan jui, fucihi de dorolofi,[218] uthai ini boode bederehe.[219] eme be kidure turgunde, tob seme tefi ulhisu ilhai tokton i toosengga han ineku jihe fucihi be emu inenggi emu dobori otolo jondoro de,[220] gaitai tuwaci ini beye emu mederi dalin de isinafi,[221] terei muke bilteme debeme,[222] geren selei beyei ehe gurgu mederi dalin de ekšeme feksime dergi wargi baru balai fargara,[223] geli tanggū minggan tumen

---

216 朱印本滿文作"tob seme tefi, mini gebu colo be seoleme gūnire ohode"。

217 朱印本滿文作"uthai eme i banjinaha babe saci acambi"。

218 「尋禮佛已」，合璧本滿文作"fucihi de dorolofi"，朱印本滿文作"fucihi be dorolome wajifi"。

219 "uthai ini boode bederehe"，句中"bederehe"，朱印本滿文作"mariha"。

220 朱印本滿文作"tob seme tefi bodi ilhai tokton toosengga ineku jihe fucihi be hūlame, emu inenggi emu dobori dulefi"。

221 朱印本滿文作"beye gaitai emu mederi dalin de isinaha"。

222 「其水涌沸」，句中「涌沸」，朱印本滿文作"bilteme jolhome"，意即「漫溢涌出」。合璧本滿文作"bilteme debeme"，意即「漫溢沸騰」，滿漢文義相合。

223 「多諸惡獸，盡復鐵身」，合璧本滿文作"geren selei beyei ehe gurgu"，朱印本滿文作"ehe gurgu abdu〔labdu〕bifi"，yooni selei beye。「飛走海上」，合璧本滿文作"mederi dalin de ekšeme feksime"，朱印本滿文作"deyere gese medero〔mederi〕de yabume"。「東西馳逐」，合璧本滿文作"dergi wargi baru balai fargara"，意即「向東西亂追」，朱印本滿文作"dergi wargi baru faralama〔fargame〕feksime"，意即「向東西追跑」。

萬數出沒海中
被諸惡獸爭取食噉

又見夜叉其形各異或多手多眼多足多頭

口牙外出
利刃如劍
驅諸罪人

使近惡獸
復自搏攫

頭足相就
其形萬類

不敢久視
時婆羅門女
以念佛力故

isire geren haha hehe mederi de tucime dosime,[224] geren ehe gurgu temšendume jeme nunggere,[225] geli yakca i arbun meimeni encu gala labdu yasa labdu bethe labdu uju labdu,[226] angga i weihe tulesi banjifi,[227] dacun jeyen dabcikū i adali,[228] geren weilengge niyalma be bošome,[229] ehe gurgu i hanci de isibumbime,[230] geli teisu teisu jafame šoforome,[231] uju bethe be emu bade obure be sabuha.[232] terei arbun tutala hacin,[233] gelhun akū goidame tuwarakū. nerginde biraman i sargan jui fucihi be jondoro

224 朱印本滿文作“tanggū minggan tumen ton i geren hahasi hehesi bifi, mederi de tucime burubume”。句中“tucime burubume”，意即「出沒」，滿漢文義相合。

225 朱印本滿文作“geren ehe gurgu de temšendume durime gaifi nunggeme jenure be sabuha”。

226 “yakca”，梵語讀如“yakṣa”，漢文作「夜叉」，意即「能噉鬼」，或作「捷疾鬼」。「或多眼多足多頭」，朱印本滿文作“eici labdu gala labdu yasa labdu bethe labdu uju”。

227 朱印本滿文作“weihe tulesi tucinjime”。

228 朱印本滿文作“dabcikū i gese dacun jeyen”。

229 “geren weilengge niyalma be bošome”，句中“bošome”，朱印本滿文誤作“bušome”。

230 朱印本滿文作“ehe gurgu de hanci isibumbime”。

231 「復自搏攫」，朱印本滿文作“geli jafame huthufi”，合璧本滿文作“geli teisu teisu jafame šoforome”。

232 朱印本滿文作“uju bethe emu gocimbuha be sabuha”。

233 朱印本滿文作“terei arbun hacingga bifi”。

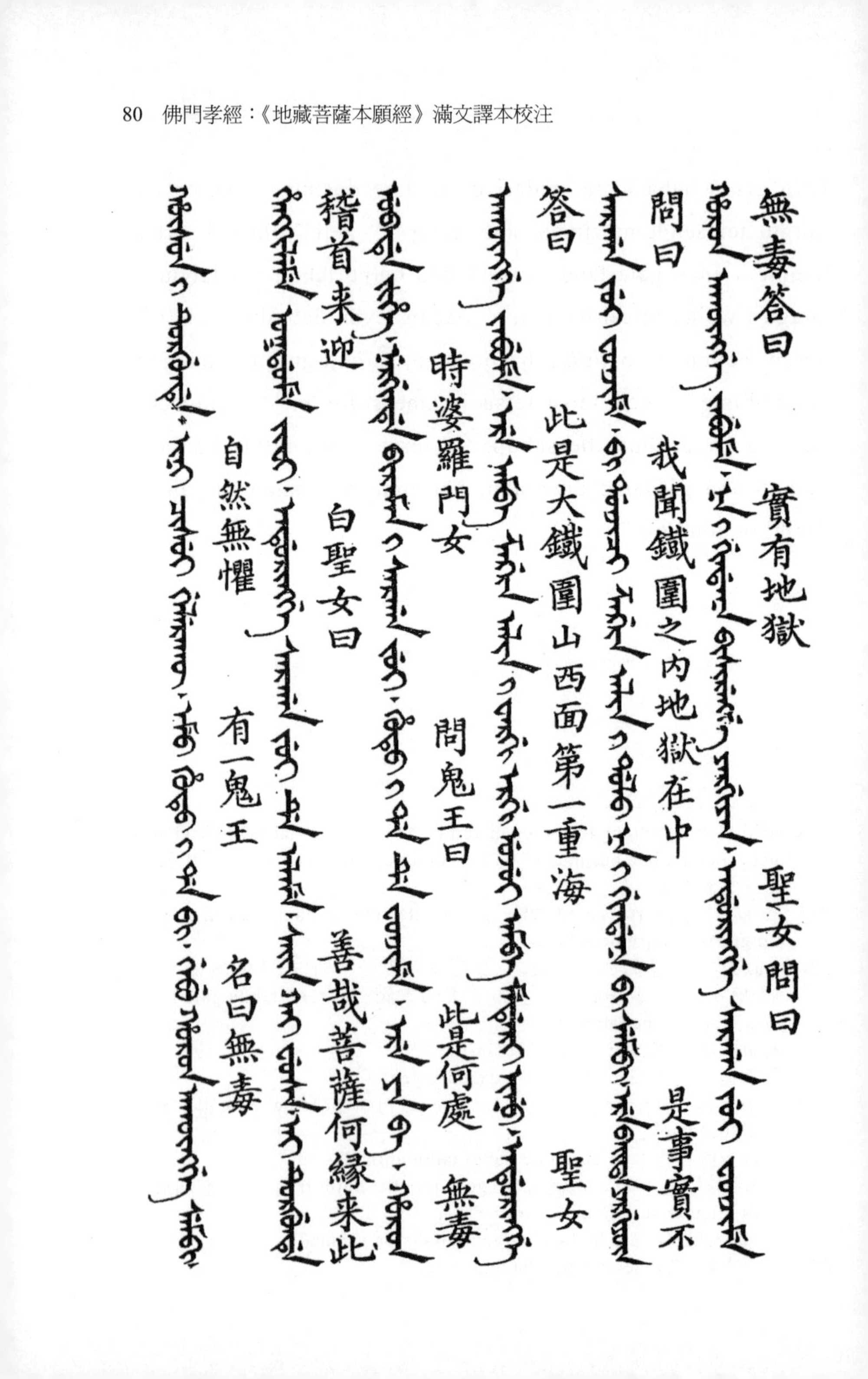

自然無懼　有一鬼王　名曰無毒
稽首來迎　白聖女曰　善哉菩薩何緣來此
時婆羅門女　問鬼王曰　此是何處　無毒
答曰　此是大鐵圍山西面第一重海　聖女
問曰　我聞鐵圍之內地獄在中　是事實不
無毒答曰　實有地獄　聖女問曰

hūsun i turgunde,[234] ini cisui gelerakū.[235] emu hutu i da bi,[236] gebu horon akūngge sembi,[237] hengkileme okdome jifi,[238] enduringge sargan jui de alame,[239] sain kai fusa,[240] ai turgunde ubade jihe.[241] nerginde biraman i sargan jui,[242] hutu i da de fonjime,[243] ere ya ba.[244] horon akūngge jabume, ere amba dzag'ra alin i wargi ergi ujui amba mederi inu.[245] enduringge sargan jui fonjime, bi donjici dzag'ra alin i dolo na i gindana bi sembi,[246] ere baita yargiyūn. horon akūngge jabume, na i gindana bisirengge yargiyan. enduringge sargan jui fonjime,

---

234 「以念佛力故」，句中「念力」，合璧本滿文作"jondoro hūsun "。朱印本滿文作"hūlarangge hūsun"。

235 「自然無懼」，句中「自然」，合璧本滿文作"ini cisui"，朱印本滿文作"elehun bifi"，意即「泰然自若」。

236 "emu hutu i da bi"，句中"bi"，朱印本滿文作 "bifi"。

237 "gebu horon akūngge sembi"，句中"akūngge"，朱印本滿文作"akū"。

238 朱印本滿文作"henggišeme okdonjifi"。

239 朱印本滿文作"enduringge sargan jui de hendume"。

240 朱印本滿文作"sain kai fusa a"。

241 朱印本滿文作"ai turgunde ubade isinjiha ni"。

242 "nerginde biraman i sargan jui"，句中"nerginde"，朱印本滿文作 "tere nerginde "。

243 朱印本滿文作"hutu i da de fonjime hendume"。

244 朱印本滿文作"ere ya ba sembi"。

245 「鐵圍」，合璧本滿文作"dzag'ra"，梵語讀如"cakravāḍa"，朱印本滿文作"dzag'ara"。

246 朱印本滿文作 mini donjiha bade dzag'ara alin i dorgi na i gindana bi sehengge"。

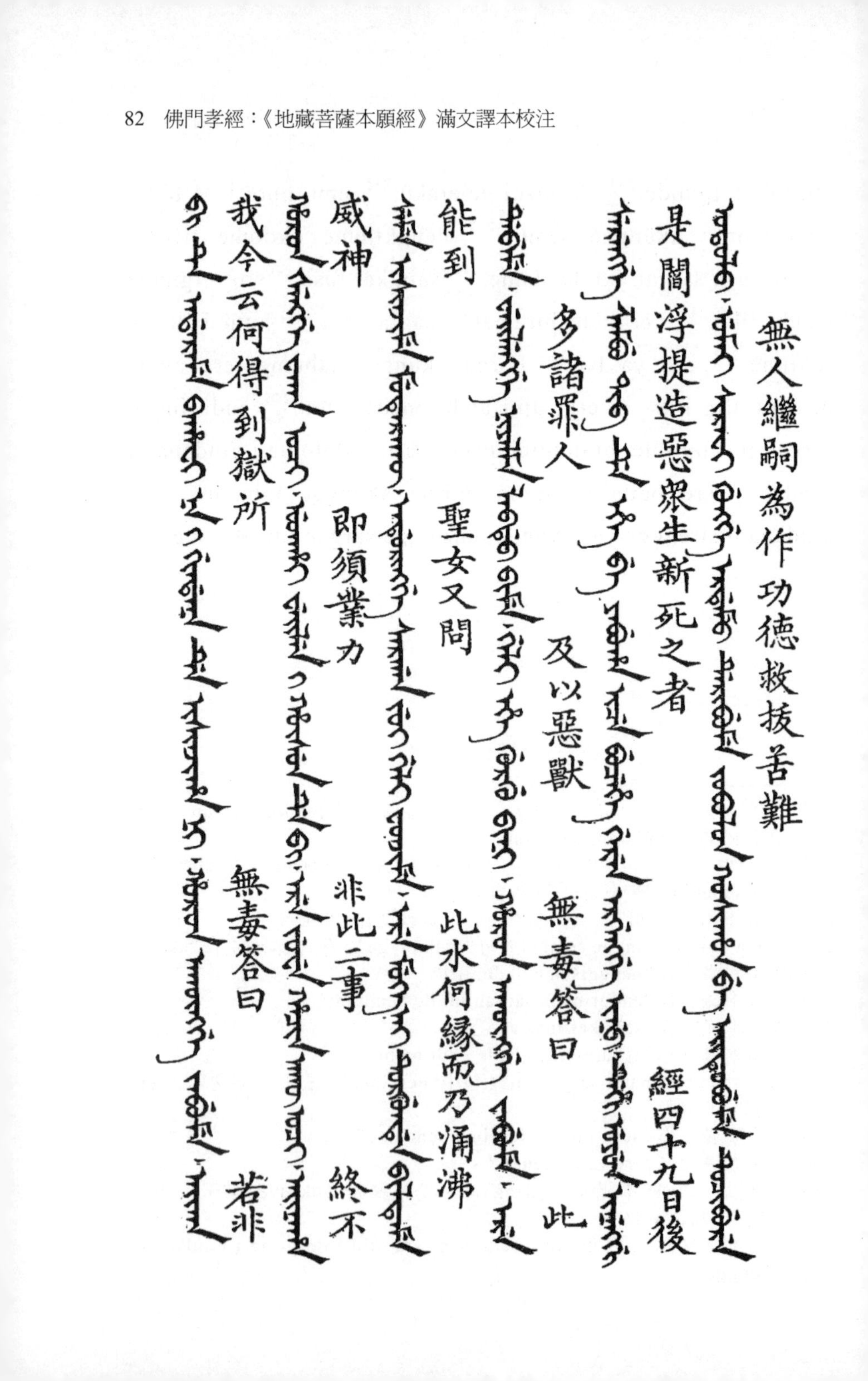

我今云何得到獄所　無毒答曰　若非

威神　即須業力　非此二事　終不

能到　聖女又問　此水何緣而乃涌沸

多諸罪人　及以惡獸　無毒答曰　此

是閻浮提造惡眾生新死之者　經四十九日後

無人繼嗣為作功德救拔苦難

bi te adarame bahafi na i gindana de isinjiha ni.[247] horon akūngge jabume, aika horon šengge waka oci,[248] uthai weilen i hūsun de bi,[249] ere juwe hacin akū oci,[250] ainaha seme isinjime muterakū. enduringge sargan jui geli fonjime, ere muke ai turgunde bilteme debeme,[251] weilengge niyalma labdu bime,[252] geli ehe gurgu bini.[253] horon akūngge jabume, ere serengge dzambu tib de ehe be yabuha ice bucehe geren ergengge inu.[254] dehi uyun inenggi otolo,[255] umai sirafi gungge erdemu deribume jobolon gosihon be aitubume tucibure

---

247 朱印本滿文作"bi te ainu gindana de isinjiha ni"。

248 「若非威神」，句中「威神」，合璧本滿文作"horon šengge"，朱印本滿文作"adistit i šengge "。

249 朱印本滿文作"uthai weilen i hūsun de isiburengge inu"。

250 朱印本滿文作"ere juwe hacin i baita waka oci"。

251 朱印本滿文作"ere muke ai turgunde jolhome bilteme"。

252 朱印本滿文作"geren weilengge niyalma"。

253 朱印本滿文作"jai ehe gurgu"。

254 朱印本滿文作"ere dzambu tib i ehe araha geren ergengge i ice bucehengge inu"，句中"dzambu tib"，梵語讀如"jambu-dvipa"，漢文作「閻浮提」，意即須彌山南方四大洲之一。

255 「經四十九日後」，合璧本滿文作"dehi uyun inenggi otolo"，意即「迄四十九日」。朱印本滿文作"dehi uyun inenggi dulefi"，意即「過了四十九日」。

生時又無善因 當據本業所感地獄

自然先渡此海 海

東十萬由旬 又有一海 其苦倍此

彼海之東 又有一海 其苦復倍

三業惡因之所招感 共號業海 其

處是也 聖女又問鬼王無毒曰

niyalma akū,[256] banjire de geli sain deribun akū,[257] erei da araha weilen be dahame tuheneci acara na i gindana de,[258] esi seci ojorakū neneme ere mederi be doombi.[259] ere mederi dergi juwan tumen yodzana i dubede,[260] geli emu mederi bi, tere gosihon ereci ubui nonggimbi.[261] tere mederi i dergi de,[262] geli emu mederi bi, tere gosihon geli ubui nonggimbi.[263] ere ilan weilen i ehe deribun ci jibuhengge ofi,[264] tuttu gemu weilen i mederi sembi,[265] ere uthai tenteke ba inu.[266] enduringge sargan jui geli hutu i da horon akūngge de fonjime,

---

256 朱印本滿文作"sirame gungge erdemu arame ini gosihon jobolon be aitubume tucibure enen ojoro niyalma akū bime"。

257 朱印本滿文作"banjire fonde geli sain holbohon akū"，句中"holbohon"，意即「緣起」。「善因」，句中「因」，合璧本滿文作"deribun"，意即因果之「因」。

258 朱印本滿文作"ini da araha weilen i acinggiyabuha na i gindana ofi"。

259 朱印本滿文作"ini cisui neneme ere mederi de dosimbi"，句中"dosimbi"，誤，當作"doombi"。

260 "ere mederi"，朱印本滿文作"mederi i"；"yodzana"，梵語讀如"yojana"，漢文音寫作「由旬」，又作「踰闍那」，意即指牛車的一日行程。

261 "tere gosihon ereci ubui nonggimbi"，句中"nonggimbi"，朱印本滿文作"fulu"。

262 朱印本滿文作"tere mederi i dergi"，省略格助詞"de"。

263 朱印本滿文作"tere gosihon ubui ubu fulu"。

264 朱印本滿文作"ilan weilen ehe holbohon ci banjinaha acinggiyabuhangge"。

265 朱印本滿文作"uherileme weilen i mederi sehengge"。

266 朱印本滿文作"ere ba kai"。

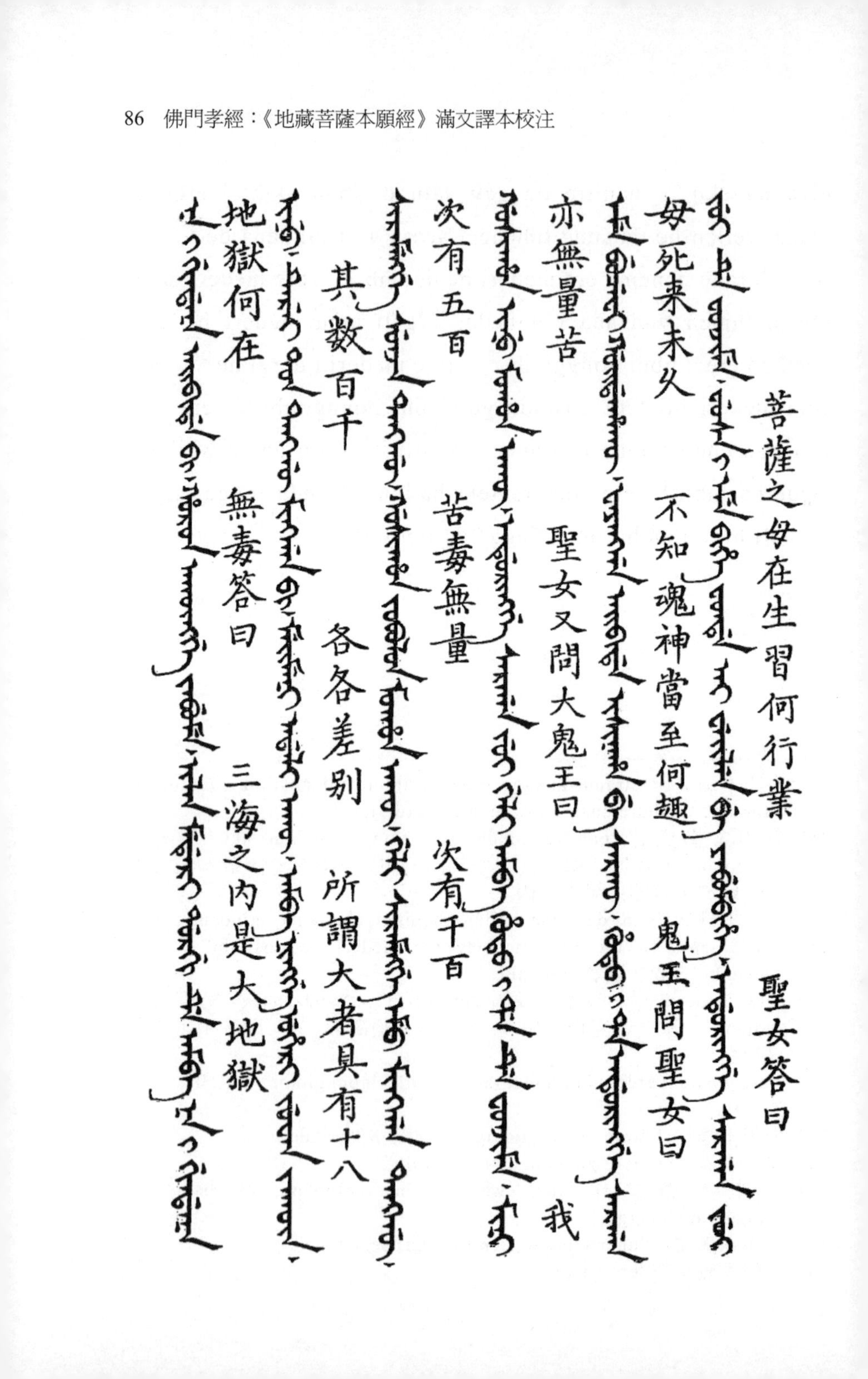

菩薩之母在生習何行業　聖女答曰

母死來未久　不知魂神當至何趣　鬼王問聖女曰

亦無量苦　聖女又問大鬼王曰　我

次有五百　苦毒無量　次有千百

其數百千　各各差別　所謂大者具有十八

地獄何在　無毒答曰　三海之內是大地獄

na i gindana aibide bi. horon akūngge jabume, ilan mederi dorgi de amba na i gindana inu.[267] terei ton tanggū minggan bi,[268] meimeni adali akū.[269] amba ningge uheri juwan jakūn,[270] siramengge sunja tanggū,[271] gosihon jobolon mohon akū,[272] geli siramengge emu minggan tanggū,[273] gosihon inu mohon akū.[274] enduringge sargan jui geli amba hutu i da de fonjime, mini eme bucefi goidahakū,[275] fayangga aibide isinaha be sarkū.[276] hutu i da enduringge sargan jui de fonjime, fusa i eme bihe fonde ai weilen be yabumbihe.[277] enduringge sargan jui

---

267 朱印本滿文作"horon akū jabume, ilan mederi dolo amba na i gindana"。
268 "terei ton tanggū minggan bi"，句中"terei"，朱印本滿文作"tere"。
269 朱印本滿文作"meni meni encu babi"。
270 朱印本滿文作"amba sehengge, juwan jakūn hacin yongkiyahangge ci tulgiyen"。
271 朱印本滿文作"sirame sunja tanggū hacin"。
272 朱印本滿文作"gosihon ehe bi, mohon akū"。
273 朱印本滿文作"sirame minggan tanggū hacin"。
274 朱印本滿文作"inu mohon akū gosihon sehengge inu"。
275 「我母死來未久」，合璧本滿文作"mini eme bucefi goidahakū"，朱印本滿文作"mini eme i bucehe ci ebsi, goidahakū"。
276 朱印本滿文作"fayangga oron maka ya dosika de isinaha ni"。
277 朱印本滿文作"fusa i eme banjire de ai yabun weile be dasambihe"。

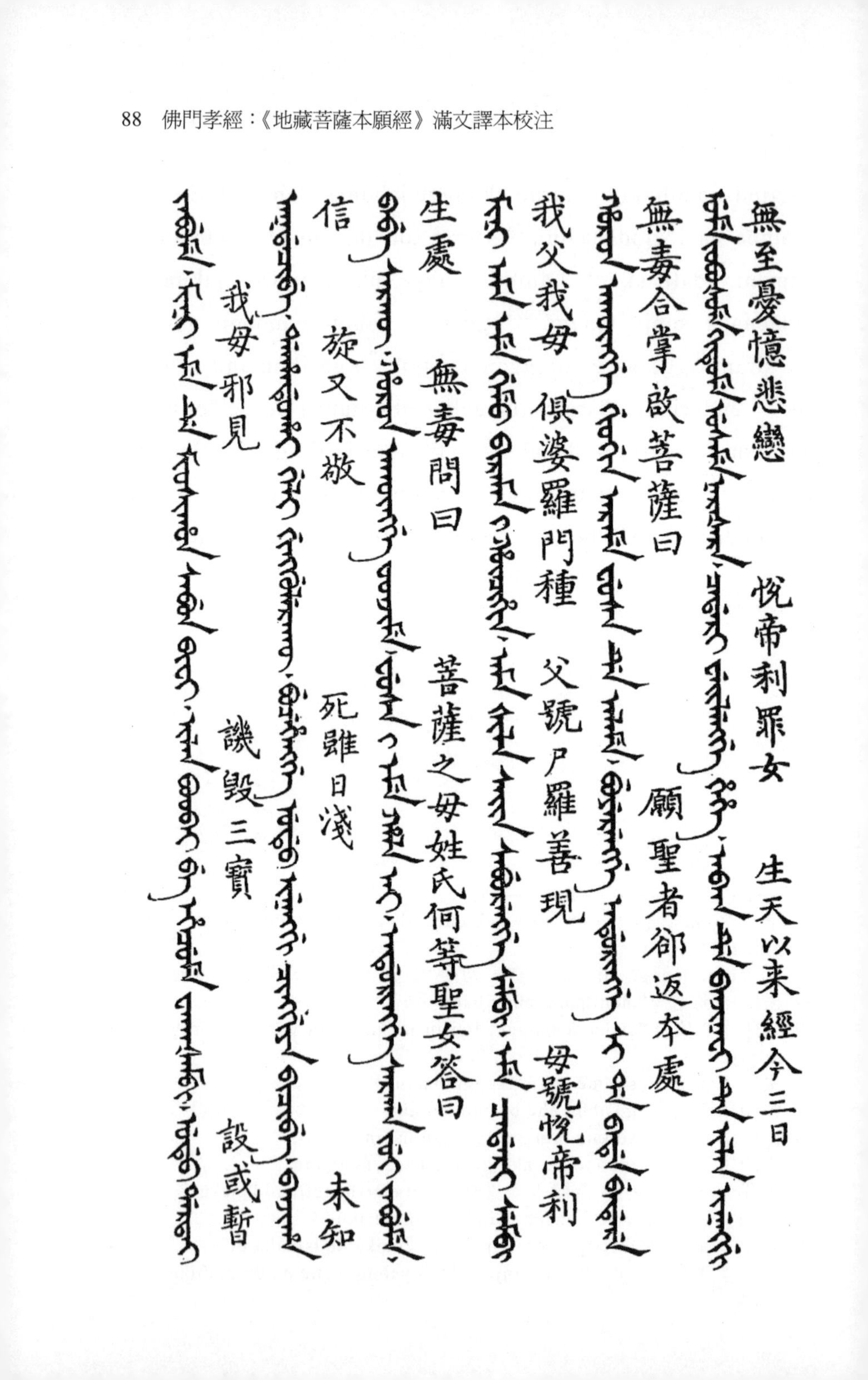

我母邪見　譏毀三寶　設或暫

信　旋又不敬　死雖日淺　未知

生處　無毒問曰　菩薩之母姓氏何等　聖女荅曰

我父我母　俱婆羅門種　父號尸羅善現　母號悅帝利

無毒合掌啟菩薩曰　願聖者卻返本處

無至憂憶悲戀　悅帝利罪女　生天以来經今三日

jabume, mini eme de miosihon sabun bifi, ilan boobai be ehecume wakašambi,[278] udu dartai akdacibe,[279] dahaduhai geli ginggulerakū,[280] bucehengge udu inenggi cinggiya bicibe,[281] banjiha babe sarkū.[282] horon akūngge fonjime, fusa i eme hala ai.[283] enduringge sargan jui jabume, mini ama eme gemu biraman i hūncihin,[284] ama šila sain saburengge sembi,[285] eme cadari sembi.[286] horon akūngge giogin arame fusa de alame[287] buyerengge enduringge si da bade bedere,[288] ume jobošome kidume usame narašara,[289] cadari weilengge hehe, abka de banjinafi te ilan inenggi

278 朱印本滿文作“mini eme miosihon sabun i ilan boobai be wakašame darime ofi”。
279 朱印本滿文作“ememu fonde akdara gojime”。
280 朱印本滿文作“dahaduhai geli ginggun akū”。
281 朱印本滿文作“bucehe inenggi udu cinggiya bicibe”。
282 “banjiha babe sarkū”，句中“banjiha”，朱印本滿文作“banjinaha”。
283 朱印本滿文作“fusa i eme i gebu hala ai”。
284 朱印本滿文作“mini ama, eme, gemu biraman i ulan”。
285 朱印本滿文作“ama i colo targacun i umesi saburengge”。句中“targacun”，合璧本滿文作“šila”，漢文音譯作「尸羅」，梵語讀如“śīla”，意即「持戒」。
286 朱印本滿文作“eme i colo šadiri sembi”，句中“šadiri”，合璧本滿文作“cadari”，漢文作「悅帝利」。
287 “alame”，朱印本滿文作“alame hendume”。
288 朱印本滿文作“enduringge si da bade marikini”。
289 朱印本滿文作“jobome kitume gasame narašara be nakarao”。

云承孝順之子為母設供修福

布施覺華定自在王如来塔寺

非唯菩薩之母得脫地獄　應是無間罪

人　此日悉得受樂　俱同生訖

鬼王言畢　合掌而退　婆羅門女尋如夢歸

悟此事已　便於覺華定自在王如来塔

duleke.[290] donjiha bade hiyoošun ijishūn jui eme i jalin jukteme dobome hūturi baime,[291] ulhisu ilhai tokton i toosengga han ineku jihe fucihi i subargan juktehen de fulehun bure jakade,[292] fusa i eme bahafi na i gindana ci ukcara teile akū,[293] jaka akū na i gindana i dorgi weilengge niyalma ci aname,[294] tere inenggi yooni sebjen be alifi,[295] gemu sasa banjinaha sembi seme.[296] hutu i da gisureme wajifi, giogin arame bederehe,[297] biraman i sargan jui uthai tolgire adali bederefi,[298] ere baita be ulhifi, uthai ulhisu ilhai tokton i toosengga

290 朱印本滿文作"abka de wesike ci ebsi, ilan inenggi duleke"，句中"abka de wesike"，意即「升天」；合璧本滿文作"abka de banjinafi"，意即「生天」。

291 朱印本滿文作"hiyoošungga jui bifi eme i jalin"。

292 朱印本滿文作"bodi ilhai tusangga toosengga han ineku jihe fucihi i subarhan juktehen de jukten belheme hūturi dasame fulehun isibuha be aliha seme"。「塔」，朱印本滿文作"subarhan"，合璧本滿文作"subargan"，異；梵語讀如"stūpa"。

293 朱印本滿文作"ede damu fusai eme na i gindana ci bahafi ukcara teile akū"。

294 朱印本滿文作"giyalan akū weilengge niyalma"。「無間」，朱印本滿文作"giyalan akū"，合璧本滿文作"jaka akū"。

295 朱印本滿文作"ere inenggi te bireme sebjen be alime"。

296 朱印本滿文作"uhei bahafi banjiname jabduha"。

297 朱印本滿文作"giogin arafi bederehe"。

298 「尋如夢歸」，合璧本滿文作"uthai tolgire adali bederefi"，朱印本滿文作"uthai tolgin getefi"。

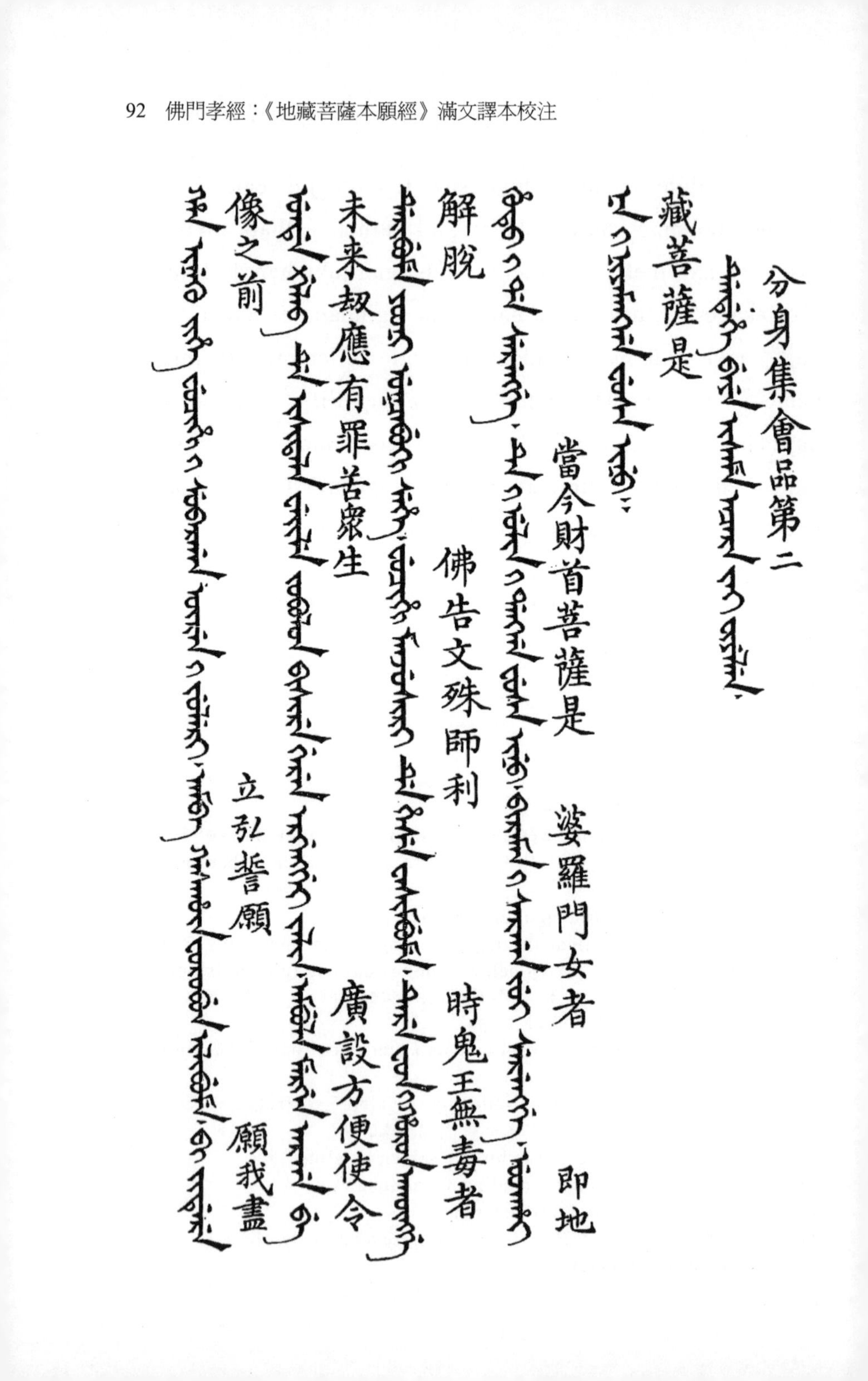

像之前 立弘誓願 願我盡
未來劫應有罪苦眾生 廣設方便使令
解脫 佛告文殊師利 時鬼王無毒者
當今財首菩薩是 婆羅門女者 即地
藏菩薩是

分身集會品第二

han ineku jihe fucihi i subargan ūren i juleri,[1] amba gashūn forobun ilibume,[2] bi jidere unde g'alab de isitala weile jobolon bisire geren ergenggei jalin,[3] ambula mergen arga be deribume yooni ukcabuki sehe,[4] fucihi manjusiri de hese wasimbume, tere fon i horon akūngge hutu i da serengge,[5] te i ulin i dangga fusa inu,[6] biraman i sargan jui serengge,[7] uthai na i niyamangga fusa inu.
dendehe beye isame acara jai fiyelen.[8]

---

1 朱印本滿文作“bodi ilhai tokton toosengga han ineku jihe fucihi i subarhan lakšan i juleri”。句中“bodi”，梵語讀如“bodhi”，意即「正覺」。“subarhan lakšan”，句中“lakšan”，梵語讀如 “lakṣaṇa”，意即「相」。
2 朱印本滿文作“amba gashūn forobun forbume buyerengge”。
3 朱印本滿文作“bi jidere unde gelab wajitala gosihon weile bisirele geren ergenggei jalin”，句中“gelab”，誤，當作“g'alab”。
4 朱印本滿文作“ambula mergen arga deribufi umesi ukcabuki sembi”。
5 朱印本滿文作“tere fon i hutu i da horon akū sehengge”。
6 朱印本滿文作“te i ulin i ujungga fusa inu”。
7 朱印本滿文作“biraman i sargan jui sehengge”。
8 朱印本滿文作“beye faksalafi isan de isanjire jai fiyelen”。

爾時百千萬億　不可思　不可議　不可

量　不可說　無量阿僧祇世界所有地獄處分身

地藏菩薩　俱來集在忉利天宮　以如來

神力故　各以方面　與諸得解脫從業道出者

亦各有千萬億那由他數　共持香華

來供養佛　彼諸同來等輩　皆

tere nerginde tanggū minggan tumen bunai gūnime akūnarakū, gisureme akūnarakū,[9] bodome akūnarakū,[10] leoleme akūnarakū,[11] mohon akū asanggi jalan jecen de bisirele na i gindana de beye dendehe na i niyamangga fusa,[12] gemu gūsin ilan abkai gurung de isanjihabi.[13] ineku jihe fucihi i šengge hūsun de,[14] meimeni tesu baci,[15] geren umesi ukcara be bahafi weilen i jugūn ci tucike minggan tumen bunai samuri ton i urse i emgi,[16] uhei hiyan ilha be tukiyeme jafafi,[17] fucihi be jukteme dobome jihebi.[18] tere eiten sasa jihe geren urse,[19] gemu

9 「不可議」，合璧本滿文作 "gisureme akūnarakū"，朱印本滿文作"dade gūnime akūnarakū"。

10 「不可量」，合璧本滿文作 "bodome akūnarakū"，朱印本滿文作 "bodoci ojorakū"。

11 「不可說」，合璧本滿文作"leoleme akūnarakū"，朱印本滿文作 "gisureci ojorakū"。

12 「地獄處分身地藏菩薩」，合璧本滿文作"na i gindana de beye dendehe na i niyamangga fusa"，朱印本滿文作"na i gindana i ba beye faksalaha na i niyamangga fusa"。

13 朱印本滿文作"bireme gūsin ilan abkai gurung de isinjiha"。

14 朱印本滿文作"ineku jihe fucihi i adistit hūsun i turgunde"。

15 朱印本滿文作"meimeni dere hošoi"。

16 朱印本滿文作"geren umesi akcaran baha weilen i jugūn ci tucikengge, inu teisu teisu minggan tumen bunai samuri bifi"。

17 朱印本滿文作"uhei hiyan ilha be tukiyefi"。

18 朱印本滿文作"fucihi de jukteme dobome jihe"。

19 朱印本滿文作"tenteke sasari jihengge"。

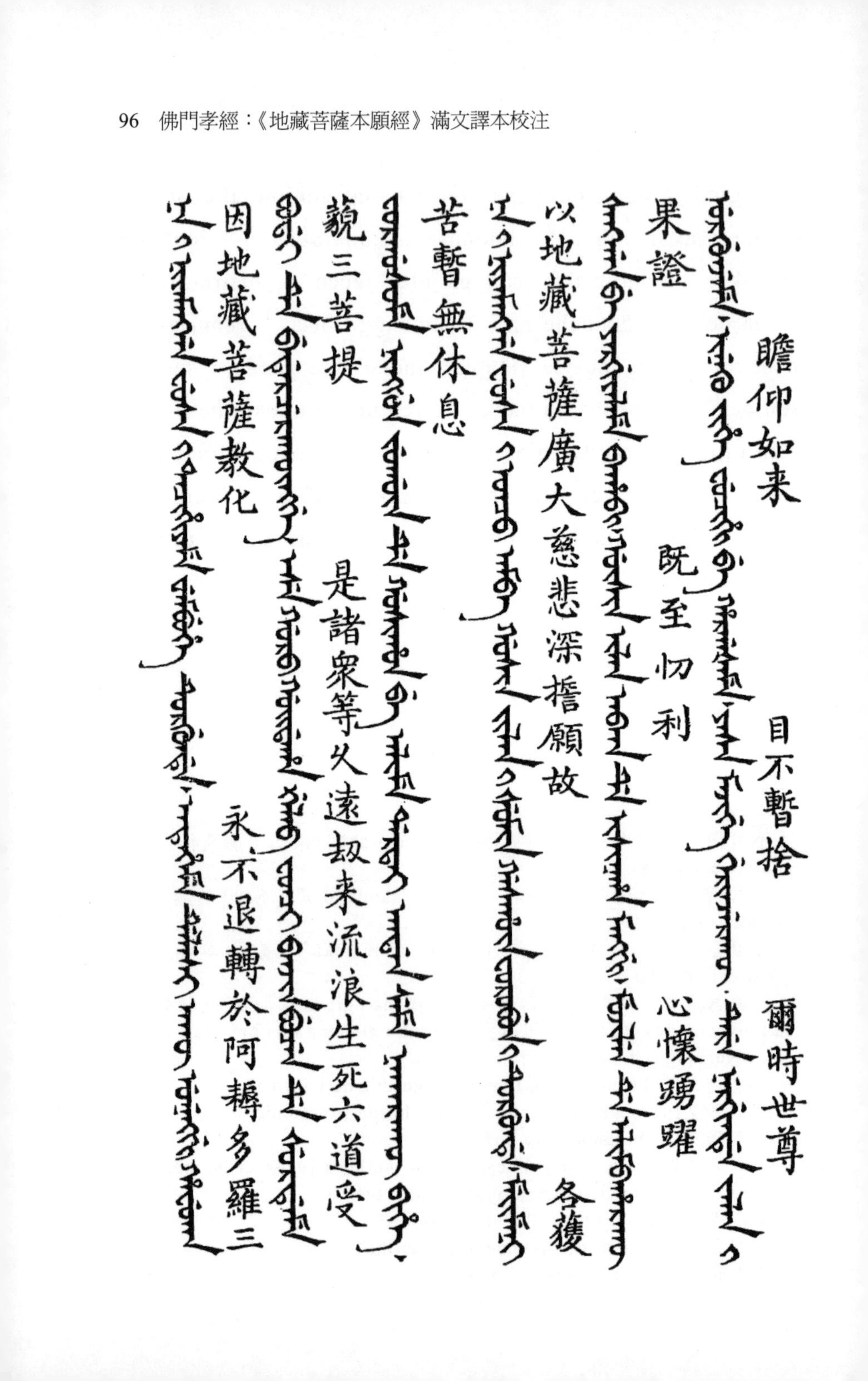

因地藏菩薩教化
永不退轉於阿耨多羅三
藐三菩提
是諸衆等久遠劫来流浪生死六道受
苦暫無休息
以地藏菩薩廣大慈悲深誓願故
各獲
果證
既至忉利
心懷踴躍
瞻仰如来
目不暫捨
爾時世尊

na i niyamangga fusa i tacihiyame wembuhe turgunde,[20] enteheme delesi akū unenggi hafuka bodi de bedercerakūngge,[21] ese goro goidaha g'alab fonci banjin bucen de šurdeme forgošome ninggun jugūn de gosihon be alime dartai andan seme nakarakū bihe,[22] na i niyamangga fusa i onco amba gosin jilan i šumin gashūn forobun i turgunde,[23] meimeni šanggan be yargiyalame bahabi.[24] gūsin ilan abka de isinaha manggi,[25] mujilen de alimbaharakū urgunjeme,[26] ineku jihe fucihi be hargašame,[27] yasa majige gerinjerakū.[28] tere nerginde jalan i

20 朱印本滿文作“gemu na i niyamangga fusa tacihiyame wembufi”。

21 朱印本滿文作“enteheme delesi akū unenggi hafuka bodi ci bedercerakū ohobi”。句中“delesi akū unenggi hafuka bodi”，意即「無上正等正覺」；梵語讀如“anuttara-samyak-sambodhi”，漢文音寫作「阿耨多羅三藐三菩提」。

22 朱印本滿文作“ere jergi geren urse, goro goidatala g'alab ci ebsi, banjin bucen de šurdeme forgošome, ninggun banjin de gūsihon be alirengge majige andan seme nakara, teyere ba akū”，句中“gūsihon”，誤，當作“gosihon”。

23 「深誓願故」，合璧本滿文作“šumin gashūn forobun i turgunde”，朱印本滿文作“ten i gashūn forobun de”。

24 朱印本滿文作“teisu teisu šanggan be yargiyalame baha”。

25 朱印本滿文作“gosin ilan abka de isinjitala”。句中“gosin”，誤，當作“gūsin”。

26 朱印本滿文作“mujilen umesi urgunjeme sebjeleme”。

27 朱印本滿文作“ineku jihe fucihi be hargašame tuwame”。

28 朱印本滿文作“yasa majige hono gurinjerakū”，句中“gurinjerakū”，誤，當作 “gerinjerakū”。

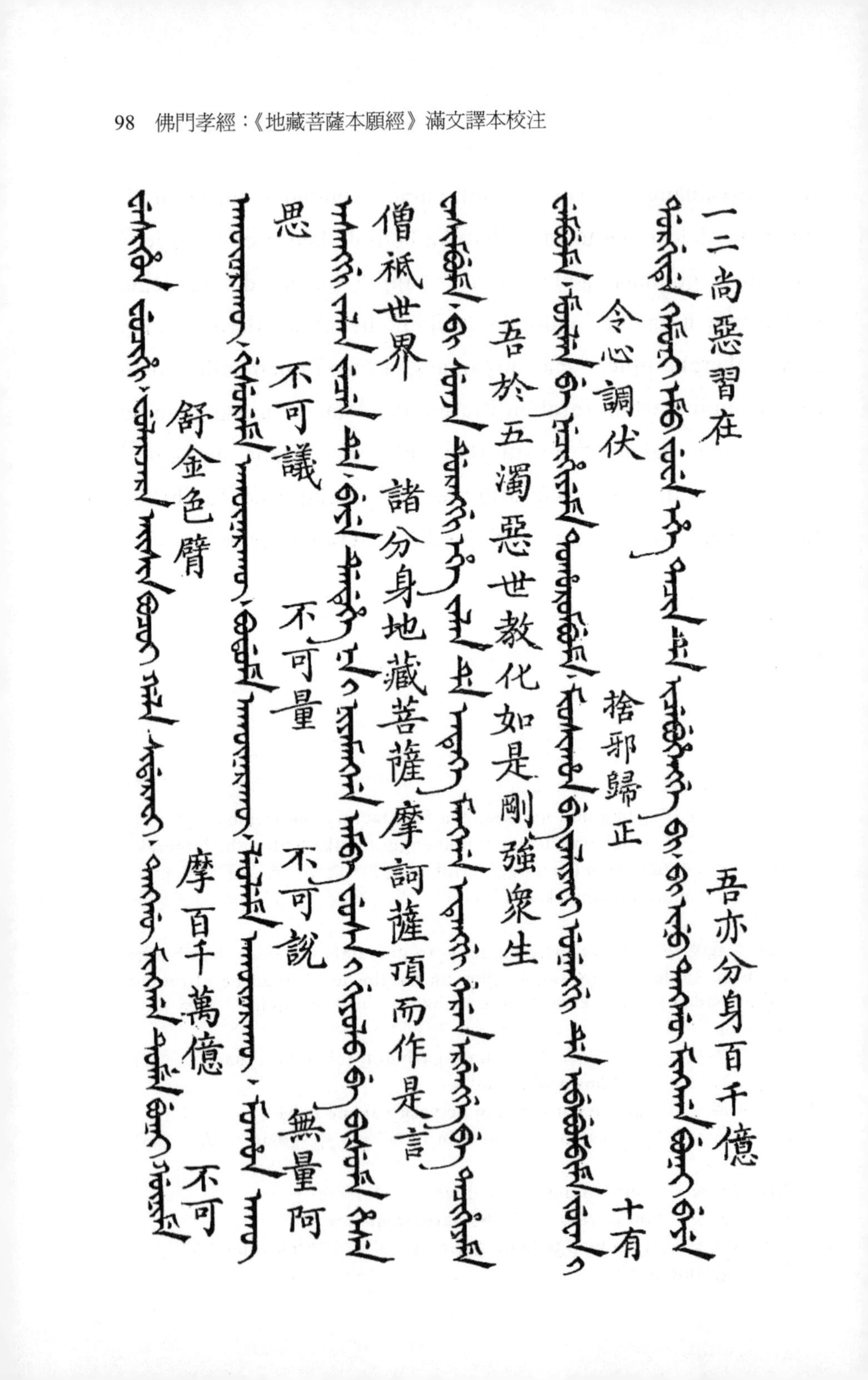

舒金色臂　摩百千萬億　不可
思　不可議　不可量　不可說　無量阿
僧祇世界　諸分身地藏菩薩摩訶薩頂而作是言
吾於五濁惡世教化如是剛強衆生
令心調伏　捨邪歸正　十有
一二尚惡習在　吾亦分身百千億

wesihun fucihi, fularjara aisin bocoi gala sidarafi,[29] tanggū minggan temun bunai gūnime akūnarakū, [30] gisureme akūnarakū, bodome akūnarakū, leoleme akūnarakū,[31] mohon akū asanggi jalan jecen de,[32] beye dendehe na i niyamangga amba fusa i giyolo be bišume hese wasimbume,[33] bi sunja duranggi ehe jalan de enteke mangga etenggi geren ergengge be tacihiyame wembume,[34] mujilen be necihiyeme tohorombume, miosihon be waliyafi unenggi de ibebumbime,[35] juwan i dorgide kemuni emu juwe ehe tacin de icebuhengge bi,[36] bi inu tanggū minggan bunai beye

29 朱印本滿文作"aisin boconggo meiren be saniyafi"。
30 "gūnime akūnarakū"，朱印本滿文作"gūnime akūnarakū dade"。
31 「不可議、不可量、不可說」，朱印本滿文作"gūnime akūnarakū tolome i wajirakū"，滿漢文義不合。
32 朱印本滿文作"mohon akū asanggi g'alab jalan jecen i"。
33 朱印本滿文作"geren beyebe faksalaha na i niyamangga fusa amba fusa i giyolonggo be bišume uttu hese wasimbume"。句中"fusa amba fusa"，漢文作「菩薩摩訶薩」，合璧本滿文作"amba fusa"，滿漢文義不合。
34 「教化如是剛強眾生」，合璧本滿文作"enteke mangga etenggi geren ergengge be tacihiyame wembume"，朱印本滿文作"enteke hūsungga etuhun geren ergengge be tacihiyame wembume"。
35 「捨邪歸正」，合璧本滿文作"miosihon be waliyafi unenggi de ibebumbime"，朱印本滿文作"misihon be waliyafi tob be dahabuha"。
36 朱印本滿文作"juwan i dorgi kemuni juwe kemuni ehe tacin bi"，句中"kemuni juwe"，當作"emu juwe"。

或現神鬼身　或現山林川原河池泉

或現男子身　或現女人身　或現天龍身

敬仰　如是等輩眾生各各差別　分身度脫

暗鈍　久化方歸　或有業重　不生

信受　或有善因　勤勸成就　或有

廣設方便　或有利根　聞即

dendefi,[37] ambula mergen arga be deribure de,[38] embici saligan dacun ofi,[39] donjime uthai hing seme akdambi,[40] embici sain deribun bifi, kiceme hacihiyame mutebumbi,[41] embici modo mufuyen ofi,[42] goidame wembuhe manggi teni dahambi,[43] embici sui ujen ofi,[44] gingguleme hargašarakū,[45] ere jergi geren ergengge, meimeni encu ofi, beye dendefi doobume ukcabuki seme,[46] embici haha i beye iletulefi,[47] embici hehe i beye iletulefi,[48] embici abka muduri beye iletulefi,[49] embici enduri hutu i beye iletulefi,[50] embici alin weji birgan hali bira

---

37 「吾亦分身百千億」，朱印本滿文作“ede bi inu beyebe minggan tanggū bunai obume faksalafi”。

38 “ambula mergen arga be deribure de”，句中“deribure de”，朱印本滿文作“deribume”。

39 朱印本滿文作“ememu saligan dacun ningge”。

40 朱印本滿文作“donjime uthai gingguleme alime gairengge bi”。

41 「或有善因，勤勸成就」，朱印本滿文作“ememu sain de huwekiyebume tafulafi šanggame muteburengge bi”。

42 「暗鈍」，合璧本滿文作“modo mufuyen”，意即「遲鈍」，朱印本滿文作“modo mentuhun”，意即「庸鈍」。

43 朱印本滿文作“goidatala wembuhe de teni daharangge bi”。

44 “embici sui ujen ofi”，句中“embici”，朱印本滿文作“ememu”。

45 朱印本滿文作“ginggulere wesihulere banjinarakūngge bi”。

46 「分身度脫」，合璧本滿文作“beye dendefi doobume ukcabuki seme”，朱印本滿文作“beyebe faksalafi doobume ukcabumbi”。

47 朱印本滿文作“embici hahai beyebe iletulere”。

48 朱印本滿文作“embici hehei beyebe iletulere”。

49 朱印本滿文作“embici abka muduri beyebe iletulere”。

50 朱印本滿文作“embici enduri hutu i beyebe iletulere”。

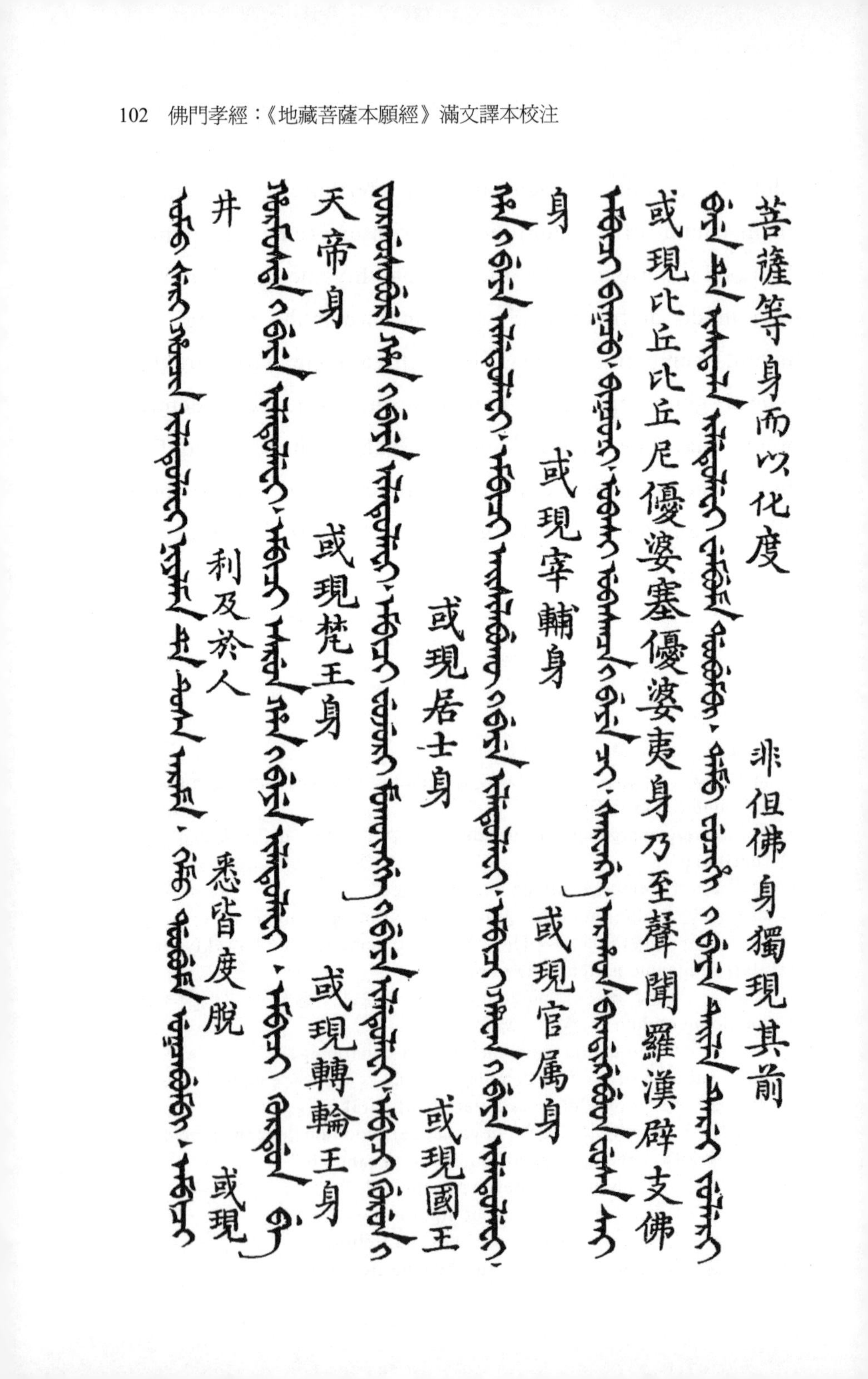

菩薩等身而以化度　非但佛身獨現其前

或現比丘比丘尼優婆塞優婆夷身乃至聲聞羅漢辟支佛

身　或現宰輔身　或現官屬身

或現居士身　或現國王

天帝身　或現梵王身　或現轉輪王身

井　利及於人　悉皆度脫　或現

omo šeri hūcin iletulefi,[51] niyalma de tusa arame,[52] gemu doobume ukcabumbi.[53] embici hormosda i beye iletulefi,[54] embici esrun han i beye iletulefi,[55] embici kurdun be forgošobure han i beye iletulefi,[56] embici fujuri mukūngge i beye iletulefi,[57] embici gurun i han i beye iletulefi,[58] embici aisilabukū i beye iletulefi,[59] embici hafan i beye iletulefi, embici bikcu, bikcuni, ubasi ubasanca i beye ci, šarwag'a, arhat, bradig'abut fusa sai beye de isitala iletulefi wembume doobumbi,[60] damu fucihi i beye teile terei juleri

---

51 「山林」，合璧本滿文作“alin weji”，朱印本滿文作“alin bujan”；“birgan hali”，朱印本滿文作“ulan yohoron”。

52 朱印本滿文作“niyalma tusa de ojoro jakade”。

53 朱印本滿文作“bireme gemu doome ukcaha”。

54 朱印本滿文作“embici hormosda i beyebe iletulere”，句中“hormosda”，漢文作「天帝」。

55 朱印本滿文作“embici esrun han i beyebe iletulere”，句中“esrun han”，漢文作“梵王”。

56 朱印本滿文作“embici kurdun be forgošobure han i beyebe iletulere”。

57 朱印本滿文作“embici fujuri mukūngge beyebe iletulere”。

58 朱印本滿文作“embici gurun han i beyebe iletulere”。

59 朱印本滿文作“embici aisilabukū beyebe iletulere”。

60 「比丘」，梵語讀如“bhikṣu”，滿文音譯作“bikcu”；「比丘尼」，梵語讀如“bhikṣuṇī”，滿文音譯作“bikcuni”；「優婆塞」，梵語讀如“upāsaka”，滿文音譯作“ubasi”；「優婆夷」，梵語讀如“upāsika”，滿文音譯作“ubasanca”；「聲聞」，梵語讀如“śrāvaka”，滿文音譯作“šarwag'a”；「羅漢」，梵語讀如“arhat”，滿文音譯作“arhat”；「辟支佛」，梵語讀如“pratyeka-buddha”，滿文音譯作“bradig'abut”。

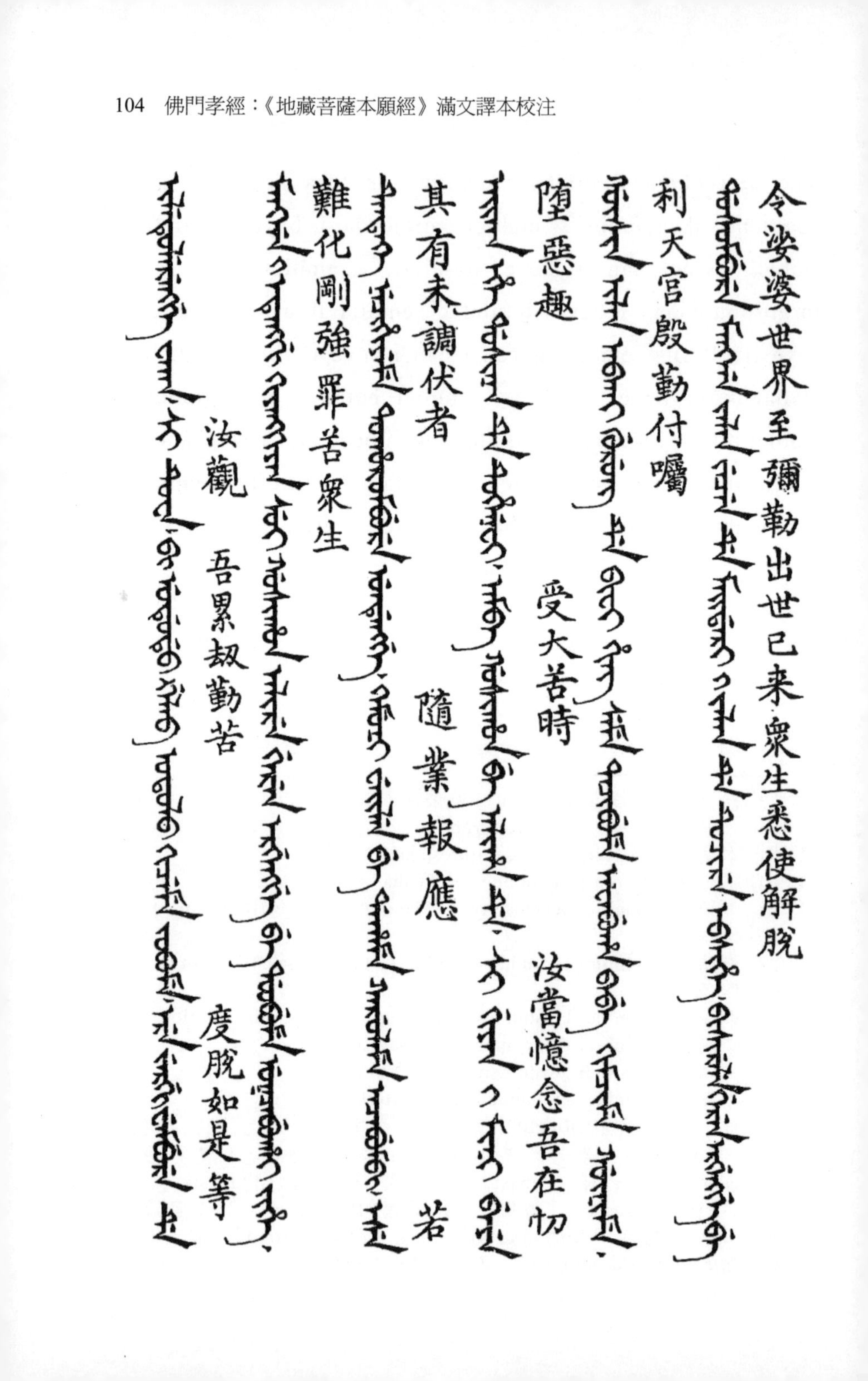

汝觀 吾累劫勤苦 度脫如是等

難化剛強罪苦眾生

其有未調伏者 隨業報應 若

墮惡趣 受大苦時 汝當憶念吾在忉

利天宮殿勤付囑

令娑婆世界至彌勒出世已來眾生悉使解脫

iletulerengge waka.[61] si tuwa, bi ududu g'alab otolo kiceme jobome,[62] ere jergi wembure de mangga i etenggi kiyangkiyan sui gosihon alire geren ergengge be doobume ukcabuhai jihe,[63] tenteke necihiyeme tohorombure undengge, kemuni weilen be dahame karulame acambumbi.[64] ese aika ehe dosinan de tuhenefi,[65] amba gosihon be aliha de,[66] si giyan i mini beye gūsin ilan abkai gurung de bifi hing seme tacibume afabuha babe kimcime gūnime,[67] dosombure mangga jalan jecen de maidari i jalan de tucire ebsihe,[68] bisirele geren ergengge be

---

61 朱印本滿文作"ede damu fucihi i beye tesei juleri iletulere, teile akū"。

62 朱印本滿文作"si tuwa bi g'alab g'alab de jobome suilame"。

63 「剛強罪苦眾生」，合璧本滿文作"etenggi kiyangkiyan sui gosihon alire geren ergengge"，朱印本滿文作"hūsungga etuhun gosihon suingge geren ergengge"。

64 「隨業報應」，合璧本滿文作"kemuni weilen be dahame karulame acambumbi"，朱印本滿文作"gemu ini araha sui be dahame acabume karulambi"。

65 朱印本滿文作"aika ehe banjin de tuhenefi"。

66 朱印本滿文作"amba gosihon alire erinde isinaci"。

67 朱印本滿文作"si giyan i bi gūsin ilan abkai gurung de bisire de"，「殷勤付囑」，朱印本未譯出滿文。

68 朱印本滿文作"sablog'adado jalan jecen maidari i jalan de iletulehe ci ebsi"，句中"sablog'adado"，梵語讀如"sahā"，合璧本滿文作"dosombure mangga"，意即「堪忍」。

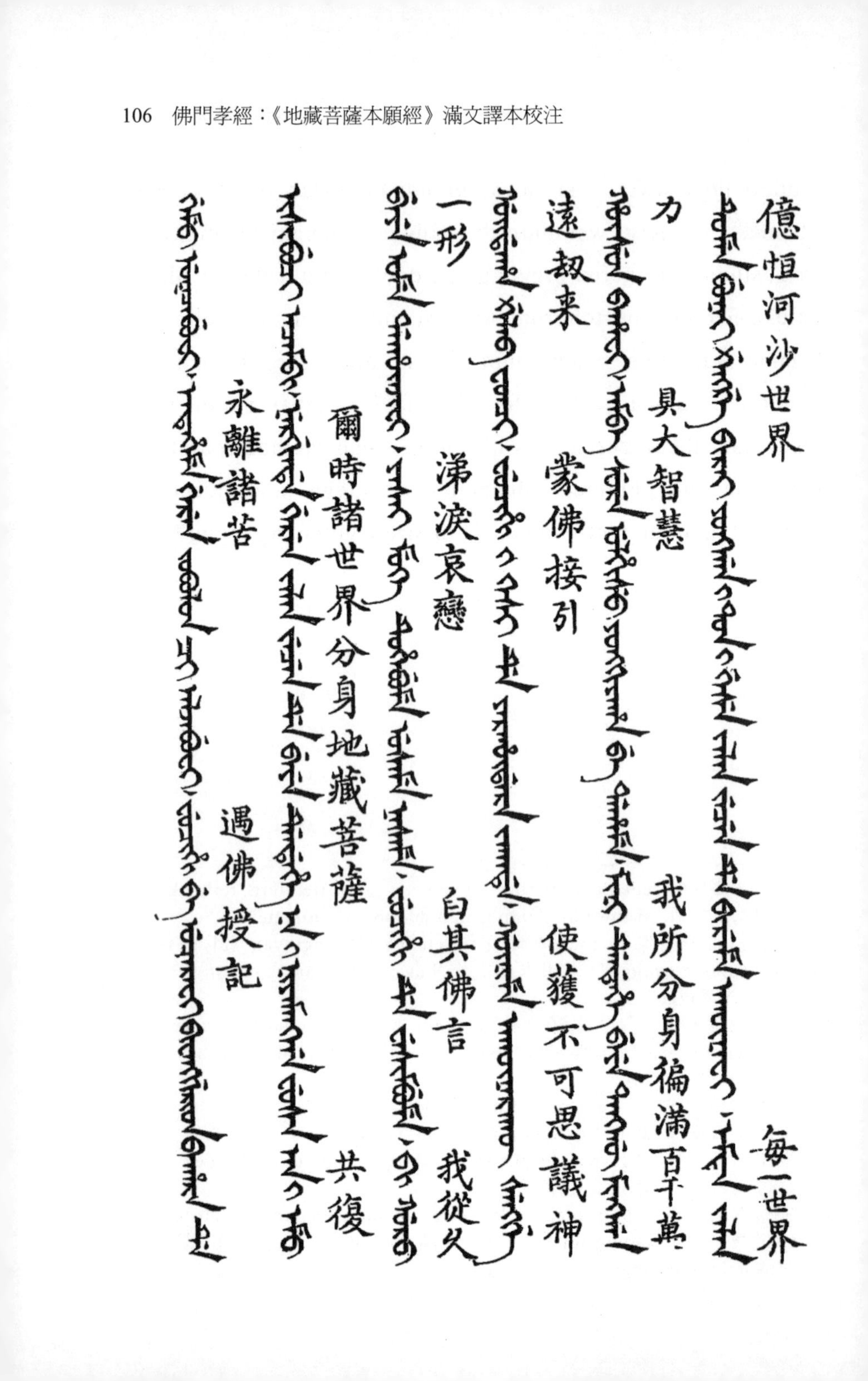

億恒河沙世界 每一世界

力 具大智慧 我所分身徧滿百千萬

遠劫來 蒙佛接引 使獲不可思議神

一形 涕淚哀戀 白其佛言 我從久

爾時諸世界分身地藏菩薩 共復

永離諸苦 遇佛授記

gemu ukcabufi,[69] enteheme geren jobolon ci aljabufi,[70] fucihi be ucarafi biwanggirit bahara de isibuci acambi.[71] nerginde geren jalan jecen de beye dendehe na i niyamangga fusa an i emu beye ome dahūnjifi,[72] yasai muke tuhebume usame nasame,[73] fucihi de wesimbume, bi goro goidaha g'alab fonci,[74] fucihi i kesi de yarhūdara jakade,[75] gūnime akūnarakū šengge hūsun bahafi,[76] amba sure ulhisu yongkiyaha be dahame,[77] mini dendehe beye tanggū minggan tumen bunai g'angg'a birai yonggan i ton i gese jalan jecen de bireme akūnafi,[78] emte jalan

---

69 朱印本滿文作“geren ergengge be bireme gemu umesi ukcara de isibufi”。

70 朱印本滿文作“enteheme geren gosihon ci alibufi”。

71 朱印本滿文作“fucihi de ucarafi biwanggirit bahakini de”，句中“biwanggirit”，梵語讀如“vyākaraṇa”，漢文作「授記」。

72 朱印本滿文作“tere nerginde geren jalan jecen i beyebe faksalaha na i niyamangga fusa, uhei emu arbun ome dahabufi”。

73 「涕淚哀戀」，句中「哀戀」，合璧本滿文作“usame nasame”，朱印本滿文作“nasame gasame”。

74 “bi goro goidaha g'alab fonci”，朱印本滿文作“bi umesi goro goidatala g'alab ci”。

75 朱印本滿文作“fucihi i yarume yarhūdara be alifi”。

76 朱印本滿文作“gūnime akūnarakū šengge hūsun be baha”。

77 朱印本滿文作“amba sure ulhisu yongkiyaha”。

78 朱印本滿文作“mini faksalame, ele beye tanggū minggan tumen bunai g'angg'a birai yonggan ton i gese jalan jecen de bireme akūnaha”。

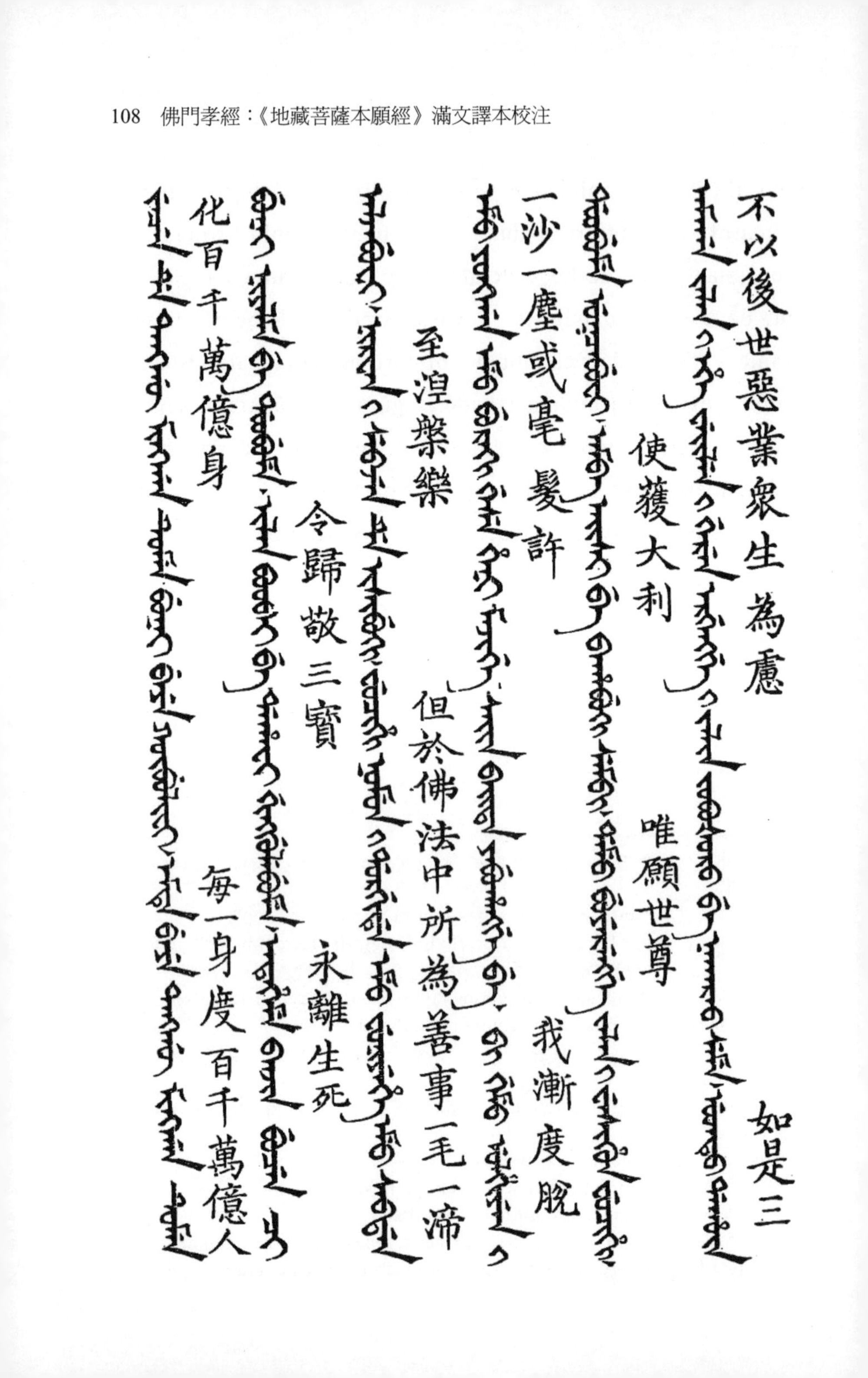

化百千萬億身
每一身度百千萬億人
令歸敬三寶
永離生死
至涅槃樂
但於佛法中所為善事一毛一渧
一沙一塵或毫髮許
我漸度脫
使獲大利
唯願世尊
不以後世惡業眾生為慮
如是三

jecen de tanggū minggan tumen bunai beye kūbulifi,[79] emte beye tanggū minggan tumen bunai niyalma be doobume,[80] ilan boobai be dahafi ginggulebume,[81] enteheme banjin bucen ci aljabufi, nirwan i sebjen de isibuki,[82] fucihi nomun i dorgide emu funiyehe emu sabdan emu yonggan emu buraki gese heni majige sain baita yabuhangge be,[83] bi gemu ulhiyen i doobume ukcabufi, amba aisi be bahabuki sembi,[84] damu buyerengge jalan i wesihun fucihi,[85] amaga jalan i ehe weilen i geren ergengge i jalin jobošoro be nakarao seme,[86] uttu dahūn

79 朱印本滿文作"yaya emu jalan jecen de tanggū minggan tumen bunai beyebe kūbulimbi"。

80 朱印本滿文作"yaya emu beye tanggū minggan tumen bunai niyalma be doobume ukcabufi"。

81 朱印本滿文作"ilan boobai de gingguleme dahame"。

82 朱印本滿文作"nirwan i sebjen de isibuha"，句中"nirwan"，梵語讀如"nirvāṇa"，漢文作「涅槃」。

83 朱印本滿文作"damu fucihi nomun i dorgide yabuha sain baita oci, emu funiyehe emu sabdan emu yonggan emu buraki embici funiyehe solmin i gese seme"。

84 朱印本滿文作"bi ulhiyen i doobume ukcabufi amba tusa bahabuha be dahame"。

85 朱印本滿文作"damu buyerengge jalan i wesihun fucihi a"。

86 朱印本滿文作"ume amaga jalan i ehe suingge geren ergenggei jalin jobošoro"，句中"ehe suingge"，合璧本滿文作"ehe weilen"，漢文俱作「惡業」。

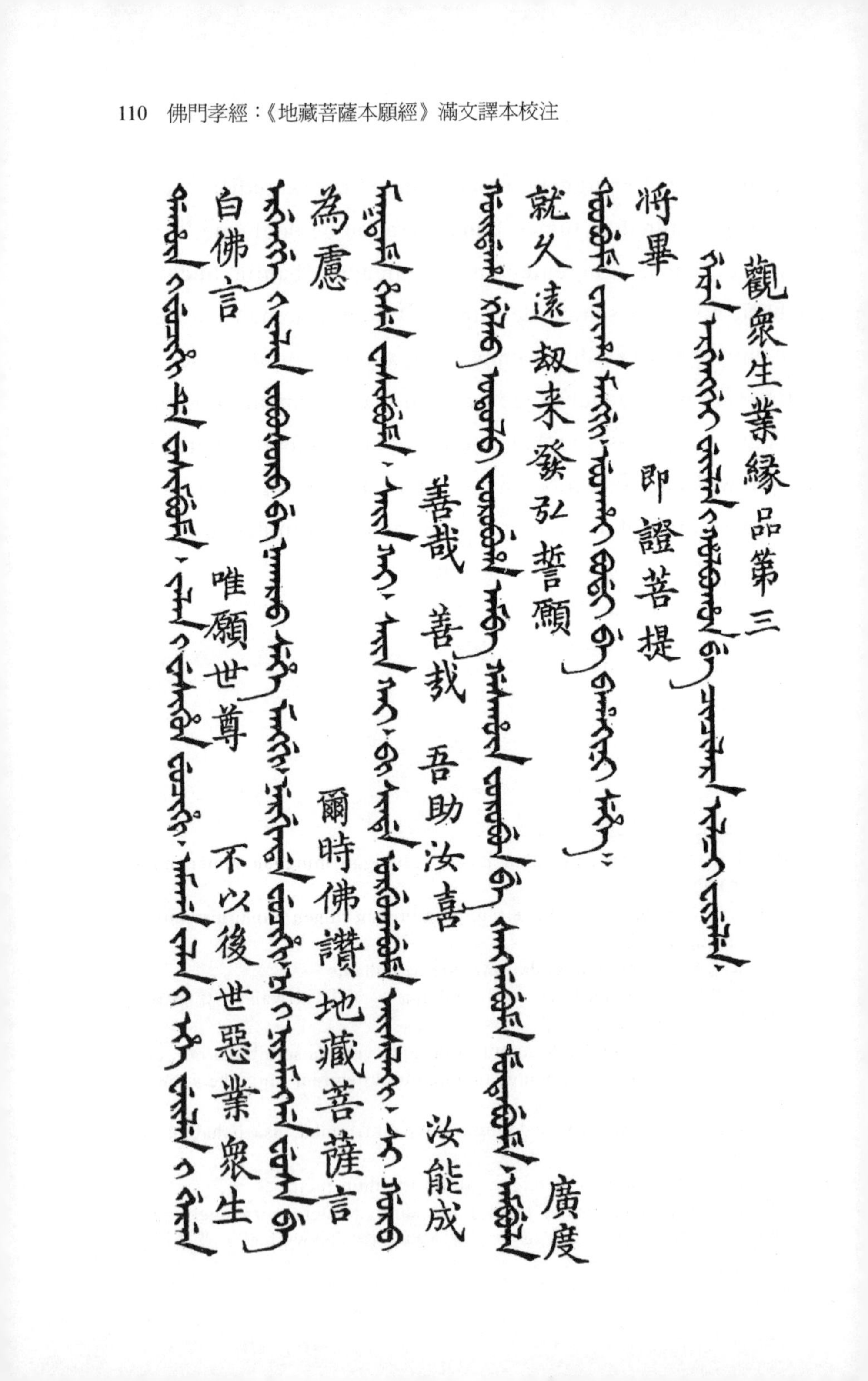

觀眾生業緣品第三

將畢　即證菩提

就久遠劫來發弘誓願　廣度

善哉　善哉　吾助汝喜　汝能成

為憲　爾時佛讚地藏菩薩言

白佛言　唯願世尊　不以後世惡業眾生

dahūn i fucihi de wesimbume,[1] jalan i wesihun fucihi,[2] amaga jalan i ehe weilen i geren ergengge i jalin jobošoro be nakarao sehe manggi,[3] nerginde fucihi,[4] na i niyamangga fusa be maktame hese wasimbume,[5] sain kai, sain kai, bi sinde urgunjebume aisilaki,[6] si goro goidaha g'alab otolo forobuha amba gashūn forobun be šanggabume mutebume,[7] ambula doobume wajiha manggi,[8] uthai bodi be bahakini sehe.[9]
geren ergenggei weilen i holbohon be cincilara ilaci fiyelen.

---

1 「如是三白佛言」，合璧本滿文作“uttu dahūn dahūn i fucihi de wesimbume”，朱印本滿文移至句末作“seme ilanggeri wesimbuhe”。
2 「唯願世尊」，朱印本滿文作“damu buyerengge jalan i wesihun fucihi a”，合璧本滿文作“jalan i wesihun fucihi”，滿漢文義不合。
3 朱印本滿文作“ume amaga jalan i ehe suingge geren ergengge jalin joboroo seme ilanggeri wesimbuhe”。
4 朱印本滿文作“tere nerginde fucihi”。
5 “na i niyamangga fusa be maktame hese wasimbume”，句中“hese wasimbume”，朱印本滿文作“hendume”。
6 「吾助汝喜」，合璧本滿文作“bi sinde urgunjebume aisilaki”，朱印本滿文作“bi sinde aisilara”，文義不合。
7 朱印本滿文作“sini goro goidatala g'alab ci ebsi, amba gashūn forobun be šanggabume mutebuhe ”。
8 朱印本滿文作“ambula dooburengge wajire haminafi”。
9 朱印本滿文作“uthai bodi be yargiyalame bahara be urgunjembi”。

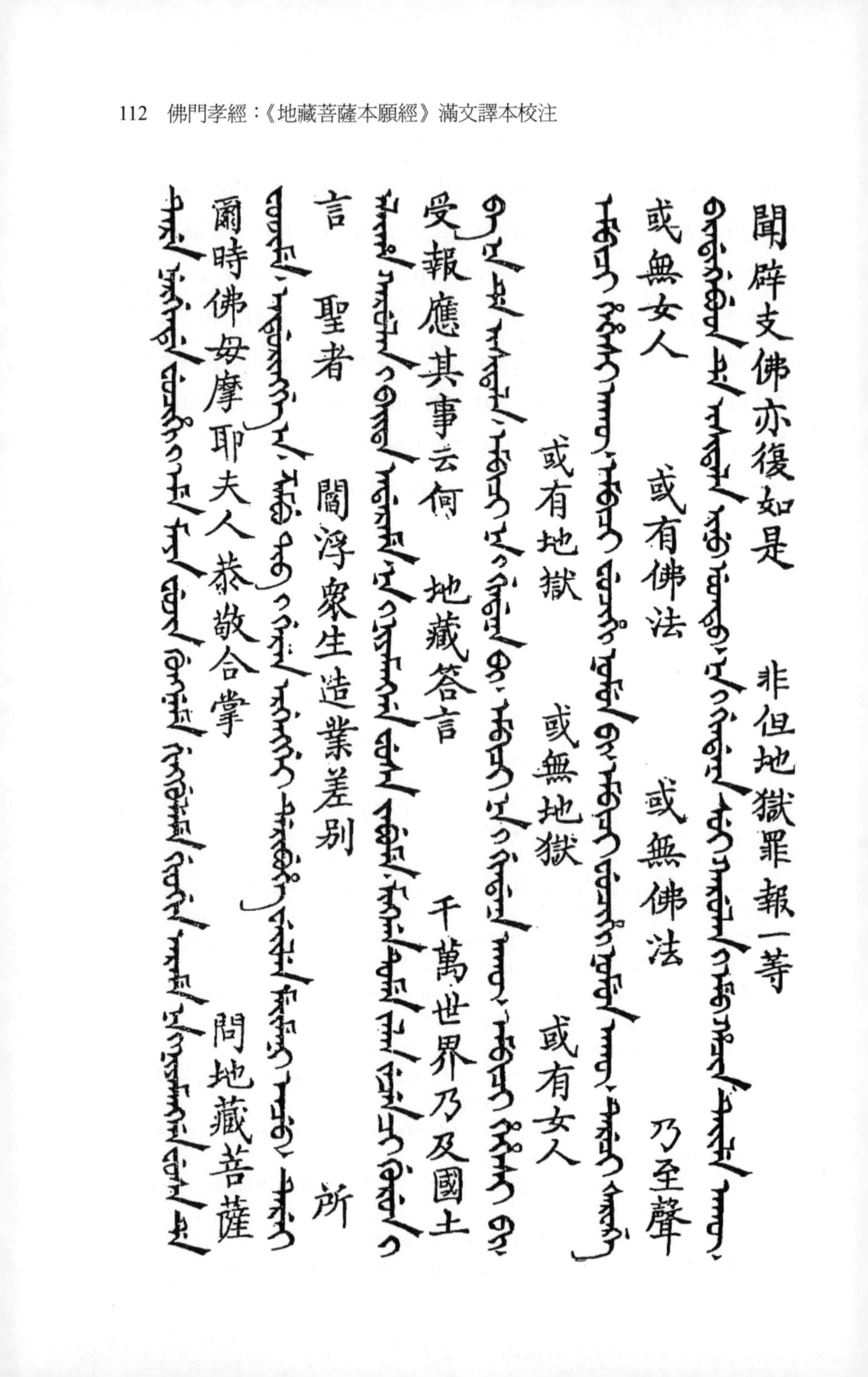

爾時佛母摩耶夫人恭敬合掌　問地藏菩薩

言　聖者　閻浮衆生造業差別　所

受報應其事云何　地藏答言　千萬世界乃及國土

或有地獄　或無地獄　或有女人

或無女人　或有佛法　或無佛法　乃至聲

聞辟支佛亦復如是　非但地獄罪報一等

tere nerginde fucihi i eme maya fujin gungneme gingguleme giogin arame na i niyamangga fusa de fonjime,[10] enduringge a, dzambu tib i geren ergenggei deribuhe weilen meimeni encu,[11] terei aliha karulan i baita adarame.[12] na i niyamangga fusa jabume, minggan tumen jalan jecen ci gurun i ba na de isitala, embici na i gindana bi,[13] embici na i gidana akū, embici hehesi bi,[14] embici hehesi akū, embici fucihi nomun bi,[15] embici fucihi nomun akū, tereci šarwag'a bradig'abut de isitala inu uttu,[16] na i gindana sui karulan i emu hacin teile akū.[17]

---

10 「摩耶夫人」，合璧本、朱印本滿文俱作"maya fujin"，句中"maya"，梵語讀如"māyā"。"na i niyamangga fusa de fonjime"，句中"fonjime"，朱印本滿文作"fonjime hendume"。

11 朱印本滿文作"dzambu tib i geren ergenggei araha sui adali akūngge de"，句中"dzambu tib"，梵語讀如"jambu-dvipa"，漢文作「閻浮提」。

12 朱印本滿文作"aliha karuran acabun i baita adarame"，句中"karuran"，誤，合璧本滿文作"karulan"，意即「報應」。

13 「或有地獄」，合璧本滿文作"embici na i gindana bi"，朱印本滿文作"eici na i gindana bisire"。

14 「或有女人」，合璧本滿文作"embici hehesi bi"，朱印本滿文作"eici hehesi bisire"。

15 朱印本滿文作"eici fucihi nomun bisire"。

16 朱印本滿文作"jai šarwag'a bradig'abut ci aname inu gemu uttu"。

17 朱印本滿文作"damu emu adali na i gindana de sui karulan teile akū"。

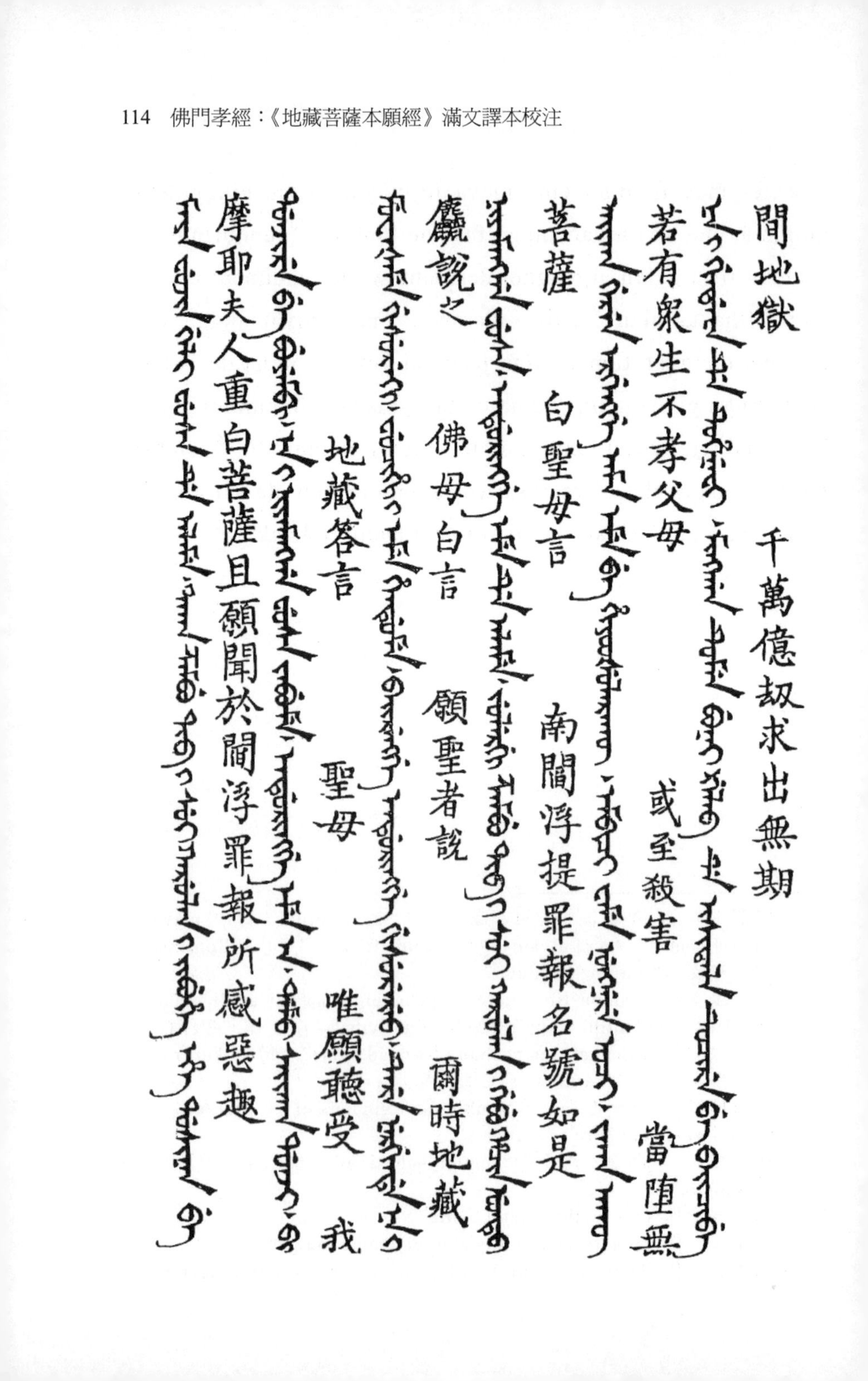

閻地獄 千萬億劫求出無期

若有衆生不孝父母 或至殺害 當墮無

菩薩 白聖母言 南閻浮提罪報名號如是

麤說之 佛母白言 願聖者說 爾時地藏

地藏答言 聖母 唯願聽受 我

摩耶夫人重白菩薩且願聞於閻浮罪報所感惡趣

maya fujin geli fusa de alame,[18] taka dzambu tib i sui karulan i jibuhe ehe dosinan be donjire be buyembi.[19] na i niyamangga fusa jabume,[20] enduringge eme a, damu saikan donji, bi muwašame gisureki.[21] fucihi i eme hendume, bairengge enduringge gisurereo.[22] tere nerginde na i niyamangga fusa, enduringge eme de alame, julergi dzambu tib i sui karulan i gebu hacin uttu.[23] aika geren ergengge ama eme be hiyoošularakū,[24] embici wame nungnere oci,[25] jaka akū na i gindana de tuhenefi,[26] minggan tumen bunai g'alab de isitala tucire be baicibe

---

18 朱印本滿文作“maya fujin dasame fusa de fonjime”。
19 朱印本滿文作“te damu dzambu tib i sui karulan acinggiyabuha ehe banjin be donjire be buyere”。
20 朱印本滿文作“na i niyamangga jabume”，刪略“fusa”字樣。
21 朱印本滿文作“damu mini muwašame gisurere be alifi donjireo”。
22 朱印本滿文作“enduringge a gisurereo”。
23 朱印本滿文作“julergi dzambu tob i sui karulan i gebu colo uttu”。句中“tob”，誤，當作“tib”。
24 “aika geren ergengge ama eme be hiyoošularakū”，句中“be” 朱印本滿文作“de”。
25 朱印本滿文作“embici wara belere de isinarangge bici”，句中“wara belere”，意即「弒殺」。合璧本滿文作“wame nungnere”，意即「弒害」。
26 朱印本滿文作“giyan i jaka akū na i gindana de tuhenefi”。

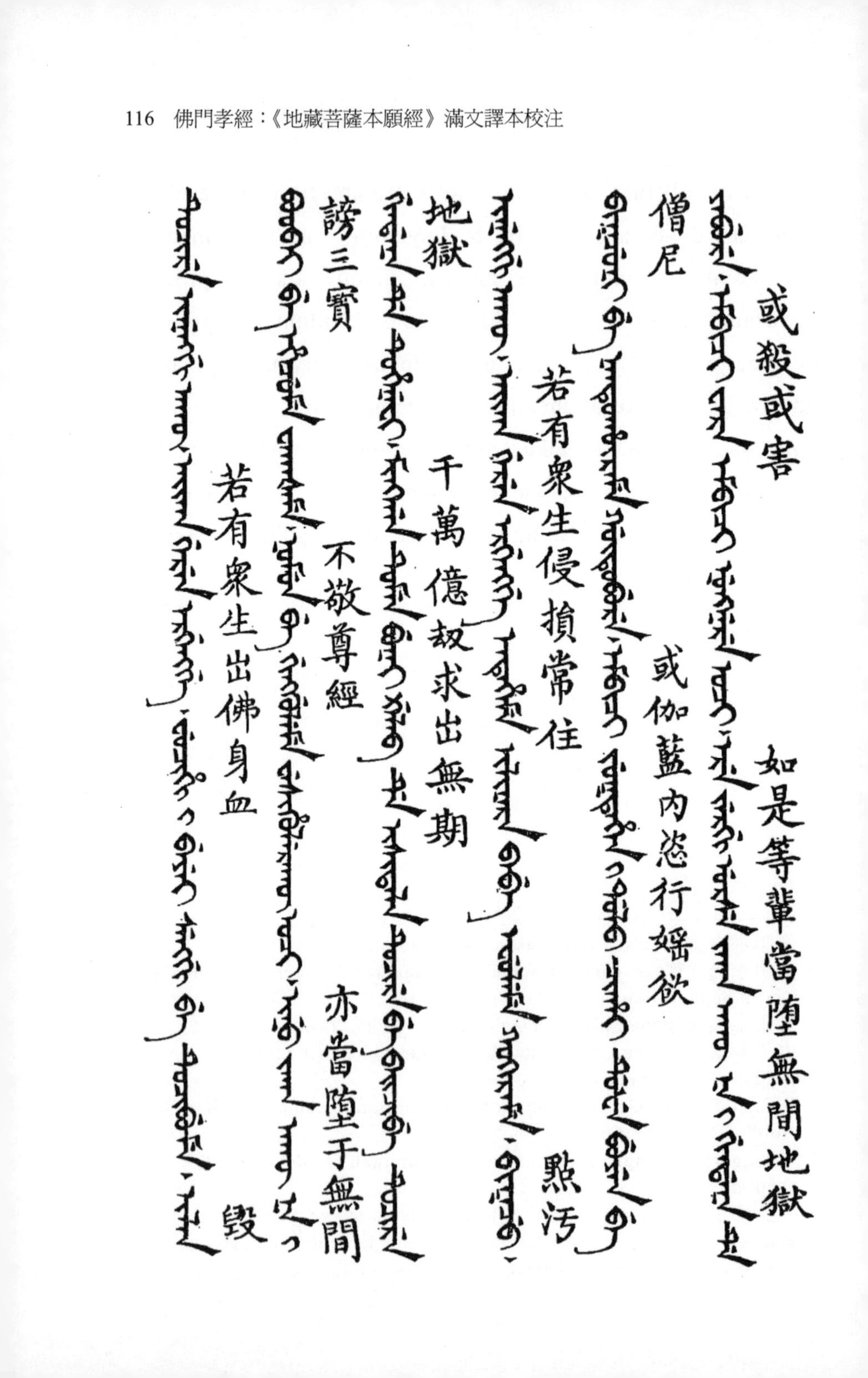

或殺或害　如是等輩當墮無間地獄

僧尼　或伽藍內恣行婬欲

若有眾生侵損常住　點汙

地獄　千萬億劫求出無期

謗三寶　不敬尊經　亦當墮于無間

若有眾生出佛身血　毀

tucire inenggi akū.[27] aika geren ergengge, fucihi i beyei senggi be tucibume,[28] ilan boobai be ehecume wakašame,[29] nomun be gingguleme wesihulerakū oci,[30] inu jaka akū na i gindana de tuhenefi,[31] minggan tumen bunai g'alab de isitala tucire be baicibe tucire inenggi akū.[32] aika geren ergengge enteheme ilinara babe efuleme kokirame,[33] bikcu bikcuni be nantuhūrame gūtubure,[34] embici juktehen i dolo cihai dufe buyen be yabure,[35] embici wara embici nungnere oci,[36] ere jergi urse jaka akū na i gindana de

---

27 朱印本滿文作“minggan tumen bunai g'alab otolo, baime tucire erin akū oci acambi”。句中“otolo”，合璧本滿文作“de isitala”。

28 朱印本滿文作“aika geren ergengge fucihi i beyebe senggi tucibure”。

29 朱印本滿文作“ilan boobei be ehecume wakašara”，句中“boobei”，誤，合璧本滿文作“boobai”。

30 朱印本滿文作“wesihun nomun be ginggulerakūngge bici”。

31 朱印本滿文作“inu giyan i jaka akū na i gindana de tuhenefi”。

32 朱印本滿文作“minggan tumen bunai g'alab otolo baime tucire erin akū oci acambi”。

33 朱印本滿文作“aika geren ergengge amba juktehen be gasihiyame efuleme”。

34 朱印本滿文作“hūbarak bikcuni be butui nantuhūrabure”，句中“hūbarak”，梵語讀如“saṃgha”，漢文作「僧」。

35 朱印本滿文作“eici juktehen i dolo cihai dufedeme yabure”。

36 朱印本滿文作“eici wara eici nungnere”。

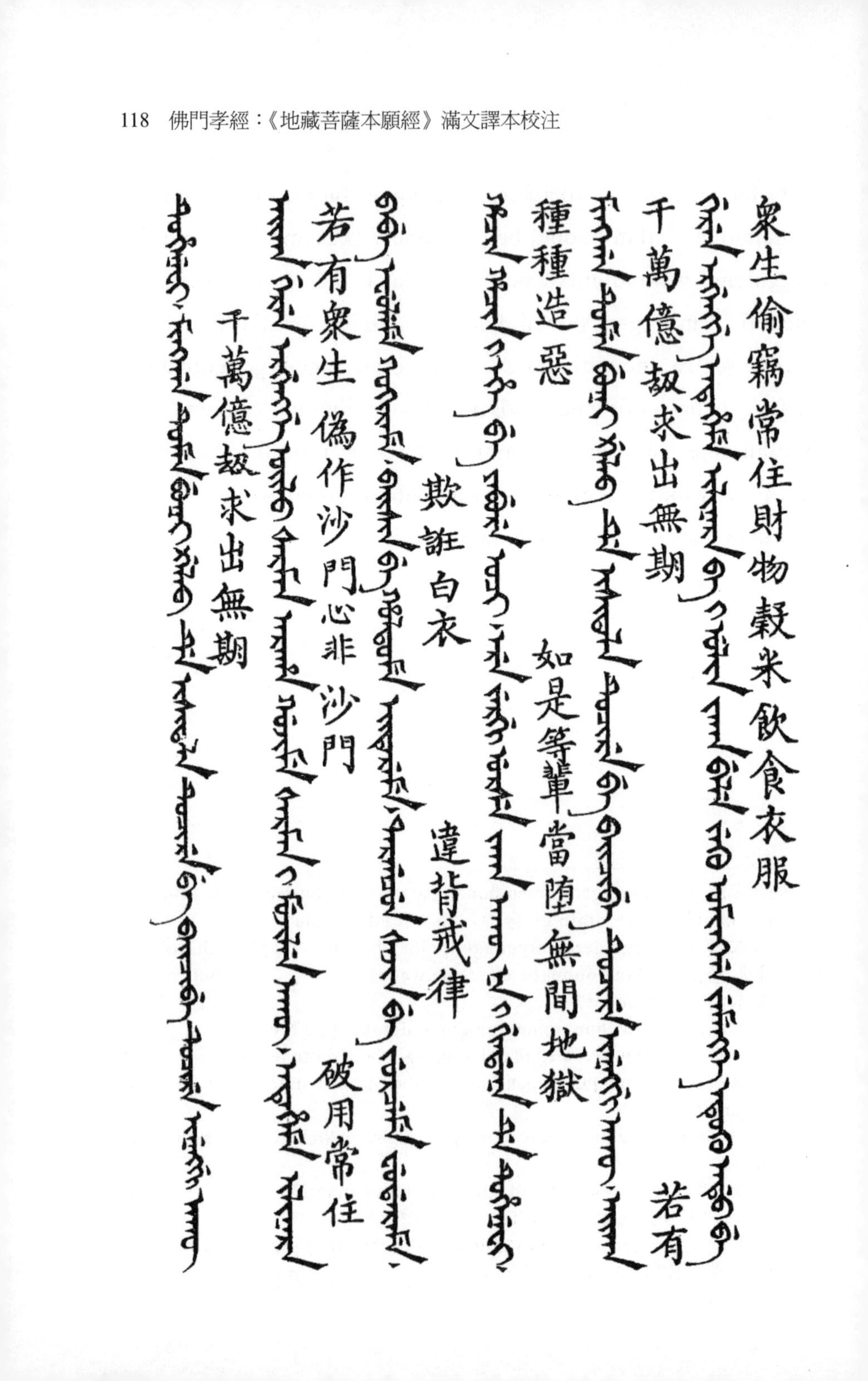

衆生偷竊常住財物穀米飲食衣服

若有

千萬億刧求出無期

種種造惡

如是等輩當墮無間地獄

欺誑白衣

違背戒律

若有衆生　僞作沙門心非沙門

破用常住

千萬億刧求出無期

tuhenefi,[37] minggan tumen bunai g'alab de isitala tucire be baicibe tucire inenggi akū.[38] aika geren ergengge oilo šarman araha gojime šarman i mujilen akū,[39] enteheme ilinara babe efuleme kokirame,[40] baisin be holtome eitereme,[41] targacun šajin be jurceme fudarame,[42] hacin hacin i ehe be yabure oci,[43] ere jergi urse jaka akū na i gindana de tuhenefi,[44] minggan tumen bunai g'alab de isitala tucire be baicibe tucire inenggi akū.[45] aika geren ergengge enteheme ilinara ba i ulin jaka bele jeku omingga jemengge etuku adu be

---

37 「無間地域」，合璧本滿文作“jaka akū na i gindana”，朱印本滿文作“giyan i jaka akū na i gindana”。

38 朱印本滿文作“minggan tumen g'alab otolo baime tucire erin akū oci sembi”，句中“minggan tumen g'alab”，合璧本滿文作“minggan tumen bunai g'alab”，朱印本脫落“bunai”。“otolo”，合璧本滿文作“isitala”。

39 朱印本滿文作“aika geren ergengge holtome šaraman arame mujilen oci šarman waka”，句中“šaraman”，誤，當作“šarman”，梵語讀如“śramaṇ”，漢文作「沙門」。

40 朱印本滿文作“amba juktehen be efulefi baitalame”。

41 朱印本滿文作“bolgo etukungge eitereme holtome”。

42 朱印本滿文作“šajin targacun be cashūlame jurcere”。

43 朱印本滿文作“hacin hacin i ehe arara”。

44 朱印本滿文作“ere jergi urse giyan i jaka akū na i gindana de tuhenefi”。

45 朱印本滿文作“minggan tumen bunai g'alab otolo, baime tucire erin akū”。

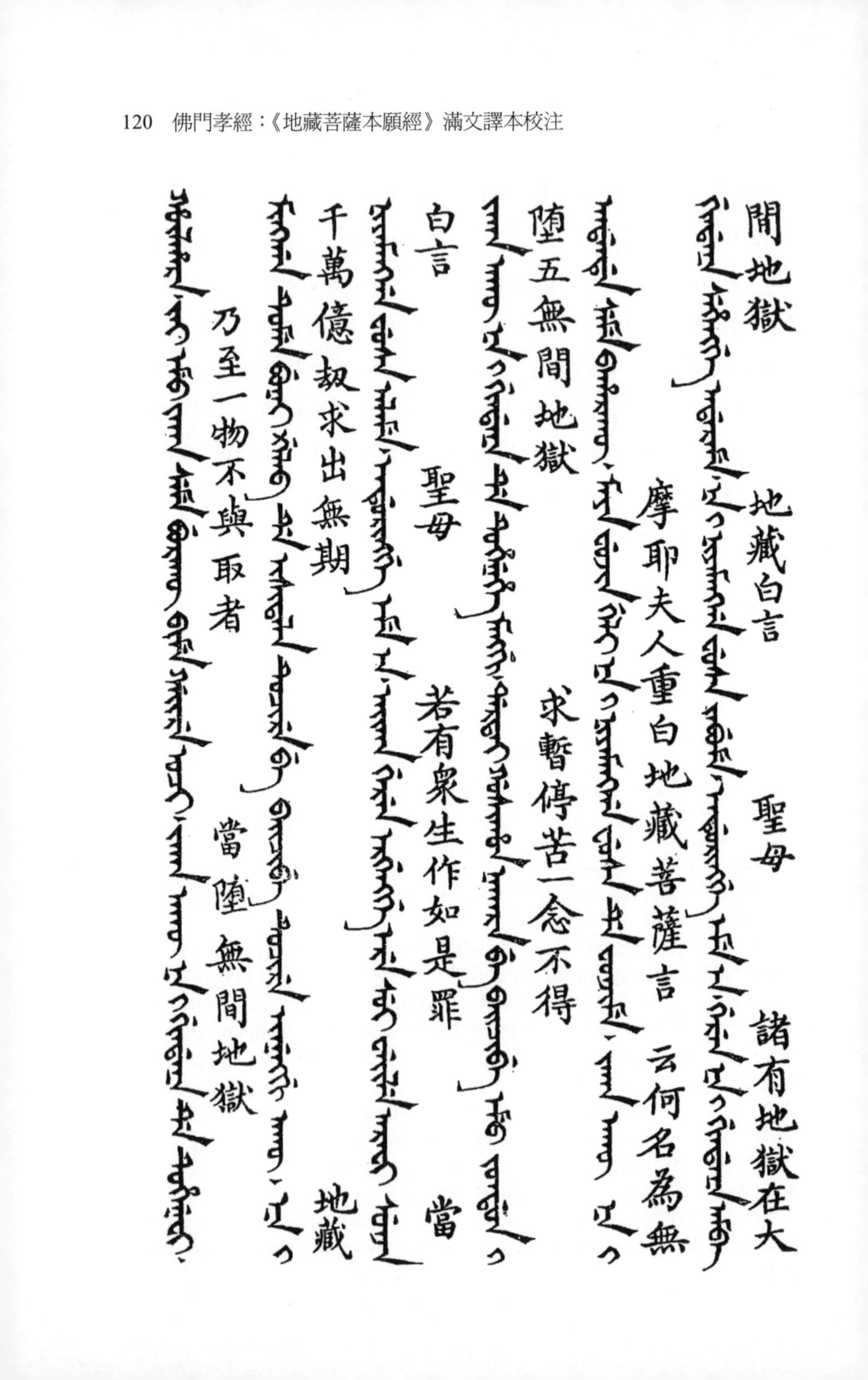

乃至一物不與取者　當墮無間地獄

千萬億劫求出無期　地藏

白言　聖母　若有衆生作如是罪　當

墮五無間地獄　求暫停苦一念不得

摩耶夫人重白地藏菩薩言　云何名為無

間地獄　地藏白言　聖母　諸有地獄在大

hūlhara,[46] jai emu jaka seme burakū bime gaire oci,[47] jaka akū na i gindana de tuhenefi, minggan tumen bunai g'alab de isitala tucire be baicibe tucire inenggi akū.[48] na i niyamangga fusa alame, enduringge eme a, aika geren ergengge ere sui weile arafi sunja jaka akū na i gindana de tuhenehe manggi,[49] dartai gosihon nakara be baicibe emu jondon i andande seme baharakū.[50] maya fujin geli na i niyamangga fusa de fonjime,[51] jaka akū na i gindana sehengge adarame.[52] na i niyamangga fusa jabume,[53] enduringge eme a, geren na i gindana amba

46 朱印本滿文作“aika geren ergengge amba juktehen i ulin jaka, jeku bele omingga jemengge etuku adu be hūlhame gaifi”。

47 朱印本滿文作“emu jaka seme burakū gairakūngge bici”。

48 朱印本滿文作“minggan omen bunai g'alab otolo, baime tucire erin akū oci acambi”。句中“omen”，誤，當作“tumen”。

49 朱印本滿文作“aika geren ergengge ere jergi sui ararangge bici, giyan i sunja jaka akū na i gindana de tuhenefi”。

50 朱印本滿文作“gosihon be majige ilinjareo seme baicibe, emu jondon seme baharakū”。

51 “maya fujin geli na i niyamangga fusa de fonjime”，句中“geli”，朱印本滿文作“dasame”。

52 朱印本滿文作“aibe jaka akū na i gindana seme gebulembi ni”。

53 “na i niyamangga fusa jabume”，句中“jabume”，朱印本滿文作“alame”。

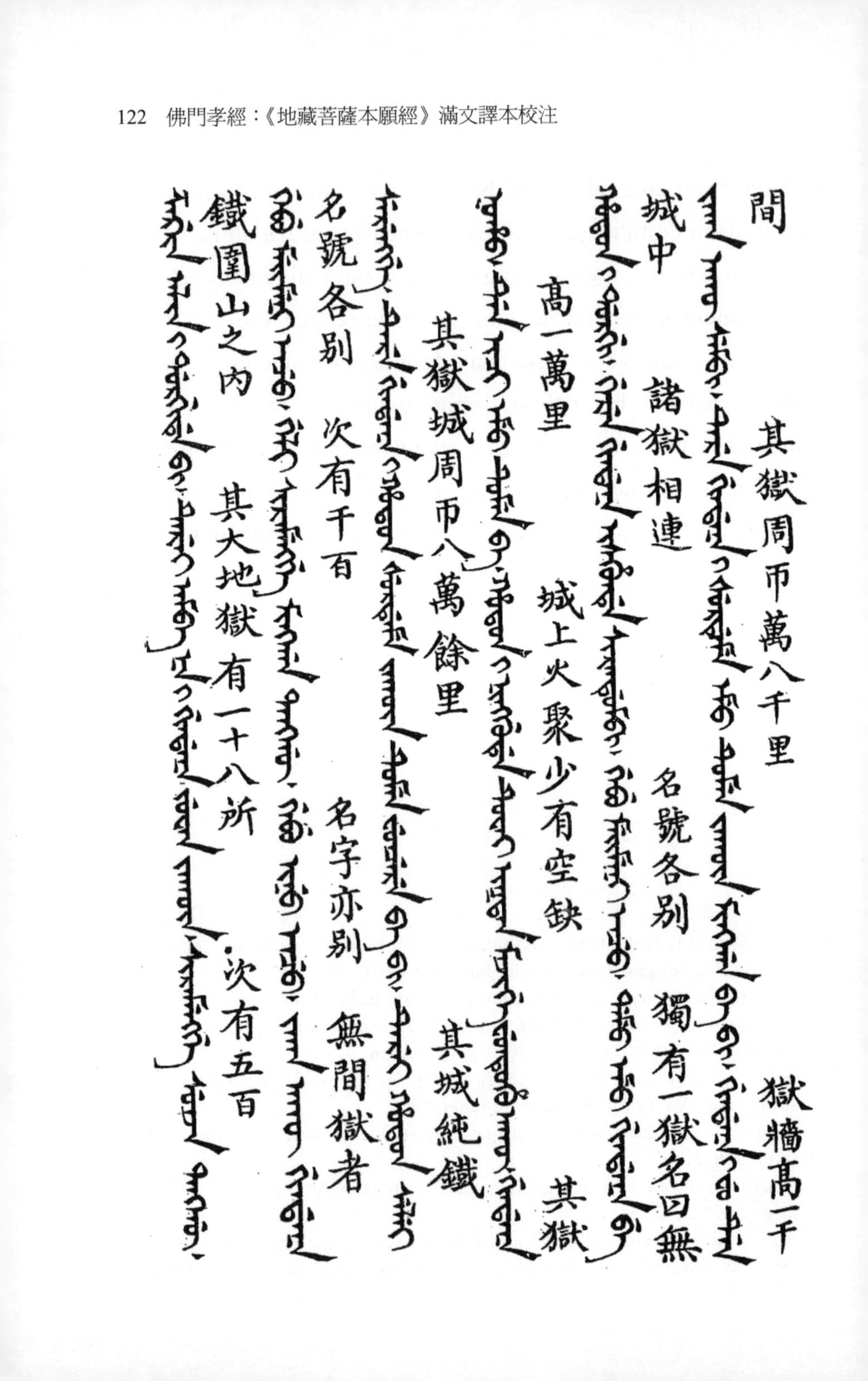

鐵圍山之內　其大地獄有一十八所　次有五百
名號各別　次有千百　名字亦別　無間獄者
其獄城周帀八萬餘里　其城純鐵
高一萬里　城上火聚少有空缺　其獄
城中　諸獄相連　名號各別　獨有一獄名曰無
間　其獄周帀萬八千里　獄牆高一千

dzag'ra alin i dorgide bi,[54] terei amba na i gindana juwan jakūn,[55] siramengge sunja tanggū,[56] gebu meimeni encu,[57] geli siramengge minggan tanggū,[58] gebu inu encu. jaka akū gindana serengge, tere gindana i hoton šurdeme jakūn tumen funcere ba bi,[59] terei hoton selei noho,[60] den ici emu tumen ba,[61] hoton i ninggude tuwai iktan majige funtuhu akū,[62] gindana hoton i dorgi,[63] geren gindana ishunde sirandumbi,[64] gebu meimeni encu.[65] damu emu gindana be jaka akū sembi,[66] tere gindana i šurdeme emu tumen jakūn minggan ba bi, gindana i fu den

54 朱印本滿文作"bisire ele geren na i gindana oci, amba dzag'ara alin dorgide bi"。句中"dzag'ara"，合璧本滿文作"dzag'ra"，即「鐵圍」。

55 朱印本滿文作"tere amba na i gindana jakūn falga bi"，句中"jakūn"，合璧本滿文作"juwan jakūn"，此脫"juwan"。

56 朱印本滿文作"sirame sunja tanggū bifi"。

57 「名號各別」，合璧本滿文作"gebu meimeni encu"，朱印本滿文作"gebu colo meimeni encu"。

58 朱印本滿文作"sirame minggan tanggū bifi"。

59 「城周帀」，合璧本滿文作"hoton šurdeme"，朱印本滿文作"hecen i šurdeme"。

60 朱印本滿文作"tere hecen oci, selei canggi ningge"。

61 朱印本滿文作"den ici emu tumen babi"。

62 朱印本滿文作"hecen ninggui tuwai iktan fuhali sulabuha ba akū"。

63 朱印本滿文作"tere gindana i hoton i dolo"。

64 "geren gindana ishunde sirandumbi"，句中"sirandumbi"，朱印本滿文作"siranduha"。

65 "gebu meimeni encu"，句中"gebu"，朱印本滿文作"gebu colo"。

66 朱印本滿文作"damu emu gindana i teile jaka akū sembi"。

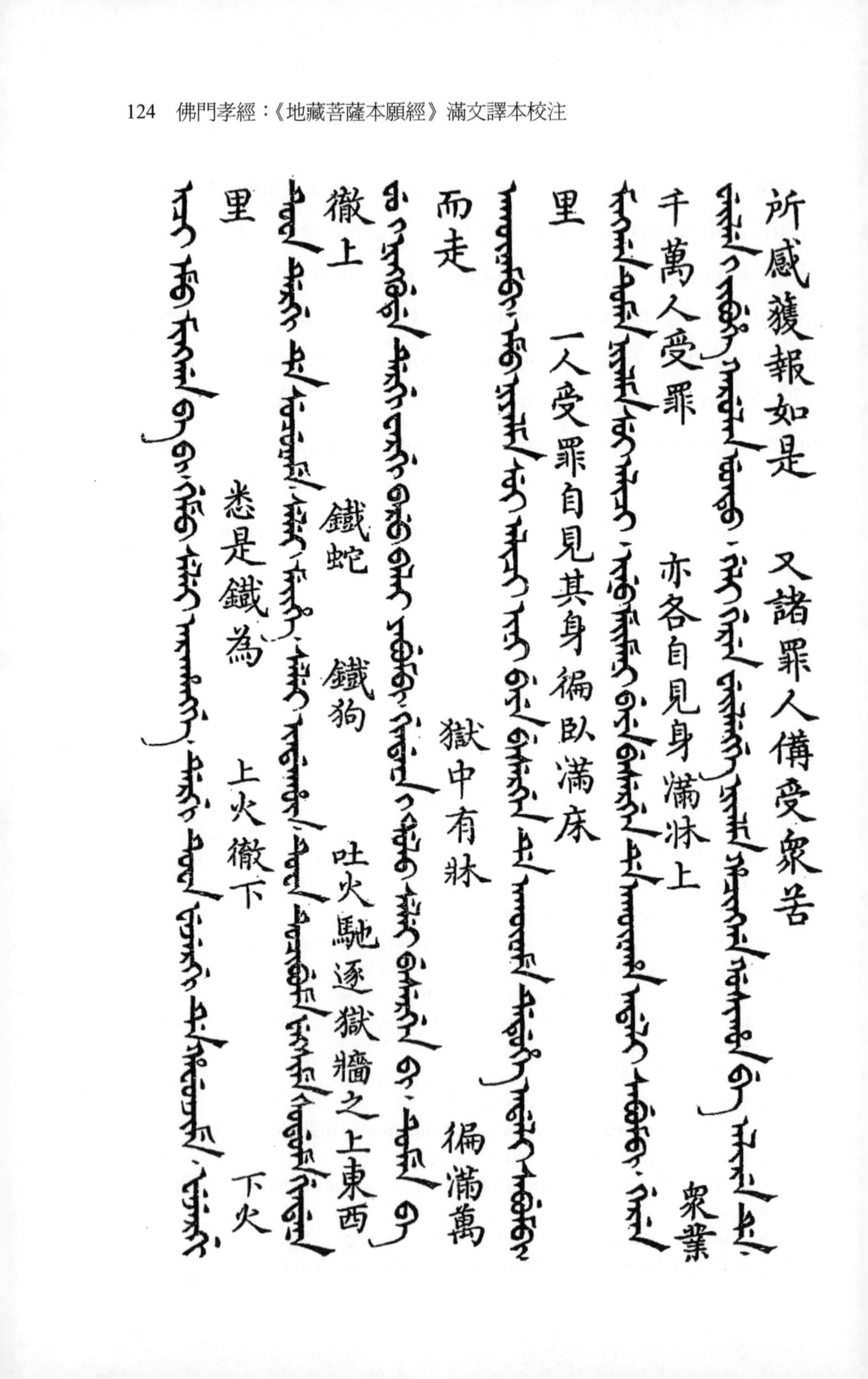

所感獲報如是　又諸罪人備受衆苦

千萬人受罪　亦各自見身滿牀上　衆業

里　一人受罪自見其身徧臥滿床

而走　獄中有牀　徧滿萬

徹上　鐵蛇　鐵狗　吐火馳逐獄牆之上東西

里　悉是鐵為　上火徹下　下火

ici emu minggan ba bi,[67] gemu selei arahangge,[68] dergi tuwa fejergi de hafunjime,[69] fejergi tuwa dergi de sucuname, selei meihe, selei indahūn, tuwa tucibume feksime šodome gindana fu i ninggude dergi wargi baru balai yabumbi,[70] gindana i dolo selei besergen bi,[71] tumen ba akūnambi.[72] emu niyalma sui alici ini beye besergen de akūname deduhe adali sabumbi,[73] minggan tumen niyalma sui alici, inu meimeni beye besergen de akūnaha adali sabumbi.[74] geren weilen i jibuhe karulan uttu.[75] geli geren weilengge niyalma hacingga gosihon be alire de,[76]

---

67 朱印本滿文作“gindana i fu oci, den ici emu minggan ba”。

68 朱印本滿文作“bireme selei arahangge”。

69 朱印本滿文作“dergi i tuwa fejergi de hafulambi”。

70 朱印本滿文作“tuwa oksime gindana fu i ninggude fengsime fargame dergi wargi i baru yabumbi”，句中“fengsime”，誤，當作“feksime”。

71 「獄中有牀」，合璧本滿文作“gindana i dolo selei besergen bi”，朱印本滿文作“gindana de besergen bi”。

72 「徧滿萬里」，合璧本滿文作“tumen ba akūnabi”，朱印本滿文作“tumen bade isitala akūname jalukabi”。

73 「自見其身徧臥滿床」，合璧本滿文作“ini beye besergen de akūname deduhe adali sabumbi”，朱印本滿文作“ini beye besergen de akūname dedure be sabumbi”。

74 「亦各自見身滿牀上」，朱印本滿文作“inu teisu teisu ini beye besergen de akūnaha be sabumbi”。

75 朱印本滿文作“geren sui i acinggibuhangge ofi baha karulan uttu”。

76 朱印本滿文作“geli geren suingge niyalma gosihon ambula alimbime”。

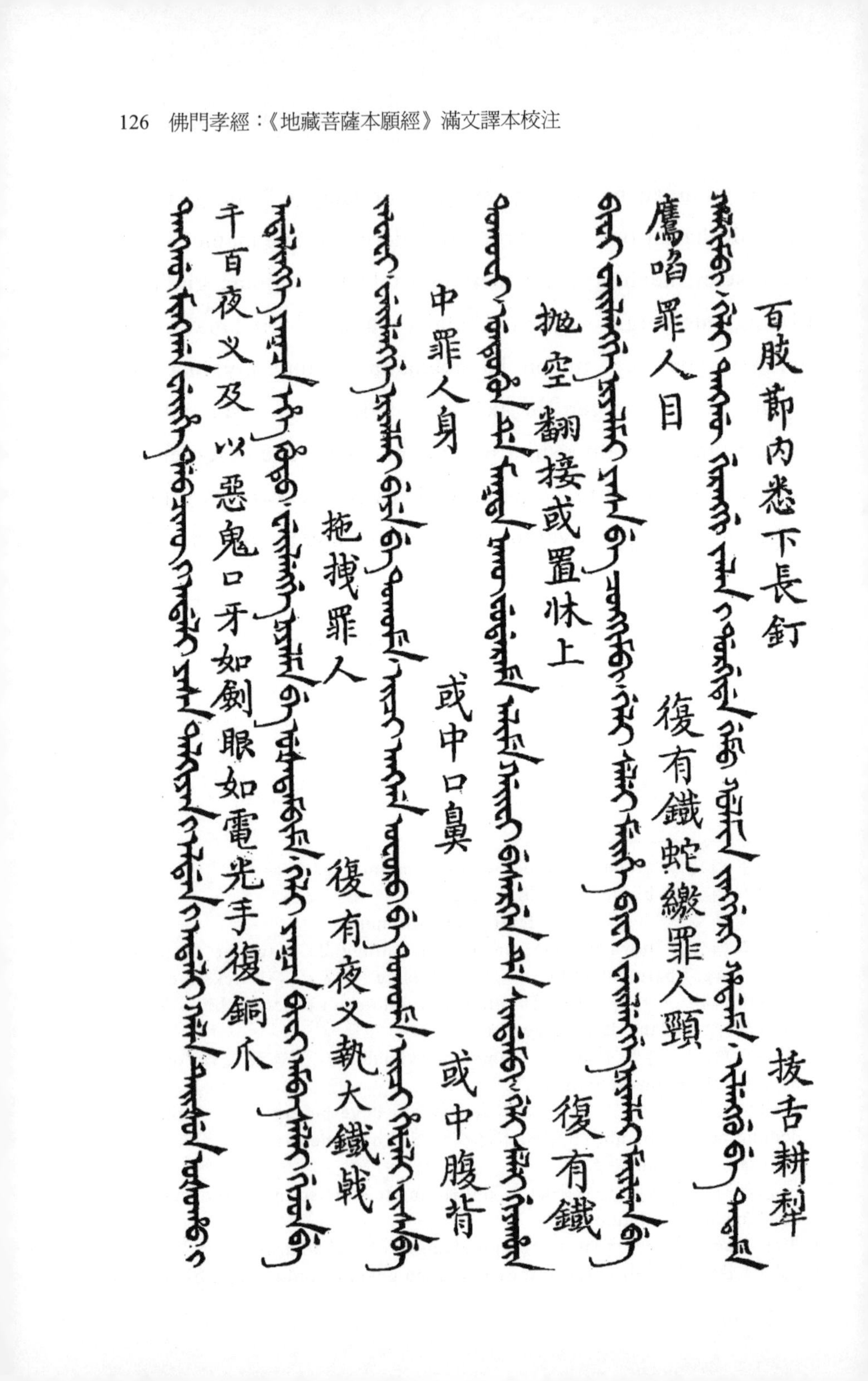

百肢節內悉下長釘　拔舌耕犁

鷹啗罪人目　復有鐵蛇繳罪人頸

抛空翻接或置牀上　復有鐵

中罪人身　或中口鼻　或中腹背

拖拽罪人　復有夜叉執大鐵戟

千百夜叉及以惡鬼口牙如劍眼如電光手復銅爪

tanggū minggan weihe dabcikū i adali yasa talkiyan i elden i adali gala teišun ošoho i adalingge yakca ehe hutu,[77] weilengge niyalma be ušatambime,[78] geli yakca bifi amba selei gijun be jafafi,[79] weilengge niyalmai beye be tokome,[80] eici angga oforo be tokome,[81] eici hefeli fisa be tokofi,[82] untuhun de makta nakū fudarame alime gaifi besergen de sindambi.[83] geli selei giyahūn bifi weilengge niyalmai yasa be congkimbi.[84] geli selei meihe bifi weilengge niyalmai meifen be halgimbi,[85] geli tanggū giranggi jalan i dorgide gemu golmin jinggeri hadame,[86] ilenggu be tatame

77 朱印本滿文作"minggan tanggū yakca, jai ehe hutu sa anggai weihe dabcikū i gese, yasa talkiyan i eldengge i adali, teišun ošoho i adali"。

78 朱印本滿文作"gala suingge niyalma be ušame tatambi"。

79 朱印本滿文作"geli yakca bifi amba selei gijun jafafi"，句中"gijun jafafi"，省略"be"。

80 朱印本滿文作"suingge niyalmai beyede tokoro"。「罪人」，合璧本滿文作"weilengge niyalma"，朱印本滿文作"suingge niyalma"。

81 "eici angga oforo be tokome"，句中"tokome"，朱印本滿文作"tokoro"。

82 "eici hefeli fisa be tokofi"，句中"tokofi"，朱印本滿文作"tokoro"。

83 朱印本滿文作"untuhun de maktafi ubašame alime gaire,eici besergen de sindarangge"。

84 「啗罪人目」，句中「啗」，合璧本滿文作"congkimbi"，朱印本滿文作"congkišambi"，意即「啄」。

85 「繳罪人頸」，合璧本滿文作"weilengge niyalmai meifen be halgimbi"，句中"meifen"，朱印本滿文作"monggon"；"halgimbi"作"halgifi"，意即「盤繞」。

86 朱印本滿文作"geren gargan jalan i dolo yooni golmin jinggeri hadame"。

界成後 還復而来 無間罪報其事如是

轉寄他方 他方壞時 展轉相寄 此

此界壞時 寄生他界 他界次壞

如是 動經億劫 求出無期

熱鐵纏身 萬死千生 業感

抽腸剉斬 洋銅灌口

halaha i tarime,[87] duha be tatašame garlame sacime,[88] weniyehe teišun i šugi be angga de hungkereme,[89] šerembuhe selei futa i beyebe halgime,[90] tumen jergi buceme minggan jergi banjirengge,[91] weilen i jibuhengge uttu,[92] enteke sui alihai bunai g'alab de isitala tucire be baicibe tucire inenggi akū.[93] ere jecen efujehe manggi,[94] gūwa jecen de banjinabumbi, gūwa jecen geli efujehe manggi,[95] ulame gūwa bade banjinabumbi,[96] gūwa ba efujehe erinde,[97] ulan ulan i banjinabuhai,[98] ere jecen šanggaha manggi,[99] dahūme amasi gajimbi,[100] jaka akū na i gindana i sui weile i karulan i baita

---

87 朱印本滿文作“ilenggu be tatame secime hūwalafi”。

88 朱印本滿文作“duha be tucitele meyeleme sacifi”。

89 朱印本滿文作“weniyehe teišun i angga de hungkereme”，句中“weniyehe teišun”，意即「熔化的銅」，漢文作「洋銅」。

90 「熱鐵纏身」，朱印本滿文作“halhūn selei beyebe hūsibume”，意即「以熱鐵裹身」，合璧本滿文作“šerembuhe selei futa i beyebe halgime”，意即「以燒紅的鐵繩纏身」，滿漢文義相合。

91 朱印本滿文作“tumenggeri buceme mingganggeri banjirengge”，意即「萬次死千次生」。

92 朱印本滿文作“sui i acinggiybuhangge uttu”。

93 朱印本滿文作“aššahadari bunai g'alab duletele baime tucire erin akū”。

94 朱印本滿文作“ere jalan efujere erin de”。

95 朱印本滿文作“tere jalan sirame efujeci”。

96 朱印本滿文作“ulame gūwa dere de gamafi horimbi”。

97 朱印本滿文作“tere dere efujeci”。

98 朱印本滿文作“ulan ulan i horiname”。

99 朱印本滿文作“ere jalan kanggaha manggi”，句中“kanggaha”，誤，當作“šanggaha”。

100 朱印本滿文作“an i dahūme gajimbi”。

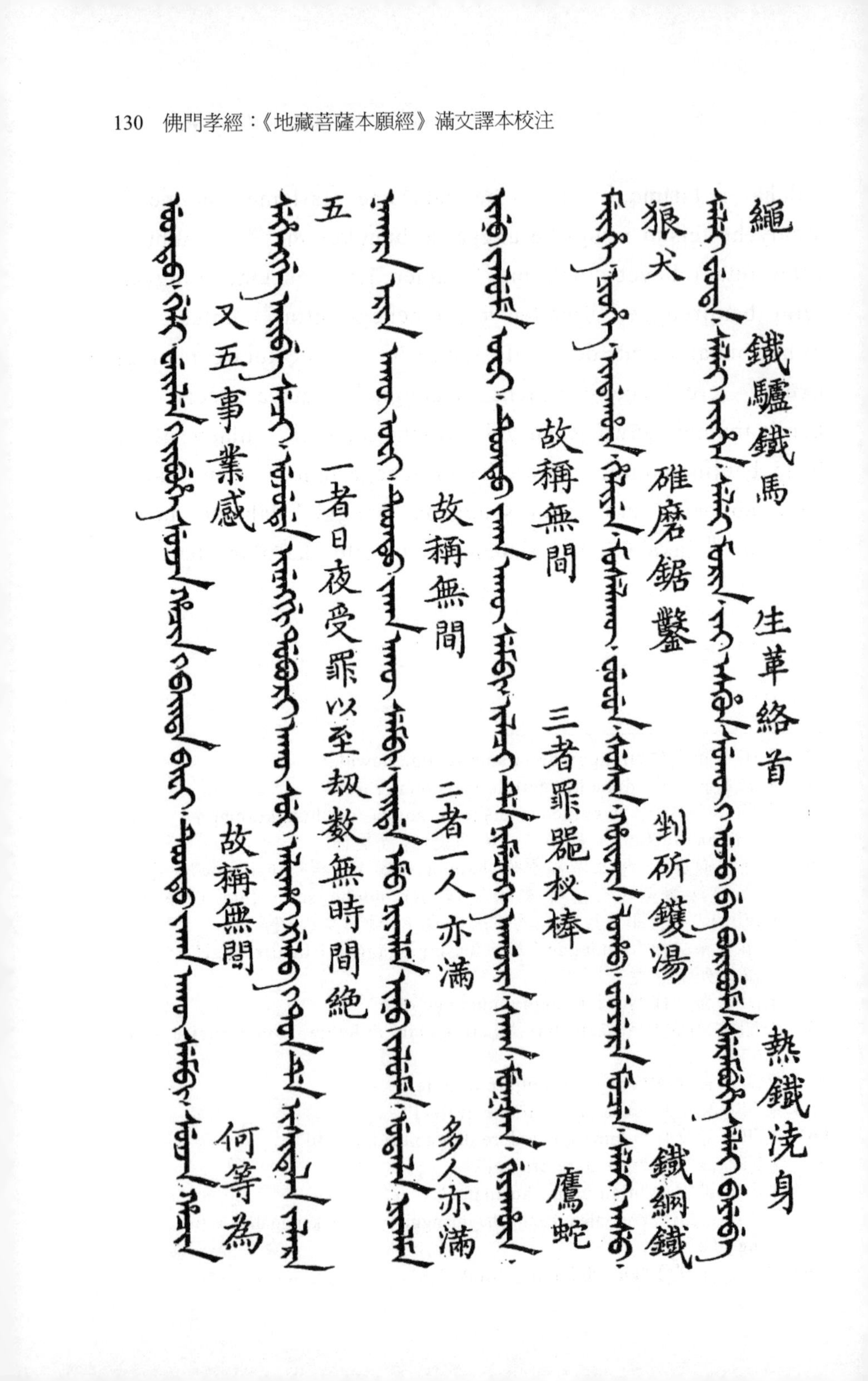

又五事業感　故稱無間　何等為
五　一者日夜受罪以至劫数無時間絕
故稱無間　二者一人亦滿　多人亦滿
故稱無間　三者罪器叉棒　鷹蛇
狼犬　碓磨鋸鑿　剉斫鑊湯　鐵網鐵
縄　鐵驢鐵馬　生革絡首　熱鐵澆身

uttu.[101] geli weilen i jibuhe sunja hacin i baita bifi,[102] tuttu jaka akū sembi.[103] sunja hacin sehengge aibe seci,[104] ujude inenggi dobori akū sui alihai g'alab i ton de isitala jalara nakara erin akū ofi,[105] tuttu jaka akū sembi.[106] jaide emu niyalma inu jalume, utala niyalma inu jalume ofi,[107] tuttu jaka akū sembi.[108] ilaci de nimecuke agūra, šaka, mukšan,[109] giyahūn, meihe, niohe, indahūn, heliyen, moselakū, fufun, šusin,[110] hūwara, loho, fuyere mucen,[111] selei asu, selei futa, selei eihen, selei morin, jai eshun sukū i uju be buribume,[112] šerembuhe selei beyebe

---

101 朱印本滿文作“jaka akū sui karulan i baita uttu”。
102 朱印本滿文作“geli sunja baita sui i acinggiyabuha”。
103 朱印本滿文作“turgunde jaka akū seme hendumbi”。
104 朱印本滿文作“aibe sunja hacin seci”。
105 朱印本滿文作“emude oci, inenggi dobori akū sui be alime, g'alab ton de isinafi, giyalara lakcara erin akū turgunde”。
106 朱印本滿文作“jaka akū seme hendumbi”。
107 朱印本滿文作“jaide oci, emu niyalma inu jalumbi, geren niyalma inu jalumbi sere turgunde”。
108 朱印本滿文作“jaka akū seme hendumbi”。
109 朱印本滿文作“ilaci de oci, weilengge agūra inu, kaka maitu”，句中“kaka”，誤，當作“šaka”，漢文作「叉」。「棍棒」，合璧本滿文作“mukšan”，朱印本滿文作“maitu”。
110 漢文「鑿」，合璧本滿文作“šusin”，朱印本滿文誤作“gosin”。
111 朱印本滿文作“hūwara secire fuyere mukei mucen ”。
112 朱印本滿文作“eshen sukū i uju be buheliyeme”，句中“eshen”，誤，當作“eshun”。

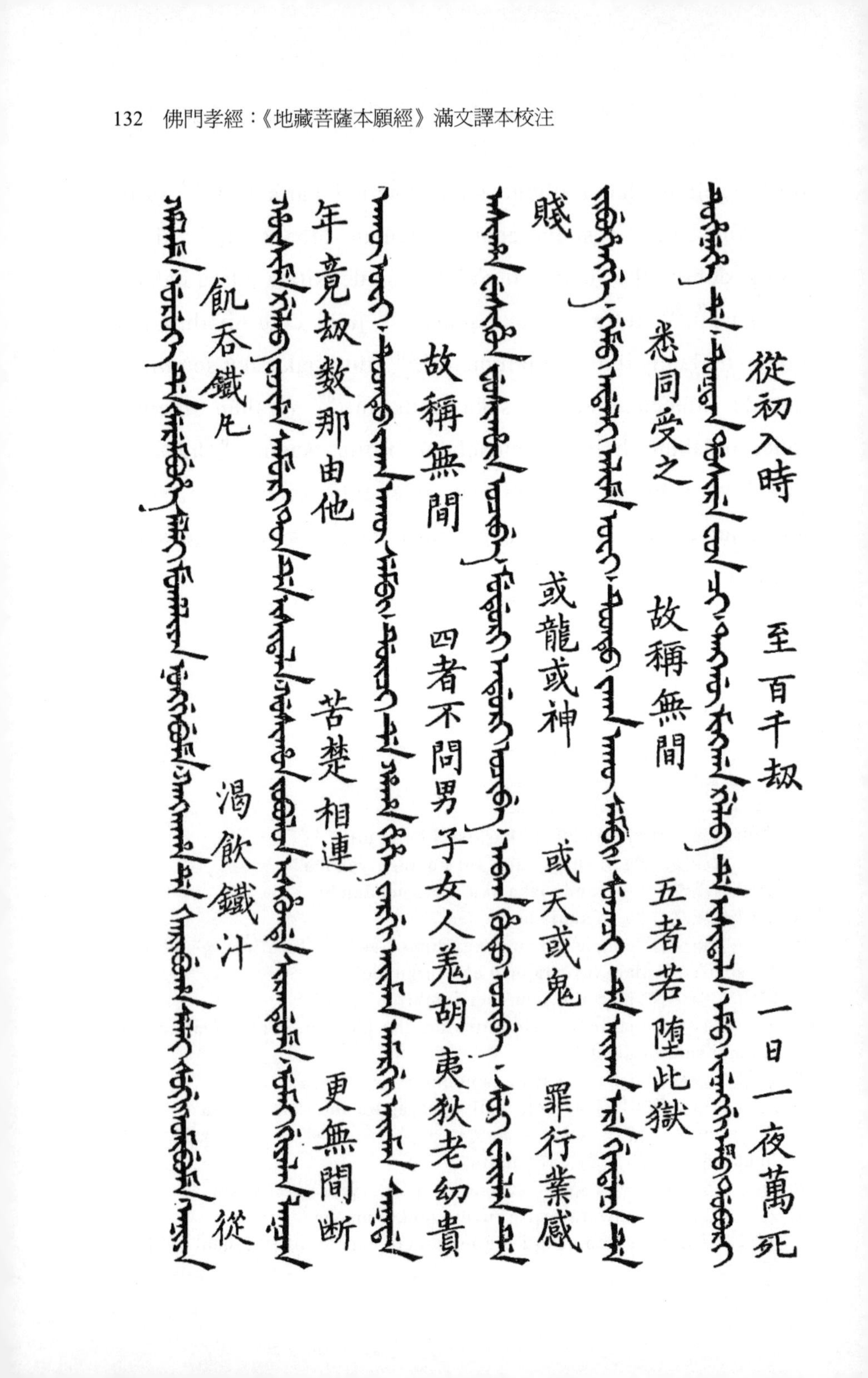

飢吞鐵丸 渴飲鐵汁 從

年竟劫数那由他 苦楚相連 更無間断

故稱無間 四者不問男子女人羌胡夷狄老幼貴

賤 或龍或神 或天或鬼 罪行業感

悉同受之 故稱無間 五者若墮此獄

從初入時 至百千劫 一日一夜萬死

halame,[113] uruke de šerembuhe selei muhaliyan nunggebume,[114] kangkaha de šaribuha selei šugi omibume,[115] aniya hūsime g'alab wajime samuri ton de isitala,[116] gosihon jobolon ishunde[117] sirandume, umai giyalan lakcan akū ofi, tuttu jaka akū sembi.[118] duici de haha hehe wargi aiman amargi aiman sakda asihan wesihun fusihūn ocibe,[119] muduri enduri ocibe,[120] abka hutu ocibe,[121] sui weilen de jibuhengge,[122] gemu adali alime ofi, tuttu jaka akū sembi.[123] sunjaci de aika ere gindana de tuhenehe de,[124] tuktan dosire fon ci, tanggū minggan g'alab de isitala,[125] emu inenggi emu dobori

---

113 朱印本滿文作“halhūn selei šugi benebe suitame”，句中“benebe”，誤，當作“beyebe”。
114 朱印本滿文作“uruci selei muheliyen nunggeme”。
115 朱印本滿文作“kangkaci selei šugi omime”。
116 朱印本滿文作“aniya ci g'alab i ton de isibume samuri”。
117 朱印本滿文作“sireneme fuhali”。
118 朱印本滿文作“giyalan lakcan akū i gosihon ojoro turgunde, jaka akū seme hendumbi”。
119 朱印本滿文作“duici de oci, haha hehe tulergi aiman sakda asihan wesihun fusihūn be bodorakū”。
120 朱印本滿文作“muduri ocibe enduri ocibe ”。
121 朱印本滿文作“abka ocibe hutu ocibe”。
122 朱印本滿文作“sui yabun weile i acinggiyabuhangge”。
123 朱印本滿文作“bireme gemu emu adali alire turgunde, jaka akū seme hendumbi”。
124 朱印本滿文作“sunjaci de oci, aika ere gindana de tuheneci”。
125 朱印本滿文作“tuktan dosika ci tanggū minggan g'alab de isitala”。

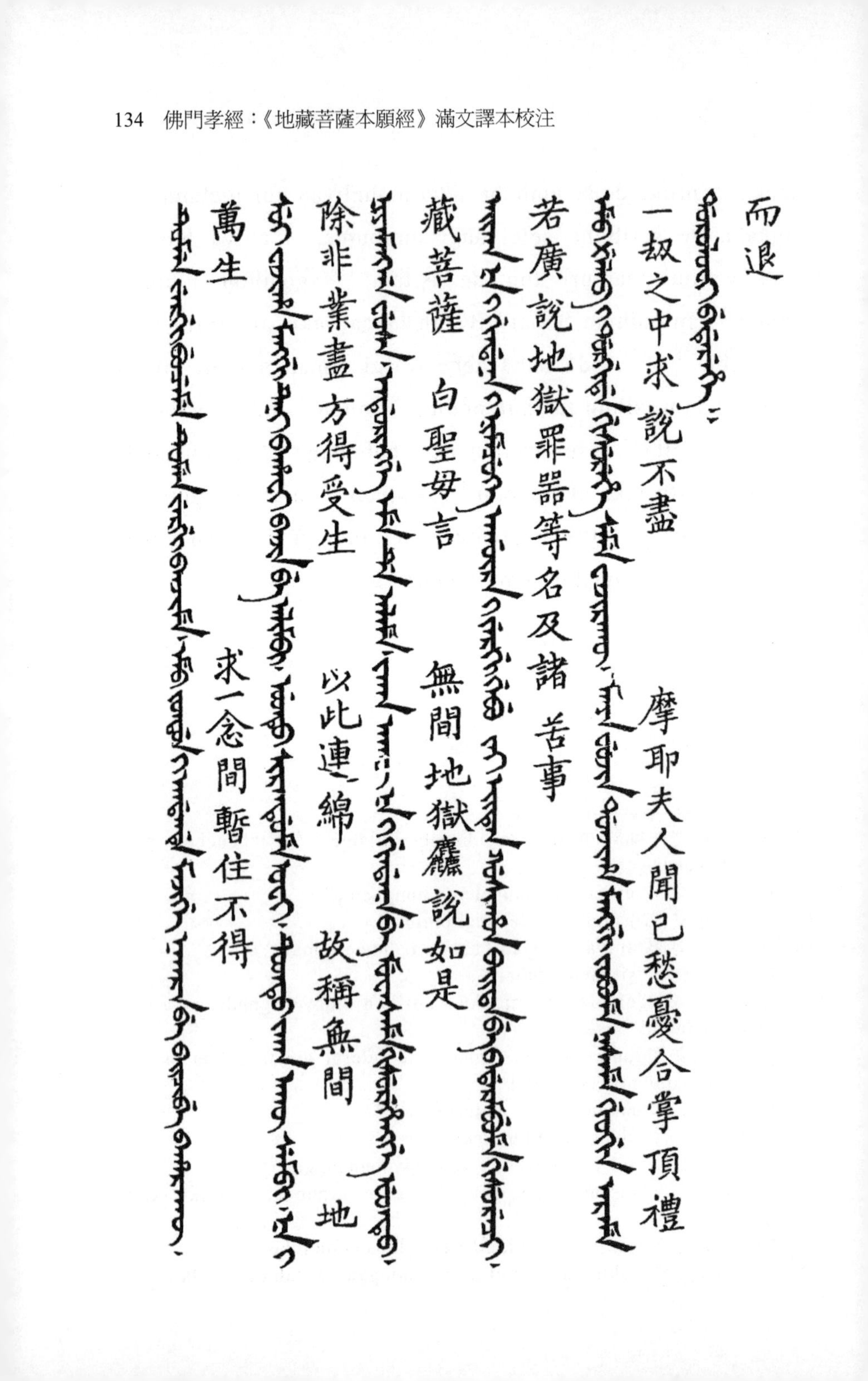

而退

一刧之中求說不盡　摩耶夫人聞已愁憂合掌頂禮

若廣說地獄罪器等名及諸苦事

藏菩薩　白聖母言　無間地獄麤說如是

除非業盡方得受生　以此連綿　故稱無間　地

萬生　求一念間暫住不得

tumen jergi buceme tumen jergi banjime,[126] emu jondon i andande majige nakara be baicibe baharakū,[127] sui wajiha manggi teni bahafi banjin be alimbi,[128] uttu sirandume ofi, tuttu jaka akū sembi.[129] na i niyamangga fusa, enduringge eme de alame, jaka akū na i gindana be muwašame gisurehengge uttu.[130] aika na i gindana i nimecuke agūra i jergi gebu jai eiten gosihon baita be badarambume gisureci,[131] emu g'alab i dorgide gisurehe seme wajirakū.[132] maya fujin donjiha manggi jobome nasame giogin arame dorolofi bederehe.[133]

126 朱印本滿文作“emu inenggi emu dobori de tumenggeri buceme tumenggeri banjimbi”。

127 朱印本滿文作“emu jondon i siden ilinjaki seme baicibe baharakū”。

128 朱印本滿文作“urunakū sui wajiha manggi, teni bahafi banjire be alimbi”。

129 朱印本滿文作“uttu sirkedere turgunde, jaka akū seme hendumbi”。

130 「粗說如是」，合璧本滿文作“muwašame gisurehengge uttu”，朱印本滿文作“muwašame gisureci uttu”。

131 朱印本滿文作“aikabade na i gindana i weilengge agūrai jergi gebu jai hacingga gosihon i baita be gisureme ohode”。

132 朱印本滿文作“emu g'alab otolo gisurehe seme wajirakū”。

133 “maya fujin donjiha manggi jobome nasame giogin arame dorolofi bederehe”，句中“donjiha manggi”，朱印本滿文作“donjifi”。

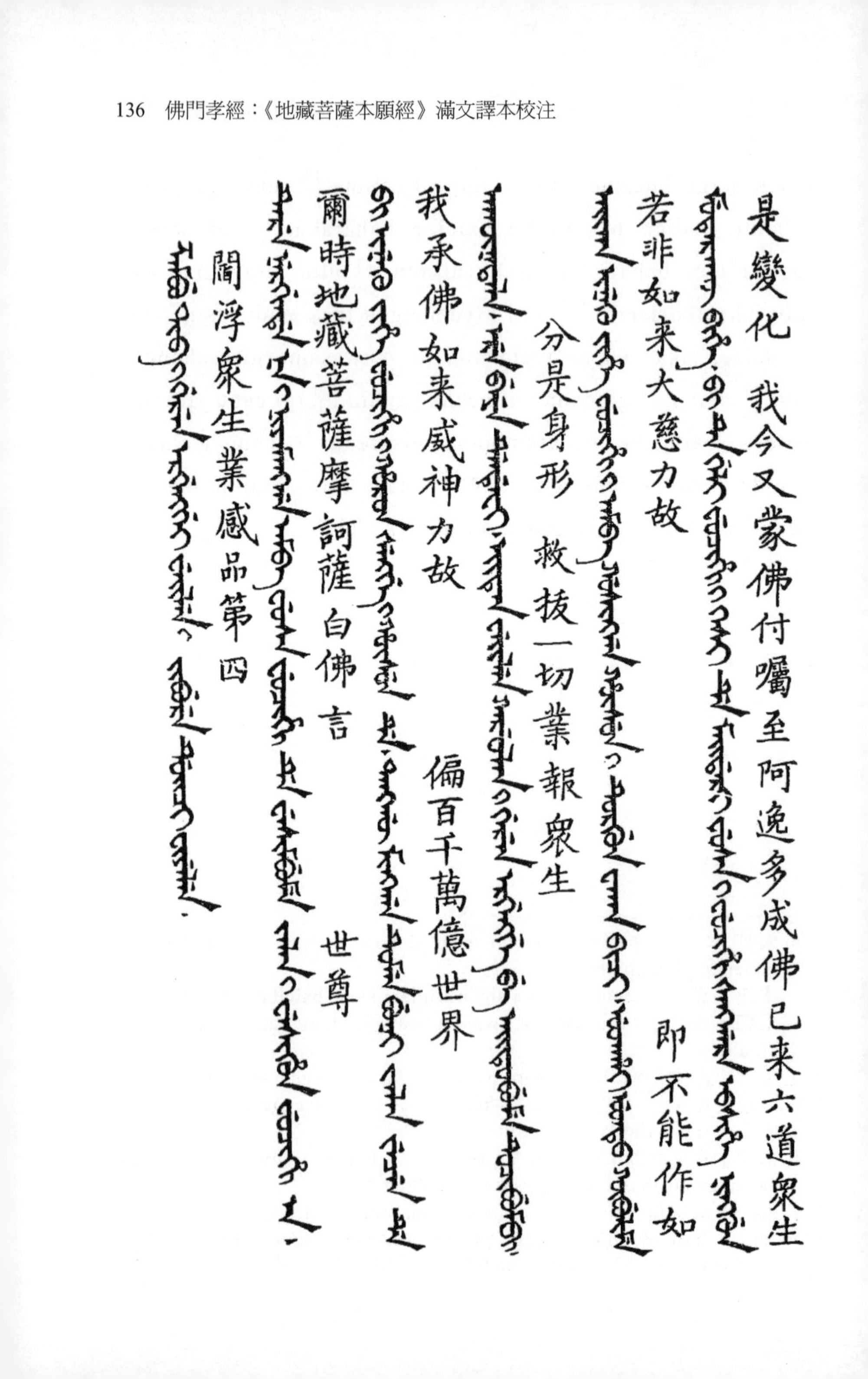

是變化 我今又蒙佛付囑至阿逸多成佛已来六道衆生

若非如来大慈力故 即不能作如

分是身形 救拔一切業報衆生

我承佛如来威神力故 徧百千萬億世界

爾時地藏菩薩摩訶薩白佛言 世尊

閻浮衆生業感品第四

dzambu tib i geren ergenggei weilen i jibure duici fiyelen.[1]
tere nerginde na i niyamangga amba fusa fucihi de wesimbume,[2] jalan i wesihun fucihi a, bi ineku jihe fucihi i horon šengge i hūsun de,[3] tanggū minggan tumen bunai jalan jecen de akūnatala, ere beye dendefi,[4] eiten weilen karulan i geren ergengge be aitubume tucibumbi,[5] aika ineku jihe fucihi i amba gosingga hūsun i turgun waka bici,[6] uthai uttu kūbulime muterakū bihe,[7] bi te geli fucihi i kesi de maidari fusa i fucihi šanggara ebsihe[8] ninggun

1 朱印本滿文作“dzambu tib i geren ergengge sui i acinggiyabuhangge duici fiyelen”，句中“dzambu tib”，漢文作「閻浮提」，梵語讀如“jambu-dvipa”，意即須彌山南方四大洲之一。

2 “tere nerginde na i niyamangga amba fusa fucihi de wesimbume”，句中“amba fusa”，朱印本滿文作“fusa amba fusa”。

3 “bi ineku jihe fucihi i horon šengge i hūsun de”，句中“horon šengge”朱印本滿文作“horonggo šengge”。

4 “ere beye dendefi”，朱印本滿文作“ere beye be faksalafi”。

5 「業報」，合璧本滿文作“weilen karulan”，朱印本滿文作“sui karulan”；「救拔」，合璧本滿文作“aitubume tucibumbi”，朱印本滿文作“aitubume tuciburengge”。

6 朱印本滿文作“aika inekū jihe fucihi i amba gosingga hūsun waka bici”。

7 朱印本滿文作“ainaha seme ere gese kūbulin wen be deribume muterakū”。

8 朱印本滿文作“bi te geli fucihi i hesei afabuha maidari fucihi šanggaha ci ebsi”，句中“maidari”，意即「彌勒」，漢文作「阿逸多」，梵語讀如“ajita”。

經塵刼迷惑障難　如魚遊網　將是

生　輪轉五道暫無休息　動

善習結果　為善為惡　逐境而

一切衆生未解脫者性識無定　惡習結業

世尊　願不有慮　爾時佛告地藏菩薩

遣令度脫　唯然

jugūn i geren ergengge be aitubume ukcabukini seme tacibume afabuhe be dahame,[9] jalan i wesihun fucihi a,[10] bairengge seolere be nakarao.[11] nerginde fucihi na i niyamangga fusa de hese wasimbume,[12] eiten ukcara unde geren ergenggei banin ulhibun toktohon akū,[13] ehe tacin de weile faliha,[14] sain tacin de šanggan faliha, sain be yabucibe ehe be yabucibe,[15] teisulen be dahame banjime,[16] sunja jugūn de šurdeme forgošome dartai andande seme nakara ba akū,[17] buraki gese g'alab otolo hūlimbume dalibume hanggabumbi.[18] ere nimaha i asu de tabuha bime,[19] kemuni

9 朱印本滿文作“ninggun banjin i geren ergengge be doobume ukcabuki seme takūraha be”。
10 「唯然」，朱印本滿文作“hing seme alime gaiha”，合璧本滿文缺漏未譯。
11 朱印本滿文作“damu ume jobošoroo”。
12 朱印本滿文作“tere nerginde fucihi na i niyamangga fusa de alame hese wasimbume”。
13 「一切眾生未解脫者」，句中「未解脫者」，合璧本滿文作“ukcara unde”，朱印本滿文作“umesi ukcara undengge”。
14 「惡習結業」，句中「結業」，合璧本滿文作“weile faliha”，朱印本滿文作“sui falimbi”。
15 朱印本滿文作“sain be yabure ehe be yaburengge”。
16 朱印本滿文作“teisulen be tuwame banjiname ofi”。
17 朱印本滿文作“sunja banjin de forgošome, heni majige teyere nakara ba akū”。
18 朱印本滿文作“aššahadari buraki g'alab deletele farfabume liyeliyehunjeme dalibume hanggaburengge”。
19 朱印本滿文作“nimaha asu de yabure adali”。

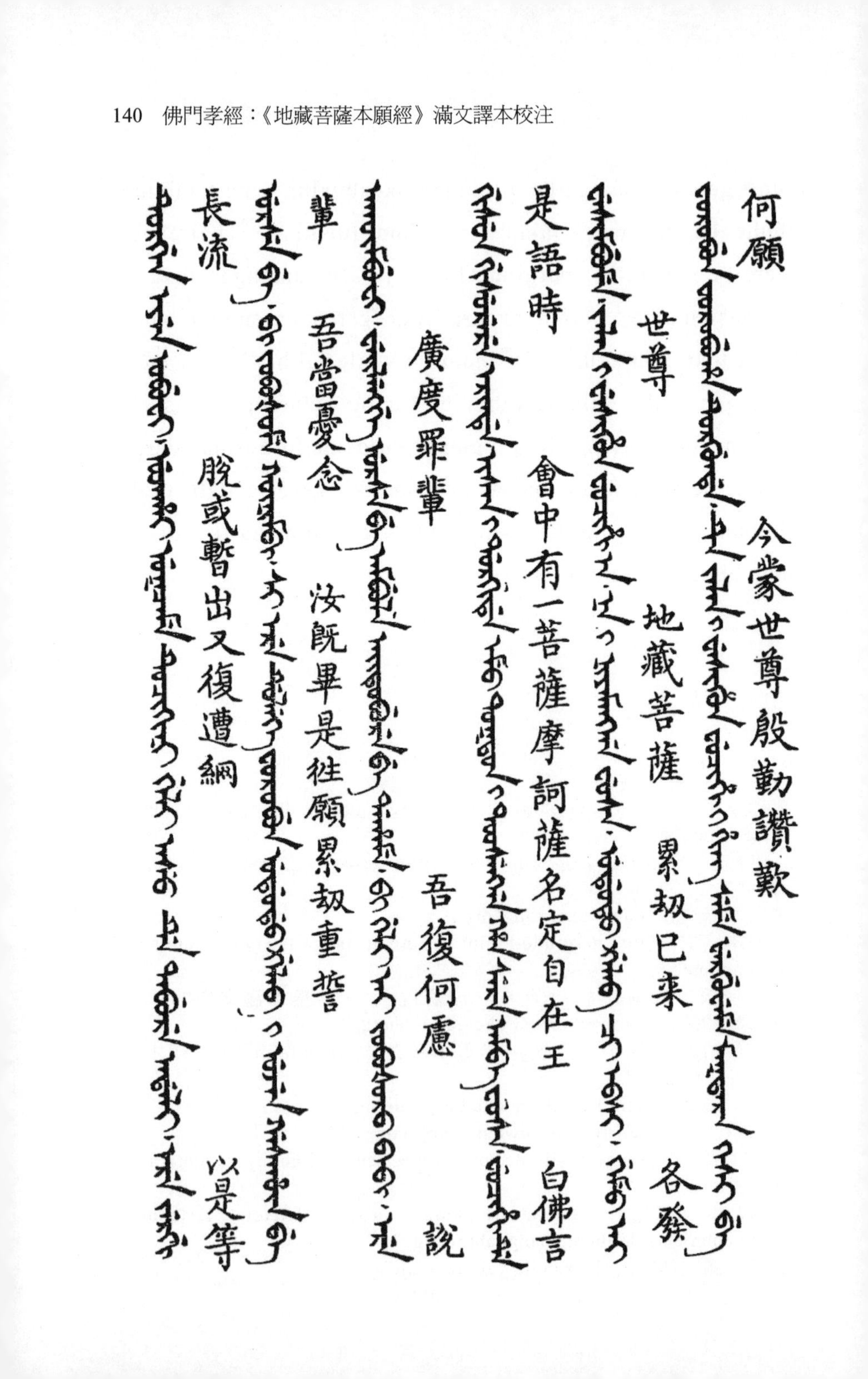

長流
脫或暫出又復遭網
以是等
輩
吾當憂念
汝既畢是徃願累劫重誓
廣度罪輩
吾復何慮
說
是語時
會中有一菩薩摩訶薩名定自在王
白佛言
世尊
地藏菩薩
累劫已来
各發
何願
今蒙世尊殷勤讚歎

turgen eyen obufi,[20] uthai ukcame tucikini geli asu de tabure adali,[21] ere jergi urse be,[22] bi jobošome gūnimbi.[23] si ere duleke forobun ududu g'alab i ujen gashūn be akūmbufi[24] weilengge urse be ambula aitubure be dahame,[25] bi geli ai jobošoro babi. ere gisun gisurere erinde,[26] isan i dorgide emu tokton i toosengga han sere amba fusa,[27] fucihi de wesimbume, jalan i wesihun fucihi a, na i niyamangga fusa, ududu g'alab ci ebsi, gemu ai forobun forobuha turgunde,[28] te jalan i wesihun fucihi i hing seme ferguweme maktara kesi be

---

20 朱印本滿文作“golmin eyen ombi sehei”，句中“golmin eyen”，意即「長流」，合璧本滿文作“turgen eyen”，意即「急流」。

21 朱印本滿文作“hoihan ci ukcame jaka, geli asu de butabuha”。

22 朱印本滿文作“ere jergingge be”。

23 “bi jobošome gūnimbi”，句中“jobošome”，朱印本滿文作“jobome”。

24 朱印本滿文作“si emgeri nenehe forobuha ujen gashūn i g'alab tome”。

25 朱印本滿文作“suingge urse be wacihiyame ambula doobumbi sehe be dahame”。

26 “ere gisun gisurere erinde”，句中“erinde”，朱印本滿文作“nerginde”。

27 朱印本滿文作“isan i dorgi emu fusa amba fusa bifi, colo tokton toosengga han sembi”。

28 朱印本滿文作“na i niyamangga fusa tutala g'alab ci gemu ai gese ya forobufi”。

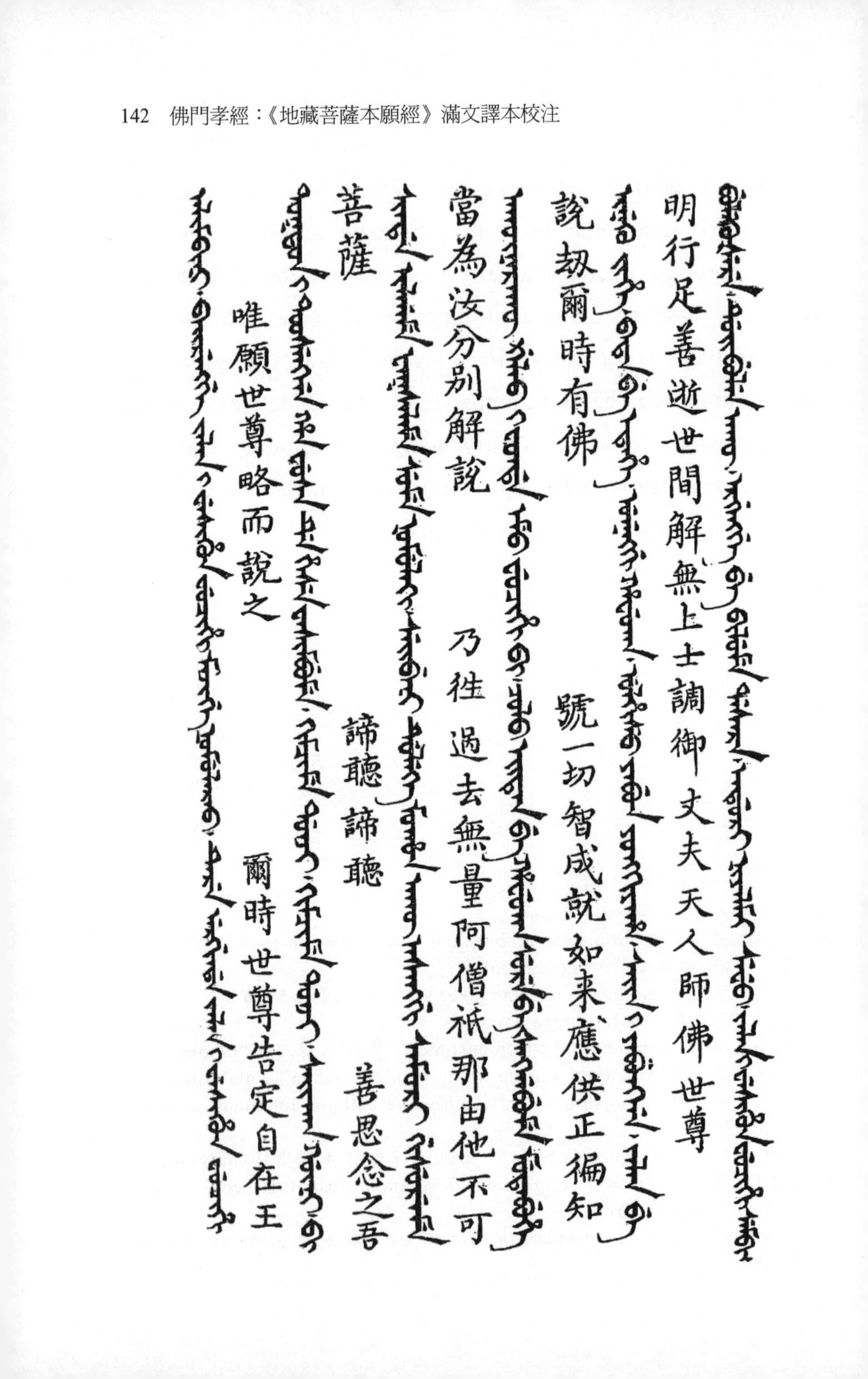

唯願世尊略而說之　爾時世尊告定自在王

菩薩　諦聽諦聽　善思念之吾

當為汝分別解說　乃往過去無量阿僧祇那由他不可

說劫爾時有佛　號一切智成就如來、應供正徧知

明行足善逝世間解無上士調御丈夫天人師佛世尊

alimbini,[29] bairengge jalan i wesihun fucihi majige nomularao.[30] tere nerginde jalan i wesihun fucihi, tokton i toosengga han fusa de hese wasimbume,[31] kimcime donji, kimcime donji, saikan gūni,[32] bi sinde ilgame faksalame sume nomulaki.[33] seibeni duleke mohon akū asanggi samuri gisureme akūnarakū g'alab i fonde emu fucihi bi,[34] colo eiten be hafuka sure be šanggabume mutebuhe ineku jihe,[35] bata be etehe,[36] unenggi hafuka, ulhisu yabun yongkiyaha, sain i yabungga,[37] jalan be bulekušere, duibulen akū, ergengge be bilume dasara, enduri niyalmai sefu,[38] jalan i wesihun fucihi sembi.

---

29 朱印本滿文作"te jalan i wesihun fucihi dahūn dahūn i saišame maktara babe"。

30 朱印本滿文作"jalan i wesihun fucihi,šošome nomularao"。

31 朱印本滿文作"tokton i toosengga han fusa de alame hese wasimbume"。

32 "saikan gūni"，朱印本滿文作"saikan seoleme gūni"。

33 朱印本滿文作"bi sini jalin ilgame faksalame sume gisureki"。

34 朱印本滿文作"neneme duleke mohon akū asanggi samuri gisureci ojorakū g'alab i fonde fucihi bifi"，句中"asanggi"，是梵語"asaṃkhyeya"的音寫。"samuri"，梵語讀如"nayuta"。

35 朱印本滿文作"colo oci, eiten be hafuka sure i šanggabume mutebuhe, ineku jihe"。

36 "bata be etehe"，意即「應供」，朱印本滿文作"baita be etehe"，句中"baita"，誤，當作"bata"。

37 "sain i yabungga"，朱印本滿文作"sain yabungga"。

38 「天人師」，合璧本滿文作"enduri niyalmai sefu"，朱印本滿文作"abka niyalmai sefu"。

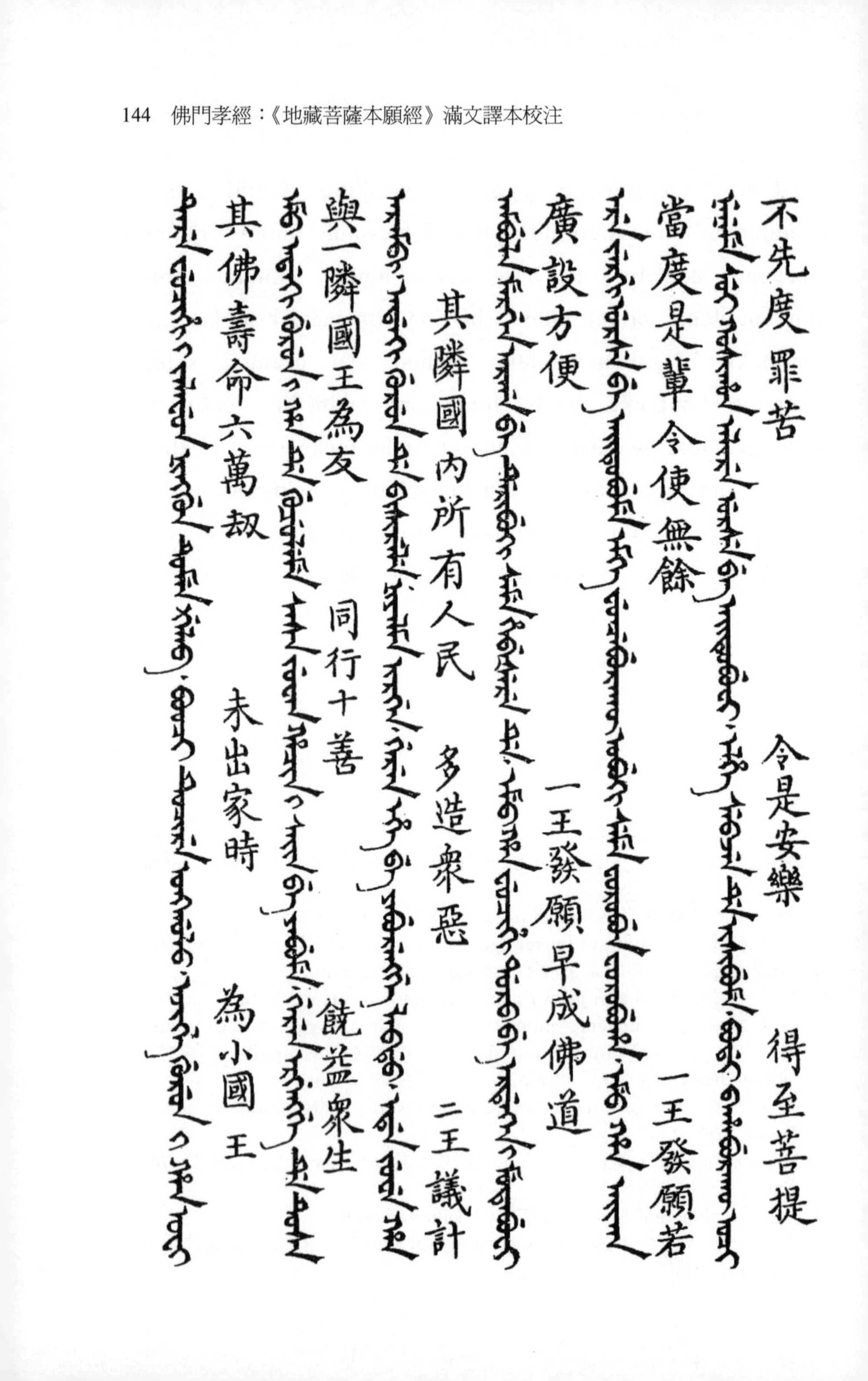

不先度罪苦　令是安樂　得至菩提

當度是輩令使無餘　一王發願若

廣設方便　一王發願早成佛道

其隣國內所有人民　多造衆惡　二王議計

與一隣國王為友　同行十善　饒益衆生

其佛壽命六萬劫　未出家時　為小國王

tere fucihi i jalafun ninggun tumen g'alab,[39] booci tucire onggolo,[40] ajige gurun i han ofi[41] emu adaki gurun i han de guculeme sasa juwan hacin i sain be yabume,[42] geren ergengge de tusa arambi.[43] adaki gurun de bisirele niyalma irgen,[44] geren ehe be yaburengge labdu,[45] ede juwe han ambula mergen arga be deribuki seme hebešere de,[46] emu han fucihi doro be erdeken i mutebufi[47] ere jergi urse be aitubume emke funceburakū obuki seme forobun forobuha,[48] emu han aika neneme sui gosihon alire urse be aitubufi,[49] elhe sebjen de isibume,[50] bodi bahaburakū oci,[51]

39 朱印本滿文作“tere fucihi i se jalgan ninggun tumen g'alab”，句中“se jalgan”，合璧本滿文作“jalafun”。
40 朱印本滿文作“booci tucire unde fonde”。
41 朱印本滿文作“ajige gurun i han bihe”。
42 朱印本滿文作“emu adaki gurun han i emgi gurun ofi, uhei juwan sain be yabume”。
43 朱印本滿文作“geren ergengge de ambula tusa araha”。
44 朱印本滿文作“ere adaki gurun i dolo bisirele niyalma eigen”，句中“eigen”，誤，當作“irgen”。
45 朱印本滿文作“ambula geren ehe be arara jakade”。
46 朱印本滿文作“juwe han emgi acafi, ambula mergen arga deribuki seme hebešehe de”。
47 朱印本滿文作“emu han erdeken i fucihi i doro be kanggabufi”。
48 朱印本滿文作“ere jergingge be doobume funcen akū obumbi seme forobun deribuhe”。
49 朱印本滿文作“emu han aika neneme weile gosihon be doobume”。
50 朱印本滿文作“ese be elhe jirgacun obume”，句中“elhe jirgacun”，意即「安逸」。
51 朱印本滿文作“bahafi bodi de isiburakū oci”。

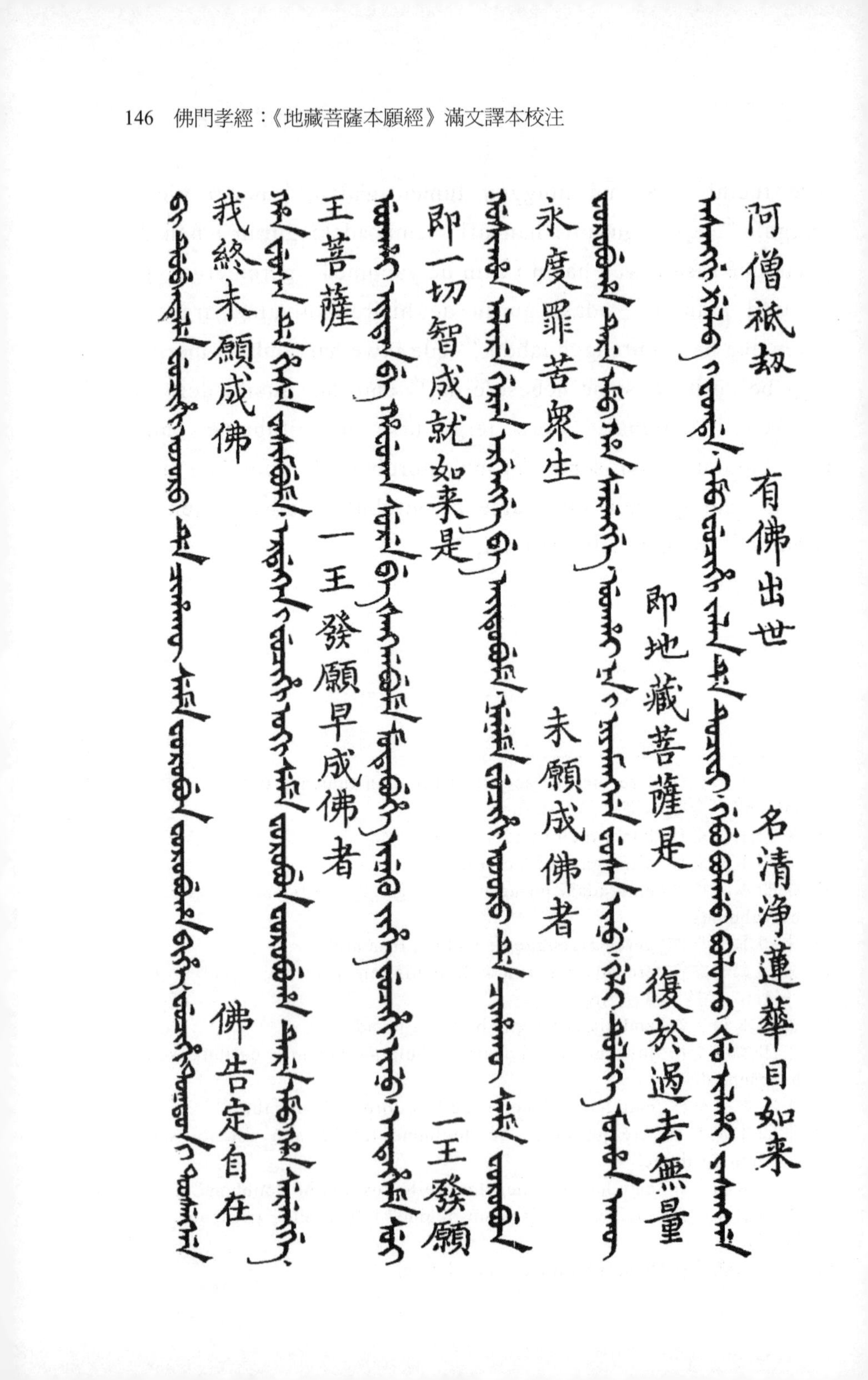

阿僧祇劫　有佛出世　名清淨蓮華目如来

即地藏菩薩是　復於過去無量

永度罪苦衆生　未願成佛者

即一切智成就如来是　一王發願

王菩薩　一王發願早成佛者

我終未願成佛　佛告定自在

bi dubentele fucihi ojoro de cihakū seme forobun forobuha bihe.[52] fucihi tokton i toosengga han fusa de hese wasimbume,[53] erdeken i fucihi oki seme forobun forobuha tere emu han serengge,[54] uthai eiten be hafuka sure be šanggabume mutebuhe ineku jihe fucihi inu.[55] enteheme sui gosihon alire geren ergengge be aitubume,[56] neneme fucihi ojoro de cihakū seme forobun forobuha tere emu han serengge,[57] uthai na i niyamangga fusa inu. geli duleke mohon akū asanggi g'alab i fonde,[58] emu fucihi jalan de tucifi,[59] gebu bolgo boloko šu ilhai yasangga

---

52 朱印本滿文作“bi naranggi fucihi šanggarakū oki seme forobun deribuhebi”。

53 朱印本滿文作“fucihi tokton toosengga han fusa de alame hese wasimbume”。

54 朱印本滿文作“emu han erdeken i fucihi ome šanggaki seme forobun deribuhengge”。

55 朱印本滿文作“uthai eiten be hafuka sure i šanggabume mutebuhe, ineku jihe fucihi inu”，句中“sure i šanggabume”，合璧本滿文作“sure be šanggabume”。

56 朱印本滿文作“emu han enteheme gosihon suingge geren ergengge be dooburakū oci”。

57 朱印本滿文作“fucihi šanggara de cihakū seme forobun deribuhengge”。

58 朱印本滿文作“geli duleke mohon akū asanggi g'alab”。句中“asanggi”，梵語讀如“asaṃkhya”，漢文作「阿僧祇」。

59 朱印本滿文作“jalan de iletulehe fucihi bifi”。

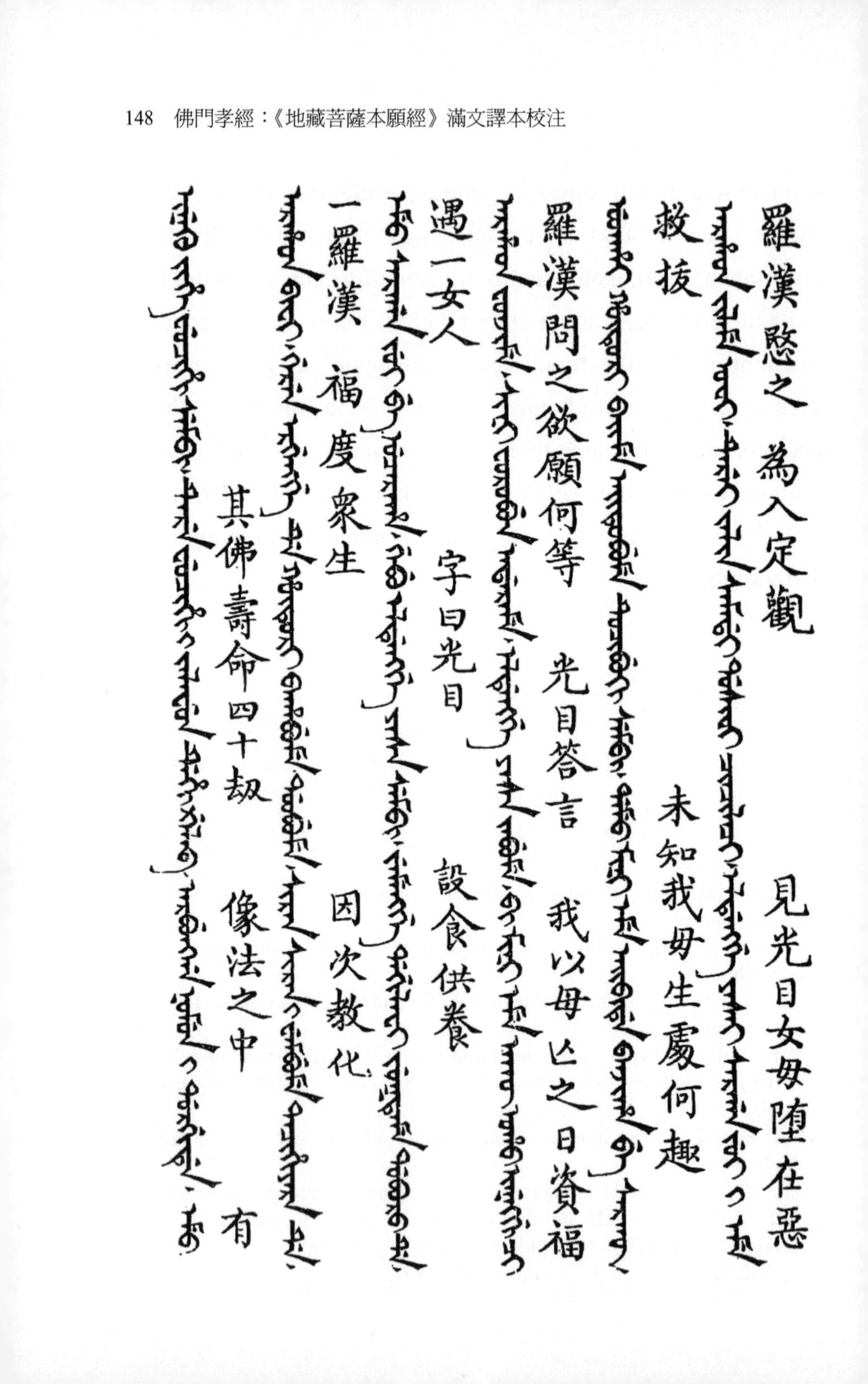

其佛壽命四十劫　像法之中　有

一羅漢　福度衆生　因次教化

遇一女人　字曰光目　設食供養

羅漢問之欲願何等　光目答言　我以母亡之日資福

救拔　未知我母生處何趣

羅漢愍之　為入定觀　見光目女母墮在惡

ineku jihe fucihi sembi.[60] tere fucihi i jalafun dehi g'alab,[61] arbungga nomun i dorgide,[62] emu arhat bifi, geren ergengge de hūturi bahabume doobume,[63] siran siran i wembume tacihiyara de,[64] emu sargan jui be ucaraha,[65] gebu eldengge yasa sembi,[66] jemengge dagilafi jukteme doboro de,[67] arhat fonjime, sini forobun adarame.[68] eldengge yasa jabume,[69] bi mini eme akū oho inenggi ci uthai hūturi baime aitubume tucibuki sembi.[70] damu mini eme aibide banjiha be sarkū.[71] arhat jilame ofi, terei jalin samadi dosifi cincilaci,[72] eldengge yasai sargan jui i eme

60 "gebu bolgo boloko šu ilhai yasangga ineku jihe fucihi sembi"，句中"gebu"，朱印本滿文作"colo oci"。

61 "tere fucihi i jalafun dehi g'alab"，句中"jalafun"，朱印本滿文作"jalgan se"。

62 朱印本滿文作"lakšan nomun i dorgi"。

63 朱印本滿文作"hūturi i geren ergengge be doobume"。

64 朱印本滿文作"ilhi aname tacihiyame wembure de"。

65 "emu sargan jui be ucaraha"，句中"sargan jui"，朱印本滿文作"hehe"。

66 "gebu eldengge yasa sembi"，句中"gebu"，朱印本滿文作"colo"。

67 朱印本滿文作"jemengge be balhefi"，句中"balhefi"，誤，當作"belhefi"，意即「預備」。

68 朱印本滿文作"arhat de jukteme doboho, sini cihalahangge ai seme fonjihade"。

69 "eldengge yasa jabume"，句中"jabume"，朱印本滿文作"jabume hendume"。

70 朱印本滿文作"mini eme akū oho inenggi de, hūturi be dasame aitubume tucibuki seme"。

71 朱印本滿文作"mini eme ya dosinan de banjiha babe sarkū"。

72 朱印本滿文作"arhat gosime samadi de dosifi"。

倍

尊者慈愍　如何哀救　羅漢愍之

炒或煮恣情食噉　計其命數　千萬復

之屬　所食魚鼈　多食其子　或

光目答言　我母所習　唯好食噉魚鼈

汝母在生　作何行業　今在惡趣受極大苦

趣受極大苦　羅漢問光目言

ehe dosinan de tuhenefi umesi amba gosihon be alire be sabuha.[73] arhat eldengge yasa de fonjime, sini eme bihe fonde,[74] ai weilen yabuha bihe,[75] te ehe dosinan de bifi umesi amba gosihon be alimbi,[76] eldengge yasa jabume, mini eme an i ucuri,[77] damu nimaha aihūma i jergi jaka be jetere de amuran. nimaha aihūma be jetere de,[78] urui terei cerguwe be jeme,[79] embici colame embici bujume gūnin i cihai jembihe.[80] terei ergen i ton be bodoci, minggan tumen ci ubui fulu,[81] wesihungge jilame gosici,[82] acara be tuwame aitubureo.[83] arhat jilame ofi,[84]

73 朱印本滿文作“eldengge yasai hehe i eme, ehe dosinan de tuhenefi umesi amba gosihon aliha be sabufi”。

74 「汝母在生」，合璧本滿文作“sini eme bihe fonde”，朱印本滿文作“sini eme bisire de”。

75 朱印本滿文作“ai yabun weilen deribumbihe”。

76 “te ehe dosinan de bifi umesi amba gosihon be alimbi”，朱印本滿文刪略“bifi”。

77 朱印本滿文作“mini eme i amurangge”。

78 朱印本滿文作“damu nimaha aihūma i jergingge be jetere be buyembi, jetere nimaha aihūma”。

79 朱印本滿文作“urui umgan cerguwe be labdu jembi”。

80 朱印本滿文作“eici colara eici bujurengge gūnin i cihai jembi”。

81 朱印本滿文作“minggan tumen ton ci ubui ubu fulu”。

82 “wesihungge jilame gosici”，句中“gosici”，朱印本滿文作“gosime”。

83 朱印本滿文作“adarame šar seme aitubureo”。

84 朱印本滿文作“arhat jilame”。

如須彌山放大光明 而告光目 汝母

禮 忽于夜後夢見佛身金色晃耀

尋畫佛像而供養之 復恭敬心悲泣瞻

存亾獲報 光目聞已 即捨所愛

目如來 兼塑畫形像

爲作方便 勸光目言 汝可至誠念清淨蓮華

mergen arga deribufi,[85] eldengge yasa be jombume hendume,[86] si unenggi gūnin i bolgo boloko šu ilhai yasangga ineku jihe fucihi be jondome,[87] geli arbun ūren be weileme niruha de, banjire akūhangge karulan bahaci ombi.[88] eldengge yasa donjiha manggi, uthai buyere jaka be uncafi,[89] dahanduhai fucihi i ūren be nirufi jukteme dobombime,[90] geli kundu ginggun mujilen i nasame songgome hargašame doroloro de,[91] dobori tolgin de gaitai fucihi beye i aisin bocoi gilmarjarangge sumiri alin i adali amba elden genggiyen eldeme,[92] eldengge yasa de alame, sini eme

85 朱印本滿文作"argen arga deribume"，句中"argen"，誤，當作"mergen"。
86 "eldengge yasa be jombume hendume"，句中"jombume"，朱印本滿文作"tafulame"。
87 朱印本滿文作"si unenggi hing sere gūnin i bolgo boloko šu ilhai yasangga ineku jihe fucihi be hūlambime"。
88 朱印本滿文作"geli arbun lakšan be cifara nirure ohode, taksire gukurengge karulan bahambi"，句中"taksire gukurengge"，意即「存亡」；合璧本滿文作"banjire akūhangge"，意即「生死」。
89 「即捨所愛」，合璧本滿文作"uthai buyere jaka be uncafi"，朱印本滿文作"ini hairara elengge be waliyafi"，句中"uncafi"，意即「賣了」。
90 朱印本滿文作"dohaduhai fucihi i lakšan be nirufi dobome"，句中"dohaduhai"，誤，當作"dahaduhai"。
91 朱印本滿文作"geni sureme songgome gungneme ginggulere mujilen i hengkilembi"。句中"geni"，誤，當作"geli"。
92 朱印本滿文作"gaitai šumin dobori fucihi beye tolgišaha, aisin boco gilmarjambi, sumiri alin i adali amba genggiyen eldengge eldeme"。

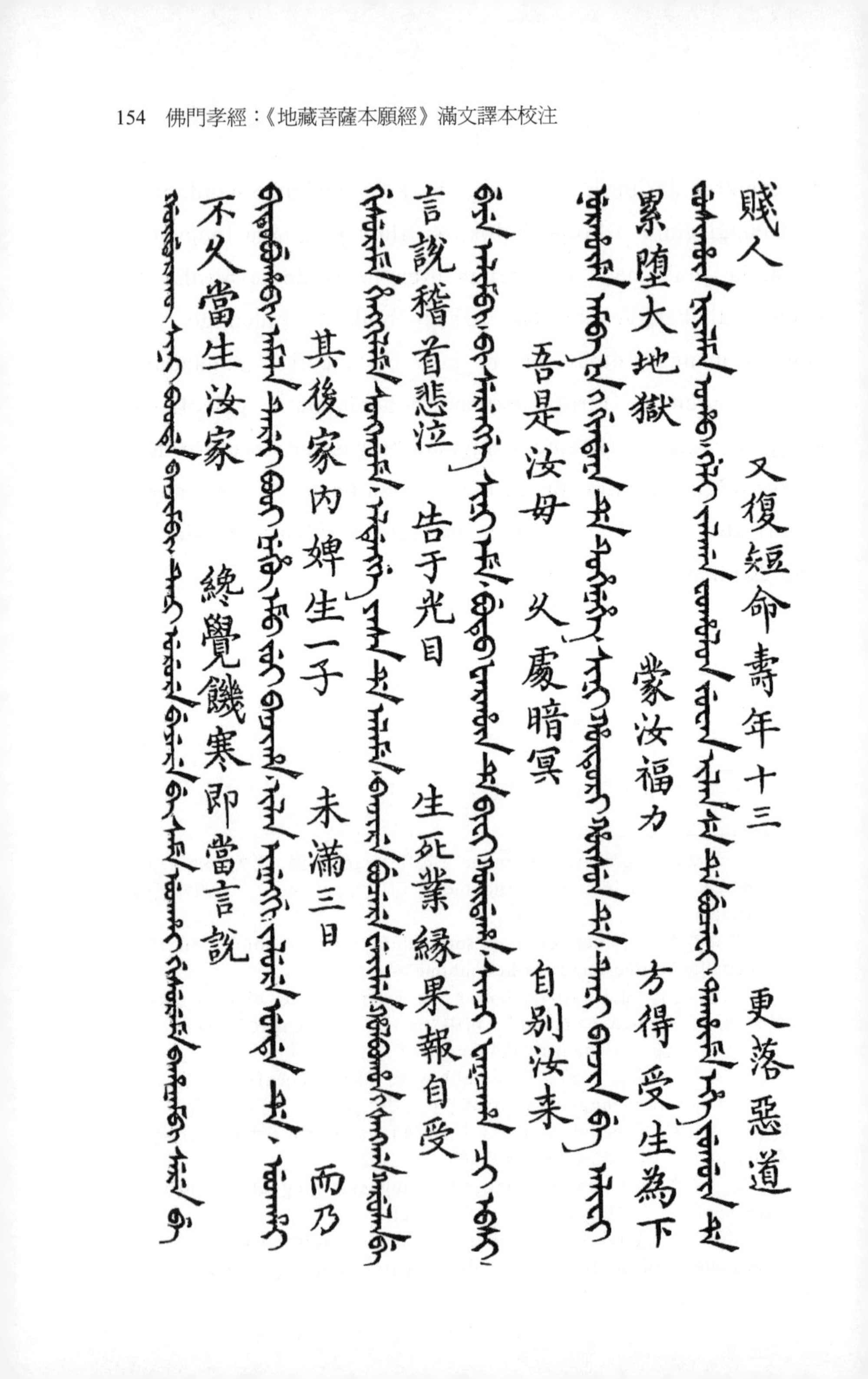

不久當生汝家　纔覺饑寒即當言說

其後家內婢生一子　未滿三日　而乃

言說稽首悲泣　告于光目　生死業緣果報自受

吾是汝母　久處暗冥　自別汝來

累墮大地獄　蒙汝福力　方得受生為下

賤人　又復短命壽年十三　更落惡道

goidarakū sini boode banjimbi,[93] teni urure beyere be same uthai gisureme bahanambi sere be bitubuhabi.[94] amala terei booi nehū emu jui banjiha,[95] ilan inenggi jalure unde de,[96] uthai gisureme hengkileme songgome,[97] eldengge yasa de alame, banjire bucere weilen holbohon i šanggan karulan be beye alimbi,[98] bi serengge sini eme,[99] butu farhūn de bifi goidaha,[100] sinci fakcaha ci ebsi,[101] nurhūme amba na i gindana de tuhenehe,[102] sini hūturi hūsun de,[103] teni banjin be alifi fusihūn niyalma oho.[104] geli jalgan foholon juwan ilan se de bucefi,[105] dahūme ehe jugūn de

93 "sini eme goidarakū sini boode banjimbi"，句中"banjimbi"，朱印本滿文作"banjinjimbi"。
94 朱印本滿文作"teni yuyure beyere be same uthai gisureme bahanaci acambi sefi"。
95 朱印本滿文作"amala ini takūršara hehe emu jui banjiha"，句中"takūršara hehe"，合璧本滿文作"nehū"。
96 "ilan inenggi jalure unde de"，句中"de"，朱印本滿文作"bime"。
97 朱印本滿文作"gisun gisureme, uju hengkišeme sureme songgome"。
98 朱印本滿文作"banjin bucen i weilen holbohon, šanggan karulan gemu beye alimbikai"。
99 朱印本滿文作"bi oci sini eme"。
100 朱印本滿文作"butu farhūn bade goidame bifi"。
101 "sinci fakcaha ci ebsi"，句中"ebsi"，朱印本滿文刪略。
102 "nurhūme amba na i gindana de tuhenehe"，句中"nurhūme"，朱印本滿文作"emdubei"。
103 朱印本滿文作"sini hūturi hūsun be alifi"。
104 朱印本滿文作"teni bahafi banjifi fusihūn niyalma ohobime"。
105 "geli jalgan foholon juwan ilan se de bucefi"，句中"bucefi"，朱印本滿文作"isinafi"。

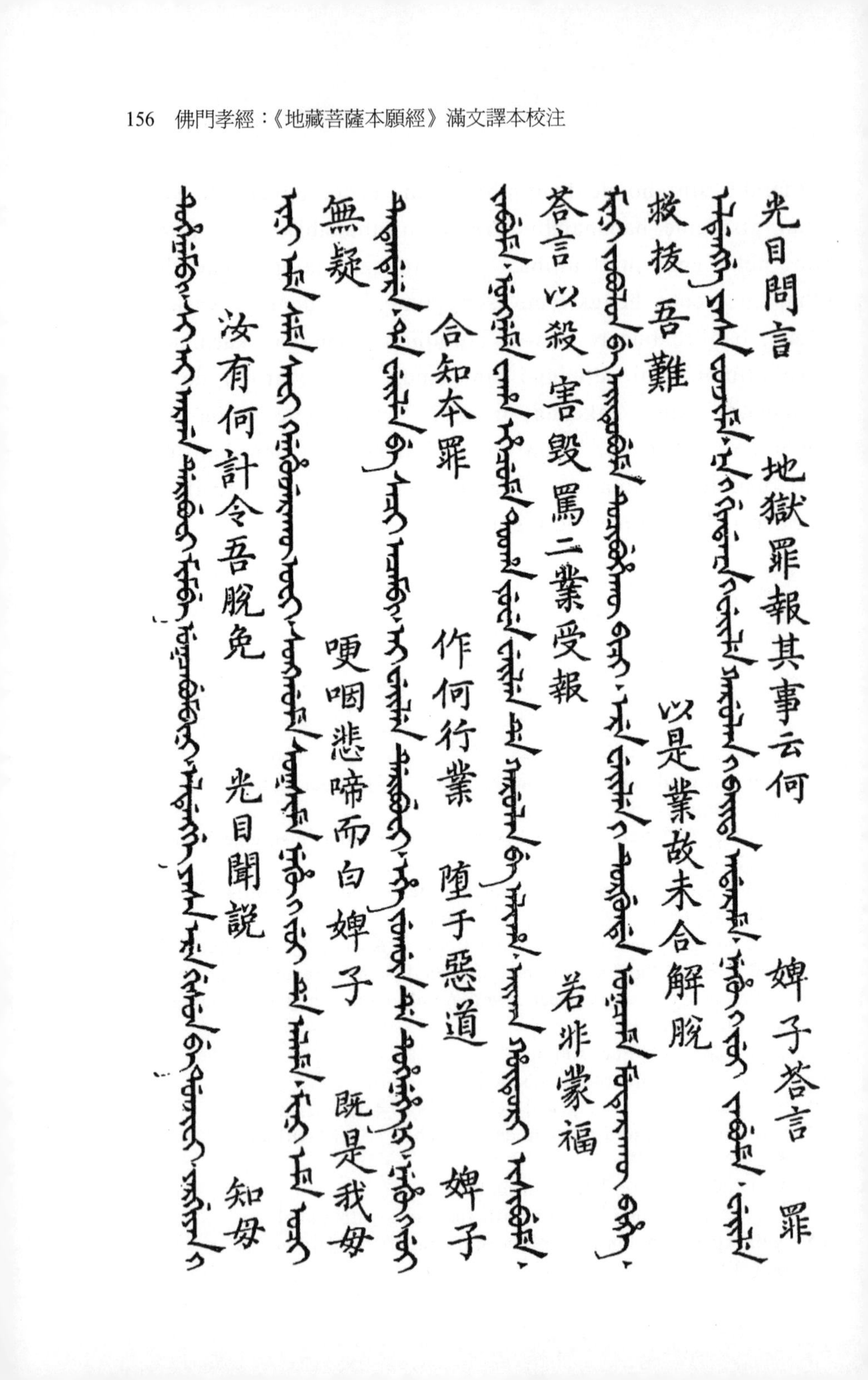

汝有何計令吾脫免　光目聞說　知母

無疑　哽咽悲啼而白婢子　既是我母

合知本罪　作何行業　墮于惡道　婢子

荅言以殺害毀罵二業受報　若非蒙福

救拔吾難　以是業故未合解脫

光目問言　地獄罪報其事云何　婢子答言　罪

tuhenembi,[106] si ai arga deribufi mimbe ukcabumbini.[107] eldengge yasa ere gisun be donjifi,[108] yargiyan i ini eme seme safi kenehunjerakū ofi,[109] songgome soksime nehū i jui de alame,[110] mini eme oci tetendere,[111] da weile be saci acambi,[112] ai weilen deribufi,[113] ehe jugūn de tuhenehe ni.[114] nehū i jui jabume,[115] nungneme waha ehecume tooha juwe weilen de karulan be aliha,[116] aika hūturi isibume,[117] mini jobolon be aitubume tucibuhekū bici,[118] ere weilen i turgunde ukcame muterakū bihe.[119] eldengge yasa fonjime, na i gindana i weile karulan i baita adarame.[120] nehū i jui jabume, weile

106 朱印本滿文作"ele ehe banjin de tuhenembi"。
107 朱印本滿文作"sinde ai arga bifi mimbe guweme ukcabumbi"。
108 朱印本滿文作"eldengge yasa gisurehe be donjifi"。
109 朱印本滿文作"kenehunjerakū, ini eme inu be safi"。
110 朱印本滿文作"umesi gosiholome gasame songgome nehui jui de"。
111 朱印本滿文作"mini eme oho be dahame"。
112 朱印本滿文作"beye weile be sambi dere"。
113 朱印本滿文作"ai gese yabun weilen de"。
114 朱印本滿文作"ehe banjin de tuhenehe"。
115 "nehū i jui jabume"，句中"nehū i"，朱印本滿文作"nehui"。
116 朱印本滿文作"wara jocire ekecure toore juwe hacin i weilen de karuran be aliha"。句中"ekecure"，誤，當作"ehecure"；"karuran"，誤，當作"karulan"。
117 朱印本滿文作"sini hūturi be alifi"。
118 朱印本滿文作"mini jobolon be aitubume tuciburengge waka bici"。
119 "turgunde ukcame muterakū bihe"，朱印本滿文作"umesi ukcame muterakū bihe"。
120 "na i gindana i weile karulan i baita adarame"，句中"weile"，朱印本滿文作"sui"。

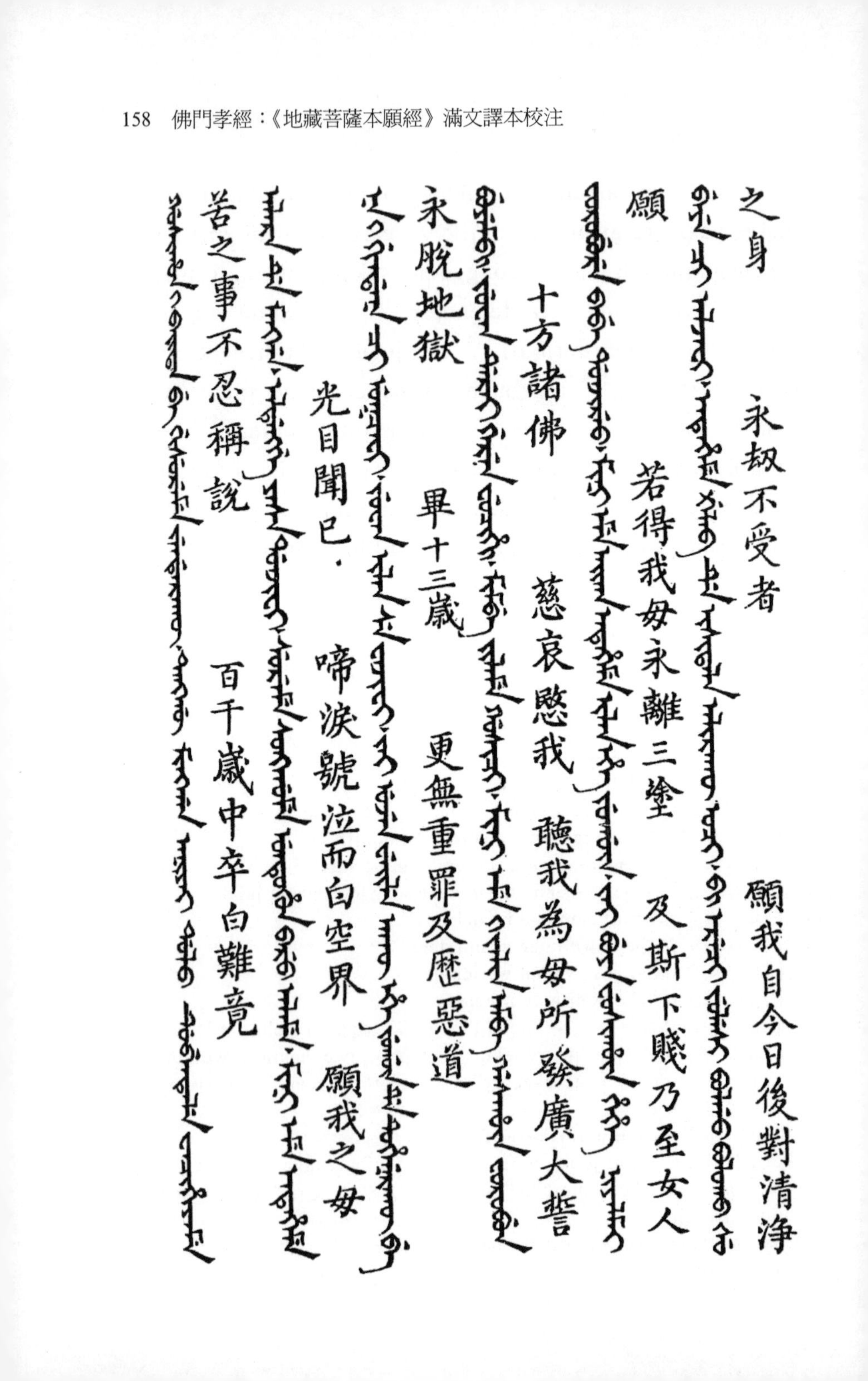

苦之事不忍稱說　百千歲中卒白難竟

光目聞已．　啼淚號泣而向空界　願我之母

永脫地獄　畢十三歲　更無重罪及歷惡道

十方諸佛　慈哀愍我　聽我為母所發廣大誓

願　若得我母永離三塗　及斯下賤乃至女人

之身　永劫不受者　願我自今日後對清淨

gosihon i baita be gisureme jenderakū,[121] tanggū minggan aniyai dolo dubentele wacihiyame alara de mangga.[122] eldengge yasa donjifi, sureme songgome untuhun baru alame,[123] mini eme enteheme na i gindana ci ukcafi,[124] juwan ilan se wajifi, jai ujen weile akū ehe jugūn de tuhenerakū be buyembi.[125] juwan derei geren fucihi, mimbe jilame gosici,[126] mini eme i jalin amba gashūn forobun forobure babe donjireo.[127] mini eme aika enteheme ilan ehe jugūn,[128] jai buya fusihūn hehe niyalmai beye ci aljafi,[129] enteheme g'alab de isitala alirakū oci,[130] bi ereci julesi bolgo boloko šu

121 朱印本滿文作“sui gosihon i baita oci, tucibume gisureme tebcirakū”。漢文「罪」，合璧本滿文作“weile”，朱印本滿文作“sui”。
122 「百千歲中卒白難竟」，句中「卒」，合璧本滿文作“dubentele”，朱印本滿文作“otolo”。
123 朱印本滿文作“yasa i muke tuhebume sureme songgome, untuhun jecen i baru alame”。
124 朱印本滿文作“bairengge, mini eme be fuhali na i gindana ci ukcabufi”。
125 朱印本滿文作“juwan ilan se wajiha seme ujen weile, jai ehe banjin aname alire de isinarakū”。
126 朱印本滿文作“mimbe šar seme jilame gosime”。
127 朱印本滿文作“mini eme i jalin deribuhe onco amba gashūn forobun be donjireo”。
128 朱印本滿文作“aika mini eme be enteheme ilan jugūn”。
129 朱印本滿文作“jai enteke buya fusihūn ci aljabufi hehei beyede isitala”。
130 朱印本滿文作“enteheme g'alab alirakū de isibure oci”。

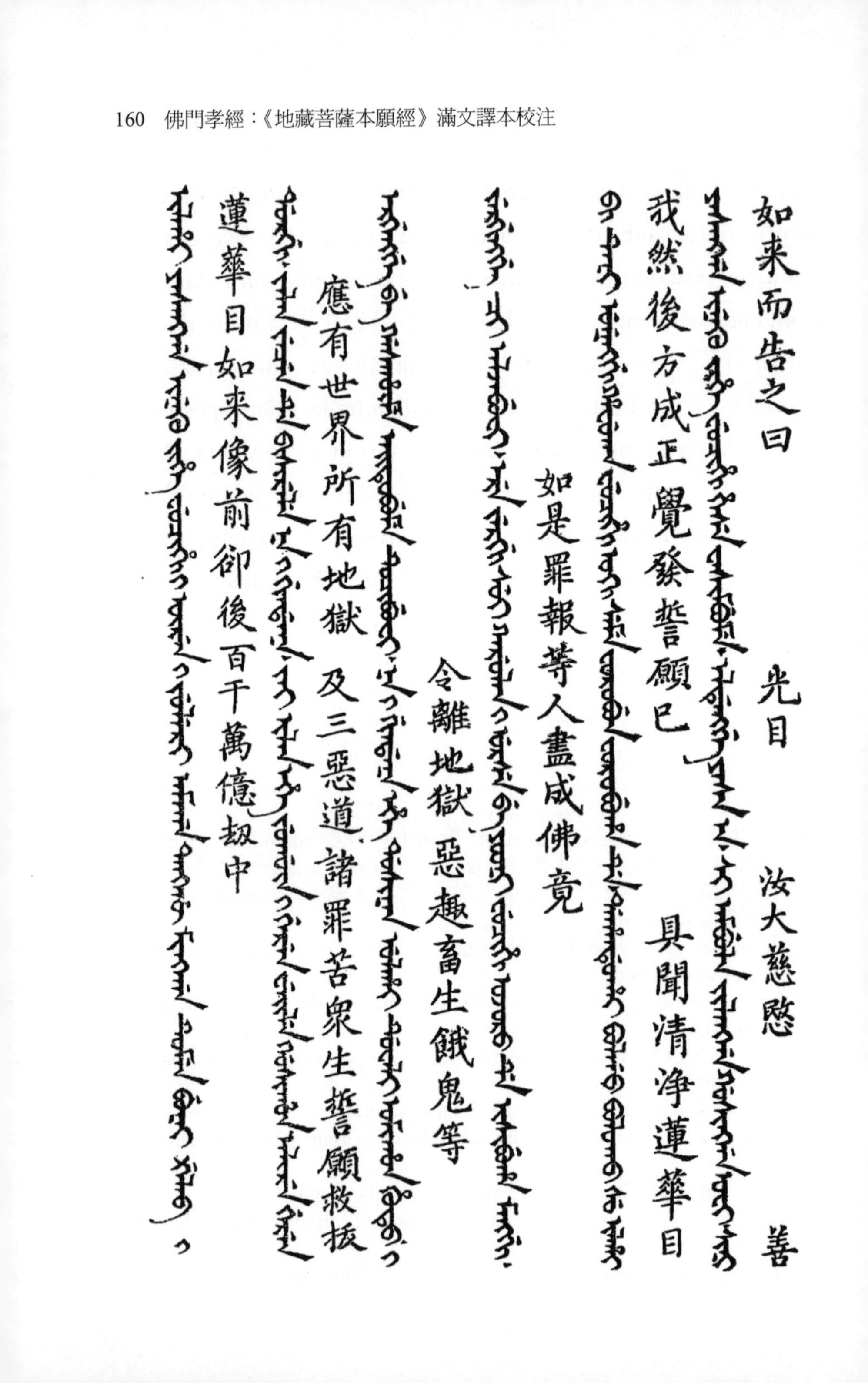

蓮華目如来像前卻後百千萬億劫中

應有世界所有地獄　及三惡道諸罪苦衆生誓願救拔

令離地獄惡趣畜生餓鬼等

如是罪報等人盡成佛竟

我然後方成正覺發誓願已　具聞清浄蓮華目

如来而告之曰　光目　汝大慈愍　善

ilhai yasangga ineku jihe fucihi i ūren i juleri amaga tanggū minggan tumen bunai g'alab i dorgi,[131] jalan jecen de bisirele na i gindana,[132] jai ilan ehe jugūn i geren weile gosihon alire geren ergengge be gashūme aitubume tucibufi,[133] na i gindana ehe dosinan ulhai duwali omihon hutu i jergingge ci aljabufi,[134] ere jergi sui karulan i urse be yooni fucihi ojoro de isibuha manggi,[135] bi teni unenggi hafuka fucihi oki seme forobun forobuha de,[136] dahanduhai bolgo boloko šu ilhai yasangga ineku jihe fucihi hese wasimbume,[137] eldengge yasa a, si ambula jilangga gosingga ofi, sini

---

131 朱印本滿文作"bi enenggi ci amasi, bolgo boloko šu ilha yasangga ineku fucihi, lakšan i juleri bakcilame amala tanggū minggan tumen bunai g'alab i dorgide"。

132 朱印本滿文作"bisire yaya jalan jecen de bisirele na i gindana"。

133 朱印本滿文作"jai ilan ehe jugūn i geren weile gosihon geren ergengge be gashūn forobun i aitubume tucibufi"。

134 朱印本滿文作"a i gindana ehe dosinan ulhai duweli omihon hutu i jergingge ci aljabuki sembi"。句中"a"，誤，當作"na"；"duweli"，誤，當作 duwali。"aljabuki sembi"，合璧本滿文作 "aljabufi"。

135 朱印本滿文作"ere jergi sui karulan i jergi niyalma yooni fucihi ome šanggame wajiha manggi"。

136 朱印本滿文作"bi teni unenggi hafuka bodi šanggambi seme gashūn forobun deribuhe manggi"。

137 朱印本滿文作"bolgo boloko šu ilha yasangga ineku jihe fucihi i alame hese wasimbuha be donjiha bade"。

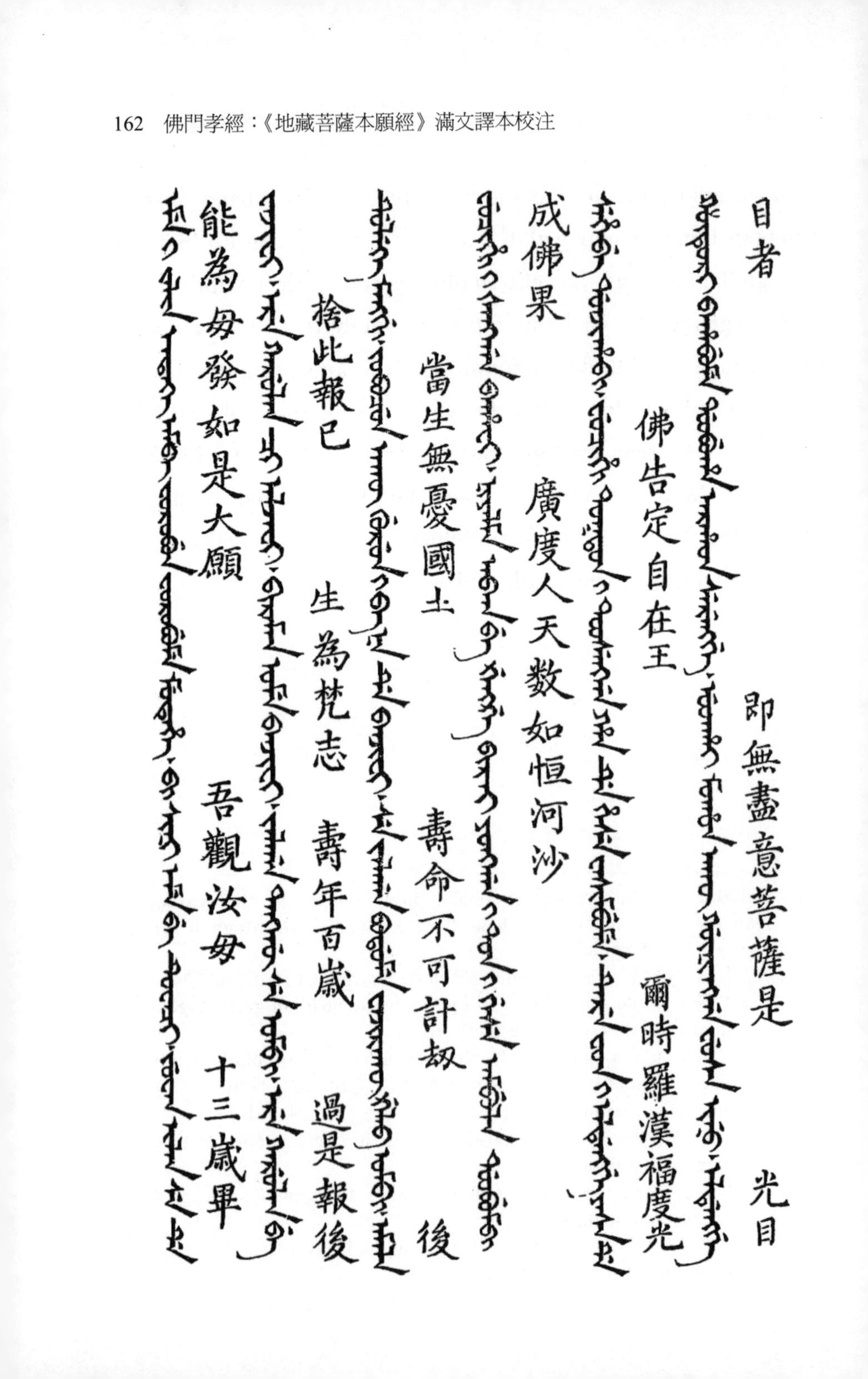

目者　即無盡意菩薩是　光目

佛告定自在王　爾時羅漢福度光

成佛果　廣度人天數如恒河沙

當生無憂國土　壽命不可計劫　後

捨此報已　生為梵志　壽年百歲　過是報後

能為母發如是大願　吾觀汝母　十三歲畢

eme i jalin enteke amba forobun forobume mutehe,[138] bi sini eme be tuwaci,[139] juwan ilan se de wajifi,[140] ere karulan ci aljafi,[141] biraman ome banjifi,[142] jalgan tanggū se ombi,[143] ere karulan be duleke manggi, jobocun akū gurun i ba na de banjifi,[144] se jalgan bodome wajirakū g'alab ombi,[145] amala fucihi i šanggan bahafi,[146] niyalma abka be g'angg'a birai yonggan i ton i gese ambula doobumbi sehebe donjihabi.[147] fucihi tokton i toosengga han de hese wasimbume,[148] tere fon i eldengge yasa de hūturi bahabume doobuha arhat serengge,[149] uthai mohon akū gūningga fusa inu.[150] eldengge

---

138 朱印本滿文作“si amba gosin jilan i eme i jamin enteke amba forobun forobume bahambi ni”。句中“jamin”，誤，當作“jalin”。

139 朱印本滿文作“bi tuwaci sini eme”。

140 朱印本滿文作“juwan ilan se wajifi”，句中省略格助詞“de”。

141 朱印本滿文作“ere karulan be jaliyafi”，句中“jaliyafi”，誤，當作“aljafi”；“be”，合璧本滿文作“ci”。

142 “biraman ome banjifi”，句中“biraman”，梵語讀“brāhmaṇa”，意即「婆羅門」。朱印本滿文作“birman”，誤。

143 朱印本滿文作“jalafun tanggū se de isinambi”。

144 朱印本滿文作“jobocun akū hurun de banjinafi”，句中“hurun”，誤，當作“gurun”。

145 朱印本滿文作“jalgan se bodoci ojorakū g'alab i”。

146 “amala fucihi i šanggan bahafi”，句中“bahafi”，朱印本滿文作“šanggafi”。

147 朱印本滿文作“niyalma abka be ambula dobombi, ton g'angg'a birai yonggan ton i gese oci acambi”。

148 “fucihi tokton i toosengga han de hese wasimbume”，句中“toosengga”，朱印本滿文作“doosengga”；“hese wasimbume”，作“alame”。

149 朱印本滿文作“tere fon i arhat hūturi i eldengge yasa be tooburengge”。

150 朱印本滿文作“uthai gūnin ulhisungge fusa inu”。

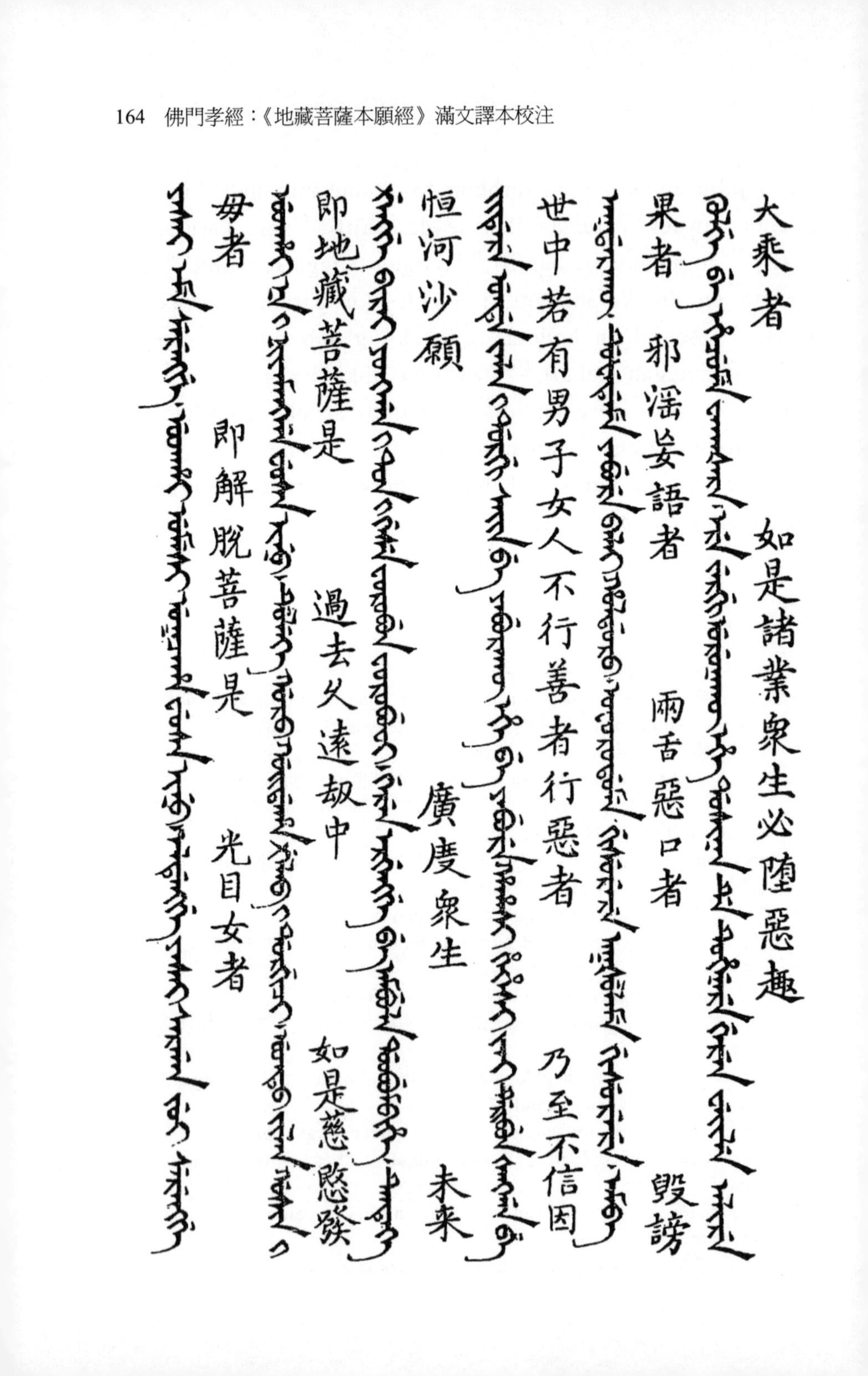

母者　即解脫菩薩是　光目女者
即地藏菩薩是　過去久遠劫中　如是慈愍發
恒河沙願　廣度衆生　未來
世中若有男子女人不行善者行惡者　乃至不信因
果者　邪淫妄語者　兩舌惡口者　毀謗
大乘者　如是諸業衆生必墮惡趣

yasai eme serengge, uthai umesi ukcaha fusa inu.[151] eldengge yasai sargan jui serengge uthai na i niyamangga fusa inu. duleke goro goidaha g'alab i dorgici,[152] uttu jilan gosin i g'angge birai yonggan i ton i gese forobun forobufi,[153] geren ergengge be ambula doobumbihe.[154] tenteke jidere unde jalan i dorgi sain be yaburakū ehe be yabure hahasi hehesi jai deribun šanggan be akdarakū,[155] dufedeme yabure balai holdoro,[156] oforodome gisurere akšulame gisurere,[157] amba kulge be ehecume wakašara,[158] ere jergi urunakū ehe dosinan de tuhenere geren weile alire

---

151 朱印本滿文作“umesi ukcara fusa inu”。句中省略“uthai”；“ukcara”，合璧本滿文作“ukcaha”。

152 朱印本滿文作“duleke goro goidara g'alab i dolo”。

153 朱印本滿文作“uttu gosin jilan i g'angg'a birai yongga i gese forobun forobume”，句中“yongga”，誤，當作“yonggan”。合璧本滿文作“g'angge”，誤，當作“g'angg'a”。

154 朱印本滿文作“ambula geren ergengge be doobuha bihe”。

155 朱印本滿文作“jidere unde jalan de aika haha hehe sain be yaburakū ehe be yabure ci nikejen karulan be akdarakū”。

156 朱印本滿文作“miosihon dufe balai gisurerengge”。

157 朱印本滿文作“oforodome akšun angga ojoro”。

158 朱印本滿文作“amba kulge be ehecume wakašarangge bici”，句中“amba kulge”，梵語讀如“mahā-yāna”，意即「大乘」，爲小乘之對稱。

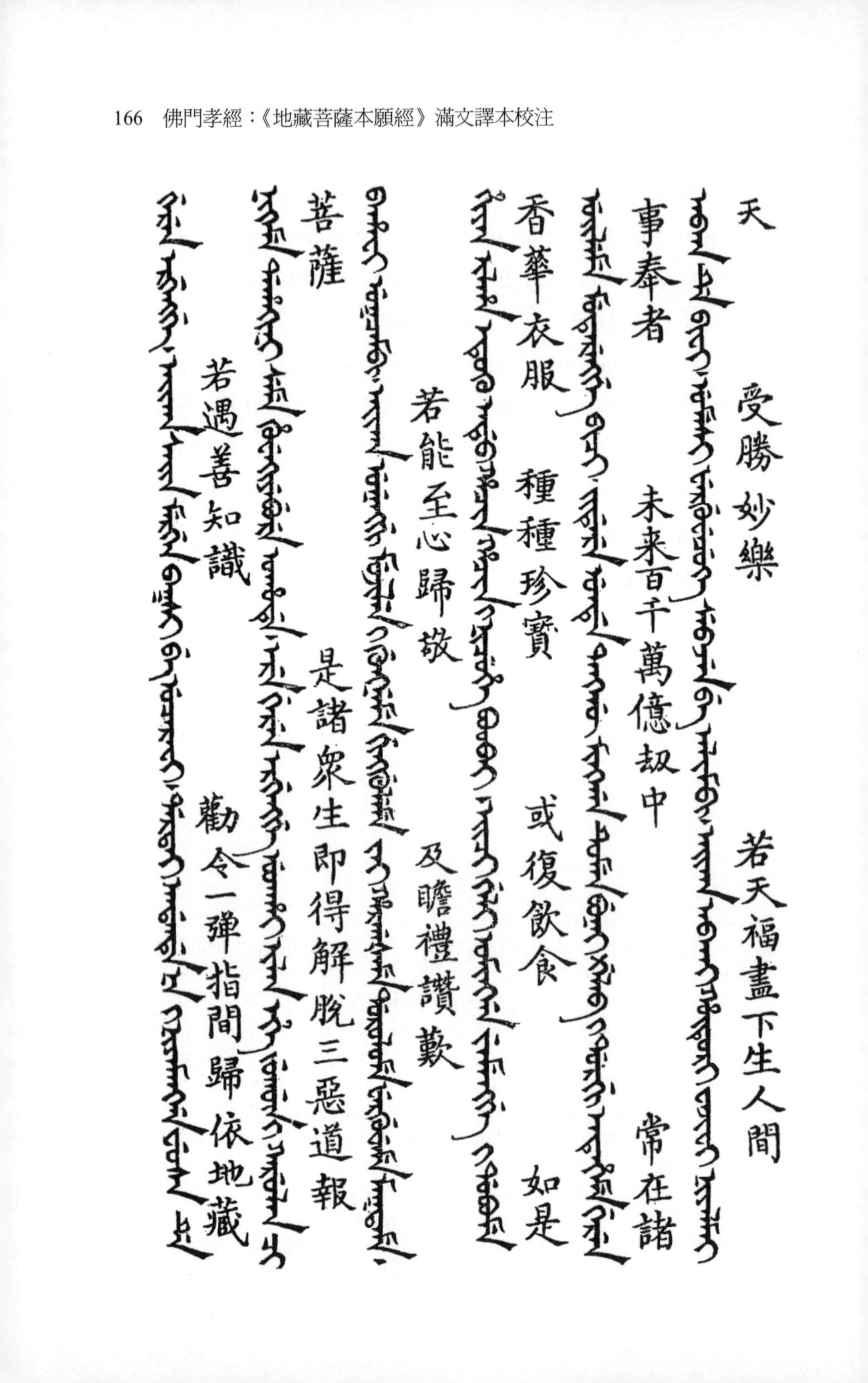

若遇善知識　勸令一彈指間歸依地藏

菩薩　是諸衆生即得解脫三惡道報

若能至心歸敬　及瞻禮讚歎

香華衣服　種種珍寶　或復飲食　如是

事奉者　未来百千萬億劫中　常在諸

天　受勝妙樂　若天福盡下生人間

geren ergengge,[159] aika sain mergen baksi be ucarafi,[160] dartai andande na i niyamangga fusa de nikeme dahakini seme huwekiyebure ohode,[161] ere geren ergengge uthai ilan ehe jugūn i karulan ci bahafi ukcambi.[162] aika unenggi mujilen i gungneme gingguleme jai hargašame dorolome ferguweme maktame,[163] hiyan ilha etuku adu hacin hacin i nicuhe boobai,[164] eici geli omingga jemengge i dobome uileme muterengge bici,[165] jidere unde tanggū minggan tumen bunai g'alab i dorgi enteheme geren abka de bifi,[166] umesi ferguwecuke sebjen be alimbi.[167] aika abkai hūturi wajifi niyalmai

159 朱印本滿文作"ere gese geren suingge geren ergengge oci, urunakū ehe dosinan de tuhenembi"。漢文「諸業」，合璧本滿文作"geren weile"，朱印本滿文作"geren suingge"

160 "aika sain mergen baksi be ucarafi"，句中"be"，朱印本滿文作"de"。

161 朱印本滿文作"huwekiyebuhe de, hitahūn fithere siden de na i niyamangga fusa de nikeme dahara anci"，句中"anci"，誤，當作"oci"。

162 "ere geren ergengge uthai ilan ehe jugūn i karulan ci bahafi ukcambi"，句中"ukcambi"，朱印本滿文作"umesi ukcambi"。

163 朱印本滿文作"aika hing sere mujilen i dahafi ginggulembime, jai hargašame tuwame dorolome ferguweme maktame"。

164 "hiyan ilha etuku adu hacin hacin i nicuhe boobai"，句中"nicuhe"，朱印本滿文作"ferguwecuke"。

165 朱印本滿文作"embici geli omingga jemengge be dagilafi uttu eršeme alibume muterangge oci"，句中"muterangge"，誤，當作"muterengge"。

166 "jidere unde tanggū minggan tumen bunai g'alab i dorgi enteheme geren abka de bifi"，句中"g'alab i dorgi"，朱印本滿文作"g'alab de"；"enteheme"，作"daruhai"。

167 "umesi ferguwecuke sebjen be alimbi"，句中"umesi"，朱印本滿文作"wesihun"。

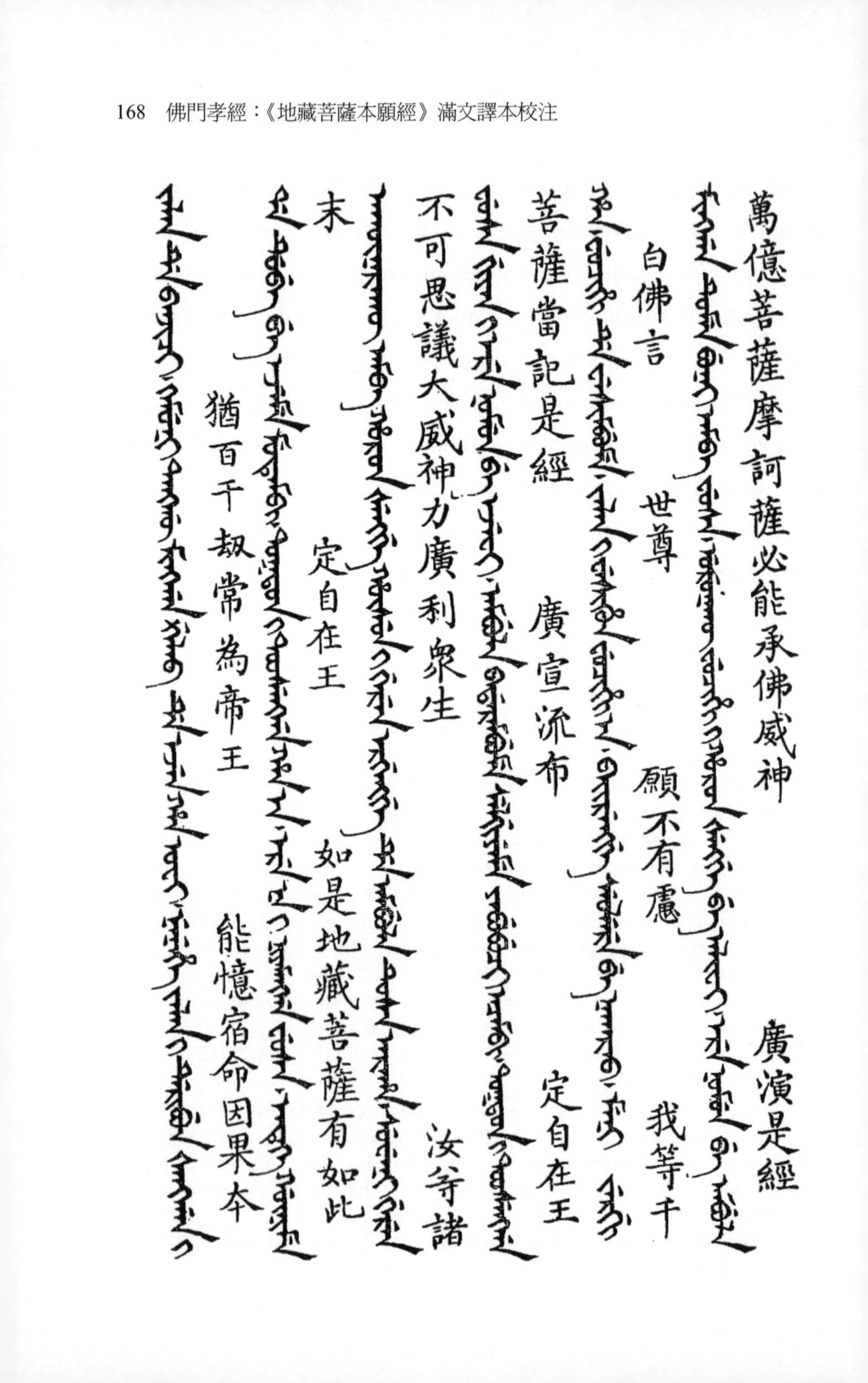

萬億菩薩摩訶薩必能承佛威神　廣演是經

白佛言　世尊　願不有慮　我等千

菩薩當記是經　廣宣流布　定自在王

不可思議大威神力廣利衆生　汝等諸

末　定自在王　如是地藏菩薩有如此

猶百千劫常為帝王　能憶宿命因果本

jalan de banjici,[168] kemuni tanggū minggan g'alab de ejen han ofi,[169] nenehe jalan i deribun šanggan i da dube be ejeme mutembi.[170] tokton i toosengga han a,[171] ere na i niyamangga fusa, enteke gūnime akūnarakū amba horon šengge hūsun i geren ergengge de ambula tusa araha,[172] suweni geren fusa giyan i ere nomun be ejefi,[173] ambula badarambume selgiyeme yabubuci acambi. tokton i toosengga han, fucihi de wesimbume, jalan i wesihun fucihi a, bairengge seolere be nakarao.[174] meni jergi minggan tumen bunai amba fusa,[175] urunakū fucihi i horon šengge be alifi,[176] ere nomun be ambula

---

168 朱印本滿文作“abkai hūturi wajici, fejergi niyalma i jalan de banjifi”。

169 朱印本滿文作“kemuni tanggū minggan g'alab de isibume gurun i han ofi”。

170 朱印本滿文作“nenehe jalan i nikejen karulan i deribun duben be gūnime seme mutembi”。

171 朱印本滿文作“tokton toosengga han a”，句中省略“i”。

172 朱印本滿文作“enteke na i niyamangga fusa de ere gese gūnime akūnarakū amba horon šengge hūsun bifi, geren ergengge de ambula tusa araha”。

173 朱印本滿文作“suweni jergi geren fusa giyan i ere nomun be ejeme”。

174 “bairengge seolere be nakarao”，朱印本滿文作“jobošorakū be buyere”。

175 朱印本滿文作“be minggan tumen bunai fusa amba fusa”。

176 “urunakū fucihi i horon šengge be alifi”，朱印本滿文省略“i”。

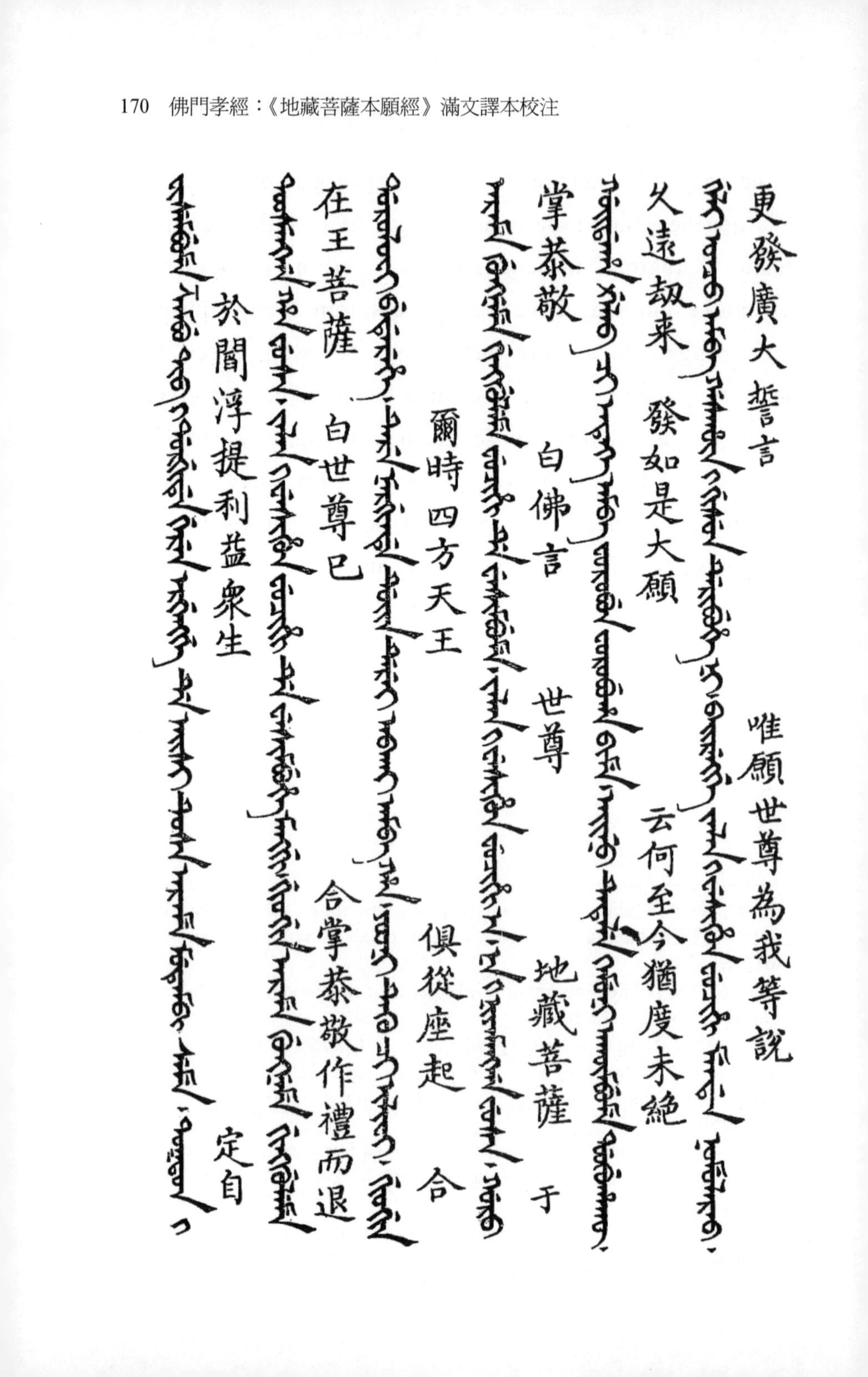

於閻浮提利益衆生 定自

在王菩薩 白世尊已 合掌恭敬作禮而退

爾時四方天王 俱從座起 合

掌恭敬 白佛言 世尊 地藏菩薩 于

久遠劫來 發如是大願 云何至今猶度未絕

更發廣大誓言 唯願世尊為我等說

fisembume dzambu tib i dorgide geren ergengge de aisi tusa arame mutembi seme,[177] tokton i toosengga han fusa,[178] jalan i wesihun fucihi de wesimbuhe manggi, giogin arame gungneme gingguleme dorolofi bederehe. tere nerginde duin derei abkai amba han,[179] yooni teku ci ilifi,[180] giogin arame gungneme gingguleme fucihi de wesimbume, jalan i wesihun fucihi a, na i niyamangga fusa, goro goidaha g'alab ci enteke amba forobun forobuha bime,[181] ainu tetele kemuni akūmbume dooguhakū,[182] geli onco amba gashūn i gisun deribuhe ni,[183] bairengge jalan i wesihun fucihi mende nomularao.[184]

177 朱印本滿文作"ere nomun be badarambume nomulame, dzambu tib de geren ergengge be aisi tusa arame mutembi"。

178 "tokton i toosengga han fusa"，句中"i"，朱印本滿文省略。

179 "tere nerginde duin derei abkai amba han"，句中"derei"，朱印本滿文作"ergi"。

180 "yooni teku ci ilifi"，句中"yooni"，朱印本滿文作"gemu"。

181 朱印本滿文作"goro goidara g'alab ci ebsi, ere gese amba forobun forobuha bime"。

182 朱印本滿文作"ainu tetele kemuni doobume wajire unde"，合璧本滿文作"dooguhakū"，誤，當作"doobuhakū"。

183 朱印本滿文作"ele onco amba gashūn gisun deribuhe "，句中"ele"，合璧本滿文作"geli"。

184 "bairengge jalan i wesihun fucihi mende nomularao"，句中"mende"，朱印本滿文作"meni jergingge de"。

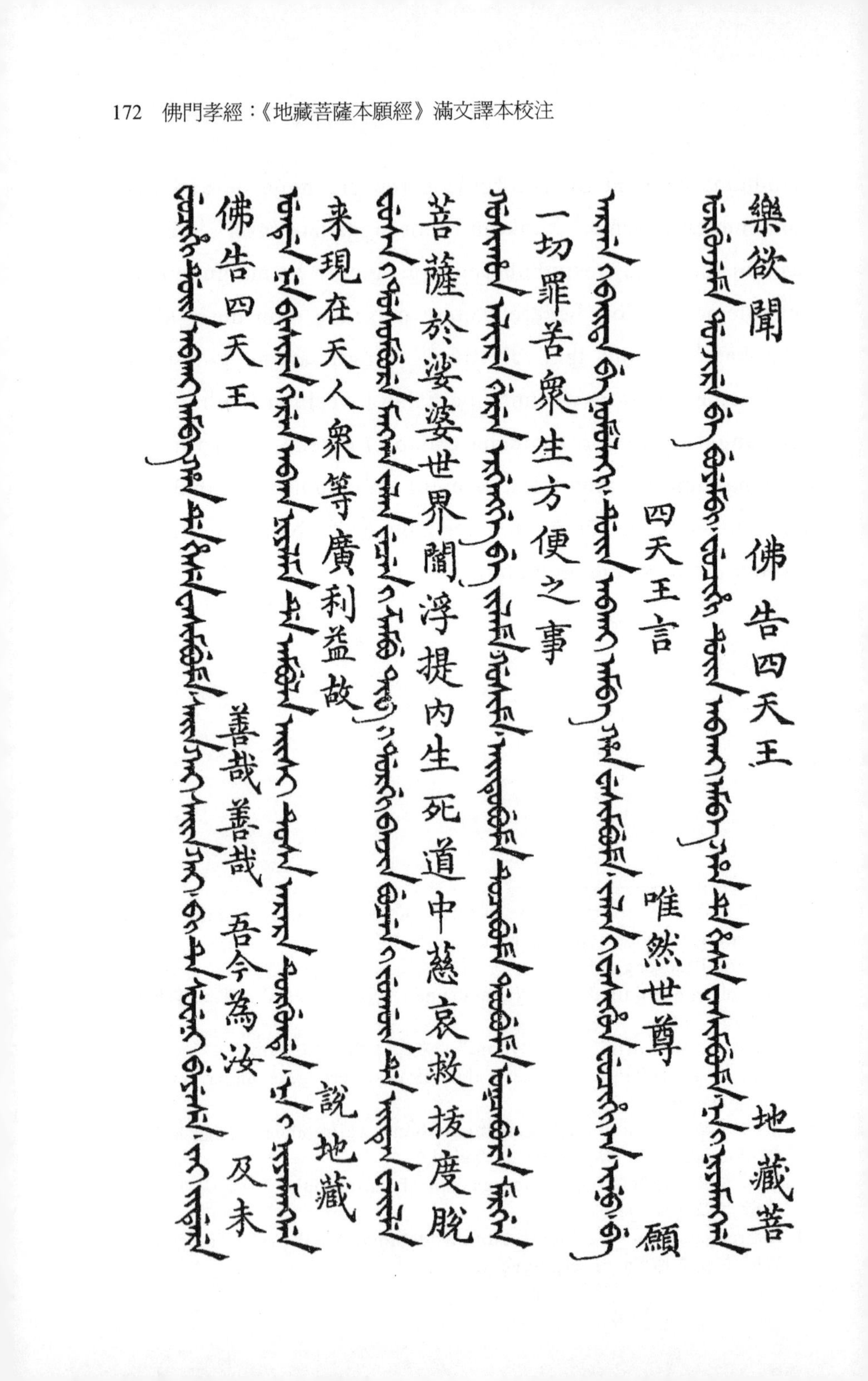

佛告四天王　善哉善哉　吾今為汝　及未
来現在天人衆等廣利益故　說地藏
菩薩於娑婆世界閻浮提内生死道中慈哀救拔度脫
一切罪苦衆生方便之事
四天王言　唯然世尊　願
樂欲聞　佛告四天王　地藏菩

fucihi duin abkai amba han de hese wasimbume,[185] sain kai sain kai, bi te suweni beyese,[186] jai jidere unde ne bisire geren abka niyalma de ambula aisi tusa arara turgunde,[187] na i niyamangga fusa i dosombure mangga jalan jecen i dzambu tib i dorgi banjin bucen i jugūn de eiten weile gosihon alire geren ergengge be jilame gosime, aitubume tucibume doobume ukcabure mergen arga i baita be nomulaki.[188] duin abkai amba han wesimbume,[189] jalan i wesihun fucihi a, inu, be urgunjeme donjire be buyembi.[190] fucihi duin abkai amba han de hese wasimbume,[191] na i niyamangga

---

185 朱印本滿文作"fucihi duin abkai han de alame hese wasimbume"，句中"abkai han"，合璧本滿文作"abkai amba han"。

186 "bi te suweni beyese"，句中"beyese"，朱印本滿文作"jalin"。

187 「天人等眾」，合璧本滿文作"geren abka niyalma"，朱印本滿文作"abka niyalmai jergingge"。

188 「娑婆世界」，朱印本滿文作"sablog'adado jalan jecen"，合璧本滿文作"dosombure mangga jalan jecen"，意即「堪忍世界」。「一切罪苦」，合璧本滿文作"eiten weile gosihon"，朱印本滿文作"eiten sui gosihon"。

189 朱印本滿文作"duin abkai han wesimbume hendume"，句中"abkai han"，合璧本滿文作"abkai amba han"。

190 「願樂欲聞」，合璧本滿文作"be urgunjeme donjire be buyembi"，朱印本滿文作"sebjeleme donjire be buyembi"。

191 "fucihi duin abkai amba han de hese wasimbume"，句中"abkai amba han"，朱印本滿文作"abkai han"。

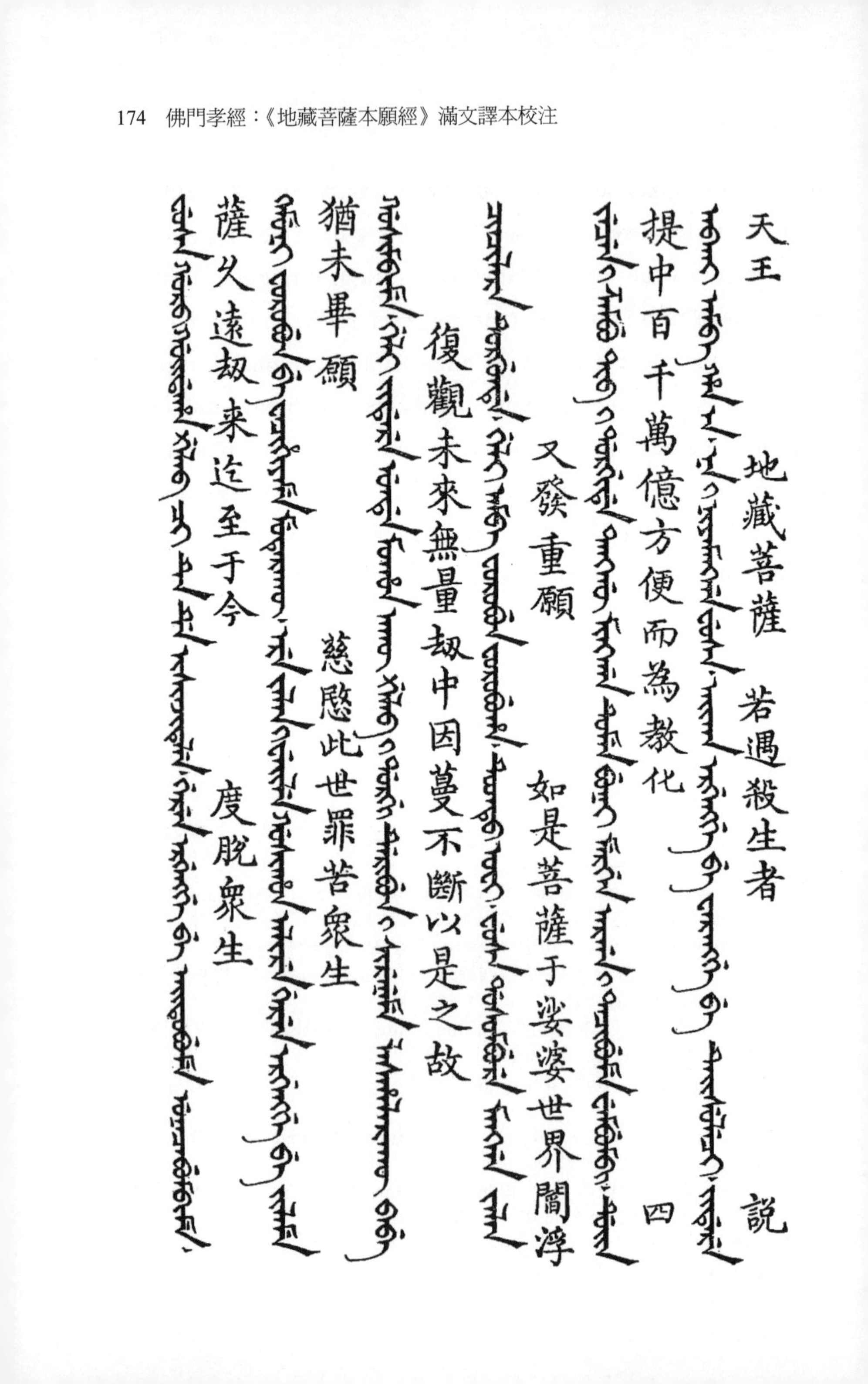

薩久遠劫來迄至于今 度脫衆生

猶未畢願 慈愍此世罪苦衆生

復觀未來無量劫中因蔓不斷以是之故

又發重願 如是菩薩于娑婆世界閻浮

提中百千萬億方便而為教化 四

天王 地藏菩薩 若遇殺生者 說

fusa goro goidaha g'alab ci te de isinjitele,[192] geren ergengge be aitubume ukcabumbime,[193] kemuni forobun be wacihiyame muterakū,[194] ere jalan i weile gosihon alire geren ergengge be jilame gosimbime,[195] geli jidere unde mohon akū g'alab i dorgi deribun i sireneme lashalarakū babe cincilara turgunde,[196] geli amba forobun forobuha,[197] tuttu ofi, fusa dosombure mangga jalan jecen i dzambu tib i dorgide tanggū minggan tumen bunai mergen arga i tacibume wembumbi.[198] duin abkai amba han a,[199] na i niyamangga fusa, aika ergengge be warangge be teisuleci,[200] jidere

192 朱印本滿文作"na i niyamangga fusa, goro goidara g'alab ci ede isinjifi"。

193 "geren ergengge be aitubume ukcabumbime"，句中"aitubume ukcabumbime"，朱印本滿文作"doobumbime"。

194 朱印本滿文作"kemuni forobun be akūmbuhakūngge cohome"。

195 朱印本滿文作"ere jalan i sui gosihon i geren ergengge be jilame gosime"，句中"sui gosihon"，合璧本滿文作"weile gosihon"。

196 朱印本滿文作"geli jidere unde mohon akū g'alab i dorgi siran siran i badarame lakcan akū be cincilaha ere turgunde"。

197 "geli amba forobun forobuha"，句中"amba forobun"，意即「大願」。朱印本滿文作"ujen forobun"，意即「重願」。

198 朱印本滿文作"uttu ofi fusa sabrog'adado jalan jecen dzambu tib i dolo tanggū minggan tumen bunai mergen arga i tacihiyame wembuhe bihe"。

199 「天王」，朱印本滿文作"abkai han"，合璧本滿文作"abkai amba han"。

200 「殺生者」，朱印本滿文作"ergengge jaka warangge"，合璧本滿文作"ergengge be warangge"。

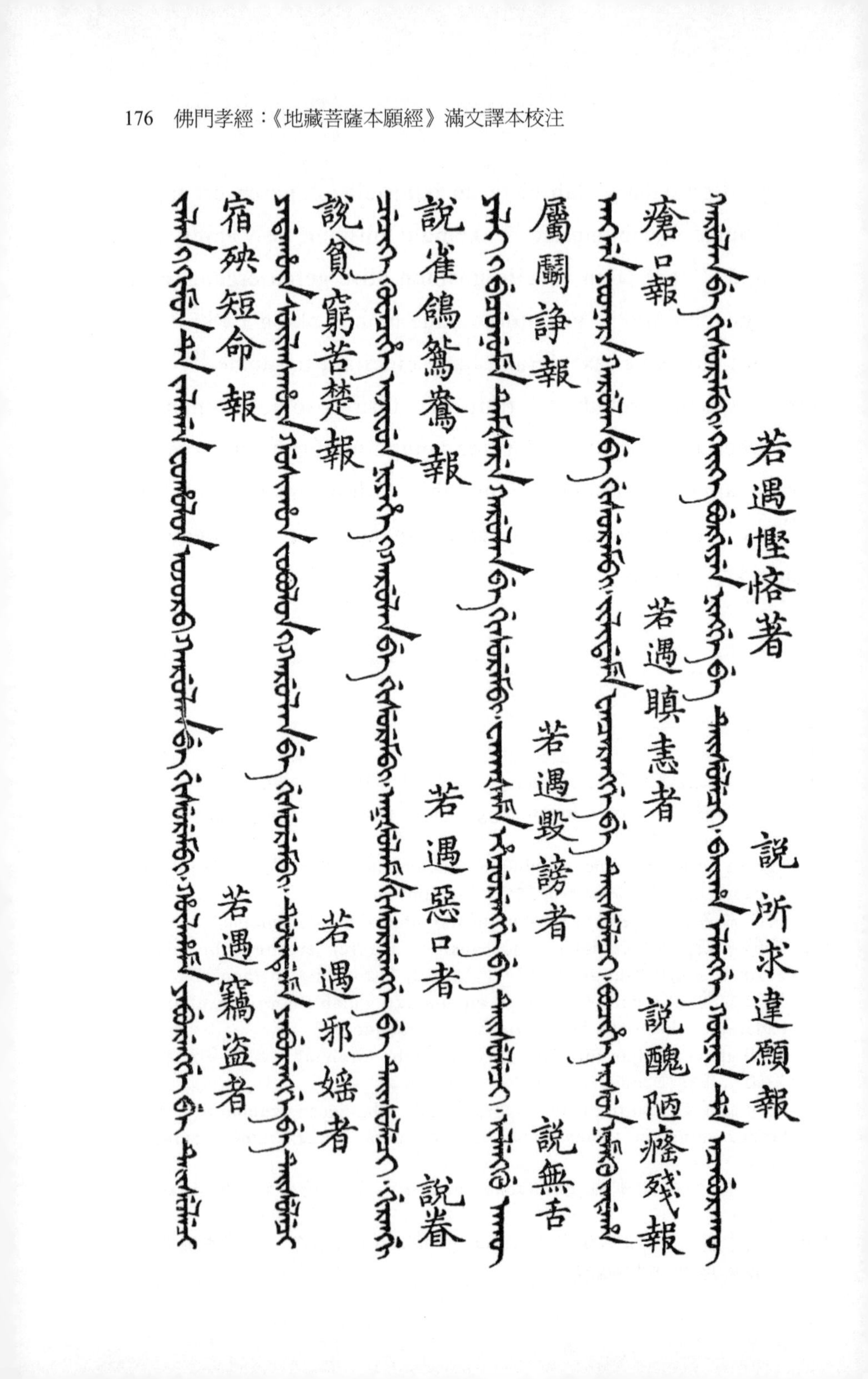

宿殃短命報
若遇竊盜者
說貧窮苦楚報
若遇邪婬者
說雀鴿鴛鴦報
若遇惡口者
說眷屬鬪諍報
若遇毀謗者
說無舌瘡口報
若遇瞋恚者
說醜陋癃殘報
若遇慳悋著
說所求違願報

jalan i kimun de jalgan foholon ojoro karulan be gisurembi.[201] hūlhame yaburengge be teisuleci yadahūn suilashūn gosihon jobolon i karulan be gisurembi.[202] dufedeme yaburengge be teisuleci cecike kuwecihe ijifun niyehe i karulan be gisurembi.[203] akšulame gisurerengge be teisuleci,[204] giranggi yali i becunume temšere karulan be gisurembi.[205] wakašame ehecurengge be teisuleci,[206] ilenggu akū angga yoonara karulan be gisurembi.[207] jilidame fancarangge be teisuleci,[208] bocihe ersun nimeku jadaha karulan be gisurembi.[209] keike burgiyen ningge be teisuleci,[210] baiha elengge gūnin de acaburakū

201 朱印本滿文作“nenehe gashan jalgan foholon i karulan be gisurembi”。

202 朱印本滿文作“aika hūlha holo be teisuleci yadahūn hafirabure gosihon suilara karulan be gisurembi”，句中“hūlha holo”，意即「盜賊」，合璧本滿文作“hūlhame yaburengge ”，意即「行竊者」。

203 朱印本滿文作“aika miosihon dufederengge be teisuleci, cecike kuwecihe ijifun niyehe i karulan be gisurembi”。

204 朱印本滿文作“aika akšun angga ojorongge de teisuleci”。句中“akšun angga”，意即「刻薄言辭」，又作「厲害的嘴」。

205 朱印本滿文作“hūncihin duwali jamarara temšemdure karulan be gisurembi”，句中“hūncihin duwali”，意即「親屬」。合璧本滿文作“giranggi yali”，意即「骨肉」，或「親戚」。

206 朱印本滿文作“aika ehecore wakašarangge de teisuleci”，句中“ehecore”，誤，當作“ehecure”。

207 朱印本滿文作“ileku akū angga de yoo banjire karulan be gisurembi”，句中“ileku”，誤，當作“ilenggu”。

208 朱印本滿文作“aika jili korsocun ningge de teisuleci”。

209 朱印本滿文作“bocihe yokcin akū kubsureke bime jadahalaha karulan be gisurembi”。

210 朱印本滿文作“burgiyen jibge ningge de teisuleci”，句中“burgiyen jibge”，意即「慳吝」，或「吝嗇鬼」，滿漢文義相合。

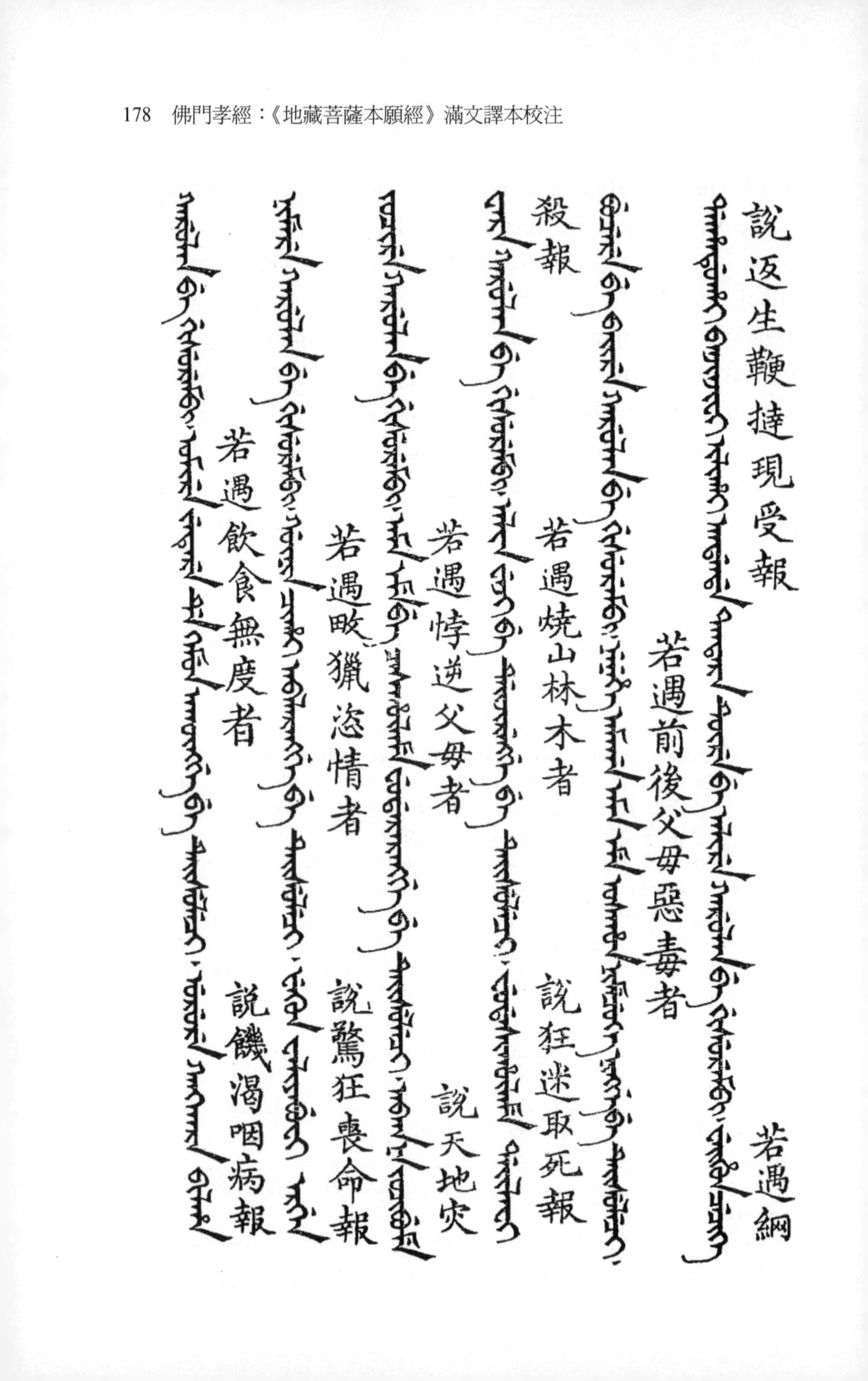

若遇飲食無度者
說饑渴咽病報
若遇畋獵恣情者
說驚狂喪命報
若遇悖逆父母者
說天地災殺報
若遇燒山林木者
說狂迷取死報
若遇前後父母惡毒者
說返生鞭撻現受報
若遇網

karulan be gisurmbi.[211] omire jetere de kemun akūngge be teisuleci,[212] urure kangkara bilha nimere karulan be gisurembi.[213] gūnin cihai abalarangge be teisuleci,[214] fekun waliyabufi ergen jocire karulan be gisurembi.[215] ama eme be cashūlame fudararangge be teisuleci,[216] abka na jocibume wara karulan be gisurembi.[217] alin weji be deijirengge be teisuleci,[218] fudasihūlame dailafi bucere be baire karulan be gisurembi.[219] nenehe amaga ama eme oshon nimecuke ningge be teisuleci,[220] dahanduhai banjinjifi ilihai andande tantara tūre be alire karulan be gisurembi.[221] weihun cecike

---

211 朱印本滿文作"baniha elengge cihalara de acaburakū karulan be gisurembi"，句中"baniha"，誤，當作"baiha"。

212 "omire jetere de kemun akūngge be teisuleci"，句中"be"，朱印本滿文作"de"。

213 "urure kangkara bilha nimere karulan be gisurembi"，句中"bilha nimere"，意即「咽喉病症」，滿漢文義相合。朱印本滿文作"cilikū nimeku"，意即「噎病」，文義略有出入。

214 朱印本滿文作"aika aba saha de gūnin cihai amurangge de teisuleci"，句中"aba saha"，意即「畋獵」，合璧本滿文作"abalarangge"。

215 朱印本滿文作"sesulara balamadara ergen jocire karulan be gisurembi"。

216 朱印本滿文作"aika ama eme de fudarara cashūlarangge de teisuleci"。

217 "abka na jocibume wara karulan be gisurembi"，句中"jocibume"，朱印本滿文作"gashan"。

218 "alin weji be deijirengge be teisuleci"，句中"alin weji"，朱印本滿文作"alin bujan i moo"，意即「山林木」，文義相合。

219 朱印本滿文作"balama liyeliyehunjeme bucere be baire karulan be gisurembi"。

220 朱印本滿文作"aika juleri amala ama eme ehe oshon ningge de teisuleci "。

221 朱印本滿文作"forgošome banjifi šusihalabure tantabure ne karulan be alire be gisurembi"。

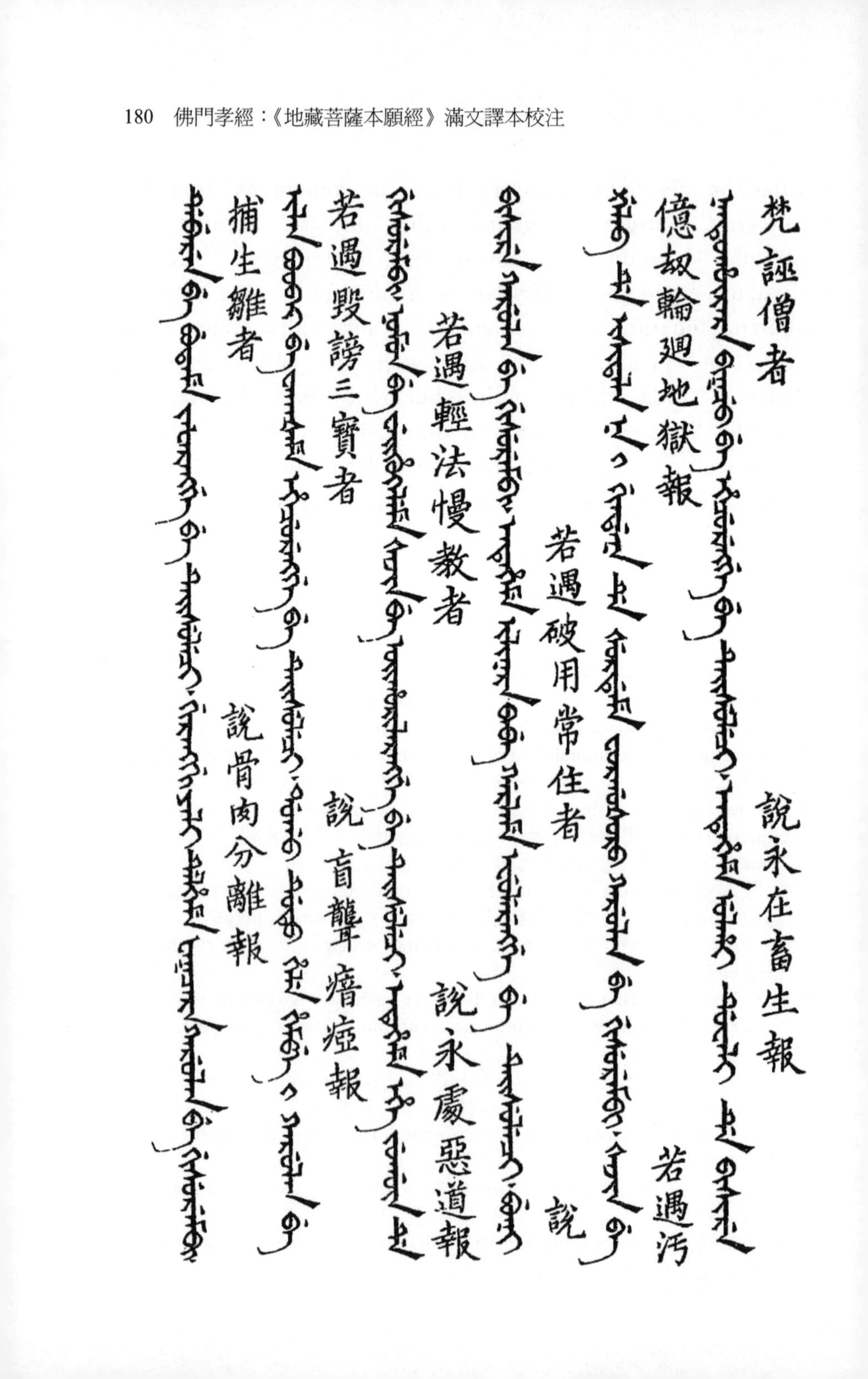

捕生離者，說骨肉分離報；

若遇毀謗三寶者，說盲聾瘖瘂報；

若遇輕法慢教者，說永處惡道報；

若遇破用常住者，說億劫輪迴地獄報；

若遇污梵誣僧者，說永在畜生報；

deberen be butame jafarangge be teisuleci,[222] giranggi yali delheme fakcara karulan be gisurembi.[223] ilan boobai be wakašame ehecurengge be teisuleci,[224] dogo dutu hele hempe i karulan be gisurembi. nomun be weihukeleme šajin be oihorilarangge be teisuleci,[225] enteheme ehe jugūn de bisire karulan be gisurembi.[226] enteheme ilinara babe garlame efulerengge be teisuleci,[227] bunai g'alab de isitala na i gindana de šurdeme forgošoro karulan be gisurembi.[228] šajin be nantuhūrara bikcu be ehecurengge be teisuleci,[229] enteheme ulhai duwali de bisire

---

222 朱印本滿文作“aika asu i ergengge deberen be boohašarangge de teisuleci”，句中“boohašarangge”，誤，當作“buthašarangge”，意即「打牲」。

223 「分離」，合璧本滿文作“delheme fakcara”，朱印本滿文作“fakcara aljara”。

224 朱印本滿文作“aika ilan boobai be ehecume wakašarangge de teisuleci”。

225 “nomun be weihukeleme šajin be oihorilarangge be teisuleci”，句中“šajin”，朱印本滿文作“tacihiyan”。

226 「永處惡道」，合璧本滿文作“enteheme ehe jugūn de bisire”，朱印本滿文作“enteheme ehe banjin de banjire”。

227 朱印本滿文作“aika juktehen be efulefi baitalarangge de teisuleci”。「常住者」，合璧本滿文作“enteheme ilinara babe”，朱印本滿文作“juktehen”，意即「寺院」。

228 “bunai g'alab de isitala na i gindana de šurdeme forgošoro karulan be gisurembi”，句中“isitala”，朱印本滿文作“otolo”；“surdeme forgošoro”，朱印本滿文作“forgošoro”。

229 朱印本滿文作“aika baraman be nantuhurara hūbarak be tuheburengge de teisuleci”，句中“baraman”，梵語讀如“brahman”，漢文作「梵」；“hūbarak”，意即「僧」，蒙語讀如“quwaraγ”，疑爲共同語。

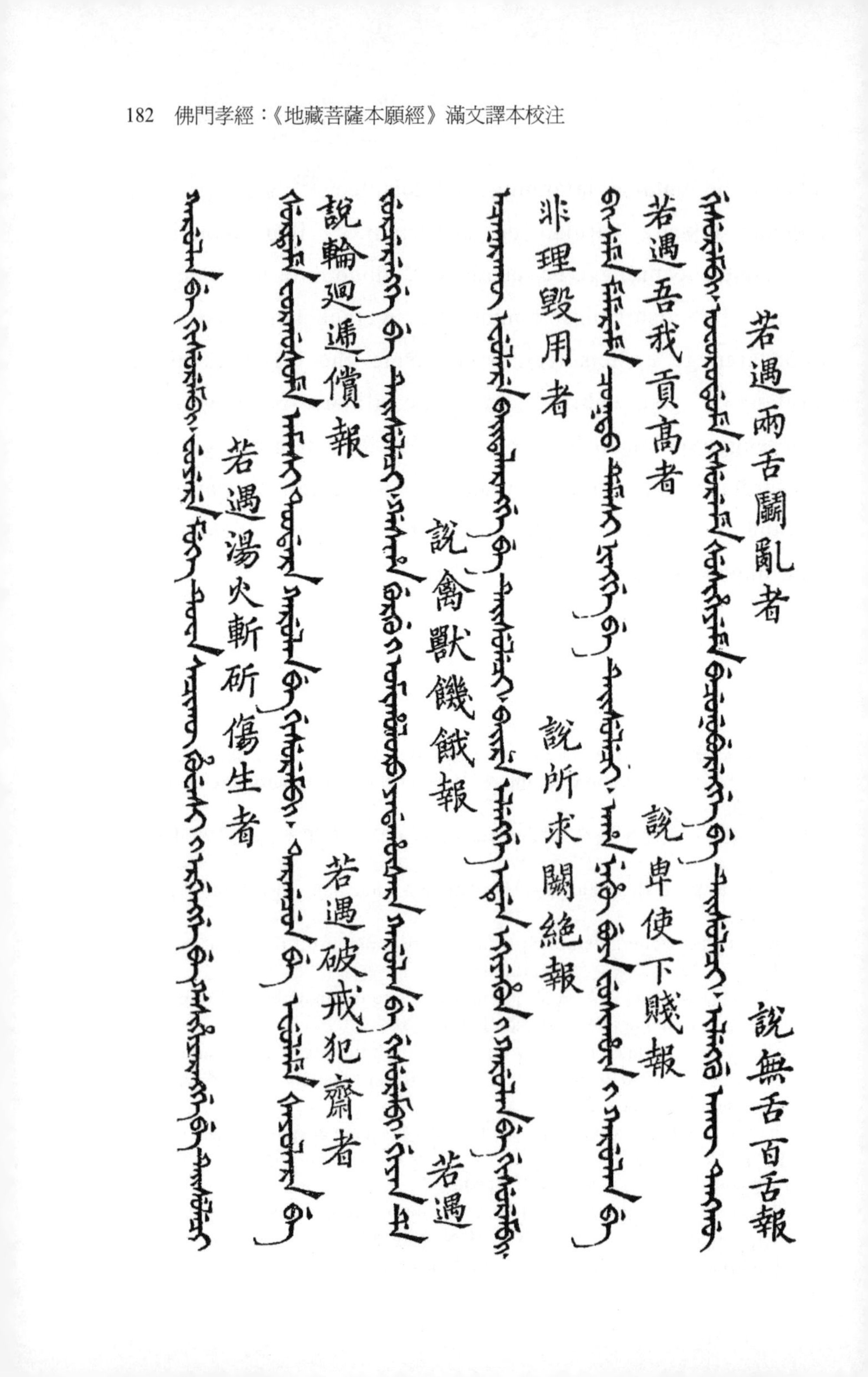

若遇湯火斬斫傷生者

說輪迴遞償報

若遇破戒犯齋者

說禽獸饑餓報

若遇非理毀用者

說所求闕絕報

若遇吾我貢高者

說卑使下賤報

若遇兩舌鬪亂者

說無舌百舌報

karulan be gisurembi.[230] fuyere muke tuwa sacikū huwesi i ergengge be gasihiyarangge be teisuleci,[231] šurdeme forgošome amasi toodara karulan be gisurembi.[232] targacun be efuleme šayolara be jurcerengge be teisuleci,[233] gasha gurgu i omiholoro yadahūšara karulan be gisurembi.[234] giyan de acanarakū efulere baitalarangge be teisuleci,[235] baire elengge eden ekiyehun i karulan be gisurembi.[236] bi seme memereme cokto demesi ningge be teisuleci,[237] aha nehū buya fusihūn i karulan be gisurembi.[238] oforodome gisureme šusihiyeme becunuburengge be teisuleci,[239] ilenggu akū tanggū

---

230 "enteheme ulhai duwali de bisire karulan be gisurembi"，句中"bisire"，朱印本滿文作"banjire"。

231 朱印本滿文作"aika fuyere muke de halabure tuwai deijire sacire arga i ergengge be koro ararangge de teisuleci"。

232 朱印本滿文作"forgošun de halajame toodara karulan be gisurembi"。

233 朱印本滿文作"aika targacun be efuleme šayulara be necirengge de teisuleci"，句中"šayulara"，當作"šayolara"。

234 "gasha gurgu i omiholoro yadahūšara karulan be gisurembi"，句中"omiholoro"，朱印本滿文作"urure"。

235 朱印本滿文作"aika giyan waka de efuleme baitalarangge de teisuleci"，句中"giyan waka"，合璧本滿文作"giyan de acanarakū"。

236 "baire elengge eden ekiyehun i karulan be gisurembi"，句中"baire"，朱印本滿文作"baha"，誤，當作"baiha"。

237 「貢高」，合璧本滿文作"cokto demesi"，意即「驕傲」，朱印本滿文作"kangsanggi"。

238 朱印本滿文作"aha nehū ofi, fusihūšame takūrara karulan be gisurembi"。

239 朱印本滿文作"aika oforodome facuhūrara becunurengge de teisuleci"。

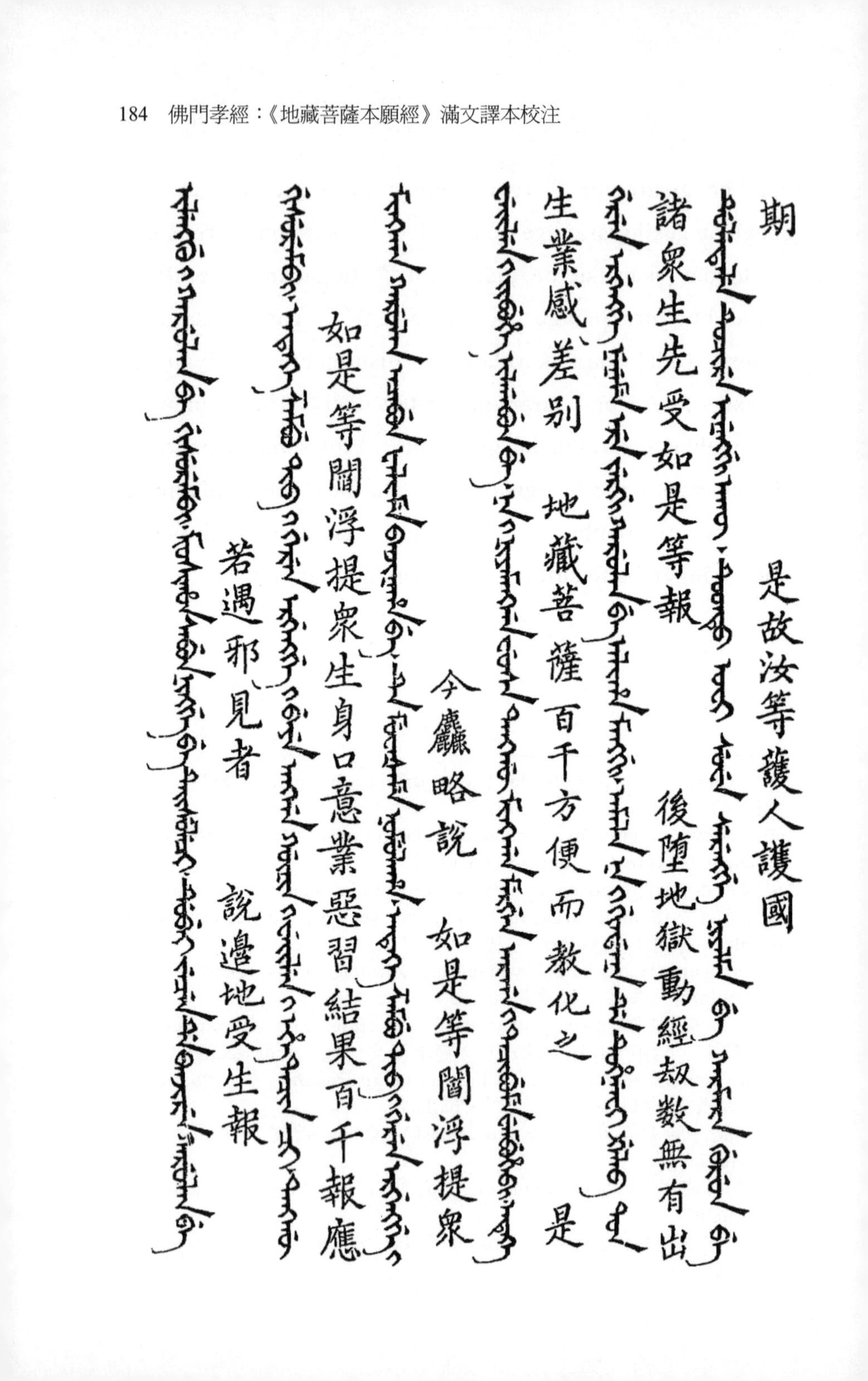

期　是故汝等護人護國

諸衆生先受如是等報　後墮地獄動經刧數無有出

生業感差别　地藏菩薩百千方便而教化之　是

今麤略說　如是等閻浮提衆

如是等閻浮提衆生身口意業惡習結果百千報應

若遇邪見者　說邊地受生報

ilenggu i karulan be gisurembi. miosihon sabun ningge be teisuleci,[240] dubei jecen de banjire karulan be gisurembi. enteke dzambu tib i geren ergengge i beye angga gūnin i weilen i ehe tacin ci, tanggū minggan karulan acabun falime banjinaha be,[241] te muwašame nomulaha.[242] enteke dzambu tib i geren ergengge i weilen i jibuhe ilgabun be,[243] na i niyamangga fusa tanggū minggan mergen arga i tacibume wembuhebi.[244] enteke geren ergengge neneme ere jergi karulan be aliha manggi,[245] amala na i gindana de tuhenefi g'alab ton duletele tucire inenggi akū,[246] tuttu ofi suwe serengge niyalma be karmara gurun be

240 "miosihon sabun ningge be teisuleci", 句中"be", 朱印本滿文作 "de"。

241 朱印本滿文作"ere jergi dzambu tib i geren ergenggei beye angga gūnin weilen i ehe tacin i faliha tanggū minggan karulan acabun be "。

242 朱印本滿文作"te muwašame šošome gisurehe"。

243 朱印本滿文作"ere jergi dzambu tib i geren ergenggei weile i acinggiyabuha encu ilgabun be"。

244 "na i niyamangga fusa tanggū minggan mergen arga i tacibume wembuhebi", 句中"tacibume wembuhebi", 朱印本滿文作 "tacihiyame wembumbi"。

245 "enteke geren ergengge neneme ere jergi karulan be aliha manggi", 句中"ere jergi karulan be aliha manggi", 朱印本滿文作"tere durun i karulan be alifi"。

246 「動經劫數無有出期」, 合璧本滿文作"g'alab ton duletele tucire inenggi akū", 朱印本滿文作"ememungge g'alab duletele tucire inenggi akū "。

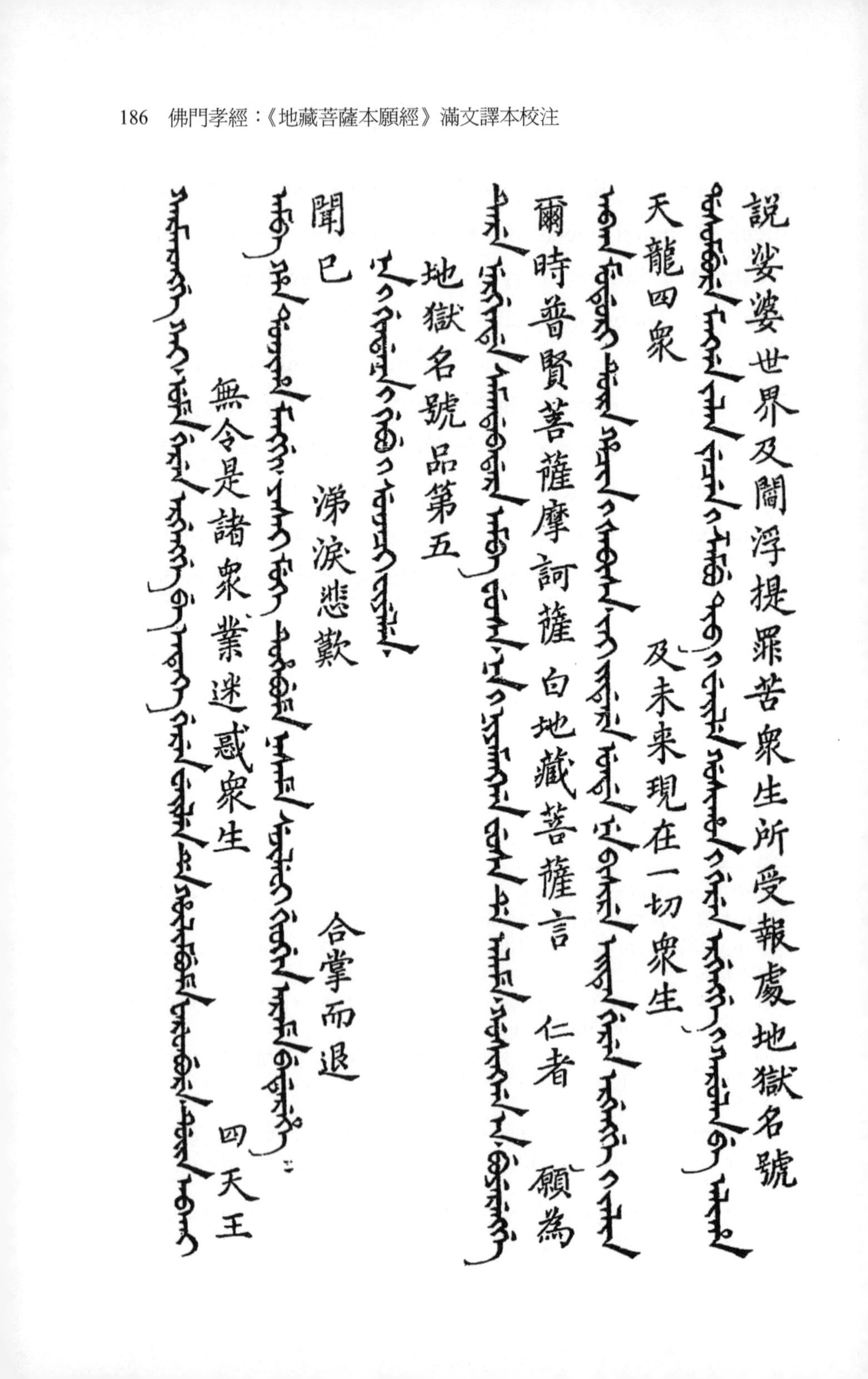

說娑婆世界及閻浮提罪苦衆生所受報處地獄名號

天龍四衆　及未来現在一切衆生

爾時普賢菩薩摩訶薩白地藏菩薩言　仁者　願為

地獄名號品第五

聞已　涕淚悲歎　合掌而退

無令是諸衆業迷惑衆生　四天王

karmarangge kai,[1] ume geren ergengge be enteke geren weilen de hūlimbume farfabure.[2] duin abkai amba han donjiha manggi,[3] yasai muke tuhebume nasame sejilefi giogin arame bederehe.[4]

na i gindana i gebu i sunjaci fiyelen.[5]

tere nerginde samandabadara amba fusa,[6] na i niyamangga fusa de alame, gosingga a, buyerengge abka muduri duin hacin i šabisa,[7] jai jidere unde ne bisire eiten geren ergengge i jalin dosombure mangga jalan jecen i dzambu tib i weile gosihon i geren ergengge i karulan be aliha

1 朱印本滿文作“uttu ofi suweni jergingge giyan i niyalma be dalime gurun be dalime”，句中“uttu ofi”，合璧本滿文作“tuttu ofi”；“dalime”，意即「捍禦」，合璧本滿文作“karmara”，意即「保護」。“dalime karmambi”，意即「護衛」。

2 朱印本滿文作“ume ere jergi geren weilen be geren ergengge be farfabume hūlimbure de isibure”，句中“farfabume hūlimbure”，合璧本滿文作“hūlimbume farfabure ”，漢文作「迷惑」。

3 朱印本滿文作“duin abkai han donjifi”，句中“abkai han”，合璧本滿文作“abkai amba han”。

4 “yasai muke tuhebume nasame sejilefi giogin arame bederehe”，句中“nasame sejilefi”，意即「歎息」，朱印本滿文作“songgome nasame”，意即「哭歎」。

5 「名號」，合璧本滿文作“gebu”，朱印本滿文作“gebu colo”。

6 朱印本滿文作“tere nerginde samandabadara fusa amba fusa”，句中“samandabadara fusa”，梵語讀如“samantabhadra”，漢文作「普賢菩薩」。

7 “buyerengge abka muduri duin hacin i šabisa”，句中“šabisa”，意即「弟子們」，朱印本滿文作“geren”，意即「眾人」。

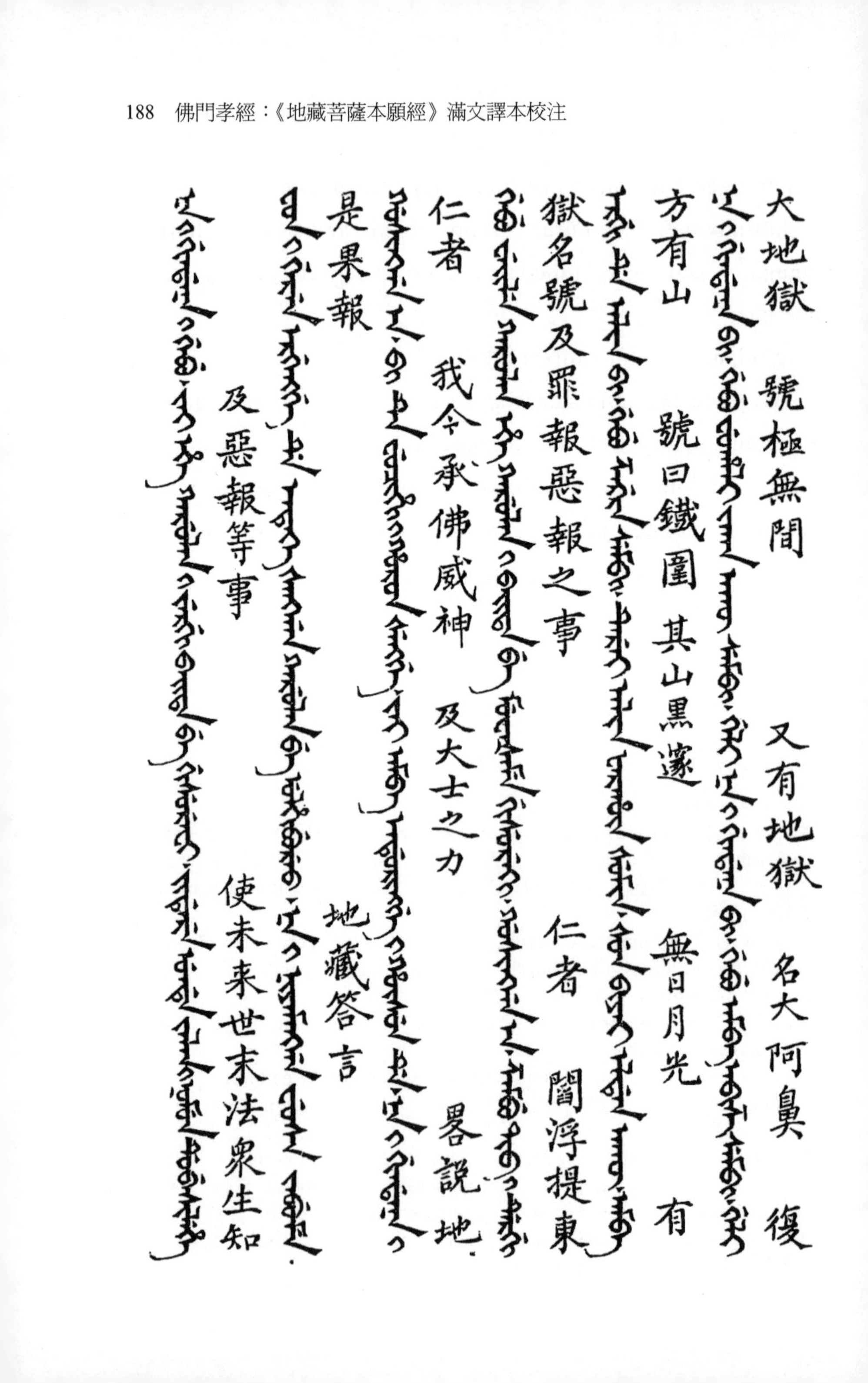

及惡報等事 使未来世末法衆生知

是果報 地藏答言

仁者 我今承佛威神 及大士之力 畧說地

獄名號及罪報惡報之事 仁者 閻浮提東

方有山 號曰鐵圍 其山黑邃 無日月光 有

大地獄 號極無間 又有地獄 名大阿鼻 復

na i gindana i gebu,[8] jai ehe karulan i jergi baita be gisurefi, jidere unde jalan i nomun dubesilehe fon i geren ergengge de enteke šanggan karulan be ulhibureo.[9] na i niyamangga fusa jabume, gosingga a, bi te fucihi i horon šengge,[10] jai amba enduringge i hūsun de,[11] na i gindana i gebu weile karulan ehe karulan i baita be muwašame gisureki.[12] gosingga a, dzambu tib i dergi ergi de alin bi,[13] gebu dzag'ra sembi.[14] terei alin farhūn šumin,[15] šun biyai elden akū, amba na i gindana bi,[16] gebu fuhali jaka akū sembi.[17] geli na i gindana bi,[18] gebu amba abidz sembi.[19] geli

---

8 「娑婆世界」，朱印本滿文作"sablog'adado jalan jecen"，合璧本滿文作"dosombure mangga jalan jecen"，意即「堪忍世界」；「及閻浮提罪苦」，合璧本滿文作"i dzambu tib i weile gosihon"，朱印本滿文作"jai dzambu tib i sui gosihon"。

9 朱印本滿文作"jidere unde jalan dubei nomun i geren ergengge be enteke karulan acabun be sara de isibureo"，句中"dubei nomun"，合璧本滿文作"nomun dubesilehe fon"；"karulan acabun be sara de isibureo"，合璧本滿文作"šanggan karulan be ulhibureo"。

10 「威神」，合璧本滿文作"horon šengge"，朱印本滿文作"adistit šengge"。

11 「大士」，合璧本滿文作"amba enduringge"，朱印本滿文作"amba fusa"。

12 "gebu weile karulan"，朱印本滿文作"gebu colo, jai sui karulan"。

13 "dzambu tib"，朱印本滿文作"dzambu tob"，句中"tob"，誤，當作"tib"。

14 朱印本滿文作"colo oci dzag'ara sembi"。

15 "terei alin farhūn šumin"，句中"terei"，朱印本滿文作"tere"。

16 "amba na i gindana bi"，句中"bi"，朱印本滿文作"bifi"。

17 朱印本滿文作"colo oci ten i jaka akū sembi"。

18 "geli na i gindana bi"，句中"bi"，朱印本滿文作"bifi"。

19 "gebu amba abidz sembi"，句中"abidz"，梵語讀如"avīci"；漢文作「阿鼻」。

有地獄　名曰鐵驢　復有地獄　名曰洋銅　復

ᠨᠠ ᡳ ᡤᡳᠨᡩᠠᠨ ᠪᡳ ᡤᡝᠪᡠ ᠰᡝᠯᡝ ᡝᡳᡥᡝᠨ ᠰᡝᠮᠪᡳ ᡤᡝᠯᡳ ᠨᠠ ᡳ ᡤᡳᠨᡩᠠᠨ ᠪᡳ ᡤᡝᠪᡠ ᠸᡝᠨᡝᡥᡝ ᡨᡝᡳᡧᡠᠨ ᠰᡝᠮᠪᡳ ᡤᡝᠯᡳ

有地獄　名曰鐵衣　復有地獄　名曰千刃　復

ᠨᠠ ᡳ ᡤᡳᠨᡩᠠᠨ ᠪᡳ ᡤᡝᠪᡠ ᠰᡝᠯᡝ ᡝᡨᡠᡴᡠ ᠰᡝᠮᠪᡳ ᡤᡝᠯᡳ ᠨᠠ ᡳ ᡤᡳᠨᡩᠠᠨ ᠪᡳ ᡤᡝᠪᡠ ᠮᡳᠩᡤᠠᠨ ᠵᡝᠶᡝᠨ ᠰᡝᠮᠪᡳ ᡤᡝᠯᡳ

有地獄　名曰鐵牀　復有地獄　名曰鐵牛　復

ᠨᠠ ᡳ ᡤᡳᠨᡩᠠᠨ ᠪᡳ ᡤᡝᠪᡠ ᠰᡝᠯᡝ ᠪᡝᠰᡝᡵᡤᡝᠨ ᠰᡝᠮᠪᡳ ᡤᡝᠯᡳ ᠨᠠ ᡳ ᡤᡳᠨᡩᠠᠨ ᠪᡳ ᡤᡝᠪᡠ ᠰᡝᠯᡝ ᡳᡥᠠᠨ ᠰᡝᠮᠪᡳ ᡤᡝᠯᡳ

有地獄　名曰通槍　復有地獄　名曰鐵車　復

ᠨᠠ ᡳ ᡤᡳᠨᡩᠠᠨ ᠪᡳ ᡤᡝᠪᡠ ᡶᠣᡵᠣᡴᠣᠨ ᡤᠠᡩᠠ ᠰᡝᠮᠪᡳ ᡤᡝᠯᡳ ᠨᠠ ᡳ ᡤᡳᠨᡩᠠᠨ ᠪᡳ ᡤᡝᠪᡠ ᠰᡝᠯᡝ ᠰᡝᠵᡝᠨ ᠰᡝᠮᠪᡳ ᡤᡝᠯᡳ

有地獄　名曰火箭　復有地獄　名曰夾山　復

ᠨᠠ ᡳ ᡤᡳᠨᡩᠠᠨ ᠪᡳ ᡤᡝᠪᡠ ᡨᡠᠸᠠ ᠰᡳᡵᡩᠠᠨ ᠰᡝᠮᠪᡳ ᡤᡝᠯᡳ ᠨᠠ ᡳ ᡤᡳᠨᡩᠠᠨ ᠪᡳ ᡤᡝᠪᡠ ᠠᠯᡳᠨ ᡳ ᡥᠠᡶᡳᡵᠠᡵᠠ ᠰᡝᠮᠪᡳ ᡤᡝᠯᡳ

有地獄　名曰四角　復有地獄　名曰飛刀　復

ᠨᠠ ᡳ ᡤᡳᠨᡩᠠᠨ ᠪᡳ ᡤᡝᠪᡠ ᡩᡠᡳᠨ ᡥᠣᡧᠣᠩᡤᠣ ᠰᡝᠮᠪᡳ ᡤᡝᠯᡳ ᠨᠠ ᡳ ᡤᡳᠨᡩᠠᠨ ᠪᡳ ᡤᡝᠪᡠ ᡩᡝᠶᡝᡵᡝ ᠯᠣᡥᠣ ᠰᡝᠮᠪᡳ ᡤᡝᠯᡳ

na i gindana bi,[20] gebu duin hošonggo sembi.[21] geli na i gindana bi,[22] gebu deyere huwesi sembi.[23] geli na i gindana bi, gebu tuwai sirdan sembi. geli na i gindana bi, gebu alin i hafitarangge sembi.[24] geli na i gindana bi, gebu dacun gida sembi.[25] geli na i gindana bi, gebu selei sejen sembi. geli na i gindana bi, gebu selei besergen sembi. geli na i gindana bi, gebu selei ihan sembi. geli na i gindana bi, gebu selei etuku sembi, geli na i gindana bi, gebu minggan jeyen sembi.[26] geli na i gindana bi, gebu selei eihen sembi. geli na i gindana bi, gebu weniyehe teišun sembi.[27] geli

20 “geli na i gindana bi”，句中“bi”，朱印本滿文作“bifi”。
21 “gebu duin hošonggo”，句中“hošonggo”，朱印本滿文作“hošo”。
22 “geli na i gindana bi”，句中“bi”，朱印本滿文作“bifi”。
23 “gebu deyere huwesi sembi”，句中“huwesi”，朱印本滿文作“loho”。
24 “gebu alin i hafitarangge sembi”，句中“alin i hafitarangge”，朱印本滿文作“hafirara alin”。
25 “gebu dacun gida sembi”，句中“dacun gida”，意即「鋒利之槍」，朱印本滿文作“hafumbure gida”，意即「貫通之槍」。
26 “gebu minggan jeyen sembi”，句中“minggan jeyen”，朱印本滿文作“minggan jeyengge”。
27 “gebu weniyehe teišun sembi”，句中“weniyehe teišun”，意即「熔化之銅」，朱印本滿文作“teišun muke”，意即「銅液」。

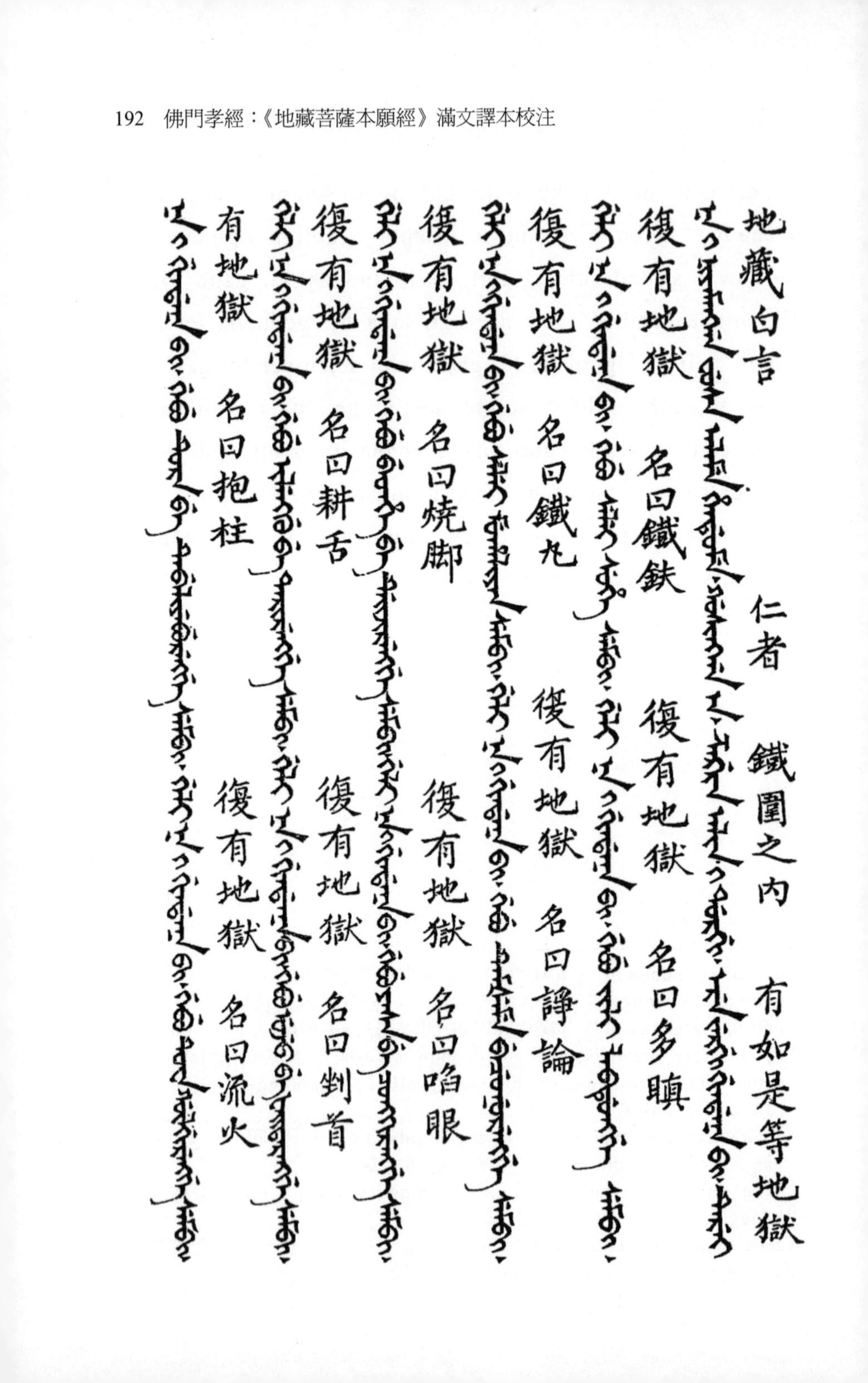

地藏白言　仁者　鐵圍之內　有如是等地獄

復有地獄　名曰鐵鈇　復有地獄　名曰多瞋

復有地獄　名曰鐵丸　復有地獄　名曰諍論

復有地獄　名曰燒脚　復有地獄　名曰啗眼

復有地獄　名曰耕舌　復有地獄　名曰剉首

有地獄　名曰抱柱　復有地獄　名曰流火

na i gindana bi, gebu tura be tebeliyeburengge sembi.[28] geli na i gindana bi, gebu tuwa gūlgirengge sembi.[29] geli na i gindana bi, gebu ilenggu be tarirengge sembi.[30] geli na i gindana bi, gebu uju be faitarangge sembi.[31] geli na i gindana bi, gebu bethe be deijirengge sembi.[32] geli na i gindana bi, gebu yasa be congkirengge sembi.[33] geli na i gindana bi, gebu selei muhaliyan sembi.[34] geli na i gindana bi, gebu temšeme becunurengge sembi.[35] geli na i gindana bi, gebu selei suhe sembi.[36] geli na i gindana bi, gebu jili labdungge sembi.[37] na i niyamangga fusa alame hendume,[38] gosingga a, dzag'ra alin i dorgi,[39] ere jergi gindana bi,[40] terei

28 "gebu tura be tebeliyeburengge sembi"，句中"tura be tebeliyeburengge "，朱印本滿文作"tebeliyere tura"。

29 "gebu tuwa gūlgirengge sembi"，句中"tuwa gūlgirengge "，朱印本滿文作"badaraka tuwa"。

30 "gebu ilenggu be tarirengge sembi"，句中"ilenggu be tarirengge "，朱印本滿文作"ilenggu secimbi"。

31 "gebu uju be faitarangge sembi"，句中"uju be faitarangge"，朱印本滿文作"uju mudumbi"。

32 "gebu bethe be deijirengge sembi"，句中"bethe be deijirengge"，朱印本滿文作"bethe be deijimbi"。

33 "gebu yasa be congkirengge sembi"，句中"congkirengge"，朱印本滿文作"congkišambi"。

34 "gebu selei muhaliyan sembi"，句中"muhaliyan"，朱印本滿文作"muheliyen"。

35 "gebu temšeme becunurengge sembi"，朱印本滿文作"gebu temšere leolen sembi"。

36 朱印本滿文作"gebu selei jangkū sembi"，意即「名曰鐵刀」。句中"jangkū"，合璧本滿文作"suhe"，意即「斧頭」。

37 朱印本滿文作"gebu labdu jili sembi"。

38 朱印本滿文作"na i niyamangga alame"，省略"fusa"及"hendume"。

39 朱印本滿文作"dzagera i dolo"，句中"dzagera"，誤，當作"dzag'ara"。

40 朱印本滿文作"ere jergingge na i gindana bi"。

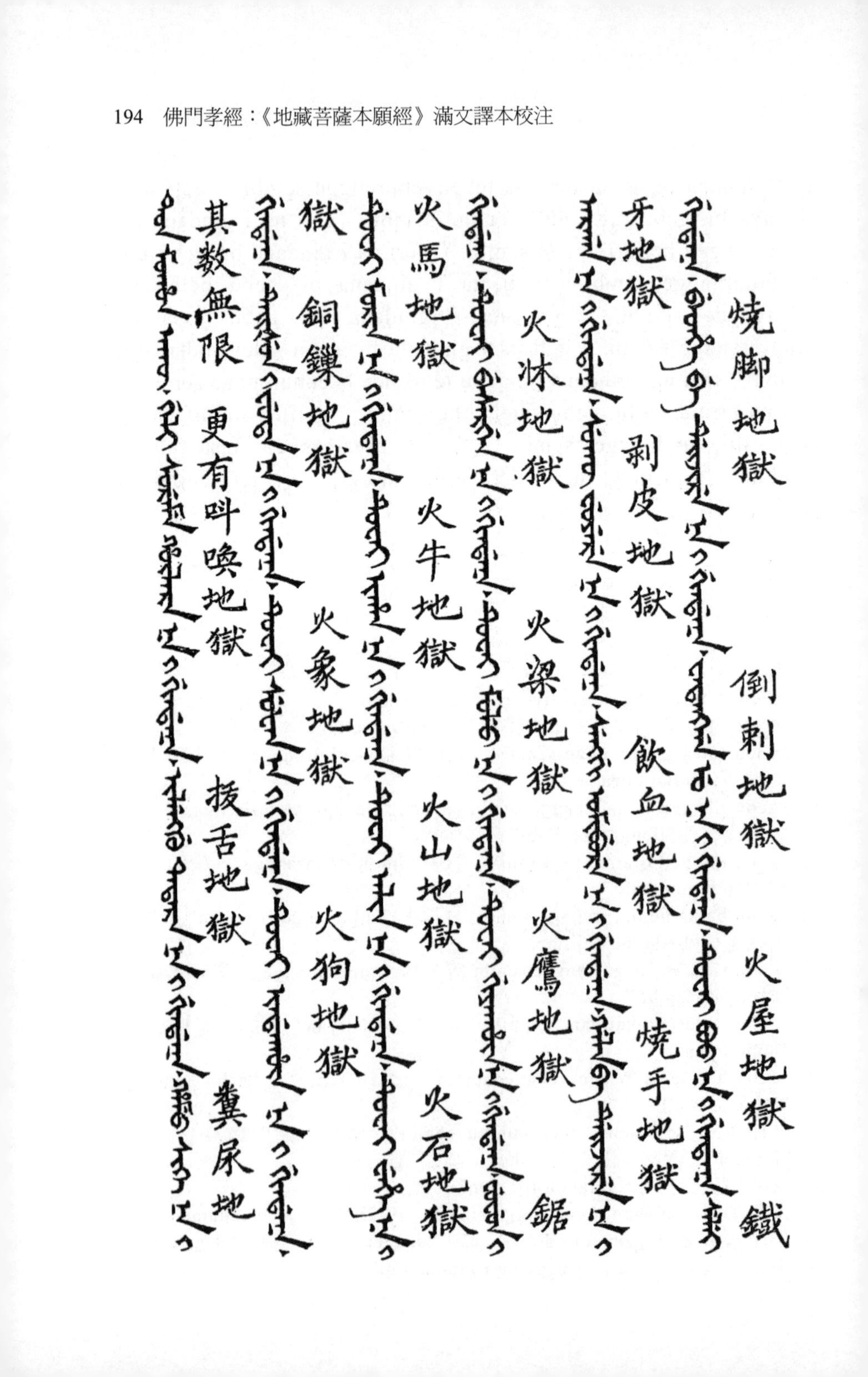

其數無限　更有叫喚地獄　拔舌地獄　糞尿地獄　銅鏁地獄　火象地獄　火狗地獄　火馬地獄　火牛地獄　火山地獄　火石地獄　火牀地獄　火梁地獄　火鷹地獄　鋸牙地獄　剝皮地獄　飲血地獄　燒手地獄　燒腳地獄　倒刺地獄　火屋地獄　鐵

ton mohon akū. geli sureme hūlara na i gindana, ilenggu tatara na i gindana, hamu sike na i gindana,[41] teišun i futa na i gindana,[42] tuwai sufan na i gindana, tuwai indahūn na i gindana, tuwai morin na i gindana,[43] tuwai ihan na i gindana, tuwai alin na i gindana, tuwai wehe na i gindana,[44] tuwai besergen na i gindana, tuwai mulu na i gindana,[45] tuwai giyahūn na i gindana, fufun i argan na i gindana,sukū fuyere na i gindana, senggi omibure na i gindana,[46] gala be deijire na i gindana, bethe be deijire na i gindana, watangga u na i gindana,[47] tuwai boo na i gindana, selei

---

41 朱印本滿文作"hamu sike i na i gindana"。

42 "teišun i futa na i gindana"，句中"teišun i futa"，意即「銅繩」，朱印本滿文作"teišun yoose"，意即「銅鎖」，滿漢文義相合。漢文「鏁」，通「鎖」。

43 "tuwai morin na i gindana"，句中"morin"，朱印本滿文作"moringga"。

44 "tuwai wehe na i gindana"，句中"wehe"，朱印本滿文作"wehei"。

45 "tuwai mulu na i gindana"，句中"mulu"，意即「山梁」，朱印本滿文作"mudun"，意即「山梁」。"mulu"，即「脊」，"mudun"，即「棱」，俱指山梁而言。

46 "senggi omibure na i gindana"，句中"senggi omibure"，朱印本滿文作"senggi omire"。

47 "watangga u na i gindana"，句中"watangga u"，朱印本滿文作"fuwesihūn bula"，句中"fuwesihūn"，誤，當作"fudasihūn"。

巨海　能障聖道　是故眾生

業力甚大　能敵須彌　能深

言　仁者　此者皆是南閻浮提行惡眾生業感如是

其中名號各各不同　地藏菩薩告普賢菩薩

諸小地獄　或一或二或三或四乃至百千

屋地獄　火狼地獄　如是等地獄　其中各各復有

boo na i gindana,[48] tuwai niohe na i gindana bi.[49] ere jergi na i gindana i dolo,[50] geli falga falgai ajige na i gindana bi,[51] eici emu eici juwe eici ilan eici duin ci tanggū minggan de isitala,[52] terei dorgi gebu meimeni adali akū.[53] na i niyamangga fusa samandabadara fusa de alame hendume,[54] gosingga a, ere gemu julergi dzambu tib i ehe be yabuha geren ergengge i weilen i jibuhengge uttu,[55] weilen i hūsun mujakū amba,[56] sumiri alin de tehereme mutembi,[57] amba mederi i gese šumin ome mutembi, enduringge doro be hanggabume mutembi.[58] tuttu ofi

48 "selei boo na i gindana"，句中"selei boo"，朱印本滿文作"selei booi"。
49 朱印本滿文作"tuwai niohe na i gindana"，刪略"bi"。
50 "ere jergi na i gindana i dolo"，句中"dolo"，朱印本滿文"dorgi"。
51 朱印本滿文作"teisu teisu geli hacingga ajige na i gindana bi"。
52 "eici emu eici juwe eici ilan eici duin ci tanggū minggan de isitala"，句中"eici"，朱印本滿文作"embici"；"isitala"，作"isibume"。
53 "terei dorgi gebu meimeni adali akū"，句中"gebu"，朱印本滿文作"gebu colo"。
54 "na i niyamangga fusa samandabadara fusa de alame hendume"，句中"samandabadara fusa"，梵語讀如"samantabhadra"，漢文作「普賢菩薩」；"alame hendume"，朱印本滿文作"alame"。
55 朱印本滿文作"ere serengge gemu julergi dzambu tib i ehe yabure geren ergenggei weilen i acinggiyabuhangge inu"。
56 "weilen i hūsun mujakū amba"，句中"mujakū"，朱印本滿文作"umesi"。
57 "sumiri alin de tehereme mutembi"，句中"sumiri"，梵語讀如"sumeru"，漢文作「須彌山」，"tehereme"，朱印本滿文作"teherebume"。
58 "enduringge doro be hanggabume mutembi"，句中"hanggabume"，朱印本滿文作"dalibume"。

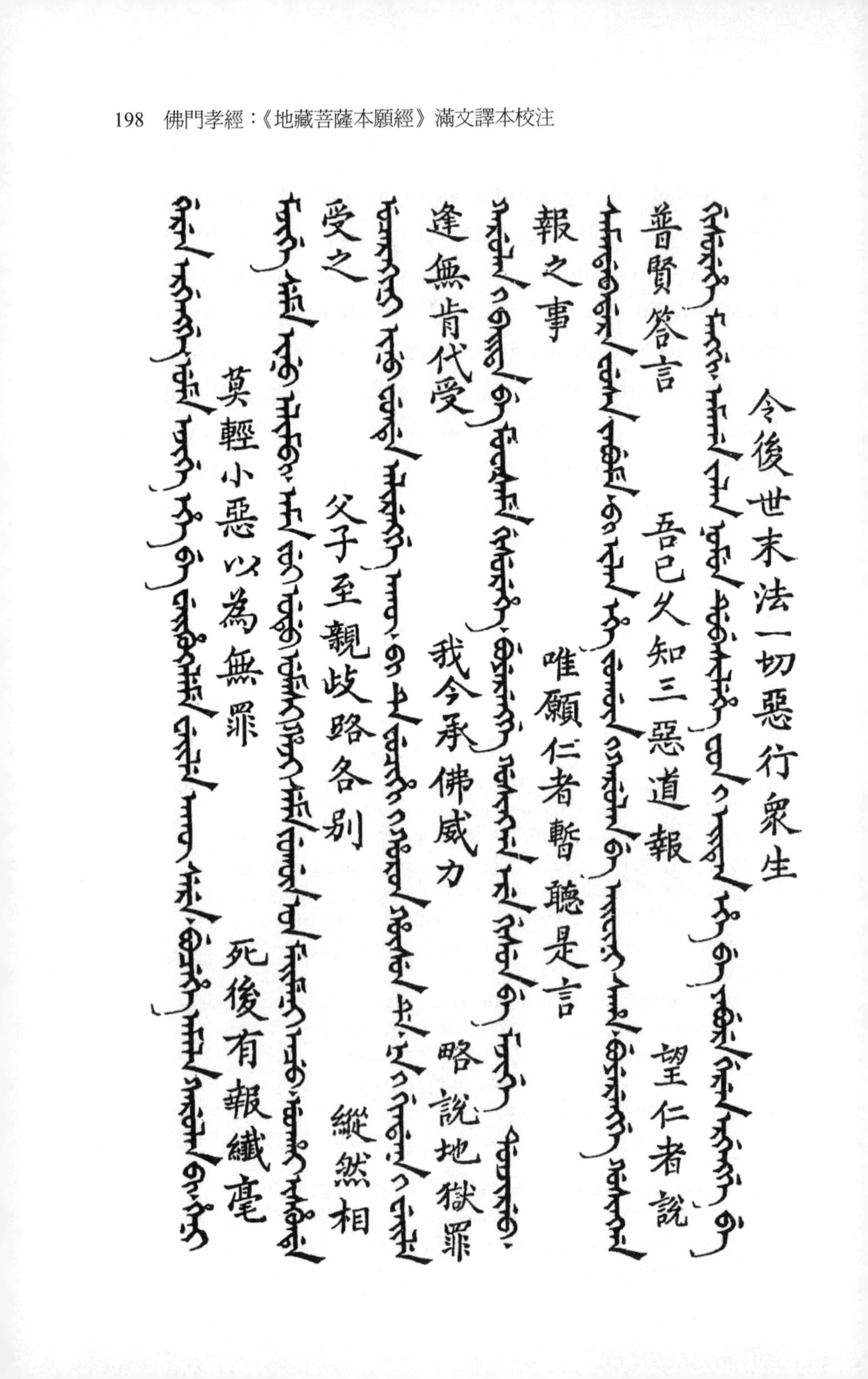

令後世末法一切惡行衆生

普賢答言　吾已久知三惡道報　望仁者說

報之事　唯願仁者暫聽是言

逢無肯代受　我今承佛威力　略說地獄罪

受之　父子至親歧路各別　縱然相

莫輕小惡以為無罪　死後有報纖毫

geren ergengge, ume ajige ehe be weihukeleme weile akū sere,[59] bucehe amala karulan bi, heni majige seme inu alimbi.[60] ama jui udu umesi haji seme jugūn on meimeni encu,[61] uthai ishunde ucarakini inu funde alirengge akū.[62] bi te fucihi i horon hūsun de,[63] na i gindana i weile karulan i baita be muwašame gisurehe,[64] buyerengge gosingga ere gisun be majige donjireo.[65] samandabadara fusa jabume,[66] bi ilan ehe jugūn i karulan be aifini saha,[67] buyerengge gosingga gisurehe manggi,[68] amaga jalan nomun dubesilehe fon i eiten ehe be yabure geren ergengge be

---

59 「莫輕小惡，以為無罪」，合璧本滿文作"ume ajige ehe be weihukeleme weile akū sere"，朱印本滿文作"ume ajige ehe de weile akū seme weihukelere"。

60 朱印本滿文作"bucehe amala karularangge sirke funiyehe gese seme yooni alimbi"。

61 朱印本滿文作"ama jui oci umesi haji niyaman, jugūn oci meimeni encu"。

62 朱印本滿文作"udu dere acaha seme, fonde alirengge akū"，句中"fonde"，誤，當作"funde"。

63 "bi te fucihi i horon hūsun de"，句中"de"，朱印本滿文作"be alifi"。

64 "muwašame gisurehe"，朱印本滿文作"muwašame gisurehe be"。

65 朱印本滿文作"damu gosingga si taka ere gisun be donjireo"。

66 "samandabadara fusa"，朱印本滿文作"samandabadara"。

67 朱印本滿文作"ilan ehe banjin i karulan be inu safi goidaha"。

68 朱印本滿文作"gosingga de baime gisurefi"。

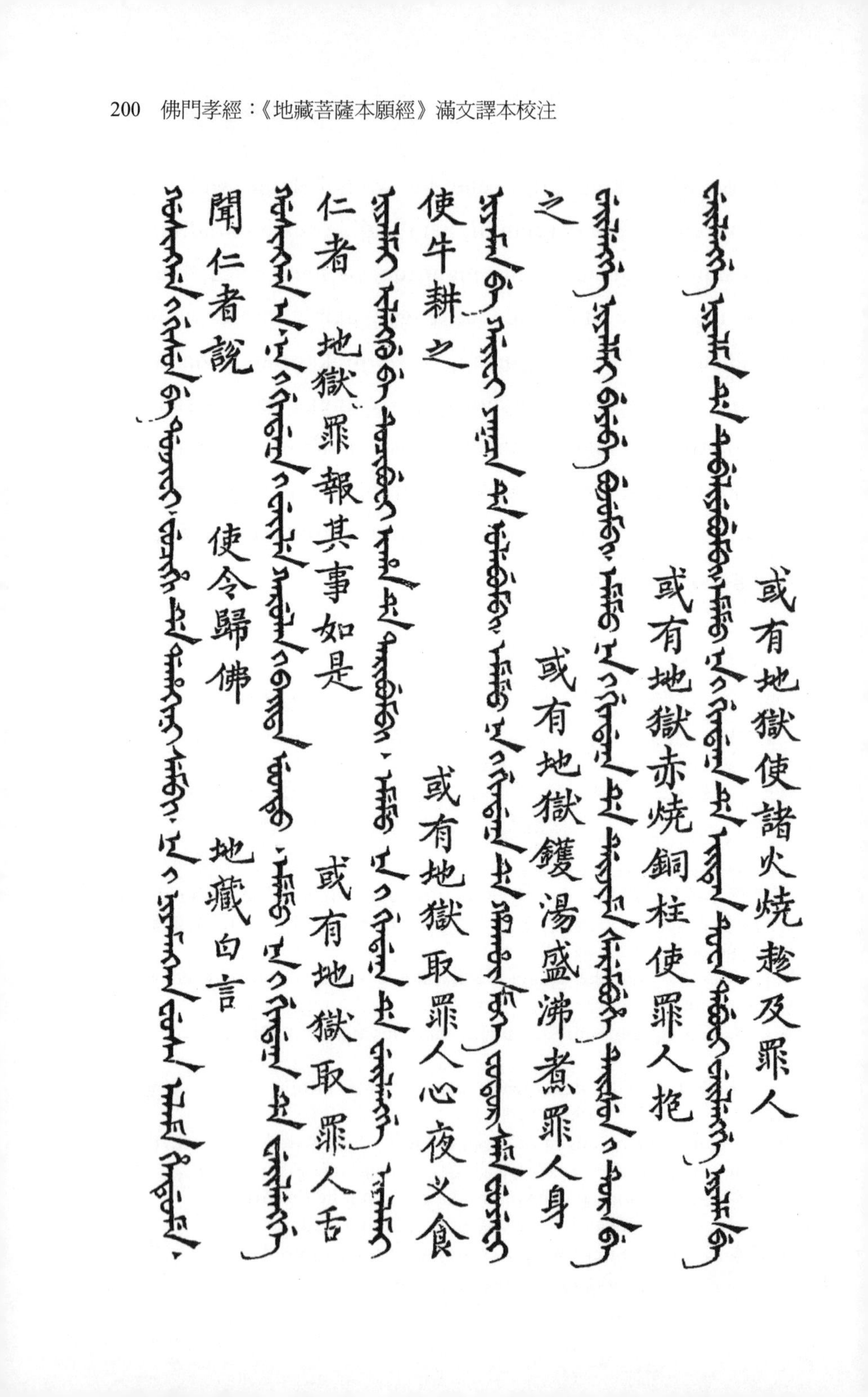

聞仁者説

使令歸佛

地藏白言　仁者　地獄罪報其事如是

或有地獄取罪人舌使牛耕之

或有地獄取罪人心夜叉食之

或有地獄鑊湯盛沸煮罪人身

或有地獄赤烧銅柱使罪人抱

或有地獄使諸火烧趂及罪人

gosingga i gisun be donjifi,[69] fucihi de dahakini sembi.[70] na i niyamangga fusa alame hendume,[71] gosingga a, na i gindana i weile karulan i baita uttu.[72] ememu na i gindana de weilengge niyalmai ilenggu be tucibufi ihan de taribumbi,[73] ememu na i gindana de weilengge niyalmai niyaman be gaifi yakca de ulebumbi,[74] ememu na i gindana de halhūn muke fotor seme fuyefi weilengge niyalmai beyebe bujumbi,[75] ememu na i gindana de deijime šerembuhe teišun i tura be weilengge niyalma de tebeliyebumbi,[76] ememu na i gindana de eiten tuwa dabufi weilengge niyalma be[77]

---

69 「後世末法」，句中「末法」，合璧本滿文作"nomun dubesilehe fon"，朱印本滿文作"nomun dubere forgon"。「聞仁者說」，合璧本滿文作"gosingga i gisun be donjifi"，朱印本滿文作"gosingga i gisurehe be donjifi"

70 朱印本滿文作"fucihi de dahara be buyere"。

71 朱印本滿文作"a i niyamangga alame"，句中"a"，誤，當作"na"。

72 "na i gindana i weile karulan"，句中"weile"，朱印本滿文作 "weilen"。

73 「取罪人舌」，合璧本滿文作"weilengge niyalmai ilenggu be tucifi"，句中"tucifi"，朱印本滿文作"gaifi"。「使牛耕之」，合璧本滿文作"ihan de taribumbi"，句中"de"，朱印本滿文作"i"。

74 "yakca de ulebumbi"，朱印本滿文作"yakca sade ulebumbi"。

75 朱印本滿文作"ememu na i gindana de fodor sere mucen de weilengge niyalmai beyebe bujumbi"，句中"fodor"，誤，當作"fotor"。

76 朱印本滿文作"ememu na i gindana de deijihe teišun tura bifi, weilengge niyalma be tebeliyebumbi"。

77 朱印本滿文作"ememu na i gindana de hacingga tuwai weilengge niyalma de isibumbi"。

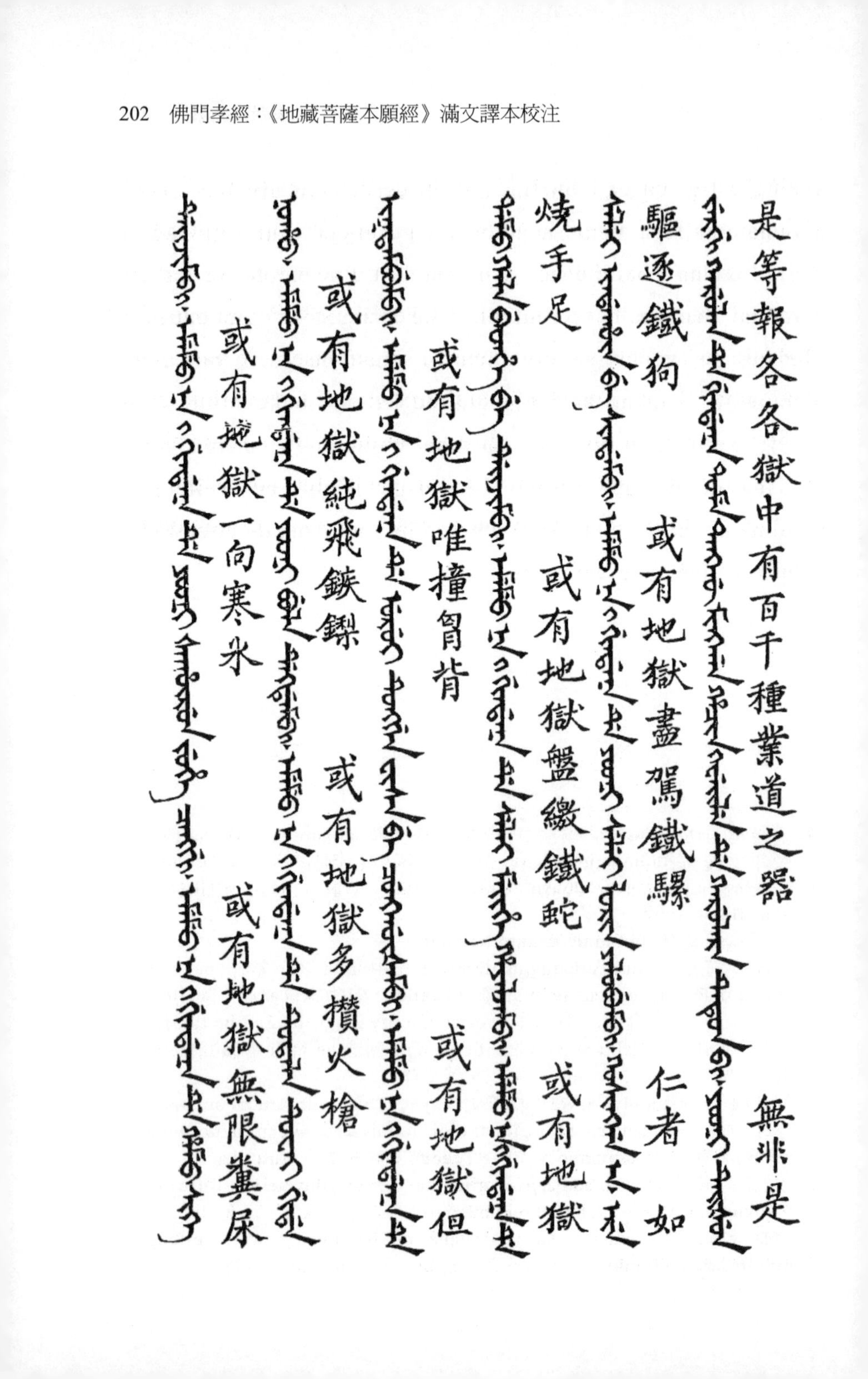

是等報各各獄中有百千種業道之器　無非是

驅逐鐵狗　或有地獄盡駕鐵騾　仁者　如

燒手足　或有地獄盤繳鐵蛇　或有地獄

或有地獄唯撞胷背　或有地獄但

或有地獄純飛鏃鏢　或有地獄多攢火槍

或有地獄一向寒氷　或有地獄無限糞尿

deijimbi, ememu na i gindana de yooni šahūrun juhe canggi,[78] ememu na i gindana de hamu sike noho,[79] ememu na i gindana de yooni bula dekdembi,[80] ememu na i gindana de tutala tuwai gida iktambumbi,[81] ememu na i gindana de urui tunggen fisa be cunggūšambi,[82] ememu na i gindana de damu gala bethe be deijimbi,[83] ememu na i gindana de selei meihe hayaljambi,[84] ememu na i gindana de selei indahūn be sindambi,[85] ememu na i gindana de yooni selei lorin yalubumbi.[86] gosingga a, ere jergi karulan de gindana tome tanggū minggan hacin i weilen de karulara tetun bi,[87] yooni teišun

78 朱印本滿文作“ememu na i gindana de šahūrun juhe i canggi”。

79 “ememu na i gindana de hamu sike noho”，句中“hamu sike noho”，朱印本滿文作“mohon akū hamu sike”。

80 “yooni bula dekdembi”，朱印本滿文作“teyere ninggiya bula i teile”，句中“ninggiya bula”，漢文作「蒺藜」，滿漢文義相合。

81 朱印本滿文作“ememu na i gindana tuwai gida labdu šufambi ”。句中“šufambi”，意即「攢湊」，滿漢文義相合。

82 “urui tunggen fisa be cunggūšambi”，朱印本滿文作“damu tunggen fisa conggūšambi”，句中“conggūšambi”，誤，當作“cunggūšambi”。

83 朱印本滿文作“ememu na i gindana, urui gala bethe be deijimbi”。

84 “ememu na i gindana de selei meihe hayaljambi”，句中“hayaljambi”，意即「蛇行擺尾」，朱印本滿文作“hayame halgimbi”，意即「蛇盤蜷」，或盤繞。滿漢文義相合。

85 “ememu na i gindana de selei indahūn be sindambi”，句中“sindambi”，意即「縱放」。朱印本滿文作“fargame bošombi”，意即「驅逐」，滿漢文義相合。

86 “yooni selei lorin yalubumbi”，朱印本滿文作“wacihiyame selei lorin yalumbi”。

87 朱印本滿文作“ere jergi karulan, meimeni gindana de tanggū minggan hacin weilen i tetun bi”。

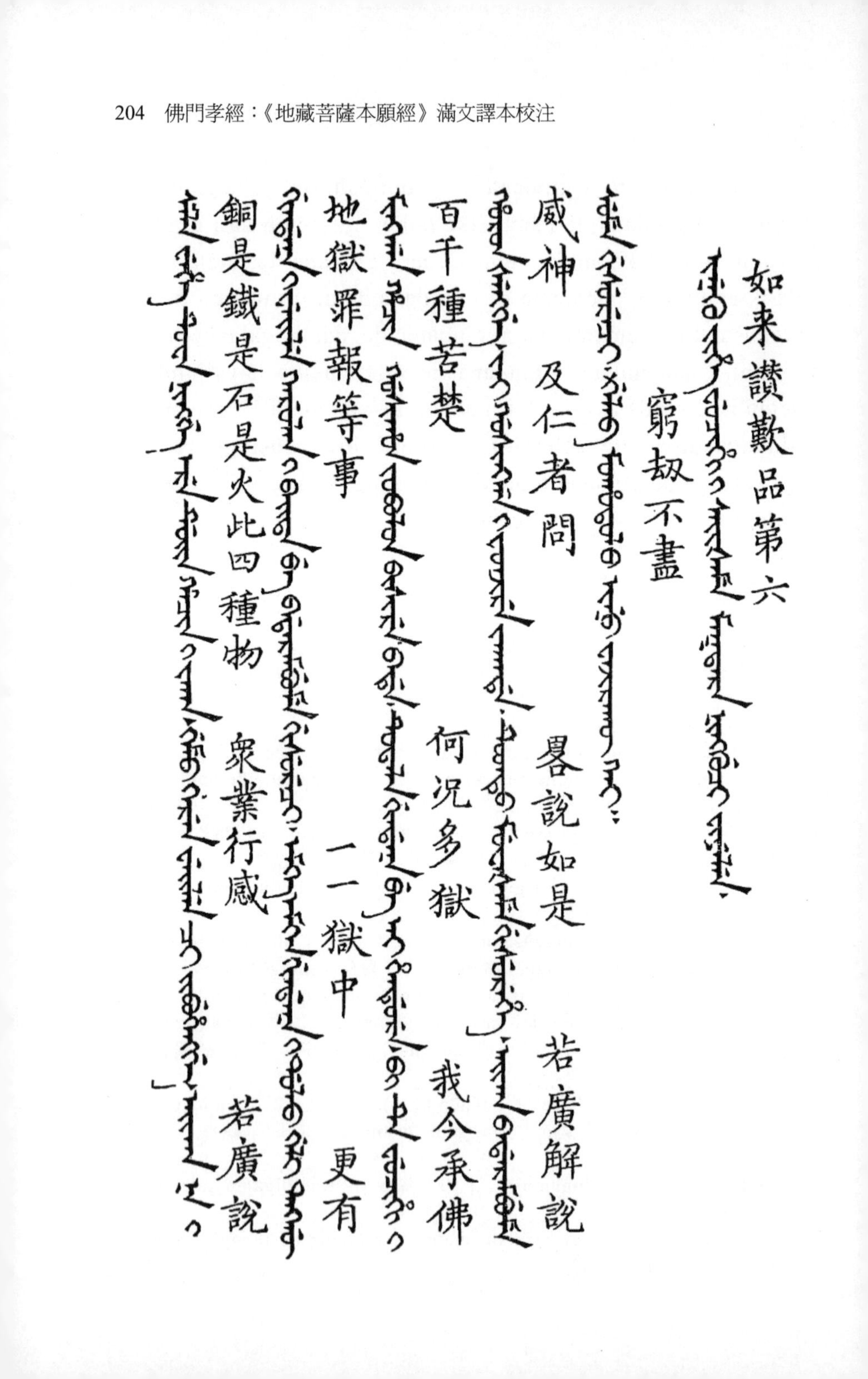

如来讚歎品第六

窮刼不盡

威神　及仁者問　畧說如是　若廣解說

百千種苦楚　何況多獄　我今承佛

地獄罪報等事　一一獄中　更有

銅是鐵是石是火此四種物　衆業行感　若廣說

sele wehe tuwa ningge ere duin hacin i jaka,[1] gemu geren weilen ci jibuhengge.[2] aika na i gindana i weile karulan i baita be badarambume gisureci,[3] emke emken gindana i dolo geli tanggū minggan hacin gosihon jobolon bisire bade,[4] tutala gindana be ai hendure.[5] bi te fucihi i horon šengge,[6] jai gosingga i fonjire jakade, tuttu muwašame gisurehe,[7] aika badarambume sume gisureci,[8] g'alab mohotolo inu wajirakū kai.[9]

ineku jihe fucihi i saišame maktara ningguci fiyelen.

---

1 "yooni teišun sele wehe tuwa ningge ere duin hacin i jaka"，句中"yooni"，朱印本滿文作"gemu"；"ningge"，作"sehengge inu"。

2 朱印本滿文作"geren weilen yabun i acinggiyabuhangge"。

3 朱印本滿文作"aika na i gindana i weilen karulan i jergi baita be badarambume gisurehede"，句中"weilen karulan"，合璧本滿文作"weile karulan"，漢文作「罪報」。

4 "emke emken gindana i dolo geli tanggū minggan hacin gosihon jobolon bisire bade"，句中"geli"，朱印本滿文作"ele"，意即「更加」，或「益加」，滿漢文義相合。

5 "tutala gindana be ai hendure"，句中"tutala"，朱印本滿文作"labdu"。

6 "bi te fucihi i horon šengge"，句中"horon šengge"，朱印本滿文作"adistit šengge"。

7 朱印本滿文作"jai gosingga i fonjiha de acabume muwašame gisurehengge uttu"。

8 朱印本滿文作"aika ambula sume gisureci"。

9 朱印本滿文作"g'alab mohotolo seme wajirakū ombi"。

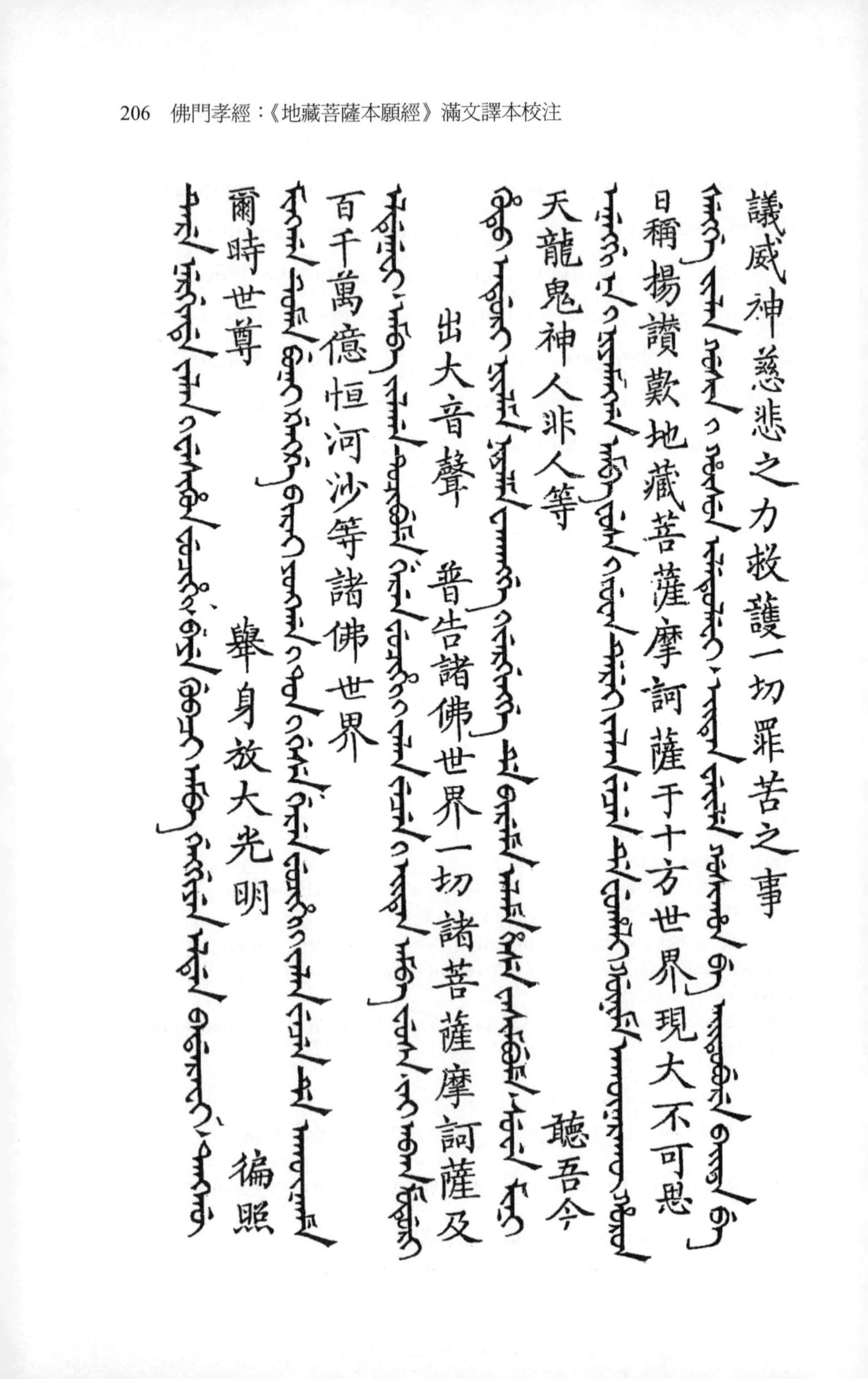

爾時世尊　舉身放大光明　徧照
百千萬億恒河沙等諸佛世界
出大音聲　普告諸佛世界一切諸菩薩摩訶薩及
天龍鬼神人非人等　聽吾今
日稱揚讚歎地藏菩薩摩訶薩于十方世界現大不可思
議威神慈悲之力救護一切罪苦之事

tere nerginde jalan i wesihun fucihi, beye gubci amba genggiyen elden badarafi,[10] tanggū minggan tumen bunai g'angg'a birai yonggan i ton i gese geren fucihi i jalan jecen de akūnanme eldenefi,[11] amba jilgan tucibume geren fucihi i jalan jecen i eiten amba fusa,[12] jai abka muduri hutu enduri niyalma niyalma wakangge i jergingge de bireme alame hese wasimbume,[13] suwe mini enenggi na i niyamangga amba fusa i juwan derei jalan jecen de fuhali gūnime akūnarakū horon šengge jilan gosin i hūsun iletulefi,[14] eiten weile gosihon be aitubure baita be

10 朱印本滿文作"gubci beye ci amba eldengge genggiyen sindame tucibufi"。

11 "tanggū minggan tumen bunai g'angg'a birai yonggan i ton i gese geren fucihi i jalan jecen de akūnanme eldenefi"，句中"yonggan i ton i gese"，朱印本滿文作"yonggan i gese"；"akūnanme"，誤，當作"akūname"，"akūnanme eldenefi"，朱印本滿文作"eldešefi"。

12 朱印本滿文作"amba jilgan mudan be tucibufi geren fucihi i jalan jecen i eiten geren fusa amba fusa"。句中"fusa amba fusa"，漢文作「菩薩摩訶薩」，滿漢文義相合。

13 "jai abka muduri hutu enduri niyalma niyalma wakangge i jergingge de bireme alame hese wasimbume"，句中"i jergingge de bireme alame hese wasimbume"，朱印本滿文作"de alame hese wasimbume"。

14 朱印本滿文作"mini enenggi na i niyamangga fusa amba fusai juwan derei jalan jecen de ambula gūnime akūnarakū adistit šengge gosin jilan i hūsun be iletulefi"。

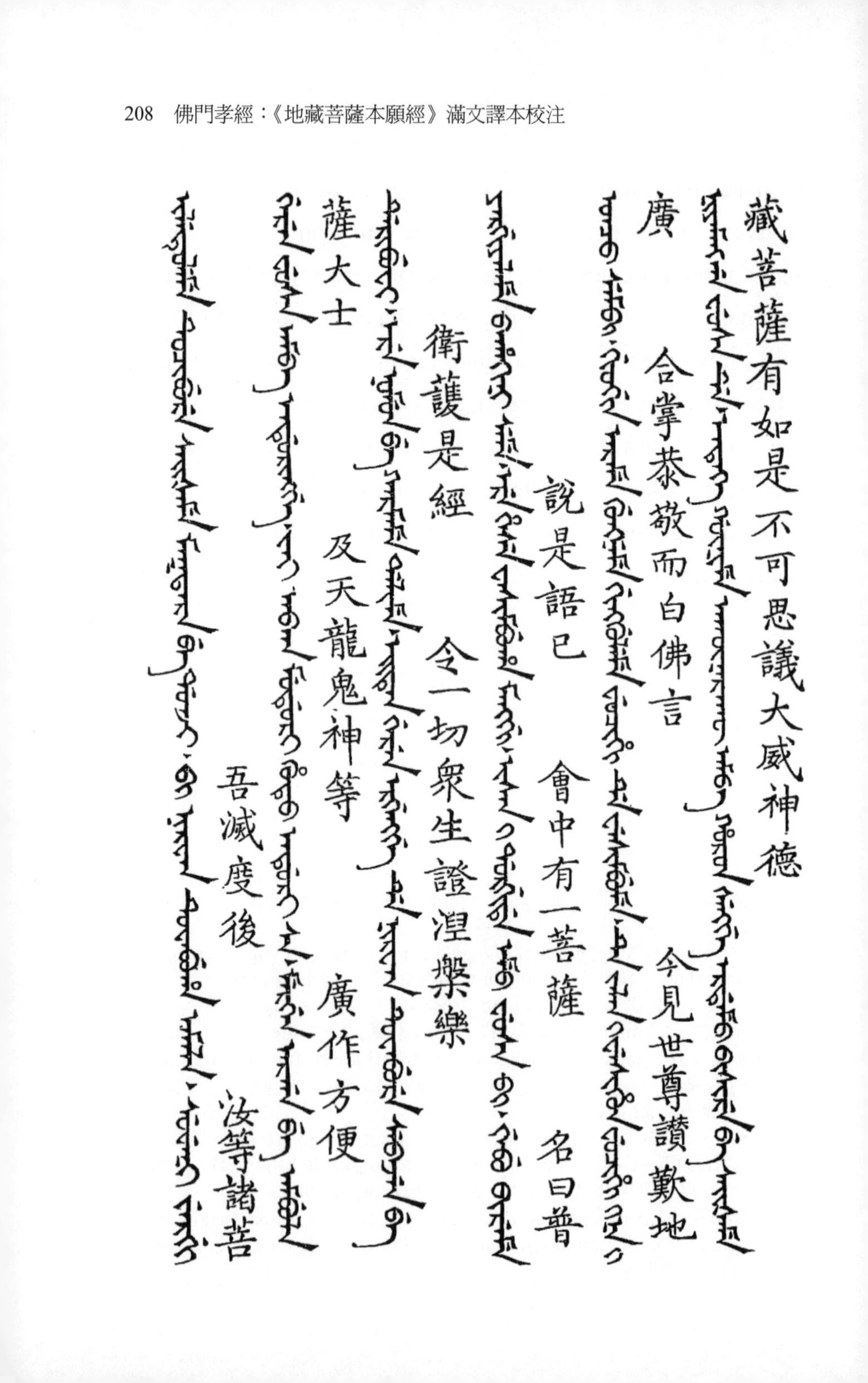

吾滅度後 汝等諸菩

薩大士 及天龍鬼神等 廣作方便

衛護是經 令一切眾生證涅槃樂

說是語已 會中有一菩薩 名曰普

廣 合掌恭敬而白佛言 今見世尊讚歎地

藏菩薩有如是不可思議大威神德

iletuleme tucibure saišame maktara be donji.[15] bi nirwan tuwabuha amala,[16] suweni jergi geren fusa amba enduringge,[17] jai abka muduri hutu enduri sa.[18] mergen arga be ambula deribufi,[19] ere nomun be karmame dalime,[20] eiten geren ergengge de nirwan tuwabure sebjen be yargiyalame bahakini seme.[21] ere hese wasimbuha manggi,[22] isan i dorgide emu fusa bi,[23] gebu bireme onco sembi,[24] giogin arame gungneme gingguleme fucihi de wesimbume,[25] te jalan i wesihun fucihi i na i niyamangga fusa de, enteke gūnime akūnarakū amba horon šengge erdemu bisire be saišame

15 朱印本滿文作"eiten sui gosihon i baita be eitubume karmara be tucibume elgibume saišame maktara be donji"。句中"eitubume"，誤，當作"aitubume"。
16 朱印本滿文作"mini doro mukiyehe amala"。句中"doro"，誤，當作"dooro"。合璧本滿文"nirwan"，梵語讀如"nirvāṇa"，漢文作「涅槃」。
17 朱印本滿文作"suweni geren fusa amba fusa"，句中"amba fusa"，合璧本滿文作"amba enduringge"，漢文作「大士」。
18 朱印本滿文作"jai abka muduri hutu enduri"，省略"sa"。
19 朱印本滿文作"ambula mergen arga be deribume"。
20 "ere nomun be karmame dalime"，句中"karmame dalime"，朱印本滿文作"dalime karantame"，句中"karantame"，誤，當作"karmatame"。
21 "eiten geren ergengge de nirwan tuwabure sebjen be yargiyalame bahakini seme"，句中"bahakini seme"，朱印本滿文作"bahabureo"。
22 朱印本滿文作"ere gisun be gisureme wajiha manggi"。
23 "isan i dorgide emu fusa bi"，句中"bi"，朱印本滿文作"bifi"。
24 「普廣」，合璧本滿文作"bireme onco"，朱印本滿文作"gubci onco"。
25 朱印本滿文作"gungneme gingguleme giogin arame fucihi de wesimbume"。

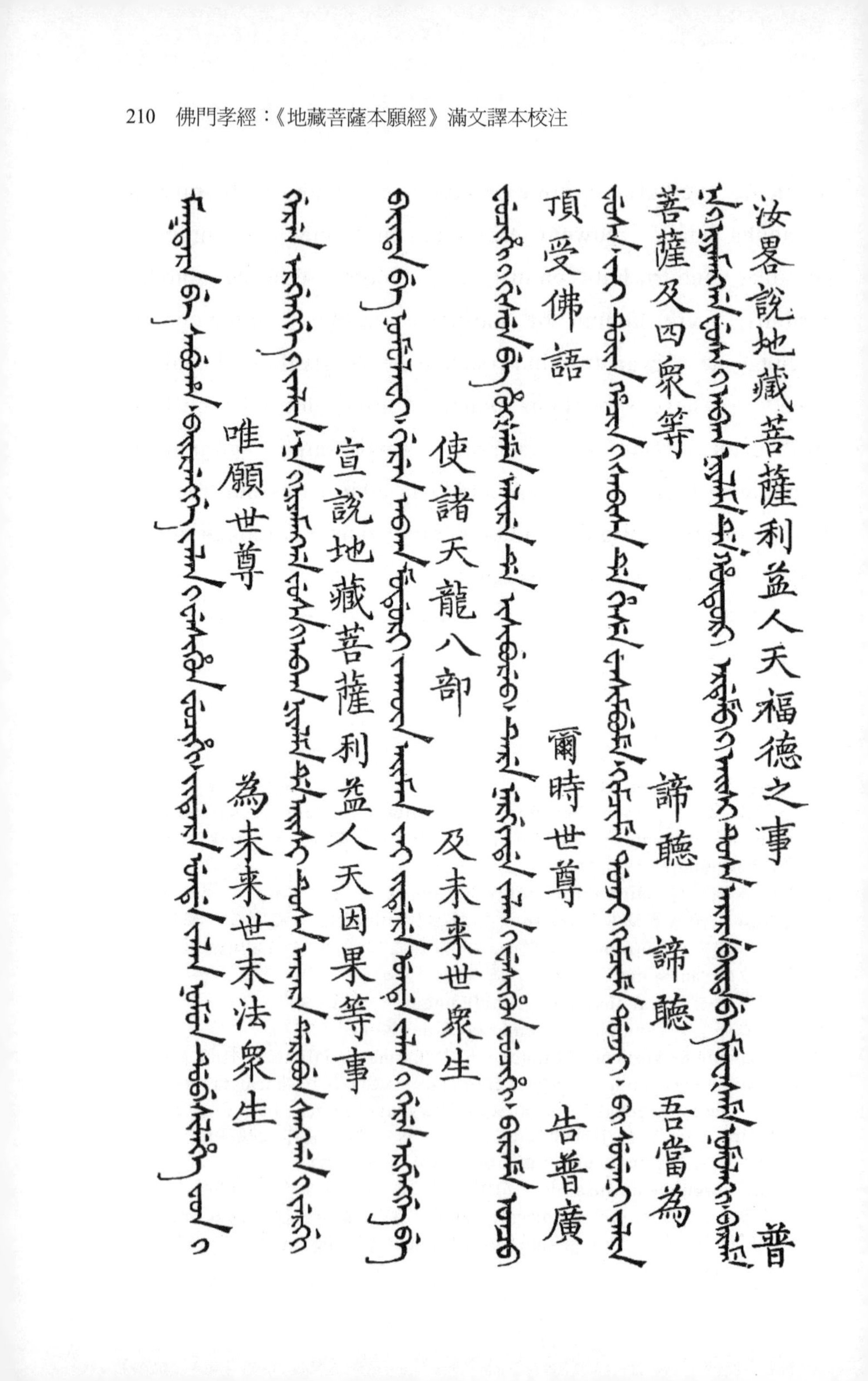

汝畧說地藏菩薩利益人天福德之事 普

菩薩及四衆等 諦聽 諦聽 吾當為

頂受佛語 爾時世尊 告普廣

使諸天龍八部 及未來世衆生

宣說地藏菩薩利益人天因果等事

唯願世尊 為未來世末法衆生

maktara be sabuha,[26] bairengge jalan i wesihun fucihi,[27] jidere unde jalan nomun dubesilehe fon i geren ergengge i jalin,[28] na i niyamangga fusa i abka niyalma de aisi tusa arara deribun šanggan i jergi baita be nomulafi,[29] geren abka muduri jakūn aiman, jai jidere unde jalan i geren ergengge be fucihi i gisun be hukšeme alire de isibureo.[30] tere nerginde jalan i wesihun fucihi, bireme onco fusa,[31] jai duin hacin i šabisa de hese wasimbume,[32] kimcime donji kimcime donji, bi suweni jalin na i niyamangga fusa i abka niyalma de hūturi erdemu i aisi tusa arara baita be muwašame nomulaki.[33] bireme

---

26 朱印本滿文作"te tuwaci jalan i wesihun fucihi na i niyamangga fusa be enteke gūnime akūnarakū amba horongge šengge erdemu bisire be saišame maktaha be dahame",句中"horongge šengge",合璧本滿文作"horon šengge"。

27 朱印本滿文作"damu buyerengge jalan i wesihun fucihi"。

28 「末法」,朱印本滿文作"dubei nomun ",合璧本滿文作"nomun dubesilehe fon "。

29 「宣說地藏菩薩利益人天因果等事」,句中「人天」,合璧本滿文作"abka niyalma",朱印本滿文作"niyalma abka";「因果」,合璧本滿文作"deribun šanggan",朱印本滿文作"nikejen šanggan"。

30 朱印本滿文作"jai jidere unde jalan i geren ergengge fucihi i gisun be hukšeme alire de isibureo",句中"geren ergengge",合璧本滿文作"geren ergengge be",朱印本滿文省略"be"。

31 「普廣菩薩」,朱印本滿文作"gubci onco fusa"。

32 朱印本滿文作"jai duin hacin i geren de alame hese wasimbume"。

33 朱印本滿文作"bi suweni jalin na i niyamangga fusa i niyalma abka de aisi tusa arara hūturi erdemui baita be šošome gisureci acambi",句中"niyalma abka",合璧本滿文作"abka niyalma";"šošome gisureci acambi",合璧本滿文作"muwašame nomulaki"。

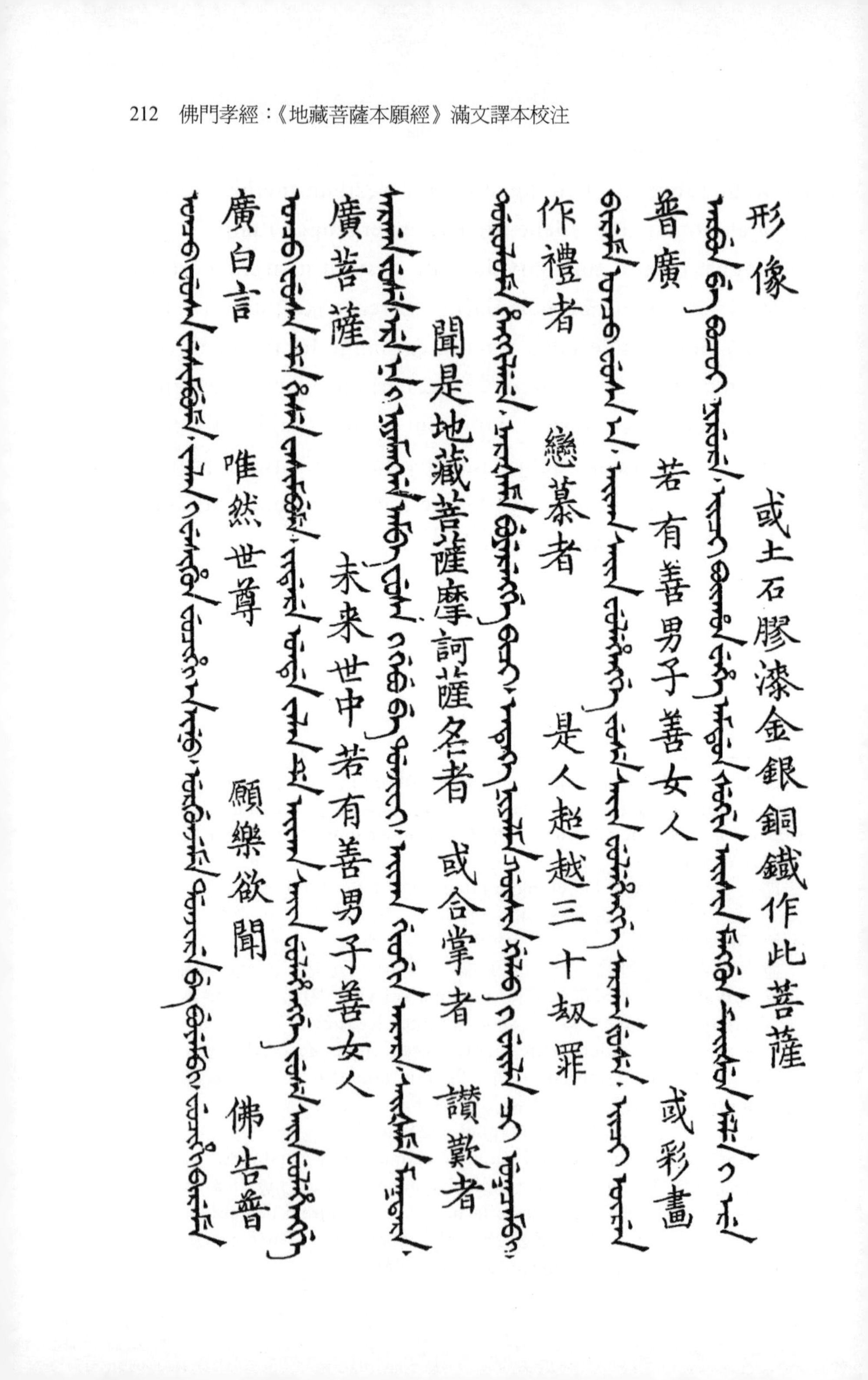

廣白言　唯然世尊　願樂欲聞　佛告普
廣菩薩　未来世中　若有善男子善女人
聞是地藏菩薩摩訶薩名者　或合掌者　讚歎者
作禮者　戀慕者　是人超越三十劫罪
普廣　若有善男子善女人　或彩畫
形像　或土石膠漆金銀銅鐵作此菩薩

onco fusa wesimbume, jalan i wesihun fucihi a inu,[34] urgunjeme donjire be buyembi.[35] fucihi bireme onco fusa de hese wasimbume,[36] jidere unde jalan de aika sain fulehengge juse sain fulehengge sargan juse, ere na i niyamangga amba fusa i gebu be donjifi,[37] aika giogin arara, saišame maktara, dorolome hengkilere, narašame buyerengge bici,[38] enteke niyalma gūsin g'alab i weile ci ukcambi.[39] bireme onco fusa a, aika sain fulehengge juse sain fulehengge sargan juse,[40] eici ūren arbun be bocoi nirure,[41] eici boihon wehe amdun šugin aisin menggun teišun sele i ere

---

34 「唯然世尊」，合璧本滿文作“jalan i wesihun fucihi a inu”，朱印本滿文作“inu, jalan i wesihun fucihi na”，句中“na”，誤，當作“a”。

35 朱印本滿文作“cihanggai sebjeleme donjiki”。

36 朱印本滿文作“fucihi gubci onco oncongge de alame hese wasimbume”。

37 朱印本滿文作“enteke na i niyamangga fusa amba fusai colo be donjire”，句中“enteke”，合璧本滿文作“ere”；“colo”，合璧本滿文作“gebu”。

38 “aika giogin arara, saišame maktara, dorolome hengkilere, narašame buyerengge bici”，句中“aika”，朱印本滿文作“embici”；“narašame”，朱印本滿文作“naršame”。

39 朱印本滿文作“ere niyalma gūsin g'alaba i sui ci guweme tucinembi”，句中“ere”，合璧本滿文作“enteke”；“sui”，作“weile”。句中“g'alaba”，誤，當作“g'alab”。

40 朱印本滿文作“gubci onco a, aika sain fulehengge juse, sain fulehengge sargan juse bifi”。

41 “eici ūren arbun be bocoi nirure”，句中“ūren arbun”，朱印本滿文作“arbun lakšan”。

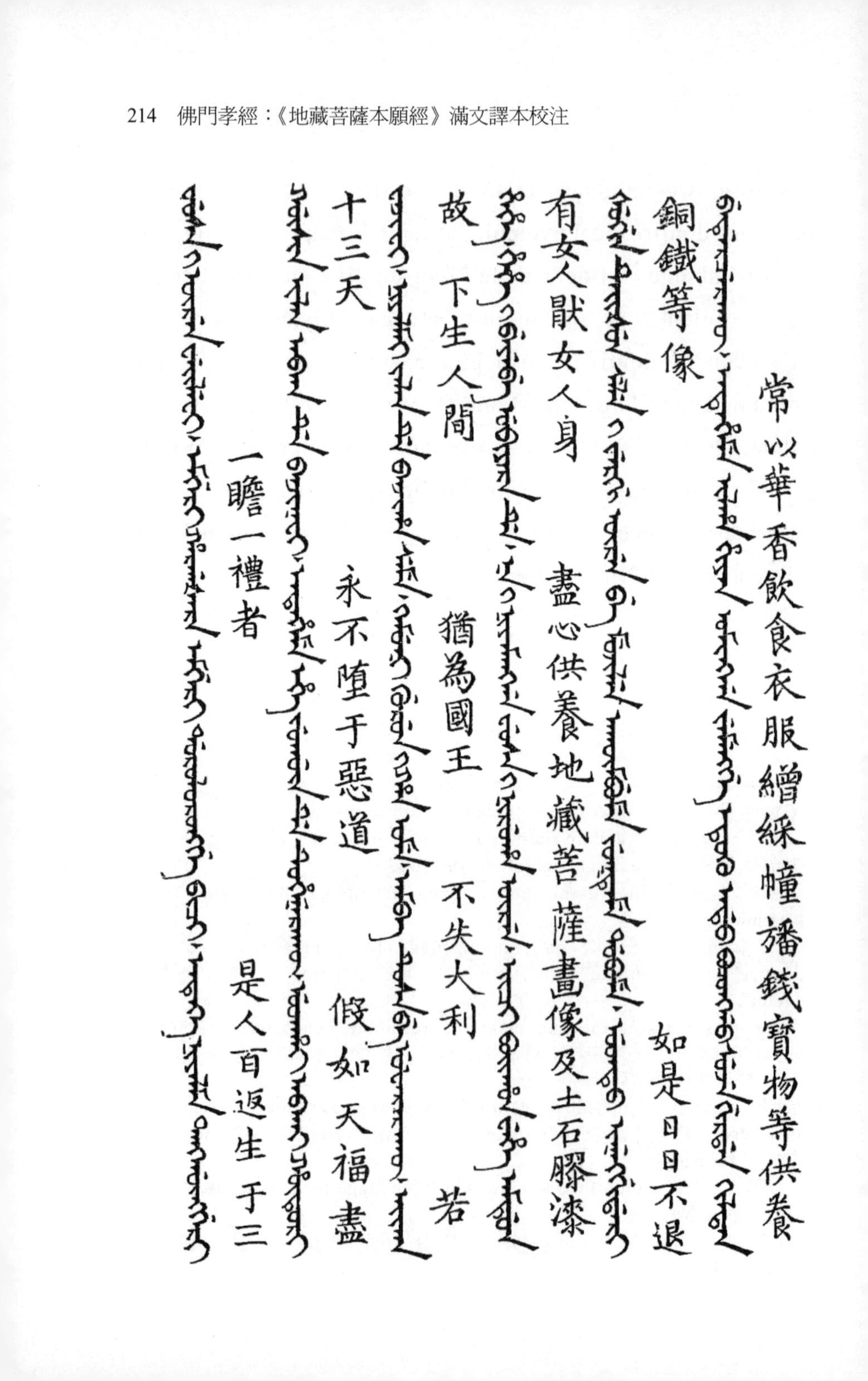

一瞻一禮者　是人百返生于三
十三天　永不墮于惡道　假如天福盡
故　下生人間　猶為國王　不失大利　若
有女人猒女人身　盡心供養地藏菩薩畫像及土石膠漆
銅鐵等像　如是日日不退
常以華香飲食衣服繒綵幢旛錢寶物等供養

fusa i ūren weilefi,[42] emgeri hargašara emgeri dorolorongge bici,[43] enteke niyalma tanggūnggeri,[44] gūsin ilan abka de banjinafi, enteheme ehe jugūn de tuhenerakū. uthai abkai hūturi wajifi,[45] niyalmai jalan de banjiha seme,[46] kemuni gurun i han ome,[47] amba tusa be ufararakū.[48] aika hehe, hehe i beyebe ubiyara de,[49] na i niyamangga fusa i niruha ūren,[50] eici boihon wehe amdun šugin teišun sele i jergi ūren be mujilen akūmbume jukteme dobome,[51] uttu inenggidari bedercerakū, enteheme ilha hiyan omingga jemengge etuku adu boconggo suje girdan kiltan

---

42 朱印本滿文作"eici gu wehe amdun gogi, aisin menggun teišun sele be baitalame, ere fusa be weilefi"，句中"gu wehe"，合璧本滿文作"boihon wehe"；"amdun gogi"，當作"amdun šugi"，意即「膠液」，合璧本滿文作"amdun šugin"，意即「膠漆」。

43 "emgeri hargašara emgeri dorolorongge bici"，句中"hargašara"，朱印本滿文作"hargašame"。

44 朱印本滿文作"ere niyalma tanggū jalan"，句中"ere"，合璧本滿文作"enteke"。

45 朱印本滿文作"abkai hūturi wajifi"，省略"uthai"。

46 朱印本滿文作"wejergi niyalmai jalan de banjiha seme"，句中"wejergi"，誤，當作"fejergi"，合璧本滿文省略"fejergi"。

47 朱印本滿文作"kemuni gurun han ofi"，句中省略"i"。

48 "amba tusa be ufararakū"，句中"tusa"，朱印本滿文作"tusangga"。

49 朱印本滿文作"aika hehe niyalma, hehei beyebe eimeme"，句中"eimeme"，合璧本滿文作"ubiyara de"。

50 "na i niyamangga fusa i niruha ūren"，句中"niruha ūren"，朱印本滿文作"nirure lakšan"。

51 朱印本滿文作"jai gu wehe amdun šugi teišun selei jergi araha lakšan be jukteme dobome "。

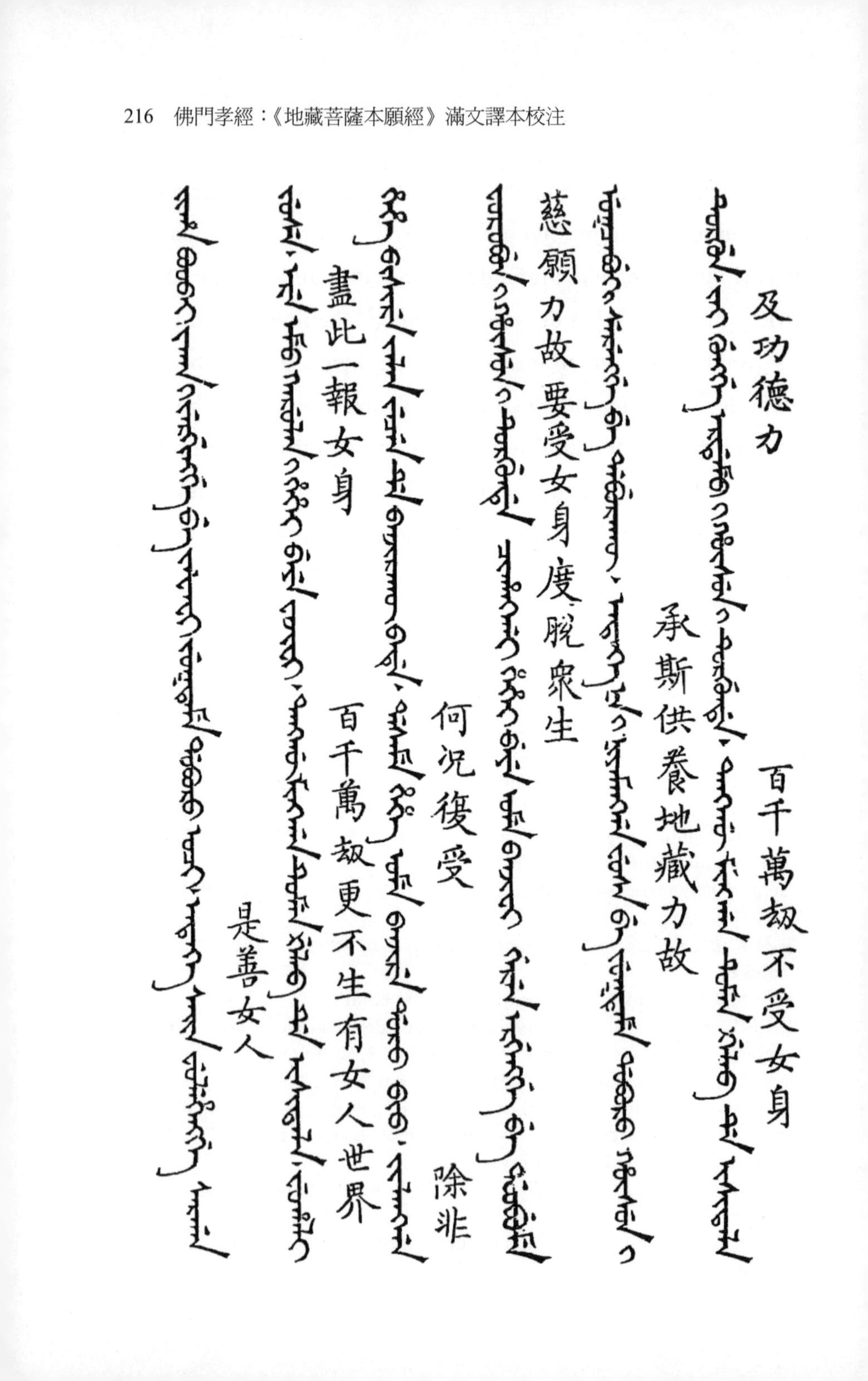

是善女人

盡此一報女身

百千萬刧更不生有女人世界

何況復受

除非

慈願力故要受女身度脫衆生

承斯供養地藏力故

及功德力

百千萬刧不受女身

jiha boobai jaka i jergingge be jafafi jukteme doboro oci,[52] enteke sain fulehengge sargan juse,[53] ere emu karulan i hehei beye wajifi,[54] tanggū minggan tumen g'alab de isitala, fuhali hehe bisire jalan jecen de banjirakū bade,[55] dasame hehe ome banjire doro bio.[56] jilangga forobun i hūsun i turgunde cihanggai hehei beye ome banjifi geren ergengge be doobume ukcabuki serengge be daburakū,[57] enteke na i niyangga fusa be jukteme doboro hūsun i turgun,[58] jai gungge erdemu i hūsun i turgunde, tanggū minggan tumen g'alab de isitala

---

52 朱印本滿文作“kemuni hiyan ilha omingga jemengge, etuku adu fiyangga suje i giltan girdan jiha boobai jakai jergingge be jukteme doborongge bici”，句中“kemuni”，合璧本滿文作“enteheme”;「華香」，朱印本滿文作“hiyan ilha”，合璧本滿文作“ilha hiyan”。

53 朱印本滿文作“ere sain fulehengge hehe”。

54 “ere emu karulan i hehei beye wajifi”，句中“beye”，朱印本滿文作“beyebe”。

55 “fuhali hehe bisire jalan jecen de banjirakū bade”，句中“fuhali”，朱印本滿文作“jai ainaha seme”；“banjirakū”，作“banjinarakū”。

56 朱印本滿文作“dasame alire be ai hendure”。

57 朱印本滿文作“ede damu gosin forobun i hūsun turgun waka, cohome hehei beyebe aliki serengge ci tulgiyen, geren ergengge be doobume dabu”。

58 朱印本滿文作“na i niyamangga fusa de enteke jukteme doboro hūsun, jai gungge erdemu hūsun i turgunde”。

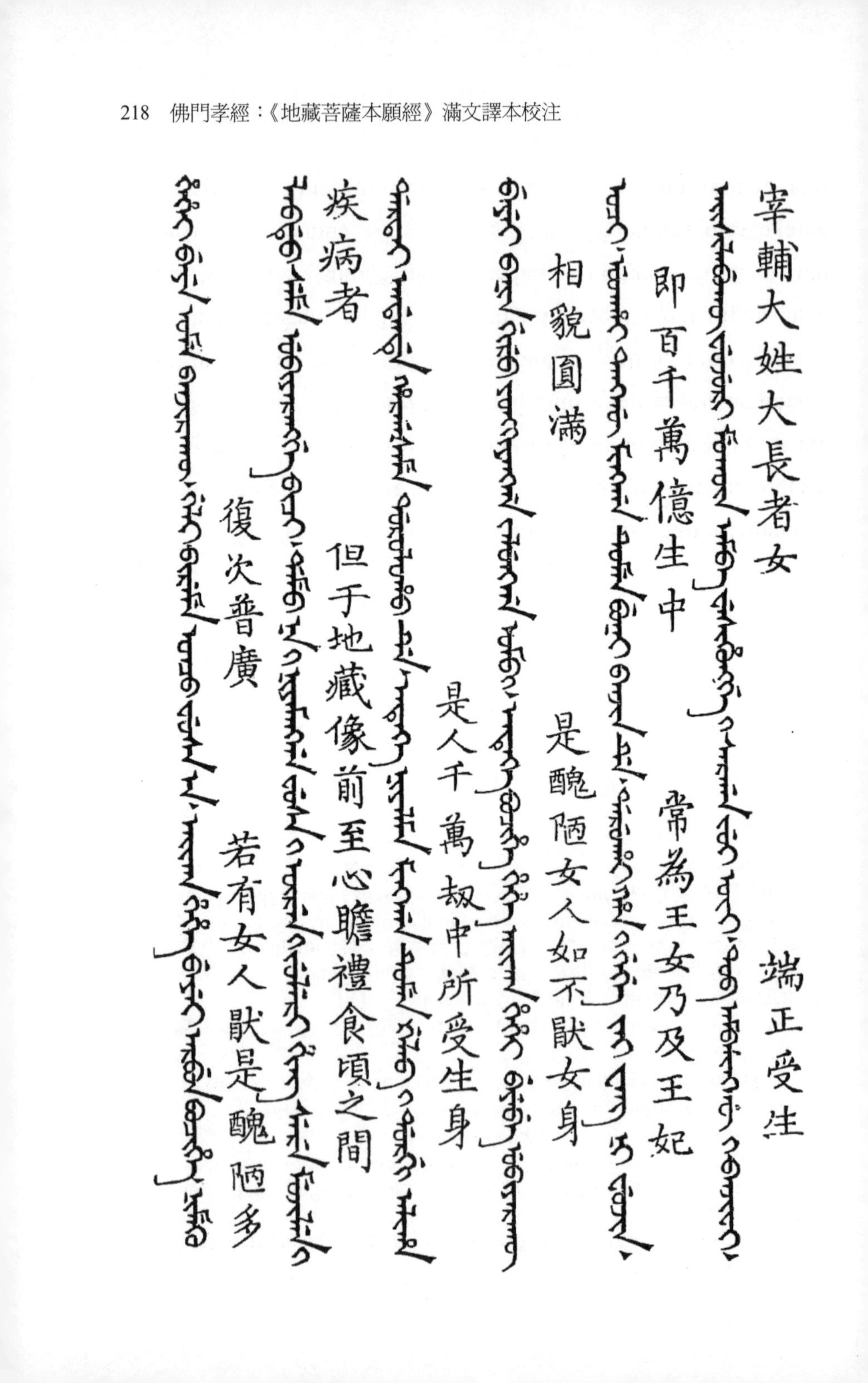

宰輔大姓大長者女　端正受生

即百千萬億生中　常為王女乃及王妃

相貌圓滿　是醜陋女人如不厭女身

是人千萬劫中所受生身

疾病者　但于地藏像前至心瞻禮食頃之間

復次普廣　若有女人厭是醜陋多

hehei beye ome banjirakū.[59] geli bireme onco fusa a,[60] aika hehe beyei arbun bocihe, nimeku labdu seme ubiyarangge bici,[61] damu na i niyamangga fusa i ūren i juleri hing sere mujilen i dartai andande hargašame doroloho de,[62] enteke niyalma minggan tumen g'alab i dorgi aliha beyei banin giru yongkiyangga jalungga ombi.[63] enteke bocihe hehe aika hehei beyebe ubiyarakū oci,[64] uthai tanggū minggan tumen bunai banjin de,[65] daruhai han i gege jai wang ni fujin,[66] aisilabukū fujuri mukūn amba wesihungge i sargan jui ofi,[67] tob ambalinggū i banjifi,[68]

---

59 朱印本滿文作“tanggū minggan tumen g'alab de isinatala hehei beyebe aliyarakū”，句中“isinatala”，合璧本滿文作“isitala”；“beyebe”，合璧本滿文依次作“beyebe ome”、“banjirakū”。

60 朱印本滿文作“geli gubci onco a”，句中“gubci onco”，合璧本滿文作“bireme onco fusa”。

61 朱印本滿文作“aika hehesi ini bocihe nimeku gashan bisire be eimederengge bici”，句中“eimederengge”，合璧本滿文作“ubiyarangge”。

62 朱印本滿文作“damu na niyamangga lakšan i juleri hing sere mujilen i hargašame dorolome hengkileci emgeri jetere andan de”，句中“lakšan”，合璧本滿文作“ūren”。

63 朱印本滿文作“ere niyalma minggan tumen g'alab dolo banjiha beye arbun yongkiyangga jalungga ombi”，句中“ere”，合璧本滿文作“enteke”。

64 “enteke bocihe hehe aika hehei beyebe ubiyarakū oci”，句中“enteke”，朱印本滿文作“ere”；“ubiyarakū”，朱印本滿文作“eimerakū”。

65 朱印本滿文作“minggan tumen bunai jalan de”，省略“uthai”。

66 朱印本滿文作“daruhai wang ni sargan jui, jai wang ni fujin”。

67 朱印本滿文作“aisilakū fujuri mukūn amba sengge i sargan ofi”，句中“sargan”，當作“sargan jui”。

68 朱印本滿文作“banin tob ambalinggū”。

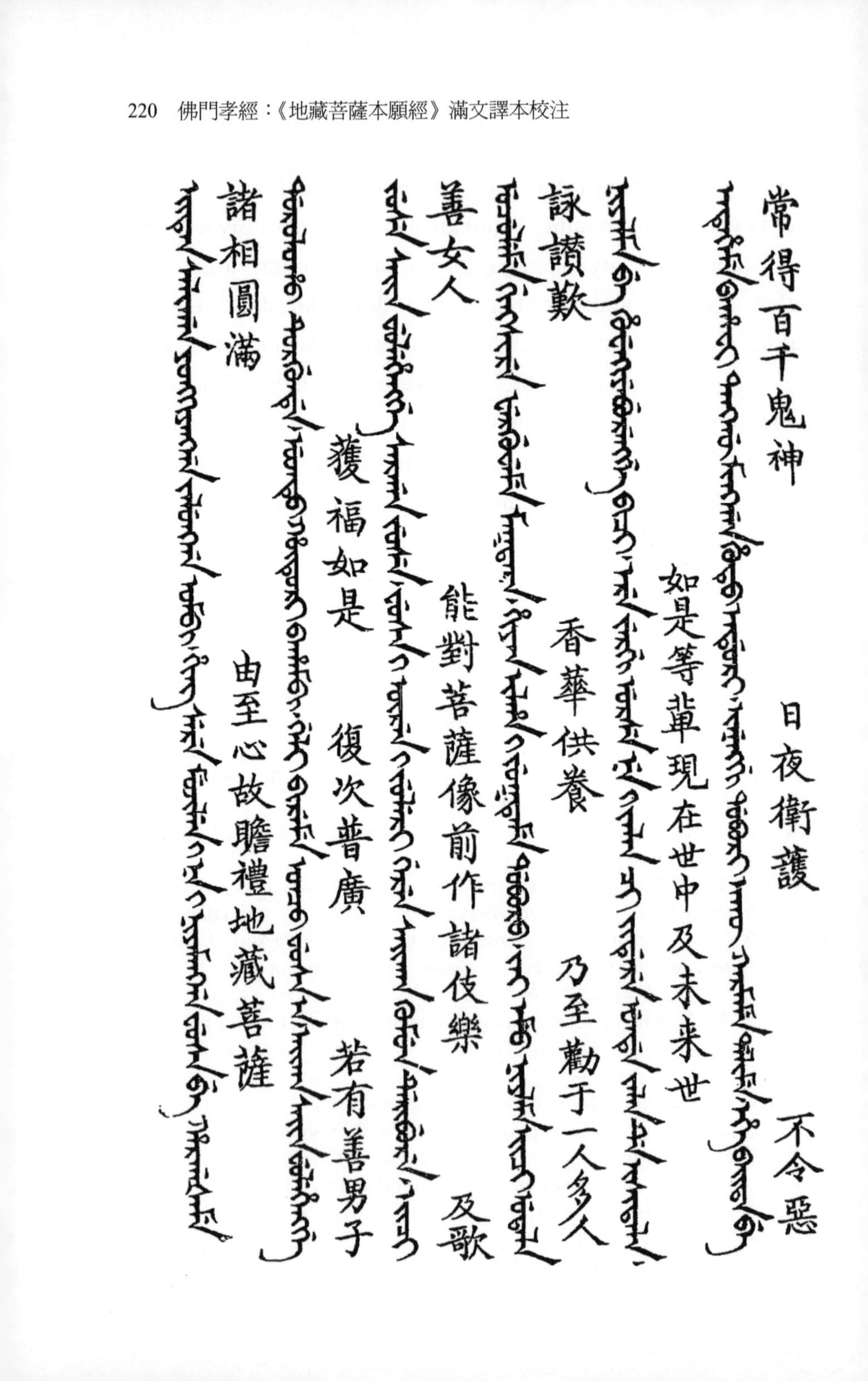

諸相圓滿
由至心故瞻禮地藏菩薩
獲福如是
復次普廣
若有善男子
善女人
能對菩薩像前作諸伎樂
及歌
詠讚歎
香華供養
乃至勸于一人多人
如是等輩現在世中及未來世
常得百千鬼神
日夜衛護
不令惡

eiten saligan yongkiyangga jalungga ombi.[69] hing sere mujilen i na i niyamangga fusa be hargšame doroloho turgunde,[70] uttu hūturi bahambi.[71] geli bireme onco fusa a,[72] aika sain fulehengge juse sain fulehengge sargan juse, fusa i ūren i juleri geren saikan kumun deribure,[73] eici uculeme gingsire ferguweme maktara,[74] hiyan ilha i jukteme doboro,[75] jai emu niyalma eici utala niyalma be huwekiyeburengge bici,[76] ere jergi urse ne i jalan ci jidere unde jalan de isitala,[77] enteheme bahafi tanggū minggan hutu enduri,[78] inenggi dobori akū karmame dalime,[79] ehe baita be

69 朱印本滿文作“geren saligan yongkiyangga jalungga i ojorongge”。
70 朱印本滿文作“hing sere mujilen i turgun, na i niyamangga fusa de hargašame doroloro turgunde”。
71 朱印本滿文作“hūturi bahangge uttu”。
72 “geli bireme onco fusa a”，句中“ bireme onco fusa”，朱印本滿文作“ gubci onco”。
73 朱印本滿文作“fusa i lakšan i juleri hacingga bolgo kumun be deribume”，句中“lakšan”，合璧本滿文作“ūren”。
74 朱印本滿文作“jai gingsime uculeme ferguweme maktame”，句中“gingsime uculeme”，合璧本滿文作“uculeme gingsire”。
75 “hiyan ilha i jukteme doboro”，句中“doboro”，朱印本滿文作“dobome”。
76 朱印本滿文作“jai emu niyalma ci labdu niyalma de isibume huwekiyebume muterengge bici”。
77 朱印本滿文作“ere jergi urse ne i jalan i dolo jai jidere unde jalan de isitala”。
78 朱印本滿文作“kemuni tanggū minggan hutu enduri”，句中“kemuni”，合璧本滿文作“enteheme”。
79 朱印本滿文作“inenggi dobori akū dalime karmatara be bahafi”，句中“dalime karmatara”，合璧本滿文作“karmame dalime”。

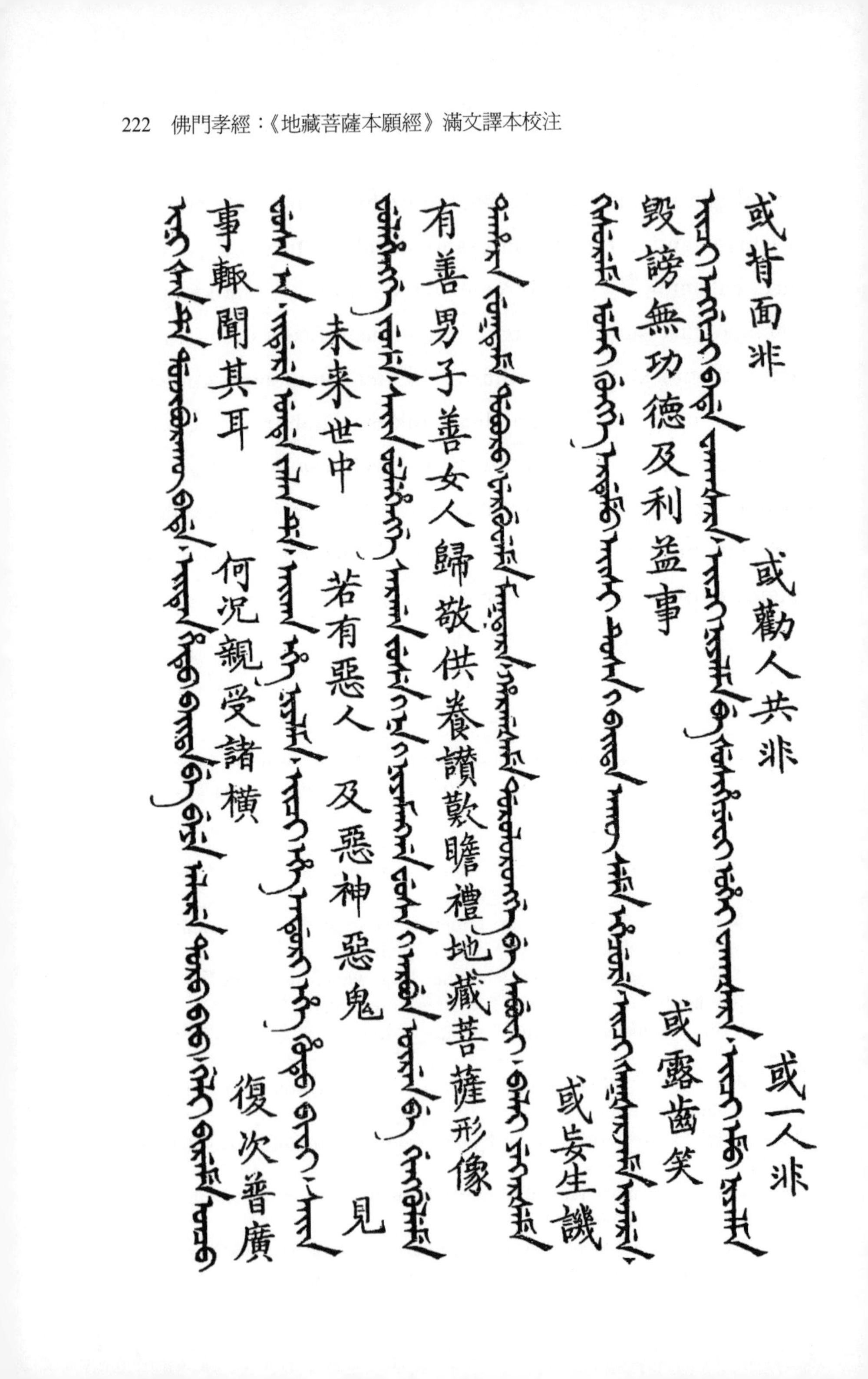

事輒聞其耳 何況親受諸橫 復次普廣

未來世中 若有惡人 及惡神惡鬼 見

有善男子善女人歸敬供養讚歎瞻禮地藏菩薩形像

或妄生譏

毀謗無功德及利益事 或露齒笑

或背面非 或勸人共非 或一人非

ini šan de donjiburakū bade,[80] eiten hetu baita be beye alire doro bio.[81] geli bireme onco fusa a, jidere unde jalan de,[82] aika ehe niyalma, eici ehe enduri ehe hutu bifi, sain fulehengge juse, sain fulehengge sargan juse i na i niyamangga fusa i arbun ūren be gingguleme dahara jukteme doboro,[83] ferguweme maktara, hargašame dorolorongge be sabufi,[84] balai yekeršeme gisureme umai gungge erdemu aisi tusa i baita akū seme ehecure,[85] eici šakšarjame injere,[86] eici enggici bade wakašara,[87] eici niyalma be šusihiyefi uhei wakašara,[88] eici emu niyalma

80 朱印本滿文作"ini šan de ehe baita be donjirakū bade"。

81 朱印本滿文作"beye eiten hetu gashan alire be ai hendure"，句中"ai hendure"，漢文作「何況」。

82 朱印本滿文作"jidere unde jalan i dorgi"。

83 「地藏菩薩形像」，合璧本滿文作"na i niyamangga fusa i arbun ūren"，朱印本滿文作"na i niyamangga fusa i arbun lakšan"。

84 「讚歎」，合璧本滿文作"ferguweme maktara"，朱印本滿文作"saišame maktara"。

85 朱印本滿文作"embici balai darime ehecure, gungge erdemu akū, jai aisi tusa akū baita seme wakašara"。

86 朱印本滿文作"eici kakšari injere"，句中"kakšari"，誤，當作"šakšari"，意即「齜牙咧嘴」。

87 "eici enggici bade wakašara"，句中"wakašara"，朱印本滿文作"basure"，意即「譏笑」；句中"enggici"，意即「背地裡」或「背後」。

88 "eici niyalma be šusihiyefi uhei wakašara"，句中"šusihiyefi"，意即「挑唆」，朱印本滿文作"hacihiyame"，意即「強迫」。

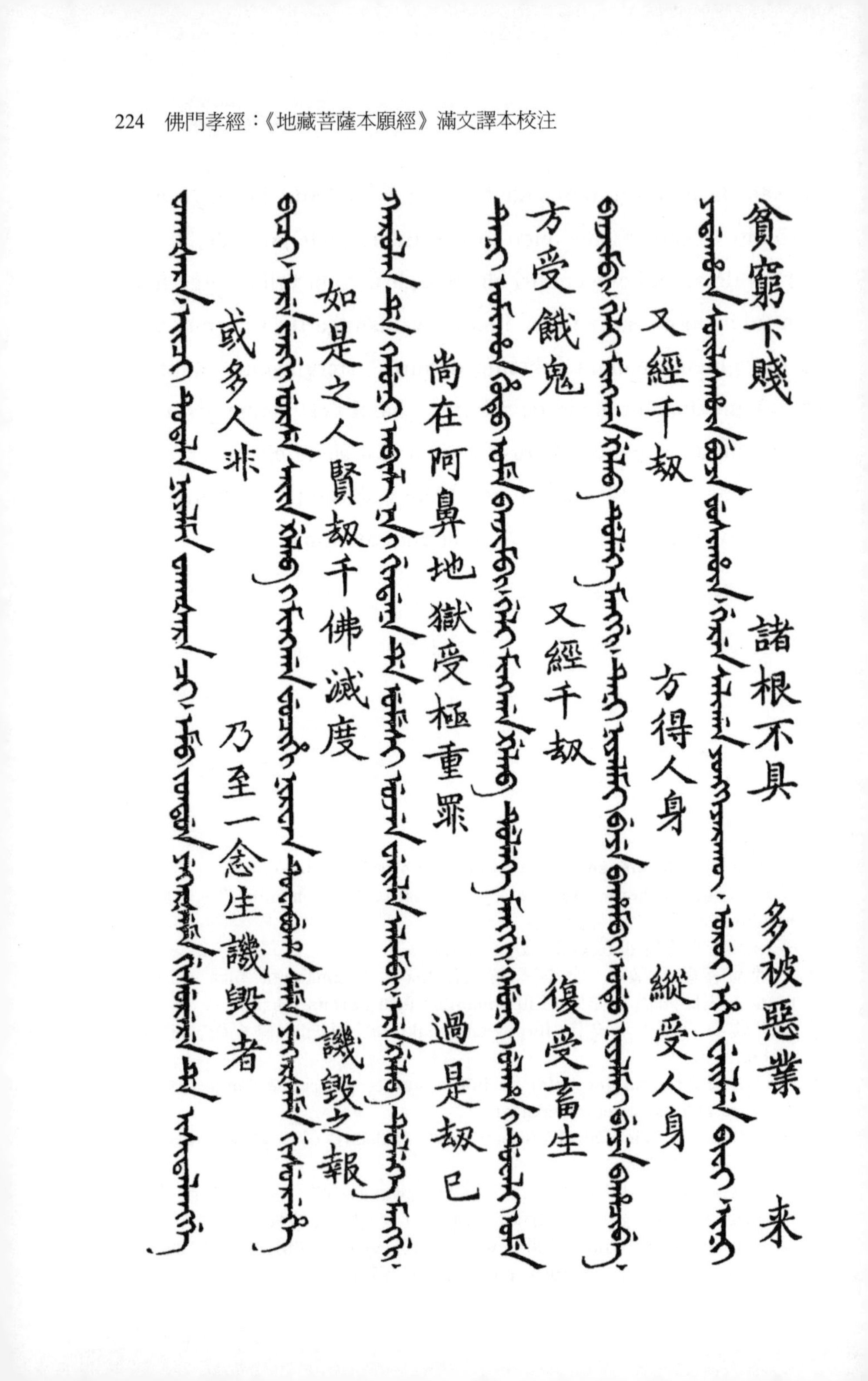

貧窮下賤　諸根不具　多被惡業来

又經千劫　方得人身　縱受人身

方受餓鬼　又經千劫　復受畜生

尚在阿鼻地獄受極重罪　過是劫已

如是之人賢劫千佛滅度　譏毀之報

或多人非　乃至一念生識毀者

wakašara,[89] eici tutala niyalma wakašara ci,[90] emu jondon yekeršeme gisurere de isitalangge bici,[91] ere jergi urse sain g'alab i minggan fucihi nirwan tuwabuha seme,[92] yekeršeme gisurehe karulan de,[93] kemuni abidz na i gindana de umesi ujen weile alimbi.[94] ere g'alab duleke manggi,[95] teni omihon hutu ome banjimbi.[96] geli minggan g'alab duleke manggi,[97] kemuni ulha i duwali ome banjimbi.[98] geli minggan g'alab duleke manggi,[99] teni niyalmai beye bahambi.[100] udu niyalmai beye bahacibe,[101] yadahūn suilashūn buya fusihūn,[102] geren saligan yongkiyarakū, urui ehe weilen bifi,[103] ini

89 "eici emu niyalma wakašara"，句中"wakašara"，朱印本滿文作"basure"。

90 朱印本滿文作"labdu niyalma basure ci"。

91 朱印本滿文作"emu jondon i siden darire ehecure hacin banjinarangge oci"。

92 朱印本滿文作"ere gese niyalma sain g'alab i minggan fucihi i doro mukiyecibe"，句中"doro mukiyecibe"，漢文作「滅度」。合璧本滿文作"nirwan tuwabuha"，意即「圓寂」。

93 朱印本滿文作"ehecure darire karulan"。

94 朱印本滿文作"kemuni abidz na i gindana de bifi, ten i ujen sui alire be sabuhabi"，句中"abidz"，梵語讀如"avīci"，漢文作「阿鼻地獄」，即指「八熱地獄」。

95 朱印本滿文作"ere g'alab be duleke manggi"，合璧本滿文省略"be"。

96 朱印本滿文作"teni omihon hutu be alimbi"。

97 "geli minggan g'alab duleke manggi"，句中"duleke manggi"，朱印本滿文作"dulefi"。

98 朱印本滿文作"geli ulhai tuwali be alimbi"，句中"tuwali"，誤，當作"duwali"。

99 朱印本滿文作"geli minggan g'alab dulefi"。

100 朱印本滿文作"teni niyalmai beyebe bahambi"，句中"beyebe"，合璧本滿文作"beye"，省略"be"。

101 朱印本滿文作"udu niyalmai beye baha seme"。

102 朱印本滿文作"yadahūn fusihūn"。

103 "geren saligan yongkiyarakū"，句中"yongkiyarakū"，朱印本滿文作"yongkiyan akū"。"urui ehe weilen bifi"，朱印本滿文作"urui ehe weilen de hanggabufi"。

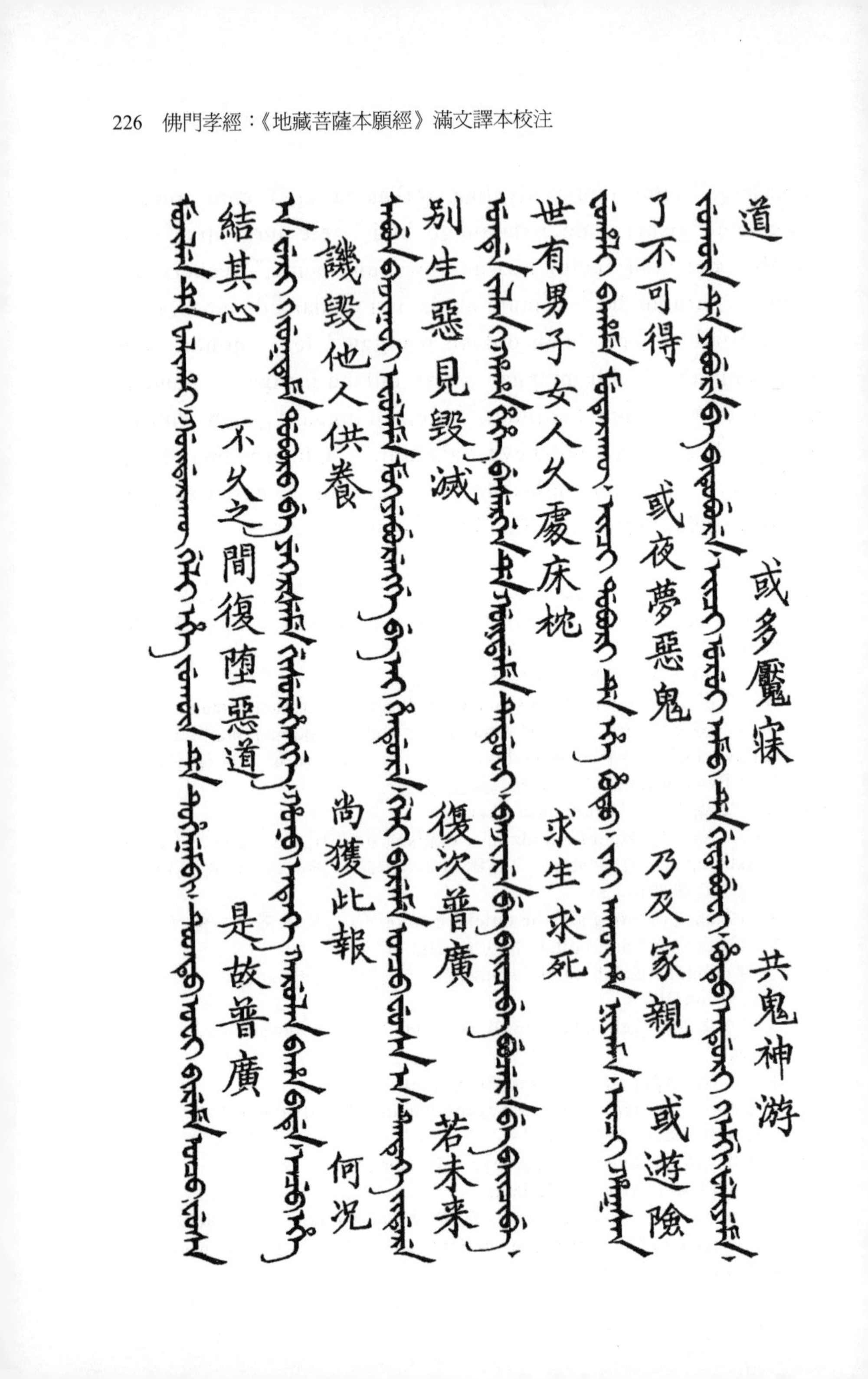

結其心　不久之間復墮惡道　是故普廣

譏毀他人供養　尚獲此報　何況

別生惡見毀滅　復次普廣　若未來

世有男子女人久處床枕　求生求死

了不可得　或夜夢惡鬼　乃及家親　或遊險

道　或多魘寐　共鬼神游

mujilen de falihai,[104] goidarakū geli ehe jugūn de tuhenembi.[105] tuttu ofi bireme onco fusa a,[106] weri i jukteme doboro be yekeršeme gisurehengge,[107] hono enteke karulan baha bade,[108] encu ehe sabun banjinafi efuleme mukiyeburengge be ai hendure.[109] geli bireme onco fusa a, tenteke jidere unde jalan i haha hehe besergen de goidame dedufi,[110] banjire be baicibe bucere be baicibe, fuhali bahame muterakū,[111] eici dobori de ehe hutu, jai akūha niyaman,[112] eici haksan jugūn de yabure be bitubure,[113] eici urui amu de gidabufi,[114] hutu enduri i emgi feliyeme,[115]

104 "ini mujilen de falihai"，句中"falihai"，朱印本滿文作"akabumbi"。
105 "goidarakū geli ehe jugūn de tuhenembi"，句中"geli"，朱印本滿文作"dahūme"。
106 "tuttu ofi bireme onco fusa a"，漢文作「是故普廣」，朱印本滿文作"gubci onco a"，滿漢文義不合。
107 朱印本滿文作"weri niyalmai juktere doboro be darime ehecurengge de"。
108 朱印本滿文作"hono ere gese karulan bahara bade"，句中"ere gese"，合璧本滿文作"enteke"。
109 朱印本滿文作"tenteke encu ehe sabun deribume ehecume mukiyeburengge be ai hendure"。
110 朱印本滿文作"jidere unde jalan jecen i haha hehe besergen cirku de goidame dedufi"。
111 "fuhali bahame muterakū"，句中"bahame muterakū"，朱印本滿文作"baharakū"。
112 「或夜夢惡鬼，乃及家親」，朱印本滿文作"eici dobori de ehe hutu, jai booi niyaman hūncihin be tolgišara"，滿漢文義相合。
113 朱印本滿文作"eici haksan jugūn de yabure"。
114 朱印本滿文作"eici urui emdubei dabakabure"。
115 朱印本滿文作"hutu enduri i emgi weliyerengge bifi bihe bihei"。句中"weliyerengge"，誤，當作"feliyerengge"。

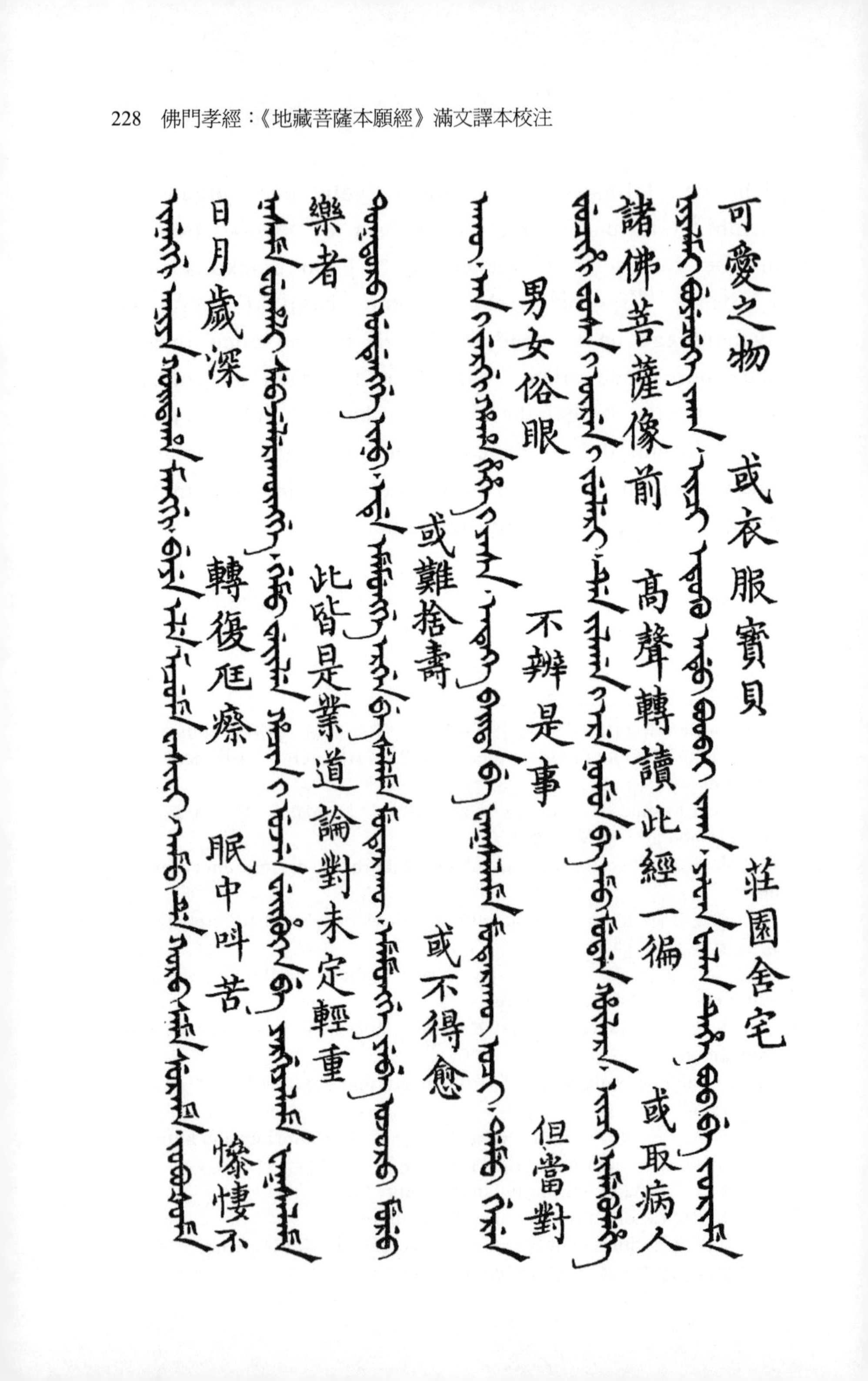

日月歲深　轉復尫瘵　眠中叫苦　慘悽不

樂者　此皆是業道論對未定輕重

或難捨壽　或不得愈

男女俗眼　不辨是事　但當對

諸佛菩薩像前　高聲轉讀此經一徧　或取病人

可愛之物　或衣服寶貝　莊園舍宅

ineenggi aniya goidaha manggi,[116] beye ele macume wasifi,[117] amu de koro seme surame,[118] jobošome nasame fuhali sebjelerakūngge,[119] gemu weilen hacin i ujen weihuken be yargiyalame faksalame toktoro undengge inu.[120] ede ememungge ergen be šeleme muterakū,[121] ememungge yebe ojoro muru akū,[122] an i jergi haha hehe i yasa,[123] enteke baita be faksalame muterakū oci,[124] damu geren fucihi fusa i ūren i juleri,[125] den jilgan i ere nomun be emu mudan hūlara,[126] eici nimekulehe niyalmai buyecuke jaka,[127] eici etuku adu boobai jaka,[128] yafan falan tehe boo be jorime[129]

---

116 「日月歲深」，朱印本滿文作“erin goidafi”，合璧本滿文作“inenggi aniya goidaha manggi”。

117 朱印本滿文作“ele ujen yadalinggū ofi”。

118 朱印本滿文作“amgara de gosihon seme hūlame”。

119 朱印本滿文作“asacuka sebjen akūngge”，句中“asacuka”，誤，當作“nasacuka”。

120 朱印本滿文作“gemu weilen i doro de ini weilei ujen weihuken de teherebume toktoro undengge”。

121 朱印本滿文作“eici ergen waliyara de manggangge bi”。

122 朱印本滿文作“embici bahafi yebe ojorakū”。句中“yebe”，漢文作「愈」，意即「痊癒」。

123 「男女俗眼」，句中「俗眼」，合璧本滿文作“an i jergi i yasa”，朱印本滿文作“sesheri yasa”。

124 「不辨是事」，合璧本滿文作“enteke baita be faksalame muterakū oci”，朱印本滿文作“ere jergi baita be ilgarakū”。

125 「佛菩薩像」，句中「像」，合璧本滿文作“ūren”，朱印本滿文作“lakšan”。

126 “den jilgan i ere nomun be emu mudan hūlara”，句中“hūlara”，朱印本滿文作“hūla”。漢文「一徧」，滿文作“emu mudan”，意即「一回」，或「一遍」。

127 「或取病人可愛之物」，句中「可愛之物」，合璧本滿文作“buyecuke jaka”，朱印本滿文作“buyeci acara jaka”。

128 朱印本滿文作“eici etuku adu boobai”，省略“jaka”。

129 朱印本滿文作“tokso yafan boo ūlen be gaifi”。

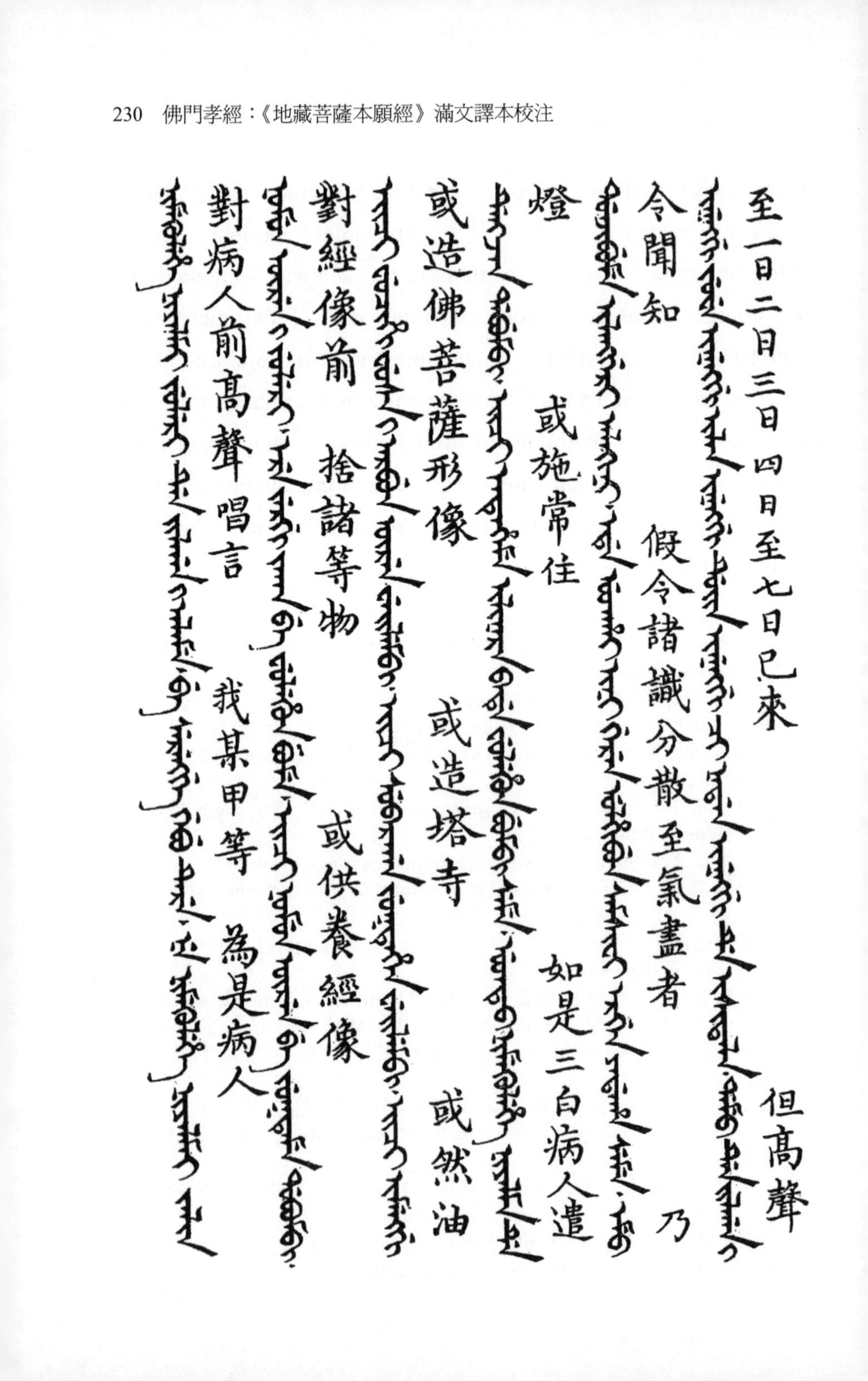

至一日二日三日四日至七日已來　但高聲

令聞知　假令諸識分散至氣盡者　乃

燈　或施常住　如是三白病人遣

或造佛菩薩形像　或造塔寺　或然油

對經像前　捨諸等物　或供養經像

對病人前高聲唱言　我某甲等　為是病人

nimekulehe niyalmai juleri den jilgan i alame,[130] be serengge gebu tere,[131] ne nimekulehe niyalmai jalin nomun ūren i juleri,[132] ere jergi jaka be fulehun bume[133] eici nomun ūren be jukteme dobombi,[134] eici fucihi fusa i arbun ūren weilembi,[135] eici subargan juktehen weilembi,[136] eici imenggi dengjan dabumbi,[137] eici enteheme ilinara bade fulehun bumbi seme,[138] uttu nimekulehe niyalma de donjibume ilanggeri alakini,[139] ede uthai ini geren ulhibun samsifi ergen yadaha seme,[140] emu inenggi juwe inenggi ilan inenggi duin inenggi ci nadan inenggi de isitala,[141] damu den jilgan i

---

130 朱印本滿文作"nimekulehe niyalmai juleri den jilgan i tere be"。

131 朱印本滿文作"be i jergingge"。

132 朱印本滿文作"ere nimeku niyalmai jalin nomun lakšan i juleri"，句中"lakšan"，梵語讀如"lakṣaṇa"，漢文作「相」。合璧本滿文作"ūren"，漢文作「像」，指塑像而言。

133 朱印本滿文作"hacingga jaka be fulehun buhe"，句中"hacingga"，合璧本滿文作"ere jergi"。

134 「經像」，合璧本滿文作"nomun ūren"，朱印本滿文作"nomun lakšan"。

135 「或造佛菩薩形象」，句中「形象」，朱印本滿文作"lakšan"，合璧本滿文作"arbun ūren"，滿漢文義相合。

136 "eici subargan juktehen weilembi"，句中"subargan"，朱印本滿文作"subarhan"。

137 "eici imenggi dengjan dabumbi"，句中"imenggi"，誤，當作"nimenggi"。

138 朱印本滿文作"eici juktehen de fulehun isibure"，句中"juktehen"，合璧本滿文作"enteheme ilinara ba"，漢文作「常住」，意即「寺院」。

139 朱印本滿文作"uttu ilanggeri alame wesimbufi, nimekulehe niyalma de sakini seme ulhibu"。

140 朱印本滿文作"udu geren ulhibun wakcame samsifi sukdun wajifi"。句中"wakcame"，誤，當作"fakcame"。

141 朱印本滿文作"tereci emu inenggi juwe inenggi ilan inenggi duin inenggi ci nadan inenggi de isinaha seme"。

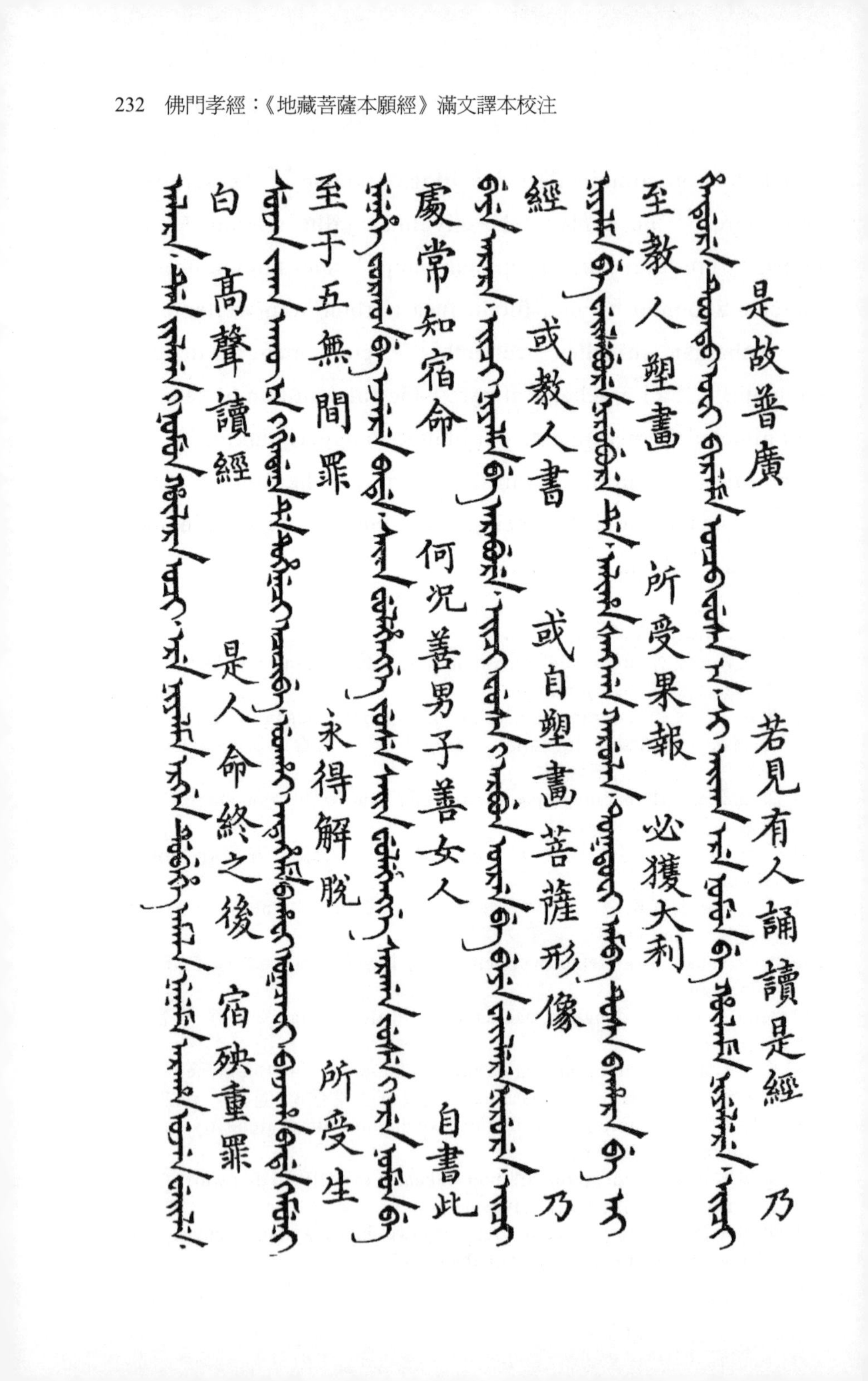

是故普廣 若見有人誦讀是經 乃至教人塑畫 所受果報 必獲大利

或教人書 或自塑畫菩薩形像 乃經處常知宿命 何況善男子善女人 自書此

至于五無間罪 永得解脫 所受生

白 高聲讀經 是人命終之後 宿殃重罪

alara,[142] den jilgan i nomun hūlara oci,[143] ere niyalma ergen dubehe amala,[144] neneme araha ujen weile,[145] sunja jaka akū na i gindana de tuheneci acacibe,[146] uthai enteheme bahafi ukcafi,[147] banjiha bade kemuni nenehe forgon be ejere bade,[148] sain fulehengge juse sain fulehengge sargan juse i ere nomun be beye arara,[149] eici niyalma be arabure,[150] eici fusa i arbun ūren be beye weilere nirure,[151] eici niyalma be weilebure nirubure de,[152] aliha šanggan karulan, toktofi amba tusa bahara be ai hendure.[153] tuttu ofi bireme onco fusa a, si aika ere nomun be hūlame niyelere,[154] eici

142 "damu den jilgan i alara"，句中"alara"，朱印本滿文作"alame"。
143 "den jilgan i nomun hūlara oci"，句中"oci"，朱印本滿文作"ohode"。
144 "ere niyalma ergen dubehe amala"，句中"ere niyalma"，朱印本滿文作"niyalma ere"。
145 朱印本滿文作"nenehe sui ujen weilen"。
146 朱印本滿文作"jai sunja giyan akū weilen seme"。
147 朱印本滿文作"enteheme bahafi okcara"。句中"okcara"，誤，當作"ukcara"。
148 朱印本滿文作"banjinaha ele bade kemuni nenehe jalan i baita be sara bade"。
149 "ere nomun be beye arara"，朱印本滿文作"beye ere nomun be arara"。
150 "eici niyalma be arabure"，句中"eici"，朱印本滿文作"embici"。
151 朱印本滿文作"embici beye fusa i arbun lakšan be cifara nirure"。
152 朱印本滿文作"niyalma be cifabure nirubure be tacihiyara ursei"。
153 "toktofi amba tusa bahara be ai hendure"，句中"toktofi"，朱印本滿文作"urunakū"。
154 朱印本滿文作"aika niyalma bifi ere nomun be hūlame niyelere"。

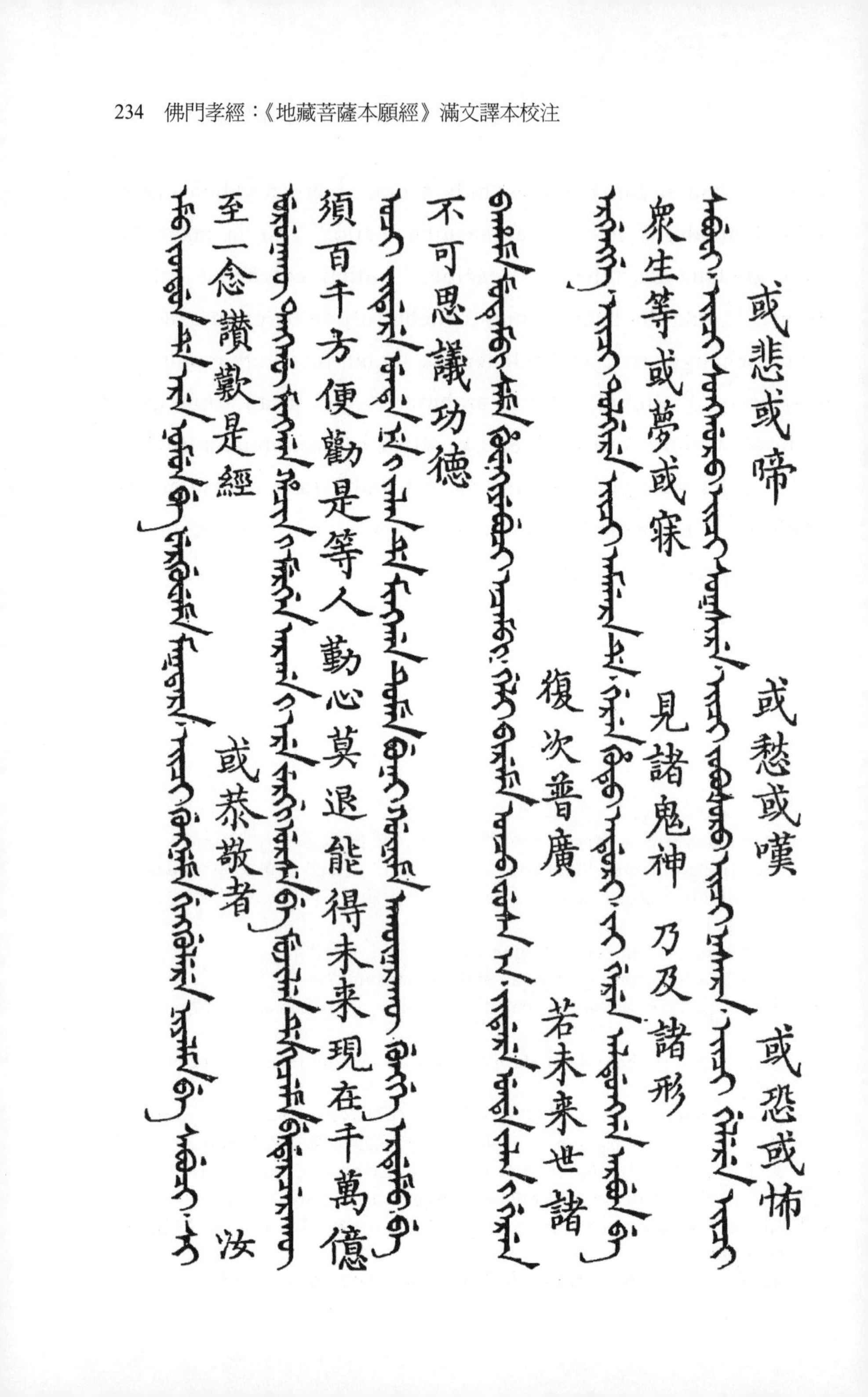

或悲或啼　或愁或嘆　或恐或怖

衆生等或夢或寐　見諸鬼神　乃及諸形

復次普廣　若未來世諸

不可思議功德

須百千方便勸是等人勤心莫退能得未來現在千萬億

至一念讚歎是經　或恭敬者　汝

emu jondon de ere nomun be ferguweme maktara,[155] eici gungneme ginggulere niyalma be sabuci,[156] si urunakū tanggū minggan hacin i mergen arga i ere jergi urse be mujilen de kiceme bedercerakū oci jidere unde ne i jalan de minggan tumen bunai gūnime akūnarakū gūngge erdemu be bahame mutembi seme huwekiyebuci acambi.[157] geli bireme onco fusa a, jidere unde jalan i geren ergengge,[158] eici tolgire eici amgara de,[159] geren hutu enduri, jai geren aldungga arbun be sabufi,[160] eici songgoro eici soksire,[161] eici jobošoro eici nasara,[162] eici gelere eici

155 朱印本滿文作“jai hing sere mujilen i ere nomun be ferguweme maktara”。

156 “eici gungneme ginggulere niyalma be sabuci”，句中“ginggulere niyalma”，朱印本滿文作“ginggulerengge”。

157 朱印本滿文作“si giyan i tanggū minggan mergen arahai ere jergi niyalma be huwekiyebume mujilen siohūme bedercerakū obuci acambi, uttu oci, jidere unde ne bisire minggan tumen bunai gūnime akūnarakū gungge erdemu be bahame mutembi ”，句中“arahai”，誤，當作“argai”；“siohūme”，誤，當作“sithūme”。

158 “jidere unde jalan i geren ergengge”，句中“ergengge”，朱印本滿文作“ergengge sa”。

159 “eici tolgire”，朱印本滿文作“eici tolgin”。

160 朱印本滿文作“jai cingga arbun”，句中“cingga”，誤，當作“hacingga”。

161 朱印本滿文作“eici gasara, eici songgoro”。

162 “eici jobošoro eici nasara”，句中“jobošoro”，朱印本滿文作“joboro”。

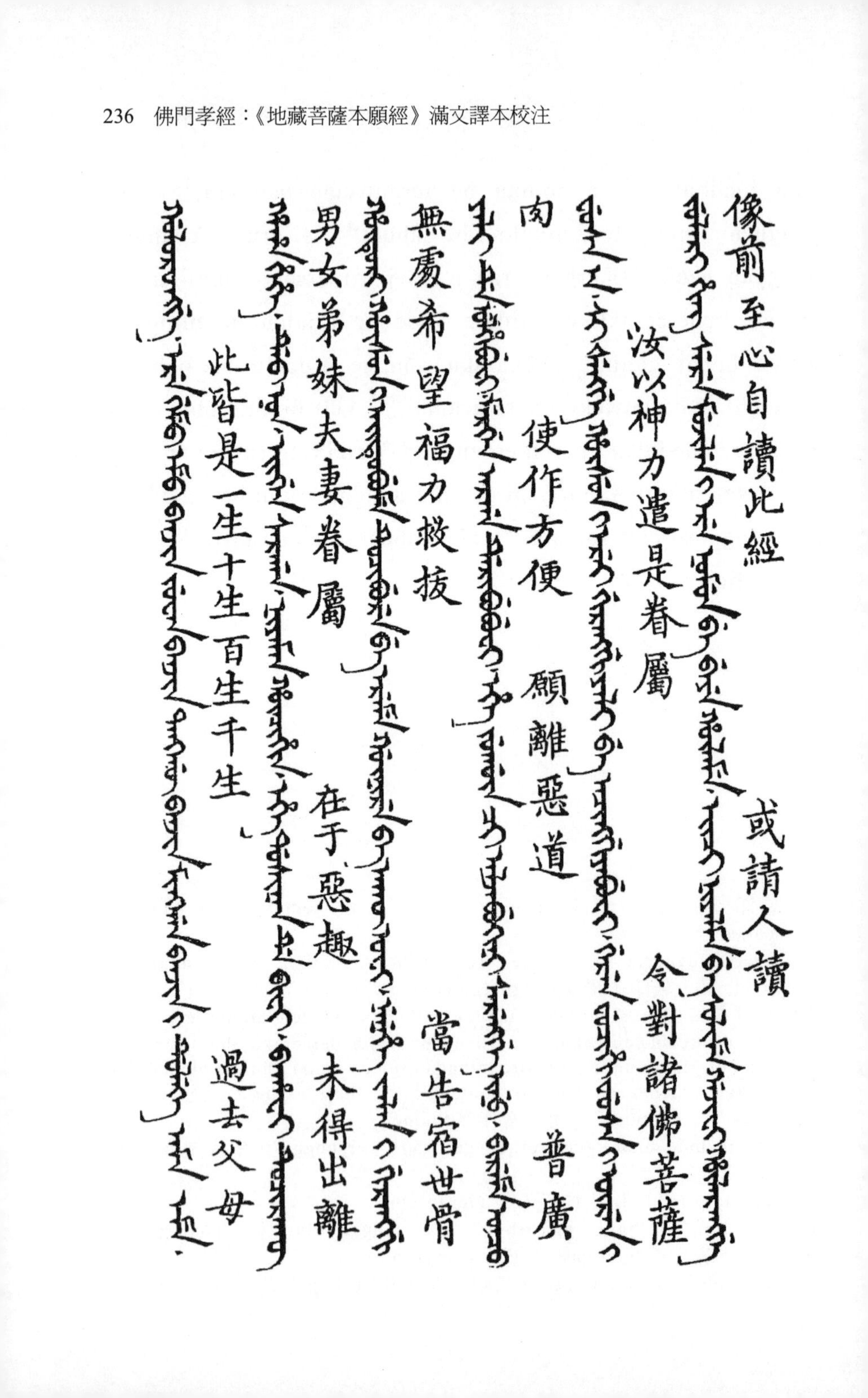

像前至心自讀此經　或請人讀

汝以神力遣是眷屬　令對諸佛菩薩

內　使作方便　願離惡道　普廣

無處希望福力救拔　當告宿世骨

男女弟妹夫妻眷屬　在于惡趣　未得出離

此皆是一生十生百生千生　過去父母

golorongge,[163] ere gemu emu banjin juwan banjin tanggū banjin minggan banjin i duleke ama eme,[164] haha hehe,[165] deo non,[166] eigen sargan, niyaman hūcihin,[167] ehe dosinan de bifi,[168] bahafi tucirakū,[169] hūturi hūsun i aitubume tucibure be ereme gūnire ba akū ofi,[170] nenehe jalan i giranggi yali de ulhibufi,[171] mergen arga deribubufi,[172] ehe jugūn ci aljabukini serengge inu.[173] bireme onco fusa a,[174] si šengge hūsun i erei giranggi yali be acinggiyabufi,[175] geren fucihi fusa i ūren i juleri hing sere mujilen i ere nomun be beye hūlame,[176] eici niyalma be solime gajifi hūlarangge,[177]

163 朱印本滿文作"eici sengguwere eici gelerengge be sabuci"。
164 朱印本滿文作"dere gemu emu jalan juwan jalan tanggū jalan minggan jalan i duleke ama eme"，句中"dere"，誤，當作"tere"。
165 朱印本滿文作"haha jui sargan jui"。
166 朱印本滿文作"deote nonta"。
167 "niyaman hūcihin"，朱印本滿文作"hūcihin duwali"。
168 朱印本滿文作"ehe dosika de bifi"，句中"dosika"，誤，當作"dosinan"。
169 朱印本滿文作"bahafi tucime aljarakū"。
170 朱印本滿文作"hūturi hūsun i aitubume tucibure be erehunjeme baire be akū ofi"，句中"baire be akū"，當作"baire ba akū"。
171 朱印本滿文作"tuttu nenehe jalan i giranggi yali de baime alame"。
172 朱印本滿文作"mergen arga be deribubufi"。
173 "ehe jugūn ci aljabukini serengge inu"，句中"aljabukini"，朱印本滿文作"aljaki"。
174 朱印本滿文作"gubci unco uncongge a"，句中"unco"，誤，當作"onco"，"uncongge"，誤，當作"oncongge"。
175 朱印本滿文作"sini senggei hūsun i enteke hūncihin duwali be unggifi"。
176 朱印本滿文作"geren fucihi fusa i lakšan i juleri hing sere mujilen i beye ere nomun be hūlacibe"。
177 朱印本滿文作"eici niyalma solifi hūlacibe"。

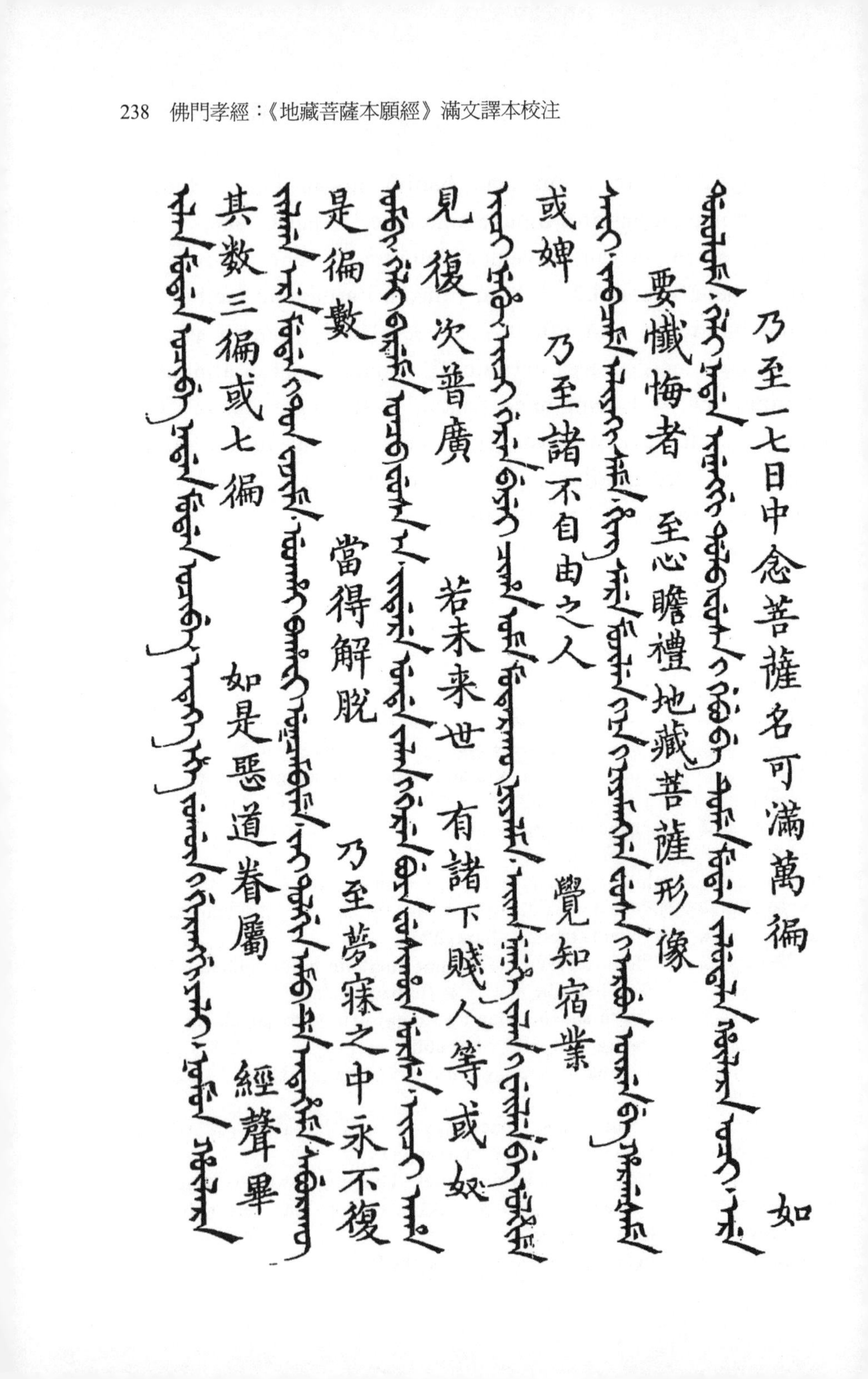

其数三徧或七徧　如是惡道眷屬　經聲畢

是徧數　當得解脫　乃至夢寐之中永不復

見　復次普廣　若未來世　有諸下賤人等或奴

或婢　乃至諸不自由之人　覺知宿業

要懺悔者　至心瞻禮地藏菩薩形像

乃至一七日中念菩薩名可滿萬徧　如

ilan mudan ocibe nadan mudan ocibe,[178] enteke ehe jugūn i giranggi yali,[179] nomun hūlara jilgan ere mudan i ton wajime,[180] uthai bahafi ukcambime,[181] jai tolgin amu de enteheme saburakū ombi.[182] geli bireme onco fusa a,[183] jidere unde jalan i geren buya fusihūn urse,[184] eici aha eici nehū,[185] eici geren beyei ciha ome muterakū niyalma,[186] aika nenehe jalan i weilen be ulhime safi,[187] jabcame aliyaki seme,[188] hing sere mujilen i na i niyamangga fusa i arbun ūren be hargašame dorolome,[189] geli nadan inenggi dolo fusa i gebu be tumen mudan jalutala hūlara oci,[190] ere

---

178 朱印本滿文作"terei ton ilan mudan ocibe, nadan mudan ocibe"。
179 "enteke ehe jugūn i giranggi yali"，句中"giranggi yali"，漢文作「眷屬」，朱印本滿文作"hūncihin duwail"。
180 朱印本滿文作"nomun i jilgan ere ton be jalume bahafi"。
181 朱印本滿文作"umesi ukcambime"。
182 朱印本滿文作"ami tolgin de seme fuhali saburakū"，句中"ami"，誤，當作"jai"。
183 朱印本滿文作"geli gubci unco uncongge a"，句中"unco uncongge"，誤，當作"onco oncongge"。
184 "jidere unde jalan i geren buya fusihūn urse"，句中"urse"，朱印本滿文作"jergi niyalma"。
185 "eici aha eici nehū"，句中"nehū"，意即「婢女」，朱印本滿文作"nehūji"，意即「老婢女」。
186 朱印本滿文作"jai gūnin cihai ome muterakū niyalma bifi"。
187 朱印本滿文作"nenehe jalan i sui bisire be safi"。
188 朱印本滿文作"aliyame jabcaki serengge bici"。
189 「地藏菩薩形像」，句中「形像」，合璧本滿文作"arbun ūren"，朱印本滿文作"arbun lakšan"。
190 朱印本滿文作"emu nadan inenggi de isibome fusa i colo be hūlame, tumen mudan jalumbu"，句中"isibome"，誤，當作"isibume"。

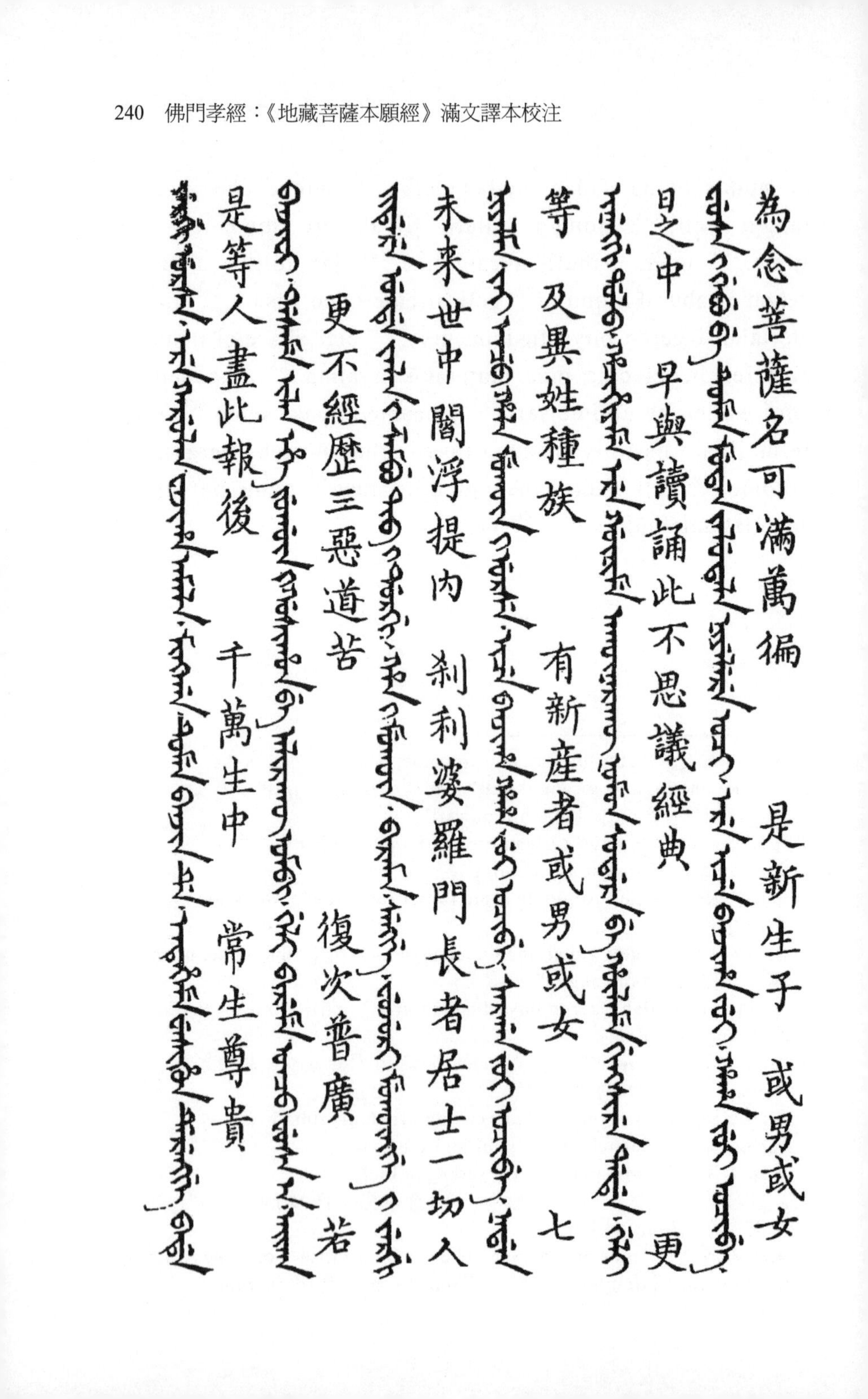

為念菩薩名可滿萬徧　是新生子　或男或女

日之中　早與讀誦此不思議經典　更

等　及異姓種族　有新產者或男或女　七

未來世中閻浮提內　剎利婆羅門長者居士一切人

更不經歷三惡道苦　復次普廣　若

是等人盡此報後　千萬生中　常生尊貴

jergi urse,[191] ere karulan wajiha amala,[192] minggan tumen banjin de, enteheme wesihun derengge bade banjifi,[193] dasame ilan ehe jugūn i gosihon be alirakū ombi.[194] geli bireme onco fusa a, aika jidere unde jalan i dzambu tib i dorgi,[195] han i mukūn, biraman, sengge, fujuri mukūngge i jergi niyalma,[196] jai encu hala mukūn i urse,[197] ice banjiha haha jui ocibe, sargan jui ocibe,[198] nadan inenggi dolo, hacihiyame ere gūnime akūnarakū nomun sudara be hūlame gingsire dade,[199] geli fusa i gebu be tumen mudan jalutala niyelere oci,[200] ere ice banjiha jui, haha jui ocibe,

---

191 "ere jergi urse"，句中"urse"，朱印本滿文作"niyalma"。

192 朱印本滿文作"ere karulan be wacihiyaha manggi"。

193 朱印本滿文作"wesihun derengge boode banjifi"。句中"boode"，合璧本滿文作"bade"

194 "dasame ilan ehe jugūn i gosihon be alirakū ombi"，句中"dasame"、"alirakū ombi"，朱印本滿文依次作"fuhali"、"te tuhenerakū"。

195 朱印本滿文作"aika jidere unde jalan dulimbai dzambu tib i dorgide bisire"。

196 "han i mukūn"，漢文作「剎利」，又作「剎帝利」，梵語讀如"kṣatriya"，意即次於婆羅門（brāhmaṇa）之王族。朱印本滿文作"han i hūncihin"。

197 "jai encu hala mukūn i urse"，句中"mukūn i urse"，漢文作「種族」，朱印本滿文作"hūncihin duwali"。

198 "ice banjiha haha jui ocibe, sargan jui ocibe"，句中"jui"，朱印本滿文作"juse"。

199 朱印本滿文作"erdeken i ceni jalan enteke gūnime akūnarakū nomun sudara be hūlambime"。

200 朱印本滿文作"geli fusa i colo be tumen mudan jalumbume hūlara ohode"。

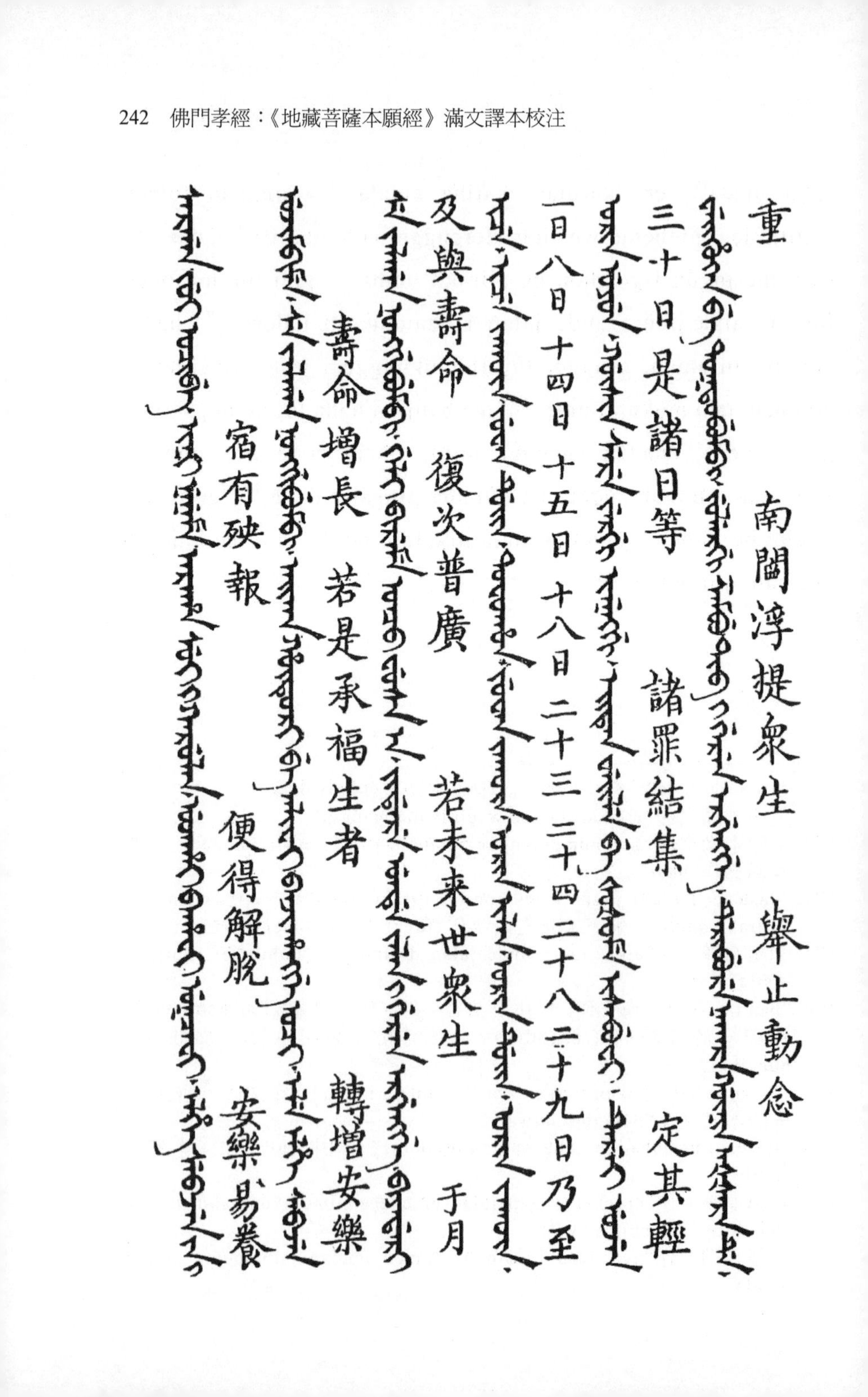

宿有殃報　便得解脫　安樂易養

壽命增長　若是承福生者　轉增安樂

及與壽命　復次普廣　若未來世眾生　于月

一日八日十四日十五日十八日二十三二十四二十八二十九日乃至

三十日是諸日等　諸罪結集　定其輕

重　南閻浮提眾生　舉止動念

sargan jui ocibe, ini neneme araha sui i karulan, uthai bahafi ukcafi,[201] elhe sebjen ja i ujimbime,[202] se jalgan nonggibumbi. aika hūturi be alifi banjihangge oci,[203] ele elhe sebjen se jalgan nonggibumbi.[204] geli bireme onco fusa a, jidere unde jalan i geren ergengge, biyadari ice, ice jakūn, juwan duin, tofohon, juwan jakūn, orin ilan, orin duin, orin jakūn, orin uyun, gūsin sere jergi inenggi,[205] eiten weile be šošome isabufi,[206] terei ujen weihuken be toktobumbi. julergi dzambu tib i geren ergengge,[207] deribure nakara gūnin aššara de,[208]

---

201 朱印本滿文作“nenehe jalan i sui karulan bisirengge uthai bahafi umesi ukcafi”。

202 “elhe sebjen ja i ujimbime”，句中“ujimbime”，朱印本滿文作“hūwašaci ombime”。

203 “se jalgan nonggibumbi, aika hūturi be alifi banjihangge oci”，句中“se jalgan”，朱印本滿文作“jalgan se”；“banjihangge”，作“banjirengge”。

204 “ele elhe sebjen se jalgan nonggibumbi”，句中“se jalgan”，朱印本滿文作“jalgan se”；“nonggibumbi”，作“nemebumbi”。

205 「乃至三十日是諸日等」，合璧本滿文作“gūsin sere jergi inenggi”，朱印本滿文作“jai gūsin ere jergi inenggi de”。

206 “eiten weile be šošome isabufi”，句中“eiten”，朱印本滿文作“geren”。

207 “julergi dzambu tib i geren ergengge”，句中“julergi”，朱印本滿文作“juleri”。

208 朱印本滿文作“deribure nakara ci nakame”。

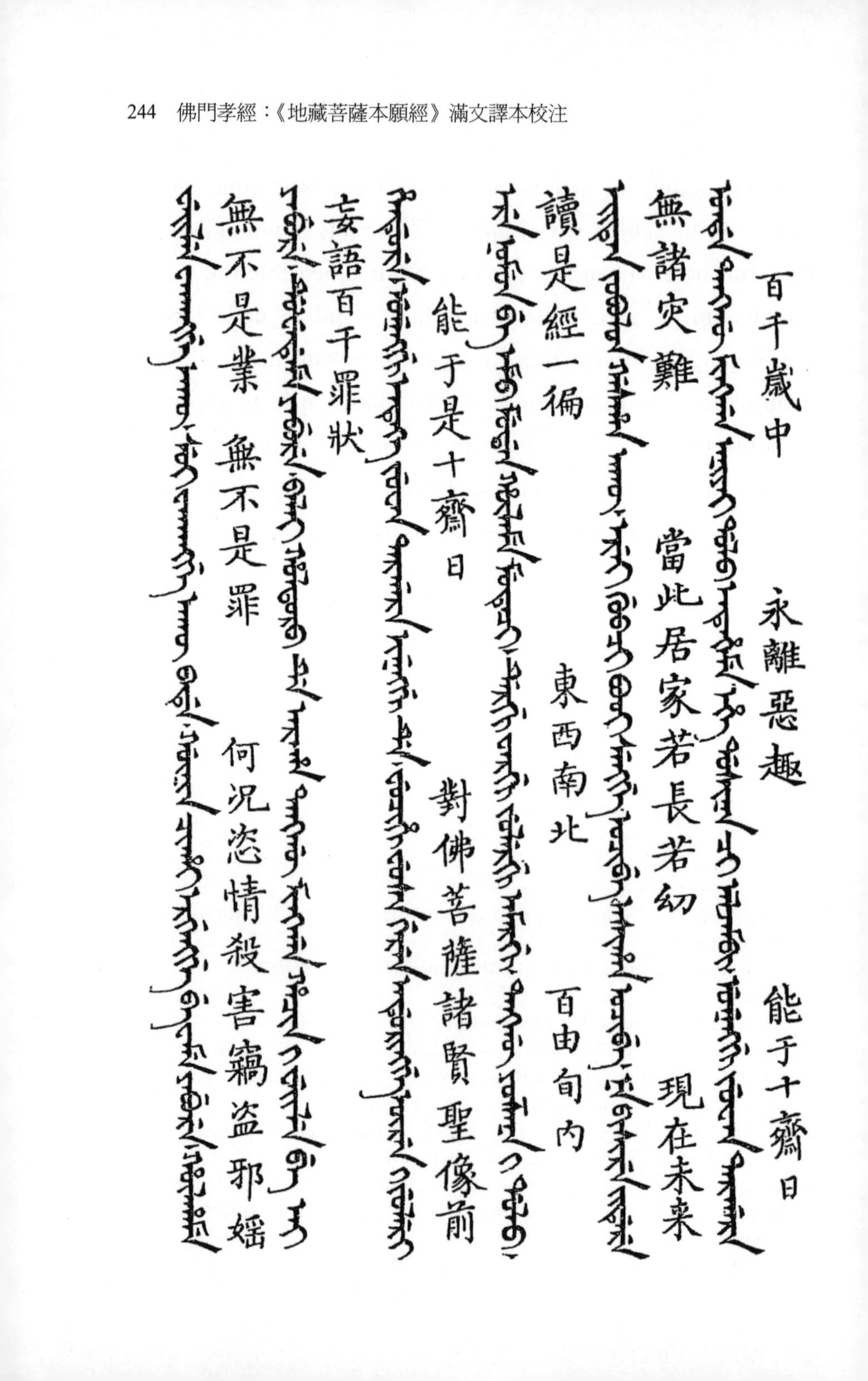

無不是業 無不是罪 何況恣情殺害竊盜邪婬

妄語百千罪狀

能于是十齋日 對佛菩薩諸賢聖像前

讀是經一徧 東西南北 百由旬內

無諸災難 當此居家若長若幼 現在未來

百千歲中 永離惡趣 能于十齋日

weilen wakangge akū, sui wakangge akū bade,[209] gūnin cihai ergengge be wame yabure,[210] hūlhame yabure, dufedeme yabure,[211] balai holtoro de araha tanggū minggan hacin i weile be ai hendure.[212] unenggi enteke juwan targara inenggi de,[213] fucihi fusa geren enduringge ūren i juleri ere nomun be emu mudan hūlame muteci,[214] dergi wargi julergi amargi, tanggū yodzana i dolo,[215] eiten jobolon gashan akū. erei gubci booi sengge ocibe asihan ocibe,[216] ne bisire jidere unde tanggū minggan aniyai dolo enteheme ehe dosinan ci aljambi. unenggi juwan targara

209 朱印本滿文作"sui akūngge akū, weile akūngge akū bade"。
210 朱印本滿文作"gūnin cihai wara nungnere"。
211 朱印本滿文作"hūlhame gaire miosihon dufe"。
212 朱印本滿文作"balai gisurere tanggū minggan hacingga weile bisire be ai hendure"，句中"ai hendure"，意即「何況」。
213 朱印本滿文作"enteke juwan šayolara inenggi de"，漢文「齋」，合璧本滿文作"targara"，意即齋戒的「戒」，朱印本滿文作"šayolara"，意即齋戒的「齋」。
214 朱印本滿文作"fucihi fusa i geren mergen enduringge lakšan i juleri ere nomun be emu mudan hūlaci"，句中"mergen enduringge"，漢文作「賢聖」，合璧本滿文作"enduringge"；漢文「像」，朱印本滿文作"lakšan"，梵語讀如"lakṣana"，漢文作「相」，合璧本滿文作"ūren"，意即塑像的「像」。
215 "tanggū yodzana i dolo"，句中"yodzana"，梵語讀如"yojana"，漢文作「由旬」，是單位名稱，即指牛車一日行程。
216 朱印本滿文作"uttu boode bisire de ungga ocibe ajigen ocibe"。

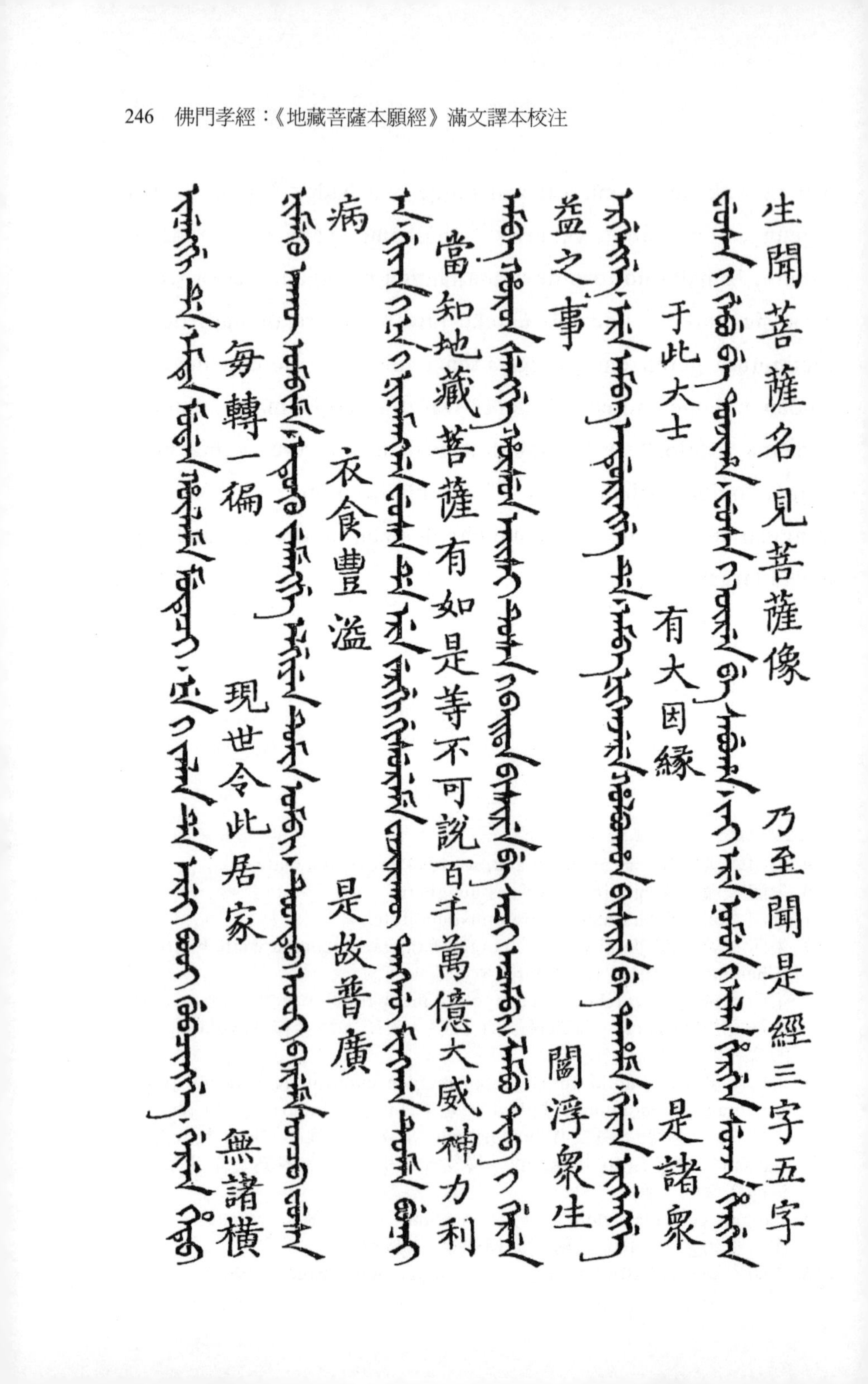

生聞菩薩名見菩薩像　乃至聞是經三字五字

于此大士　有大因緣　是諸衆

益之事　閻浮衆生

當知地藏菩薩有如是等不可說百千萬億大威神力利

病　衣食豐溢　是故普廣

毋轉一徧　現世令此居家　無諸橫

ineggi de,[217] emte mudan hūlame muteci,[218] ne i jalan de erei booi gubcingge, geren hetu nimeku akū ombime,[219] etuku jemengge elgiyen tumin ombi.[220] tuttu ofi bireme onco fusa a, giyan i na i niyamangga fusa de ere jergi gisureme wajirakū tanggū minggan tumen bunai amba horon šengge hūsun aisi tusa i baita bisire be saci acambi.[221] dzambu tib i geren ergengge, ere amba enduringge de,[222] amba nikenjere holbohon bisire be dahame,[223] geren ergengge fusa i gebu be donjiha,[224] fusa i ūren be sabuha,[225] jai ere nomun i ilan hergen sunja hergen,

---

217 "unenggi juwan targara inenggi de"，句中"targara"，朱印本滿文作"šayolara"。

218 朱印本滿文作"urui emu mudan hūlame muteci"，句中"hūlame"，意即「念誦」，漢文「每轉一徧」，意即「每誦一遍」。

219 朱印本滿文作"ne i jalan ere boode bisire niyalma de eiten ganiongga nimeku akū ombi"。漢文「橫病」，合璧本滿文作"hetu nimeku"，朱印本滿文作"ganiongga"，意即「怪病」。

220 朱印本滿文作"eture jeterengge elgiyen tumin"。

221 朱印本滿文作"tuttu ofi gubci onco a, na i niyamangga fusa de enteke gisureci ojorakū, tanggū minggan tumen bunai amba horon šengge hūsun bifi, aisi tusa obure baita bisire be saci acambi"。

222 漢文「大士」，合璧本滿文作"amba enduringge"，朱印本滿文作"amba fusa"。

223 朱印本滿文作"amba nikenjere holbohon bifi"。

224 朱印本滿文作"ere jergi geren ergengge fusa i colo be donjire"。

225 朱印本滿文作"fusa i lakšan be sabure ci"，句中"lakšan"，合璧本滿文作"ūren"。

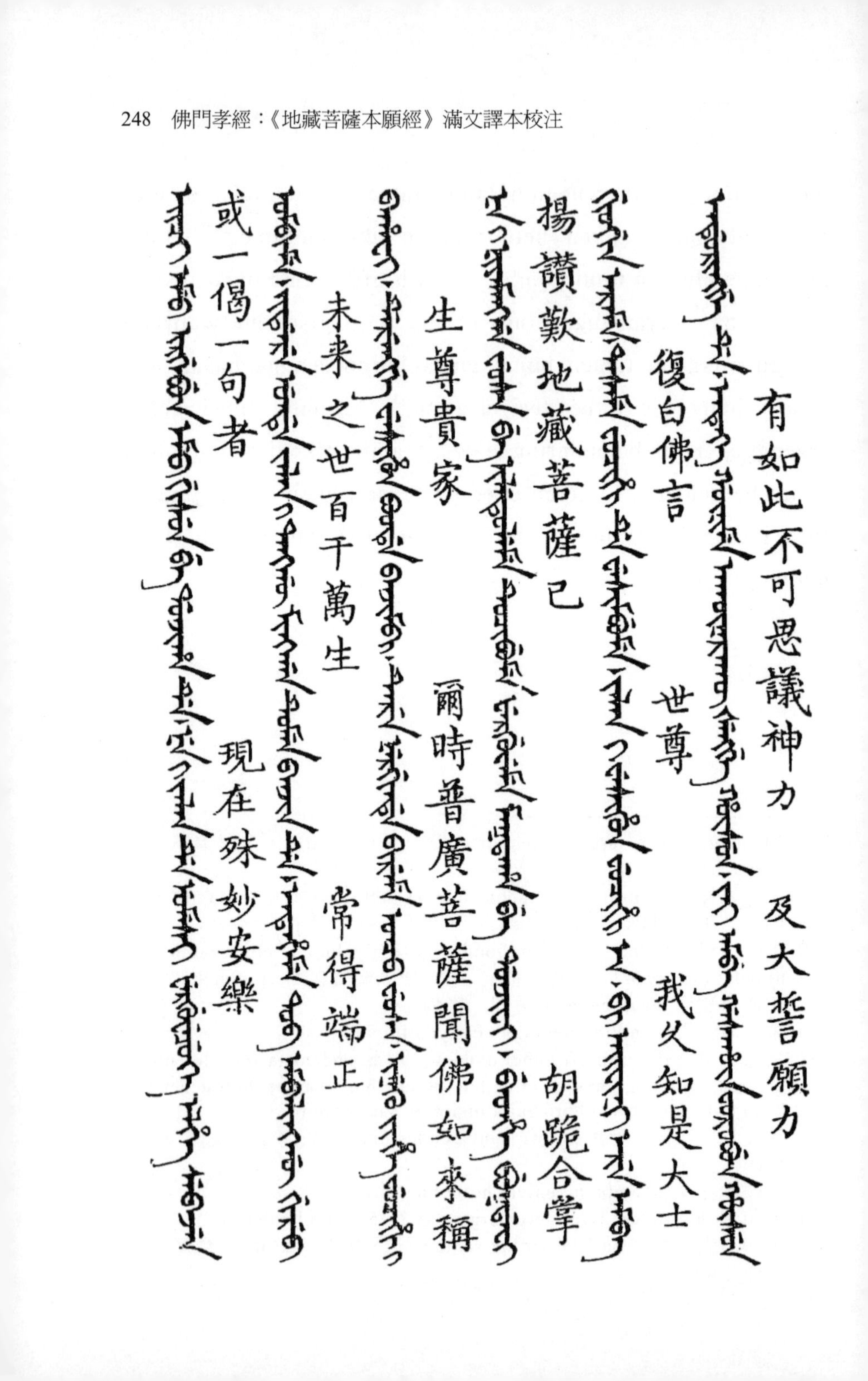

或一偈一句者　現在殊妙安樂

未来之世百千萬生　常得端正

生尊貴家　爾時普廣菩薩聞佛如來稱

揚讚歎地藏菩薩已　胡跪合掌

復白佛言　世尊　我久知是大士

有如此不可思議神力　及大誓願力

eici emu irgebun emu gisun be donjiha de,[226] ne i jalan de umesi ferguwecuke elhe sebjen ombime,[227] jidere unde jalan i tanggū minggan tumen banjin de,[228] enteheme tob ambalinggū giru bahafi,[229] derengge wesihun boode banjimbi.[230] tere nerginde bireme onco fusa, ineku jihe fucihi i na i niyamangga fusa be iletuleme tucibume ferguweme maktaha be donjifi,[231] bethe bukdafi giogin arame,[232] dasame fucihi de wesimbume,[233] jalan i wesihun fucihi a, bi aifini ere amba enduringge de,[234] enteke gūnime akūnarakū šengge hūsun, jai amba gashūn forobun hūsun

---

226 朱印本滿文作"embici emu irgebun emu gisun de isitala donjirengge bici"。

227 朱印本滿文作"ne dembui ferguwecuke elhe sebjen ombime"，句中"dembui"，誤，當作"dembei"，意即「殊甚」，"dembei ferguwecuke"，漢文作「殊妙」，合璧本滿文作"umesi ferguwecuke"。

228 "jidere unde jalan i tanggū minggan tumen banjin de"，句中"banjin de"，朱印本滿文作"jalan"。

229 朱印本滿文作"daruhai tob ambalinggū"。

230 朱印本滿文作"wesihun derengge boode banjinambi"。漢文「尊貴」，合璧本滿文作"derengge wesihun"，朱印本滿文作"wesihun derengge"。

231 朱印本滿文作"na i niyamangga fusa be tukiyame algimbume saišame maktara be donjifi"。

232 「胡跪合掌」，句中「胡跪」，合璧本滿文作"bethe bukdafi"，意即「彎腿跪」，朱印本滿文作"emu bethe bukdafi"，意即「彎單腿跪」。

233 "dasame fucihi de wesimbume"，句中"dasame"朱印本滿文作"geli"。

234 「我久知是大士」，句中「大士」，合璧本滿文作"amba enduringge"，朱印本滿文作"amba fusa"。

緣此菩薩久遠刦來發大重願利益衆生

本行　亦名地藏本誓力經

此經有三名　一名地藏本願　亦名地藏

使我云何流布　佛告普廣

如来唯然頂受　世尊當何名此經

為未来衆生遣知利益　故問

bisire be saha,[235] jidere unde jalan i geren ergengge be aisi tusa be sakini seme,[236] tuttu ineku jihe fucihi de fonjifi hukšeme alime gaiki sembi,[237] jalan i wesihun fucihi a, ere nomun be adarame gebulembi, bi adarame selgiyeme yabubumbi ni.[238] fucihi bireme onco fusa de hese wasimbume,[239] ere nomun de ilan gebu bi, emu gebu na i niyamangga fusa i da forobun sembi,[240] inu na i niyamangga fusa i da yabun seme gebulembi.[241] inu na i niyamangga fusa i da gashūn hūsun i nomun seme gebulembi.[242] ere fusa goro goidaha g'alab ci[243] geren ergengge de aisi tusa araki seme

235 朱印本滿文作“jai amba gashūn forobun bisire be safi goidaha”。

236 朱印本滿文作“jidere unde geren ergengge de bireme aisi tusa be sakini sere turgunde”。

237 朱印本滿文作“ineku jihe fucihi de fonjiha, hing seme hukšeme alime gaimbi”。

238 朱印本滿文作“ere nomun be adarame gebulere, mimbe adarame selgiyeme yabubure babe tacihiyarao”。

239 朱印本滿文作“fucihi gubci onco de alame hese wasimbume”，句中“alame hese wasimbume”，合璧本滿文作“hese wasimbume”，省略“alame”。

240 “emu gebu na i niyamangga fusa i da forobun sembi”，朱印本滿文省略“sembi”。

241 朱印本滿文作“inu gebu be na i niyamangga i da yabun”。

242 朱印本滿文作“inu gebu be na i niyamangga da gashūn hūsun i nomun sembi”。

243 朱印本滿文作“ere fusa goro goidatala g'alab ci ebsi”。

ᡨᡠᡨᡨᡠ ᠣᡶᡳ ᠰᡠᠸᡝ ᠪᡠᠶᡝᡥᡝᠩᡤᡝ ᠪᡝ ᠪᡠᠶᡝᠮᡝ ᡨᡠᠸᠠᠮᡝ ᠰᡝᠮᡝ ᠪᡠᠶᡝᠨ ᠪᡝ ᡤᡠᠸᠠᠩᡤᡳᠶᠠᠩ ᠰᡝᠯᡤᡳᠶᡝᠪᡠ

是故汝等依願流布

ᡦᡠ ᡤᡠᠸᠠᠩ ᡶᡠᠰᠠ ᡩᠣᠨᠵᡳᡶᡳ᠈ ᠠᠯᡳᠮᡝ ᡤᠠᡳᡶᡳ᠈ ᡤᠠᠯᠠ ᡤᡳᠣᡤᡳᠨ ᠠᡵᠠᠮᡝ ᡤᡳᠩᡤᡠᠯᡝᠮᡝ ᡩᠣᡵᠣᠯᠣᡶᡳ ᠪᡝᡩᡝᡵᡝ

普廣聞已

合掌恭敬作禮而退

ᠪᡝᡩᡝᡵᡝᡥᡝ᠉

amba ujen forobun forobuha turgunde,[244] tuttu suwe forobun be dahame selgiyeme yabubuci acambi.[245] bireme onco fusa donjiha manggi,[246] giogin arame gungneme gingguleme dorolofi bederehe.

---

244 “geren ergengge de aisi tusa araki seme amba ujen forobun forobuha turgunde”，朱印本滿文作“umesi ujen forobun deribufi, geren ergengge de aisi tusa obuha turgun”。漢文「大重願」，合璧本滿文作“amba ujen forobun”，朱印本滿文作“umesi ujen forobun”。

245 朱印本滿文作“uttu ofi suwe forobun be dahame selgiyeme yabukini sehe”。

246 朱印本滿文作“gubci onco donjifi”，句中“gubci onco”，漢文作「普廣」，合璧本滿文作“bireme onco”。

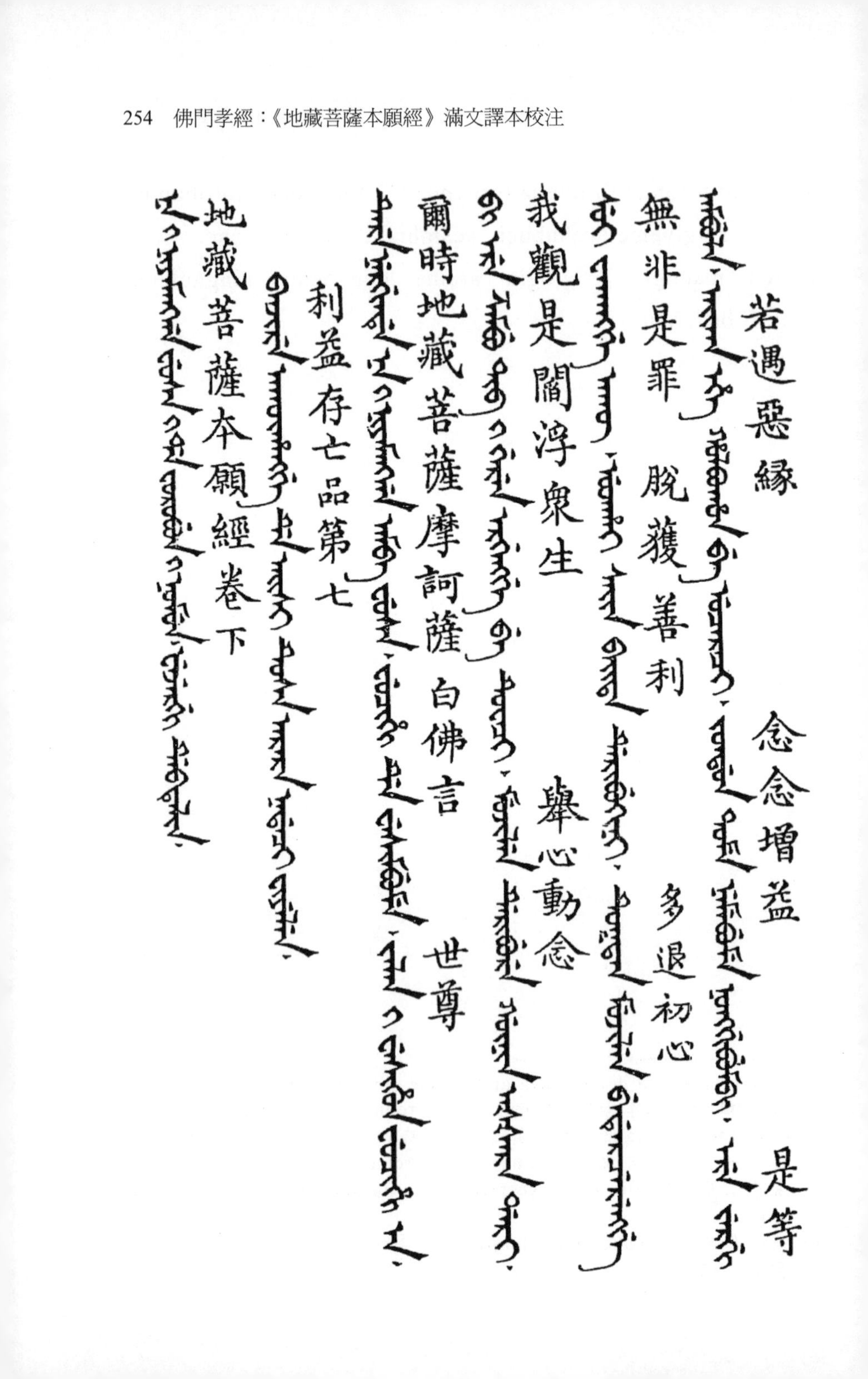

若遇惡緣　念念增益　是等

無非是罪　脫獲善利　多退初心

我觀是閻浮衆生　舉心動念

爾時地藏菩薩摩訶薩白佛言　世尊

利益存亡品第七

地藏菩薩本願經卷下

na i niyamangga fusa i da forobun i nomun, fejergi debtelin.
banjire akūhangge de aisi tusa arara nadaci fiyelen.[1]
tere nerginde na i niyamangga amba fusa,[2] fucihi de wesimbume, jalan i wesihun fucihi a, bi ere dzambu tib i geren ergengge be tuwaci, mujilen deribure gūnin aššara dari, sui wakangge akū, uthai sain baita deribukini,[3] tuktan mujilen bedercerengge ambula, aika ehe holbohon be ucaraci, jondon tome nemebume nonggibumbi. ere jergi

1 "banjire akūhangge de aisi tusa arara nadaci fiyelen"，句中"akūhangge"，朱印本滿文作"bucere urse"。
2 朱印本滿文作"tere funde na i niyamangga fusa amba fusa"，句中"funde"，誤，當作"fonde"。
3 朱印本滿文作"aika sain aisi bahaci"。

輩人如履泥塗 負於重石 漸困漸重

足步深邃 若得遇知識 替與減

負 或全與負 是知識有大力故

復相扶助勸令牢脚 若達

平地 須省惡路 無再經歷

世尊 習惡衆生從纖毫間

urse uthai lifagan jugūn be yabure de, ujen wehe be unufi,[4] ele šadaci ele ujen ofi, bethe šumci lifabure adali,[5] aika mergen baksi be ucaraci,[6] ini funde unuhe jaka be eberembume,[7] eici ini funde wacihiyame unume,[8] ere mergen baksi amba hūsun i turgunde,[9] geli aisilame wehiyeme ini bethe be teng seme jafa, aika necin na de isinaci,[10] urunakū ehe jugūn be cincila,[11] jai ume duleme yabure seme jombumbi.[12] jalan i wesihun fucihi a, ehe tacin i geren ergengge ser sere baci,[13]

---

4 朱印本滿文作“ere jergi urse uthai ujen wehe be unufi lifahan jugūn be yabure adali”，句中“lifahan”，合璧本滿文作“lifagan”。

5 朱印本滿文作“bethei okson genggedeme facihiyašambi”。

6 “aika mergen baksi be ucaraci”，句中“ucaraci”，朱印本滿文作“ucarafi”。

7 “ini funde unuhe jaka be eberembume”，句中“eberembume”，朱印本滿文作“eberembufi unure”。

8 “eici ini funde wacihiyame unume”，句中“unume”，朱印本滿文作“unure oci”。

9 朱印本滿文作“ere mergen baksi i amba hūsun i turgun”。

10 朱印本滿文作“geli ishunde aisilame wehiyeme ini bethe be necin na de yabure adali, teng seme akdun de jumbure oci”，句中“jumbure”，誤，當作“jombure”。

11 朱印本滿文作“giyan i isibume ehe jugūn be takafi”，句中“takafi”，合璧本滿文作“cincila”，意即「審視」。

12 朱印本滿文作“jai duleme yaburakū oci acambi”。

13 “ehe tacin i geren ergengge ser sere baci”，句中“tacin i”，朱印本滿文作“ehe be tacire”。

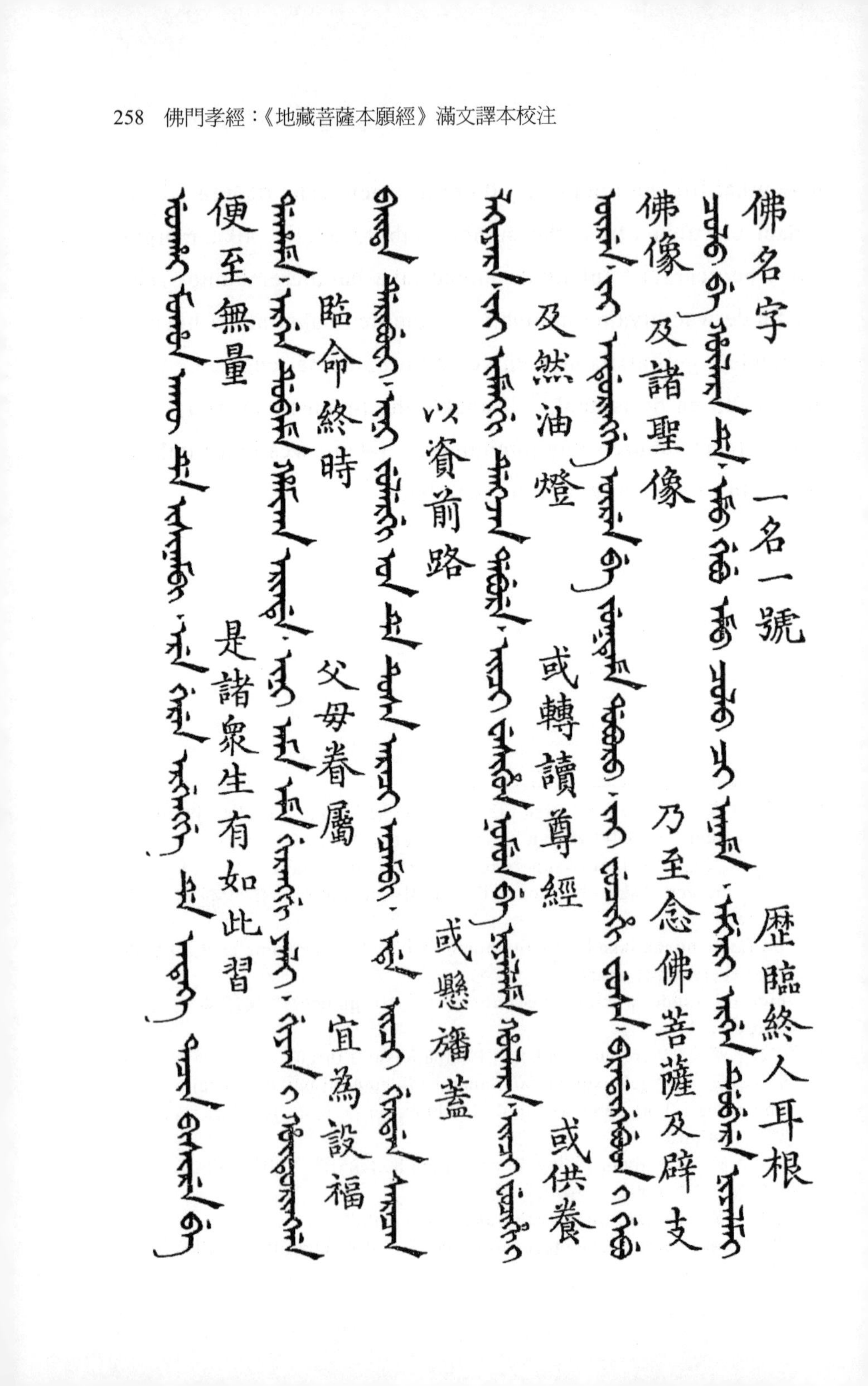

便至無量　是諸衆生有如此習
臨命終時　父母眷屬　宜為設福
以資前路　或懸旛蓋
及然油燈　或轉讀尊經　或供養
佛像　及諸聖像　乃至念佛菩薩及辟支
佛名字　一名一號　歷臨終人耳根

uthai mohon akū de isinambi. ere geren ergengge de enteke tacin bisire be dahame,[14] ergen dubeme hamika erinde,[15] ini ama eme giranggi yali,[16] giyan i hūturingga baita deribufi,[17] ini julergi on de tusa araci acambi.[18] ede eici girdan saracan lakiyara,[19] jai imenggi dengjan dabure,[20] eici wesihun nomun be niyeleme hūlara,[21] eici fucihi i ūren, jai enduringge ūren be jukteme doboro,[22] jai fucihi fusa, bradig'abut i gebu colo be hūlara de,[23] emu gebu emu colo ci aname, emgeri ergen dubere niyalmai

---

14 "ere geren ergengge de enteke tacin bisire be dahame"，朱印本滿文省略格助詞"de"。

15 朱印本滿文作"ergen ubeme hamire erinde"，句中"ubeme"，誤，當作"dubeme"。

16 "ini ama eme giranggi yali"，句中"giranggi yali"，漢文作「眷屬」，朱印本滿文作"gucu giyajan"，意即「隨侍」。

17 朱印本滿文作"ini jalin hūturi baita deribume"。

18 朱印本滿文作"julergi on de tusa araki seme"。

19 "ede eici girdan saracan lakiyara"，朱印本滿文省略"ede "。

20 "jai imenggi dengjan dabure"，句中"imenggi"，誤，當作"nimenggi"。

21 "eici wesihun nomun be niyeleme hūlara"，句中"niyeleme hūlara"，朱印本滿文作"hūlabure"。

22 "jai enduringge ūren be jukteme doboro"，朱印本滿文作"jai geren enduri i ūren de dobome juktere"。

23 "jai fucihi fusa, bradig'abut i gebu colo be hūlara de"，句中"bradig'abut"，梵語讀如"pratyeka"，漢文作「辟支佛」，意即「緣覺」。

使是諸衆生永離惡趣 得生人天

身死之後七七日內 廣造衆善 能

如是衆罪悉皆銷滅 若能更為

緣是眷屬為臨終人 修此聖因

造惡業 計其感果 必墮惡趣

或聞在夲識 是諸衆生所

šan i saligan de donjibure,[24] eici da ulhibun de ulhibure oci,[25] ere geren ergengge i yabuha ehe weilen de,[26] karulara šanggan be bodoci,[27] urunakū ehe dosinan de tuhenere giyan okini,[28] ini giranggi yali ere ergen dubere niyalmai jalin,[29] enduringgei deribun be urebume dasaha turgunde,[30] terei geren sui bireme gemu mayame mukiyembi. aika ini beye bucehe amala, dehi uyun inenggi i dolo,[31] eiten sain baita be ambula deribuci,[32] ere geren ergengge be enteheme ehe dosinan ci aljabufi, bahafi niyalma abka de banjifi.

---

24 朱印本滿文作“gemu ergen dubere niyalmai šan i da de donjibume”，句中“šan i da”，意即「耳根」，合璧本滿文作“šan i saligan”。

25 朱印本滿文作“eici da ulhibun de ulhibuci acambi”。句中“da ulhibun”，漢文作「本識」。

26 朱印本滿文作“ere geren ergengge i araha ehe sui”，句中“araha”，合璧本滿文作“yabuha”。漢文「惡業」，合璧本滿文作 “ehe weile”，朱印本滿文作“ehe sui”。

27 “karulara šanggan be bodoci”，句中“karulara šanggan”，漢文作「感果」。

28 朱印本滿文作“urunakū ehe jugūn de tuhenembi”，句中“ehe jugūn”，漢文作「惡趣」，合璧本滿文作“ehe dosinan”。

29 「眷屬」，合璧本滿文作“giranggi yali”，朱印本滿文作“gucu giyajan”。

30 朱印本滿文作“ere enduringge baita be dasaha de”。

31 「七七日」，合璧本、朱印本滿文俱作“dehi uyun inenggi”，意即「四十九日」。

32 “eiten sain baita be ambula deribuci”，句中“eiten sain baita”，朱印本滿文作“eiten sain”。

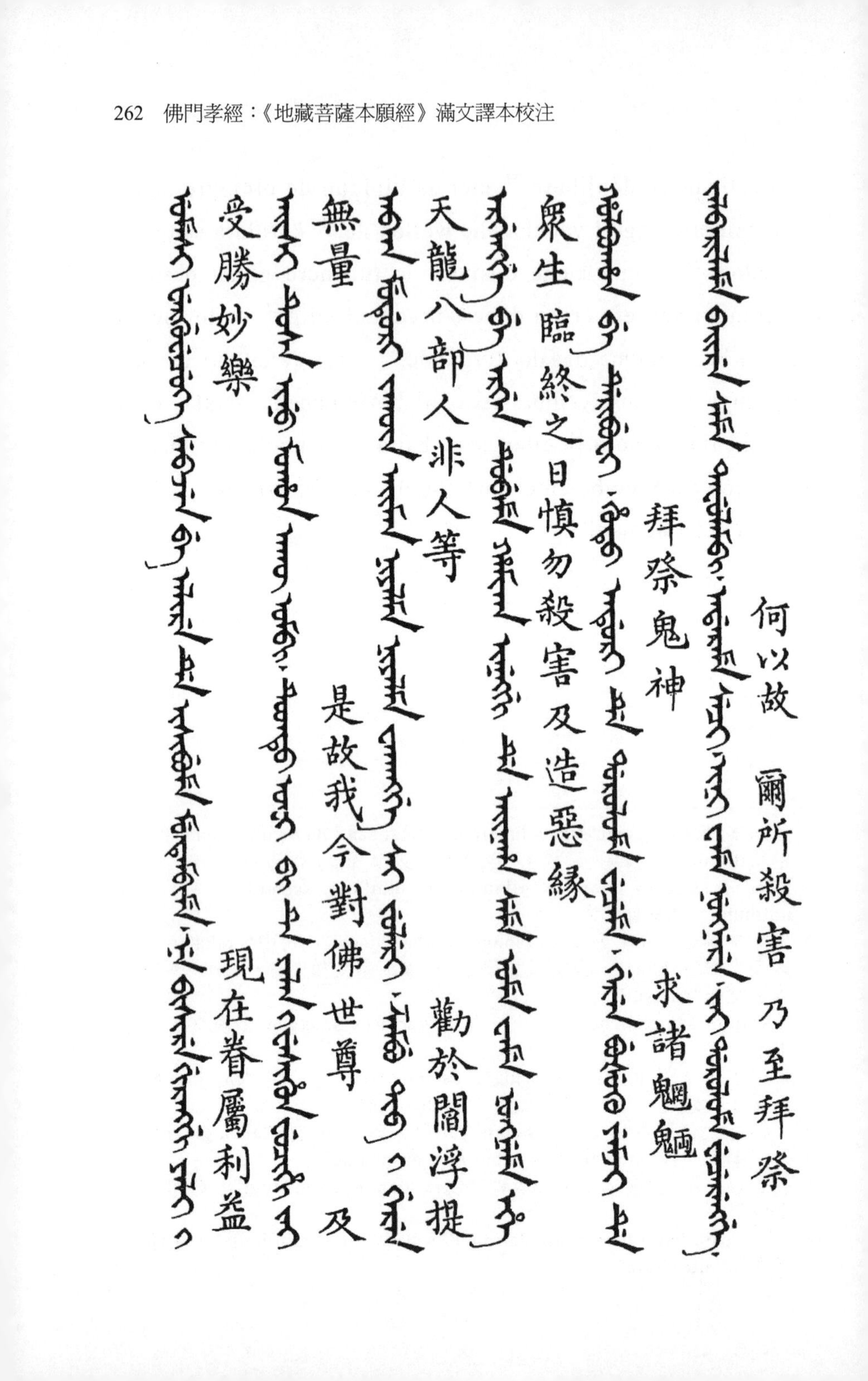

受勝妙樂

現在眷屬利益

無量

是故我今對佛世尊及

天龍八部人非人等

勸於閻浮提

衆生臨終之日慎勿殺害及造惡緣

拜祭鬼神

求諸魍魎

何以故

爾所殺害

乃至拜祭

umesi ferguwecuke sebjen be alire de isibume mutembime, ne bisire giranggi yali i aisi tusa inu mohon akū ombi.[33] tuttu ofi bi te jalan i wesihun fucihi jai abka muduri jakūn aiman niyalma niyalma wakangge sai juleri,[34] dzambu tib i geren ergengge be ergen dubeme hamika inenggi de ainaha seme ume wame nungneme ehe holbohon be deribufi,[35] hutu enduri de dorolome weceme,[36] geren bušuku yemji de jalbarilame baire seme tafulambi.[37] adarame seci, ini wame nungnere,[38] jai dorolome wecerengge,[39]

33 朱印本滿文作“ne bisire gucu giyajan be aisi tusa mohon akū obume mutembi”，句中“gucu giyajan”，漢文作「眷屬」。

34 朱印本滿文作“tuttu ofi bi te fucihi jalan i wesihun fucihi, jai abka muduri i jakūn aiman i niyalma niyalma wakangge sai baru”，句中“fucihi jalan i wesihun fucihi”，漢文作「佛世尊」，合璧本滿文作“jalan i wesihun fucihi”，滿漢文義稍有出入。

35 朱印本滿文作“dzambu tib i geren ergengge be dubeme hamika inenggi de, ainaha seme ume wara kokirara, jai ehe holbohon be deribure”，句中“wara kokirara”，漢文作「殺害」，合璧本滿文作“wame nungneme”。

36 朱印本滿文作“hutu enduri be doroloro wecere”。

37 朱印本滿文作“geren bušuku yemji de janbarime baire seme tafulambi”，句中“janbarime”，誤，當作“jalbarime”。

38 朱印本滿文作“ini wara kokirara ci”。

39 朱印本滿文作“jai dorolome wecere de isitala”。

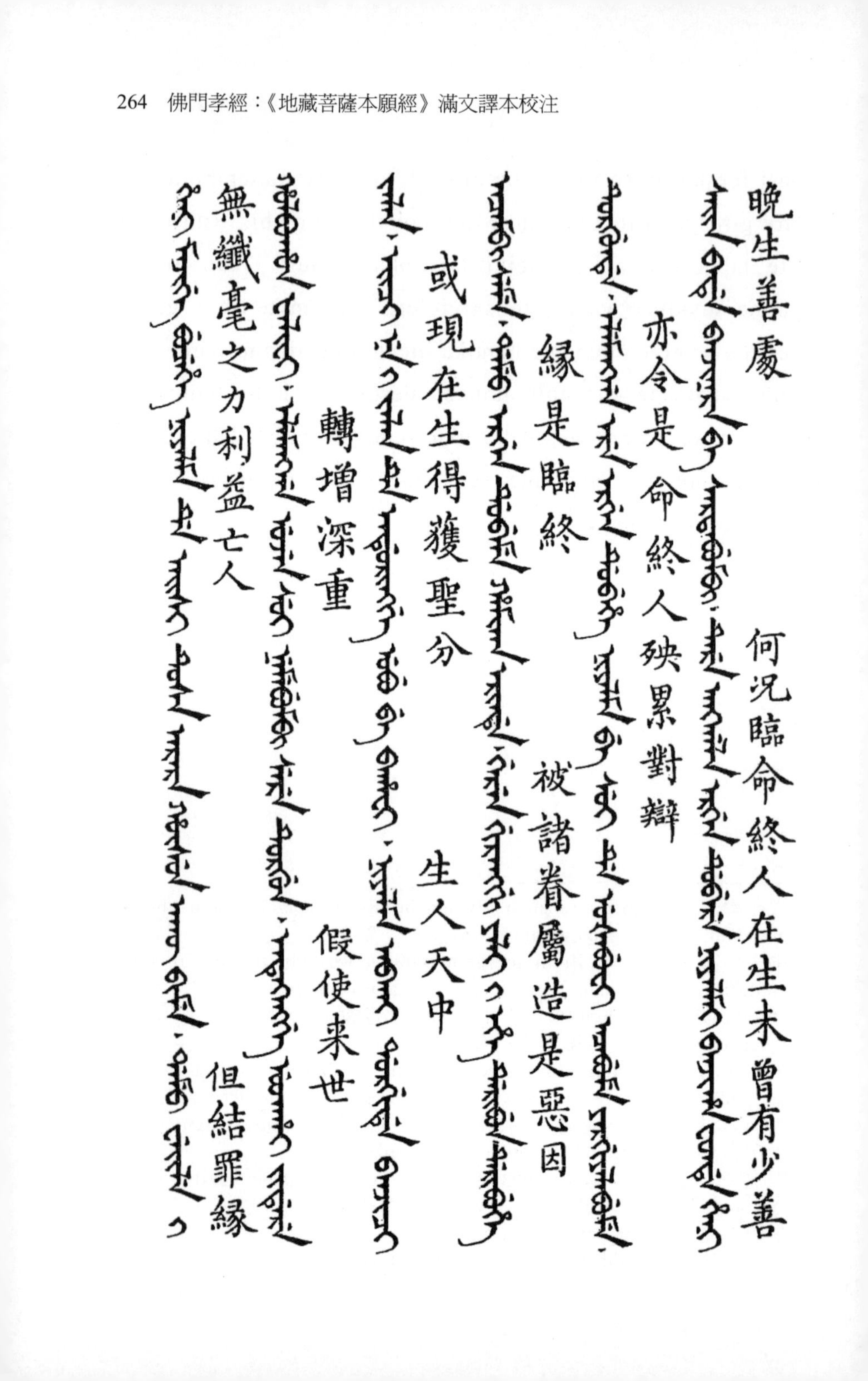

無纖毫之力利益亡人

但結罪緣

轉增深重

假使来世

或現在生得獲聖分

生人天中

緣是臨終

被諸眷屬造是惡因

亦令是命終人殃累對辯

晚生善處

何況臨命終人在生未曾有少善

heni majige bucehe niyalma de aisi tusa arara hūsun akū bime,[40] damu weile i holbohon falifi,[41] elemangga ujen sui nemebumbi sere turgun.[42] entekengge uthai jidere jalan,[43] eici ne i jalan de enduringge ubu be bahafi,[44] niyalma abkai dorgide banjici acambi seme,[45] damu ergen dubeme hamika erinde,[46] geren giranggi yali i ehe deribun deribuhe turgunde,[47] elemangga ere ergen dubehe niyalma be sui de ušabufi acabume yargiyalabume,[48] sain bade banjinara be sartabumbi.[49] tere anggala ergen dubere niyalmai banjiha fonde heni

---

40 朱印本滿文作“umai heni majige hūsun bifi, bucehe niyalma de aisi tusa obuha ba akū bime”。

41 “damu weile i holbohon falifi”，句中“weile i holbohon”，意即「罪緣」，朱印本滿文作“sui i holbohon”。

42 「轉增深重」，合璧本滿文作“elemangga ujen sui nemebumbi sere turgun”，朱印本滿文作“elemangga šumin ujen nemembi”。

43 朱印本滿文作“aikabade jidere jalan”。

44 朱印本滿文作“eici ne banjire jalan de, enduringge ubu be bahafi”。句中“ne banjire jalan”，漢文作「現在生」，合璧本滿文作“ne i jalan”。

45 朱印本滿文作“niyalma abka i dorgide banjici acarangge bifi”。

46 朱印本滿文作“ere ergen dubere hamire erinde”。

47 朱印本滿文作“geren gucu giyajan ere ehe baita deribure oci ”。

48 朱印本滿文作“ini ere ergen dubere niyalma be sui ušabun bakcilame faksilabunefi”。

49 朱印本滿文作“sain i bade banjiburengge sitashūn bade”。

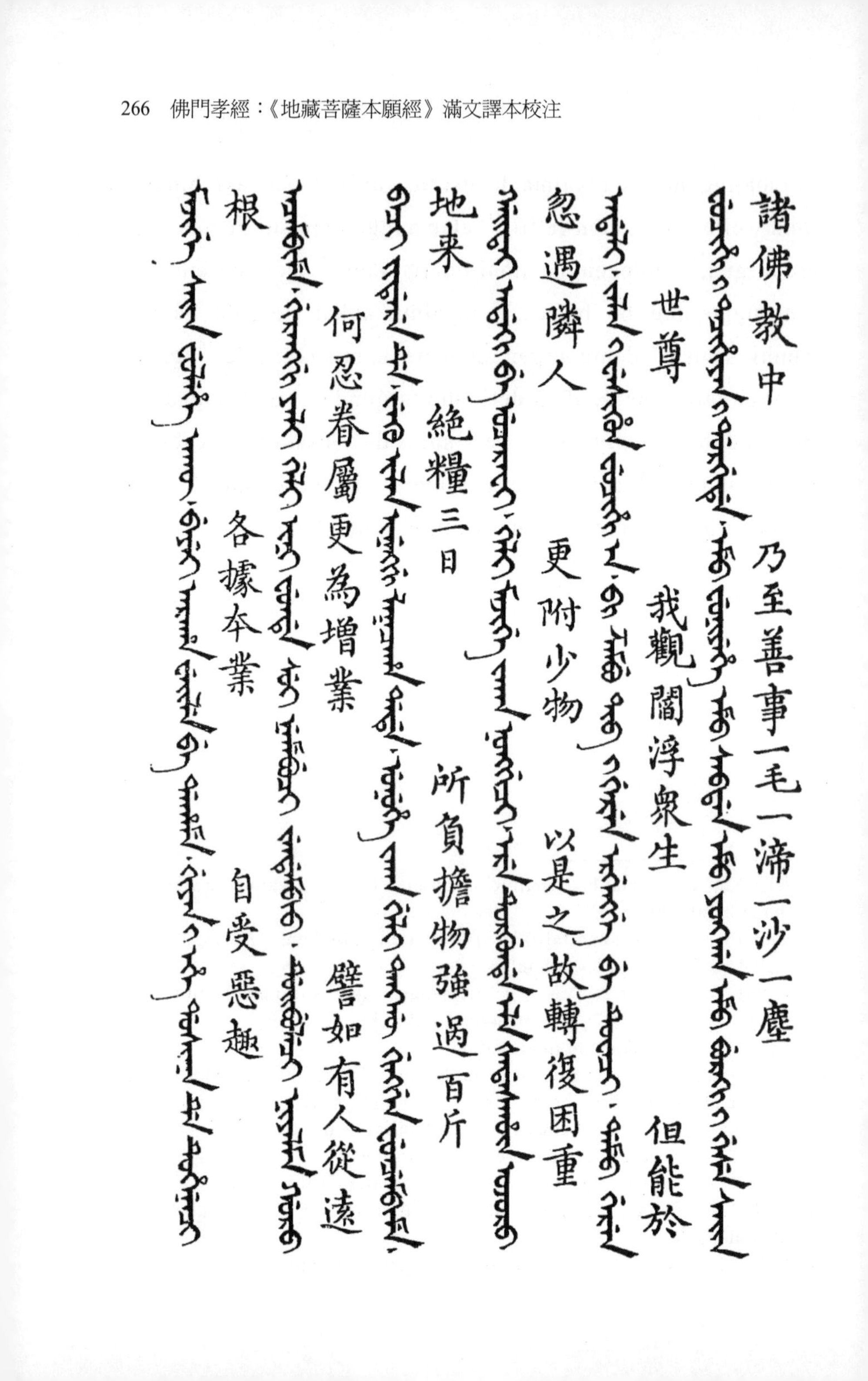

諸佛教中　乃至善事一毛一渧一沙一塵

世尊　我觀閻浮衆生　但能於

忽遇隣人　更附少物　以是之故轉復困重

地來　絕糧三日　所負擔物強過百斤

何忍眷屬更爲增業　譬如有人從遠

根　各據本業　自受惡趣

majige sain fulehe akū,[50] beyei araha weile be dahame,[51] giyan i ehe dosinan de tuheneci acambime,[52] giranggi yali geli ini funde sui nemebuci jendembio.[53] duibuleci niyalma goro baci jidere de,[54] jeku ilan inenggi lakcaha dade,[55] unuhe jaka geli tanggū ginggen funcembime,[56] gaitai adaki be ucarafi,[57] geli majige jaka nonggici,[58] ere turgunde ele šadashūn ojoro adali.[59] jalan i wesihun fucihi a, bi dzambu tib i geren ergengge be tuwaci, damu geren fucihi i tacihiyan i dorgide, emu funiyehe emu sabdan emu yonggan emu buraki i gese sain

---

50 朱印本滿文作"ergen dubere hamika niyalmai banjire fonde majige sain fulehe akū"。

51 朱印本滿文作"gemu ini beyei yabuha sui de "，句中"beyei yabuha sui"，漢文作「本業」，合璧本滿文作"beyei araha weile"。

52 朱印本滿文作"beye ehe banjin be alire be ai hendure"，句中"ehe banjin"，漢文作「惡趣」，合璧本滿文作"ehe dosinan"。

53 朱印本滿文作"ede gucu giyajan geli inde sui nemebuci banjinambio"，句中"gucu giyajan"，漢文作「眷屬」，合璧本滿文作"giranggi yali"。

54 "duibuleci niyalma goro baci jidere de"，句中"jidere de"，朱印本滿文作"jifi"。

55 朱印本滿文作"jeku ilan inenggi lakcafi"。

56 朱印本滿文作"ini unuhe jaka tanggū ginggen funcembime"。

57 "gaitai adaki be ucarafi"，句中"adaki"，漢文作「鄰人」，朱印本滿文作"adaki niyalma"。

58 朱印本滿文作"geli inde majige jaka nonggiha"。

59 朱印本滿文作"turgunde ele ujen ofi, šadara adali"。句中"ujen"，意即困重的「重」，合璧本滿文作"šadashūn"，意即困重的「困」。

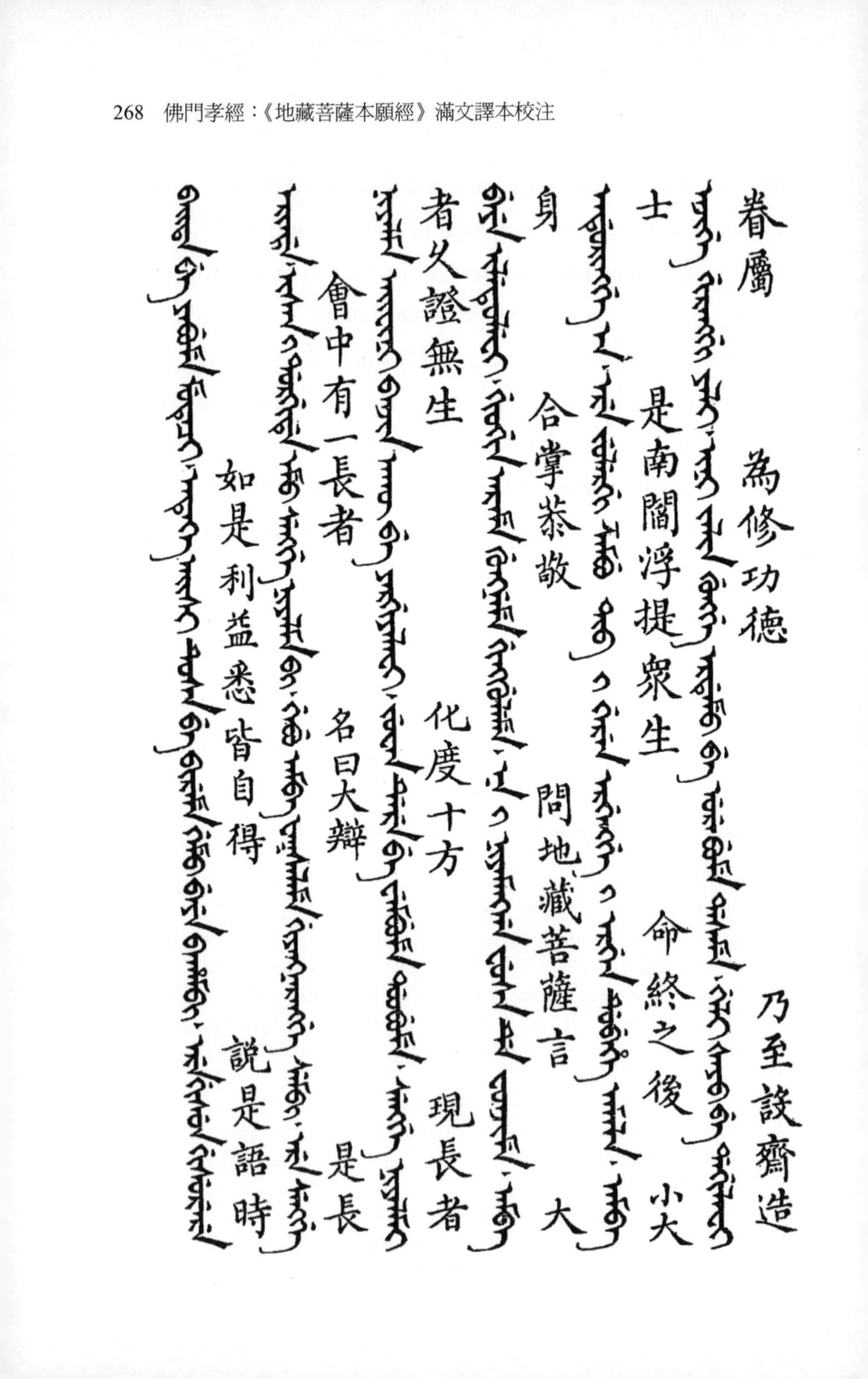

如是利益悉皆自得　說是語時
會中有一長者　名曰大辯　是長
者久證無生　化度十方　現長者
身　合掌恭敬　問地藏菩薩言　大
士　是南閻浮提衆生　命終之後　小大
眷屬　為修功德　乃至設齋造

baita be yabume muteci,[60] enteke aisi tusa be bireme gemu beye bahambi.[61] ere gisun gisurere erinde, isan i dorgide emu sengge niyalma bi,[62] gebu amba faksalame giyangnarangge sembi.[63] ere sengge niyalma aifini banjin akū be yargiyalafi,[64] juwan dere be wembume doobume,[65] sengge niyalmai beye iletulefi,[66] giogin arame gungneme gingguleme, na i niyamangga fusa de fonjime, amba enduringge a, ere julergi dzambu tib i geren ergengge i ergen dubehe amala, amba ajige giranggi yali,[67] ini jalin gungge erdemu be urebume dasame,[68] geli šayo be dagilafi[69]

---

60 「一毛一滯」，句中「一滯」，合璧本、朱印本滿文俱作“emu sabdan”，意即「一滴」。

61 “enteke aisi tusa be bireme gemu beye bahambi”，句中“bahambi”，朱印本滿文作“bahaci ombi”。

62 “emu sengge niyalma bi”，句中“sengge niyalma”，漢文作「長者」，朱印本滿文作“sengge”。

63 “gebu amba faksalame giyangnarangge sembi”，漢文作「名曰大辯」，朱印本滿文作“gemu amba giyangnarangge sembi”，句中“gemu”，誤，當作“gebu”；合璧本滿文作“faksalame giyangnarangge”，滿漢文義相合。

64 朱印本滿文作“ere sengge aifini banjin akū be yargiyalafi”，句中“sengge”，合璧本滿文作“sengge niyalma”。

65 朱印本滿文作“juwan dere be wembume doobumbihe”。

66 朱印本滿文作“sengge i beye iletulefi”，句中“sengge i”，合璧本滿文作“sengge niyalmai”。

67 「眷屬」，合璧本滿文作“giranggi yali”，朱印本滿文作“gucu giyajan”。

68 朱印本滿文作“gemu ini jalin gungge erdemu be nurebume dasame”，句中“nurebume”，誤，當作“urebume”。

69 朱印本滿文作“jai buda be dagilame”，意即「乃至備飯」，合璧本滿文作“geli šayo be dagilafi”，意即「乃至備齋」，滿漢文義相合。

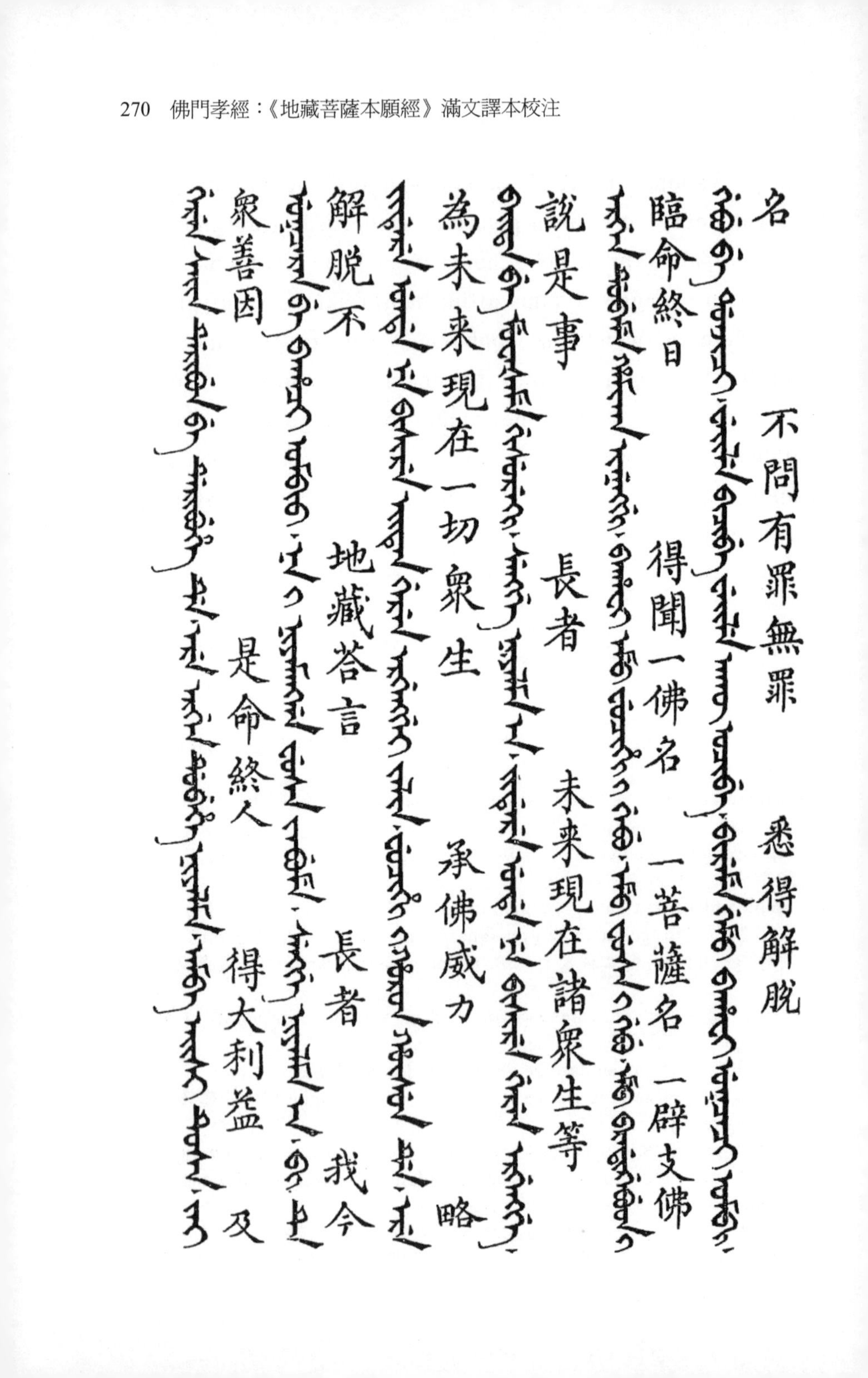

名　不問有罪無罪　悉得解脫

臨命終日　得聞一佛名　一菩薩名　一辟支佛

說是事　長者　未來現在諸衆生等

為未來現在一切衆生　承佛威力　略

解脫不　地藏答言　長者　我今

衆善因　是命終人　得大利益　及

geren sain deribun be deribuhe de,[70] ere ergen dubehe niyalma, amba aisi tusa,[71] jai ukcaran be bahaci ombio.[72] na i niyamangga fusa jabume, sengge niyalma a,[73] bi te jidere unde ne bisire eiten geren ergenggei jalin, fucihi i horon hūsun de,[74] ere baita be muwašame gisureki.[75] sengge niyalma a, jidere unde ne bisire geren ergengge, ergen dubeme hamika inenggi,[76] bahafi emu fucihi i gebu,[77] emu fusa i gebu, emu bradig'abut i gebu be donjici,[78] weile bicibe weile akū ocibe,[79] bireme gemu bahafi ukcaci ombi.[80]

70 朱印本滿文作“geren sain baita be deribuci”，句中“sain baita”，漢文作「善因」，合璧本滿文作“sain deribun”。
71 朱印本滿文作“amba aisi tusa bahafi”。
72 朱印本滿文作“jai umesi ukcaci ombio ojorakūn”。漢文「解脫」，合璧本滿文作“ukcaran”，朱印本滿文作“umesi ukcaci”。
73 「長者」，合璧本、朱印本滿文俱作“sengge niyalma”。
74 “fucihi i horon hūsun de”，句中“horon hūsun”，漢文作「威力」，朱印本滿文作“adistit hūsun”。
75 “ere baita be muwašame gisureki”，句中“muwašame”，朱印本滿文作“majige”。
76 “ergen dubeme hamika inenggi”，朱印本滿文作“ergen dubere hamika erinde”。
77 朱印本滿文作“bahafi emi fucihi i gebu”，句中“emi”，誤，當作“emu”。
78 “emu bradig'abut i gebu be donjici”，句中“bradig'abut”，漢文作「辟支佛」，梵語讀如“pratyeka”。
79 朱印本滿文作“weilen weile akū be bodorakū”。
80 朱印本滿文作“bireme gemu bahafi umesi ukcaci ombi”，「解脫」，合璧本滿文作“ukcaci ombi”，朱印本滿文作“umesi ukcaci ombi”。

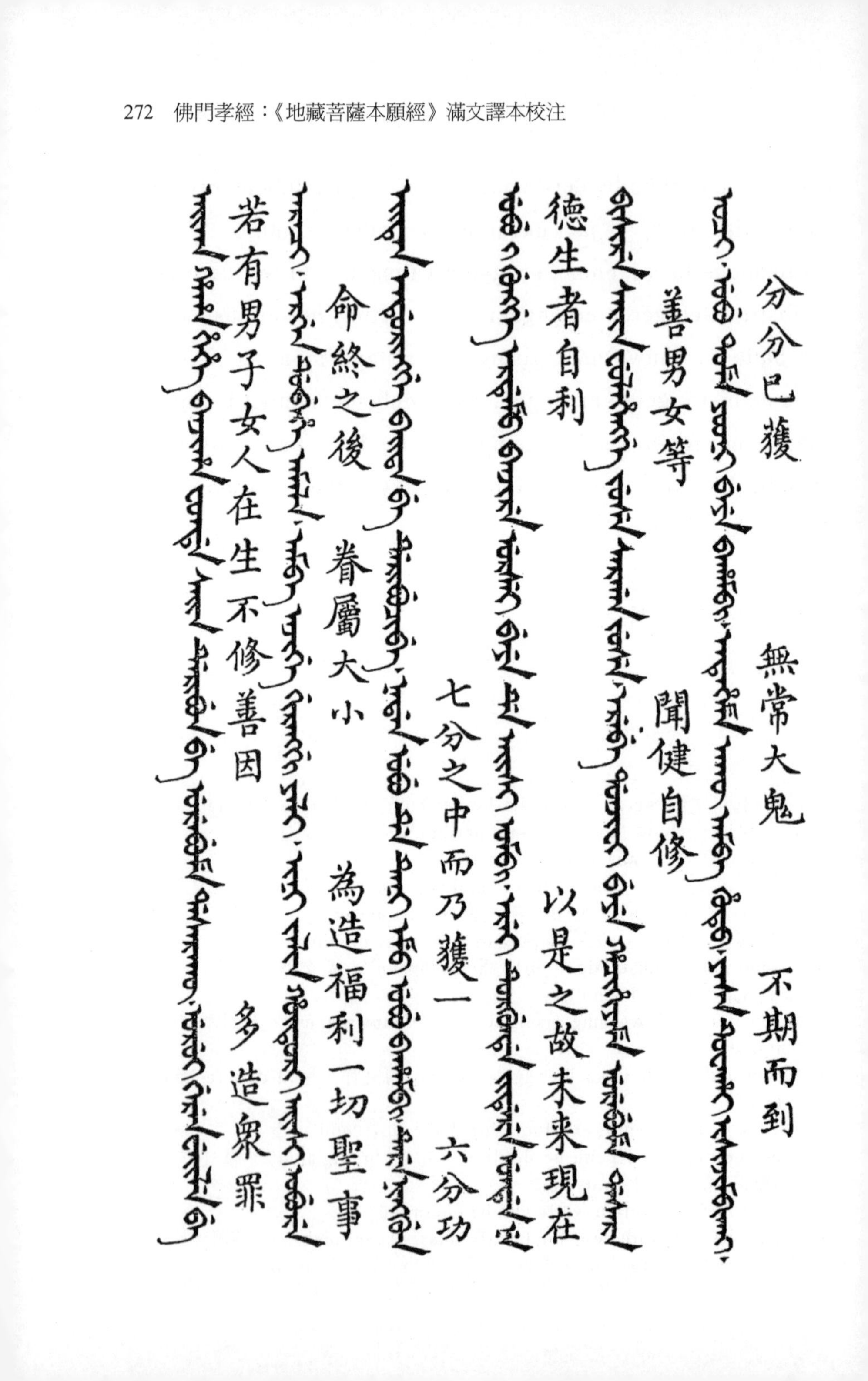

若有男子女人在生不修善因　多造眾罪

命終之後　眷屬大小　為造福利一切聖事

七分之中而乃獲一　六分功

德生者自利　以是之故未來現在

善男女等　聞健自修

分分已獲　無常大鬼　不期而到

aika haha hehe banjiha fonde sain deribun be urebume dasarakū,[81] urui geren weile be araci, ergen dubehe amala, amba ajige giranggi yali,[82] ini jalin hūturi aisi obure eiten enduringge baita be deribucibe,[83] nadan ubu de teni emu ubu bahambi,[84] tere ninggun ubu i gungge erdemu banjire ursei beye de aisi ombi,[85] erei turgunde jidere unde ne bisire sain fulehengge juse sargan juse,[86] erebe donjifi beye hacihiyame urebume dasara oci.[87] ubu tome yooni beye bahambi.[88] enteheme akū amba hutu,[89] yasa tuwahai isinjimbikai,[90]

---

81 朱印本滿文作"aika haha hehe bifi, banjire fonde, sain baita be urebume dasarakū",「善因」,合璧本滿文作"sain deribun",朱印本滿文作"sain baita"。

82 "amba ajige giranggi yali",句中"giranggi yali",漢文作「眷屬」,朱印本滿文作"gucu giyajan"。

83 朱印本滿文作"ini jalin hūturi aisi eiten enduringge baita be deribucibe"。

84 "nadan ubu de teni emu ubu bahambi",句中"teni",朱印本滿文作"manggai"。

85 朱印本滿文作"terei ninggun ubu i gungge erdemu banjire ursei beye de tusa ombi",句中"tusa",意即利益的「益」,合璧本滿文作"aisi",意即利益的「利」。

86 朱印本滿文作"erei turgunde jidere unde ne bisire sain fulehengge haha hehe niyalma"。

87 朱印本滿文作"erebe donjifi katunjame beye urebume dasara oci"。

88 朱印本滿文作"ubu tome yooni bahaci ombi",句中"ubu tome",漢文作「分分」,意即,「每分」。

89 "enteheme akū amba hutu",句中"enteheme akū",意即,「無常」。

90 朱印本滿文作"ini cisui jifi"。

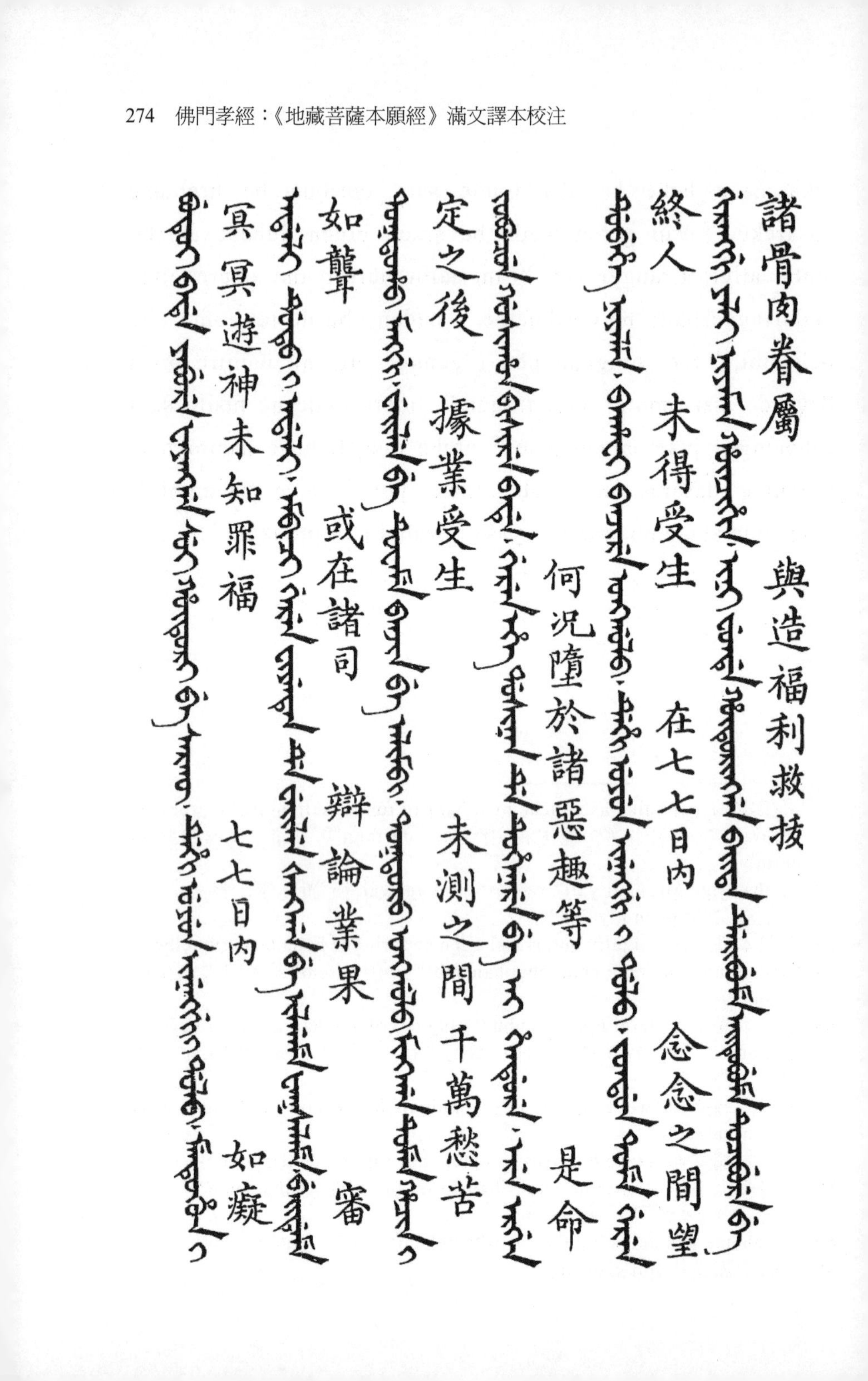

諸骨肉眷屬　與造福利救拔

終人　未得受生　在七七日內　念念之間望

何況墮於諸惡趣等　是命

定之後　據業受生　未測之間　千萬愁苦

如聾　或在諸司　辯論業果　審

冥冥遊神未知罪福　七七日內　如癡

butui bade yabure fayangga sui hūturi be sarkū,[91] dehi uyun inenggi i dolo, mentuhun i adali dutu i adali,[92] embici geren fiyenten de weilen šanggan be ilgame faksalame,[93] beideme toktoho manggi,[94] weilen be tuwame banjin be alimbi.[95] toktoro onggolo minggan tumen hacin i jobocun gosihon bisire bade,[96] geren ehe dosinan de tuhenere be ai hendure.[97] ere ergen dubehe niyalma, bahafi banjire onggolo,[98] dehi uyun inenggi i dolo, jondon tome geren giranggi yali niyaman hūncihin,[99] ini funde hūturingga baita deribume aitubume tucibure be

91 朱印本滿文作“gamafi butui bade bisire enduri, sui hūturi be sarkū”，句中“bisire enduri”，合璧本滿文作“yabure fayangga”，漢文作「遊神」，意即，「遊魂」。

92 朱印本滿文作“mentuhun i adali dutu i adali obume”。

93 朱印本滿文作“geren fiyenten de weilen šanggan be ilgame faksalame”。

94 朱印本滿文作“beidebufi toktoho manggi”。

95 “weilen be tuwame banjin be alimbi”，句中“banjin”，朱印本滿文作“banjire”。

96 “toktoro onggolo minggan tumen hacin i jobocun gosihon bisire bade”，句中“jobocun”，朱印本滿文作“jobolon”。

97 「惡趣」，合璧本、朱印本滿文俱作“ehe dosinan”。

98 “ere ergen dubehe niyalma, bahafi banjire onggolo”，句中“onggolo”，朱印本滿文作“unde ucuri”。

99 朱印本滿文作“hing sere gūnin i ini geren giranggi yali gucu giyajan sa”，句中“gucu giyajan”，合璧本滿文作“niyaman hūncihin”，漢文作「眷屬」，意即「親戚」。

道　未齋食竟及營齋之次　米泔

生命終之後　眷屬骨肉　為修營齋資助業

永受衆苦　復次長者　如是罪業衆

是五無間罪　墮大地獄　千刼　萬刼

是罪人　動經千百歲中無解脫日　若

過是日後　隨業受報　若

erehunjembi,[100] ere inenggi be duleke manggi, weilen be tuwame karulan be alimbi, aika weilengge niyalma oci,[101] uthai minggan tanggū aniya duleke seme ukcara inenggi akū.[102] aika sunja jaka akū i weile oci,[103] amba na i gindana de tuhenefi, minggan g'alab tumen g'alab de isitala, enteheme geren gosihon be alimbi. geli sengge niyalma a,[104] enteke sui weilen i geren ergengge ergen dubehe amala, niyaman hūncihin giranggi yali,[105] ini jalin šayo dagilame weilen i jugūn de aisilame deribure de,[106] šayolara unde,[107] jai šayo dagilara nerginde,[108] suran i muke

100 朱印本滿文作"ini funde hūturi baita arame aitubume tucibure be erehunjembi "，句中"hūturi"，合璧本滿文作"hūturingga"。

101 朱印本滿文作"enteke weilengge niyalma"。

102 朱印本滿文作"uthai minggan tanggū aniya dulembuhe seme ukcara inenggi akū ombi"。

103 朱印本滿文作"aika sunja giyan akū i weile oci"，句中"giyan"，爲漢文「間」的音譯。「無間」，合璧本滿文作"jaka akū"，意即「無間斷」。

104 "geli sengge niyalma a"，朱印本滿文作"geli sengge niyalma de alame hendume"。

105 「眷屬骨肉」，朱印本滿文作"gucu giyajan giranggi yali"，合璧本滿文作"niyaman hūncihin giranggi yali"。

106 朱印本滿文作"ini jalin buda dagilame sain doro be aisilame arara de"，句中"buda dagilame"，合璧本滿文作"šayo dagilame"；"sain doro"，誤，當作"sui doro"，合璧本滿文作"weilen i jugūn"，滿漢文義相合。

107 「未齋食竟」，合璧本滿文作"šayolara unde"，意即「未齋」，滿漢文義不合。朱印本滿文作"budalara unde, budalame wajiha"。

108 朱印本滿文作"jai buda dagilara nergin de"。

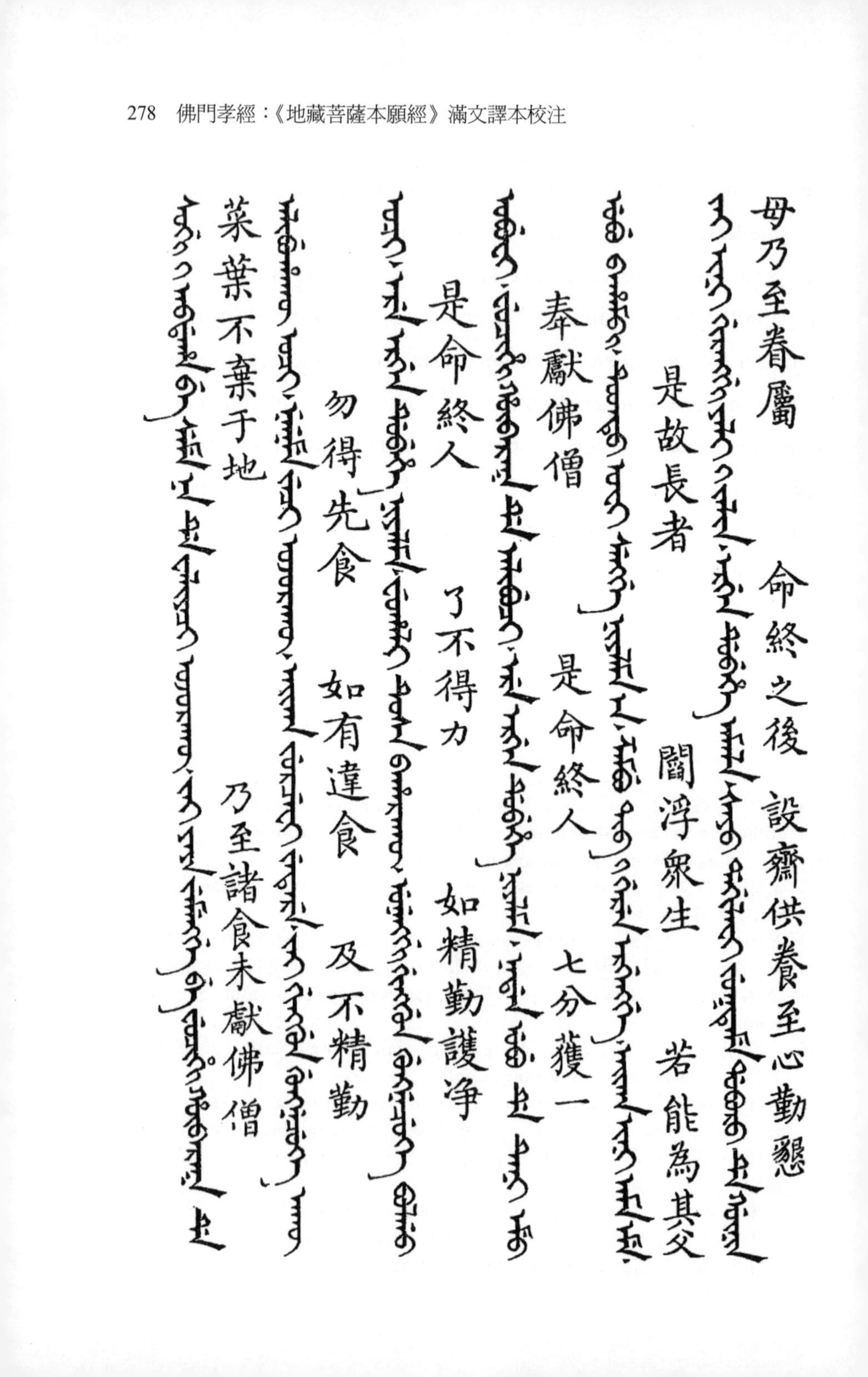

母乃至眷屬　命終之後　設齋供養至心勤懇

是故長者　閻浮眾生　若能為其父

奉獻佛僧　是命終人　七分獲一

是命終人　了不得力　如精勤護淨

勿得先食　如有違食　及不精勤

菜葉不棄于地　乃至諸食未獻佛僧

sogi i abdaha be seme na de waliyaci ojorakū,[109] jai yaya jemengge be fucihi hūbarak de alibuhakū oci,[110] neneme jeci ojorakū, aika jurcefi jetere,[111] jai ginggun gungnecuke akū oci,[112] ere ergen dubehe niyalma, fuhali tusa baharakū,[113] unenggi ginggun gungnecuke bolgo obufi,[114] fucihi hūbarak de alibuci,[115] ere ergen dubehe niyalma, nadan ubu de teni emu ubu bahambi. tuttu ofi sengge niyalma a, dzambu tib i geren ergengge, aika ini ama eme, jai ini giranggi yali i jalin,[116] ergen dubehe amala, šayo dagilafi jukteme doboro de gūnin

109 朱印本滿文作"suran i muke sohi i abdaha seme na de waliyarakū"，句中"sohi"，通行滿文作"sogi"。
110 "jai yaya jemengge be fucihi hūbarak de alibuhakū oci"，句中"alibuhakū"，朱印本滿文作"dobohakū"。
111 "aika jurcefi jetere"，句中"jurcefi"，朱印本滿文作"jurceme"。
112 朱印本滿文作"jai sithūme kicerakūngge bici"。
113 朱印本滿文作"ere ergen dubehe niyalma dubentele hūsun baharakū"。
114 朱印本滿文作"unenggi sithūme kiceme bolgomime targame"。句中"sithūme kiceme"，意即「勤勉」，或「精勤」，合璧本滿文作"ginggun gungnecuke"，意即「恪恭」，滿漢文意頗有出入。
115 朱印本滿文作"fucihi hūbarak de alibume doboro oci"。
116 "jai ini giranggi yali i jalin"，句中"giranggi yali"，漢文作「眷屬」，朱印本滿文作"gucu giyajan"。

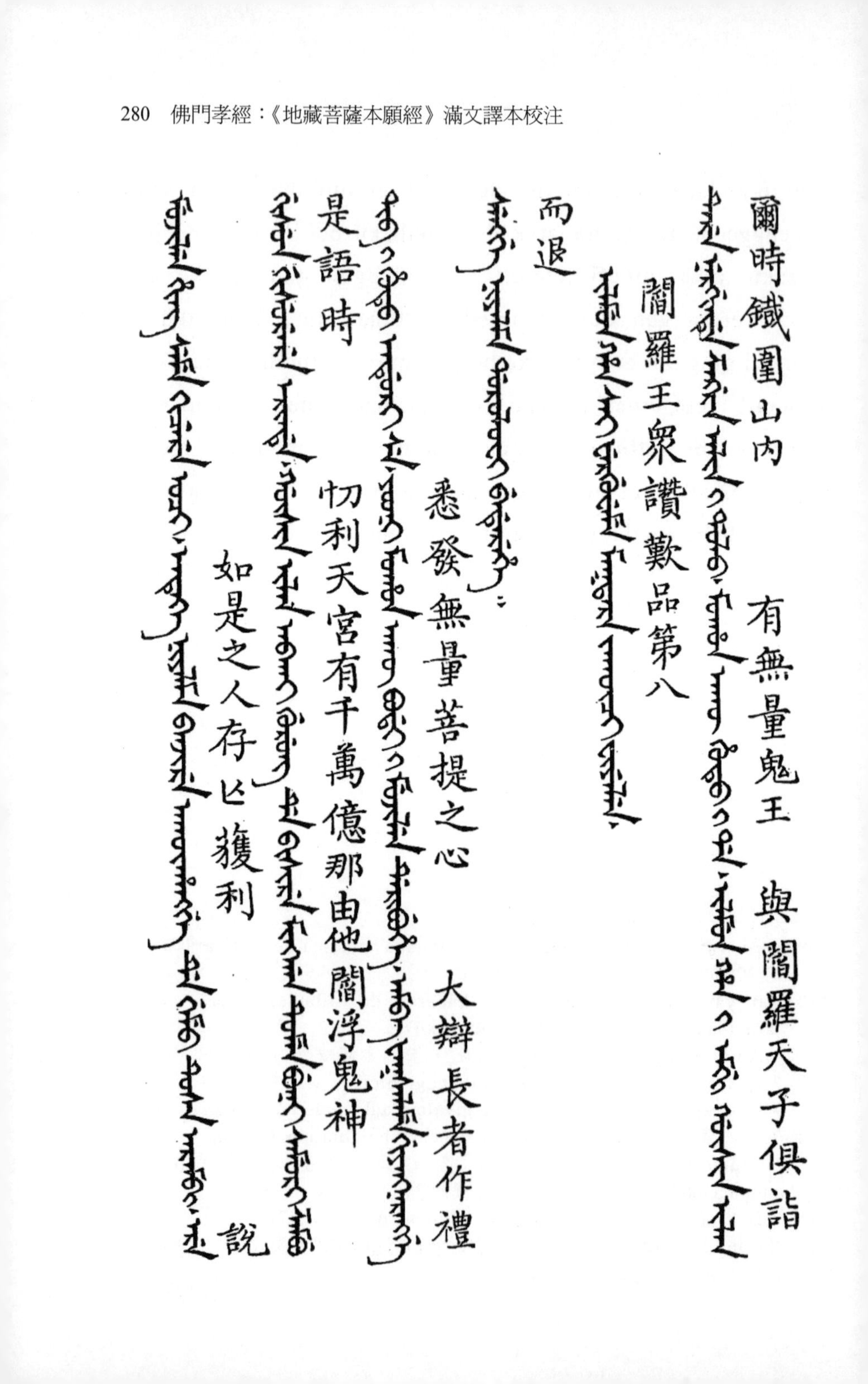

如是之人存亡獲利　說

是語時　忉利天宮有千萬億那由他閻浮鬼神

悉發無量菩提之心　大辯長者作禮

而退

閻羅王衆讚歎品第八

爾時鐵圍山內　有無量鬼王　與閻羅天子俱詣

mujilen hing seme kicere oci,[1] enteke niyalma banjire akūhangge de gemu tusa arambi.[2] ere gisun gisurere erinde, gūsin ilan abkai gurung de bisire minggan tumen bunai samuri dzambu tib i hutu enduri se,[3] yooni mohon akū bodi i mujilen deribuhe.[4] amba faksalame giyangnarangge sengge niyalma dorolofi bederehe.[5]

ilmun han sai ferguweme maktara jakūci fiyelen.[6]

tere nerginde dzag'ra alin i dolo,[7] mohon akū hutu i da,[8] ilmun han i emgi gūsin ilan

1 朱印本滿文作“buda dagilame dobome jukteme hing sere gūnin i kiceme baire oci”，句中“buda”，合璧本滿文作“šayo”。

2 朱印本滿文作“enteke niyalma banjire bucerengge de gemu aisi bahambi”，句中“aisi”，合璧本滿文作“tusa”。

3 “gūsin ilan abkai gurung de bisire”，朱印本滿文作“gūsin ilan abkai gurung de”，句中省略“bisire”。

4 “yooni mohon akū bodi i mujilen deribuhe”，句中“deribuhe”，朱印本滿文作“deribuhebi”。

5 朱印本滿文作“amba giyangnarangge sere sengge niyalma, dorolofi bederehe”，句中“giyangnarangge”，合璧本滿文作“faksalame giyangnarangge”。

6 朱印本滿文作“geren ilmun han se maktame ferguwere jakūci fiyelen”。

7 朱印本滿文作“tere fonde dzag'ara alin i dolo”。句中“dzag'ara”，合璧本滿文作“dzag'ra”，漢文作「鐵圍」，梵語讀如“cakravāḍa”。

8 “mohon akū hutu i da”，句中“hutu i da”，漢文作「鬼王」，朱印本滿文作“hutu wang”。

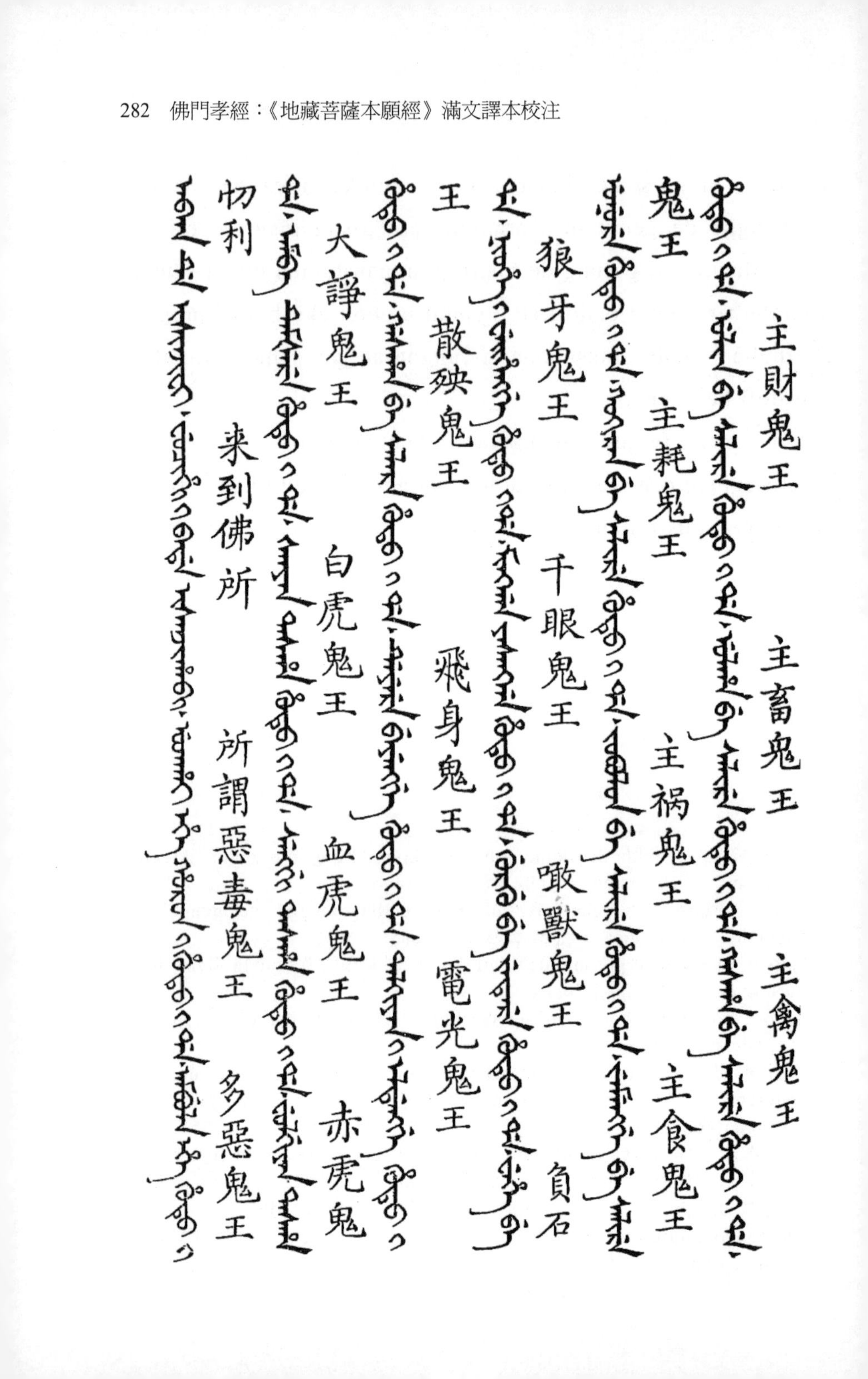

主財鬼王　主畜鬼王　主禽鬼王

鬼王　主耗鬼王　主禍鬼王　主食鬼王

狼牙鬼王　千眼鬼王　噉獸鬼王　負石

王　散殃鬼王　飛身鬼王　電光鬼王

大諍鬼王　白虎鬼王　血虎鬼王　赤虎鬼

切利　来到佛所　所謂惡毒鬼王　多惡鬼王

abka de isinjifi,[9] fucihi i bade isanjihabi.[10] uthai ehe horon i hutu i da,[11] ambula ehe hutu i da,[12] amba temšere hutu i da,[13] šanyan tasha hutu i da,[14] senggi tasha hutu i da,[15] fulgiyan tasha hutu i da, gashan be salara hutu i da,[16] deyere beyengge hutu i da,[17] talkiyan i eldengge hutu i da,[18] niohe i weihengge hutu i da, minggan yasangga hutu i da, gurgu be jetere hutu i da, wehe be unure hutu i da, kokiran be salire hutu i da,[19] jobolon be salire hutu i da, jemengge be salire hutu i da, ulin be salire hutu i da, ulha be salire hutu i da, gasha be salire hutu i da,

---

9 朱印本滿文作"jai ilmun abkai jui i sasa gūsin ilan abka de genefi"。「閻羅天子」，合璧本滿文作"ilmun han"，意即「閻羅王」，朱印本滿文作"ilmun abkai jui"。

10 "fucihi i bade isanjihabi"，句中"isanjihabi"，朱印本滿文作"isinjiha"。

11 朱印本滿文作"uthai ehe horongge hutu wang"。

12 朱印本滿文作"ehe labdungge hutu wang"。

13 朱印本滿文作"amba ekcin hutu wang"，句中"ekcin"，意即「醜鬼」，合璧本滿文作"temšere"，意即「爭執」，滿漢文義頗有出入。

14 朱印本滿文作"šanyan tasha hutu wang"。

15 朱印本滿文作"senggi tasha hutu wang"。

16 "gashan be salara hutu i da"，漢文作「散殃鬼王」，意即「散給災殃的鬼王」。

17 "deyere beyengge hutu i da"，句中"beyengge"，朱印本滿文作"beyeingge"。

18 「鬼王」，合璧本滿文作"hutu i da"，意即「鬼之頭目」，朱印本滿文作"hutu wang"，意即「鬼王」。

19 "kokiran be salire hutu i da"，意即「承受損耗之鬼頭」，朱印本滿文作"gashan be aliha hutu wang"，意即「承受災殃之鬼王」。

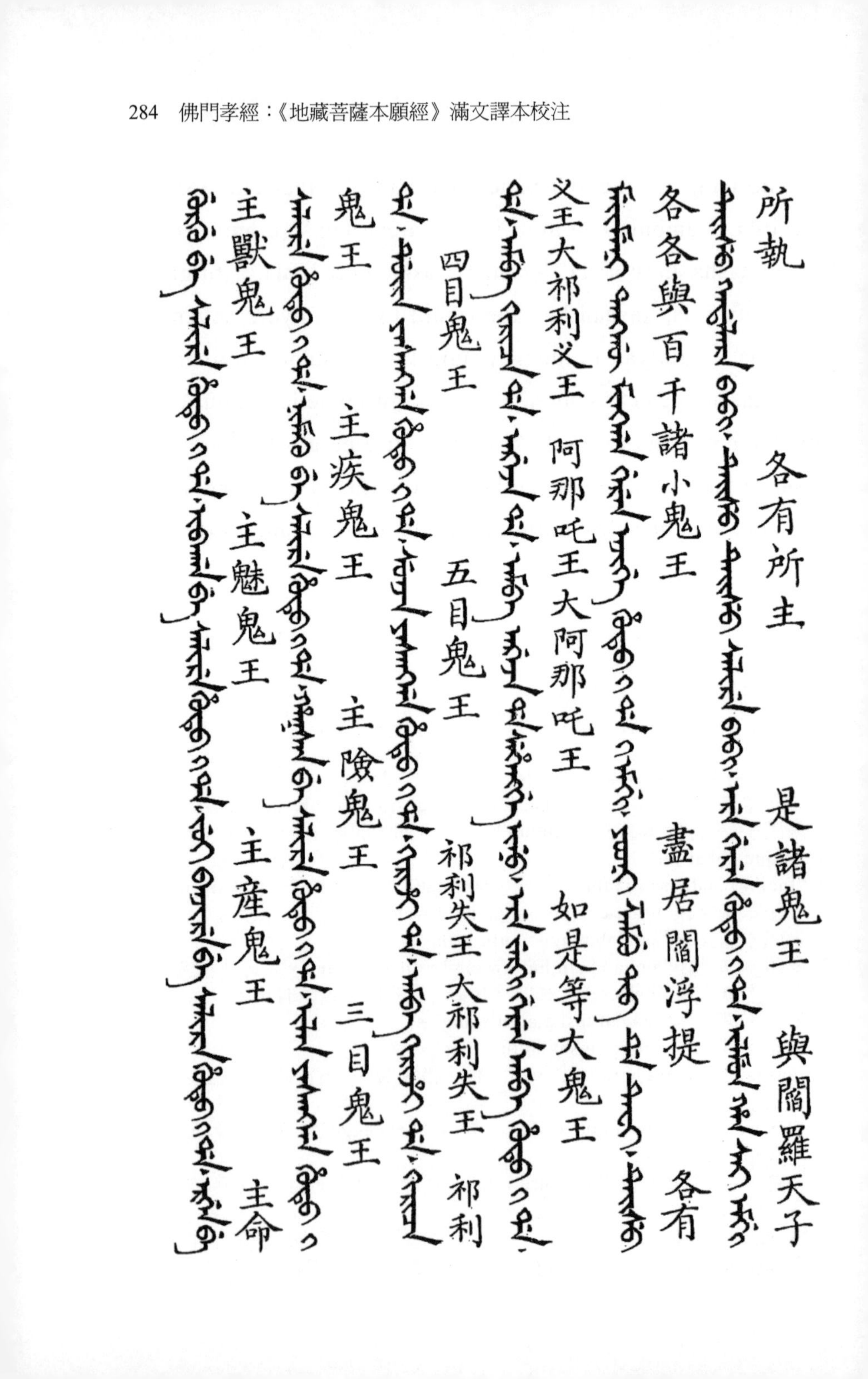

主獸鬼王　主魅鬼王　主産鬼王　主命

鬼王　主疾鬼王　主險鬼王　三目鬼王

四目鬼王　五目鬼王　祁利失王大祁利失王　祁利

叉王大祁利叉王　阿那吒王大阿那吒王　如是等大鬼王

各各與百千諸小鬼王　盡居閻浮提　各有

所執　各有所主　是諸鬼王　與閻羅天子

gurgu be salire hutu i da, ibagan be salire hutu i da,[20] jui banjire be salire hutu i da,[21] ergen be salire hutu i da,[22] nimeku be salire hutu i da, haksan be salire hutu i da,[23] ilan yasangga hutu i da, duin yasangga hutu i da, sunja yasangga hutu i da, kirijy da,[24] amba kirijy da, kirica da,[25] amba kirica da, ag'aja da,[26] amba ag'aja da sehengge inu. ere jergi geren amba hutu i da,[27] meimeni tanggū minggan geren ajige hutu i da i emgi,[28] yooni dzambu tib de tefi, teisu teisu kadalara babi,[29] teisu teisu salire babi.[30] ere geren hutu i da, ilmun han sai emgi

20 "ibagan be salire hutu i da"，漢文作「主魅鬼王」，句中「魅」，滿文作"ibagan"，意即「妖怪」，或「鬼怪」。

21 "jui banjire be salire hutu i da"，漢文作「主產鬼王」，句中「產」，滿文作"jui banjire"，意即「生產孩子」。

22 朱印本滿文作"irgen be aliha hutu wang"，句中"irgen"，誤，當作"ergen"。

23 "haksan be salire hutu i da"，漢文作「主險鬼王」，句中「險」，滿文作"haksan"，意即「凶險」，或「險阻」。

24 "kirijy da"，漢文作「祁利失王」，句中「祁利失」，滿文作"kirijy"。

25 "kirica da"，漢文作「祁利叉王」。

26 "ag'aja da"，句中"ag'aja"，漢文作「阿哪吒」。

27 朱印本滿文作"enteke jergi geren amba hutu wang"，句中"enteke"，合璧本滿文作"ere"。

28 "meimeni tanggū minggan geren ajige hutu i da i emgi"，句中"meimeni"，朱印本滿文作"teisu teisu"，漢文作「各各」。

29 "teisu teisu kadalara babi"，句中"teisu teisu"，朱印本滿文作"meimeni"。

30 朱印本滿文作"meimeni aliha babi"。

承佛威神　及地藏菩薩摩訶薩力　俱詣忉利

在一面立　爾時閻羅天子胡跪合掌

白佛言　世尊　我等今者與諸鬼王承佛

威神及地藏菩薩摩訶薩力　方得詣此忉利大會

亦是我等獲善利故　我今

有小疑事　敢問世尊　唯願世尊

fucihi i horon šengge,[31] jai na i niyamangga amba fusa i hūsun de,[32] gemu gūsin ilan abka de isinjifi, emu ergide ilinahabi.[33] tere nerginde ilmun han bethe bukdafi giogin arame, fucihi de wesimbume, jalan i wesihun fucihi a, bi te geren hutu i da i emgi,[34] fucihi i horon šengge, jai na i niyamangga amba fusa i hūsun de,[35] teni bahafi enteke gūsin ilan abkai amba isan de isinjiha.[36] ere inu meni beyese sain aisi be baha turgun,[37] te minde majige kenehunjere baita bi,[38] gelhun akū jalan i wesihun fucihi de dacilaki[39] bairengge jalan i

---

31 朱印本滿文作“jai ilmun abkai jui sa fucihi i horon šengge”，句中“ilmun abkai jui”，意即「閻羅天子」，合璧本滿文作“ilmun han”。

32 “jai na i niyamangga amba fusa i hūsun de”，句中“amba fusa”，漢文作「菩薩摩訶薩」，滿漢文義稍有出入；朱印本滿文作“fusa amba fusa”，滿漢文義相合。

33 “emu ergide ilinahabi”，句中“ilinahabi”，朱印本滿文作“ilicahabi”。

34 “bi te geren hutu i da i emgi”，句中“bi”，朱印本滿文作“be”。

35 “jai na i niyamangga amba fusa i hūsun de”，朱印本滿文作“jai na i niyamangga fusa amba fusai teni hūsun de”。

36 朱印本滿文作“bahafi enteke gūsin ilan abka amba isan de isinjiha”。

37 “ere inu meni beyese sain aisi be baha turgun”，句中“baha”，朱印本滿文作“bahara”。

38 朱印本滿文作“bi te majige kenehunjere baita bi”。

39 “gelhun akū jalan i wesihun fucihi de dacilaki”，句中“dacilaki”，意即「請示」，或「詢問」。朱印本滿文作“fonjiki”，意即「詢問」。

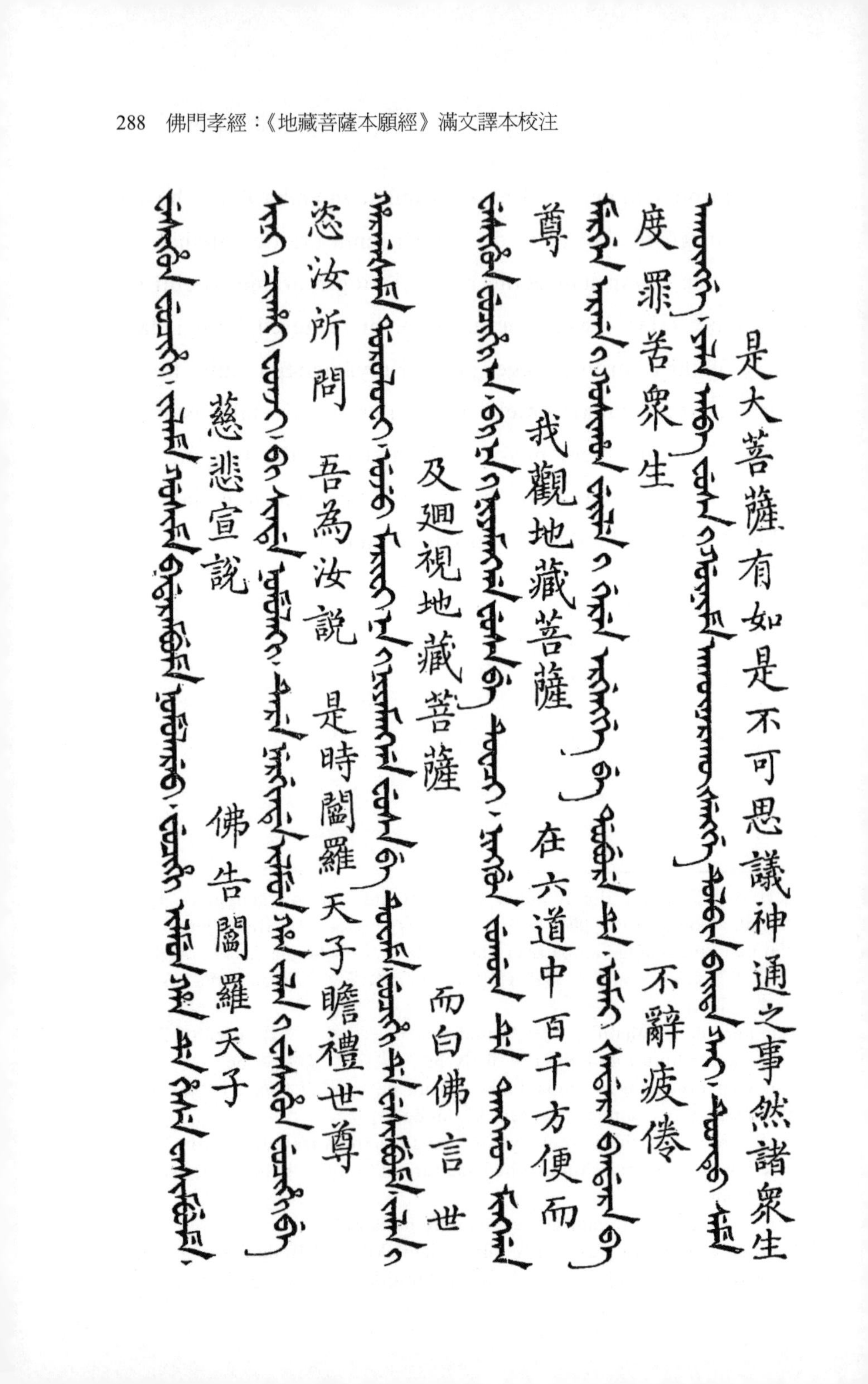

慈悲宣說

佛告閻羅天子

恣汝所問　吾為汝說　是時閻羅天子瞻禮世尊

及迴視地藏菩薩　而白佛言世尊

我觀地藏菩薩　在六道中百千方便而

度罪苦衆生　不辭疲倦

是大菩薩有如是不可思議神通之事然諸衆生

wesihun fucihi,[40] jilame gosime badarambume nomulareo.[41] fucihi ilmun han de hese wasimbume,[42] sini cihai fonji, bi sinde nomulaki.[43] tere nerginde ilmun han jalan i wesihun fucihi be hargašame dorolofi,[44] uju marifi na i niyamangga fusa be tuwame, fucihi de wesimbume, jalan i wesihun fucihi a, bi na i niyamangga fusa be tuwaci, ninggun jugūn de tanggū minggan mergen arga i gosihon weile i geren ergengge be doobure de,[45] umai šadara bandara ba akūngge,[46] yala amba fusa i gūnime akūnarakū šengge tulbin baita kai.[47] tuttu seme

---

40 "bairengge jalan i wesihun fucihi"，句中"bairengge"，意即「所求的」，或「伏乞」。朱印本滿文作"damu buyerengge jalan i wesihun fucihi"，句中"damu buyerengge"，意即「唯願」，滿漢文義相合。

41 "jilame gosime badarambume nomulareo"，句中"nomulareo"，朱印本滿文作"nomularao"。

42 朱印本滿文作"fucihi ilmun abkai jui de hese wasimbume"。

43 "bi sinde nomulaki"，句中"nomulaki"，朱印本滿文作"nomulara"。

44 朱印本滿文作"tere nerginde ilmun abkai jui jalan i wesihun fucihi de dorolome hengkilefi"。

45 「罪苦」，合璧本滿文作"gosihon weile"，朱印本滿文作"sui gosihon"。

46 "umai šadara bandara ba akūngge"，句中"ba akūngge"，朱印本滿文作"be mararakūngge"。

47 "yala amba fusa i gūnime akūnarakū šengge tulbin baita kai"，句中"akūnarakū"，朱印本滿文作"gisureci ojorakū"。

難調難伏　是大菩薩於百千劫頭頭救

告閻羅天子　南閻浮提衆生　其性剛強

解脫　唯願世尊　為我解說　佛

云何衆生而不依止善道　永取

世尊　是地藏菩薩既有如是不可思議神力

獲脫罪報　未久之間又墮惡道

geren ergengge weile karulan ci ukca manggi,[48] goidahakū geli ehe jugūn de tuhenembi. jalan i wesihun fucihi a, ere na i niyamangga fusa de ere gese gūnime akūnarakū šengge hūsun bisire be dahame,[49] geren ergengge ainu sain doro de nikeme ilinafi, enteheme ukcaran be baharakū ni.[50] bairengge jalan i wesihun fucihi,[51] mini jalin sume nomularao.[52] fucihi ilmun han de hese wasimbume, julergi dzambu tib i geren ergengge, tere banin mangga etuhun,[53] necihiyere de mangga, tohorombure de mangga,[54] ere amba fusa tanggū minggan g'alab de enteke

48 "tuttu seme geren ergengge weile karulan ci ukca manggi"，朱印本滿文作"tuttu seme geren ergengge bahafi, sui i karulan ci ukca manggi"，漢文「罪」，合璧本滿文作"weile"，朱印本滿文作"sui"。

49 朱印本滿文作"ere na i niyamangga fusa emgeri uttu gūnime gisureci ojorakū šengge hūsun bisire be dahame"。

50 "enteheme ukcaran be baharakū ni"，朱印本滿文作"enteheme umesi ukcara be bairakū ni"。「解脫」，合璧本滿文作"ukcaran"，朱印本滿文作"umesi ukcara"。

51 朱印本滿文作"damu buyerengge jalan i wesihun fucihi"。

52 「爲我解說」，合璧本滿文作"mini jalin sume nomularao"，朱印本滿文作"minde sume nomularao"。

53 "tere banin mangga etuhun"，朱印本滿文作"tere banin ganggan kiyangkiyan"。

54 朱印本滿文作"tohorombure de mangga, dahabure de mangga"。

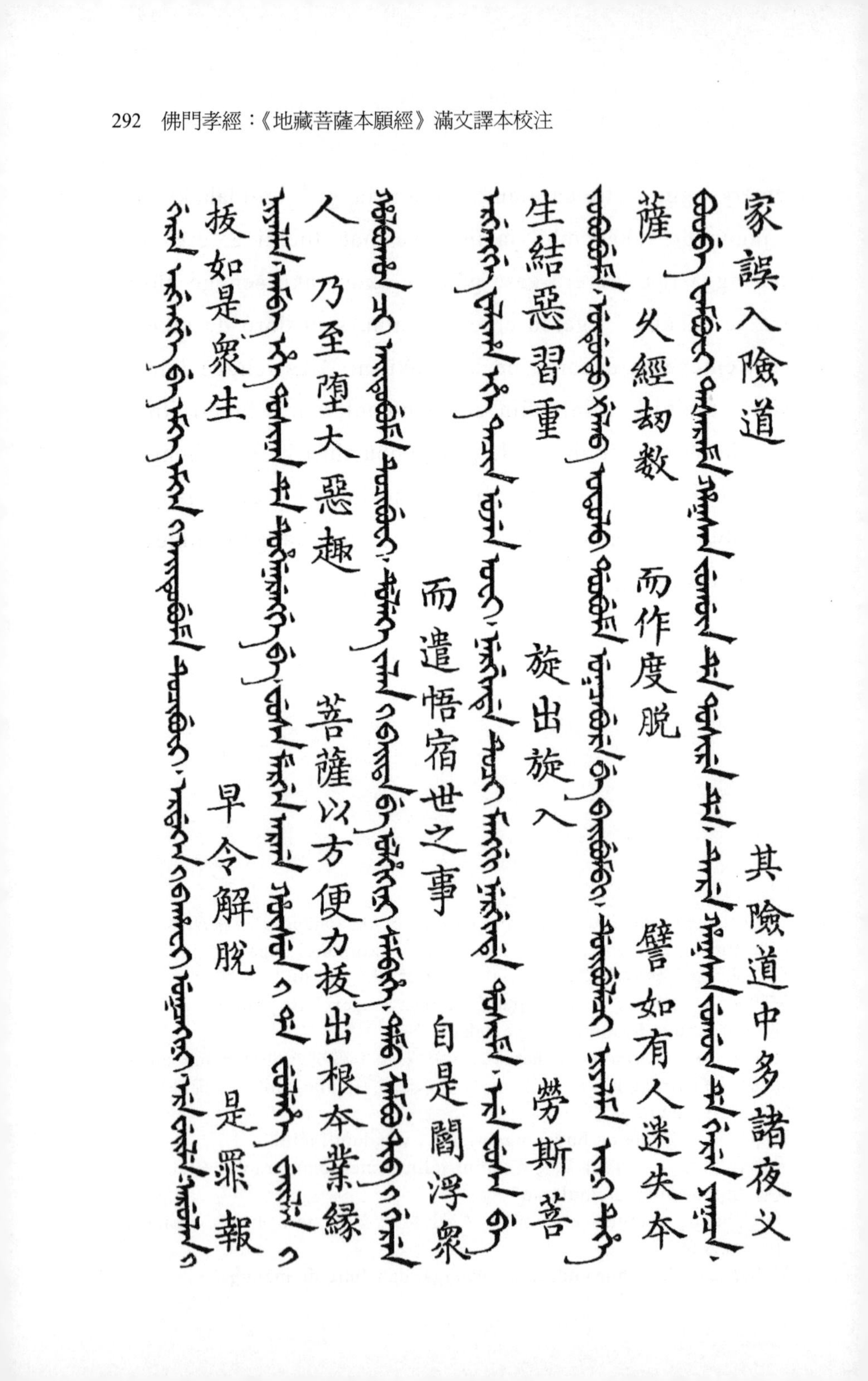

抜如是衆生 早令解脱 是罪報

人 乃至墮大惡趣 菩薩以方便力抜出根本業緣

而遣悟宿世之事 自是閻浮衆

生結惡習重 旋出旋入 勞斯菩

薩 久經刧数 而作度脱 譬如有人迷失本

家誤入險道 其險道中多諸夜义

geren ergengge be emke emken i aitubume tucibufi, erdeken i bahafi ukcakini.[55] ere weile karulan i niyalma,[56] amba ehe dosinan de tuhenerengge be, fusa mergen arga hūsun i da fulehe weilen i holbohon ci aitubume tucibufi,[57] duleke jalan i baita be ulhikini sembihe.[58] damu dzambu tib i geren ergengge faliha ehe tacin ujen ofi,[59] nerginde tuci manggi nerginde dosime,[60] ere fusa be jobobume,[61] ududu g'alab otolo doobume ukcabure be baibumbi.[62] duibuleci niyalma ini tehe boobe fambufi tašarame haksan jugūn de dosire de,[63] tere haksan jugūn de geren yakca,[64]

---

55 “erdeken i bahafi ukcakini”，朱印本滿文作“aifinici bahafi ukcabuhabi”。

56 朱印本滿文作“ere sui i karulara niyalma”。

57 朱印本滿文作“amba ehe dosinan de tuhenere de isinarangge be fusa uthai mergen arga i hūsun i da fulehe weile i holbohon ci tatame tucibufi”，「業緣」，合璧本滿文作“weilen i holbohon”，朱印本滿文作“weile i holbohon”。

58 “duleke jalan i baita be ulhikini sembihe”，句中“ulhikini sembihe”，朱印本滿文作“amcame ulhibumbihebi”。

59 “faliha ehe tacin ujen ofi”，句中“ofi”，朱印本滿文作“ojoro jakade”。

60 「旋出旋入」，合璧本滿文作“nerginde tuci manggi nerginde dosime”，朱印本滿文作“dartai tucifi, dartai dosime”。

61 「勞斯菩薩」，合璧本滿文作“ere fusa be jobobume”，朱印本滿文作“ere fusa be suilabume”。

62 朱印本滿文作“ududu g'alab dulefi doobume ukcabure be yabuhabi”。

63 朱印本滿文作“te bici niyalma, ini da tehe boobe fambufi, tašarame haksan jugūn de dosikabi”。

64 「其險道中多諸夜叉」，朱印本滿文作“tere haksa jugūn de geren yakca”，句中“haksa”，誤，當作“haksan”。

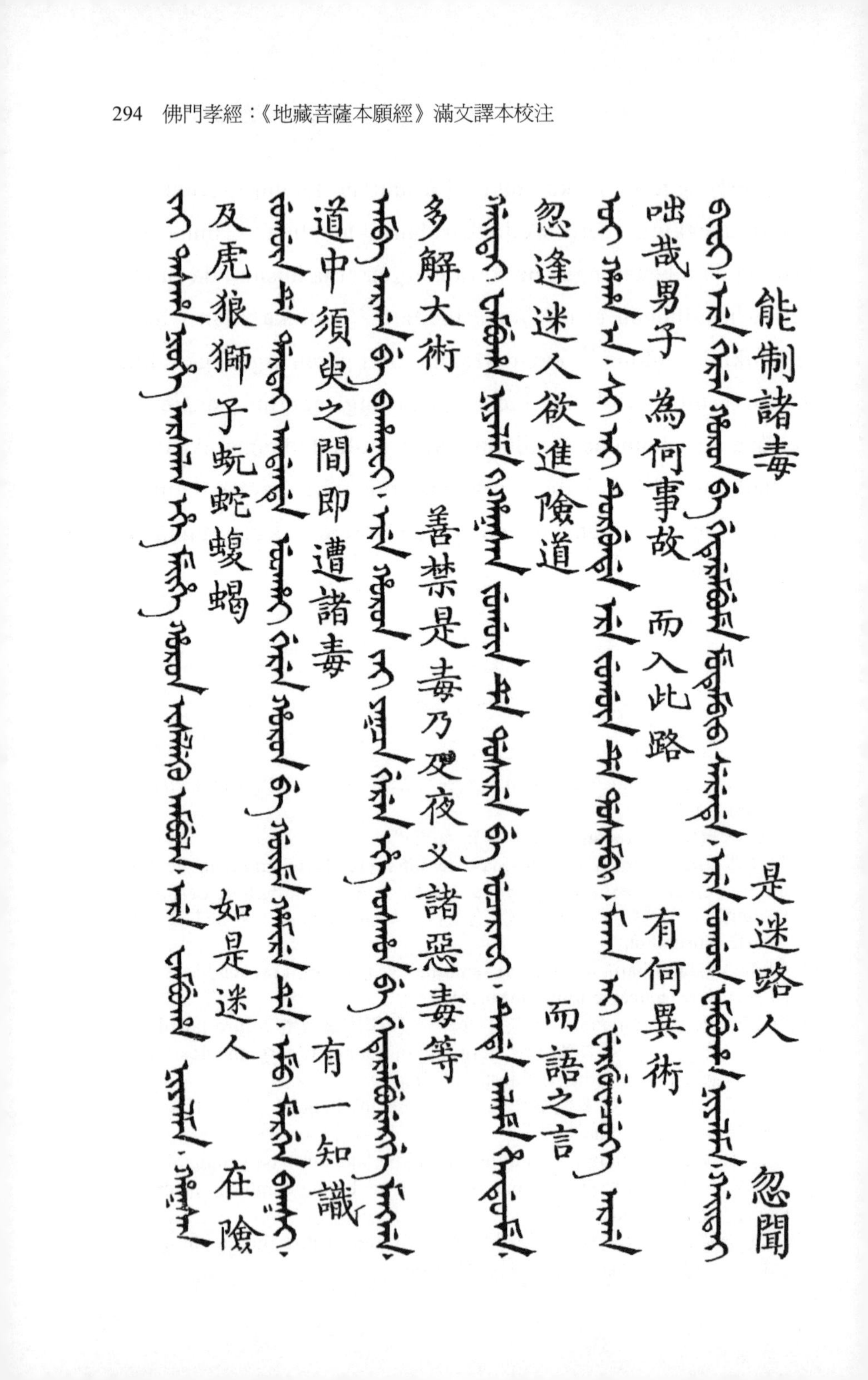

及虎狼獅子蚖蛇蝮蝎　如是迷人　在險
道中須臾之間即遭諸毒　有一知識
多解大術　善禁是毒乃及夜叉諸惡毒等
忽逢迷人欲進險道　而語之言
咄哉男子　為何事故　而入此路　有何異術
能制諸毒　是迷路人　忽聞

jai tasha niohe arsalan ehe meihe horon iseleku ambula ,[65] ere fambuha niyalma, haksan jugūn de dartai andande uthai geren horon be goime hamire de,[66] emu mergen baksi,[67] amba arga be bahanafi, [68] ere horon jai yakca geren ehe oshon be geteremburengge mangga,[69] gaitai fambuha niyalma i haksan jugūn de dosire be ucarafi,[70] tede alame hendume, oi haha a,[71] si ai turgunde ere jugūn de dosimbi,[72] maka ai ferguwecuke arga bifi, [73] ere geren horon be geterembume mutembio serede.[74] ere jugūn fambuha niyalma, gaitai

---

65 朱印本滿文作"jai tasha niohe arsalan ehe meihe iseleku umiyaha horon i umesi labdu"。

66 朱印本滿文作"haksan jugūn de dartai andan uthai geren horon de tušara de hamimbi"。

67 「有一知識」，合璧本、朱印本滿文俱作"emu mergen baksi"，意即「有一賢士」，或「有一賢儒」。

68 朱印本滿文作"ambula fadagan bahanambi"，句中"fadagan"，意即「法術」。

69 朱印本滿文作"ere horon, jai yakca i geren ehe oshon horon be dahaburengge mangga"。

70 朱印本滿文作"gaitai fambuha niyalma haksan jugūn de dosiki sere be ucarafi"。

71 "oi haha a"，朱印本滿文作"jui haha a"，句中"jui"，誤，當作"oi"。

72 "si ai turgunde ere jugūn de dosimbi"，朱印本滿文作"si ai baitai turgunde, ere jugūn de dosika"。

73 "maka ai ferguwecuke arga bifi"，朱印本滿文作"ai ferguwecuke arga bifi"。

74 朱印本滿文作"ere geren horon be ilibume mutembini serede"。

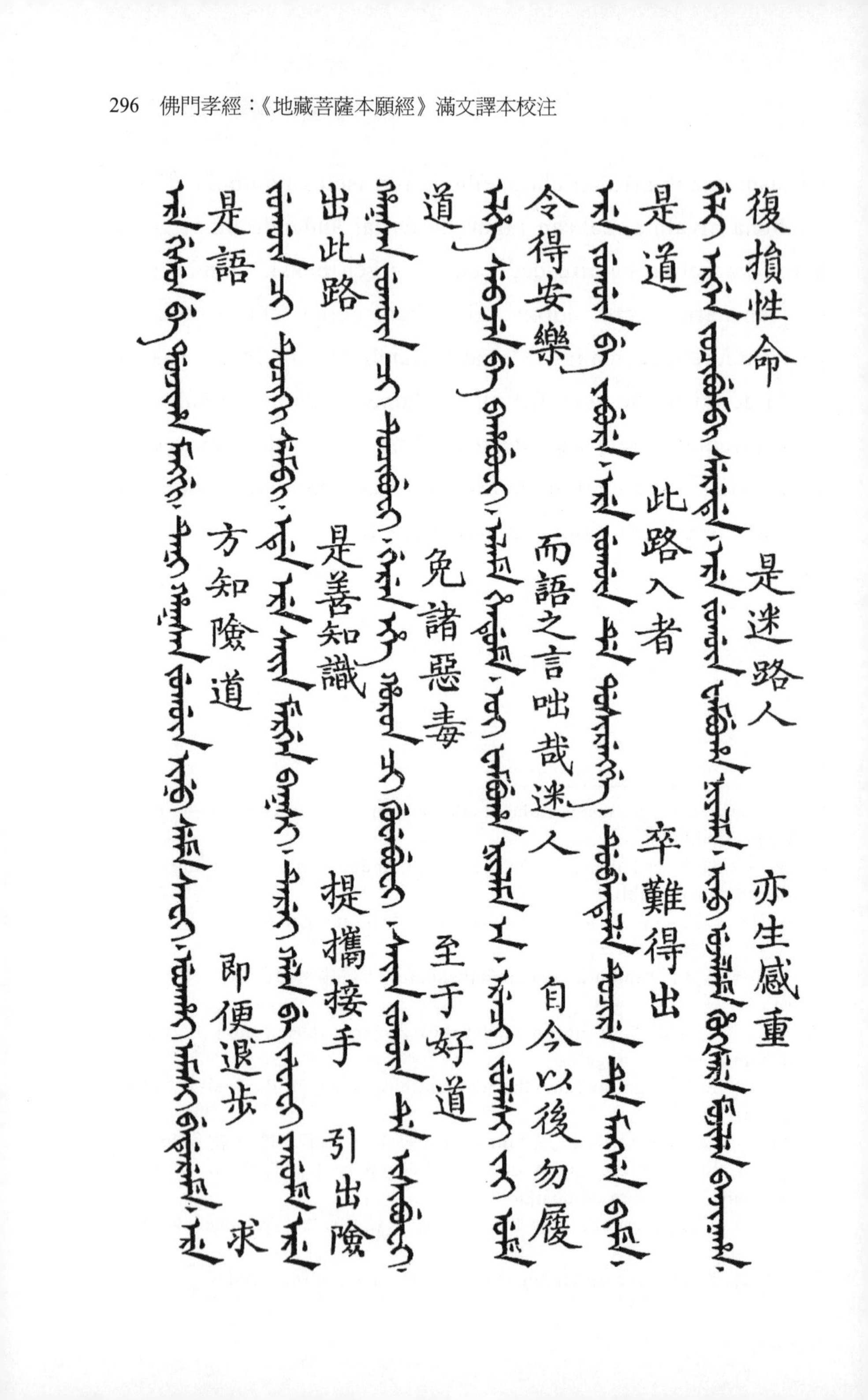

是語 方知險道 即便退步 求

出此路 是善知識 提攜接手 引出險

道 免諸惡毒 至于好道

令得安樂 而語之言咄哉迷人 自今以後勿履

是道 此路入者 卒難得出

復損性命 是迷路人 亦生感重

ere gisun be donjiha manggi, teni haksan jugūn inu seme safi,[75] uthai amasi bedereme,[76] ere jugūn ci tuciki sembi.[77] ede ere sain mergen baksi,[78] terei gala be jafafi yarume ere haksan jugūn ci tucibufi,[79] geren ehe horon ci guwebufi,[80] sain jugūn de isibufi, elhe sebjen be bahabufi,[81] alame hendume, oi fambuha niyalma a,[82] ereci julesi jai ume ere jugūn be yabure, ere jugūn de dosirengge,[83] dubentele tucire de mangga bime, geli ergen jocibumbi serede.[84] ere jugūn fambuha niyalma, inu ujeleme hukšere mujilen banjinaha,

---

75 朱印本滿文作"teni haksan jugūn kai seme safi"。

76 "uthai amasi bedereme"，句中"bedereme"，朱印本滿文作"bederefi"。

77 "ere jugūn ci tuciki sembi"，句中"sembi"，朱印本滿文作"serede"。

78 朱印本滿文作"ere sain mergen baksi"，省略"ede"。句中"sain mergen baksi"，漢文作「善知識」，意即「善賢儒」。

79 "terei gala be jafafi yarume ere haksan jugūn ci tucibufi"，句中"jafafi"，朱印本滿文作"tatame jafafi"。

80 "geren ehe horon ci guwebufi"，句中"guwebufi"，朱印本滿文作"ukcabufi"。

81 "elhe sebjen be bahabufi"，漢文作「令得安樂」，朱印本滿文作"ehe sebjen be bahabufi"，句中"ehe"，誤，當作"elhe"。

82 "oi fambuha niyalma a"，朱印本滿文作"jui fambuha niyalma"，句中"jui"，誤，當作"oi"。

83 "ere jugūn de dosirengge"，句中"dosirengge"，朱印本滿文作"dosikangge"。

84 「復損性命」，合璧本滿文作"geli ergen jocibumbi"，意即「復傷性命」，朱印本滿文作"geli ergen kokirabumbi"，意即「復損性命」，滿漢文義相合。

令受妙樂 是諸罪衆 知業道苦

救拔罪苦衆生 生天人中

是故地藏菩薩 具大慈悲

喪失性命 無令是衆自取其死

若男若女 言於此路 多諸毒惡

臨別之時 知識又言 若見親知 及諸路人

fakcara nerginde,[85] mergen baksi geli alame hendume, aika niyaman hūncihin, jai jugūn yabure niyalma,[86] eici haha eici hehe be acaha de,[87] uthai ere jugūn de, geren ehe horon ambula,[88] ergen jocibumbi seme ala,[89] ume enteke geren niyalma be beye bucere be baire de isibure sere adali.[90] uttu ofi na i niyamangga fusa,[91] amba gosin jilan yongkiyafi,[92] sui weile i geren ergengge be aitubume tucibufi,[93] abka niyalmai dorgide banjifi,[94] ferguwecuke sebjen be alire de isibuki sembi.[95] ere geren weilengge urse, weilen jugūn i

85 朱印本滿文作“fakcaki sere nerginde”。

86 朱印本滿文作“mergen baksi geli aika niyaman hūncihin jai jugūn yabure niyalma”，句中“mergen baksi”，意即「賢儒」，或「賢士」。“niyaman hūncihin”，合璧本漢文作「親知」，亦即「親戚」。

87 朱印本滿文作“eica haha, eici hehe be acaha manggi”，句中“eica”，誤，當作“eici”。

88 “geren ehe horon ambula”，句中“ambula”，朱印本滿文作“umesi labdu”。

89 朱印本滿文作“beye ergen jocimbi seme ala”。

90 朱印本滿文作“ume geren niyalma be beye bucere be baire de isibure seme gisurehebi”。

91 “uttu ofi na i niyamangga fusa”，句中“uttu ofi”，朱印本滿文作“tuttu ofi”。

92 “amba gosin jilan yongkiyafi”，句中“yongkiyafi”，朱印本滿文作“be jafafi”。

93 “sui weile i geren ergengge be aitubume tucibufi”，句中“weile i”，朱印本滿文作“weilengge”。

94 “abka niyalmai dorgide banjifi”，句中“dorgide”，朱印本滿文作“dolo”。

95 朱印本滿文作“ferguwecuke sebjen be alikini sembi”。

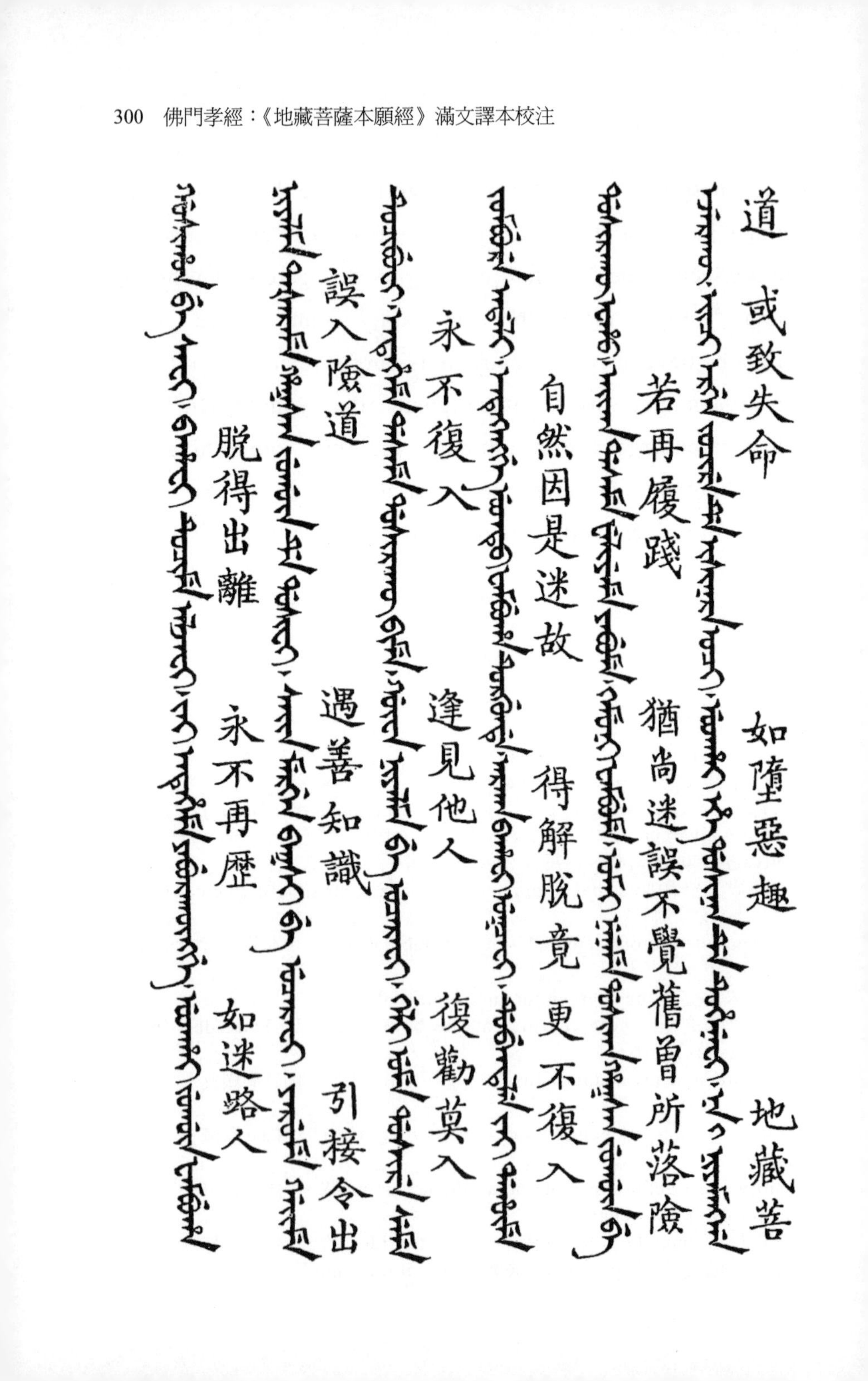

脫得出離　永不再歷　如迷路人

誤入險道　遇善知識　引接令出

永不復入　逢見他人　復勸莫入

自然因是迷故　得解脫竟　更不復入

若再履踐　猶尚迷誤不覺舊曾所落險

道　或致失命　如墮惡趣　地藏菩

gosihon be safi, bahafi tucime aljafi,[96] jai enteheme yaburakūngge,[97] uthai jugūn fambuha niyalma tašarame haksan jugūn de dosifi, sain mergen baksi be ucarafi,[98] yarume gaime tucibufi, enteheme dasame dosirakū bime,[99] gūwa niyalma be ucarafi, geli ume dosire seme jombure adali,[100] entekengge uttu fambuha turgunde,[101] arkan bahafi ukcafi,[102] dubentele jai dahūme dosirakū oho.[103] aika dasame feliyeme yabume,[104] kemuni fambume,[105] umai neneme dosika haksan jugūn be ejerakū,[106] eici ergen jocire de isinara oci,[107] uthai ehe dosinan de tuhenefi,[108] na i niyamangga

96 朱印本滿文作“bahafi aljafi ukcafi”。
97 朱印本滿文作“enteheme jai yaburakūngge”。
98 “sain mergen baksi be ucarafi”，句中“ucarafi”，朱印本滿文作“teisulefi”。
99 朱印本滿文作“enteheme dasame dasarakū i adali”，句中“dasarakū”，誤，當作“dosirakū”。
100 “geli ume dosire seme jombure adali”，句中“jombure”，朱印本滿文作“tafulame”。
101 朱印本滿文作“beye uttu fambuha turgunde”。
102 朱印本滿文作“bahafi ukcafi”。
103 朱印本滿文作“jai dahūme dosirakū seme gisurembi”。
104 朱印本滿文作“aika dasame songkolome yabufi”。
105 朱印本滿文作“kemuni dašarame fambume”。
106 朱印本滿文作“neneme tugenehe haksan jugūn be ulhirakū”，句中“tugenehe”，誤，當作“tuhenehe”。
107 朱印本滿文作“eici ergen kokirara de isinarangge”，句中“kokirara”，意即「損害」，合璧本滿文作“jocire”，意即喪命的「喪」。
108 朱印本滿文作“uthai ehe jugūn de tuhenere adali ombi”，句中“ehe jugūn”，合璧本滿文作“ehe dosinan”。

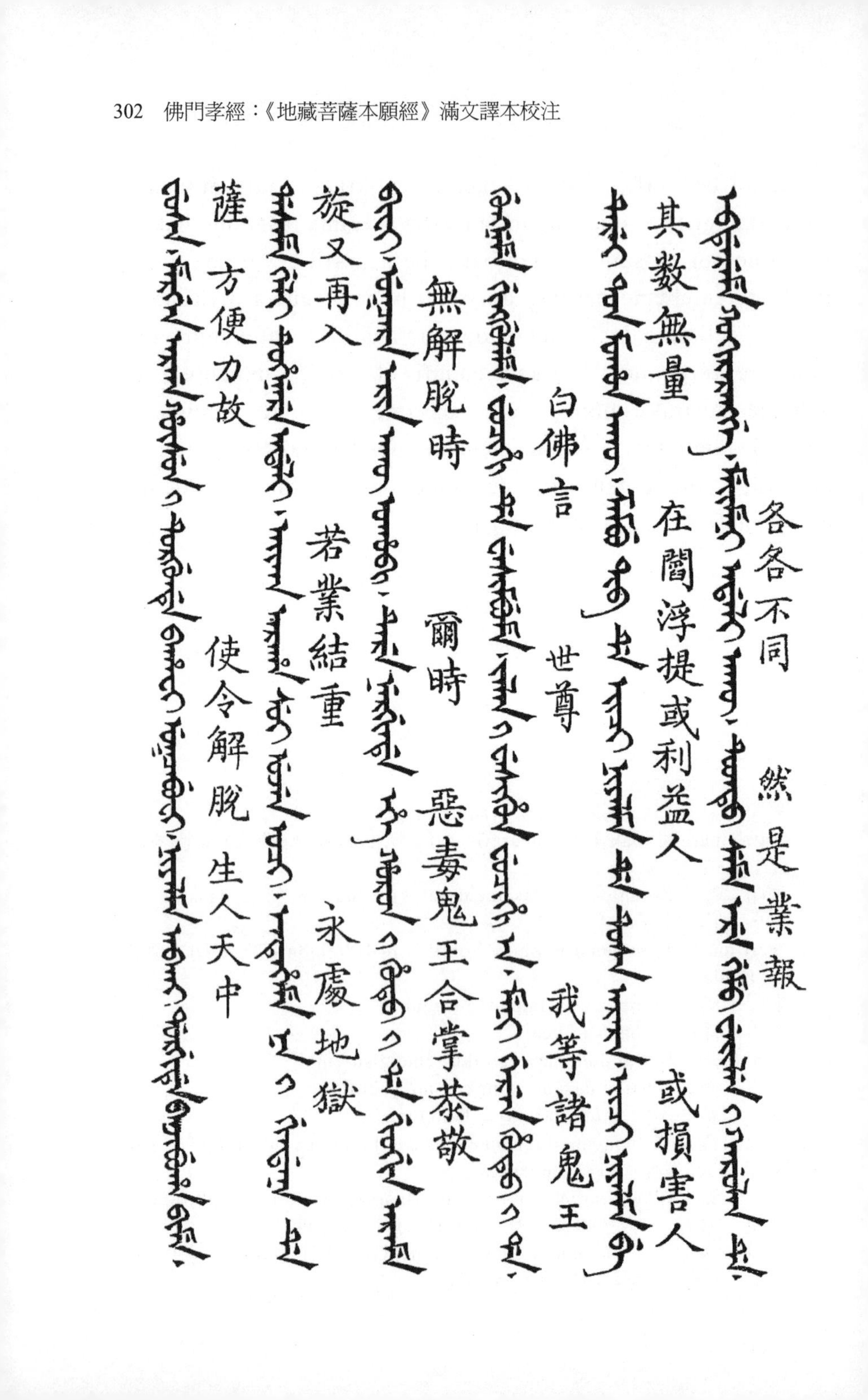

薩 方便力故 使令解脫 生人天中

旋又再入 若業結重 永處地獄

無解脫時 爾時 惡毒鬼王合掌恭敬

白佛言 世尊 我等諸鬼王

其數無量 在閻浮提 或利益人 或損害人

各各不同 然是業報

fusa, mergen arga hūsun i turgunde bahafi ukcabufi,[109] niyalma abkai dorgide banjibuha bime,[110] dasame geli tuhenere adali,[111] aika araha sui ujen oci,[112] enteheme na i gindana de bifi,[113] ukcara erin akū ohobi.[114] tere nerginde, ehe horon i hutu i da giogin arame gungneme gingguleme,[115] fucihi de wesimbume, jalan i wesihun fucihi a, meni geren hutu i da, terei ton mohon akū,[116] dzambu tib de eici niyalma de tusa arara, eici niyalma be ebdereme kokirarangge, meimeni adali akū, tuttu seme ere gemu weilen i karulan de,[117]

---

109 “mergen arga hūsun i turgunde bahafi ukcabufi”，句中“ukcabufi”，朱印本滿文作“umesi ukcabufi”。

110 “niyalma abkai dorgide banjibuha bime”，句中“dorgide”，朱印本滿文作“dolo”；“ banjibuha bime”，作“ banjimbime”。

111 朱印本滿文作“dasame geli dosire oci”。

112 朱印本滿文作“ere sui arahangge ujen be dahame”。

113 “enteheme na i gindana de bifi”，句中“bifi”，朱印本滿文作“tefi”。

114 “ukcara erin akū ohobi”，句中“ohobi”，朱印本滿文作“ombi”。

115 “ehe horon i hutu i da giogin arame gungneme gingguleme”，句中“horon”，朱印本滿文作“horonggo”；“hutu i da”，作“hutu wang”；“gungneme gingguleme”，作“gingguleme gungneme”。

116 “terei ton mohon akū”，朱印本滿文作“tolome wajirakū”。

117 朱印本滿文作“eici niyalma be nungneme kokirarangge”，句中“nungneme kokirarangge”，意即「損害」，合璧本滿文作“ebdereme kokirarangge”。“tuttu seme ere gemu weilen i karulan de”，朱印本滿文作“tuttu seme ere weilen de karulan de”。

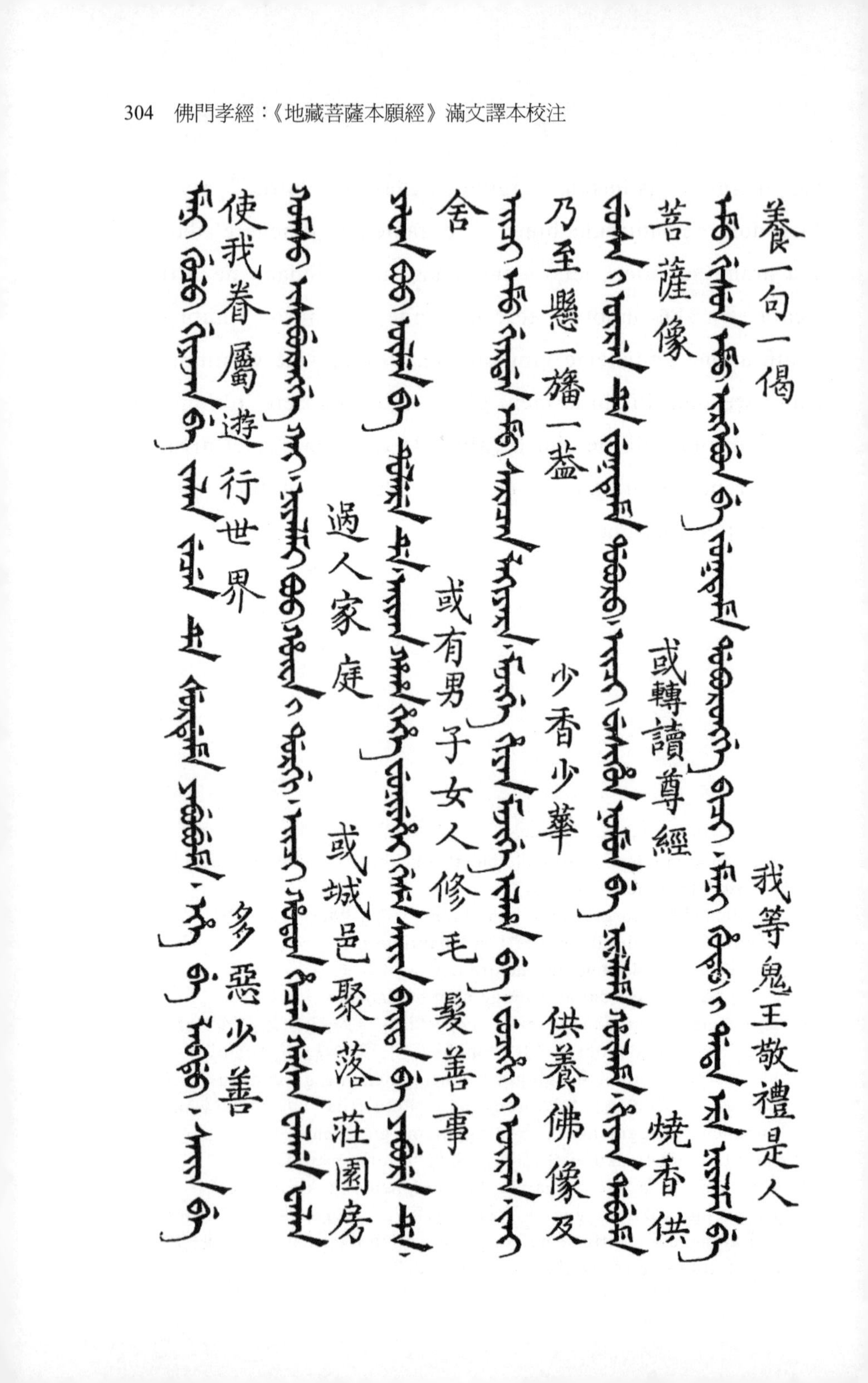

使我眷屬遊行世界 多惡少善

過人家庭 或城邑聚落莊園房

舍 或有男子女人修毛髮善事

乃至懸一旛一蓋 少香少華 供養佛像及

菩薩像 或轉讀尊經 燒香供

養一句一偈 我等鬼王敬禮是人

meni gucu giyajan be jalan jecen de šurdeme yabubume,[118] ehe be labdu, sain be komso isiburengge kai,[119] niyalmai boo hūwa i dorgi, eici hoton hecen gašan falga falan yafan boo ūlen be dulere de,[120] aika haha hehe funiyehei gese sain baita be yabure de,[121] eici emu girdan emu saracan lakiyara,[122] majige hiyan majige ilha be, fucihi i ūren, jai fusa i ūren de jukteme doboro,[123] eici wesihun nomun be niyeleme hūlame,[124] hiyan dabume emu gisun emu irgebun be jukteme doborongge bici,[125] meni hutu i data,[126] ere niyalma be

118 「遊行」，合璧本滿文作“šurdeme yabubume”，意即「繞行」，朱印本滿文作“sarašame yabubure de”，滿漢文義相合。

119 朱印本滿文作“ehe labdu sain komso”。

120 “eici hoton hecen gašan falga falan yafan boo ūlen be dulere de”，句中“falga”，朱印本滿文作“tokso”。

121 朱印本滿文作“unenggi emu haha emu hehe funiyehei gese sain baita be yabure”。

122 “eici emu girdan emu saracan lakiyara”，句中“eici”，朱印本滿文作“jai”。

123 “jai fusa i ūren de jukteme doboro”，句中“jukteme doboro”，朱印本滿文作“dobome juktere”。

124 “eici wesihun nomun be niyeleme hūlame”，句中“niyeleme”，意即「念誦」，朱印本滿文作“ulame”，意即「轉傳」。

125 朱印本滿文作“kiyan dabume emu gisun emu irgebun be dobome jukterengge bici”，句中“kiyan”，誤，當作“hiyan”，意即「香」。

126 「我等鬼王」，合璧本滿文作“meni hutu i data”，朱印本滿文作“meni hutu wang sa”。

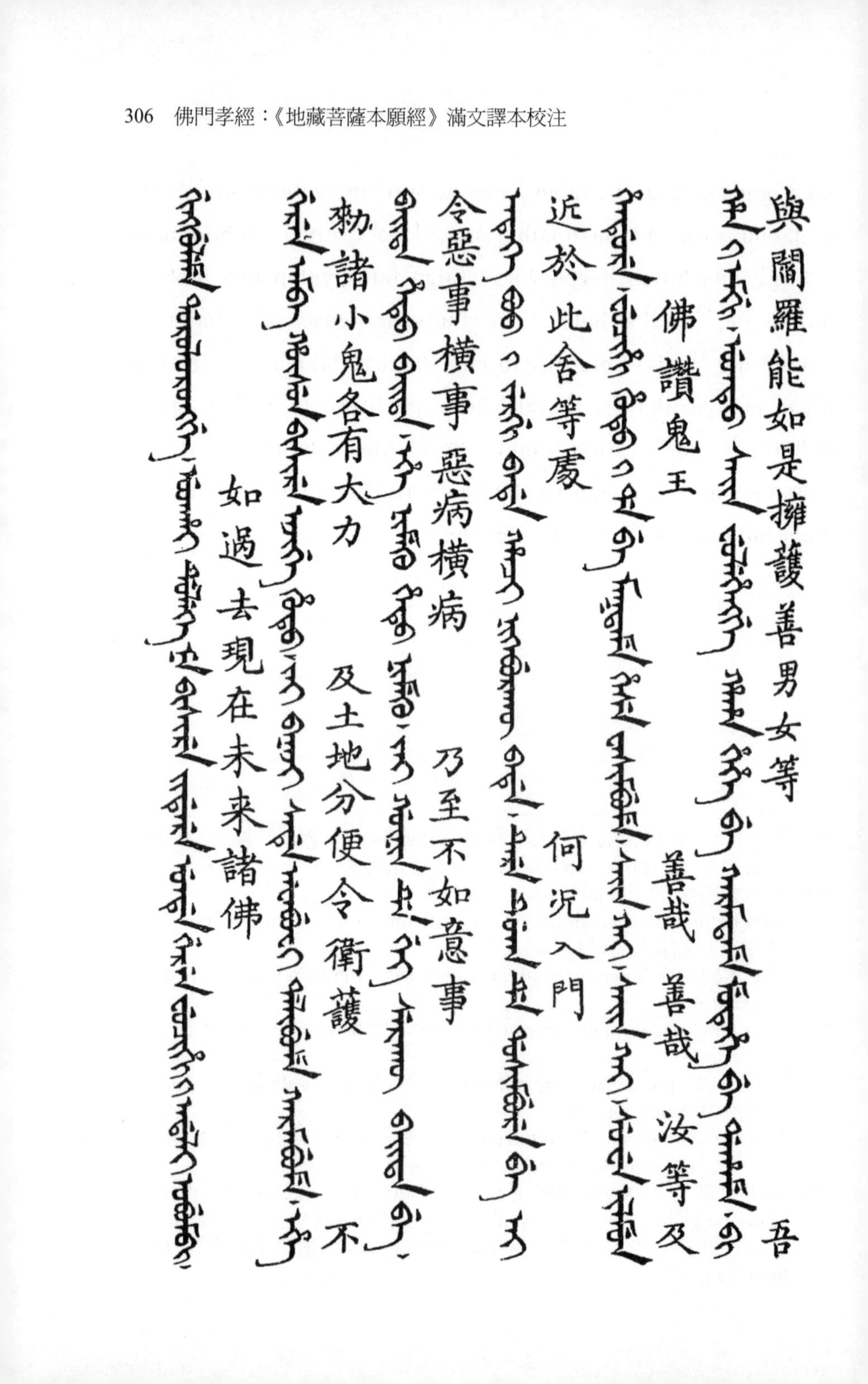

與閻羅能如是擁護善男女等　吾

佛讚鬼王　善哉　善哉　汝等及

近於此舍等處　何況入門

令惡事橫事惡病橫病　乃至不如意事

勑諸小鬼各有大力　及土地分便令衛護　不

如過去現在未来諸佛

gingguleme dorolorongge,[127] uthai duleke ne bisire jidere unde geren fucihi i adali obumbi,[128] geren amba hūsun bisire ajige hutu,[129] jai banaji sade afabufi dalibume karmabume,[130] ehe baita hetu baita, ehe nimeku hetu nimeku,[131] jai gūnin de gek serakū baita be,[132] enteke boo i jergi bade hanci nikeburakū bade,[133] tere duka de dosimbure be ai hendure,[134] fucihi hutu i da be maktame hese wasimbume, sain kai, sain kai, suwe ilmun han i emgi, uttu sain fulehengge haha hehe be karmatame mutehe be dahame, bi

127 "ere niyalma be gingguleme dorolorongge"，句中"dorolorongge"，朱印本滿文作"kundulerengge"。

128 朱印本滿文作"duleke ne bisire jidere unde geren fucihi i adali obumbi"，句中省略"uthai"。

129 朱印本滿文作"geren ajige hutu be meni meni amba hūsun nonggibumbime"。

130 "jai banaji sade afabufi dalibume karmabume"，句中"banaji"，漢文作「土地」，意即「土地神」，"afabufi dalibume karmabume"，朱印本滿文作"fafulafi tuwašatabume karmaabume"。

131 朱印本滿文作"ehe baita hetu baita ehe nimeku hetu nimeku be"，合璧本滿文省略"be"。

132 "jai gūnin de gek serakū baita be"，漢文作「乃至不如意事」，句中"gek"，誤，當作"kek"，朱印本滿文作"kek"，意即「如意」。

133 "enteke boo i jergi bade hanci nikeburakū bade"，句中"nikeburakū"，朱印本滿文作"isiburakū"。

134 朱印本滿文作"tere duin dosire be ai hendure"，句中"duin"，誤，當作"duka"。

致令生死俱不得安　何以故　是閻浮提人

利益　自是衆生　不會我意

生時死時　我皆主之　在我本願　甚欲

世尊　我本業緣　主閻浮人命

會中有一鬼王　名曰主命　白佛言

亦告梵王帝釋　令衛護汝　說是語時

inu esrun han, hormosda de hese wasimbufi,[135] suwembe karmatabuki,[136] ere gisun gisurere erinde,[137] isan i dorgide emu hutu i da bi,[138] gebu ergen be salirengge sembi,[139] fucihi de wesimbume, jalan i wesihun fucihi a, mini da weilen i holbohon de,[140] dzambu tib i niyalmai ergen be salimbi,[141] banjicibe bucecibe, bi gemu kadalambi,[142] mini da forobun de,[143] esede ambula aisi tusa araki sembihe,[144] damu geren ergengge, mini gūnin be ulhirakū ofi, banjicibe bucecibe gemu elhe akū de isibumbi,[145] adarame seci, ere dzambu tib i niyalmai

135 朱印本滿文作"bi inu esrun i han hormosda de kese wasimbufi"，句中"kese"，誤，當作"hese"。
136 朱印本滿文作"suwembe tuwašatame karmatakini"。
137 "ere gisun gisurere erinde"，句中"erinde"，朱印本滿文作"nerginde"。
138 "isan i dorgide emu hutu i da bi"，句中"dorgide"，朱印本滿文作"dolo"。句中闕漏"hutu wang"。
139 "gebu ergen be salirengge sembi"，句中"salirengge"，朱印本滿文作"alihangge"。
140 「我本業緣」，合璧本滿文作"mini da weilen i holbohon de"，朱印本滿文作"mini tušan"。
141 "dzambu tib i niyalmai ergen be salimbi"，句中"salimbi"，朱印本滿文作"alrhabi"，誤，當作"alihabi"。
142 朱印本滿文作"bi gemu alifi icihiyambi"。
143 朱印本滿文作"mini da gūninda"，句中"gūninda"，誤，當作"gūninde"。
144 "esede ambula aisi tusa araki sembihe"，句中"esede"，朱印本滿文作"terebe"。
145 "banjicibe bucecibe gemu elhe akū de isibumbi"，朱印本滿文作"banjire bucerengge be gemu bahafi elhe akū de isibuhabi"。

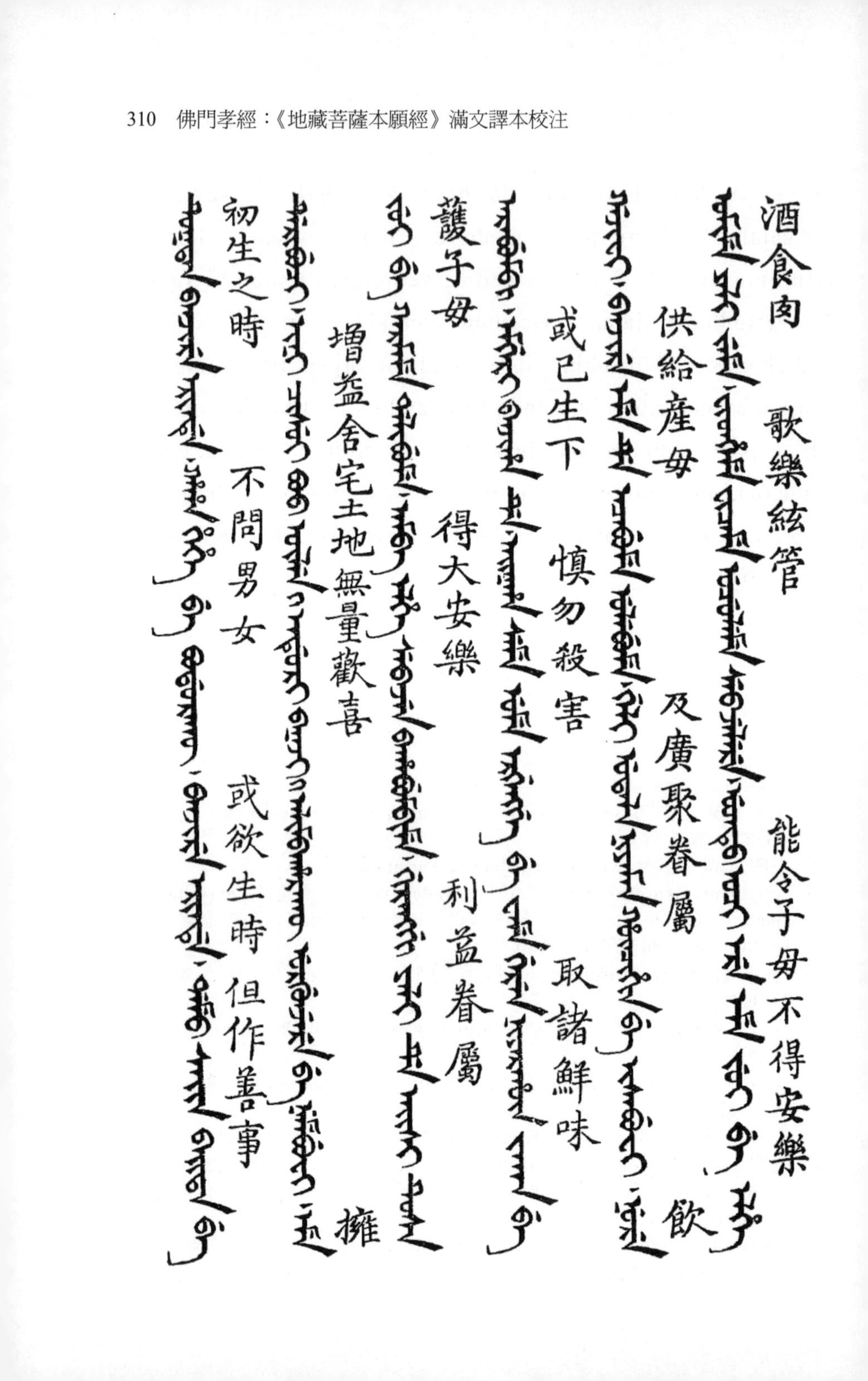

初生之時　不問男女　或欲生時　但作善事

增益舍宅土地無量歡喜　擁

護子母　得大安樂　利益眷屬

或已生下　慎勿殺害　取諸鮮味

供給產母　及廣聚眷屬　飲

酒食肉　歌樂絃管　能令子母不得安樂

tuktan banjire erinde, haha hehe be bodorakū, banjire erinde,[146] damu sain baita be deribuci,[147] ini cisui boo ūlen i enduri banaji i alimbaharakū urgunjere be nemebufi,[148] eme jui be karmame dalibume,[149] amba elhe sebjen bahabumbime,[150] giranggi yali de aisi tusa arabumbi,[151] emgeri banjiha de,[152] ainaha seme ume ergengge be wame geren niyarhūn jaka be gajifi,[153] banjire eme de acabume ulebume,[154] geli utala niyaman hūncihin be isabufi,[155] nure omime yali jeme,[156] fitheme ficame uculeme sebjelere,[157] uttu oci ere eme jui be elhe

---

146 「或欲生時」，合璧本滿文作"banjire erinde"，朱印本滿文作"aika banjire hamika erin de isinaha manggi"。

147 "damu sain baita be deribuci"，句中"deribuci"，朱印本滿文作"yabume"。

148 朱印本滿文作"boo ūlen i enduri banaji de tusa arame, ini cisui alimbaharakū urgunjeme sebjeleme"。

149 朱印本滿文作"eme jui be eršeme karmatame bahafi"。

150 朱印本滿文作"ambula elhe[sebjen]obumbime"，句中闕漏"sebjen"。

151 朱印本滿文作"gucu giyajan de gemu aisi tusa obumbi"。「眷屬」，合璧本滿文作"giranggi yali"，朱印本滿文作作"gucu giyajan"。

152 朱印本滿文作"aika emgeri banjiha de"。滿漢文義相合。

153 "geren niyarhūn jaka be gajifi"，句中"gajifi"，朱印本滿文作"gaifi"。

154 朱印本滿文作"jui banjiha eme de acabume ujire"。

155 朱印本滿文作"jai utala gucu giyajan be isabufi"。

156 朱印本滿文作"nure omire yali jetere"。

157 朱印本滿文作"sirge ficakū i uculeme sebjelere oci, inu ojorakū"。

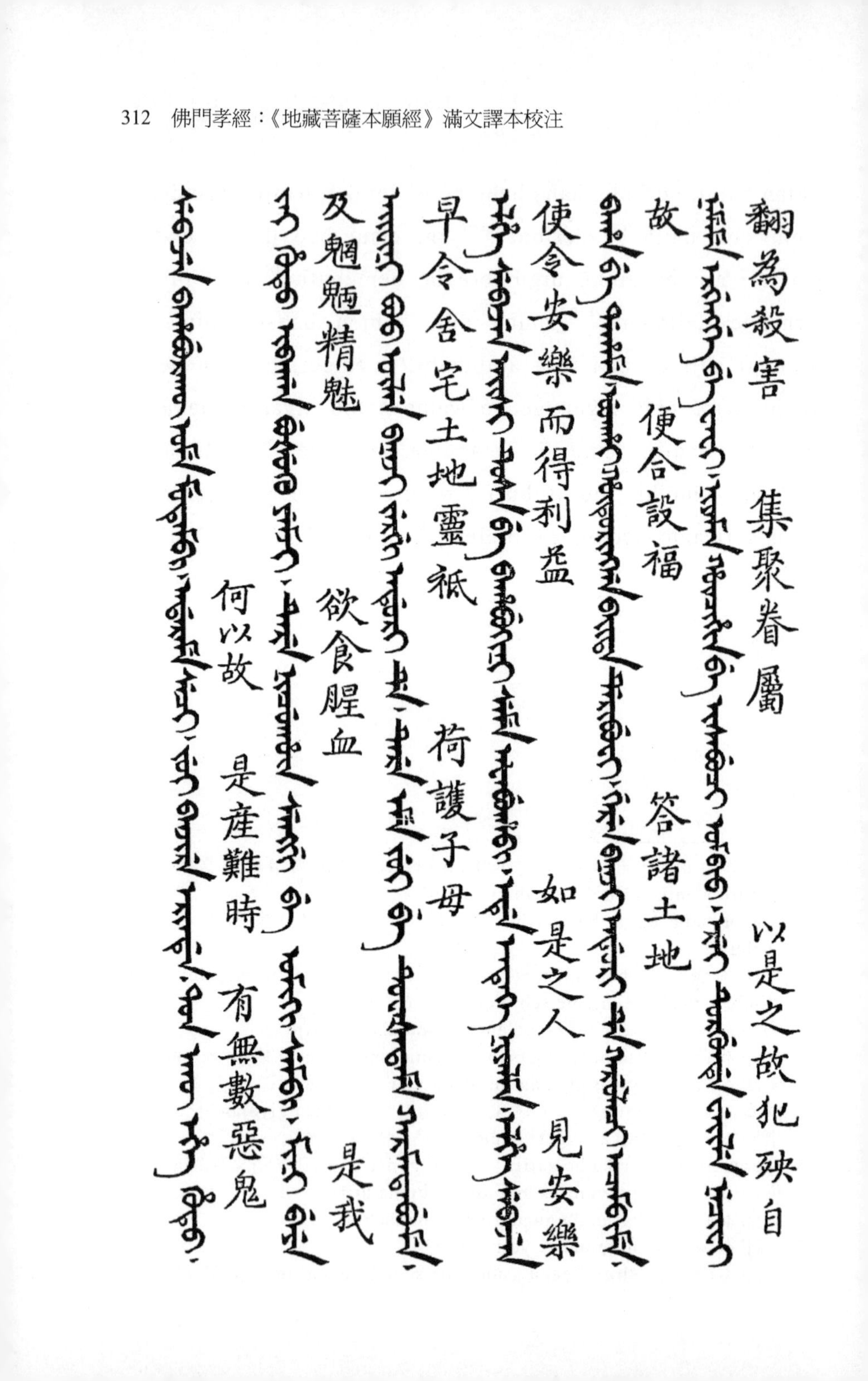

翻為殺害　集聚眷屬　以是之故犯殃自

故　便合設福　答諸土地

使令安樂而得利益　如是之人　見安樂

早令舍宅土地靈祇　荷護子母

及魍魎精魅　欲食腥血　是我

何以故　是産難時　有無數惡鬼

sebjen bahaburakū ome mutembi,[158] adarame seci, jui banjire erinde,[159] ton akū ehe hutu, jai hutu ibagan bušuku yemji, tere nincuhūn senggi be omiki sembi,[160] mini beye aifini boo ūlen banaji jergi enduri de,[161] tere eme jui be tuwašatame karmatabume,[162] elhe sebjen aisi tusa be bahabukini seme afabuhabi, ede enteke niyalma,[163] elhe sebjen baha be dahame,[164] uthai hūturingga baita deribufi,[165] geren banaji enduri de karulaci acambime,[166] nememe ergengge be wafi,[167] niyaman hūncihin be isabuci ombio,[168] erei turgunde weile necifi

158 朱印本滿文作“ede eme jui gemu elhe sebjen baharakū de isinambi”。
159 朱印本滿文作“ere jui banjire erinde”。
160 朱印本滿文作“tere incuhūn senggi be jeki serengge bi”，句中“incuhūn”，誤，當作“nincuhūn”。
161 朱印本滿文作“mini beye aifini boo ūlen i enduri banaji enduri weceku de”。
162 “tere eme jui be tuwašatame karmatabume”，句中“karmatabume”，朱印本滿文作“karmatame”。
163 “ede enteke niyalma”，意即「如是之人」，朱印本滿文作“enteke niyalma”。
164 「見安樂故」，合璧本滿文作“elhe sebjen baha be dahame”，朱印本滿文作“elhe sebjen baha be sabuha turgunde”。
165 朱印本滿文作“uthai hūturi be arafi”。
166 朱印本滿文作“geren banaji enduri de karulame jukteki sere de”。
167 朱印本滿文作“nememe utala ergengge be wafi”。
168 朱印本滿文作“gucu giyajan be isabumbi”。句中“gucu giyajan”，合璧本滿文作“niyaman hūncihin”，漢文作「眷屬」。

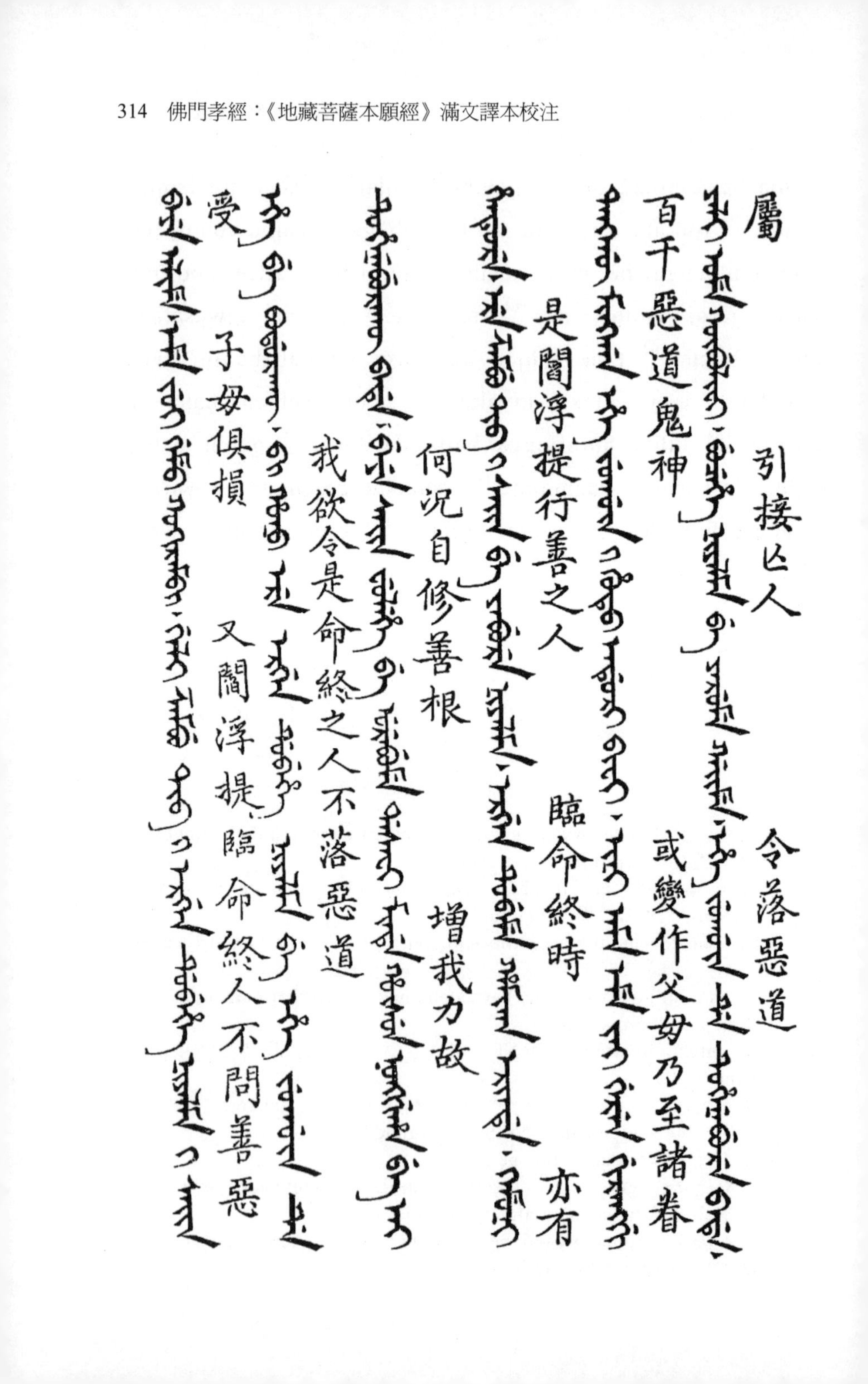

受

子母俱損

又閻浮提臨命終人不問善惡

我欲令是命終之人不落惡道

何況自修善根

增我力故

是閻浮提行善之人

臨命終時

亦有

百千惡道鬼神

或變作父母乃至諸眷

屬

引接亾人

令落惡道

beye alime,[169] eme jui gemu kokirambi,[170] geli dzambu tib i ergen dubehe niyalma i sain ehe be bodorakū,[171] bi hono ere ergen dubehe niyalma be ehe jugūn de tuheneburakū bade,[172] beye sain fulehe be urebume dasafi minde hūsun nonggiha be ai hendure,[173] ere dzambu tib i sain be yabure niyalma,[174] ergen dubeme hamika erinde,[175] kemuni tanggū minggan ehe jugūn i hutu enduri bifi,[176] ini ama eme jai geren giranggi yali ome kūbulifi,[177] bucehe niyalma be yarume gaime,[178] ehe jugūn de tuhenebure bade,[179] ·

---

169 朱印本滿文作"erei turgunde, gashan necifi beye alire de"，句中"gashan"，合璧本滿文作"weile"，漢文作「殃」，滿漢文義不合。

170 "eme jui gemu kokirambi"，句中"kokirambi"，朱印本滿文作"kokirabumbi"。

171 "geli dzambu tib i ergen dubehe niyalma i sain ehe be bodorakū"，句中"dubehe niyalma"，朱印本滿文作"dubere hamika niyalma"。

172 "bi hono ere ergen dubehe niyalma be ehe jugūn de tuheneburakū bade"，句中"bi"，朱印本滿文作"mini beye"。

173 朱印本滿文作"beye sain fulehe be urebume dasafi, mini hūsun be nonggihangge be ai hendure"。

174 "ere dzambu tib i sain be yabure niyalma"，句中"yabure niyalma"，朱印本滿文作"yabuha niyalma"。

175 "ergen dubeme hamika erinde"，句中"dubeme"，朱印本滿文作"dubere"。

176 朱印本滿文作"kemuni tanggū minggan ehe jugūn i hutu enduri"，句中省略 "bifi"。

177 朱印本滿文作"ini ame eme jai geren gucu giyajan ome"，句中"ame"，誤，當作"ama"。

178 "bucehe niyalma be yarume gaime"，句中"gaime"，朱印本滿文作"gaifi"。

179 朱印本滿文作"ehe jugūn de tuheneburengge bisire bade"。

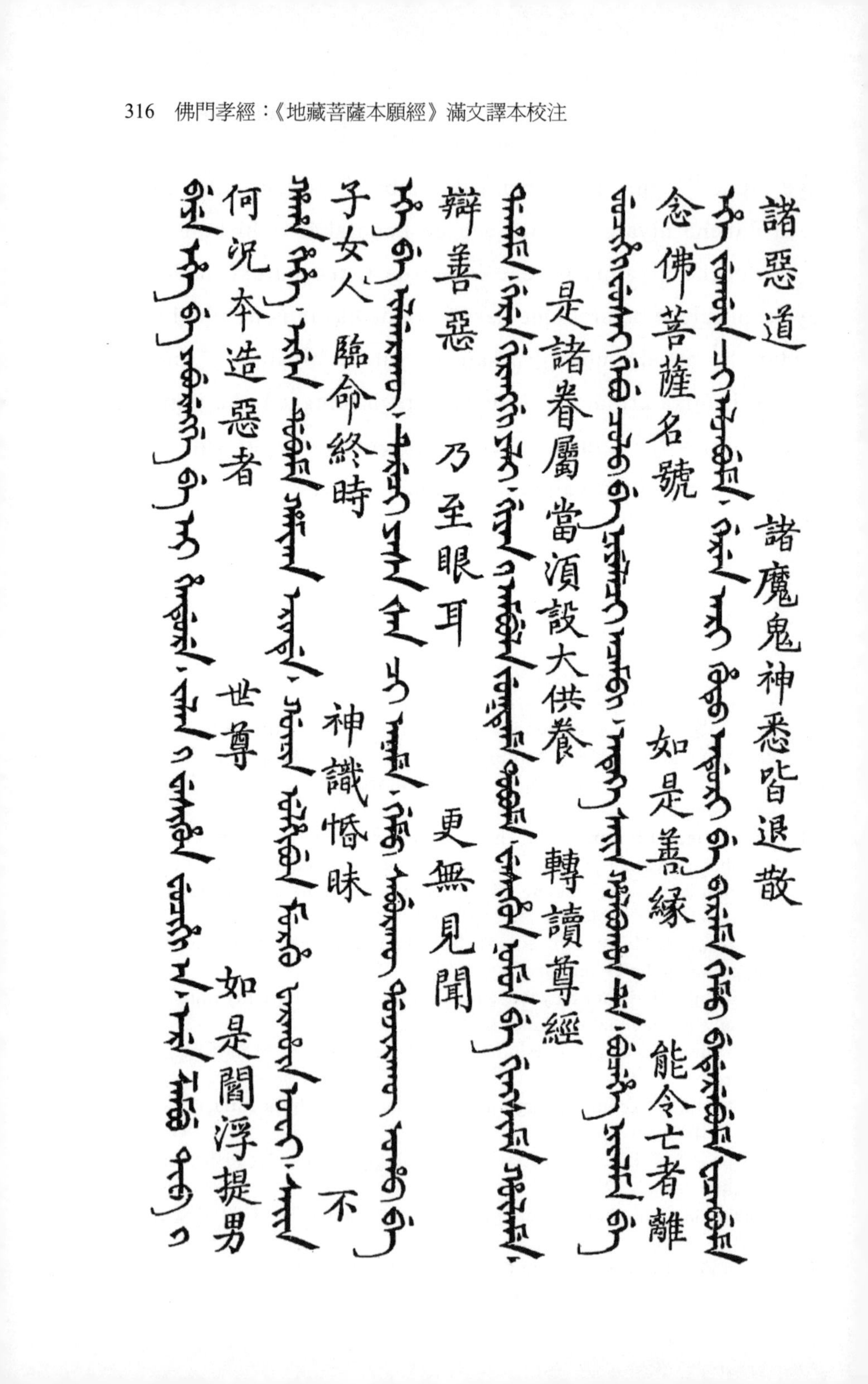

諸惡道　諸魔鬼神悉皆退散

念佛菩薩名號　如是善緣　能令亡者離

是諸眷屬當須設大供養　轉讀尊經

辯善惡　乃至眼耳　更無見聞

子女人　臨命終時　神識惛昧　不

何況本造惡者　世尊　如是閻浮提男

beye ehe be yaburengge be ai hendure,[180] jalan i wesihun fucihi a, ere dzambu tib i haha hehe,[181] ergen dubeme hamika erinde,[182] gūnin ulhibun murhu farhūn ofi, sain ehe be ilgarakū, tereci yasa šan ci aname, gemu saburakū donjirakū oho be dahame,[183] geren giranggi yali,[184] giyan i ambula jukteme dobome,[185] wesihun nomun be gingsime hūlame,[186] fucihi fusai gebu colo be niyeleci acambi, enteke sain holbohon de,[187] bucehe niyalma be ehe jugūn ci aljabume, geren ari hutu enduri be bireme gemu bederebume facabume

180 朱印本滿文作"dade ehe be yabuhangge be ai hendure"，句中"ehe be yabuhangge"，合璧本滿文作"ehe be yaburengge"，意即「行惡者」。

181 "ere dzambu tib i haha hehe"，句中"ere"，朱印本滿文作"enteke"，意即「如此」，或「這般」，滿文較妥。

182 "ergen dubeme hamika erinde"，句中"dubeme"，朱印本滿文作"dubere"。

183 朱印本滿文作"gemu sabure donjire ba akū ombi"。

184 朱印本滿文作"ede geren gucu giyajan"。

185 朱印本滿文作"giyan i ambula dobome jukteme"。

186 "wesihun nomun be gingsime hūlame"，句中"gingsime"，意即「吟唱」，漢文作「轉讀」，滿漢文義不合。「轉讀尊經」，朱印本滿文作"wesihun nomun be funde hūlambime"。

187 "enteke sain holbohon de"，句中"enteke"，漢文作「如是」，滿漢文義相合。朱印本滿文作"uttu"。

世尊 一切眾生 臨命終時 若得

聞一佛名 一菩薩名 或大乘經典 一句一偈

我觀如是輩人 除五無

間殺害之罪 小小惡業 合墮惡

趣者 尋即解脫 佛告主命鬼王

汝大慈故 能發如是大願 於生

mutembi,[188] jalan i wesihun fucihi a, eiten geren ergengge, ergen dubeme hamika erinde,[189] aika emu fucihi i gebu, emu fusai gebu, eici amba kulge nomun i emu gisun emu irgebun be bahafi donjire oci, bi ere jergi urse be tuwaci,[190] sunja jaka akū wame nungnere weile ci tulgiyen,[191] gūwa hacin i ehe weilen de,[192] giyan i ehe dosinan de tuheneci acarangge oci, uthai bahafi ukcambi,[193] fucihi ergen be salirengge hutu i da de hese wasimbume,[194] si amba jilan i turgunde,[195] endeke amba forobun forobufi,[196] banjin

---

188 "geren ari hutu enduri be bireme gemu bederebume facabume mutembi"，句中"facabume"，朱印本滿文作"samsibume"。

189 "ergen dubeme hamika erinde"，句中"dubeme"，朱印本滿文作"dubere"。

190 "bi ere jergi urse be tuwaci"，句中"urse"，朱印本滿文作"niyalma"。

191 "sunja jaka akū wame nungnere weile ci tulgiyen"，句中"jaka akū"，漢文作「無間」，朱印本滿文作"giyalan akū"；句中"wame nungnere"，漢文作「殺害」，朱印本滿文作"wara kokirara"。

192 "gūwa hacin i ehe weile de"，漢文作「小小惡業」，朱印本滿文作"heni majige ehe weilen"。

193 朱印本滿文作"giyan i ehe dosinan de tuheneci, acarangge be bireme gemu ukcabuci ombi"。

194 "fucihi ergen be salirengge hutu i da de hese wasimbume"，句中"ergen be salirengge"，漢文作「主命」，朱印本滿文作"ergen be alihangge"；"hutu i da"，漢文作「鬼王」，朱印本滿文作"hutu wang"；"hese wasimbume"，漢文作「告」，朱印本滿文作"alame hese wasimbume"。

195 "si amba jilan i turgunde"，句中"jilan"，朱印本滿文作"gosin"。

196 朱印本滿文作"enteke amba forobun deribufi"，句中"enteke"，合璧本滿文作"endeke"，誤，當作"enteke"。

死中 護諸衆生 若未来世中

有男子女人至生死時 汝莫退是願

總令解脫 永得安樂 鬼王白

佛言 願不有慮 我畢是形念念擁護閻

浮衆生 生時死時 俱得安樂

但願諸衆生 於生死時 信受我語 無

bucen i dorgi, geren ergengge be karmatame mutere be dahame,[197] aika jidere unde jalan i dorgi, haha hehe i banjire bucere erinde isinaha manggi, si ume ere forobun be bedercebure,[198] bireme gemu ukcabufi,[199] enteheme elhe sebjen be bahabuci acambi,[200] hutu i da fucihi de wesimbume, bairengge seolere be nakarao,[201] bi beye dubentele hing seme dzambu tib i geren ergengge be tuwšatame karmatame,[202] banjire bucere erinde, gemu elhe sebjen be bahabumbi,[203] damu buyerengge geren ergengge, banjire bucere erinde, mini gisun be gingguleme akdaha de,[204] gemu

197 "geren ergengge be karmatame mutere be dahame"，句中"mutere be dahame"，朱印本滿文作"mutehebi"。

198 "si ume ere forobun be bedercebure"，句中"bedercebure"，朱印本滿文作"bedercere"。

199 "bireme gemu ukcabufi"，朱印本滿文作"bireme gemu umesi ukcabufi"。

200 "enteheme elhe sebjen be bahabuci acambi"，句中"bahabuci acambi"，朱印本滿文作"bahabukini"。

201 朱印本滿文作"hutu wang fucihi de wesimbume, cingkai seolere be joo"，句中"hutu wang"，意即「鬼王」，合璧本滿文作"hutu i da"。

202 "bi beye dubentele hing seme dzambu tib i geren ergengge be tuwašatame karmatame"，句中"hing seme"，朱印本滿文作"gūnin hing sere"。

203 "gemu elhe sebjen be bahabumbi"，句中"bahabumbi"，朱印本滿文作"bahabuki"。

204 朱印本滿文作"mini gisun be akdafi alime"。

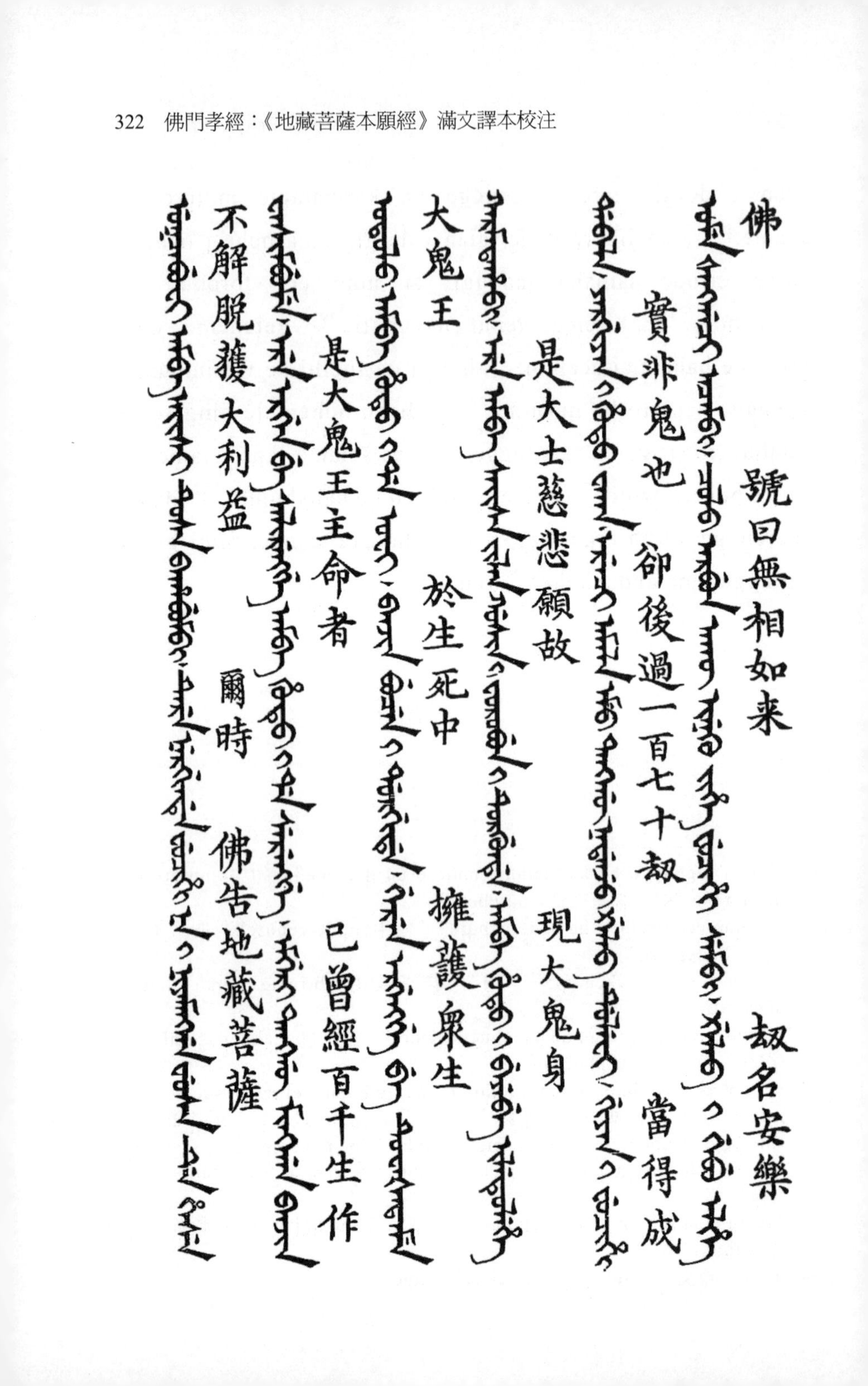

不解脫獲大利益 爾時 佛告地藏菩薩

是大鬼王主命者 已曾經百千生作

大鬼王 於生死中 擁護衆生

是大士慈悲願故 現大鬼身

實非鬼也 卻後過一百七十劫 當得成

佛 號曰無相如来 劫名安樂

ukcabufi amba aisi tusa bahabumbi.[205] tere nerginde fucihi na i niyamangga fusa de hese wasimbume,[206] ere ergen be salirengge amba hutu i da serengge,[207] emgeri tanggū minggan banjin otolo amba hutu i da ofi,[208] banjin bucen i dorgide, geren ergengge be tuwašatame karmatahabi. ere amba saisa jilan gosin i forobun i turgunde,[209] amba hutu i beyebe iletulehe dabala,[210] yargiyan i hutu waka,[211] ereci amala emu tanggū nadanju g'alab dulefi,[212] giyan i fucihi ome šanggaci acambi, colo arbun akū ineku jihe fucihi sembi,[213] g'alab i gebu elhe

---

205 朱印本滿文作“umesi ukcafi amba aisi tusa baharakūngge akū obuki sembi”。

206 “tere nerginde fucihi na i niyamangga fusa de hese wasimbume”，句中“hese wasimbume”，朱印本滿文作“alame hese wasimbume ”。

207 “ere ergen be salirengge amba hutu i da serengge”，句中“salirengge ”，朱印本滿文作“alihangge sere”；“amba hutu i da”，漢文作“大鬼王”，朱印本滿文作“hutu han”。

208 “emgeri tanggū minggan banjin otolo amba hutu i da ofi”，句中“otolo”，朱印本滿文作“de”；“amba hutu i da”，朱印本滿文作“amba hutu wang”。

209 “ere amba saisa jilan gosin i forobun i turgunde”，句中“amba saisa”，朱印本滿文作“amba enduringge”，“jilan gosin”，朱印本滿文作“gosin jilan”。

210 “amba hutu i beyebe iletulehe dabala”，句中“beyebe”，朱印本滿文作“beye”。

211 朱印本滿文作“yargiyan i hutu waka kai”。

212 “ereci amala emu tanggū nadanju g'alab dulefi”，句中“amala”，朱印本滿文作“amasi”。

213 “colo arbun akū ineku jihe fucihi sembi”，句中“colo”，朱印本滿文作“gebu”。

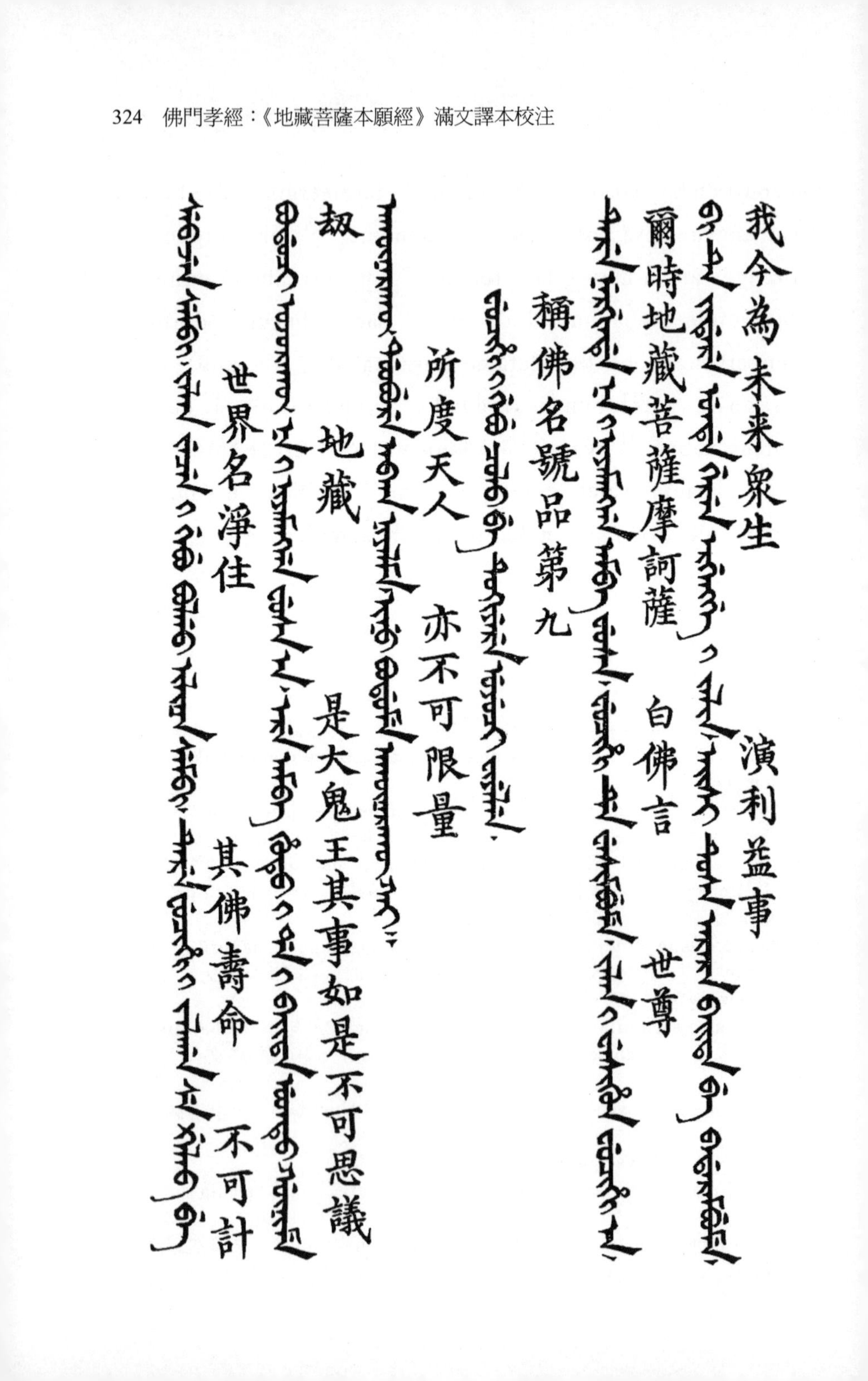

我今為未来衆生 演利益事

爾時地藏菩薩摩訶薩 白佛言 世尊

稱佛名號品第九

所度天人 亦不可限量

叔

地藏 是大鬼王其事如是不可思議

世界名淨住 其佛壽命 不可計

sebjen sembi, jalan jecen i gebu bolgo ilinan sembi. tere fucihi i jalgan se g'alab be bodoci ojorakū.[1] na i niyamangga fusa a, ere amba hutu i da i baita uttu gūnime akūnarakū,[2] doobure abka niyalma,[3] inu bodome akūnarakū kai.[4]

fucihi i gebu colo be tukiyere uyuci fiyelen.

tere nerginde na i niyamangga amba fuse,[5] fucihi de wesimbume, jalan i wesihun fucihi a, bi te jidere unde geren ergengge i jalin, aisi tusa arara baita be badarambume,[6]

---

1 朱印本滿文作"tere fucihi i se jalgan bodoci ojorakū g'alab bi"。

2 朱印本滿文作"ere amba hutu wang ni baita uttu gūnime gisureci ojorakū"。

3 "doobure abka niyalma"，句中"doobure"，朱印本滿文作"doobuha"。

4 朱印本滿文作"inu bodoci ojorakū"。

5 朱印本滿文作"tere fonde, na i niyamangga fusa amba fusa"。

6 "aisi tusa arara baita be badarambume"，漢文作「演利益事」。按漢文「推演」，或「衍述」，滿文作"badarambume fisembumbi"。漢文「演」，合璧本滿文作"badarambume"，朱印本滿文作"fisembume"。

吾亦無憂現在未来一切衆生

速説　吾即涅槃　使汝早畢是願

今正是時　唯當

慈悲　救拔一切罪苦六道衆生演不思議事

聽我説之　佛告地藏菩薩　汝今欲興

於生死中得大利益　唯願世尊

banjin bucen i dorgi de amba aisi tusa bahabuki sembi, bairengge jalan i wesihun fucihi,[7] mimbe gisurebureo. fucihi na i niyamangga fusa de hese wasimbume,[8] si te jilan gosin be deribufi,[9] eiten weile gosihon i ninggun jugūn de bisire geren ergengge be aitubume tucibume gūnime akūnarakū baita be badarambuki serengge,[10] te jing erin,[11] hūdun gisureci acambi. bi uthai nirwan tuwabuki sere be dahame, sini ere forobun be erdeken i šanggabuci, bi inu ne bisire jidere unde eiten geren ergengge i jalin jobošoro ba

---

7 "bairengge jalan i wesihun fucihi"，句中"bairengge"，朱印本滿文作"damu buyerengge"。

8 "fucihi na i niyamangga fusa de hese wasimbume"，句中"hese wasimbume"，朱印本滿文作"alame hese wasimbume"。

9 朱印本滿文作"si te gosin jilan i mujilen deribufi"，句中"gosin jilan"，合璧本滿文作"jilan gosin"，漢文作「慈悲」。

10 朱印本滿文作"eiten sui gosihan de bisire ninggun jugūn i geren ergengge be aitubure jalin, gūnime gisureci ojorakū baita be fisembuki serengge"。句中"gosihan"，誤，當作"gosihon"；"sui gosihon"，合璧本滿文作"weile gosihon"，漢文作「罪苦」；"gūnime gisureci ojorakū baita be fisembuki serengge"，句中"fisembuki"，合璧本滿文作"badarambuki"。

11 "te jing erin"，朱印本滿文作"te jing tentengke erin"。

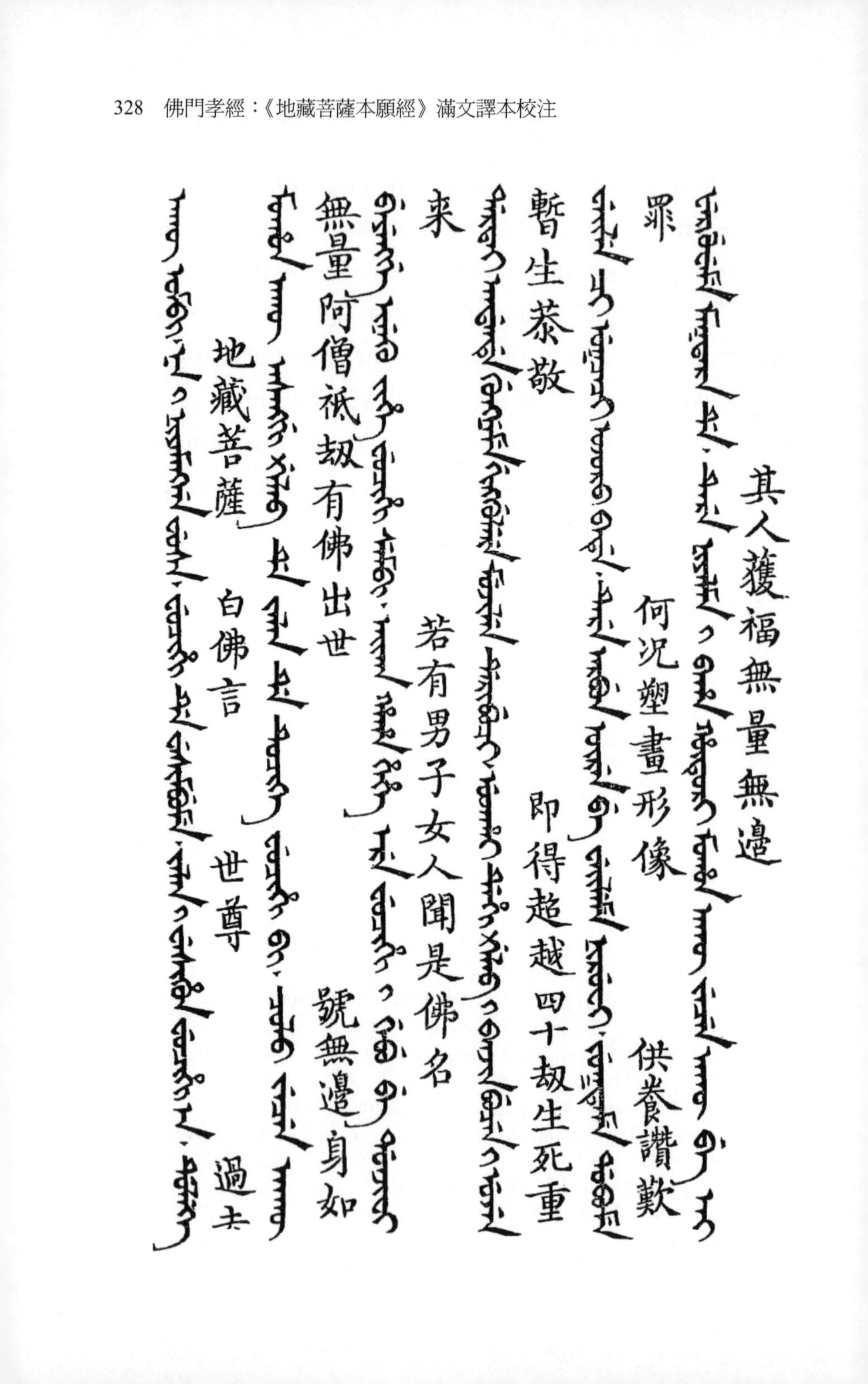

地藏菩薩 白佛言 世尊 過去

無量阿僧祇劫有佛出世 號無邊身如

來 若有男子女人聞是佛名

暫生恭敬 即得超越四十劫生死重

罪 何況塑畫形像 供養讚歎

其人獲福無量無邊

akū ombi.[12] na i niyamangga fusa, fucihi de wesimbume, jalan i wesihun fucihi a,[13] duleke mohon akū asanggi g'alab de jalan de tucike fucihi bi,[14] colo jecen akū beyengge ineku jihe fucihi sembi.[15] aika haha hehe ere fucihi i gebu be donjifi dartai andande gungneme ginggulere mujilen deribuci,[16] uthai dehi g'alab i banjin bucen i ujen weile ci ukcaci ojoro bade,[17] tere arbun ūren be weileme nirufi,[18] jukteme dobome ferguweme maktara de,[19] tere niyalma i baha hūturi mohon akū jecen akū be ai

12 "bi inu ne bisire jidere unde eiten geren ergengge i jalin jobošoro ba akū ombi"，句中"akū ombi"，朱印本滿文作"akū"。

13 朱印本滿文作"jalan i fucihi fucihi a"，句中前"fucihi"，誤，當作"wesihun"。

14 "jalan de tucike fucihi bi"，漢文作「有佛出世」，朱印本滿文作"jalan duleke tucike fucihi"，句中"duleke"，或當作"de"。

15 "colo jecen akū beyengge ineku jihe fucihi sembi"，句中"colo"，漢文作「號」，朱印本滿文作"gebu"，意即「名」。

16 "dartai andande gungneme ginggulere mujilen deribuci"，朱印本滿文作"dartai andande gingguleme kundulere mujilen deriburengge bici"。句中"gingguleme kundulere"，合璧本滿文作"gungneme ginggulere"，漢文作「恭敬」。

17 朱印本滿文作"uthai dehi g'alab, banjn bucen i ujen weilen ci ukcame duleci ojoro bade"。句中"ujen weilen"，合璧本滿文作"ujen weile"，漢文作「重罪」。

18 朱印本滿文作"tere arbun lakšan be arame nirufi"，句中"arbun lakšan"，合璧本滿文作"arbun ūren"，漢文作「形像」。

19 朱印本滿文作"dobome juktere ferguweme maktara be ai hendure"，句中"dobome juktere"，合璧本滿文作"jukteme dobome"。

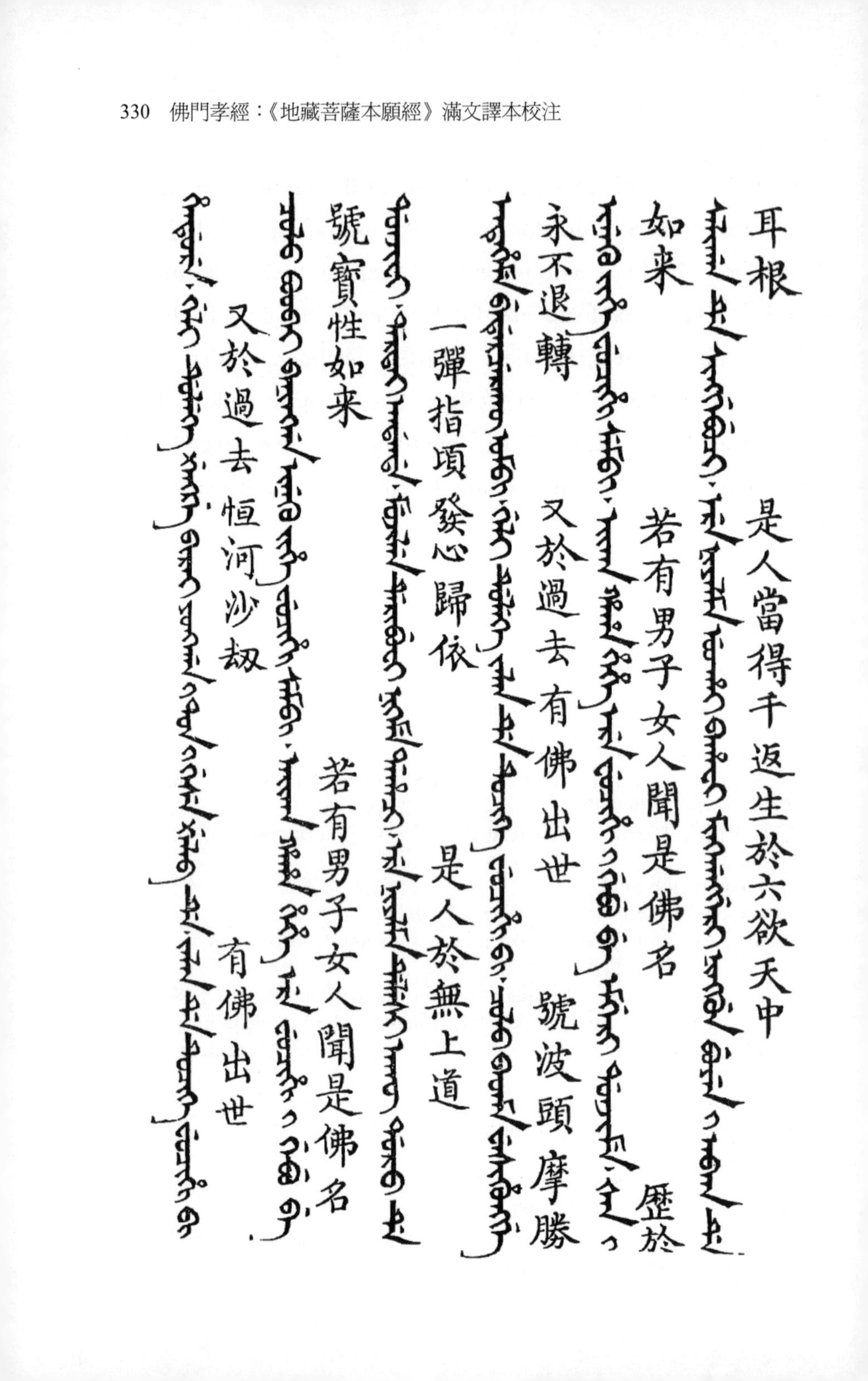

耳根　是人當得千返生於六欲天中

如來　若有男子女人聞是佛名　歷於

永不退轉　又於過去有佛出世　號波頭摩勝

一彈指頃發心歸依　是人於無上道

號寶性如來　若有男子女人聞是佛名

又於過去恒河沙刼　有佛出世

Hendure.[20] geli duleke g'angg'a birai yonggan i ton i gese g'alab de,[21] jalan de tucike fucihi bi,[22] colo boobai baningga ineku jihe fucihi sembi.[23] aika haha hehe ere fucihi i gebu be donjifi, dartai andande,[24] mujilen deribufi nikeme dahaci,[25] ere niyalma delesi akū doro de enteheme bedercerakū ombi.[26] geli duleke jalan de tucike fucihi bi,[27] colo batma wesihungge ineku jihe fucihi sembi.[28] aika haha hehe ere fucihi i gebu be emgeri donjime,[29] šan i saligan de singgebuci,[30] ere niyalma uthai bahafi mingganggeri ninggun buyen i abka de

---

20 朱印本滿文作“tere niyalma baha hūturi, mohon akū jecen akū ombi ”。

21 “yonggan i ton”，朱印本滿文作“yonggan ton”，省略“i”。

22 “jalan de tucike fucihi bi”，朱印本滿文作“jalan de □ fucihi”，句中殘缺，當作“tucike”。

23 “colo boobai baningga ineku jihe fucihi sembi”，句中“colo”，漢文作「號」，朱印本滿文作“gebu”，意即「名」，滿漢文義不合。

24 “fucihi i gebu”，漢文作「佛名」，朱印本滿文作“fucihi gebu”，省略“i”。“dartai andande”，漢文作「一彈指頃」。朱印本滿文作“taburi sidende”。

25 朱印本滿文作“mujilen deribufi dahame nikerengge bici”。

26 朱印本滿文作“ere niyalma delesi akū i doro de enteheme bederceme forgošorakū oci ombi”。

27 朱印本滿文作“geli duleke jalan de tucike fucihi ”。

28 “colo batma wesihungge ineku jihe fucihi sembi”，句中“colo”，朱印本滿文作“gebu”。“batma”，漢文作「波頭摩」。梵語讀如“padma”，意即「紅蓮華」。

29 “ere fucihi i gebu be emgeri donjime”，朱印本滿文作“ere fucihi i gebu be donjifi”。

30 朱印本滿文作“kemuni šan i saligan de taksirengge bici”。

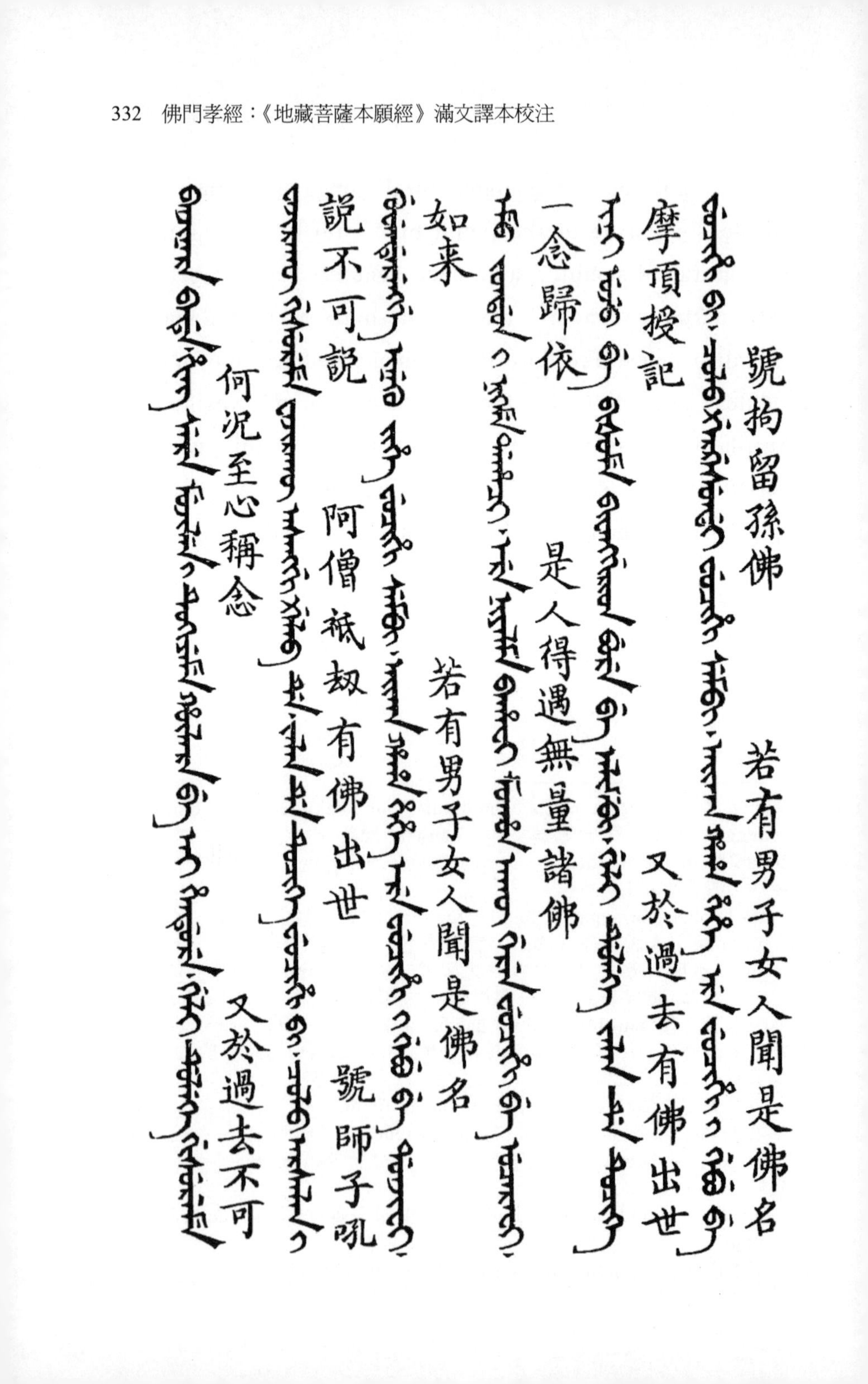

號拘留孫佛　若有男子女人聞是佛名

摩頂授記　又於過去有佛出世

一念歸依　是人得遇無量諸佛

如来　若有男子女人聞是佛名

說不可說　阿僧祇劫有佛出世　號師子吼

何況至心稱念　又於過去不可

banjinara bade,[31] hing sere mujilen i tukiyeme hūlara be ai hendure.[32] geli duleke gisureme wajirakū gisureme wajirakū asanggi g'alab de,[33] jalan de tucike fucihi bi,[34] colo arsalan i guwenderengge ineku jihe fucihi sembi.[35] aika haha hehe ere fucihi i gebu be donjifi, emu jondon i nikeme dahaci,[36] ere niyalma bahafi mohon akū geren fucihi be ucarafi,[37] ini uju be bišume biwanggirit bure be alimbi.[38] geli duleke jalan de tucike fucihi bi, colo g'arg'asundi fucihi sembi.[39] aika haha hehe ere fucihi i gebu be

---

31 朱印本滿文作“ere niyalma giyan i mingganggeri ninggun buyen i abkai dorgide banjinaci ojoro bade”。

32 朱印本滿文作“hing sere mujilen tukiyeceme hūlara be ai hendure”，句中省略“i”。

33 朱印本滿文作“geli duleke gisureci ojorakū dade gisureci ojorakū asanggi g'alab de”。

34 朱印本滿文作“jalan de tucike fucihi”。

35 “colo arsalan i guwenderengge ineku jihe fucihi sembi”，句中“colo”，朱印本滿文作“gebu”；“guwenderengge”，朱印本滿文作“guwendere”。

36 朱印本滿文作“emu mujilen i akdafi daharangge bici”。

37 朱印本滿文作“ere niyalma urunakū mohon akū geren fucihi be bahafi ucafi”。

38 朱印本滿文作“ini uju be bišume biwanggirit buci ombi”，句中“biwanggirit”，梵語讀如“vyākaraṇa”，漢文作「授記」。

39 “colo g'arg'asundi fucihi sembi”，句中“colo”，朱印本滿文作“gebu”；“g'arg'asundi fucihi”，漢文作「拘留孫佛」，梵語讀如“krakucchanda-buddha”。

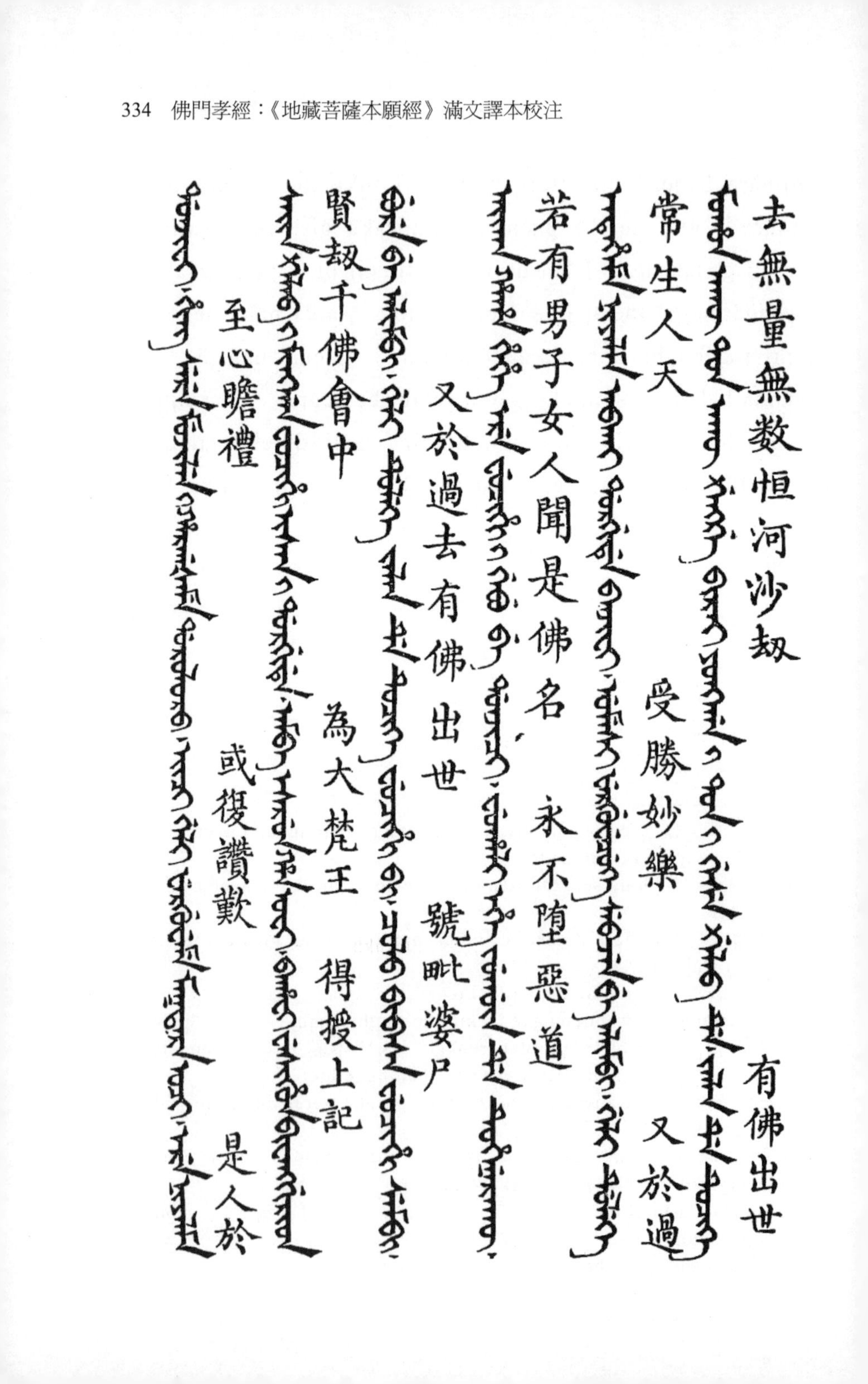

去無量無数恒河沙刧　有佛出世

常生人天　受勝妙樂　又於過

若有男子女人聞是佛名　永不墮惡道

又於過去有佛出世　號毗婆尸

賢刧千佛會中　為大梵王　得授上記

至心瞻禮　或復讚歎　是人於

donjifi, hing sere mujilen i hargašame doroloro,[40] eici geli ferguweme maktara oci, ere niyalma sain g'alab i minggan fucihi isan i dorgide, amba esrun han ofi,[41] bahafi wesihun biwanggirit bure be alimbi.[42] geli duleke jalan de tucike fucihi bi, colo bibasa fucihi sembi,[43] aika haha hehe ere fucihi i gebu be donjici,[44] fuhali ehe jugūn de tuhenerakū,[45] enteheme niyalma abkai dorgide banjifi,[46] umesi ferguwecuke sebjen be alimbi.[47] geli duleke mohon akū ton akū g'angg'a birai yonggan i ton i gese g'alab de, jalan de tucike

40 "hing sere mujilen i hargašame doroloro"，句中"hargašame doroloro"，漢文作「瞻禮」，朱印本滿文作"dorolome hengkišeme"。

41 "amba esrun han ofi"，句中"esrun han"，朱印本滿文作"esrun i han"。

42 朱印本滿文作"wesihun biwanggirit bure be bahaci ombi"。

43 "colo bibasa fucihi sembi"，句中"colo"，朱印本滿文作"gebu"；"bibasa fucihi"，漢文作「毗婆尸」，梵語讀如"vipaśyin"，朱印本滿文作"bibaša fucihi"。

44 朱印本滿文作"ere haha hehe ere fucihi i gebu be donjire oci"。

45 朱印本滿文作"enteheme ehe jugūn de tuhenerakū bime"。

46 "enteheme niyalma abkai dorgide banjifi"，句中"enteheme"，漢語當作「常」，朱印本滿文作"kemuni"。

47 "umesi ferguwecuke sebjen be alimbi"，句中"umesi ferguwecuke sebjen"，漢文作「勝妙樂」，意即「最妙樂」。朱印本滿文作"wesihun ferguwecuke sebjen be alici ombi "，句中"wesihun ferguwecuke sebjen"，意即「勝妙樂」。

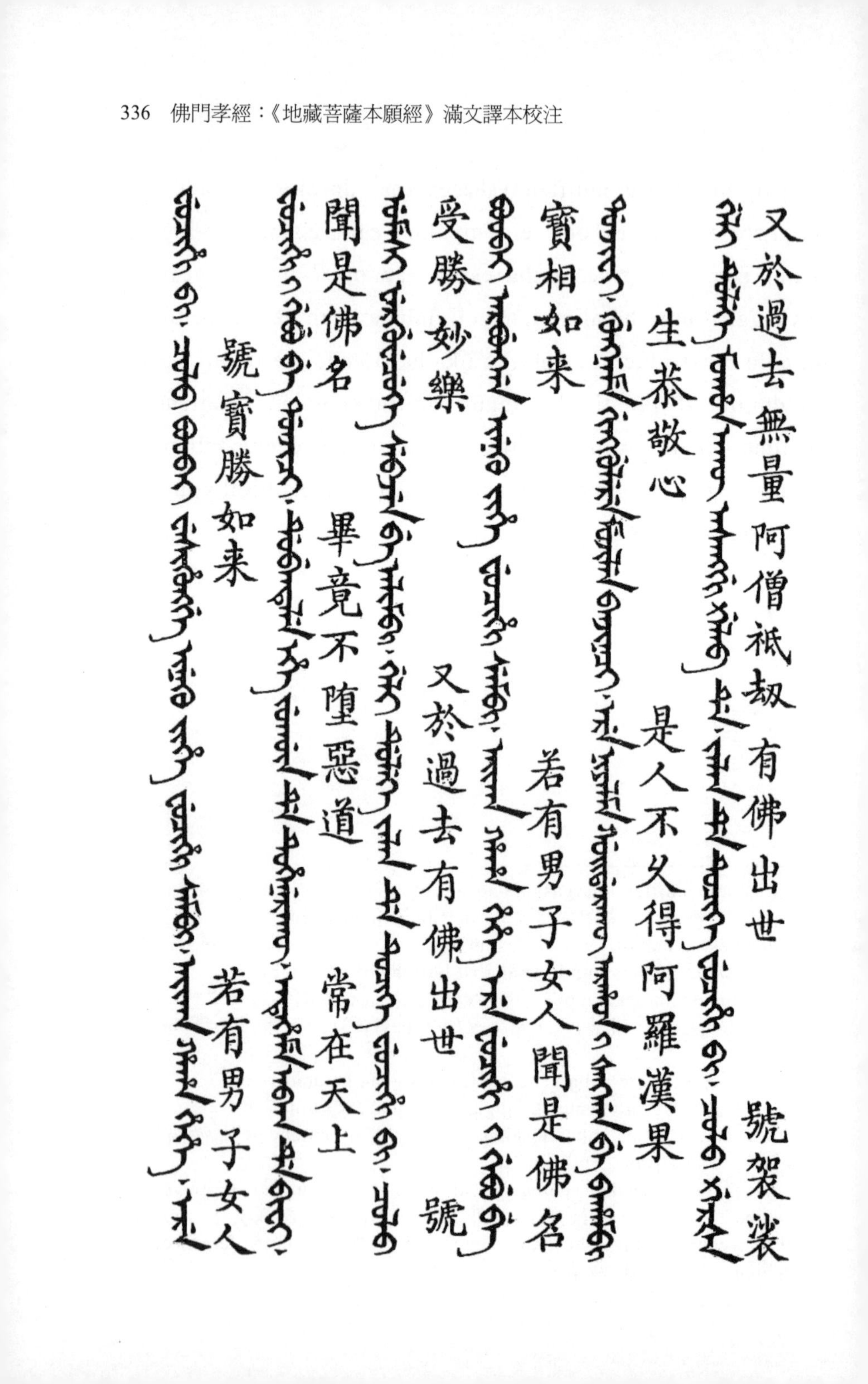

又於過去無量阿僧祇劫 有佛出世 號袈裟幢

生恭敬心 是人不久得阿羅漢果

寶相如來 若有男子女人聞是佛名

受勝妙樂 又於過去有佛出世 號

聞是佛名 畢竟不墮惡道 常在天上

號寶勝如來 若有男子女人

fucihi bi, colo boobai wesihungge ineku jihe fucihi sembi.[48] aika haha hehe, ere fucihi i gebu be donjici,[49] dubentele ehe jugūn de tuhenerakū,[50] enteheme abka de bifi,[51] umesi ferguwecuke sebjen be alimbi. geli duleke jalan de tucike fucihi bi, colo boobai arbungga ineku jihe fucihi sembi.[52] aika haha hehe ere fucihi i gebu be donjifi, gungneme ginggulere mujilen banjinaci,[53] ere niyalma goidarakū arhat i šanggan be bahambi.[54] geli duleke mohon akū assanggi g'alab de, jalan de tucike fucihi bi, colo g'arša

---

48 "colo boobai wesihungge ineku jihe fucihi sembi"，句中"colo"，朱印本滿文作"gebu"；"boobai wesihungge ineku jihe fucihi"，漢文作「寶勝如來」，朱印本滿文作"boobai etengge ineku jihe fucihi"。

49 "ere fucihi i gebu be donjici"，句中"donjici"，朱印本滿文作"donjire oci"。

50 "dubentele ehe jugūn de tuhenerakū"，句中"tuhenerakū"，朱印本滿文作"tuhenerakū bime"。

51 "enteheme abka de bifi"，句中"enteheme"，漢文作「常」，朱印本滿文作"kemuni"。"abka de bifi"，漢文作「在天上」，朱印本滿文作"abkai dergide"。

52 "colo boobai arbungga ineku jihe fucihi sembi"，句中"boobai arbungga ineku jihe fucihi"，漢文作「寶相如來」，朱印本滿文作"boobai lakšangga ineku jihe fucihi"。

53 "gungneme ginggulere mujilen banjinaci"，朱印本滿文作"ginggulere kundulere mujilen deribure oci"。

54 朱印本滿文作"ere niyalma goidarakū de arhat i šanggan be bahaci ombi"。句中"arhat"，漢文作「阿羅漢」，梵語讀如"arhat"。

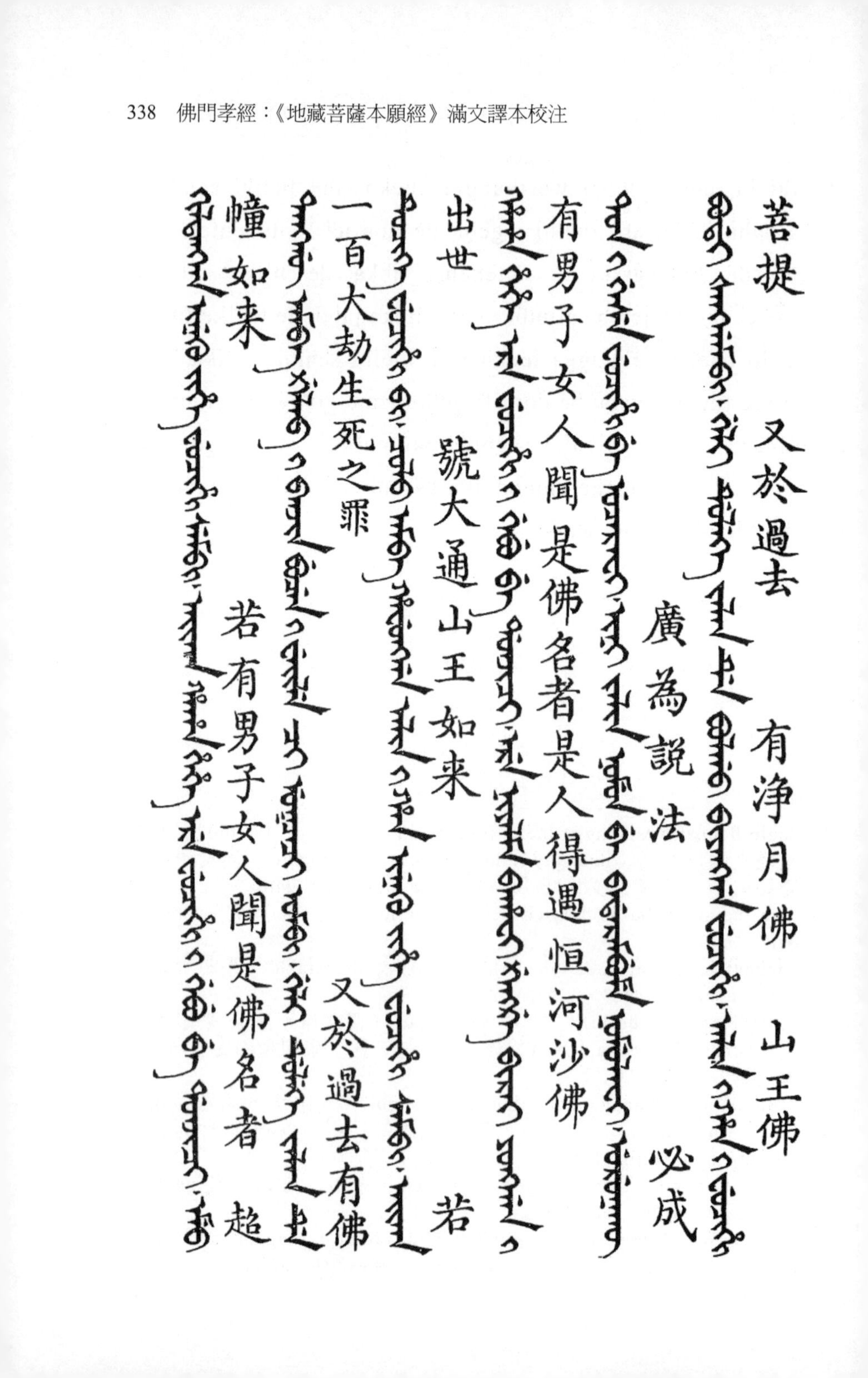

菩提　又於過去　有淨月佛　山王佛

廣為說法　必成

有男子女人聞是佛名者是人得遇恒河沙佛

出世　號大通山王如來　若

一百大劫生死之罪　又於過去有佛

幢如來　若有男子女人聞是佛名者　超

kiltangga ineku jihe fucihi sembi.[55] aika haha hehe ere fucihi i gebu be donjici, emu tanggū amba g'alab i banjin bucen i weile ci ukcaci ombi.[56] geli duleke jalan de tucike fucihi bi, colo amba hafungga alin i han ineku jihe fucihi sembi.[57] aika haha hehe ere fucihi i gebu be donjici, ere niyalma bahafi g'angg'a birai yonggan i ton i gese fucihi be ucarafi, ini jalin nomun be badarambume nomulafi,[58] urunakū bodi šanggambi.[59] geli duleke jalan de bolgo biyangga fucihi,[60] alin i han i fucihi,[61]

55 “colo g'arša kiltangga ineku jihe fucihi”，句中“g'arša”，漢文作「袈裟」，梵語讀如“kāṣāya”；“kiltangga”，漢文作「幢」，梵語讀如“ketu”，又作“patākā”，“dhvaja”。

56 “emu tanggū amba g'alab i banjin bucen i weile ci ukcaci ombi”，句中“ukcaci ombi”，朱印本滿文作“guweci olbi”，句中“olbi”，誤，當作“ombi”。

57 “colo amba hafungga alin i han ineku jihe fucihi”，句中“hafungga”，朱印本滿文作“hafuka”。

58 “ini jalin nomun be badarambume nomulafi”，漢文作「廣爲說法」，句中“ini jalin”，意即「爲他」，原文意即「爲他廣爲說法」，朱印本滿文作“ini baru nomun be badarambume nomulafi”，意即「向他廣爲說法」。

59 “urunakū bodi šanggambi”，句中“šanggambi”，朱印本滿文作“šanggaci ombi”。

60 “bolgo biyangga fucihi”，句中“biyangga”，朱印本滿文作“biya i”。

61 “alin i han i fucihi”，朱印本滿文作“alak i han, fucihi”，當作“alin i han i fucihi”。

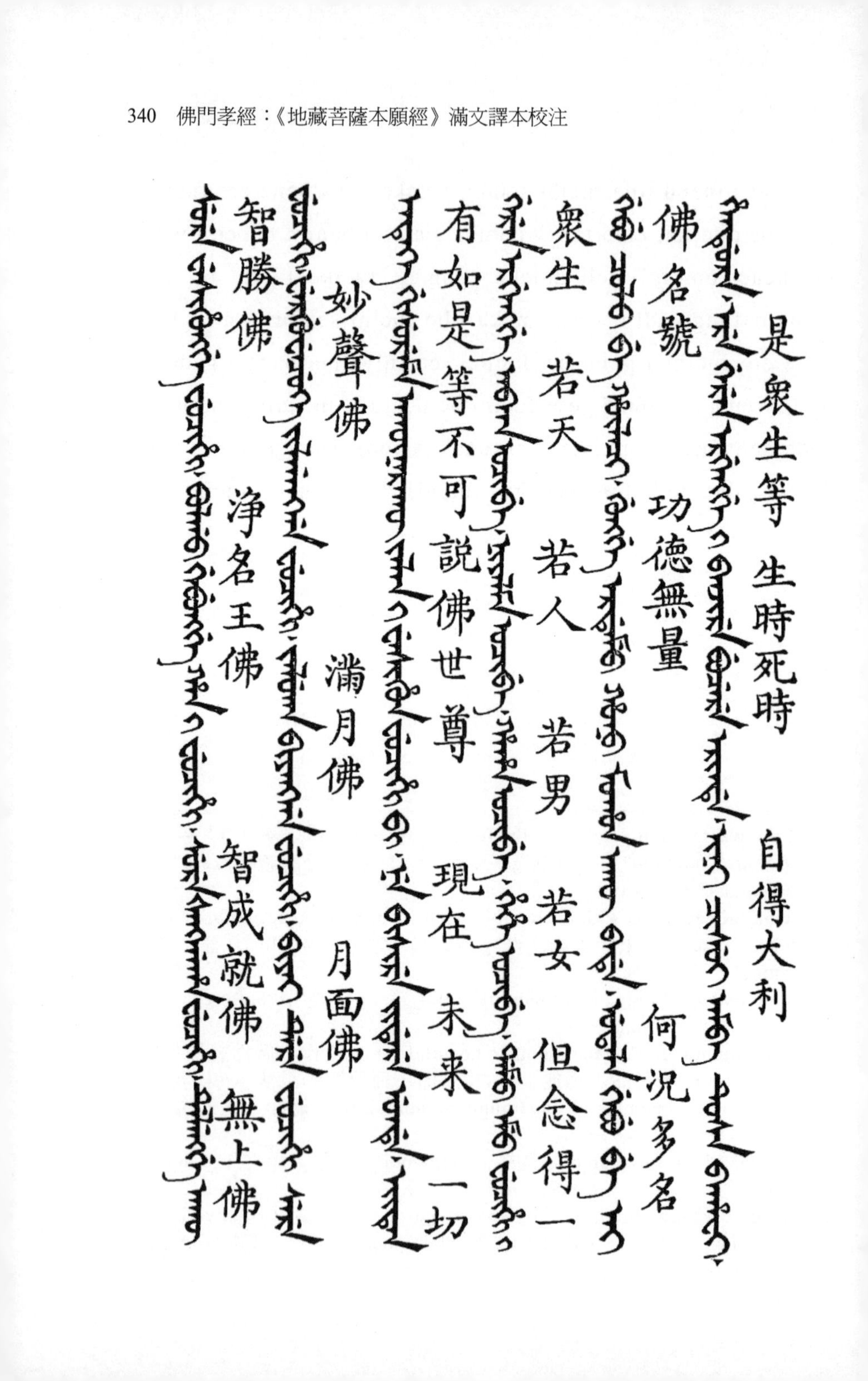

智勝佛 淨名王佛 智成就佛 無上佛

妙聲佛 滿月佛 月面佛

有如是等不可說佛世尊 現在未來 一切

衆生 若天 若人 若男 若女 但念得一

佛名號 功德無量 何況多名

是衆生等 生時死時 自得大利

sure wesihungge fucihi,[62] bolgo gebungge han i fucihi,[63] sure šanggaha fucihi,[64] delengge akū fucihi,[65] ferguwecuke jilgangga fucihi, jaluka biyangga fucihi,[66] biyai dere fucihi sere enteke gisureme akūnarakū jalan i wesihun fucihi bi.[67] ne bisire jidere unde, eiten geren ergengge, abka ocibe, niyalma ocibe, haha ocibe, hehe ocibe, damu emu fucihi i gebu colo be hūlaci,[68] gungge erdemu hono mohon akū bade,[69] utala gebu be ai hendure. ere geren ergengge i banjire bucere erinde,[70] ini cisui amba tusa bahafi,[71]

---

62 朱印本滿文作“mergen etehe fucihi”。

63 朱印本滿文作“bolgo gebungge han, fucihi”，當作“bolgo gebungge han i fucihi”。

64 朱印本滿文作“mergen šanggaha fucihi”。

65 朱印本滿文作“delesi akū fucihi”。

66 朱印本滿文作“jaluka biyai fucihi”。

67 “biyai dere fucihi sere enteke gisureme akūnarakū jalan i wesihun fucihi bi”，句中“biyai dere fucihi”，漢文作「月面佛」，朱印本滿文作“biyai derengge fucihi”；“enteke gisureme akūnarakū”，漢文作「如是等不可說」。句中滿文“gisureme akūnarakū”，意即「說不盡」。朱印本滿文作“enteke jergi gisureci ojorakū”，意即「如是等不可說」。

68 “damu emu fucihi i gebu colo be hūlaci”，句中“hūlaci”，朱印本滿文作“hūlame jabduci”。

69 “gungge erdemu hono mohon akū bade”，句中“bade”，朱印本滿文作“ojoro bade”。

70 “erinde”，朱印本滿文作“nerginde”。

71 “ini cisui amba tusa bahafi”，句中“bahafi”，朱印本滿文作“bahambi”。

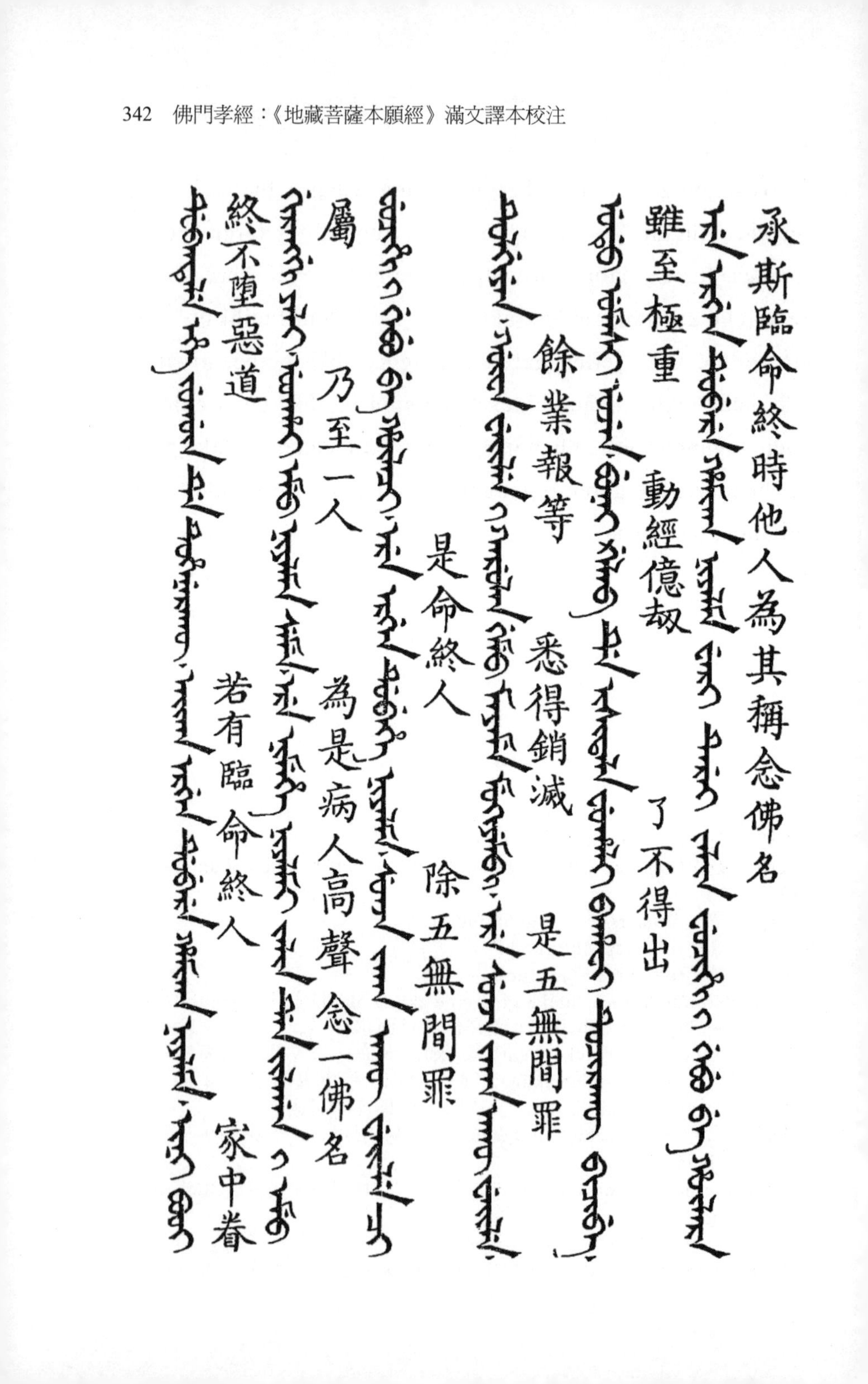

承斯臨命終時他人為其稱念佛名

雖至極重　動經億劫　了不得出

餘業報等　悉得銷滅　是五無間罪

是命終人　除五無間罪

屬　乃至一人　為是病人高聲念一佛名

終不墮惡道　若有臨命終人　家中眷

dubentele ehe jugūn de tuhenerakū.[72] aika ergen dubere hamika niyalma, ini booi giranggi yali,[73] uthai emu niyalma seme, ere nimehe niyalmai jalin den jilgan i emu fucihi i gebu be hūlaci,[74] ere ergen dubehe niyalma, sunja jaka akū weile ci tulgiyen,[75] gūwa weilen i karulan gemu mayame mukiyembi.[76] ere sunja jaka akū weile, udu umesi ujen, bunai g'alab de isitala fuhali bahafi tucirakū bicibe,[77] ere ergen dubere hamika niyalma weri terei jalin fucihi i gebu be hūlara

---

72 “dubentele ehe jugūn de tuhenerakū”，句中“dubentele”，漢文作「終」，或作「畢竟」。

73 “ini booi giranggi yali”，漢文作「家中眷屬」。朱印本滿文作“ini booi gucu giyajan”，意即「家中隨侍」。

74 “ere nimehe niyalmai jalin den jilgan i emu fucihi i gebu be hūlaci”，句中“hūlaci”，朱印本滿文作“hūlara oci”。

75 朱印本滿文作“sunja giyalan akū i weile be suci ombime”，句中“giyalan akū i weile”，合璧本滿文作“jaka akū weile”，漢文作「無間罪」。

76 朱印本滿文作“gūwa sui karulan emu gemu mayame mukiyeci ombi”，句中“sui karulan”，合璧本滿文作“weilen i karulan”，漢文作「業報」；“mukiyeci ombi”，合璧本滿文作“mukiyembi”。

77 “bunai g'alab de isitala fuhali bahafi tucirakū bicibe”，句中“de isitala”，朱印本滿文作“otolo”；“tucirakū”，朱印本滿文作“tucirakūngge”。

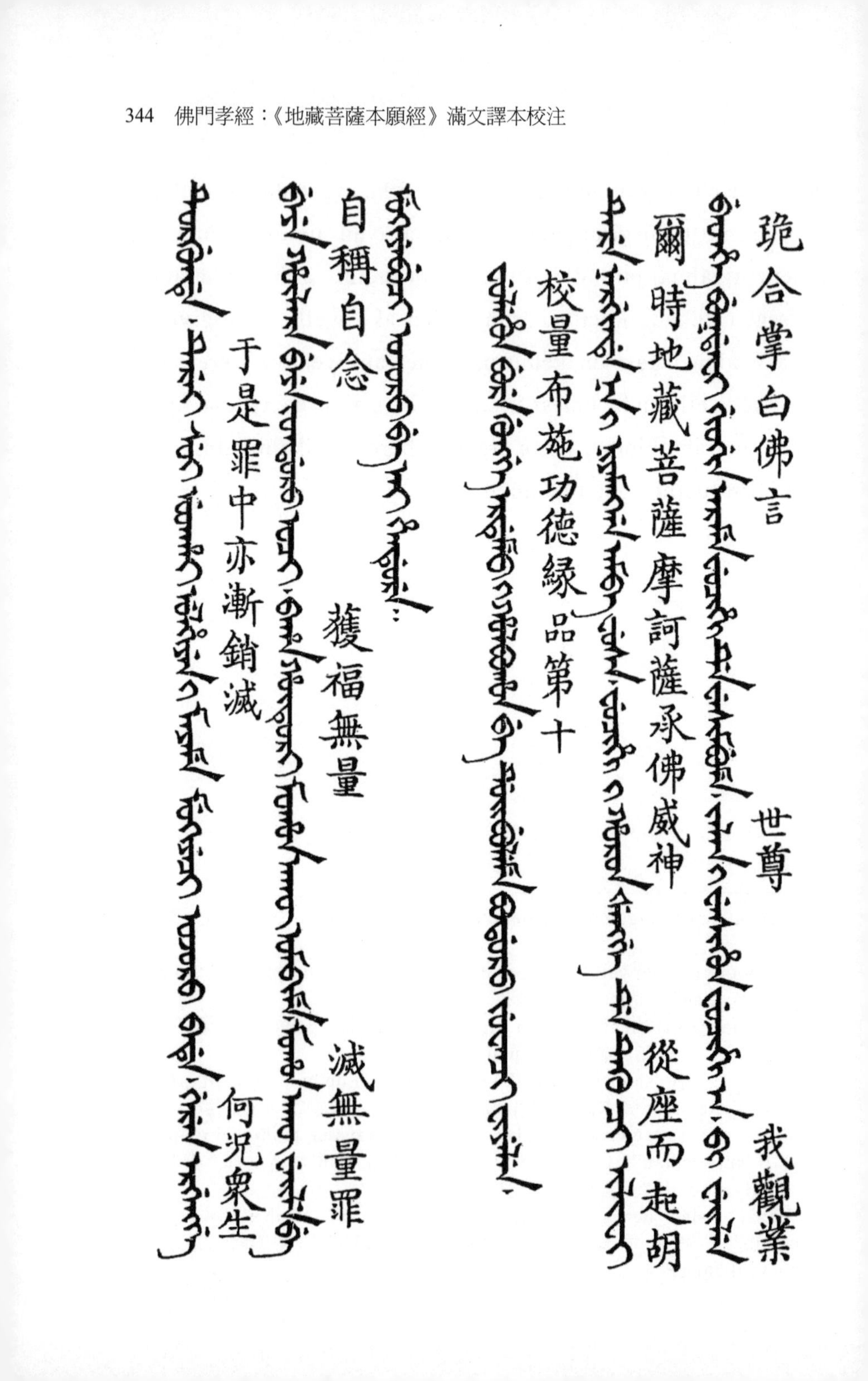

于是罪中亦漸銷滅　何況眾生

自稱自念　獲福無量　滅無量罪

校量布施功德緣品第十

爾時地藏菩薩摩訶薩承佛威神　從座而起胡

跪合掌白佛言　世尊　我觀業

turgunde,[1] terei sui uthai ulhiyen i mayame mukiyeci ojoro bade,[2] geren ergengge beye hūlara beye jondoro oci,[3] baha hūturi mohon akū ombime, mohon akū weile be mukiyebuci ojoro be hendure.[4]

fulehun bure gungge erdemu i holbohon be duibuleme bodoro juwanci fiyelen.

tere nerginde na i niyamangga amba fusa,[5] fucihi i horon šengge de teku ci ilifi bethe bukdafi giogin arame fucihi de wesimbume,[6] jalan i wesihun fucihi a, bi weilen

---

1 朱印本滿文作"ere ergen dubere hamika erinde gūwa niyalma terei jalin fucihi i gebu be hūlara turgunde"。

2 朱印本滿文作"terei sui be inu ulhiyen i mayambume mukiyebuci ojoro bade"。

3 朱印本滿文作"geren ergengge beye hūlara beye niyelere be ai hendure"，句中"niyelere"，意即「念誦」，合璧本滿文作"jondoro"，意即「常提起」，"beye jondoro"，漢文作「自念」，滿漢文義頗有出入。

4 朱印本滿文作"mohon akū weile mukiyeci ombi"。

5 朱印本滿文作"tere fonde na i niyamangga fusa amba fusa"。

6 "fucihi i horon šengge de teku ci ilifi bethe bukdafi giogin arame fucihi de wesimbume"，句中"horon šengge"，漢文作「威神」，朱印本滿文作"šengge horon hūsun "；"bethe bukdafi"，漢文作「胡跪」。滿文"bukdambi"，意即「曲」，或「彎」，"bethe bukdafi"，意即「彎一足單腿跪」，行請安禮，俗稱打千兒，此作「胡跪」，指女真等族單腿跪。

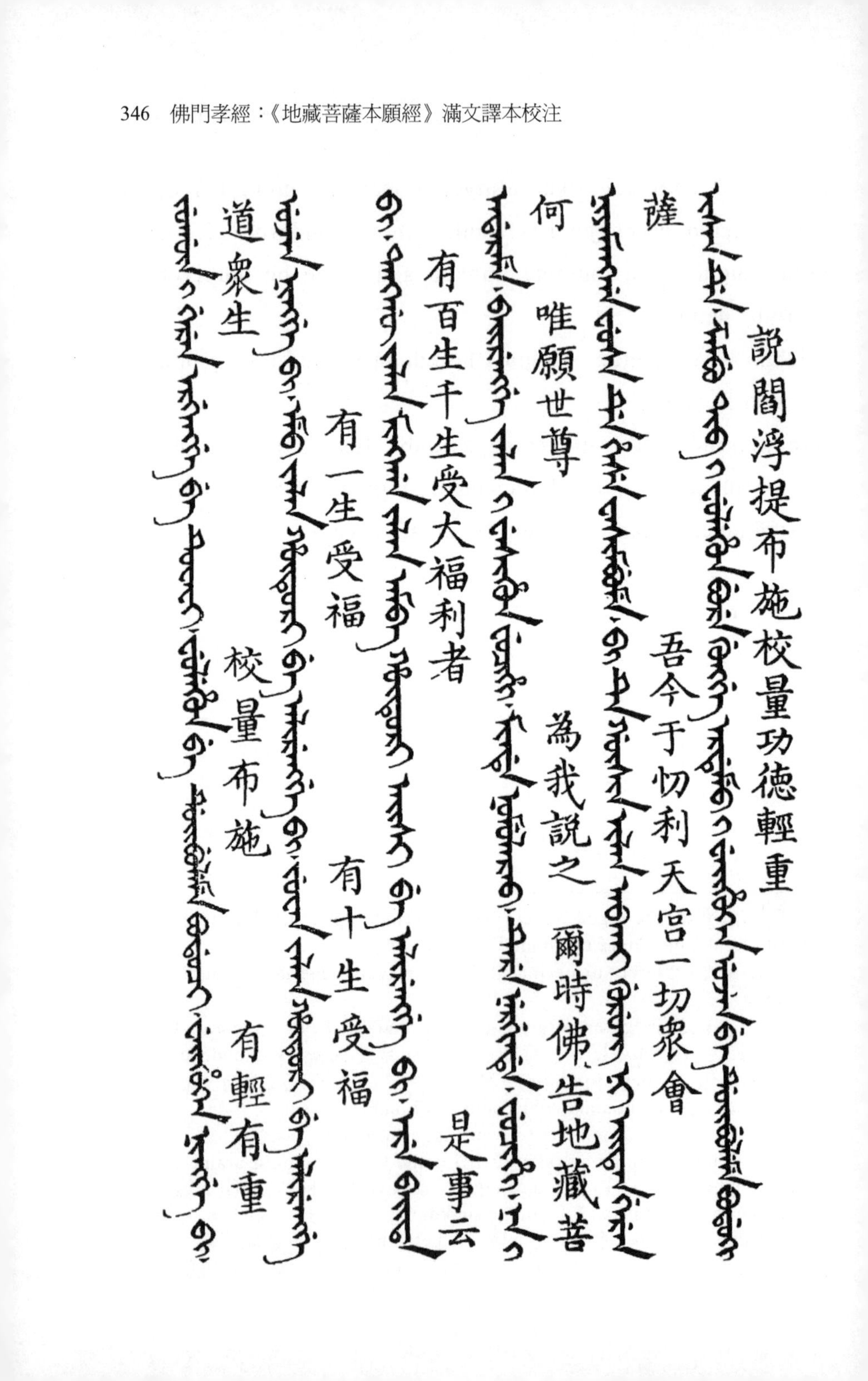

道衆生 校量布施 有輕有重

有一生受福 有十生受福

有百生千生受大福利者 是事云

何 唯願世尊 為我說之 爾時佛告地藏菩

薩 吾今于忉利天宮一切衆會

說閻浮提布施校量功德輕重

jugūn i geren ergengge be tuwafi,[7] fulehun be duibuleme bodoci,[8] weihuken ningge bi, ujen ningge bi, emu jalan huturi be alirengge bi,[9] juwan jalan hūturi be alirengge bi,[10] tanggū jalan minggan jalan amba hūturi aisi be alirengge bi,[11] ere baita adarame, bairengge jalan i wesihun fucihi,[12] minde nomularao. tere nerginde, fucihi, na i niyamangga fusa de hese wasimbume,[13] bi te gūsin ilan abkai gurung ni eiten geren isan de, dzambu tib i fulehun bure gungge erdemu i weihuken ujen be duibuleme bodoki,[14]

7 "bi weilen jugūn i geren ergengge be tuwafi"，句中"tuwafi"，朱印本滿文作"tuwaci"。

8 "fulehun be duibuleme bodoci"，句中"bodoci"，朱印本滿文作"bodoro de"。

9 "emu jalan huturi be alirengge bi"，句中"alirengge"，朱印本滿文作"alihangge"。

10 "juwan jalan hūturi be alirengge bi"，句中"alirengge"，朱印本滿文作"alihangge"。

11 "tanggū jalan minggan jalan amba hūturi aisi be alirengge bi"，句中"aisi"，朱印本滿文作"tusa"；"alirengge"，朱印本滿文作"alihangge"。

12 "bairengge jalan i wesihun fucihi"，句中"bairengge"，朱印本滿文作"damu buyerengge"。

13 朱印本滿文作"tere fonde fucihi na i niyamangga fusa de alame hese wasimbume"。

14 "dzambu tib i fulehun bure gungge erdemu i weihuken ujen be duibuleme bodoki"，句中"bodoki"，朱印本滿文作"bodoro be nomulaki"。

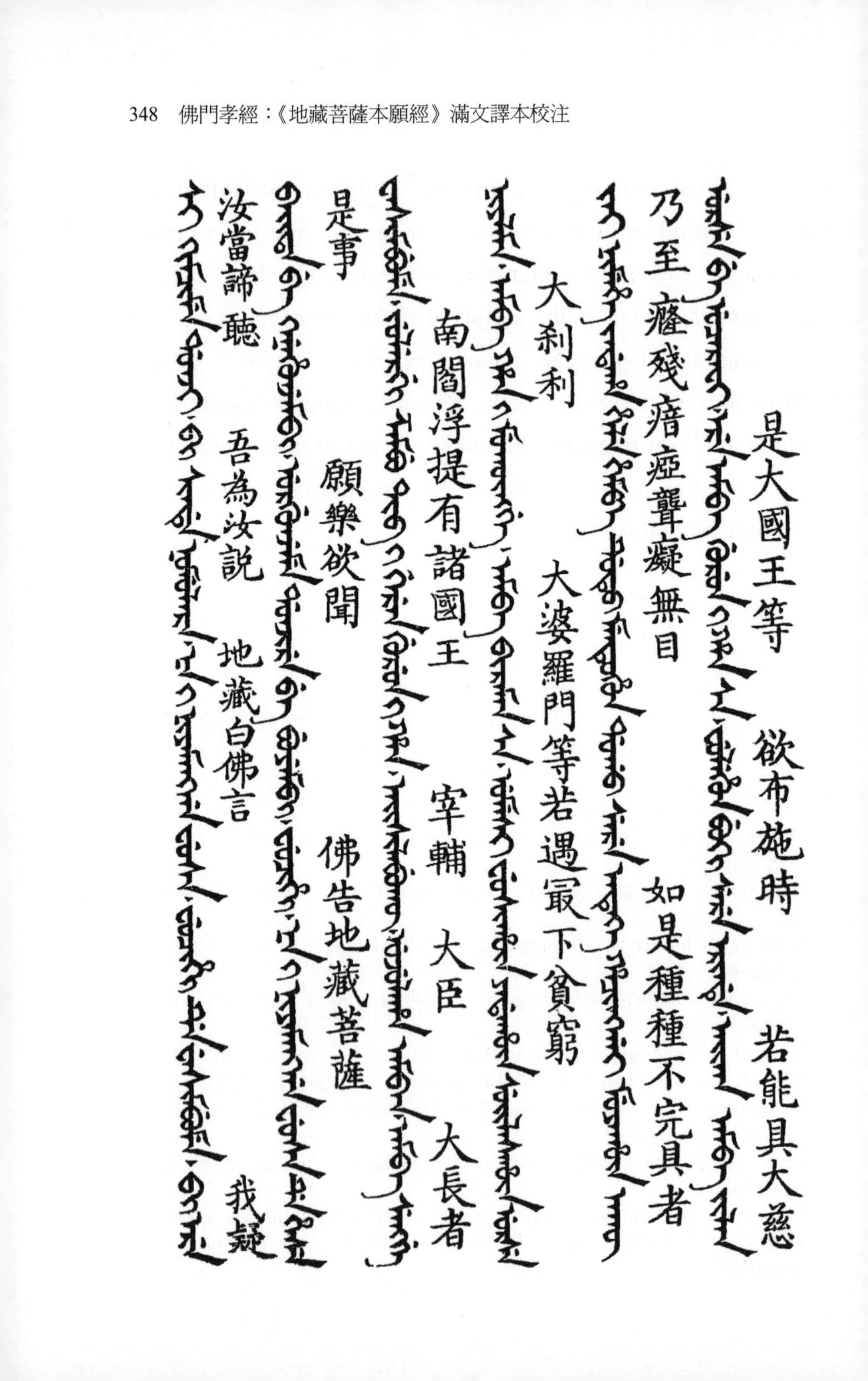

汝當諦聽　吾為汝說　地藏白佛言　我疑

是事　願樂欲聞　佛告地藏菩薩

南閻浮提有諸國王　宰輔　大臣　大長者

大剎利　大婆羅門等若遇最下貧窮

乃至癃殘瘖瘂聾癡無目　如是種種不完具者

是大國王等　欲布施時　若能具大慈

si kimcime donji, bi sinde nomulara. na i niyamangga fusa, fucihi de wesimbume, bi ere baita be kenehunjembi, urgunjeme donjire be buyembi.[15] fucihi, na i niyamangga fusa de hese wasimbume,[16] julergi dzambu tib i geren gurun i han,[17] aisilabukū, ujulaha amban, amba sengge niyalma, amba han i mukūngge,[18] amba biraman sa,[19] umesi fusihūn yadahūn suilashūn urse jai nimehe jadaha hele hempa dutu mentuhun dogo sere enteke hacinggai muyahūn akū urse be ucarafi,[20] ere amba gurun i han sa, fulehun buki sere erinde, aika amba jilan

---

15 “urgunjeme donjire be buyembi”，漢文作「願樂欲聞」，朱印本滿文作“donjire be buyere”。

16 “fucihi na i niyamangga fusa de hese wasimbume”，句中“hese wasimbume”，朱印本滿文作“alame hese wasimbume”。

17 “julergi dzambu tib i geren gurun i han”，朱印本滿文作“julergi dzambu tib de, geren gurun i han”。

18 “amba han i mukūngge”，意即「大王之族」，合璧本漢文作「大刹利」，句中「刹利」，又作「刹帝利」，梵語讀如“kṣatriya”，意即「王族」。

19 “amba biraman sa”，朱印本滿文作“amba birama se”，當據合璧本作“amba biraman sa”。句中“biraman”，梵語讀如“brāhmaṇa”，漢文作「婆羅門」。

20 朱印本滿文作“aika umesi fusihūn yadahūn urse, jai jadaha nimekungge hele hempa dutu mentuhun yasa dogo sere enteke hacinggai yongkiyan akū urse be ucarafi”。

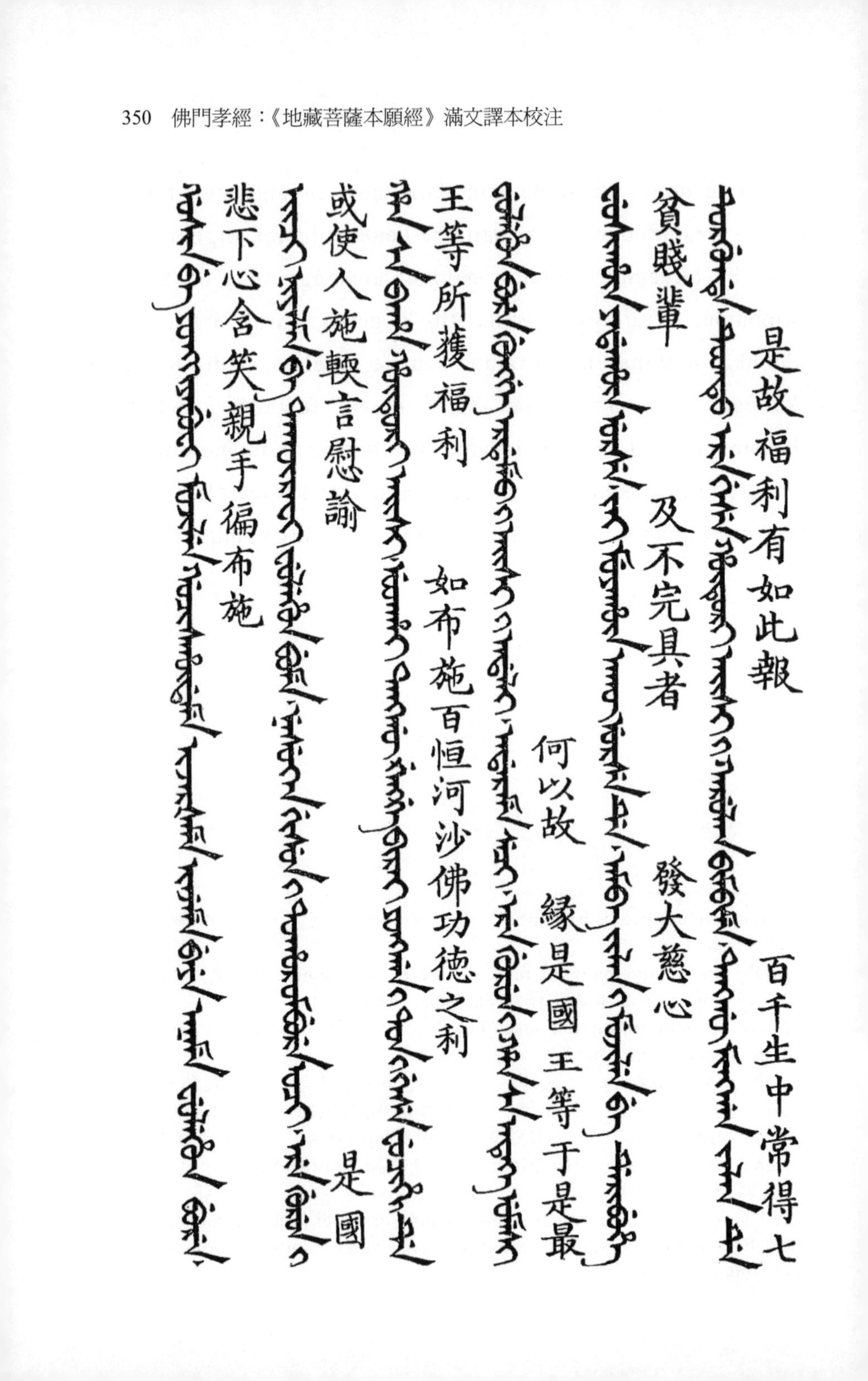

悲下心含笑親手徧布施

或使人施輭言慰諭　是國

王等所獲福利　如布施百恒河沙佛功德之利

何以故　緣是國王等于是最

貧賤輩　及不完具者　發大慈心

是故福利有如此報　百千生中常得七

gosin be yongkiyabufi mujilen gocishūdame ijaršame injeme beye aname fulehun bure,[21] eici niyalma be takūrafi fulehun bume,[22] nesuken gisun i tohorombure oci,[23] ere gurun i han sa baha hūturi aisi,[24] uthai tanggū g'angg'a birai yonggan i ton i gese fucihi de fulehun bure gungge erdemu i aisi i adali.[25]

adarame seci, ere gurun i han sa enteke umesi fusihūn yadahūn urse, jai muyahūn akū urse de,[26] amba jilan i mujilen be deribuhe turgunde,[27] tuttu ere gese hūturi aisi i karulan bimbime,[28] tanggū minggan jalan de

---

21 "amba jilan gosin be yongkiyabufi"，漢文作「具大慈悲」，朱印本滿文作"amba gosin jilan be tebufi"；"mujilen gocishūdame ijaršame injeme"，漢文作「下心含笑」，朱印本滿文作"mujilen hing seme ijaršame injeme"，"beye aname fulehun bure"，漢文作「親手徧布施」，朱印本滿文作"beye nikenefi fulehun bure"。

22 "fulehun bume"，朱印本滿文作"fulehun bure"。

23 "tohorombure oci"，朱印本滿文作"tohorombume ulhibure oci"。

24 "ere gurun i han sa baha hūturi aisi"，句中"hūturi aisi"，意即「福利」，滿漢文義相合，朱印本滿文作"hūturi tusa"，意即「福益」，滿文"aisi"，意即利益的「利」，"tusa"，意即利益的「益」。

25 "gungge erdemu i aisi"，朱印本滿文作"gungge erdemu i tusa"。

26 "muyahūn akū"，朱印本滿文作"yongkiyan akū"。

27 朱印本滿文作"amba gosin mujilen deribuhe jakade"。

28 朱印本滿文作"tuttu ere jergi hūturi tusa i karulan bihebi"。

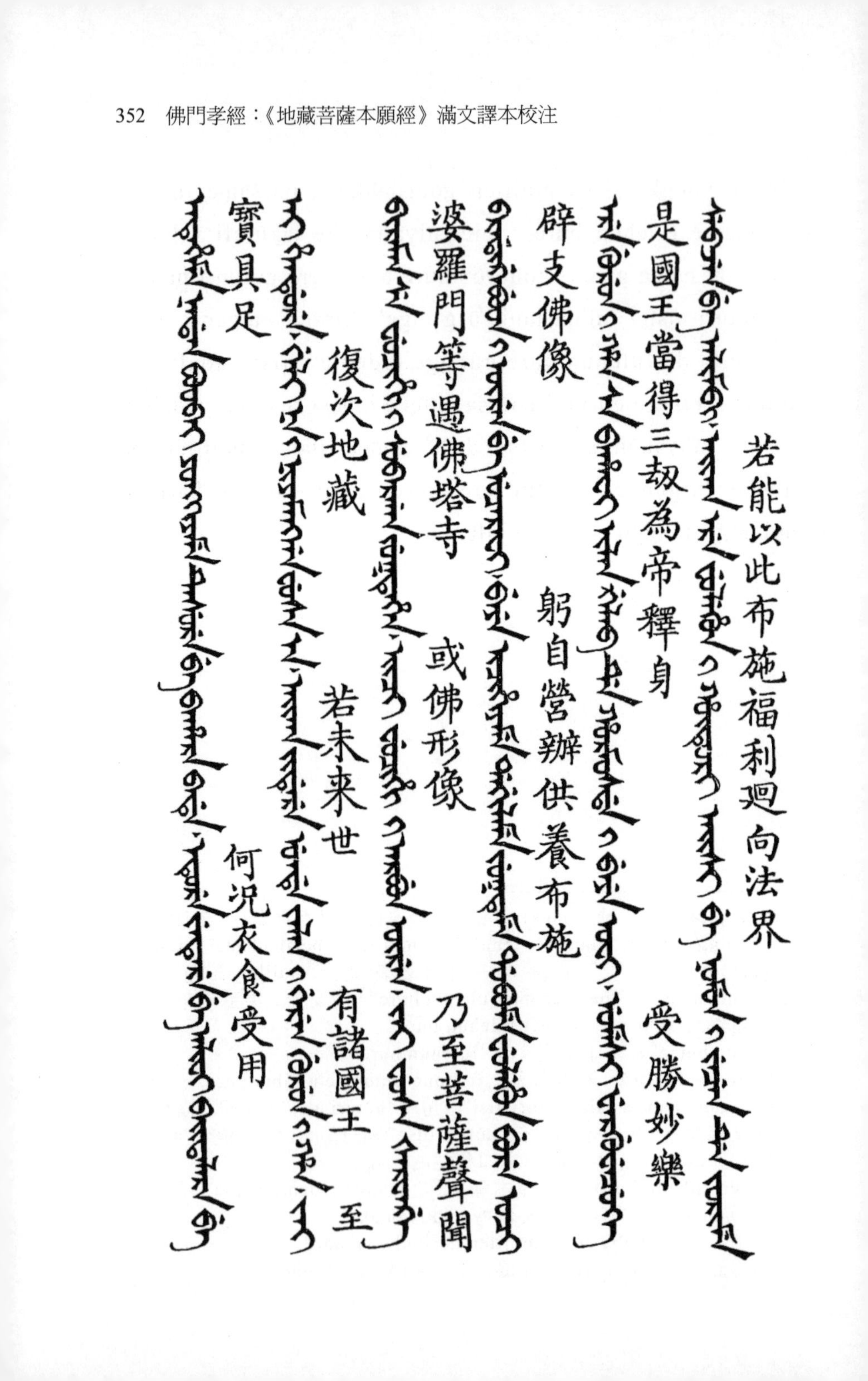

若能以此布施福利迴向法界

是國王當得三劫為帝釋身 受勝妙樂

辟支佛像 躬自營辦供養布施

婆羅門等遇佛塔寺 或佛形像 乃至菩薩聲聞

復次地藏 若未來世 有諸國王至

寶具足 何況衣食受用

enteheme nadan boobai yongkiyame tesure be bahara bade,[29] eture jetere be alifi baitalara be ai hendure.[30] geli na i niyamangga fusa a, aika jidere unde jalan i geren gurun i han,[31] jai biraman se fucihi i subargan juktehen,[32] eici fucihi i arbun ūren, jai fusa šarwag'a bradig'abut i ūren be ucarafi, beye icihiyame dagilame jukteme dobome fulehun bure oci ere gurun i han sa bahafi ilan g'alab de hormosda i beye ofi,[33] umesi ferguwecuke sebjen be alimbi.[34] aika ere fulehun i hūturi aisi be nomun i jecen de jorime

29 “tanggū minggan jalan de enteheme nadan boobai yongkiyame tesure be bahara bade”，句中“enteheme”，漢文作「常」，朱印本滿文作“kemuni”。
30 朱印本滿文作“etuku jemengge isihai alire be ai hendure”。
31 朱印本滿文作“aika jidere unde jalan de geren gurun i han”。
32 “jai biraman se fucihi i subargan juktehen”，句中“subargan”，朱印本滿文作“subarhan”。
33 “beye icihiyame dagilame jukteme dobome fulehun bure oci”，句中“dagilame”，朱印本滿文作“gamame”。
34 朱印本滿文作“wesihun ferguwecuke sebjen be alici acambi”。

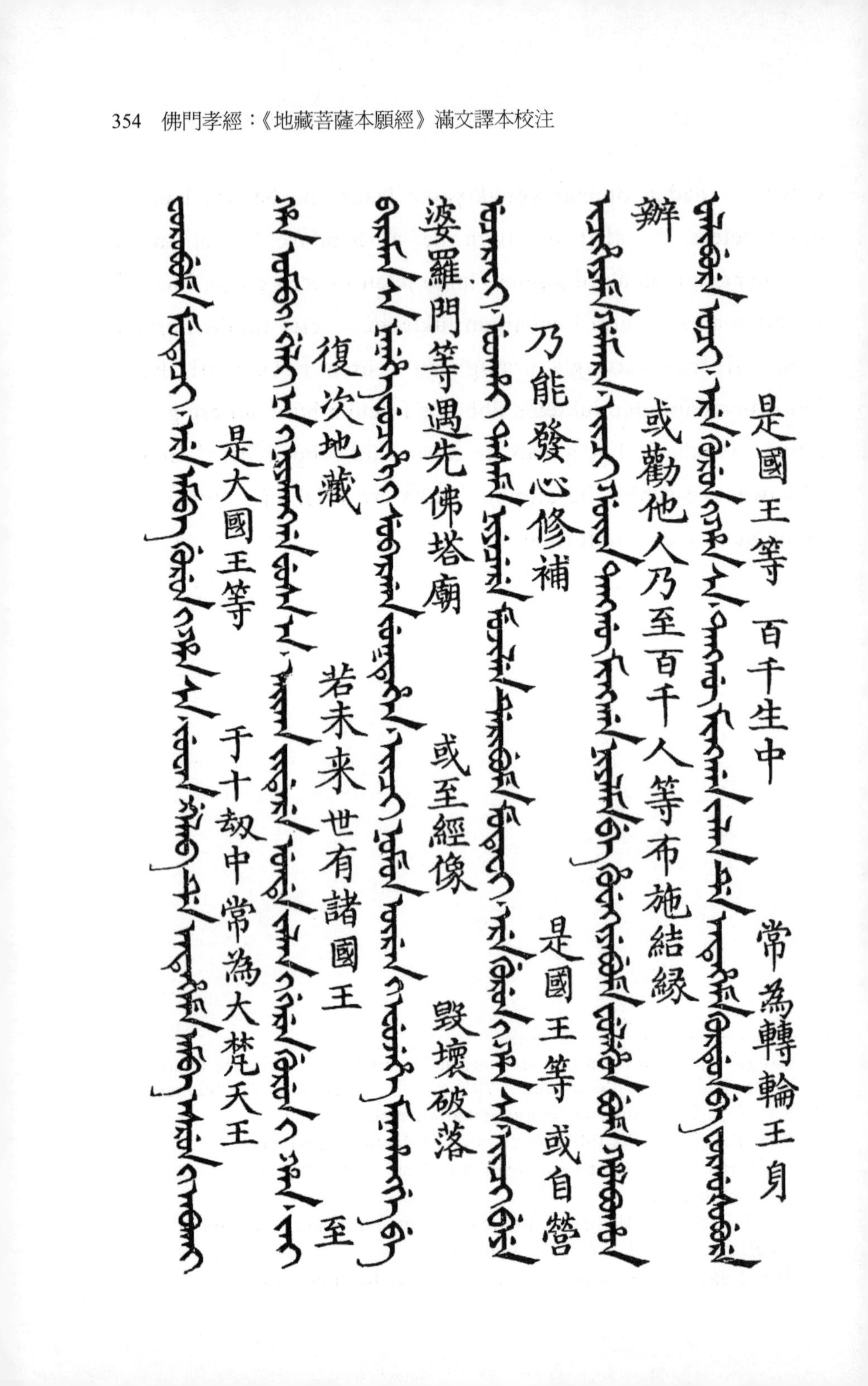

是國王等 百千生中 常為轉輪王身

辦 或勸他人乃至百千人等布施結緣

乃能發心修補 是國王等 或自營

婆羅門等遇先佛塔廟 或至經像 毀壞破落

復次地藏 若未來世有諸國王 至

是大國王等 于十劫中常為大梵天王

forobume muteci,[35] ere amba gurun i han sa, juwan g'alab de enteheme amba esrun i abkai han ombi.[36] geli na i niyamangga fusa a, aika jidere unde jalan i geren i han,[37] jai biraman sa nenehe fucihi i subargan juktehen,[38] eici nomun ūren i efujehe manahangge be ucarafi, uthai dasame niyecere mujilen deribume mutefi,[39] ere gurun i han sa, eici beye icihiyame gamara, eici gūwa tanggū minggan niyalma be huwekiyebume fulehun bume holbohon falibure oci,[40] ere gurun i han sa, tanggū minggan jalan de enteheme kurdun be forgošobure

---

35 "fulehun i hūturi aisi"，漢文作「布施福利」，朱印本滿文作"fulehun buhe hūturi aisi"。

36 "enteheme amba esrun i abkai han ombi"，漢文作「常爲大梵天王」，句中「常」，合璧本滿文作"enteheme"，朱印本滿文作"kemuni"。

37 "aika jidere unde jalan i geren i han"，朱印本滿文作"aika jidere unde jalan de geren gurun i han"。

38 "nenehe fucihi i subargan juktehen"，漢文作「先佛塔廟」，句中「塔」，合璧本作"subargan"朱印本滿文作"subarhan"。

39 朱印本滿文作"uthai dasatame niyecetere gūnin deribume mutefi"。

40 朱印本滿文作 "eici gūwa niyalma be tafulara, jai tanggū minggan niyalma de yooni fulehun bure holbohon be falire oci"。

問 具大慈心 布施醫藥飲食臥具

婆羅門等見諸老病 及生產婦女 若一念

量無邊 復次地藏 未來世中有諸國王及

如是國王 乃及諸人 盡成佛道 以此果報 無

身 更能於塔廟前發迴向心

如是他人同布施者 百千生中常 為小國王

han i beye ombi.[41] enteke uhei fulehun bure niyalma,[42] tanggū minggan jalan de enteheme ajige gurun i han i beye ombi,[43] geli subargan juktehen i juleri jorime forobure mujilen be deribume muteci,[44] enteke gurun i han, jai geren niyalma, gemu fucihi i doro šanggafi,[45] ere šanggan karulan mohon akū jecen akū ombi.[46] geli na i niyamangga fusa a jidere unde jalan i geren gurun i han jai biraman sa,[47] geren sakdaka nimekulehe urse, jai jui banjire hehesi be sabufi, aika emu jondon i sidende,[48] amba jilan i mujilen deribufi,[49] dasara okto omingga jemengge dedure

41 「常爲轉輪王身」，句中「常」，合璧本滿文作"enteheme"，朱印本滿文作"kemuni"。

42 朱印本滿文作"enteke sasa fulehun bure oci niyalma oci"。

43 "tanggū minggan jalan de enteheme ajige gurun i han i beye ombi"，句中"enteheme"，漢文作「常」，朱印本滿文作"kemuni"。

44 朱印本滿文作"geli subarhan juktehen i juleri forgošofi, fororo gūnin deribure oci"。

45 "gemu fucihi i doro šanggafi"，句中"šanggafi"，朱印本滿文作"šanggambi"。

46 "ere šanggan karulan"，漢文作「以此果報」，朱印本滿文作"erei šanggan karulan"。

47 "jidere unde jalan i geren gurun"，句中"i"，朱印本滿文作"de"。

48 "aika emu jondon i sidende"，朱印本滿文作"aika emu gūnin de"。

49 "amba jilan i mujilen deribufi"，朱印本滿文作"amba gosin i gūnin deribufi"。

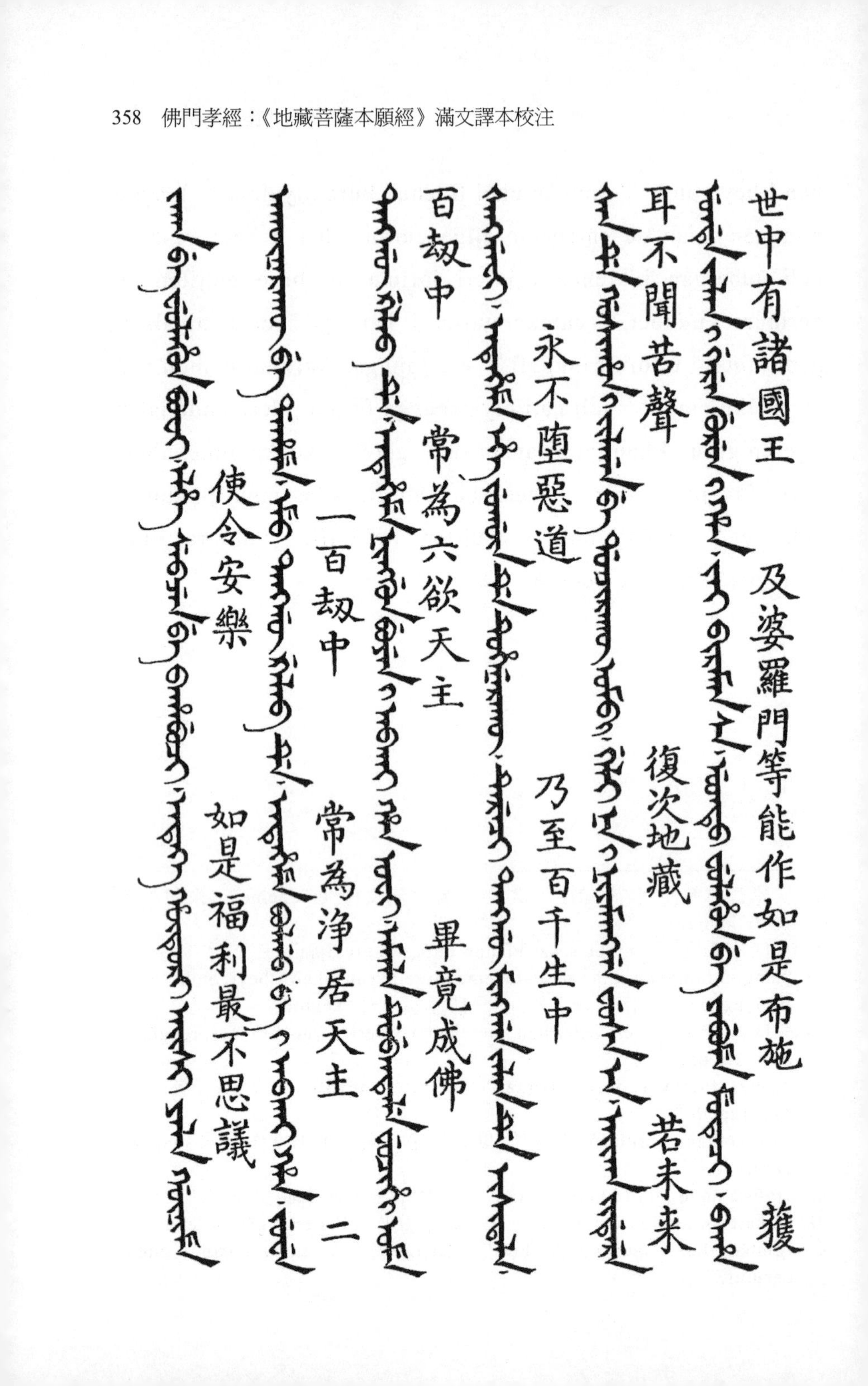

使令安樂　如是福利最不思議

一百劫中　常為淨居天主　二

百劫中　常為六欲天主　畢竟成佛

永不墮惡道　乃至百千生中

耳不聞苦聲　復次地藏　若未来

世中有諸國王　及婆羅門等能作如是布施　獲

jaka be fulehun bufi,[50] elhe sebjen be bahabuci,[51] enteke hūturi aisi yala gūnime akūnarakū be dahame,[52] emu tanggū g'alab de, enteheme bolgo ba i abkai han, juwe tanggū g'alab de, enteheme ninggun buyen i abkai han ofi,[53] amala dubentele fucihi ome šanggafi,[54] enteheme ehe jugūn de tuhenerakū,[55] tereci tanggū minggan jalan de isitala, šan de gosihon i jilgan be donjirakū ombi.[56] geli na i niyamangga fusa a, aika jidere unde jalan i geren gurun i han, jai biraman sa, uttu fulehun be yabume muteci,[57] baha

---

50 "dasara okto omingga jemengge dedure jaka be fulehun bufi"，句中"omingga jemengge"，朱印本滿文作"omire jetere"。

51 "elhe sebjen be bahabuci"，句中"bahabuci"，朱印本滿文作"bahabure oci"。

52 朱印本滿文作"enteke hūturi tusa yala gūnime akūnarakū "，句中"tusa"，合璧本滿文作"aisi"，漢文作「利」。

53 朱印本滿文作"kemuni ninggun buyen i abkai ejen ombime"，句中"kemuni"，合璧本滿文作"enteheme"，漢文作「常」。

54 朱印本滿文作"debentele fucihi ome šanggani"，句中"debentele"，合璧本滿文作"amala debentele"，漢文作「畢竟」。

55 朱印本滿文作"enteheme ehe jugūn de tuhenerakū ombi"。

56 朱印本滿文作"šan de fuhali gosihon i jilgan be donjirakū ombi"。

57 朱印本滿文作"enteke fulehun be yabume muteci"，句中"enteke"，合璧本滿文作"uttu"，漢文作「如是」。

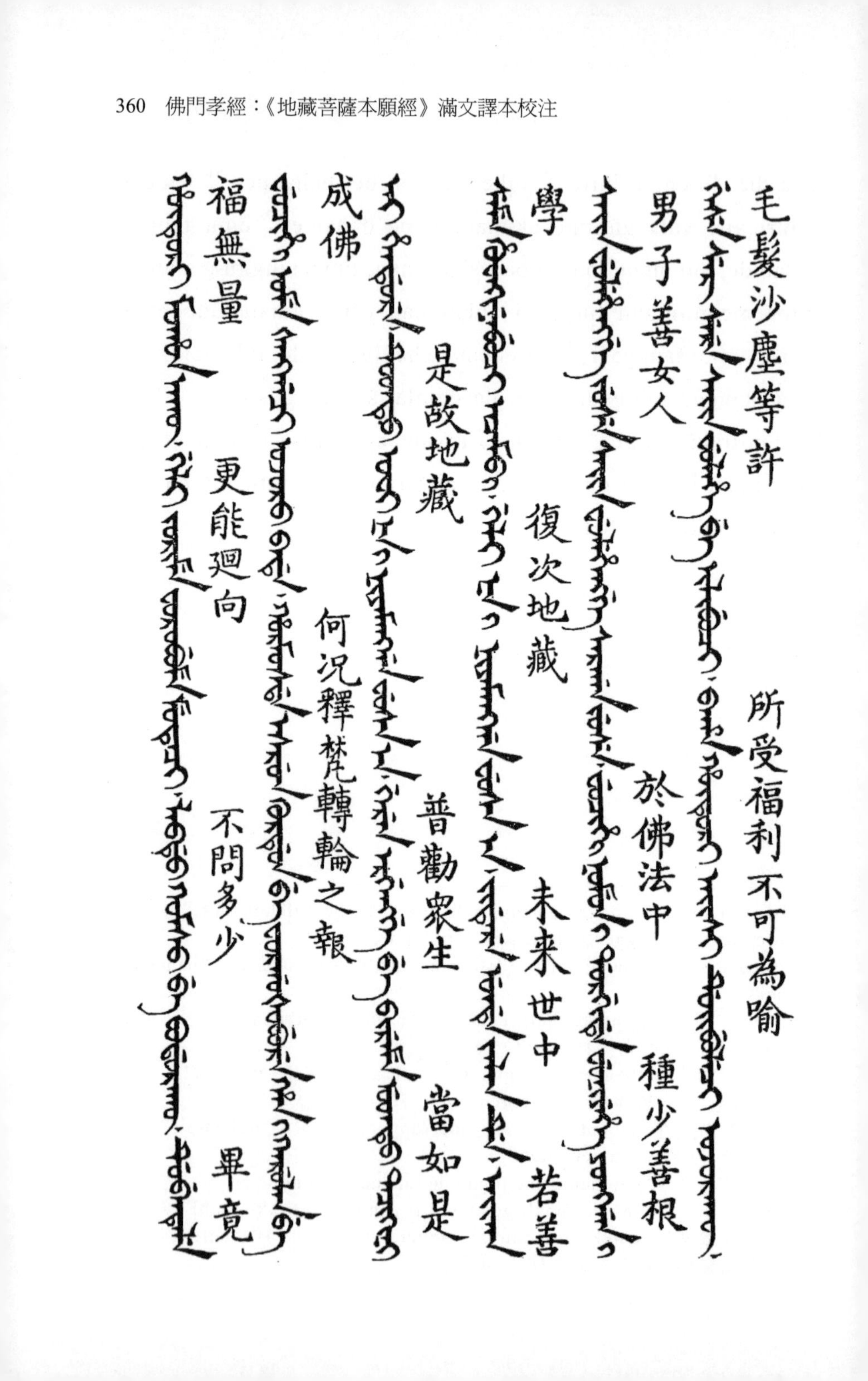

毛髮沙塵等許 所受福利不可為喻

男子善女人 於佛法中 種少善根

學 復次地藏 未來世中 若善

是故地藏 普勸衆生 當如是

成佛 何況釋梵轉輪之報

福無量 更能迴向 不問多少 畢竟

hūturi mohon akū,[58] geli jorime forobume muteci,[59] labdu komso be bodorakū, dubentele fucihi ome šanggaci ojoro bade, hormosda esrun kurdun be forgošobure han i karulan be ai hendure.[60] tuttu ofi na i niyamangga fusa a, geren ergengge be bireme uttu tacikini seme huwekinebuci acambi.[61] geli na i niyamangga fusa a, jidere unde jalan de, aika sain fulehengge juse sain fulehengge sargan juse,[62] fucihi nomun i dorgide, funiyehe yonggan i gese ser sere sain fulehe be ilibuci,[63] baha hūturi aisi duibuleci ojorakū.[64]

58 朱印本滿文作“baha hūturi mohon akū ojoro”。

59 朱印本滿文作“geli forgošofi forome muteci”，句中“forgošofi forome”，合璧本滿文作“jorime forobume”，漢文作「迴向」。

60 朱印本滿文作“hormosda, esrun kurdun be forgošobure karulan be ai hendure”，句中“hormosda, esrun”，合璧本亦作“hormosda esrun”，漢文作「釋梵」，釋謂帝釋，梵謂梵王。朱印本“kurdun be forgošobure karulan”，意即「轉輪之報」，合璧本滿文作“kurdun be forgošobure han i karulan”，意即「轉輪王之報」。

61 朱印本滿文作“geren ergengge be giyan i uttu tacikini seme, bag'ama tafulaci acambi”。

62 「善男子善女人」，合璧本滿文作“sain fulehengge juse sain fulehengge sargan juse”，意即「有善根男子，有善根女人」。

63 朱印本滿文作“funiyehe yonggan i gese, sain fulehe be tebure oci”。

64 朱印本滿文作“baha hūturi tusa duibuleme gisureci ojorakū”。

復次地藏　未來世中　若有善男子善女人

遇佛形像　菩薩形像　辟支佛形像　轉輪

王形像　布施供養　得無量福

常在人天　受勝妙樂　若能迴

向法界　是人福利不可為喻

復次地藏　未來世中　若有善男子善女人

geli na i niyamangga fusa a, jidere unde jalan de, aika sain fulehengge juse sain fulehengge sargan juse, fucihi i arbun ūren, fusa i arbun ūren, bradig'abut i arbun ūren,[65] kurdun be forgošobure han i arbun ūren be ucarafi, fulehun bume jukteme doboci,[66] mohon akū hūturi be bahafi,[67] enteheme niyalma abka de bifi,[68] umesi ferguwecuke sebjen be alimbi,[69] aika nomun i jecen de jorime forobume muteci,[70] ere niyalmai hūturi aisi duibuleci ojorakū ombi.[71] geli na i niyamangga fusa a, jidere unde jalan de, aika sain fulehengge juse sain

---

65 “bradig'abut”，漢文作「辟支佛」，梵語讀如“pratyekabuddha”，意即緣覺，又譯獨覺。

66 朱印本滿文作“fulehun bume jukteme doboro oci”。

67 朱印本滿文作“mohon akū hūturi bahafi”，省略“be”。

68 “enteheme niyalma abka de bifi”，句中“enteheme”，朱印本滿文作“kemuni”。

69 “umesi ferguwecuke sebjen be alimbi”，句中“umesi”，朱印本滿文作“wesihun”。

70 朱印本滿文作“aika nomun i jecen de forgošofi forome muteci”，句中“forgošofi forome”，合璧本滿文作“jorime forobume”，漢文作「迴向」。

71 朱印本滿文作“ere niyalma i hūturi tusa, duibuleme gisureci ojorakū ombi”。句中“tusa”，合璧本滿文作“aisi”。

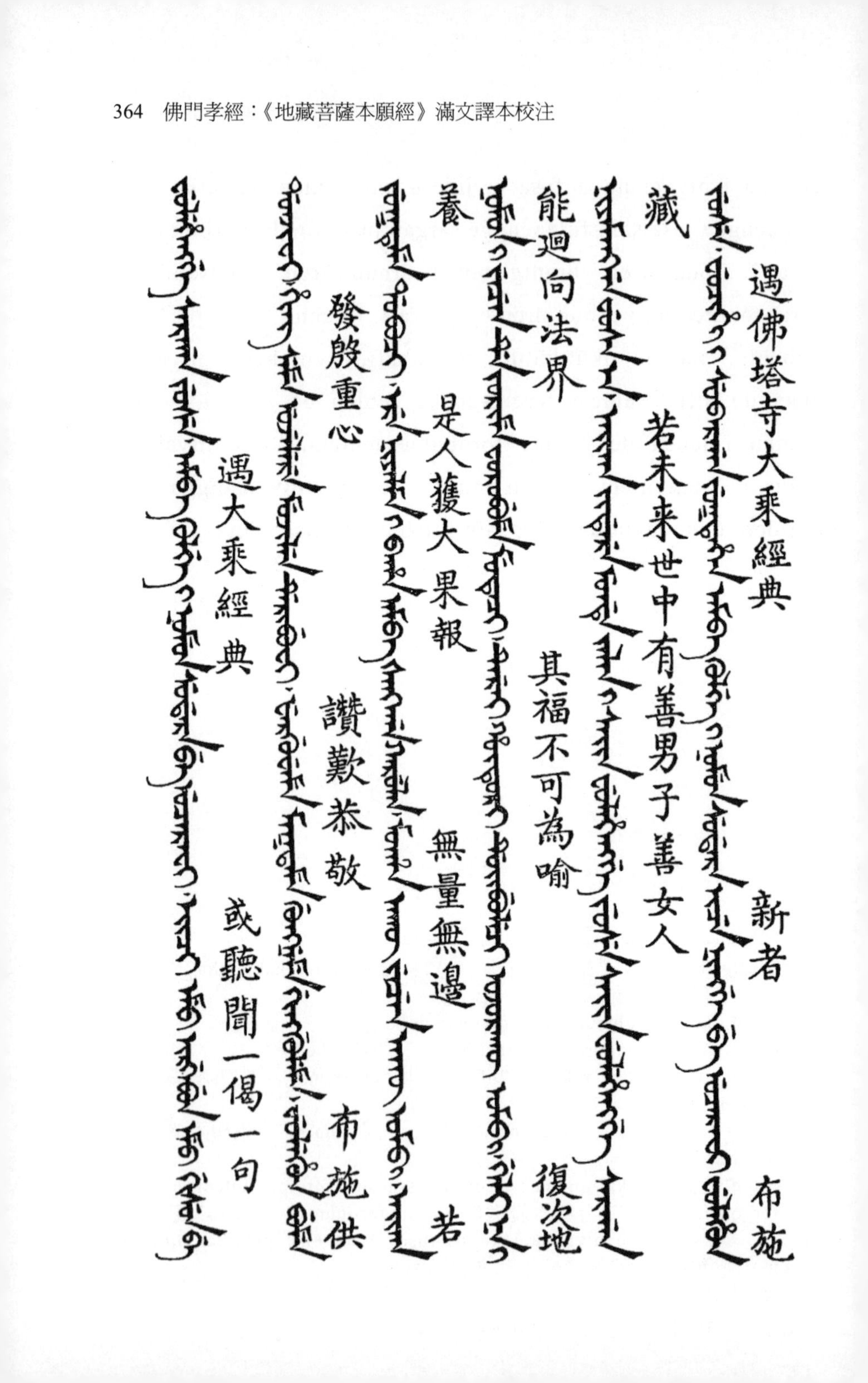

遇大乘經典　或聽聞一偈一句

發殷重心　讚歎恭敬　布施供

養　是人獲大果報　無量無邊　若

能迴向法界　其福不可為喻　復次地

藏　若未來世中有善男子善女人

遇佛塔寺大乘經典　新者　布施

fulehengge sargan juse, amba kulge i nomun sudara be ucarafi, eici emu irgebun emu gisun be donjifi, hing seme ujelere mujilen deribufi, ferguweme maktame gungneme gingguleme, fulehun bume jukteme doboci,[72] ere niyalma i baha amba šanggan karulan,[73] mohon akū jecen akū ombi, aika nomun i jecen de jorime forobume muteci,[74] terei hūturi duibuleci ojorakū ombi.[75] geli na i niyamangga fusa a, aika jidere unde jalan i sain fulehengge juse sain fulehengge sargan juse,[76] fucihi i subargan juktehen amba kulge i nomun sudara ice ningge be ucarafi fulehun

---

72 朱印本滿文作“fulehun bure dobome juktere oci”。

73 朱印本滿文作“ere niyalma amba šanggan karulan be bahafi”。

74 朱印本滿文作“aika nomun i jalan de forgošofi forome muteci”，句中“jalan”，合璧本滿文作“jecen”；“ forgošofi forome”，合璧本滿文作“jorime forobume”。

75 朱印本滿文作“tere hūturi duibuleme gisureci ojorakū ombi”，句中“tere hūturi”，合璧本滿文作“terei hūturi”。

76 朱印本滿文作“aika jidere unde jalan de sain fulehengge jui sain fulehengge sargan jui”，句中“de”，合璧本滿文作“i”；“fulehengge jui”，作“fulehengge juse”；“fulehengge sargan jui”作“fulehengge sargan juse”。

復次地藏　未来世中　若有善男子善女

輪王　還以善法教化諸小國王

三十生中　常為諸小國王　檀越之人　常為

或勸多人同共發心　如是等輩

故者　或毀壞者　修補營理　或獨發心

供養瞻禮讚歎恭敬合掌　若遇

bume jukteme dobome hargašame dorolome ferguweme maktame gungneme gingguleme giogin arara, eici feingge eici efujehengge be ucarafi, [77] dasame niyeceme weileme icihiyara, [78] eici emhun mujilen deribure, [79] eici geren niyalma be huwekiyebume uhei mujilen deribure oci, [80] ere jergi urse, [81] gūsin jalan de, enteheme ajige gurun i han ombi, [82] dalaha fulehungge niyalma oci, [83] enteheme kurdun be forgošobure han ofi, [84] kemuni sain nomun i geren ajige gurun i han be wembume tacibumbi. [85] geli na i niyamangga fusa a, jidere unde jalan de, aika sain fulehengge juse

77 朱印本滿文作"eici feingge"，漢文作「故者」，朱印本滿文作"fe ningge"。
78 朱印本滿文作"niyeneteme dasatame weileme icihiyara"。
79 朱印本滿文作"eici emhun beye gūnin deribure"。
80 朱印本滿文作"eici geren niyalma be tafulafi uhei gūnin deribure oci"，句中"tafulafi"，合璧本滿文作"huwekiyebume"，漢文作「勸」，"gūnin deribure"，合璧本滿文作"mujilen deribure"。
81 "ere jergi urse"，漢文作「如是等輩」，朱印本滿文作"enteke geren niyalma"。
82 "enteheme"，漢文作「常」，朱印本滿文作"kemuni"。
83 朱印本滿文作"fulehungge niyalma"，意即「施捨的人」，合璧本滿文作"dalaha fulehungge niyalma "，漢文作「檀越之人」，意即「施主」。
84 朱印本滿文作"kemuni kurdun i han ombime"，意即「常爲輪王」，合璧本滿文作"enteheme kurdun be forgošobure han ofi "，意即「常爲轉輪王」。
85 句中"kemuni"，漢文作「還」，朱印本滿文作"geli"。

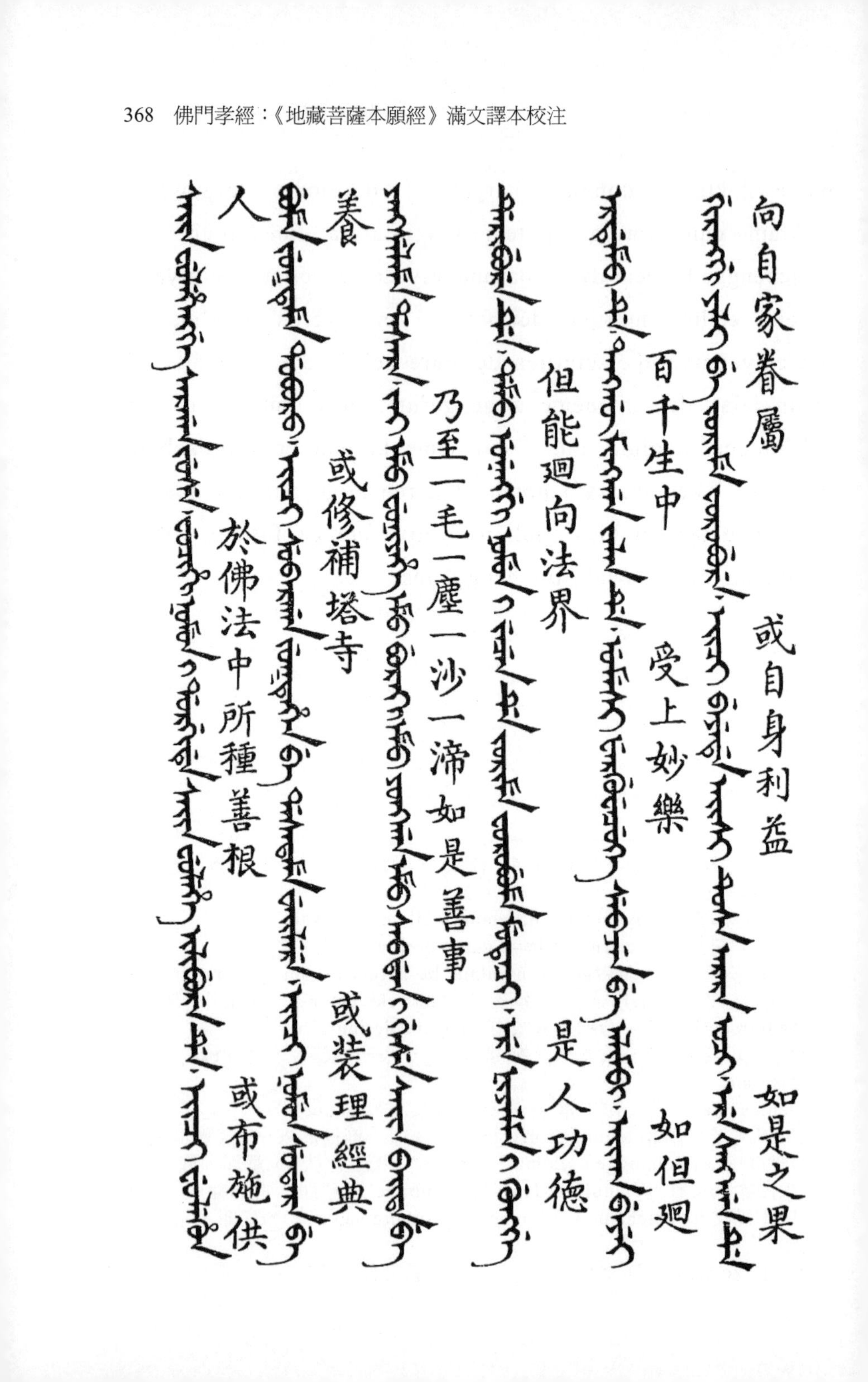

向自家眷屬　或自身利益　如是之果

百千生中　受上妙樂　如但迴

但能迴向法界　是人功德

乃至一毛一塵一沙一渧如是善事

養　或修補塔寺　或裝理經典

人　於佛法中所種善根　或布施供

sain fulehengge sargan juse, fucihi nomun i dorgide sain fulehe ilibure de,[86] eici fulehun bume jukteme doboro,[87] eici subargan juktehen be dasatame weilere,[88] eici nomun sudara be yangselame dasara,[89] jai emu funiyehe emu buraki emu yonggan emu sabdan i gese sain baita be deribure de,[90] damu unenggi nomun i jecen de jorime forobume muteci, ere niyalma i gungge erdemu de,[91] tanggū minggan jalan de, umesi ferguwecuke sebjen be alimbi.[92] aika beyei giranggi yali be jorime forobure,[93] eici beyede aisi tusa arara oci,[94] ere šanggan de,[95]

86 朱印本滿文作“fucihi nomun i dorgide sain fulehe be tebure de”，句中“tebure”，意即「所種的」，合璧本滿文作“ilibure”，意即「所立的」。

87 “eici fulehun bume jukteme doboro”，句中“doboro”，朱印本滿文作“dobome”。

88 朱印本滿文作“eici subarhan juktehen be niyecedeme dasatame”，句中“subarhan”，合璧本滿文作“subargan”，。

89 朱印本滿文作“eici nomun sudara be tuwancihiyame icihiyame”。

90 “emu sabdan”，意即「一滴」，合璧本漢文作「一渧」；“deribure de”，朱印本滿文作“deribume”。

91 “erdemu de”，朱印本滿文作“erdemu”。

92 “umesi ferguwecuke sebjen be alimbi”，合璧本漢文作「受上妙樂」，句中“umesi”，朱印本滿文作“wesihun”。

93 朱印本滿文作“aika damu beyei gucu giyajan de forgošofi forome”。

94 “eici beyede aisi tusa arara oci”，句中“arara”，朱印本滿文作“obure”。

95 “ere šanggan de”，合璧本漢文作「如是之果」，朱印本滿文作“enteke šanggan”。

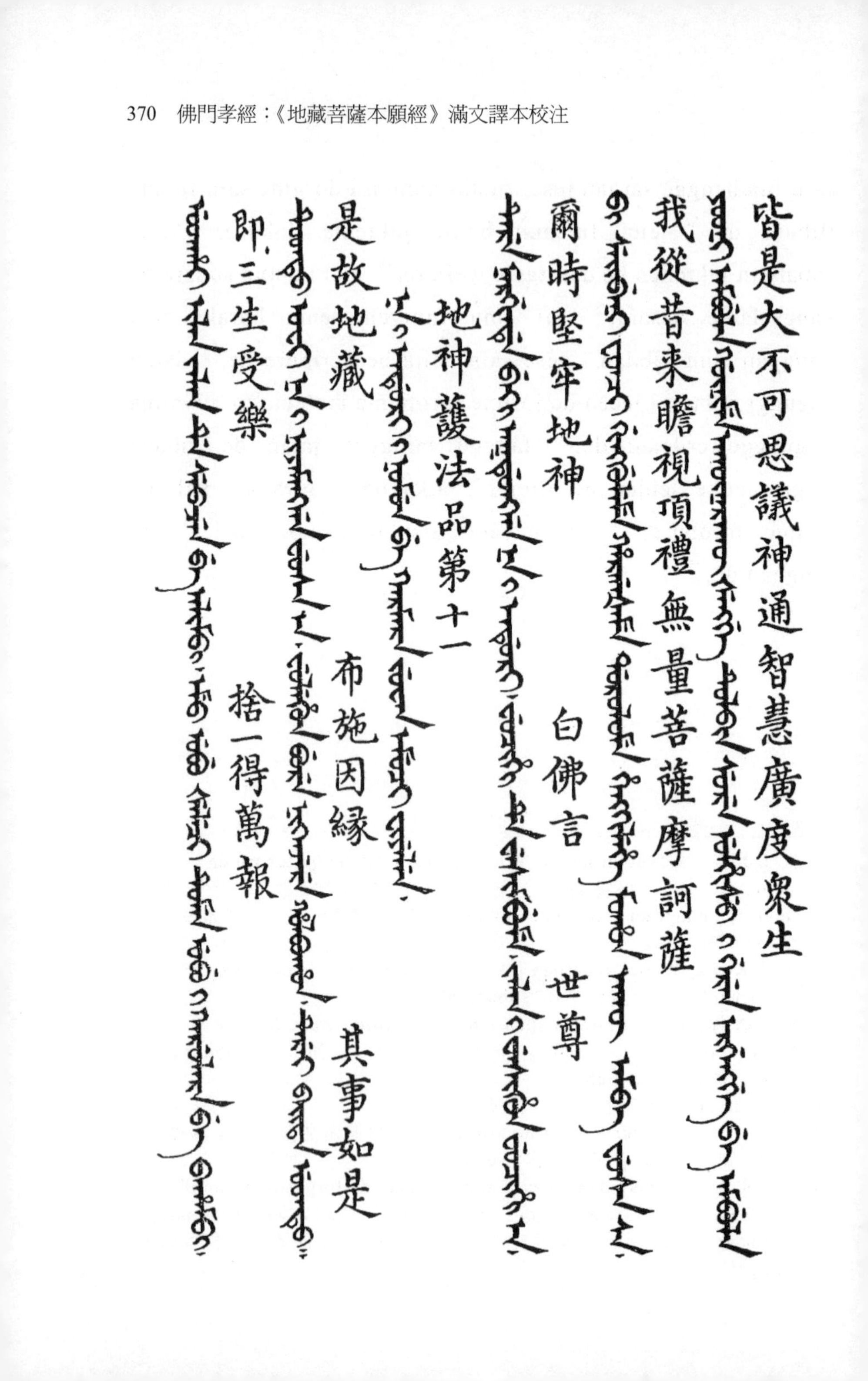

皆是大不可思議神通智慧廣度衆生

[illegible]

我從昔来瞻視頂禮無量菩薩摩訶薩

[illegible]

爾時堅牢地神　白佛言　世尊

[illegible]

地神護法品第十一

[illegible]

是故地藏　布施因緣　其事如是

[illegible]

即三生受樂　捨一得萬報

[illegible]

uthai ilan jalan de sebjen be alimbi, emu ubu šeleci tumen ubu i karulara be bahambi.[1] tuttu ofi na i niyamangga fusa a, fulehun bure nikenjere holbohon, terei baita uttu.[2]
na i enduri i nomun be karmara juwan emuci fiyelen.
tere nerginde beki akdungga na i enduri,[3] fucihi de wesimbume, jalan i wesihun fucihi a, bi seibeni fonci gingguleme hargašame dorolome hengkilehe mohon akū amba fusa sa,[4] yooni ambula gūnime akūnarakū šengge tulbin sure ulhisu i geren ergengge be ambula

1 "emu ubu šeleci tumen ubu i karulara be bahambi"，意即「捨一分得萬分之報」，合璧本漢文作「捨一得萬報」。
2 "terei baita uttu"，句中"terei"，朱印本滿文作"tere"。
3 "tere nerginde beki akdungga na i enduri"，合璧本漢文作「爾時堅牢地神」，句中「爾時」，滿文作"tere nerginde"，朱印本滿文作"tere fonde"。
4 朱印本滿文作"bi seibeni fonde dorolome hengkilehe mohon akū fusa amba fusa sa"，句中"mohon akū fusa"，意即「無量菩薩」。合璧本滿文作 "mohon akū"，省略"fusa"。"amba fusa sa"，合璧本漢文作「摩訶薩」，意即「大菩薩們」。

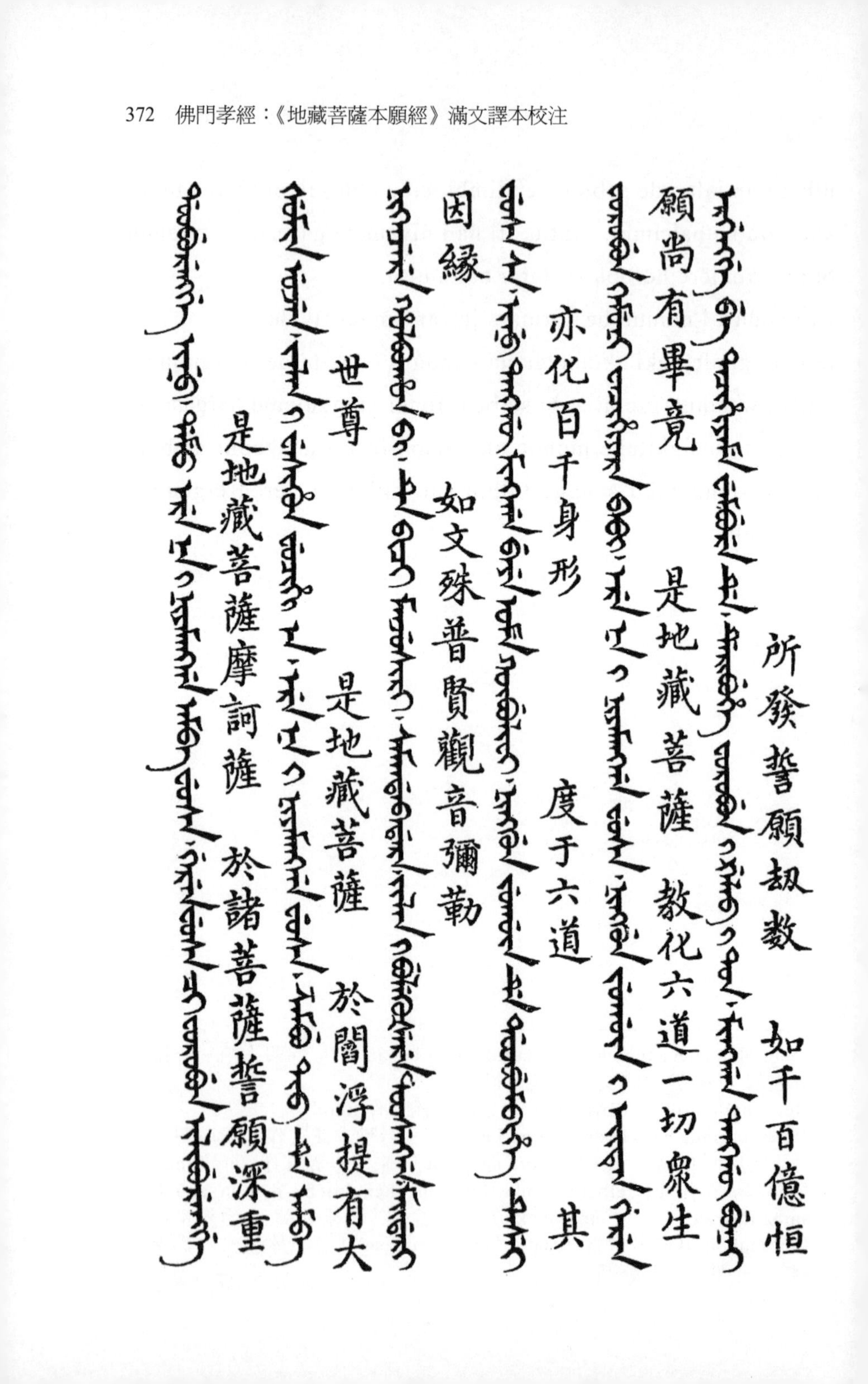

是地藏菩薩摩訶薩　於諸菩薩誓願深重

世尊　是地藏菩薩　於閻浮提有大

因緣　如文殊普賢觀音彌勒

亦化百千身形　度于六道　其

願尚有畢竟　是地藏菩薩　教化六道一切衆生

所發誓願刼數　如千百億恒

dooburengge inu,[5] damu ere na i niyamangga amba fusa,[6] geren fusa ci forobun iliburengge šumin ujen,[7] jalan i wesihun fucihi a, ere na i niyamangga fusa, dzambu tib de amba nikenjere holbohon bi, te bici manjusiri, samandabadara,[8] jilan i bulekušere toosengga[9], maidari fusa sa, inu tanggū minggan beye ome kūbulifi,[10] ninggun jugūn de doobumbihe, tesei forobun kemuni wacihiyara babi,[11] ere na i niyamangga fusa, ninggun jugūn i eiten geren ergengge be tacihiyame wembure de, deribuhe forobun i g'alab i ton, minggan tanggū bunai

5 朱印本滿文作"yooni ambula gūnime akūnaci ojorakū, šengge tulbin sure ulhisu i geren ergengge be bireme doobuki serengge"。句中"bireme doobuki serengge"，合璧本滿文作"ambula dooburengge "，漢文作「廣度」。

6 朱印本滿文作"damu ere na i niyamangga fusa amba fusa"。

7 朱印本滿文作"geren fusa ci forome derilibuhengge ele šumin ujen"。

8 "samandabadara"，梵語讀如"samantabhadra"，漢譯作「普賢菩薩」。

9 觀自在菩薩，滿文讀如"toosengge bulekušere fusa"，合璧本滿文作"jilan i bulekušere toosengga"，漢文作「觀音」，朱印本滿文作"jilan i bulekušere"。

10 "inu tanggū minggan beye ome kūbulifi"，句中"ome"，朱印本滿文作"arbun"。

11 朱印本滿文作"terei forobun hono wacihiyara babi"。

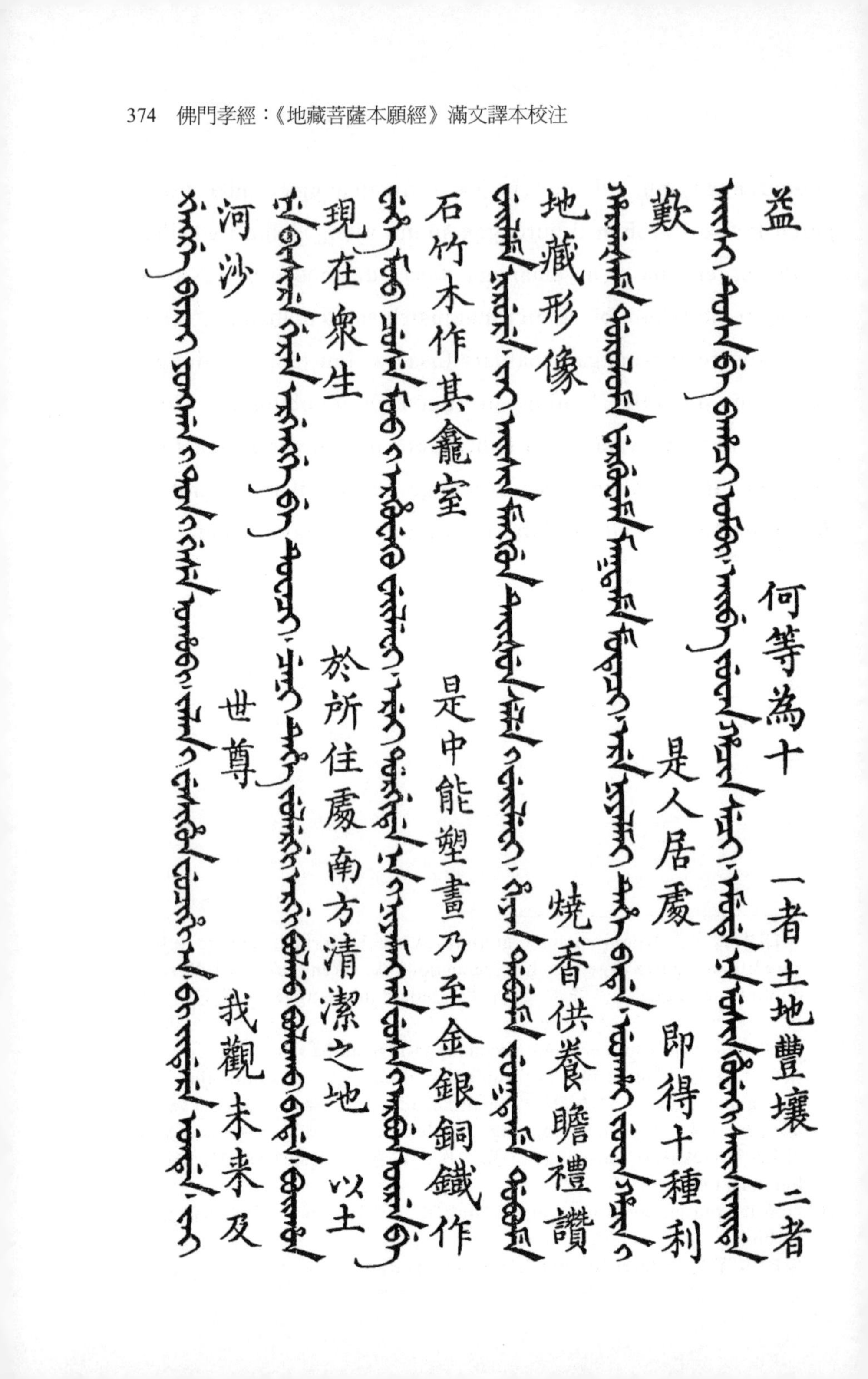

河沙　世尊　我觀未来及

現在衆生　於所住處南方清潔之地　以土

石竹木作其龕室　是中能塑畫乃至金銀銅鐵作

地藏形像　燒香供養瞻禮讚

歎　是人居處　即得十種利

益　何等為十　一者土地豐壤　二者

g'angg'a birai yonggan i ton i gese ohobi,[12] jalan i wesihun fucihi a, bi jidere unde, jai ne bisire geren ergengge be tuwaci, ceni tehe julergi ergi bolgo boloko bade,[13] boihon wehe moo cuse moo i erhuweku weilefi,[14] erei dorgide na i niyamangga fusa i arbun ūren be weileme nirure,[15] jai aisin menggun teišun sele i weilefi,[16] hiyan dabume jukteme dobome hargašame dorolome ferguweme maktame muteci,[17] ere niyalmai tehe bade, uthai juwan hacin i aisi tusa be bahaci ombi, aibe juwan hacin seci, emude na usin huweki sain,[18] jaide

12 恒河，梵語讀如"gaṅgā"，合璧本、朱印本滿文俱作"g'angg'a bira"。
13 朱印本滿文作"ceni tehe julergi ergi bolgo gingge bade"，句中"bolgo gingge"，合璧本滿文作"bolgo boloko"，漢文作「清潔」。
14 "erhuweku"，合璧本漢文作「龕室」，朱印本滿文作"fucihi i erhuweku"，意即「佛龕」。
15 "weileme nirure"，朱印本滿文作"arame nirume"。
16 "weilefi"，朱印本滿文作"arame mutefi"。
17 朱印本滿文作"hiyan dabume dobome jukteme hargašame dorolome ferguweme maktafi"。
18 朱印本滿文作"ujude usin huweki elgiyen"，句中"ujude"，合璧本滿文作"emude"，漢文作「一者」。

生 若能於所住處方面作如是供養 得如

世尊 未来世中 及現在衆

夢 九者出入神護 十者多遇聖因

水火災 七者虛耗辟除 八者杜絕惡

存益壽 五者所求遂意 六者無

家宅永安 三者先亡生天 四者現

booi dolo enteheme elhe,[19] ilaci de neneme akūhangge abka de banjimbi,[20] duici de ne bisirengge jalafun nonggibumbi, sunjaci de baiha elengge gūnin de acabumbi,[21] ningguci de muke tuwai gashan akū, nadaci de kokirame gacilaburengge geterembi,[22] jakūci de ehe tolgin mayambi,[23] uyuci de tucire dosire de enduri karmambi, juwanci de enduringge i deribun be ambula ucarambi,[24] jalan i wesihun fucihi a, jidere unde jalan, jai ne bisire jalan i geren ergengge, aika beyei tehe bade uttu jukteme dobome muteci,[25] uthai

---

19 “booi dolo enteheme elhe”，合璧本漢文作「家宅永安」。句中“enteheme”，合璧本漢文，或作「常」，或作「永」，朱印本滿文“enteheme”，漢譯作「永」，“kemuni”，漢譯作「常」。

20 “neneme akūhangge”，漢文作「先亡」，朱印本滿文作“neneme bucehengge”。

21 朱印本滿文作“sunjaci de bisirengge gūnin de acabumbi”，句中“bisirengge”，疑誤，似當作“bairengge”。

22 朱印本滿文作“nadaci de fayara gasihiyabure ba akū”。

23 “ehe tolgin mayambi”，朱印本滿文作“ehe tolgin mayame geterembi”。

24 朱印本滿文作“juwanci de enduringge holbohon be kejine ucarambi”，句中“enduringge holbohon”，合璧本滿文作“enduringge i deribun”。

25 “aika beyei tehe bade uttu jukteme dobome muteci”，意即「若能於自己所住地方作如是供養」，朱印本滿文作“aika ceni tehe bade uttu jukteme dobome muteci”，意即「若能於伊等所住地方作如是供養」。

是利益
復白佛言　世尊
未来世中　若有善男子善女人　於所
住處有此經典及菩薩像　是人更能轉讀經典
供養菩薩　我常日夜以本神力衛護是人
乃至水火盜賊　大橫小橫
一切惡事悉皆銷滅　佛告堅牢地神

enteke aisi tusa be bahaci ombi, geli fucihi de wesimbume, jalan i wesihun fucihi a, jidere unde jalan de, aika sain fulehengge juse sain fulehengge sargan juse,[26] ini tehe bade ere nomun sudara, jai fusa i ūren bifi,[27] ere niyalma geli nomun sudara be hūlame niyeleme,[28] fusa be jukteme dobome muteci, bi enteheme inenggi dobori akū enduri hūsun i ere niyalma be karmame tuwašatambi,[29] tereci muke tuwa hūlha holo, amba ajige hetu sere eiten ehe baita be yooni mayambume mukiyebumbi, fucihi beki akdungga na i enduri de

26 "sain fulehengge juse sain fulehengge sargan juse"，意即「有善根的男子，有善根的女人」，句中「男子」、「女人」，合璧本俱作"juse"，朱印本滿文作"jui"，此作"juse"，前後不一致。

27 "jai fusa i ūren bifi"，句中"bifi"，朱印本滿文作"bimbime"。

28 "ere niyalma geli nomun sudara be hūlame niyeleme"，句中"hūlame niyeleme"，意即「讀誦」，合璧本漢文作「轉讀」。

29 朱印本滿文作"bi kemuni inenggi dobori akū mini enduri hūsun i ere niyalma be karmame tuwašatame"，句中"kemuni"，合璧本滿文作"enteheme"，漢文作「常」。

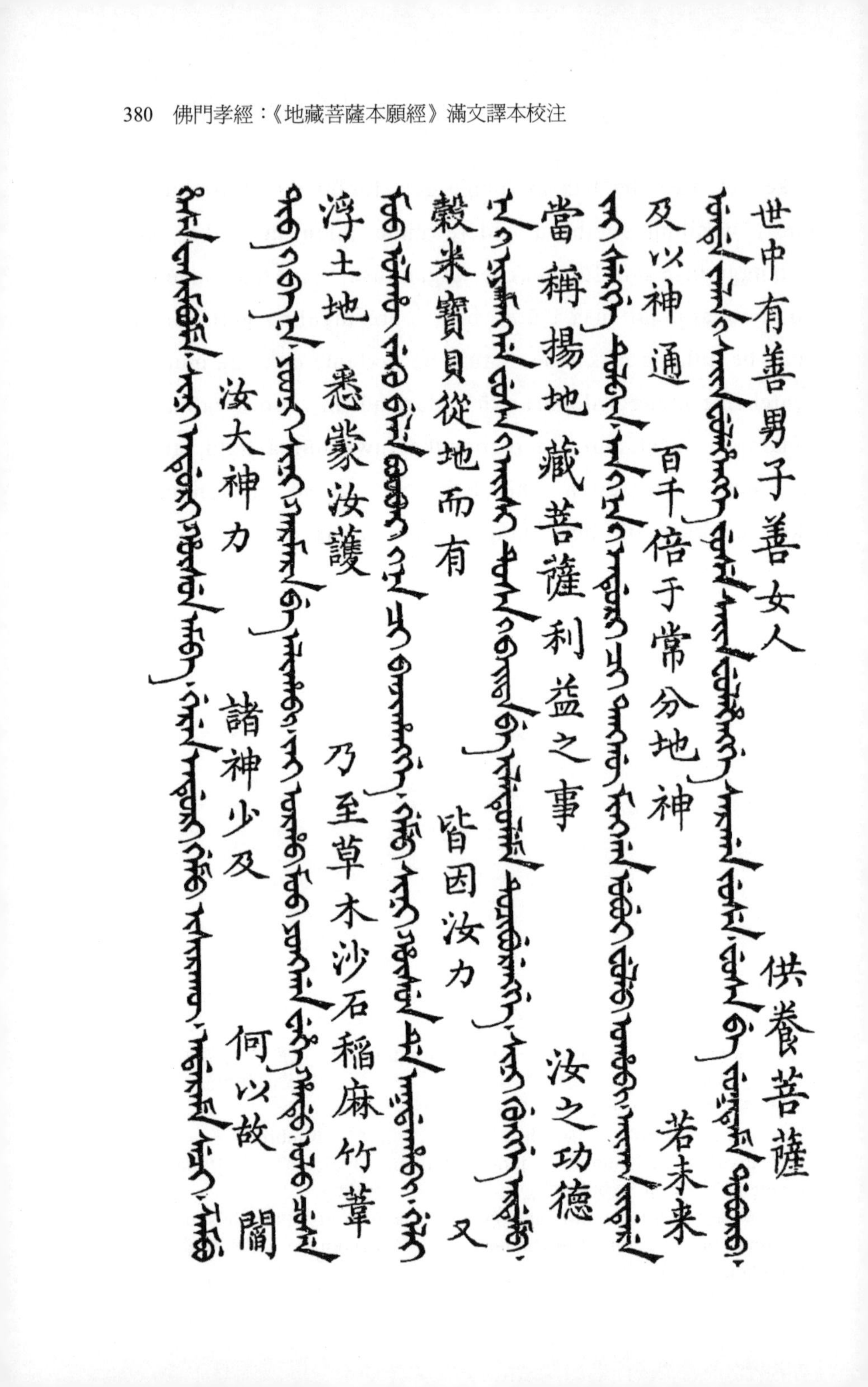

世中有善男子善女人 供養菩薩

及以神通 百千倍于常分地神 若未来

當稱揚地藏菩薩利益之事 汝之功德

穀米寶貝從地而有 皆因汝力 又

淨土地 悉蒙汝護 乃至草木沙石稻麻竹葦

汝大神力 諸神少及 何以故 閻

hese wasimbume,[30] sini enduri hūsun amba,[31] geren enduri gemu isirakū, adarame seci, dzambu tib i ba na, yooni sini karmara be alihabi, jai orho moo yonggan wehe handu olo cuse moo ulhū jeku bele boobai i na ci banjihangge,[32] gemu sini hūsun de akdahabi, geli na i niyamangga fusa i aisi tusa i baita be iletuleme tuciburengge,[33] sini gungge erdemu, jai šengge tulbin, an i na i enduri ci tanggū minggan ubui fulu ohobi,[34] aika jidere unde jalan i sain fulehengge juse sain fulehengge sargan juse, fusa be jukteme doboro,

30 "hese wasimbume"，朱印本滿文作"alame hese wasimbume"。

31 "sini enduri hūsun amba"，合璧本漢文作「汝大神力」，朱印本滿文作"sini amba enduri hūsun"。

32 "jeku bele boobai i na ci banjihangge"，意即「穀米寶貝從地而生」，合璧本漢文作「穀米寶貝從地而有」。句中"boobai"，朱印本滿文作"boobai jaka"。

33 朱印本滿文作"geli na i niyamangga fusa i aisi tusa arara baita be tukiyeceme saisahabi"。

34 "an i na i enduri ci tanggū minggan ubui fulu ohobi"，意即「百千倍於平常地神」，合璧本漢文作「百千倍於常分地神」。朱印本滿文省略"ohobi"。

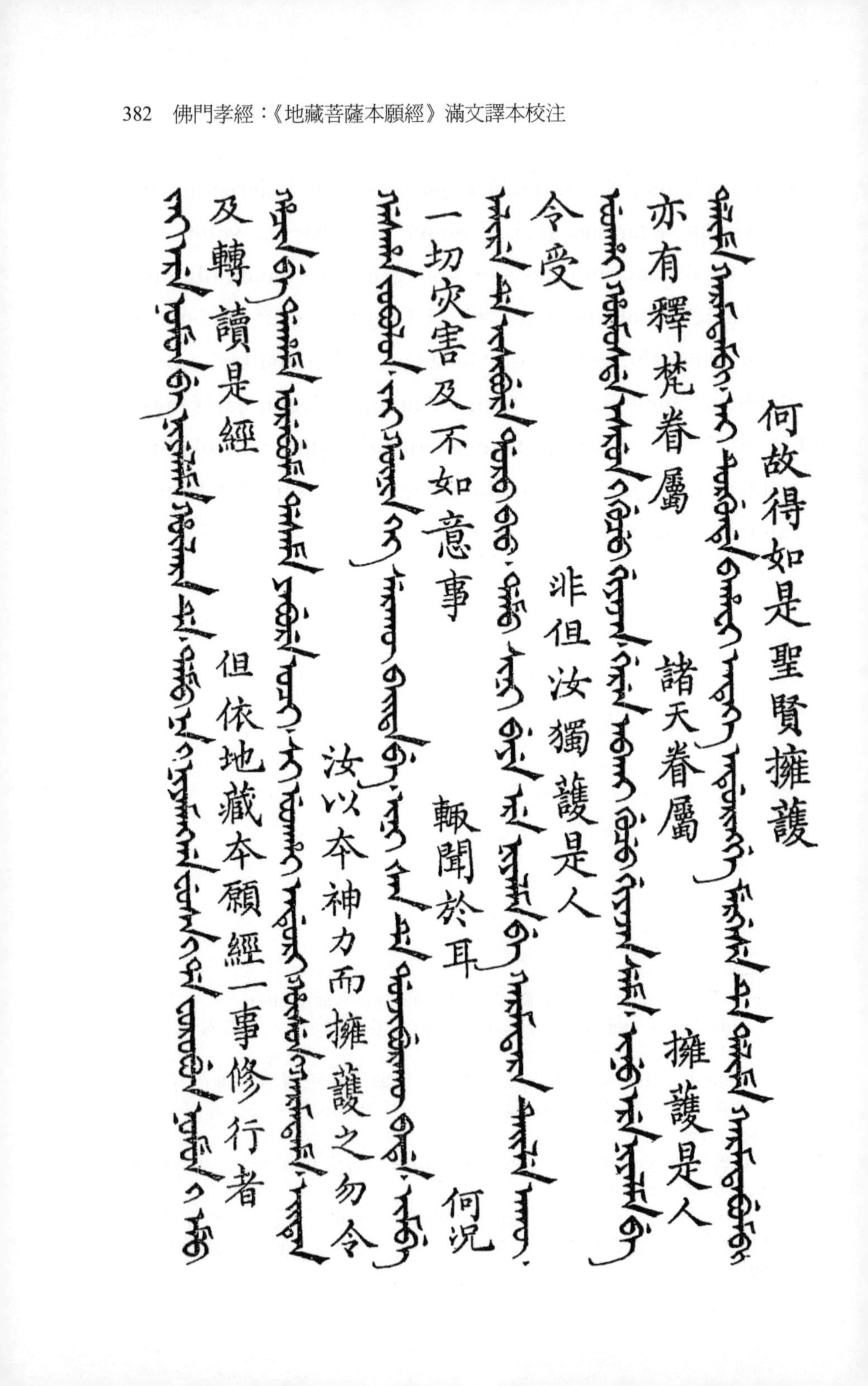

及轉讀是經

但依地藏本願經一事修行者

汝以本神力而擁護之勿令

一切災害及不如意事

輒聞於耳

何況

令受

非但汝獨護是人

亦有釋梵眷屬

諸天眷屬

擁護是人

何故得如是聖賢擁護

jai ere nomun be niyeleme hūlara de,[35] damu na i niyamangga fusa i da forobun nomun i emu hacin be dahame urebume dasame yabure oci,[36] si uthai enduri hūsun i karmatame,[37] eiten gashan jobolon, jai gūnin kek serakū baita be, ini šan de donjiburakū bade, imbe alire de isibure doro bio,[38] damu sini beye ere niyalma be karmatara teile akū, uthai hormosda esrun i gucu giyajan, geren abkai gucu giyajan seme,[39] inu ere niyalma be dalime karmatambi,[40] ai turgunde bahafi enteke enduringge mergese de dalime karmatabumbi

---

35 “jai ere nomun be niyeleme hūlara de”，句中“niyeleme hūlara”，意即讀誦，合璧本漢文作「轉讀」。

36 “da forobun nomun”，合璧本漢文作「本願經」，朱印本滿文作“da forobuha nomun”。

37 “si uthai enduri hūsun i karmatame”，合璧本漢文作「汝以本神力而擁護之」，朱印本滿文作“si ineku enduri i hūsun i karmatame”。

38 “imbe alire de isibure doro bio”，合璧本漢文作「何況令受」，朱印本滿文作“imbe alibure doro bio ”。

39 “geren abkai gucu giyajan seme”，合璧本漢文作「諸天眷屬」。朱印本滿文作“geren enduri gucu giyajan”，意即「諸神眷屬」。

40 “inu ere niyalma be dalime karmatambi”，朱印本滿文作“inu ere niyalma be karmatambi”，句中省略“dalime”。

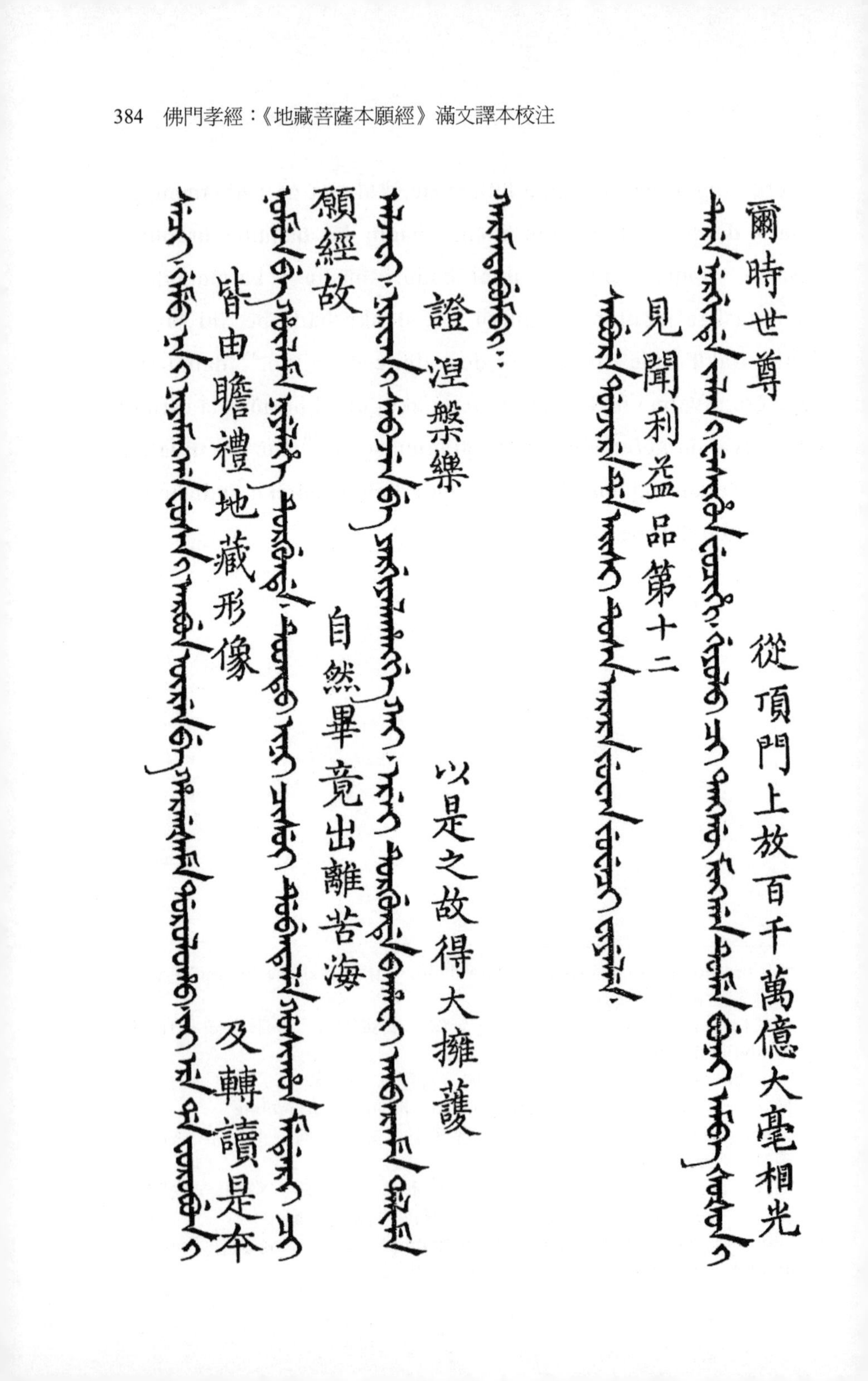

皆由瞻禮地藏形像 及轉讀是本願經故 自然畢竟出離苦海 證涅槃樂 以是之故得大擁護

見聞利益品第十二

爾時世尊 從頂門上放百千萬億大毫相光

seci,[1] gemu na i niyamangga fusa i arbun ūren be hargašame doroloho, jai ere da forobun i nomun be hūlame niyelehe turgunde,[2] tuttu ini cisui dubentele gosihon mederi ci aljafi,[3] nirwan i sebjen be yargiyalahangge kai,[4] erei turgunde bahafi ambarame dalime karmatabumbi.[5]

sabure donjire de aisi tusa arara juwan juweci fiyelen.

tere nerginde jalan i wesihun fucihi,[6] giyolo ci tanggū minggan tumen bunai amba šošon i

---

1 朱印本滿文作“ai turgunde enteke enduringge mergese be bahafi karmatambi seci”。

2 “da forobun i nomun”，合璧本漢文作「本願經」，朱印本滿文作“da forobuha nomun”，“hūlame niyelehe”，意即「誦讀」，合璧本漢文作「轉讀」。

3 “tuttu ini cisui dubentele gosihon mederi ci aljafi”，合璧本漢文作「自然畢竟出離苦海」，句中“ini cisui”，朱印本滿文作“jai cisui”，疑誤。

4 朱印本滿文作“nirwan i sebjen be yargiyalahabi。“nirwan”，梵語讀如“nirvāṇa”，意即「涅槃」。

5 朱印本滿文作“erei turgunde ambarame karmatarangge bahabi”。

6 “tere nerginde jalan i wesihun fucih”，句中“tere nerginde”，合璧本漢文作「爾時」，朱印本滿文作“tere fonde”。

大青毫相光

碧毫相光

大紫毫相光

青毫相光

大玉毫相光

紫毫相光

大瑞毫相光

玉毫相光

大白毫相光

瑞毫相光

所謂白毫相光

funiyehengge lakšan i elden be badarakabi,[7] uthai šanyan šošon i funiyehengge lakšan i elden, amba šanyan šošon i funiyehengge lakšan i elden, sabingga šošon i funiyehengge lakšan i elden, amba sabingga šošon i funiyehengge lakšan i elden, gu i gese šošon i funiyehengge lakšan i elden, amba gu i gese šošon i funiyehengge lakšan i elden, šušu šošon i funiyehengge lakšan i elden, amba šušu šošon i funiyehengge lakšan i elden, yacin šošon i funiyehengge lakšan i elden,[8] amba yacin šošon i funiyehengge lakšan i elden, niowanggiyan šošon i funiyehengge lakšan i elden,[9]

7 "giyolo ci tanggū minggan tumen bunai amba šošon i funiyehengge lakšan i elden be badarakabi"，句中"giyolo"，意即「腦門」，又作「天靈蓋」，合璧本漢文作「頂門」。"badarakabi"，意即「擴大」，朱印本滿文作"sindahabi"，意即「放」。

8 "yacin šošon i funiyehengge lakšan i elden"，句中"yacin"，漢譯或作「黑的」，或作「青的」，或作「夾的」，或作「鴉青的」，或作「深色的」。合璧本漢文作「青」。

9 "niowanggiyan šošon i funiyehengge lakšan i elden"，句中"niowanggiyan"，漢譯作「綠色的」，或作「青的」，"niowanggiyan alin"，意即「青山」。或作「碧的」，"niowanggiyan gu"，意即「碧玉」。合璧本漢文作「碧」，朱印本滿文作"gincihiyan"，意即「光潔」。

毫光
大千輪毫光
寶

大慶雲毫相光
千輪

大金毫相光
慶雲毫相光

大綠毫相光
金毫相光

大紅毫相光
綠毫相光

大碧毫相光
紅毫相光

amba niowanggiyan šošon i funiyehengge lakšan i elden,[10] fulgiyan šošon i funiyehengge lakšan i elden, amba fulgiyan šošon i funiyehengge lakšan i elden, niohon šošon i funiyehengge lakšan i elden,[11] amba niohon šošon i funiyehengge lakšan i elden, aisin i gese šošon i funiyehengge lakšan i elden, amba aisin i gese šošon i funiyehengge lakšan i elden, sabingga tugi i šošon i funiyehengge lakšan i elden,[12] amba sabingga tugi i šošon i funiyehengge lakšan i elden, minggan kurdun i šošon i funiyehengge elden, amba minggan kurdun i šošon i funiyehengge elden,boobai

10 “amba niowanggiyan šošon i funiyehengge lakšan i elden”，句中“niowanggiyan”，朱印本滿文作“gincihiyan”。

11 “niohon šošon i funiyehengge lakšan i elden”，句中“niohon”，漢譯作「淺綠的」，又作「青的」，“niowanggiyan abka”，意即「青天」，或作「蒼天」。合璧本漢文作「綠」。

12 “sabingga tugi i šošon i funiyehengge lakšan i elden”，句中“sabingga”，漢譯作「祥瑞的」，“sabingga tugi”，意即「祥雲」、「卿雲」、「慶雲」，合璧本漢文作「慶雲」，朱印本滿文作“boconggo tugi”，意即「彩雲」，又作「慶雲」。

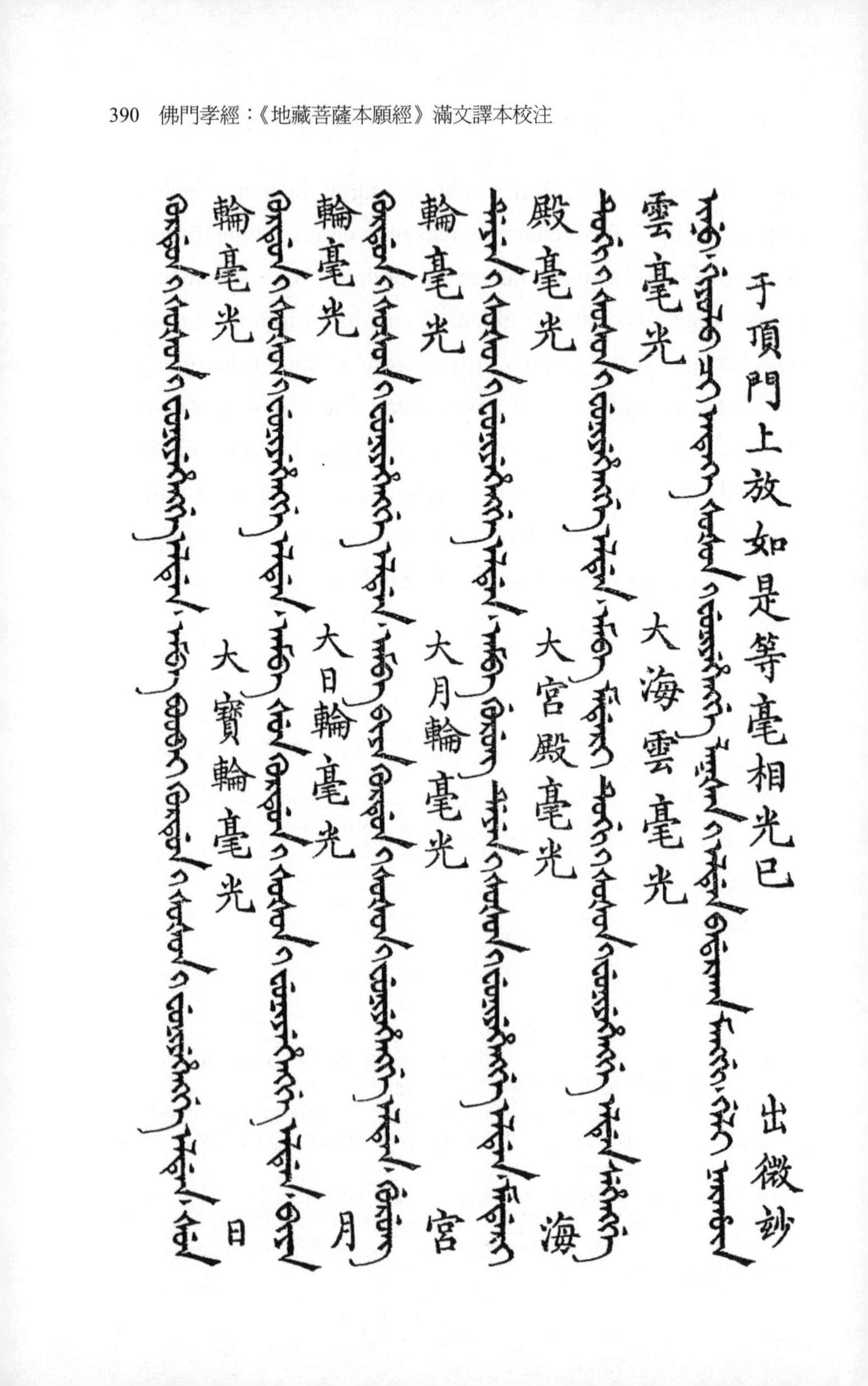

于頂門上放如是等毫相光已　出微妙
雲毫光　大海雲毫光　海
殿毫光　大宮殿毫光　宮
輪毫光　大月輪毫光　月
輪毫光　大日輪毫光　日
輪毫光　大寶輪毫光

kurdun i šošon i funiyehengge elden, amba boobai kurdun i šošon i funiyehengge elden, šun kurdun i šošon i funiyehengge elden,[13] amba šun kurdun i šošon i funiyehengge elden, biya kurdun i šošon i funiyehengge elden, amba biya kurdun i šošon i funiyehengge elden,[14] gurung deyen i šošon i funiyehengge elden, amba gurung deyen i šošon i funiyehengge elden, mederi tugi i šošon i funiyehengge elden, amba mederi tugi i šošon i funiyehengge elden sehengge inu, giyolo ci enteke šošon i funiyehengge lakšan i elden badaraka manggi,[15] geli narhūn

13 "šun kurdun i šošon i funiyehengge elden"，句中"šun kurdun"，朱印本滿文作"šun i kurdun"，合璧本滿文省略"i"，漢文作「日輪」。

14 "biya kurdun i šošon i funiyehengge elden"，句中"biya kurdun"，朱印本滿文作"biyai kurdun"，合璧本滿文省略"i"。漢文作「月輪」。

15 "giyolo ci enteke šošon i funiyehengge lakšan i elden badaraka manggi"，合璧本漢文作「於頂門上放如是等毫相光已」。句中"enteke"，朱印本滿文作"enteke hacingga"；"badaraka manggi"，朱印本滿文作"sindame wajifi"。

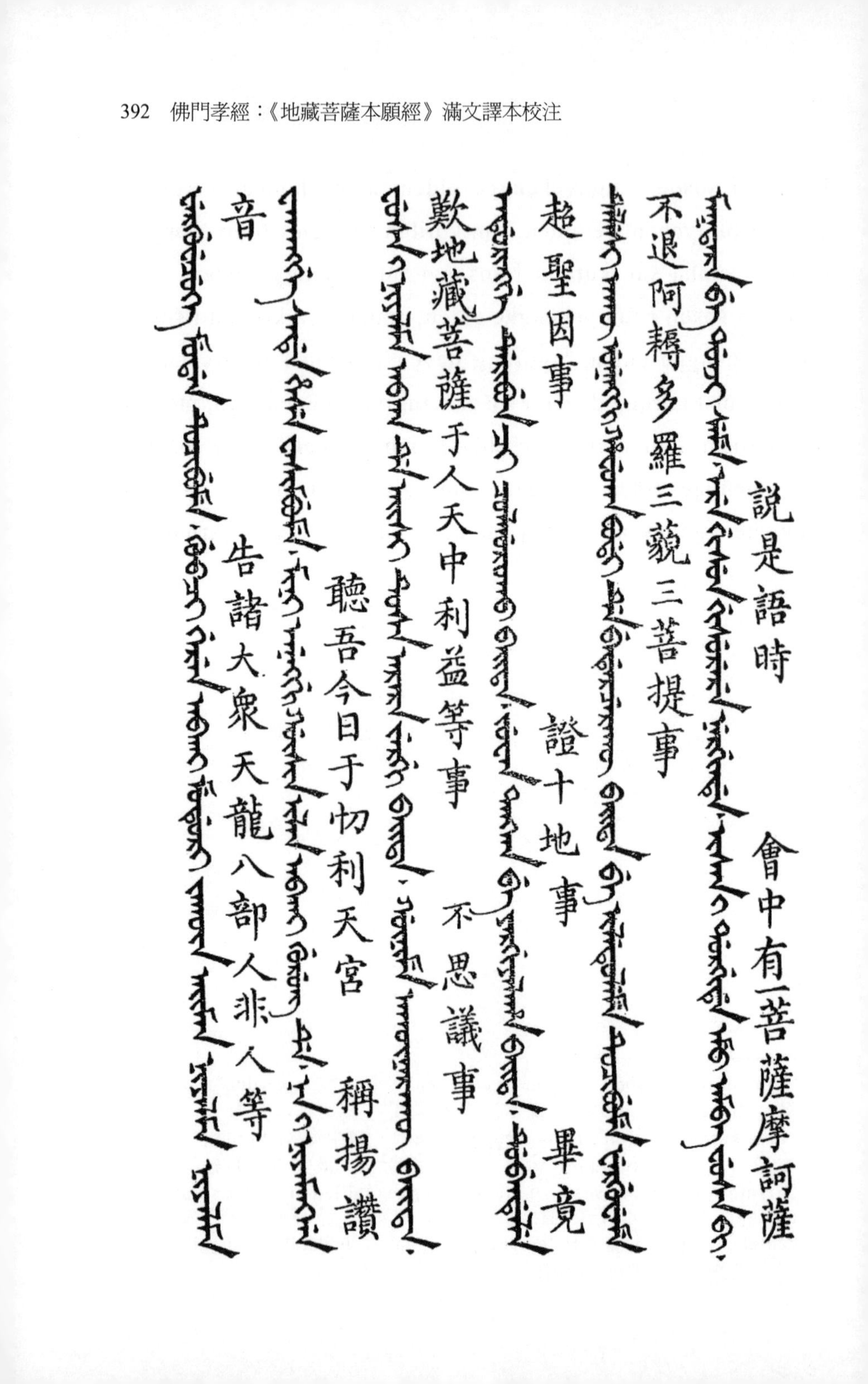

說是語時 會中有一菩薩摩訶薩

不退阿耨多羅三藐三菩提事

超聖因事 證十地事 畢竟

歎地藏菩薩于人天中利益等事 不思議事

聽吾今日于忉利天宮 稱揚讚

音 告諸大衆天龍八部人非人等

ferguwecuke mudan tucibume, gubci geren abkai muduri jakūn aiman niyalma niyalma wakangge sade hese wasimbume,[16] mini enenggi gūsin ilan abkai gurung de, na i niyamangga fusa i niyalma abka de aisi tusa arara jergi baita, gūnime akūnarakū baita,[17] enduringge deribun ci colgoroko baita,[18] juwan tangka be yargiyalaha baita,[19] dubentele delesi akū unenggi hafuka bodi de bedercerakū baita be iletuleme tucibume ferguweme maktara be donji seme,[20] ere gisun gisurere nerginde, isan i dorgide emu amba fusa bi,[21]

---

16 "geli narhūn ferguwecuke mudan tucibume"，合璧本漢文作「出微妙音」，句中"tucibume"，朱印本滿文作"i"；"abkai muduri"，合璧本漢文作「天龍」，朱印本滿文作"abka muduri"，省略"i"。

17 朱印本滿文作"gūnime akūnaci ojorakū i baita"，合璧本漢文作「不思議事」。

18 "enduringge deribun ci colgoroko baita"，合璧本漢文作「超聖因事」，句中「因」，合璧本滿文作"deribun"，朱印本滿文作"holbohon"。"holbohon deribun"，意即「緣起」。

19 "juwan tangka"，合璧本漢文作「十地」，梵語讀如"dasábhūmi"，又作「十位」，爲菩薩修行階梯。

20 合璧本漢文作「畢竟不退阿耨多羅三藐三菩提事」，句中「阿耨多羅三藐三菩提」是梵語"anuttara-samyak-sambodhi"的漢文音寫，滿文譯作"delesi akū unenggi hafuka bodi"，意即「無上正覺」。

21 "isan i dorgide emu amba fusa bi"，合璧本漢文作「會中有一菩薩摩訶薩」，摩訶薩，滿文譯作"amba fusa"，意即「大菩薩」。朱印本滿文作"isan i dorgi emu fusa amba fusa bi"，句中"dorgi"，當作"dorgide"。合璧本滿文"emu"，當作"emu fusa"。

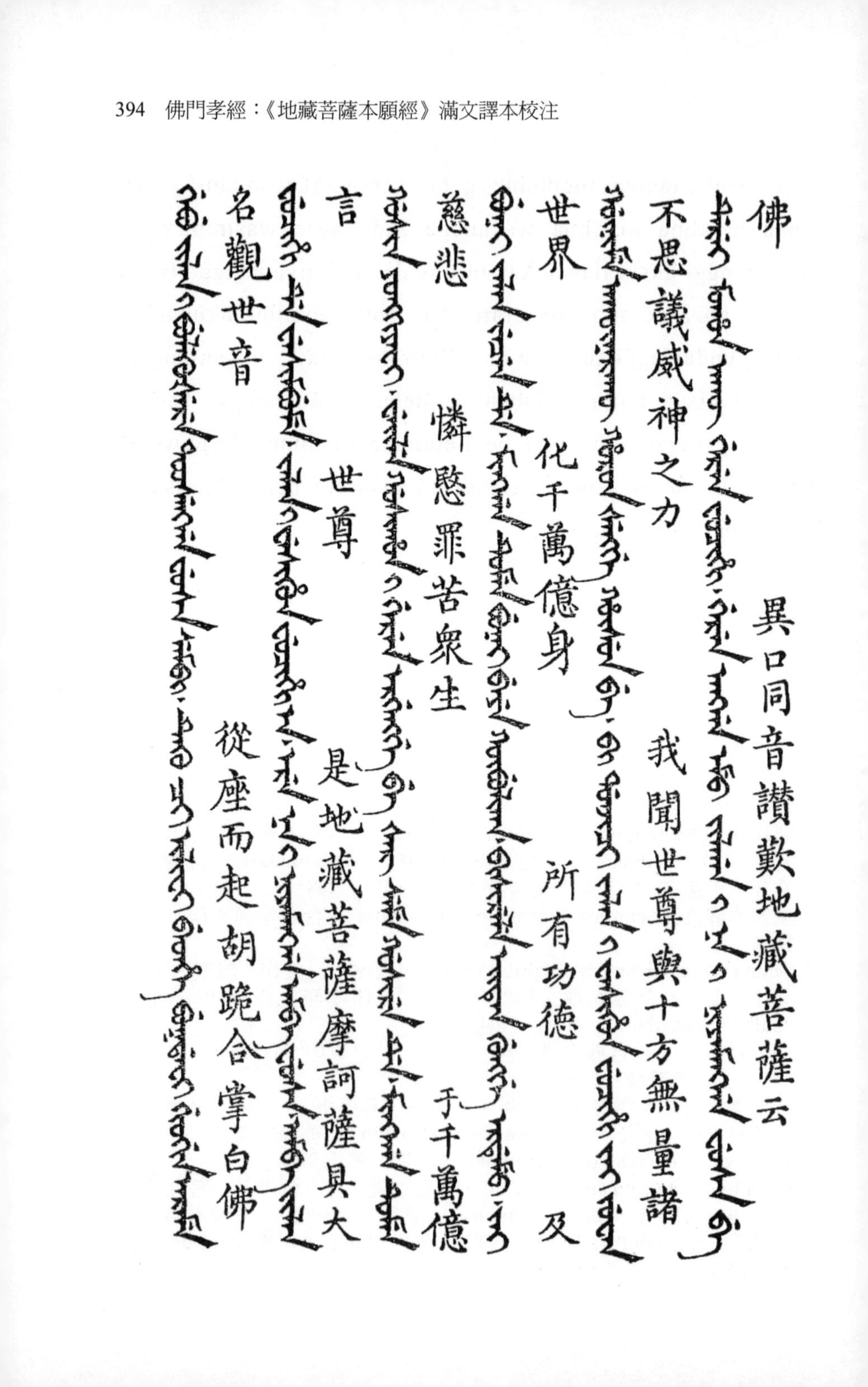

名觀世音　從座而起胡跪合掌白佛

言　世尊　是地藏菩薩摩訶薩具大

慈悲　憐愍罪苦衆生　于千萬億

世界　化千萬億身　所有功德　及

不思議威神之力　我聞世尊與十方無量諸

佛　異口同音讚歎地藏菩薩云

gebu jilan i bulekušere toosengga fusa sembi,[22] teku ci ilifi bethe bukdafi giogin arame fucihi de wesimbume,[23] jalan i wesihun fucihi a, ere na i niyamangga amba fusa,[24] amba jilan gosin yongkiyafi,[25] weile gosihon i geren ergengge be šar seme gosire de,[26] minggan tumen bunai jalan jecen de,[27] minggan tumen bunai beye kūbulika,[28] bisirele eiten gungge erdemu, jai gūnime akūnarakū horon šengge hūsun be,[29] bi donjici jalan i wesihun fucihi jai juwan derei mohon akū geren fucihi,[30] geren angga emu jilgan i na i niyamangga fusa be

---

22 觀世音，朱印本滿文作"jilan i bulekušere fusa"，合璧本滿文作"jilan i bulekušere toosengga fusa"，意即「觀世音自在菩薩」。

23 "bethe bukdafi"，意即「彎單腿跪」，行請安禮，合璧本漢文作「胡跪」。"giogin arame"，意即「合掌」。

24 "na i niyamangga amba fusa"，合璧本漢文作「地藏菩薩摩訶薩」，滿漢文義有出入。朱印本滿文作"na i niyamangga fusa amba fusa"，滿漢文義相合。

25 朱印本滿文作"amba gosin jilan be jafafi"，句中"gosin jilan"，合璧本滿文作"jilan gosin"。

26 "weile gosihon i geren ergengge be šar seme gosire de"，合璧本漢文作「憐愍罪苦眾生」，「罪苦」，合璧本滿文作"weile gosihon"，朱印本滿文作"sui gosihon"。

27 朱印本滿文作"minggan tumen bunai ton i jalan jecen de"。

28 朱印本滿文作"minggan tumen bunai ton beye kūbulika"。

29 "horon šengge"，合璧本漢文作「威神」，朱印本滿文作"horon enduri"。

30 "bi donjici jalan i wesihun fucihi"，朱印本滿文無"donjici"。

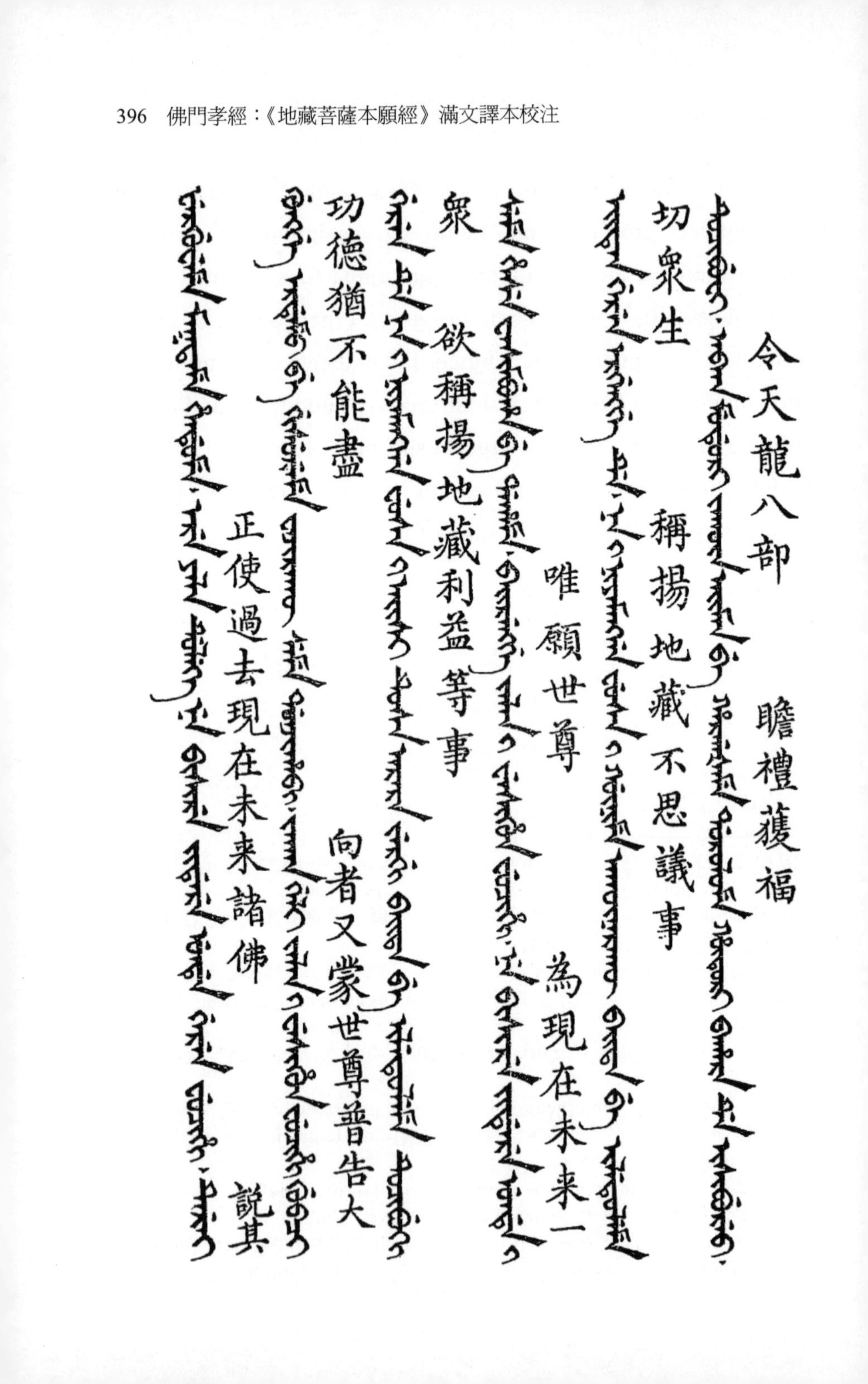

正使過去現在未來諸佛　說其
功德猶不能盡　向者又蒙世尊普告大
衆　欲稱揚地藏利益等事
唯願世尊　為現在未來一
切衆生　稱揚地藏不思議事
令天龍八部　瞻禮獲福

ferguweme maktame hendume,[31] ere yala duleke ne bisire jidere unde geren fucihi, terei gungge erdemu be gisureme wajirakū seme donjihabi,[32] jakan geli jalan i wesihun fucihi gubci geren de na i niyamangga fusa i aisi tusa arara jergi baita be iletuleme tucibuki seme hese wasimbuha be dahame,[33] bairengge jalan i wesihun fucihi,[34] ne bisire jidere unde i eiten geren ergengge de, na i niyamangga fusa i gūnime akūnarakū baita be iletuleme tucibufi,[35] abka muduri jakūn aiman be hargašame dorolome hūturi bahara de isibureo,

---

31 朱印本滿文作“geren fucihi uhei emu adali, na i niyamangga fusa be ferguweme maktame hentuhe be donjihabi”，句中“geren fucihi uhei emu adali”，合璧本滿文作“geren angga emu jilgan”，漢文作「異口同音」。

32 朱印本滿文作“terei gungge erdemu be gisurehe seme wacihiyame muterakū”。

33 朱印本滿文作“jaka jalan i wesihun fucihi geli gubci geren de na i niyamangga fusa i aisi tusa arara jergi baita be tukiyeceme saišaki seme hese wasimbuha be dahame”，句中“jaka”，合璧本滿文作“jakan”，漢文作「向者」。

34 朱印本滿文作“damu buyerengge jalan i wesihun fucihi”。

35 “iletuleme tucibufi”，合璧本漢文作「稱揚」，朱印本滿文作“tukiyeme saišafi”。

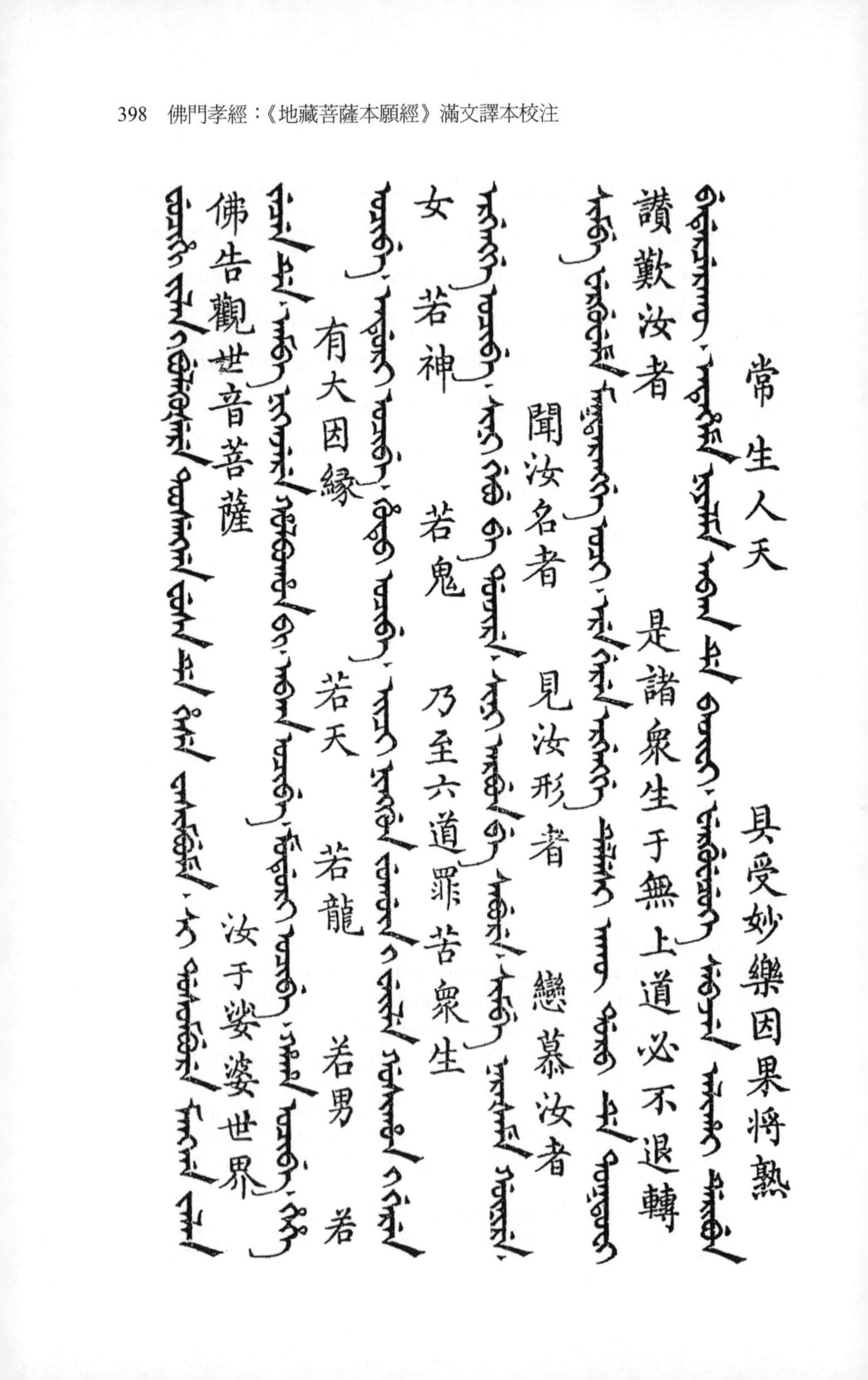

常生人天　具受妙樂因果將熟

讚歎汝者　是諸衆生于無上道必不退轉

聞汝名者　見汝形者　戀慕汝者

女　若神　若鬼　乃至六道罪苦衆生

有大因緣　若天　若龍　若男　若

佛告觀世音菩薩　汝于娑婆世界

fucihi jilan i bulekušere toosengga fusa de hese wasimbume,[36] si dosombure mangga jalan jecen de,[37] amba nikenjere holbohon bi, abka ocibe, muduri ocibe, haha ocibe, hehe ocibe, enduri ocibe, hutu ocibe,[38] eici ninggun jugūn i weile gosihon i geren ergengge ocibe,[39] sini gebu be donjire, sini arbun be sabure, simbe narašame gūnire,[40] simbe ferguweme maktarangge oci,[41] ere geren ergengge delesi akū doro de toktofi bedercerakū,[42] enteheme niyalma abka de banjifi, ferguwecuke sebjen alihai deribun

36 "jilan i bulekušere toosengga fusa"，意即「觀世音自在菩薩」，合璧本漢文作「觀世音菩薩」，朱印本滿文作"jilan i bulekušere fusa"。

37 "dosombure mangga jalan jecen"，意即「堪忍世界」，合璧本漢文作「娑婆世界」，句中「娑婆」，梵語讀如"sahā"，意即「堪忍土」，又作「忍界」。

38 "abka ocibe, muduri ocibe"，合璧本漢文作「若天，若龍」，朱印本滿文作"eici abka eici muduri"。

39 朱印本滿文作"ci ninggun jugūn i sui gosihon i geren ergengge de isitala"，句中"sui gosihon"，合璧本滿文作"weile gosihon"，漢文作「罪苦」。

40 "simbe narašame gūnire"，合璧本漢文作「戀慕汝者」，朱印本滿文作"simbe narašame buyere"。

41 朱印本滿文作"simbe maktame sarsarangge"。

42 "toktofi bedercerakū"，合璧本漢文作「必不退轉」，朱印本滿文作"urunakū forgošome bedercerakū bime"。

佛告觀世音菩薩　未来現在

世音言　唯然世尊　願樂欲聞

汝當諦聽吾今說之　觀

聽吾宣說地藏菩薩不思議利益之事

悲　憐愍衆生及天龍八部

遇佛授記　汝今具大慈

šanggan jaluka manggi,[43] fucihi be ucarafi biwanggirit bure be alimbi,[44] si te amba jilan gosin yongkiyafi,[45] geren ergengge jai abka muduri jakūn aiman be šar seme gosire turgunde,[46] mini na i niyamangga fusa i gūnime akūnarakū aisi tusa baita be badarambume nomulara be donjiki sere be dahame, si kimcime donji,[47] bi te nomulaki,[48] jilan i bulekušere toosengga fusa wesimbume, jalan i wesihun fucihi a inu,[49] urgunjeme donjire be buyembi,[50] fucihi, jilan i bulekušere toosengga fusa de hese wasimbume, jidere unde ne

43 朱印本滿文作"ferguwecuke sebjen be yooni alifi deribun šanggan ureme hamika de"。

44 朱印本滿文作"fucihi be ucarafi biwanggirit bure be bahambi"，句中"biwanggirit"，梵語讀如"vyākaraṇa"，合璧本漢文作「授記」，爲十二部經之一。

45 朱印本滿文作"si te amba gosin jilan be jafafi"，句中"gosin jilan"，合璧本滿文作句中"jilan gosin"，漢文作「慈悲」。

46 "gosire turgunde"，合璧本漢文作「憐愍」，朱印本滿文作"gūnire de"。

47 "si kimcime donji"，合璧本漢文作「汝當諦聽」，朱印本滿文作"si saikan donji"。

48 "bi te nomulaki"，合璧本漢文作「吾今說之」，朱印本滿文作"bi te nomulara"。

49 朱印本滿文作"inu jalan i wesihun fucihi a"。

50 "urgunjeme donjire be buyembi"，合璧本漢文作「願樂欲聞」，朱印本滿文作 "donjire be buyembi"。

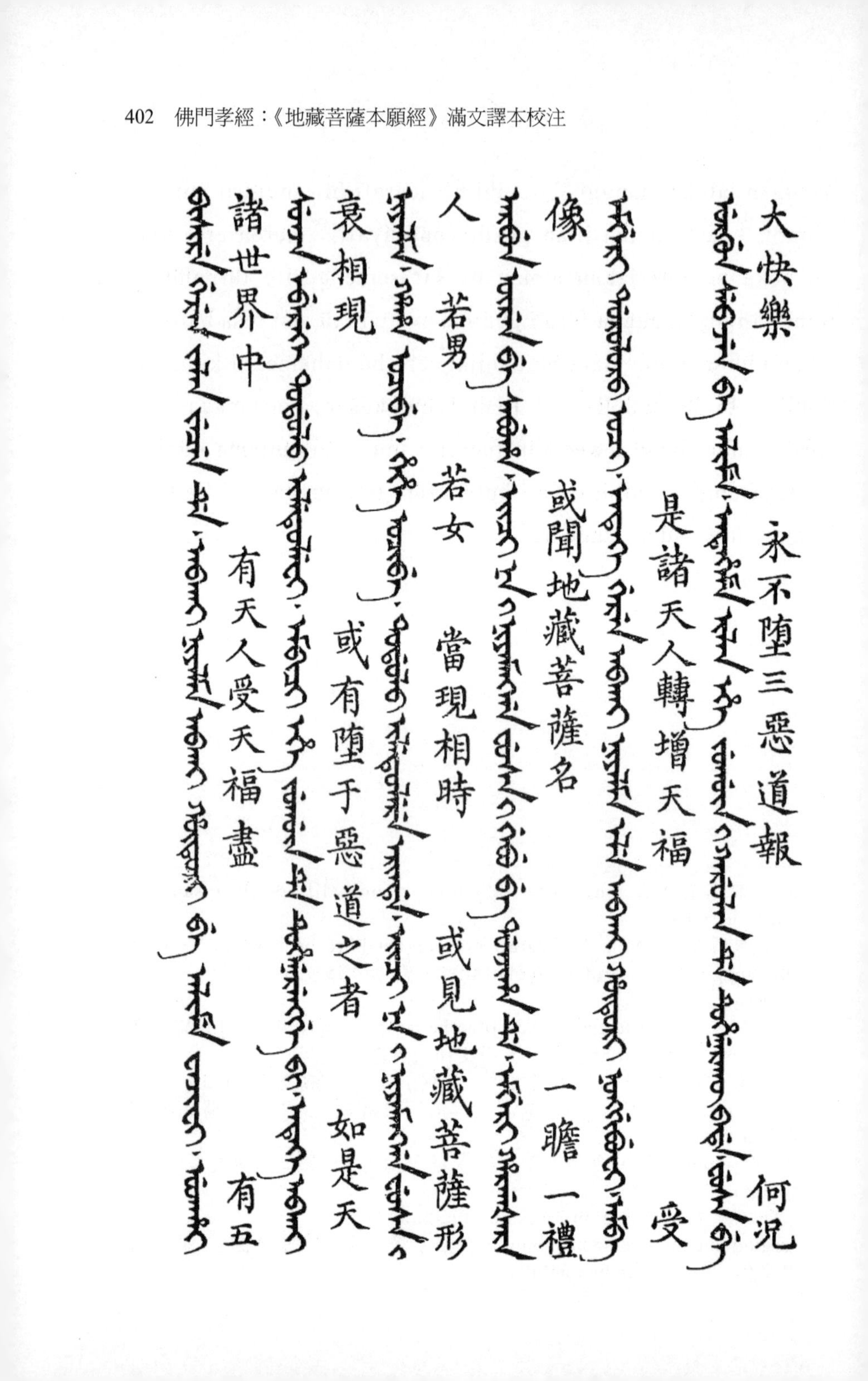

諸世界中　有天人受天福盡　有五

衰相現　或有墮于惡道之者　如是天

人　若男　若女　當現相時　或見地藏菩薩形

像　或聞地藏菩薩名　一瞻一禮

是諸天人轉增天福　受

大快樂　永不墮三惡道報　何況

bisire geren jalan jecen de, abkai niyalma abkai hūturi be alime wajifi,[51] uthai sunja ebereke todolo iletulefi,[52] embici ehe jugūn de tuhenerengge bi,[53] enteke abkai niyalma, haha ocibe, hehe ocibe, todolo iletulere erinde,[54] eici na i niyamangga fusa i arbun ūren be sabuha,[55] eici na i niyamangga fusa i gebu be donjiha de,[56] emgeri hargašara emgeri doroloro oci, enteke geren abkai niyalma ele abkai hūturi nonggibufi, amba urgun sebjen be alime, enteheme ilan ehe jugūn i karulan de tuhenerakū bade,[57] fusa be

51 "abkai niyalma abkai hūturi be alime wajifi"，句中"wajifi"，朱印本滿文作"wajiha de"。

52 朱印本滿文作"sunja eberen i arbun iletulengge bi"。

53 "embici ehe jugūn de tuhenerengge bi"，句中"embici"，朱印本滿文作"eici"。

54 "todolo iletulere erinde"，合璧本漢文作「當現相時」，句中"todolo"，朱印本滿文作"tere arbun"。

55 "eici na i niyamangga fusa i arbun ūren be sabuha"，句中"arbun ūren"，合璧本漢文作「形像」；"sabuha"，朱印本滿文作"sabure"。

56 "eici na i niyamangga fusa i gebu be donjiha de"，句中"donjiha de"，朱印本滿文作"donjire de"。

57 "enteheme ilan ehe jugūn i karulan de tuhenerakū bade"，句中"tuhenerakū bade"，朱印本滿文作"tuhenerakū ojoro bade"。

見聞菩薩 以諸香華衣服飲食寶貝瓔珞布施供
眷 所獲功德福利 無量無
邊 復次觀世音 若未来
現在諸世界中 六道衆生 臨命終
時 得聞地藏菩薩名一聲歷耳根者
是諸衆生永不歷三惡道苦

sabuha donjiha de,[58] eiten hiyan ilha etuku adu omingga jemengge boobai bokida be fulehun bume jukteme doboro de,[59] baha gungge erdemu hūturi aisi, mohon akū jecen akū be ai hendure,[60] geli jilan i bulekušere toosengga fusa a, aika jidere unde ne bisire geren jalan jecen i dorgi, ninggun jugūn i geren ergengge, ergen dubere hamika erinde, na i niyamangga fusa i gebu be emu jilgan seme bahafi šan i saligan de donjirengge oci,[61] geren ergengge enteheme ilan ehe jugūn i gosihon be alirakū bade,[62]

58 "fusa be sabuha donjiha de"，句中"donjiha de"，朱印本滿文作"donjire de"。

59 "fulehun bume jukteme doboro de"，朱印本滿文作"fulehun bufi jukteme doboro be ai hendure"。

60 "mohon akū jecen akū be ai hendure"，朱印本滿文作"mohon akū jecen akū ombi"。

61 "na i niyamangga fusa i gebu be emu jilgan seme bahafi šan i saligan de donjirengge oci"，朱印本滿文作"na i niyamangga fusa i gebu be emu jilgan šan i saligan de bahafi donjirengge oci"。句中"šan i saligan"，合璧本漢文作「耳根」。按「耳根」，通行滿文作"šan i da"，此作"šan i saligan"，異。

62 "geren ergengge enteheme ilan ehe jugūn i gosihon be alirakū bade"，合璧本漢文作「是諸眾生永不歷三惡道苦」，朱印本滿文作"ere geren ergengge enteheme ilan (ehe) jugūn i gosihon de isinarakū ojoro bade"。

何況臨命終時 父母眷屬 將是命終人

舍宅財物寶貝衣服 塑畫地藏形像

或使病人未終之時 眼耳見聞

知道眷屬將舍宅寶貝等 為

其自身 塑畫地藏菩薩形像

是人若是業報 合受重病者

ergen dubere hamika erinde, ini ama eme giranggi yali,[63] ere ergen dubehe niyalma i boo ūlen ulin nadan boobai etuku adu be uncafi,[64] na i niyamangga fusa i arbun ūren be weileme niruha,[65] eici nimehe niyalma ergen yadara onggolo,[66] yasa de tuwabume šan de donjibume,[67] giranggi yali ini boo ūlen ulin nadan boobai jergi jaka be uncafi, ini beyei jalin, na i niyamangga fusa i arbun ūren be weileme niruha be ulhibure be ai hendure.[68] ere niyalma aika weilen karulan de,[69] giyan i ujen nimeku de tušaci acarangge

63 "ini ama eme giranggi yali"，句中"giranggi yali"，意即「骨肉」，合璧本漢文作「眷屬」。朱印本滿文作"gucu giyajan"，意即「隨侍」。
64 合璧本漢文「舍宅財物寶貝衣服」，句中「舍」通「捨」，滿文作"uncafi"，意即「售賣」，朱印本滿文作"hūda salibufi"，意即「估價」、「折價」。「寶貝」，合璧本滿文作"boobai"，朱印本滿文作"boobai jaka"。
65 「塑畫地藏形像」，句中「塑畫」，合璧本滿文作"weileme niruha"，朱印本滿文作"araha iruga"，誤，當作"arame niruha"。
66 「未終之時」，合璧本滿文作"yadara onggolo"，朱印本滿文作"yadara unde ucuri"。
67 朱印本滿文作"yasa tuwasi šan donjihai"，句中"tuwasi"，誤，當作"tuwahai"。
68 朱印本滿文作"na i niyamangga fusa i arbun ūren araha nirugan be sara be ai hendure"。
69 朱印本滿文作"ere niyalma aika weilen i karulan ele"。

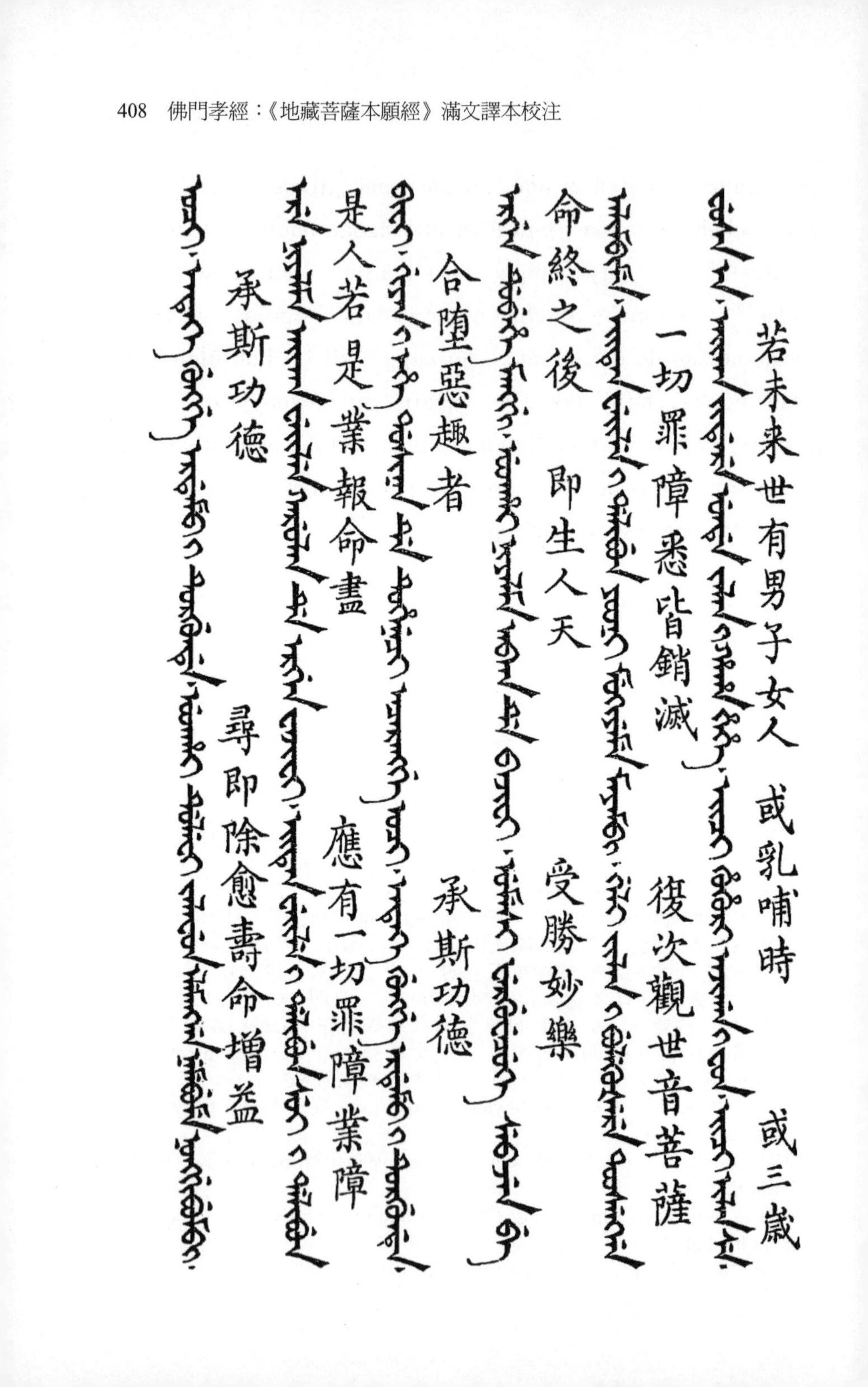

承斯功德　尋即除愈壽命增益

是人若是業報命盡　應有一切罪障業障

合墮惡趣者　承斯功德

命終之後　即生人天　受勝妙樂

一切罪障悉皆銷滅　復次觀世音菩薩

若未来世有男子女人　或乳哺時　或三歲

oci,[70] enteke gungge erdemu i turgunde, uthai dulefi jalafun elemangga nemebume nonggibumbi.[71] ere niyalma aika weilen karulan de ergen wajifi, eiten weile i dalibun sui i dalibun bifi,[72] giyan i ehe dosinan de tuheneci acarangge oci,[73] enteke gungge erdemu i turgunde, ergen dubehe manggi, uthai niyalma abka de bajifi, umesi ferguwecuke sebjen be alimbime,[74] eiten weile i dalibun yooni mukiyeme mayambi. geli jilan i bulekušere toosengga fusa a, aika jidere unde jalan i haha hehe,[75] eici huhuri ajigan i fon,[76] eici ilan se,

---

70 朱印本滿文作“giyan i ujen nimeku alici acarangge oci”，句中“alici”，意即「若受」，合璧本滿文作“tušaci”，意即「若遇」。

71 朱印本滿文作“uthai mayafi yebe ombime se jalgan kemuni nemebume nonggibumbi”，句中“mayafi yebe”，意即「消除痊愈」，合璧本滿文作“dulefi”，意即「好轉」、「痊愈」，合璧本漢文作「除愈」。

72 “weile i dalibun”，合璧本漢文作「罪障」，朱印本滿文作“weilen i dalibun”。

73 朱印本滿文作“ehe jugūn de tuheneci acarangge”，句中“ehe jugūn”，意即「惡道」，合璧本滿文作“ehe dosinan” ，意即「惡趣」。

74 “bajifi”，誤，當作“banjifi”。“umesi ferguwecuke sebjen be alimbime”，合璧本漢文作「受勝妙樂」，句中“umesi”，朱印本滿文作“wesihun”。

75 朱印本滿文作“aika jidere unde jalan de haha ocibe hehe ocibe”。

76 “eici huhuri ajigan i fon”，句中“huhuri”，意即「初生的」，朱印本滿文作“kuhuri”，疑訛。

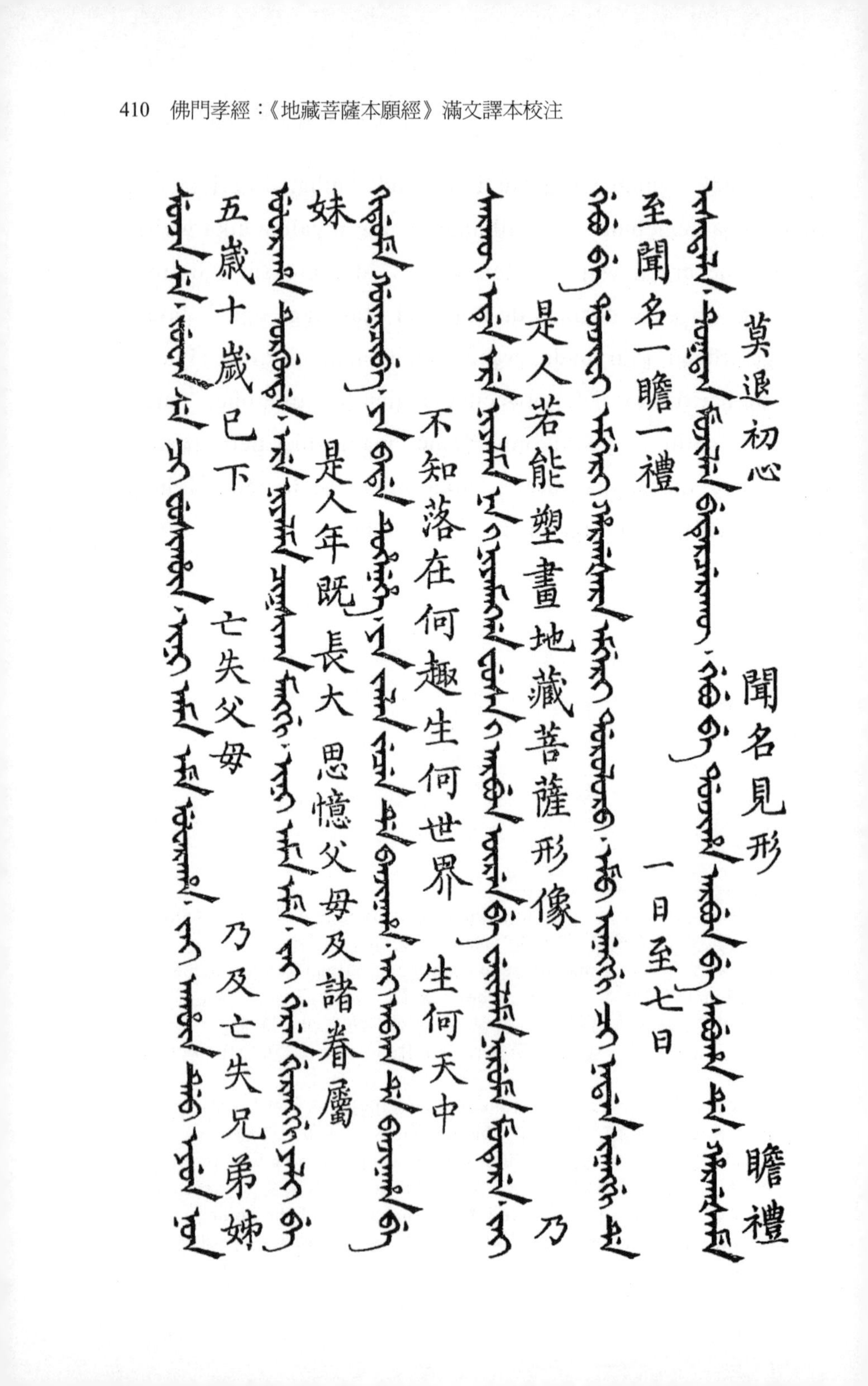

五歲十歲已下　亡失父母　乃及亡失兄弟姊妹

是人年既長大　思憶父母及諸眷屬

不知落在何趣生何世界　生何天中

是人若能塑畫地藏菩薩形像　乃至聞名一瞻一禮　一日至七日

莫退初心　聞名見形　瞻禮

sunja se, juwan se ci fusihūn, ini ama eme ufaraha, jai ahūn deo eyun non ufaraha turgunde,[77] ere niyalma ciksika manggi, ini ama eme, jai geren giranggi yali be kidume gūnicibe,[78] ya bade tuhenehe,[79] ya jalan jecen de banjinaha,[80] ai abka de banjinaha be sarkū,[81] ede ere niyalma na i niyamangga fusa i arbun ūren be weileme nirume mutere,[82] jai gebu be donjifi emgeri hargašara emgeri doroloro, emu inenggi ci nadan inenggi de isitala, tuktan mujilen bedercerakū,[83] gebu be donjiha arbun be sabuha de, hargašame

77 朱印本滿文作"jai ahūn deo eyūn non ci waliyabume ufaraha turgunde"，合璧本漢文「姊」，滿文作"eyun"，此作"eyūn"，誤。

78 朱印本滿文作"jai geren gucu giyajan be kidume gūnime"。

79 "ya bade tuhenehe"，合璧本漢文作「不知落在何趣」，朱印本滿文作"ya ba de genehe"，意即「到哪裡去了？」。

80 "ya jalan jecen de banjinaha"，句中"banjinaha"，朱印本滿文作"banjiha"。

81 朱印本滿文作"ai abka de banjinaha be sarkūngge bici"。

82 朱印本滿文作"ere niyalma unenggi na i niyamangga fusa i arbun ūren be arame nirume mutere"。

83 "tuktan mujilen bedercerakū"，合璧本漢文作「莫退初心」，句中"tuktan mujilen"，朱印本滿文作"da gūnin"，意即「本意」、「素心」、「初情」。

供養　是人眷屬　假因業故

墮惡趣者計當劫數　承斯男女兄弟

姊妹　塑畫地藏形像瞻禮功德

尋即解脫　生人天中　受勝妙樂者

即承斯功德　轉增聖因

受無量樂　是人更能三七日中一心

dorolоro jukteme doboro oci,[84] ere niyalmai giranggi yali,[85] uthai ere deribun i weilen de,[86] g'alab ton be bodome ehe dosinan de tuheneci acarangge okini.[87] ere haha hehe ahūn deo eyun non i na i niyamangga fusa i arbun ūren be weileme nirure hargašame doroloro gungge erdemu de,[88] uthai bahafi ukcambi.[89] niyalma abka de banjifi, umesi ferguwecuke sebjen be alirengge oci,[90] uthai ere gungge erdemu de, enduringge deribun ele nonggibufi,[91] mohon akū sebjen be alimbi.[92] ere niyalma geli orin emu inenggi de, hing

84 「供養」，合璧本滿文作“jukteme doboro”，朱印本滿文作“dobome juktere”。
85 朱印本滿文作“ere niyalma i gucu giyajan”。
86 「假因業故」，合璧本滿文作“uthai deribun i weilen de”，意即「即由於因業」，朱印本滿文作“uthai nikenjere weilen de”。
87 “ehe dosinan”，合璧本漢文作「惡趣」，朱印本滿文作“ehe jugūn”，意即「惡道」。
88 “eyun”，朱印本滿文作“eyūn”，誤；“weileme nirure”，合璧本漢文作「塑畫」，朱印本滿文作“arame nirure”。
89 “uthai bahafi ukcambi”，合璧本漢文作「尋即解脫」，朱印本滿文作“uthai umesi ukcaci ombi”。
90 朱印本滿文作“wesihun ferguwecuke sebjen be alirengge”。
91 “enduringge deribun ele nonggibufi”，意即「益增聖因」，合璧本漢文作「轉增聖因」，朱印本滿文作“enduringge i holbohon ele nonggibufi”。
92 朱印本滿文作“mohon akū sebjen be alici ombi”。

瞻禮地藏形像
念其名
字滿于萬徧
當得菩薩現無邊身
具告是人眷屬生界
或于夢中
菩薩現大神力
親領是人
于諸世界
見諸眷屬
更能每日念菩薩名千徧
至于千日
是人當得菩薩遣所在土地

sere mujilen i na i niyamangga fusa i arbun ūren be hargašame dorolome,[93] tere gebu colo be tumen mudan hūlame mutere oci, uthai bahafi fusa jecen akū beye iletulefi,[94] ere niyalma de ini giranggi yali i banjiha jecen be alambi.[95] embici tolgin de fusa amba šengge hūsun iletulefi,[96] beye ere niyalma be gaifi, geren jalan jecen de ini giranggi yali de acanabumbi.[97] geli inenggidari fusa i gebu be minggan mudan hūlahai, minggan inenggi de isiname mutere oci,[98] ere niyalma bahafi fusa tehe ba i banaji hutu

93 「一心瞻禮地藏形象」，句中「一心」，合璧本滿文作“hing sere mujilen ”，朱印本滿文作“hing sere gūnin”。

94 “uthai bahafi fusa jecen akū beye iletulefi”，意即「即得菩薩現無邊身」，合璧本漢文作「當得菩薩現無邊身」，朱印本滿文作“fusa mohon akū i beye be iletulefi”，意即「菩薩現無量身」。

95 朱印本滿文作“ere niyalma de gucu giyajan be ai jecen be banjiha seme alambi”。

96 朱印本滿文作“ememu tolgin de fusa amba šengge hūsun iletuleme”。

97 “geren jalan jecen de ini giranggi yali de acanabumbi”，句中“giranggi yali”，合璧本漢文作「眷屬」，朱印本滿文作“gucu giyajan”。

98 “minggan inenggi de isiname mutere oci”，句中“oci”，朱印本滿文作“ohode”。

鬼神　終身衛護　現世衣食豐

溢　無諸疾苦　乃至橫事不入其門

何況及身　是人畢竟得菩薩摩頂授記

復次觀世音菩薩　若

未来世有善男子善女人　欲發廣

大慈心　救度一切衆生者　欲脩無上

enduri be takūrafi,[99] beye dubentele karmatame tuwakiyabumbime, ne jalan i etuku jeku elgiyen tumin,[100] eiten nimeku gosihon akū, jai hetu baita terei duka de dosinjirakū bade,[101] beye de tušara be ai hendure. ere niyalma dubentele bahafi fusa uju be bišume biwanggirit bure be alimbi.[102] geli jilan i bulekušere toosengga fusa a,[103] aika jidere unde jalan i sain fulehengge juse sain fulehengge sargan juse,[104] onco amba jilan i mujilen deribufi,[105] eiten geren ergengge be aitubume doobuki,[106] delesi akū

99 朱印本滿文作“ere niyalma fusa i ini tehe bade bisire banaji hutu enduri be takūrafi”，句中“banaji”，意即「土地神」，合璧本漢文作「土地」。

100 “ne jalan i etuku jeku elgiyen tumin”，合璧本漢文作「現世衣食豐溢」，句中“i”，朱印本滿文作“de”。

101 “jai hetu baita terei duka de dosinjirakū bade”，合璧本漢文作「乃至橫事不入其門」，朱印本滿文作“jai hetu baita terei duka de dosirakū de isibure bade”。

102 “uju be bišume”，意即「摸頭」，合璧本漢文作「摩頂」。

103 朱印本滿文作“geli jilan i bulekušere fusa a”。

104 “aika jidere unde jalan i sain fulehengge juse”，句中“i”，朱印本滿文作“de”。

105 “onco amba jilan i mujilen deribufi”，句中“jilan i mujilen”，合璧本漢文作「慈心」，朱印本滿文作“gosin i mujilen”。

106 “eiten geren ergengge be aitubume doobuki”，合璧本漢文作「救度一切眾生者」，句中“doobuki”，朱印本滿文作“doobuki sere”。

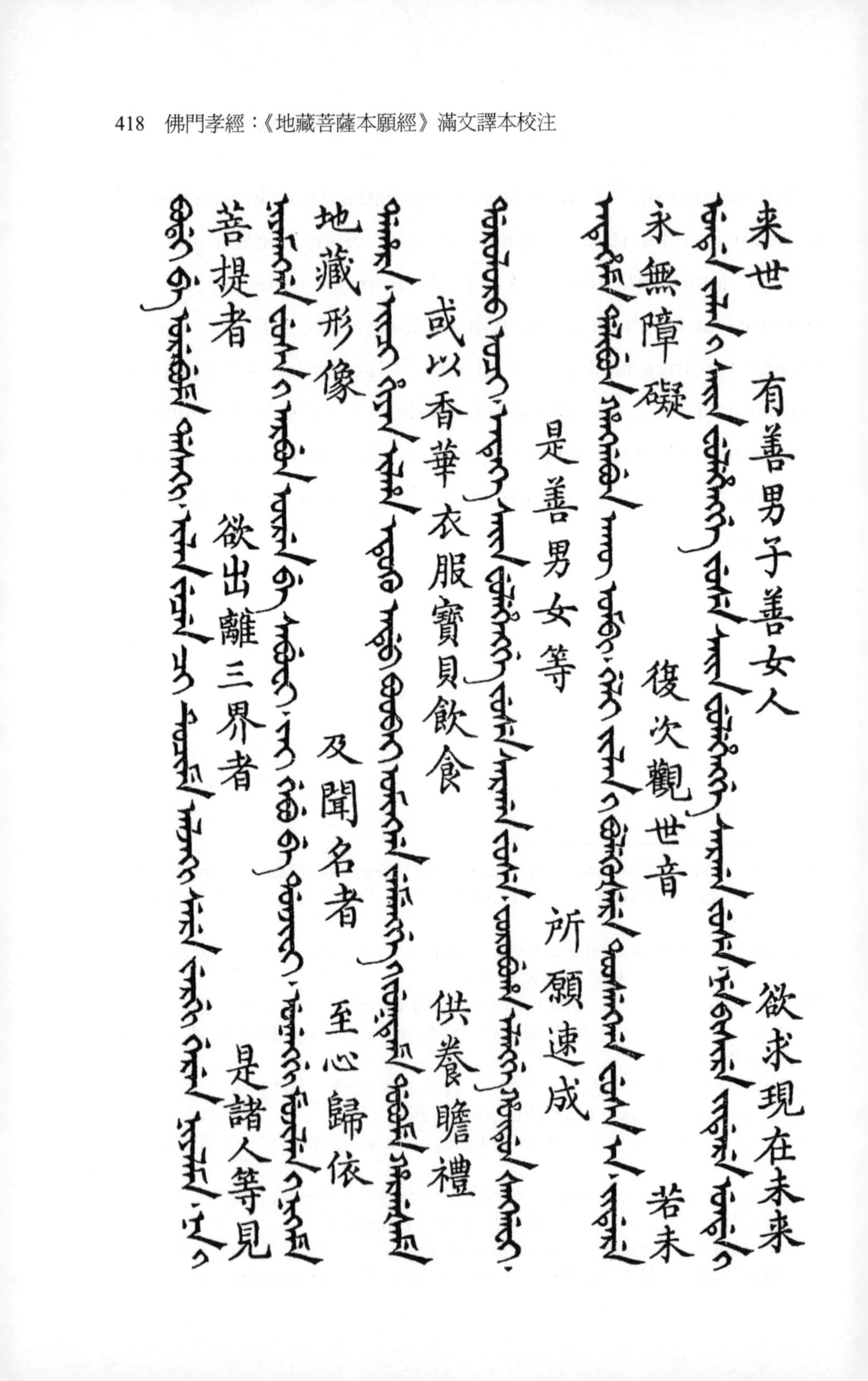

菩提者 欲出離三界者 是諸人等見

地藏形像 及聞名者 至心歸依

或以香華衣服寶貝飲食 供養瞻禮

是善男女等 所願速成

永無障礙 復次觀世音 若未

来世 有善男子善女人 欲求現在未来

bodi be urebume dasaki,[107] ilan jecen ci tucime aljaki sere jergi geren niyalma, na i niyamangga fusa i arbun ūren be sabufi, jai gebu be donjifi, unenggi mujilen i nikeme dahara,[108] eici hiyan ilha etuku adu boobai omingga jemengge i jukteme dobome hargašame doroloro oci,[109] enteke sain fulehengge juse sargan juse,[110] forobuha elengge hūdun šanggafi, enteheme dalibun hanggabun akū ombi. geli jilan i bulekušere toosengga fusa a, jidere unde jalan i sain fulehengge juse sain fulehengge sargan juse,[111] ne bisire jidere unde i

107 朱印本滿文作"delesi akū bodi be urebume dasaki sere"，句中"urebume dasaki sere"，合璧本滿文作"urebume dasaki"，漢文作「欲脩」。

108 "unenggi mujilen i nikeme dahara"，合璧本漢文作「至心歸依」，句中"dahara"，朱印本滿文作"dahame"。

109 朱印本滿文作"hiyan ilha etuku boobai omingga jemengge dobome jukteme hargašame doroloro oci"。

110 朱印本滿文作"enteke sain fulehengge hahasi hehesi"。

111 朱印本滿文作"aika jidere unde jalan de sain fulehengge juse, sain fulehengge sargan juse"，合璧本滿文省略"aika"，句中"de"，合璧本滿文作"i"。

百千萬億等願　百千萬億等事

但當歸依瞻禮供養讚歎地藏菩薩形像

如是所願所求

悉皆成就　復願地藏菩薩具大慈悲

永擁護我　是人于睡夢中即得

菩薩摩頂授記　復次觀世音

tanggū minggan tumen bunai ton i forobun, tanggū minggan tumen bunai ton i baita be baiki seci, damu na i niyamangga fusa i arbun ūren de nikeme dahafi hargašame dorolome jukteme dobome ferguweme maktaci acambi.[112] uttu oci, yaya forobuha baihangge, bireme yooni šanggabume mutebumbi. geli na i niyamangga fusa, amba jilan gosin yongkiyafi,[113] enteheme beyebe karmatarao seme forobuci,[114] ere niyalma tolgin de,[115] uthai bahafi fusa i giyolo be bišume biwanggirit bure be alimbi.[116] geli jilan i bulekušere

112 "jukteme dobome ferguweme maktaci acambi"，合璧本漢文作「供養讚歎」，朱印本滿文作"dobome jukteme ferguweme saišaci acambi"。
113 "amba jilan gosin yongkiyafi"，合璧本漢文作「具大慈悲」，朱印本滿文作"amba gosin jilan be jafafi"。句中"gosin jilan"，合璧本滿文作"jilan gosin"。
114 "enteheme beyebe karmatarao seme forobuci"，合璧本漢文作「永擁護我」，句中"beyebe"，朱印本滿文作"mimbe"。
115 "ere niyalma tolgin de"，合璧本漢文作「是人于睡夢中」，朱印本滿文作"ere niyalma emu tolgin de"，句中"emu"，誤，當作"amu"。
116 "uthai bahafi fusa i giyolo be bišume"，句中"giyolo"，意即「腦門」、「天靈蓋」，"giyolo be bišume"，意即「摸腦門」，合璧本漢文作「摩頂」。

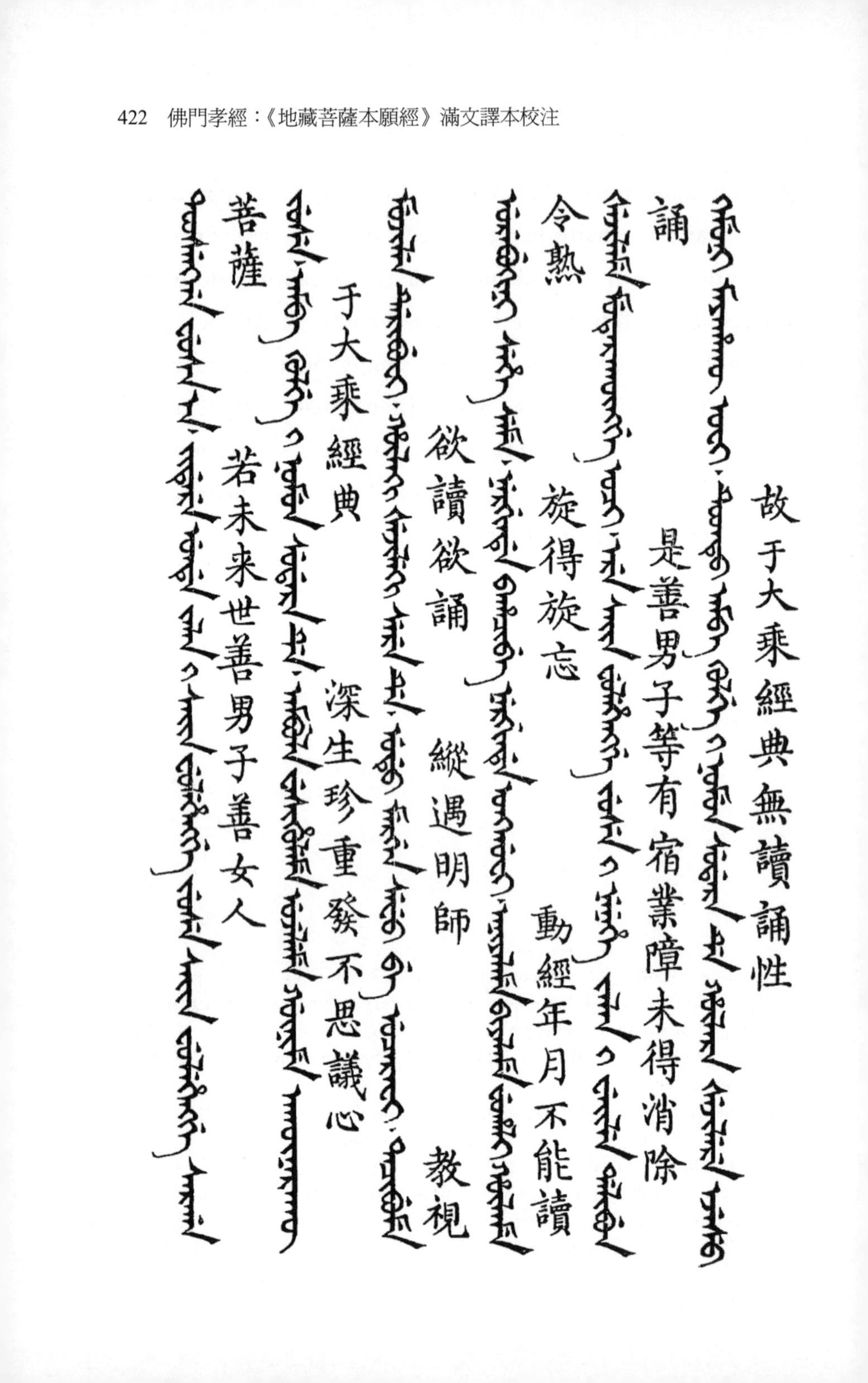

菩薩

若未来世善男子善女人

于大乘經典

深生珍重發不思議心

欲讀欲誦

縱遇明師

教視

令熟

旋得旋忘

動經年月不能讀

誦

是善男子等有宿業障未得消除

故于大乘經典無讀誦性

toosengga fusa a, jidere unde jalan i sain fulehengge juse sain fulehengge sargan juse, amba kulge i nomun sudara de, ambula wesihuleme ujeleme gūnime akūnarakū mujilen deribufi,[117] hūlaki šejileki sere de, udu mergen sefu be ucarafi,[118] tacibume urebukini sehe seme,[119] nerginde bahacibe nerginde onggofi,[120] aniyalame biyalame fuhali hūlame šejileme muterakūngge oci,[121] ere sain fulehengge juse i nenehe jalan i weile dalibun kemuni mayahakū ofi,[122] tuttu amba kulge i nomun sudara de hūlara šejilere ejesu

---

117 "ambula wesihuleme ujeleme"，合璧本漢文作「深生珍重」，朱印本滿文作"umesi ujeleme"。

118 "udu mergen sefu be ucarafi"，意即「雖然遇到賢哲的師傅」，合璧本漢文作「縱遇明師」。

119 "tacibume urebukini sehe seme"，意即「教導令熟習」，合璧本漢文作「教視令熟」。

120 "nerginde bahacibe nerginde onggofi"，意即「雖時得但時忘」，合璧本漢文作「旋得旋忘」，朱印本滿文作"nerginde bahaci, nerginde onggome"。

121 朱印本滿文作"aniya hūsime biyalame fuhali hūlame šejileme muterakūngge"，句中"aniya hūsime biyalame"，合璧本滿文作"aniyalame biyalame"，漢文作「動經年月」。

122 朱印本滿文作"ere sain fulehengge juse, nenehe jalan i sui dalibun kemuni getereme mayahakū ofi"，句中"nenehe jalan i sui dalibun"，意即「先世之業障」，「業障」，合璧本滿文作"weile dalibun"。

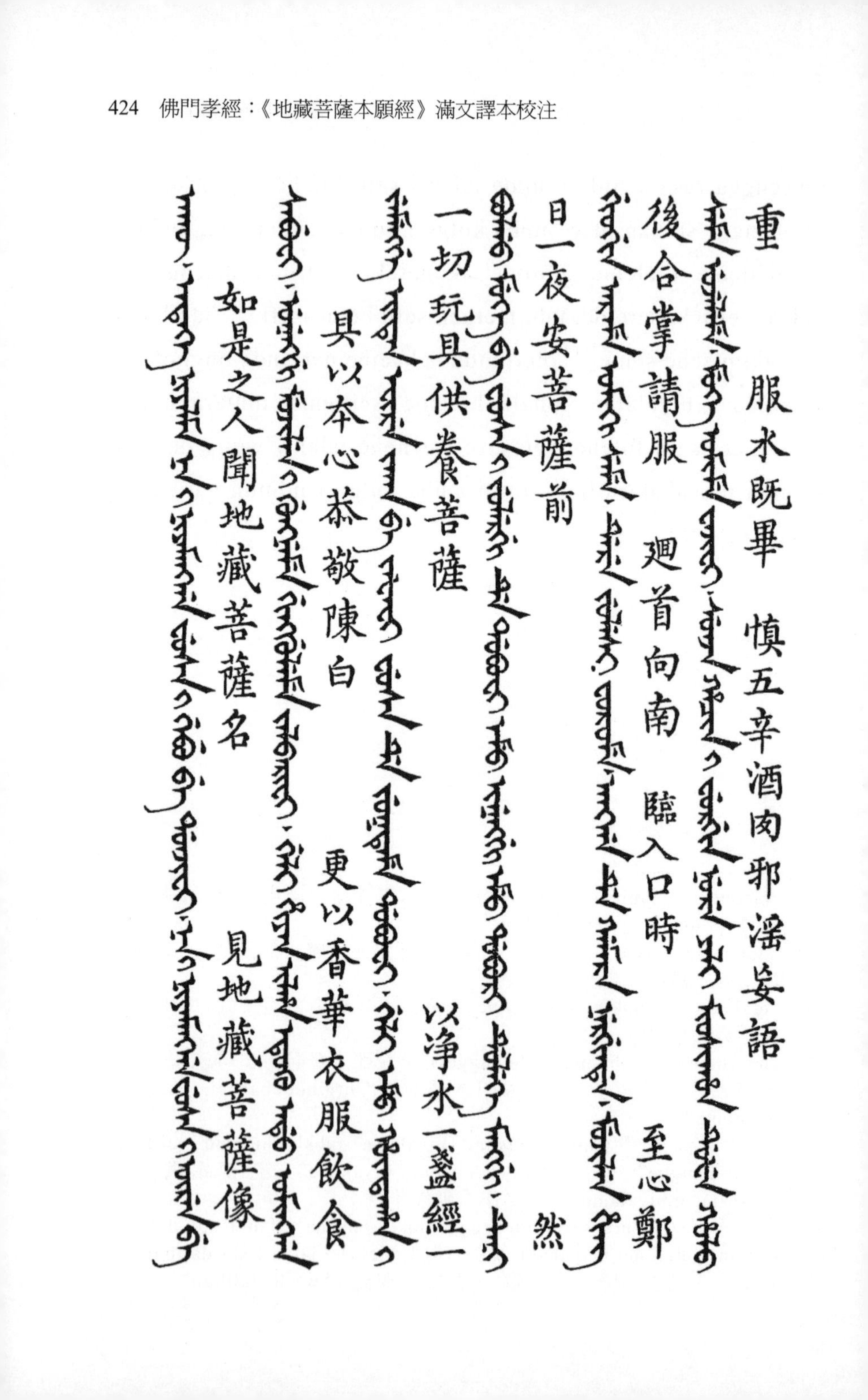

如是之人聞地藏菩薩名　見地藏菩薩像
具以本心恭敬陳白　更以香華衣服飲食
一切玩具供養菩薩　以淨水一盞經一
日一夜安菩薩前　然
後合掌請服　迴首向南　臨入口時　至心鄭
重　服水既畢　慎五辛酒肉邪淫妄語

akū, enteke niyalma na i niyamangga fusa i gebu be donjifi, na i niyamangga fusa i ūren be sabufi, unenggi mujilen i gungneme gingguleme jalbarifi,[123] geli hiyan ilha etuku adu omingga jemengge eiten efire jaka be jafafi fusa de jukteme dobofi,[124] geli emu hūntahan i bolgo muke be fusa i julergi de dobofi emu inenggi emu dobori duleke manggi,[125] teni giogin arame omiki seme,[126] dere julesi forome,[127] angga de gamara nerginde,[128] mujilen hing seme ujeleme,[129] muke omime wajifi, sunja hacin i furgin nure yali miosihon dufe holo

123 "unenggi mujilen i gungneme gingguleme jalbarifi"，意即「以誠心恭敬禱祝」，合璧本漢文作「具以本心恭敬陳白」，朱印本滿文作"unenggi mujilen deribufi gingguleme gungneme"。

124 "fusa de jukteme dobofi"，合璧本漢文作「供養菩薩」，朱印本滿文作"fusa de dobome jukteme"。

125 "fusa i julergi de dobofi"，意即「供於菩薩前」，合璧本漢文作「安菩薩前」，朱印本滿文作"fusa i julergi de sindafi"，意即「安放於菩薩前」。

126 朱印本滿文作"amala giogin arame omire be baifi"。

127 "dere julesi forome"，意即「臉轉向南」，合璧本漢文作「迴首向南」，朱印本滿文作"uju marifi julesi forome"，意即「頭轉向南」。

128 朱印本滿文作"angga de isiki sere nerginde"。

129 "mujilen hing seme ujeleme"，合璧本漢文作「至心鄭重」，句中"mujilen"，朱印本滿文作"gūnin"。

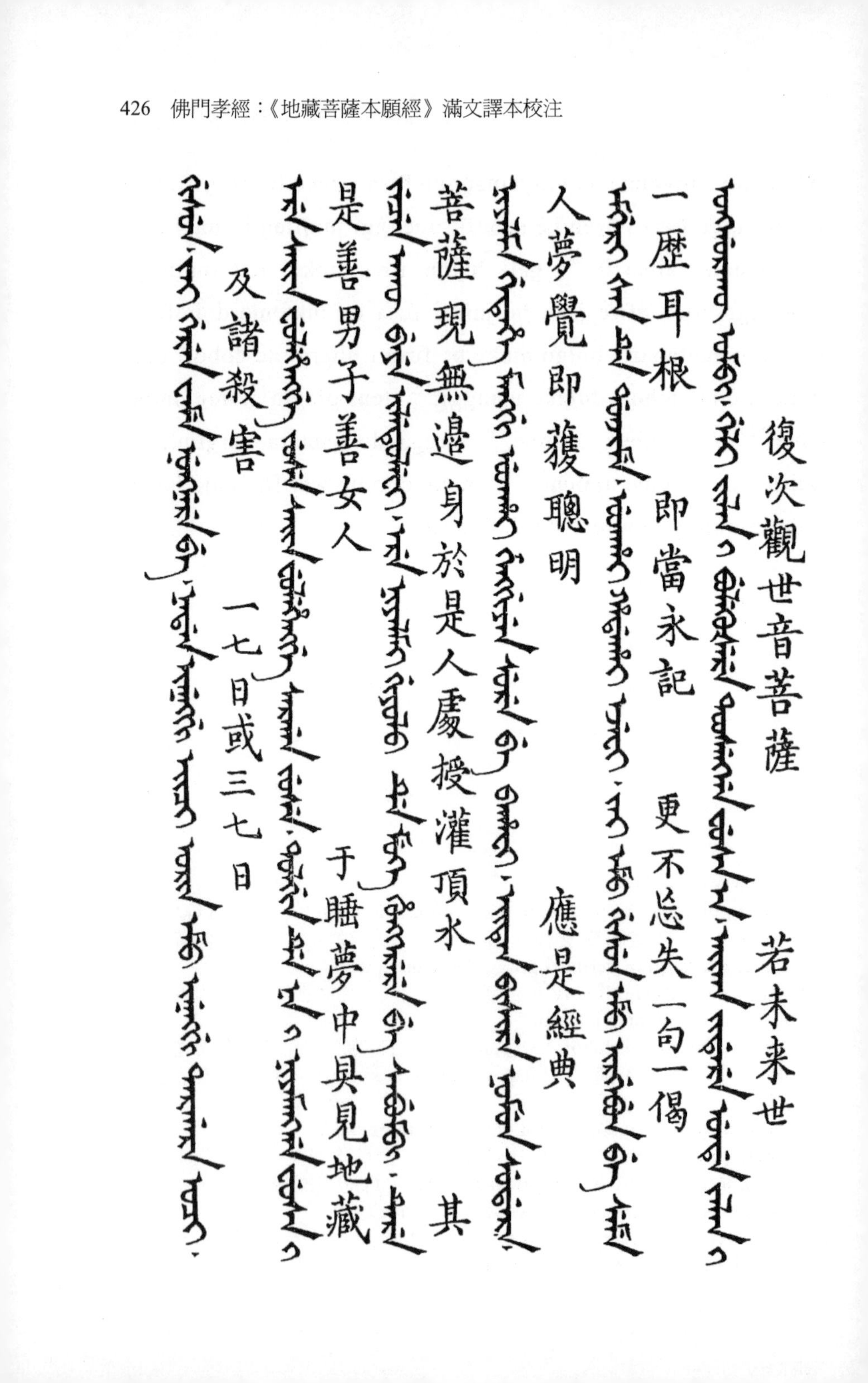

復次觀世音菩薩　若未来世

一歷耳根　即當永記　更不忘失一句一偈

人夢覺即獲聰明　應是經典

菩薩現無邊身於是人處授灌頂水　其

是善男子善女人　于睡夢中具見地藏

及諸殺害　一七日或三七日

gisun,[130] jai geren wame nungnere be,[131] nadan inenggi eici orin emu inenggi targara oci, ere sain fulehengge juse sain fulehengge sargan juse, tolgin de na i niyamangga fusa i jecen akū beye iletulefi,[132] ere niyalmai giyolo de muke hungkerere be sabumbi.[133] tere niyalma getehe manggi uthai genggiyen sure be bahafi,[134] eiten bisire nomun sudara,[135] emgeri šan de donjime,[136] uthai hadahai ejefi, jai emu gisun emu irgebun be seme onggorakū ombi.[137] geli jilan i bulekušere toosengga fusa a, aika jidere unde jalan i

130 "sunja hacin i furgin"，意即「五種辣的」，合璧本漢文作「五辛」，朱印本滿文作"sunja hacin i furgin jaka"；"nure"，意即「黃酒」，合璧本漢文作「酒」，朱印本滿文作"arki"，意即「燒酒」。

131 "jai geren wame nungnere be"，合璧本漢文作「及諸殺害」，朱印本滿文作"jai geren wara kokirara baita be"。

132 "tolgin de"，合璧本漢文作「於睡夢中」，朱印本滿文作"emu tolgin de"，句中"emu"，誤，當作"amu"。

133 朱印本滿文作"ere niyalma de giyolo hungkerere muke onsibure be sabumbi"，句中"onsibure"，誤，當作"isibure"。

134 朱印本滿文作"tere niyalma tolgin getehe manggi, uthai sure genggiyen be bahaci ombi"。

135 朱印本滿文作"ereci eiten bisire nomun sudara"，句中"eiten bisire nomun sudara"，意即「諸有經典」，亦即「一切經典」，合璧本漢文作「應是經典」。

136 "emgeri šan de donjime"，意即「耳朵一聽」，合璧本漢文作「一歷耳根」，朱印本滿文作"emgeri šan i saligan de donjime"。

137 朱印本滿文作"emu gisun emu irgebun seme jai inu onggorakū ombi"。

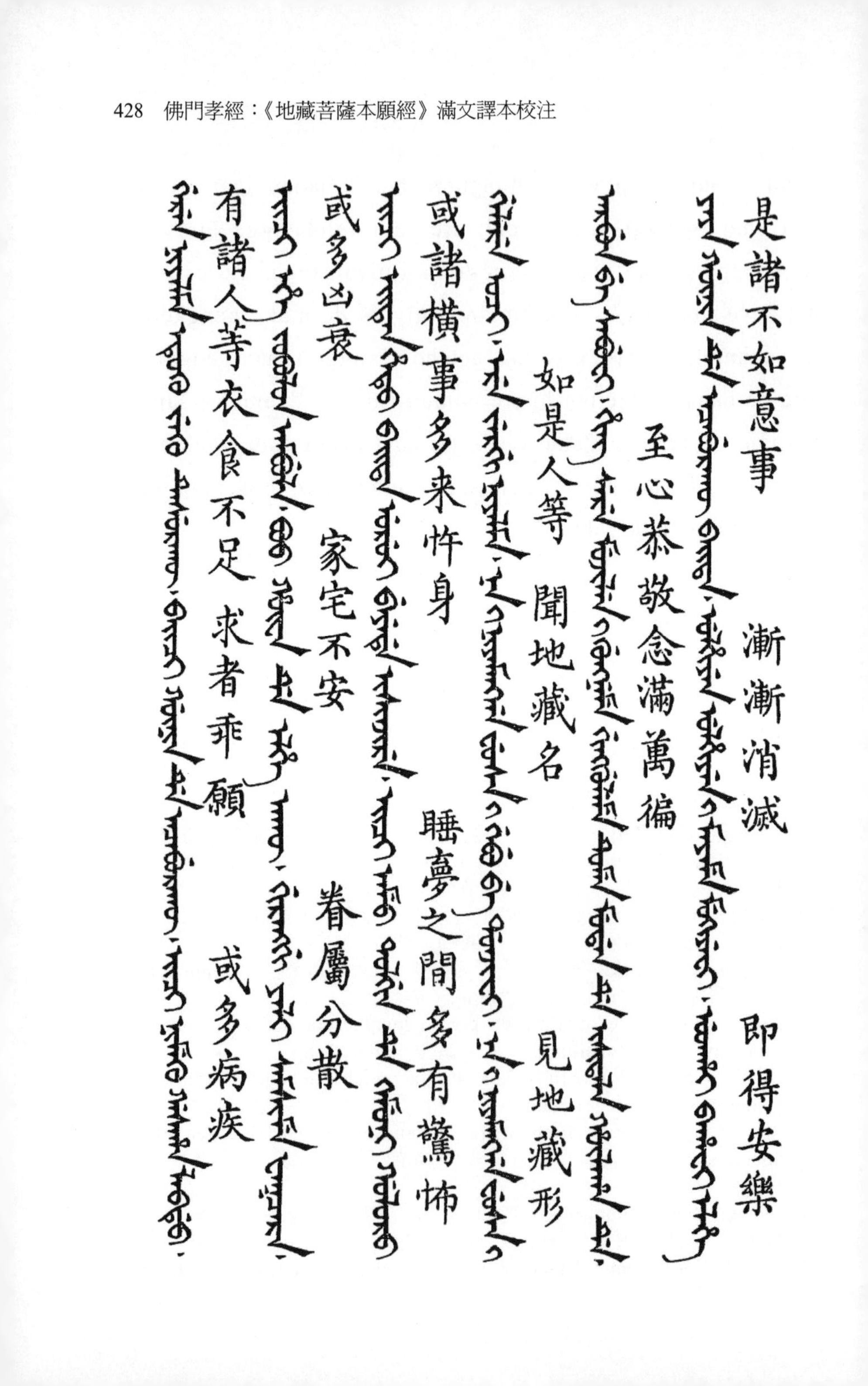

是諸不如意事　漸漸消滅　即得安樂

至心恭敬念滿萬徧

如是人等　聞地藏名　見地藏形

或諸橫事多来忤身　睡夢之間多有驚怖

或多凶衰　家宅不安　眷屬分散

有諸人等衣食不足　求者乖願　或多病疾

geren niyalma etuku jeku tesurakū,[138] baici gūnin de acaburakū,[139] eici nimeku gashan labdu, eici ehe jobolon ambula,[140] boo hūwa de elhe akū,[141] giranggi yali samsime fakcara,[142] eici eiten hetu baita urui beyede isinjire,[143] eici amu tolgin de kemuni goloro gelere oci,[144] ere jergi niyalma,[145] na i niyamangga fusa i gebu be donjifi, na i niyamangga fusa i arbun be sabufi, hing sere mujilen i gungneme gingguleme tumen mudan de isitala hūlaha de,[146] yaya gūnin de acaburakū baita,[147] ulhiyen ulhiyen i mayame mukiyefi,[148] uthai bahafi elhe

---

138 "jalan i geren niyalma"，朱印本滿文作"jalan de bisire geren niyalma"。

139 朱印本滿文作"baire urse gūnin de kek serakū"。

140 "eici ehe jobolon ambula"，意即「或多凶咎」，合璧本漢文作「或多凶衰」，句中"ehe jobolon"，朱印本滿文作"ehe ganio"。

141 "boo hūwa de elhe akū"，合璧本漢文作「家宅不安」，朱印本滿文作"boode elhe akū"。

142 朱印本滿文作"gucu giyajan fakcame samsare"，句中"samsare"，誤，當作"samsire"。。

143 朱印本滿文作"eici eiten hetu baita ton akū beye de tušajire"。

144 "eici amu tolgin de kemuni goloro gelere oci"，合璧本漢文作「睡夢之間多有驚怖」，句中"amu tolgin"，朱印本滿文作"tolgin"。

145 "ere jergi niyalma"，合璧本漢文作「如是人等」，朱印本滿文作"enteke jergi niyalma"。

146 "tumen mudan de isitala hūlaha de"，合璧本漢文作「念滿萬徧」，朱印本滿文作"tumen mudan hūlame jaluka de"。

147 朱印本滿文作"yaya gūnin de kek serakū baita"。

148 漢文「消滅」，合璧本滿文作"mayame mukiyefi"，朱印本滿文作"mayame geterefi"。

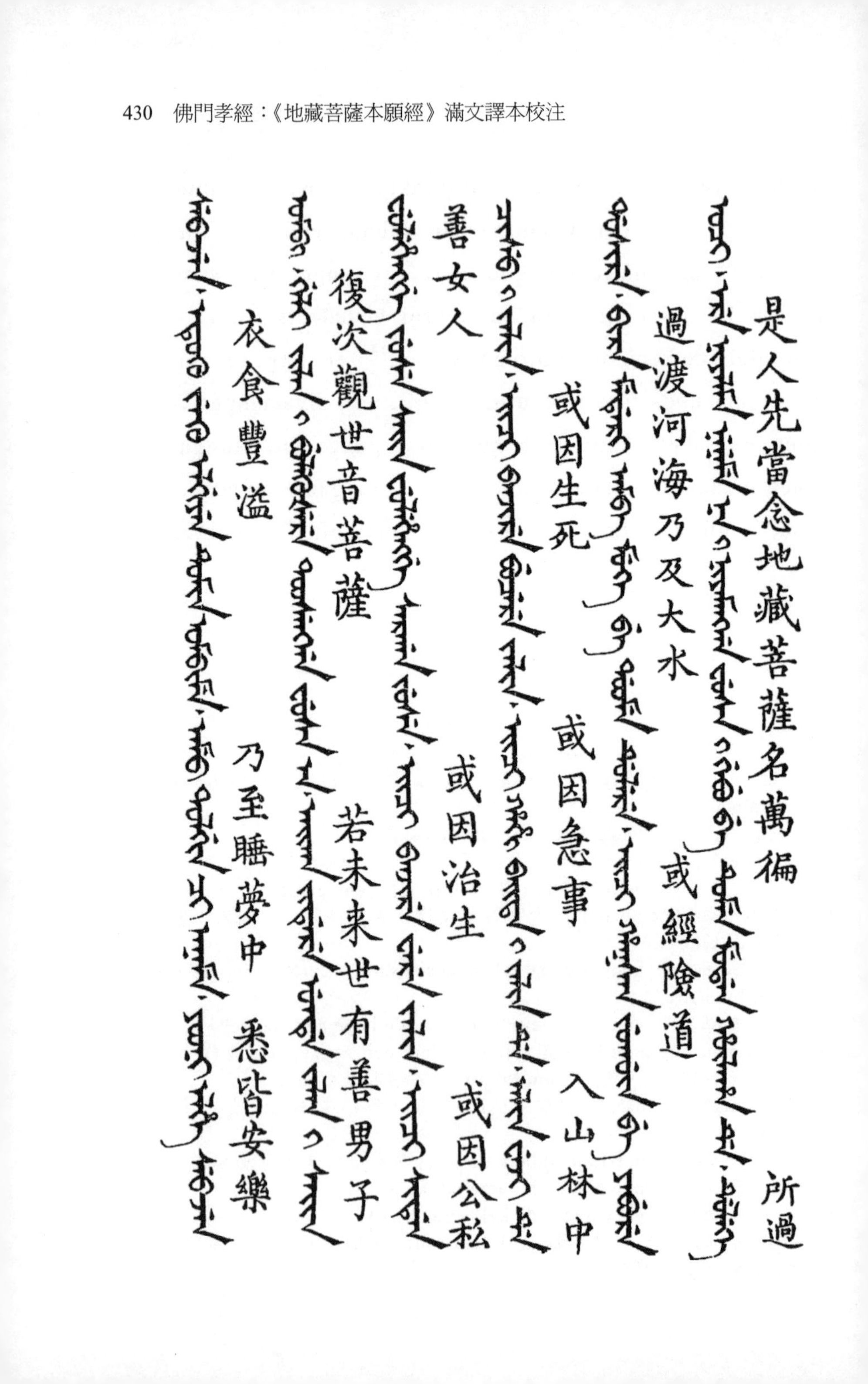

是人先當念地藏菩薩名萬徧　所過

過渡河海乃及大水　或經險道

或因生死　或因急事　入山林中

善女人　或因治生　或因公私

復次觀世音菩薩　若未來世有善男子

衣食豐溢　乃至睡夢中　悉皆安樂

sebjen,[149] etuku jeku elgiyen tumin ombime, amu tolgin ci aname,[150] yooni elhe sebjen ombi.[151] geli jilan i bulekušere toosengga fusa a, aika jidere unde jalan i sain fulehengge juse sain fulehengge sargan juse, eici banjire were jalin,[152] eici siden cisu i jalin,[153] eici banjire bucere jalin,[154] eici hahi baita i jalin de,[155] alin weji de dosire, bira mederi amba muke be doome dulere,[156] eici haksan jugūn be yabure oci,[157] ere niyalma neneme na i niyamangga fusa i gebu be tumen mudan hūlaha de,[158] duleke

149 "uthai bahafi elhe sebjen"，合璧本漢文作「即得安樂」，朱印本滿文作"uthai elhe sebjen be bahafi"。

150 "amu tolgin ci aname,"，合璧本漢文作「乃至睡夢中」，朱印本滿文作"amgara tolgišara ci aname"。

151 朱印本滿文作"yooni elhe sebjen oci ombi"。

152 "eici banjire were jalin"，合璧本漢文作「或因治生」，朱印本滿文作"eici banjire jalin kicere"。

153 朱印本滿文作"eici siden cisu"。

154 朱印本滿文作"eici banjire bucere"。

155 朱印本滿文作"eici ekšere baita i jalin"。

156 "bira mederi amba muke be doome dulere"，合璧本漢文作「過渡河海乃及大水」，朱印本滿文作"bira mederi be doome yabume amba muke de isinara"。

157 朱印本滿文作"eici haksan jugūn be dulerengge bici"。

158 "tumen mudan hūlaha de"，句中"hūlaha de"，朱印本滿文作"hūlaha manggi"。

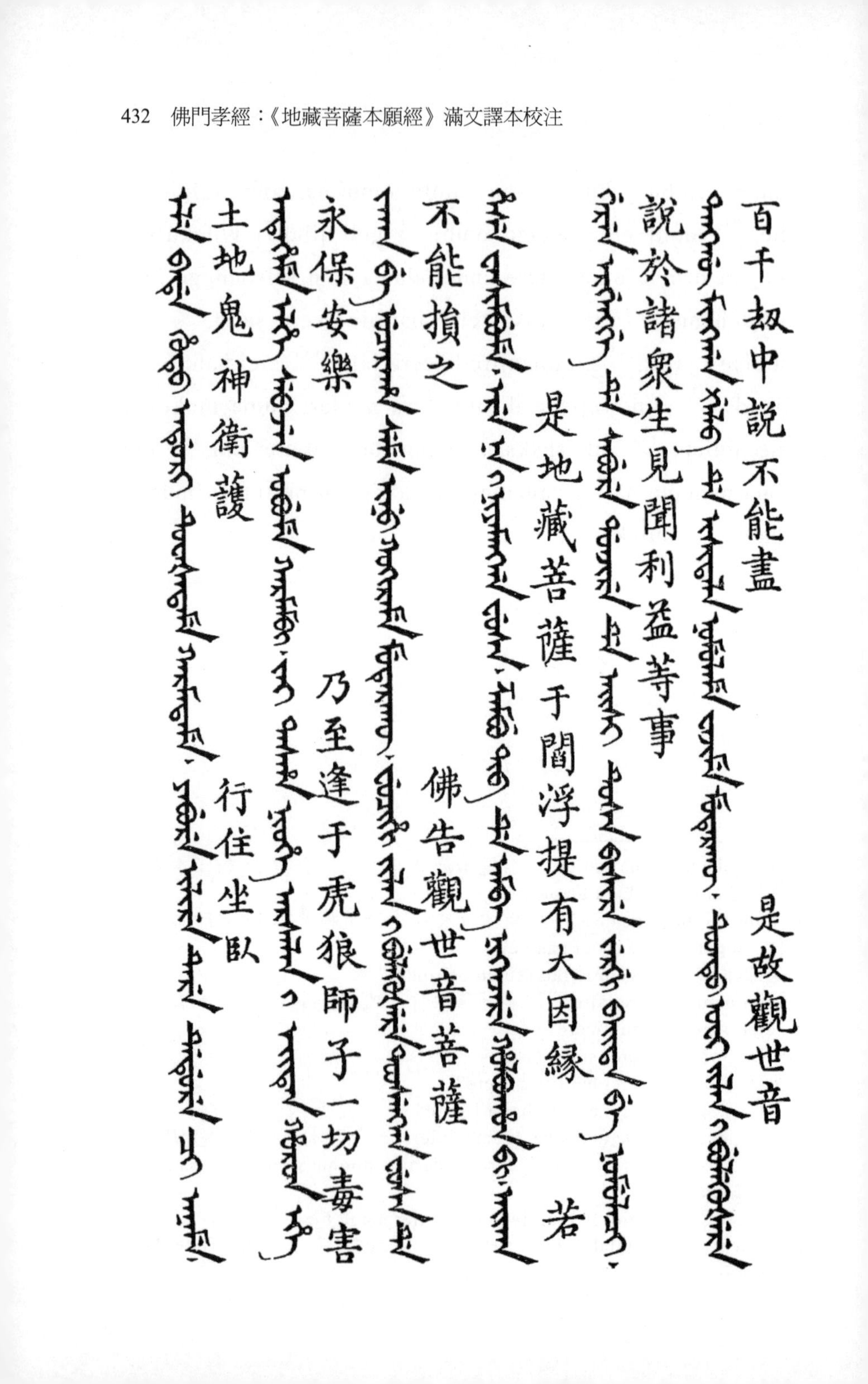

百千劫中說不能盡　是故觀世音

說於諸衆生見聞利益等事

是地藏菩薩于閻浮提有大因緣　若

不能損之　佛告觀世音菩薩

永保安樂　乃至逢于虎狼師子一切毒害

土地鬼神衛護　行住坐臥

ele bade hutu enduri tuwašatame karmatame, yabure ilire tere dedure ci aname, enteheme elhe sebjen obume karmambi. jai tasha niohe arsalan i eiten horon ehe jaka be ucaraha seme inu kokirame muterakū.[159] fucihi jilan i bulekušere toosengga fusa de hese wasimbume,[160] ere na i niyamangga fusa, dzambu tib de amba nikenjere holbohon bi.[161] aika geren ergengge de sabure donjire de aisi tusa bisire jergi baita be nomulaci,[162] tanggū minggan g'alab de isitala nomulame wajime muterakū,[163] tuttu ofi jilan i bulekušere

159 朱印本滿文作“jai tasha niohe arsalan eiten horon ehe jaka be ucaraha seme gemu kokirame muterakū ombi”，合璧本滿文省略“ombi”，句中“gemu”，合璧本滿文作“inu”。

160 “fucihi jilan i bulekušere toosengga fusa de hese wasimbume”，句中“jilan i bulekušere toosengga fusa”，合璧本漢文作「觀世音菩薩」，朱印本滿文作“jilan i bulekušere fusa”；“hese wasimbume”，朱印本滿文作“alame hese wasimbume”。

161 “dzambu tib de amba nikenjere holbohon bi”，句中“dzambu tib”，梵語讀如“jambudvipa”，舊稱「閻浮提」，新譯「贍部洲」，為須彌山南方大洲。

162 朱印本滿文作“aika geren ergengge de sabure donjire aisi tusa arara jergi baita be gisureci”，句中“arara”，合璧本滿文作“bisire”，意即「有」；“gisureci”，合璧本滿文作“nomulaci”，意即「若說法」。

163 “tanggū minggan g'alab de isitala nomulame wajime muterakū”，意即「直到百千劫講經說法不能盡」，合璧本漢文作「百千劫中說不能盡」，朱印本滿文作“tanggū minggan g'alab de wacihiyame gisureme muterakū”。

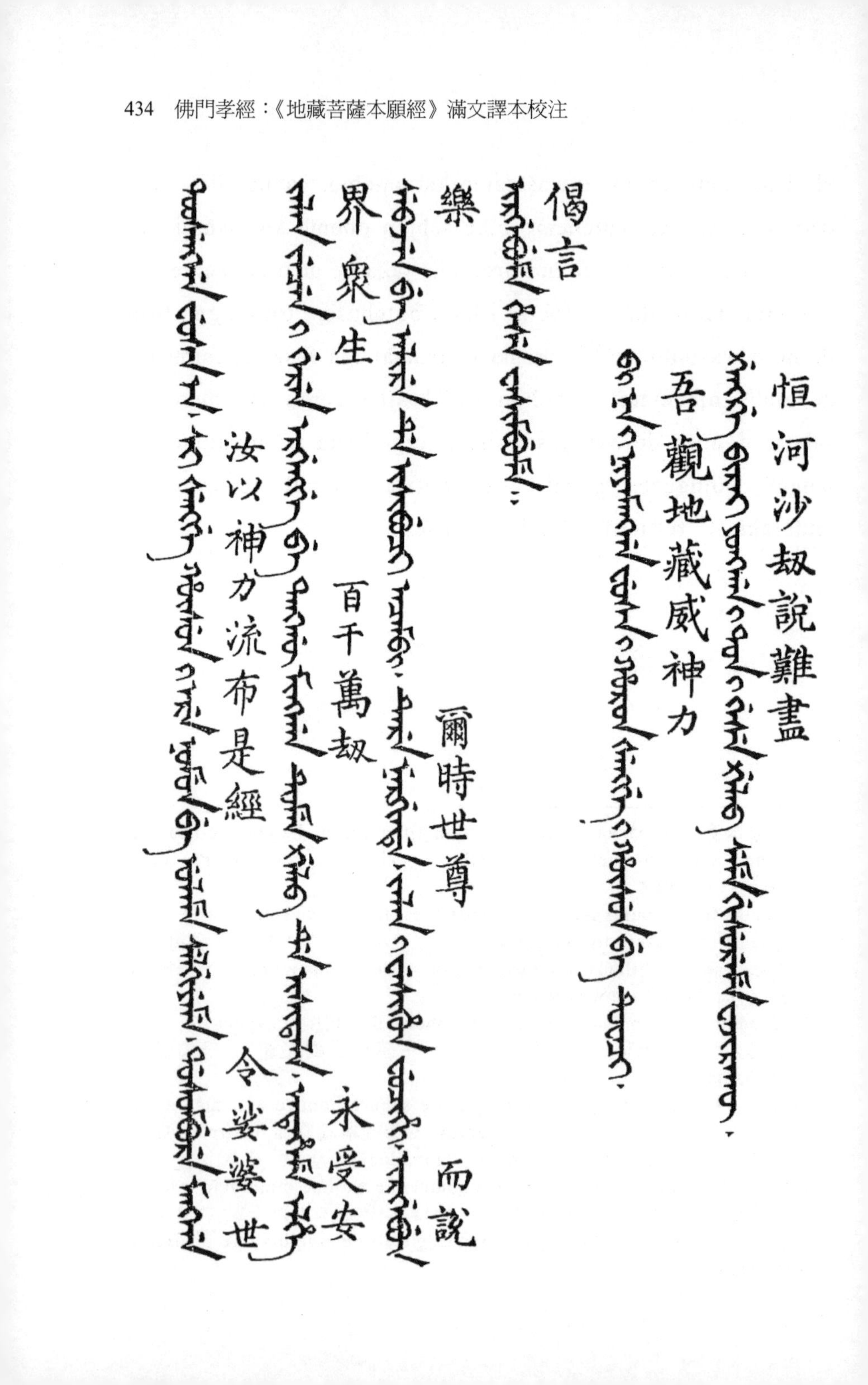

汝以神力流布是經，令娑婆世界衆生百千萬劫永受安樂。

爾時世尊而說偈言：

吾觀地藏威神力，恒河沙劫說難盡。

toosengga fusa a,[164] si šengge hūsun i ere nomun be ulame selgiyeme, dosombure manga jalan jecen i geren ergengge be tanggū minggan tumen g'alab de isitala,[165] enteheme elhe sebjen be alire de isibuci acambi.[166] tere nerginde,[167] jalan i wesihun fucihi, irgebun irgebume hese wasimbume. bi na i niyamangga fusa i horon šengge i hūsun be tuwaci, g'angg'a birai yonggan i ton i gese g'alab seme gisureme wajirakū.[168]

---

164 "tuttu ofi jilan i bulekušere toosengga fusa a"，句中"fusa"，朱印本滿文作"fucihi"，疑誤，當作"fusa"。

165 "dosombure manga jalan jecen i geren ergengge be tanggū minggan tumen g'alab de isitala"，句中"dosombure mangga jalan jecen"，意即「堪忍世界」，合璧本漢文作「娑婆世界」，"g'alab de isitala"，朱印本滿文作"g'alab de"。

166 "enteheme elhe sebjen be alire de isibuci acambi"，合璧本漢文作「永受安樂」，朱印本滿文作"enteheme elhe sebjen be alikini sehe manggi"。

167 "tere nerginde"，朱印本滿文作"nerginde"，省略"tere"。

168 "g'angg'a birai yonggan i ton i gese g'alab seme gisureme wajirakū"，句中"g'angg'a"，梵語讀如"gaṅgā"，意即「恆河」；"gisureme wajirakū"，合璧本漢文作「說難盡」，朱印本滿文作"wacihiyame gisureme muterakū"。

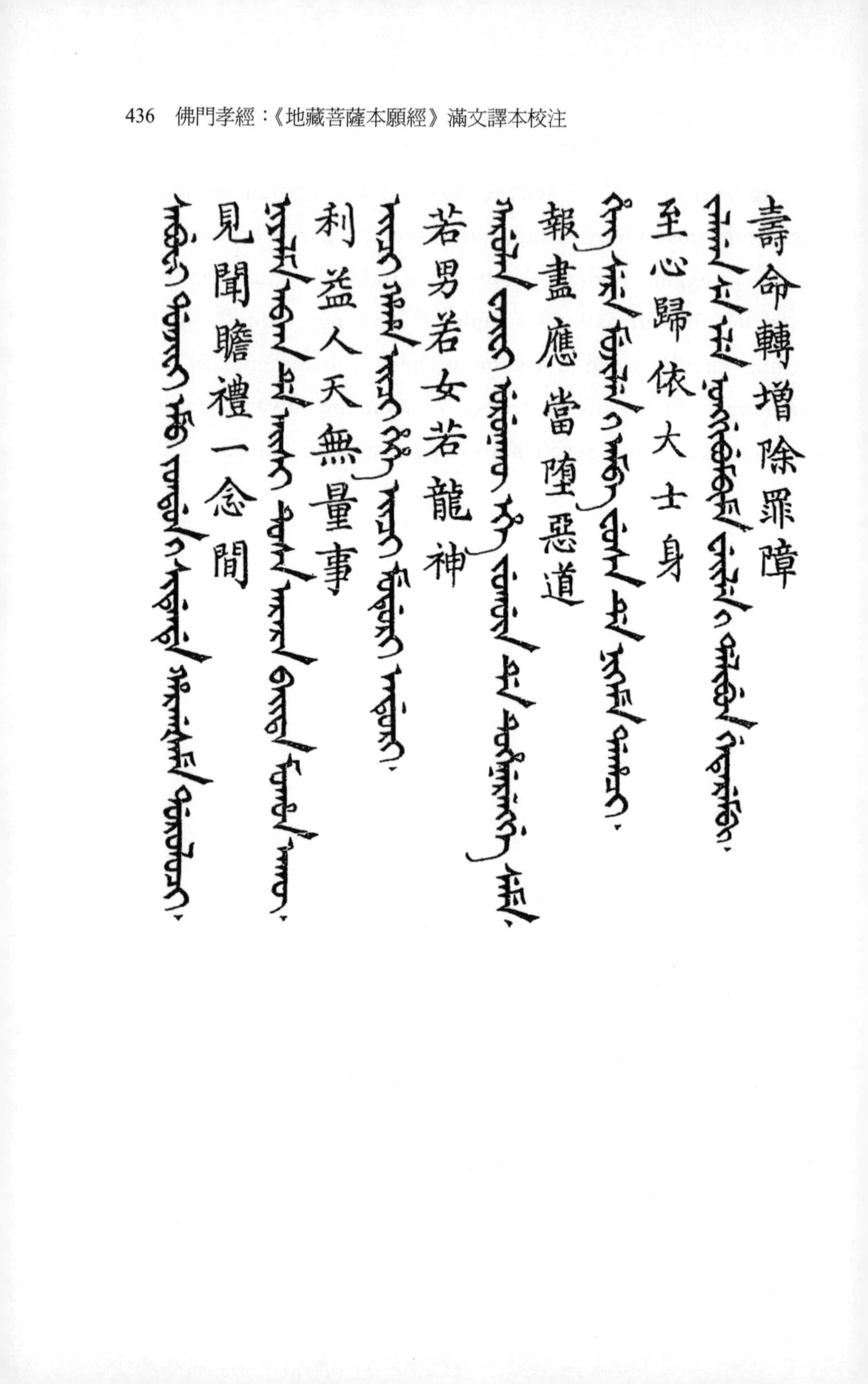

壽命轉增除罪障

至心歸依大士身

報盡應當墮惡道

若男若女若龍神

利益人天無量事

見聞瞻禮一念間

sabufi donjifi emu jondon i sidende hargašame doroloci,[169] niyalma abka de aisi tusa arara baita mohon akū.[170] eici haha eici hehe eici muduri enduri, karulan wajifi urunakū ehe jugūn de tuhenerengge seme,[171] hing sere mujilen i amba fusa de nikeme dahaci,[172] jalgan se ele nonggibumbime weile i dalibun geterembi.[173]

169 “sabufi donjifi emu jondon i sidende hargašame doroloci”，合璧本漢文作「見聞瞻禮一念間」，朱印本滿文作“sabufi donjifi hargašame doroloro emu jondon i sidende”。

170 “niyalma abka de aisi tusa arara baita mohon akū”，合璧本漢文作「利益人天無量事」，朱印本滿文作“niyalma abka de tusa arara baita mohon akū ombi”，句中“tusa”前，脫落“aisi”。

171 朱印本滿文作“karulan wajifi urunakū ehe jugūn de tuhenerengge ”，句中省略“seme”。

172 朱印本滿文作“hing sere gūnin i fusa i beye de nikeme dahaci”，句中“gūnin”，合璧本滿文作“mujilen”，“hing sere gūnin”，漢文作「至心」；“nikeme dahaci”，合璧本滿文同，漢文作「歸依」。

173 “jalgan se ele nonggibumbime weilen i dalibun geterembi”，合璧本漢文作「壽命轉增除罪障」，句中“ele”，朱印本滿文作“elemangga”，意即「反而」。

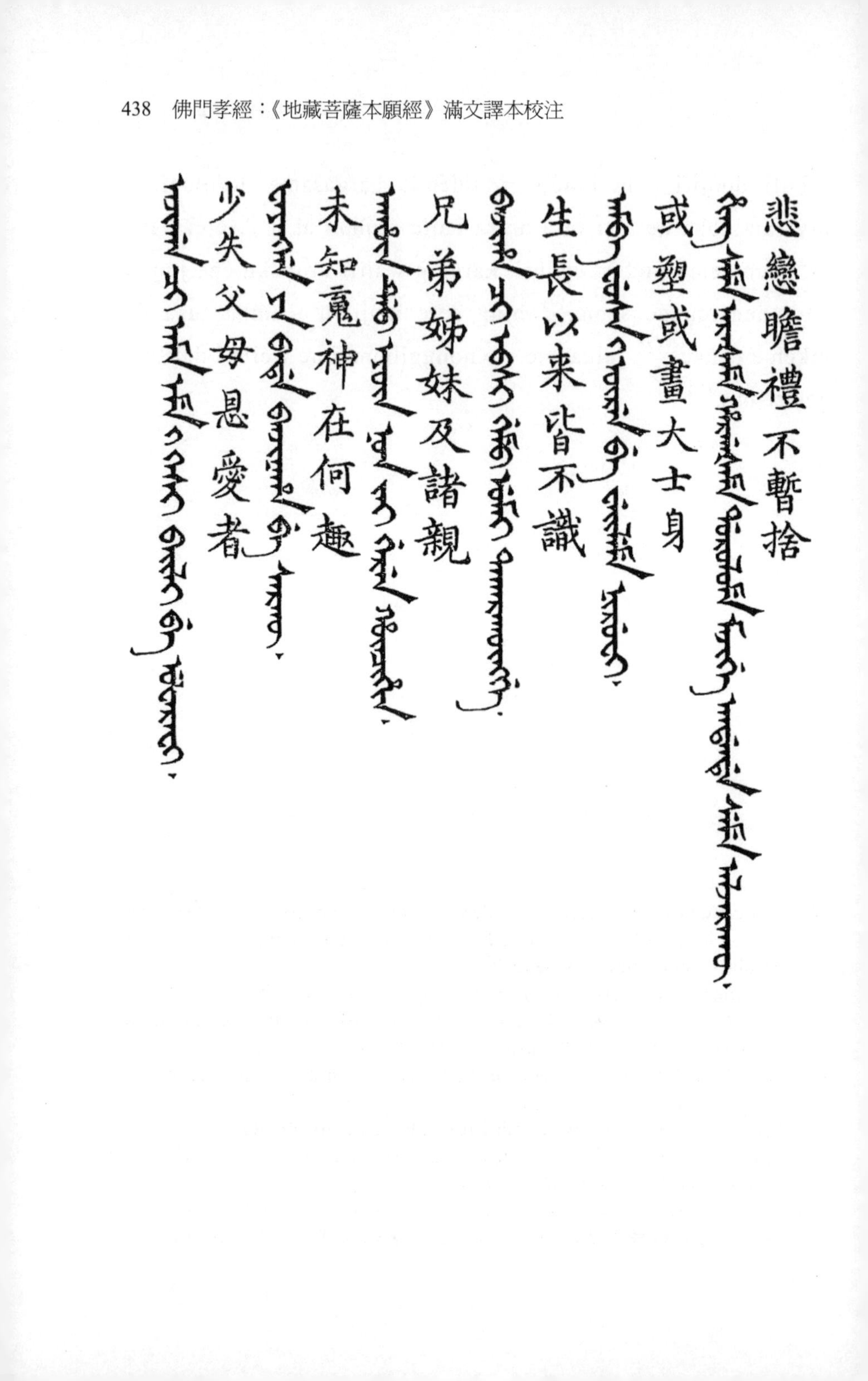

悲戀瞻禮不暫捨

或塑或畫大士身

生長以来皆不識

兄弟姊妹及諸親

未知魂神在何趣

少失父母恩愛者

ajigan ci ama eme i kesi baili be ufarafi,[174] fayangga ya bade banjinaha be sarkū,[175] ahūn deo eyūn non jai geren hūncihin,[176] banjiha ci ebsi gemu umai takarakūngge,[177] amba fusa i ūren be weileme nirufi,[178] hing seme narašame hargašame dorolome majige andande seme aljarakū,[179]

174 朱印本滿文作"ajigan ci ama eme i gosire tangsulara be ufaraha"，句中"gosire tangsulara"，意即「鍾愛」，合璧本滿文作"kesi baili"，漢文作「恩愛」。

175 "fayangga ya bade banjinaha be sarkū"，意即「不知魂靈生在哪裡」，合璧本漢文作「未知魂神在何趣」。朱印本滿文作"fayangga simen ya ba de banjiha be sarkū"，句中"fayangga simen"，意即「魂神」。

176 朱印本滿文作"ahūn deo eyūn non jai geren hūncihin ci aname"，句中"eyūn"，誤，當作"eyun"。

177 "banjiha ci ebsi gemu umai takarakūngge"，合璧本漢文作「生長以來皆不識」，朱印本滿文作"banjiha ci ebsi gemu takarakūngge"。

178 朱印本滿文作"amba fusa i beye be eici arara nirure"，句中"amba fusa i beye"，意即「大菩薩之身」，合璧本滿文作"amba fusa i ūren"，意即「大菩薩之像」。

179 "aljarakū"，朱印本滿文作"waliyarakū"。

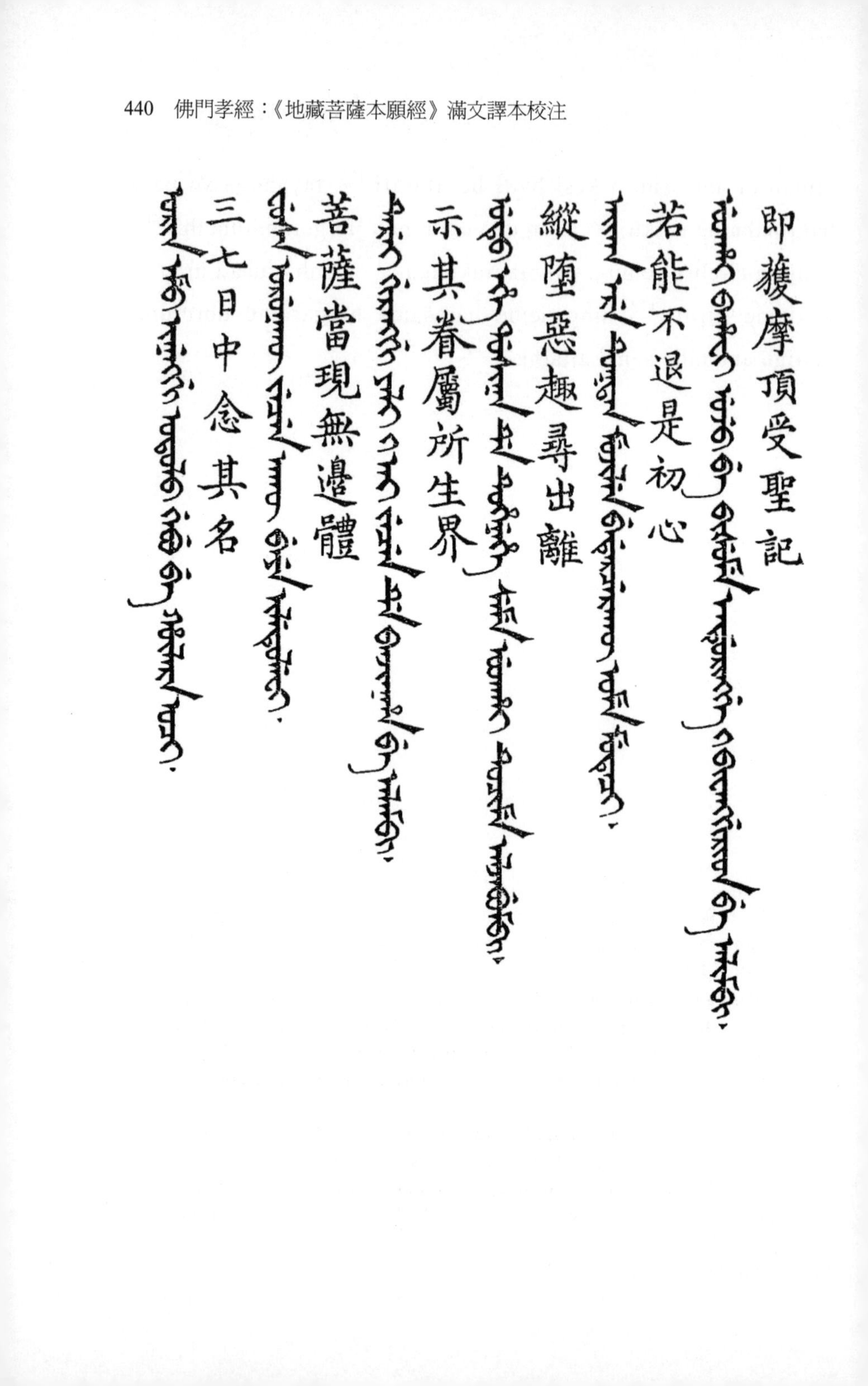

即獲摩頂受聖記

若能不退是初心

縱墮惡趣尋出離

示其眷屬所生界

菩薩當現無邊體

三七日中念其名

orin emu inenggi otolo gebu be hūlara oci,[180] fusa urunakū jecen akū beye iletulefi,[181] terei giranggi yali i ai jecen de banjinaha be alambi,[182] udu ehe dosinan de tuhenehe seme uthai tucime aljabumbi.[183] aika ere tuktan mujilen bedercerakū ome muteci,[184] uthai bahafi uju be bišume enduringge i biwanggirit be alimbi.[185]

---

180 "orin emu inenggi otolo gebu be hūlara oci"，句中"orin emu inenggi"，合璧本漢文作「三七日」，三和七的積數爲二十一；"otolo"，意即「直到」，朱印本滿文作"ebsihe"，意即「之前」。

181 朱印本滿文作"fusa urunakū jecen akū i beye iletulefi"，合璧本滿文省略"i"。

182 朱印本滿文作"terei gucu giyajan i ai jecen de banjiha be ulhibumbi"，句中"gucu giyajan"，合璧本滿文作"giranggi yali"，漢文作「眷屬」；句中"ai jecen de banjiha"，意即「生於何界」，合璧本滿文作"ai jecen de banjinaha"，意即「所生何界」。

183 "ehe dosinan"，合璧本漢文作「惡趣」，朱印本滿文作"ehe jugūn"，意即「惡道」。

184 "aika ere tuktan mujilen bedercerakū ome muteci"，合璧本漢文作「若能不退是初心」，句中「是初心」，滿文作"ere tuktan mujilen"，朱印本滿文作"da gūnin"。

185 "uthai bahafi uju be bišume enduringge i biwanggirit be alimbi"，句中"uju be bišume"，意即「摸頭」，合璧本漢文作「摩頂」；"enduringge i biwanggirit"，漢文作「聖記」，朱印本滿文作"enduringge biwanggirit"。

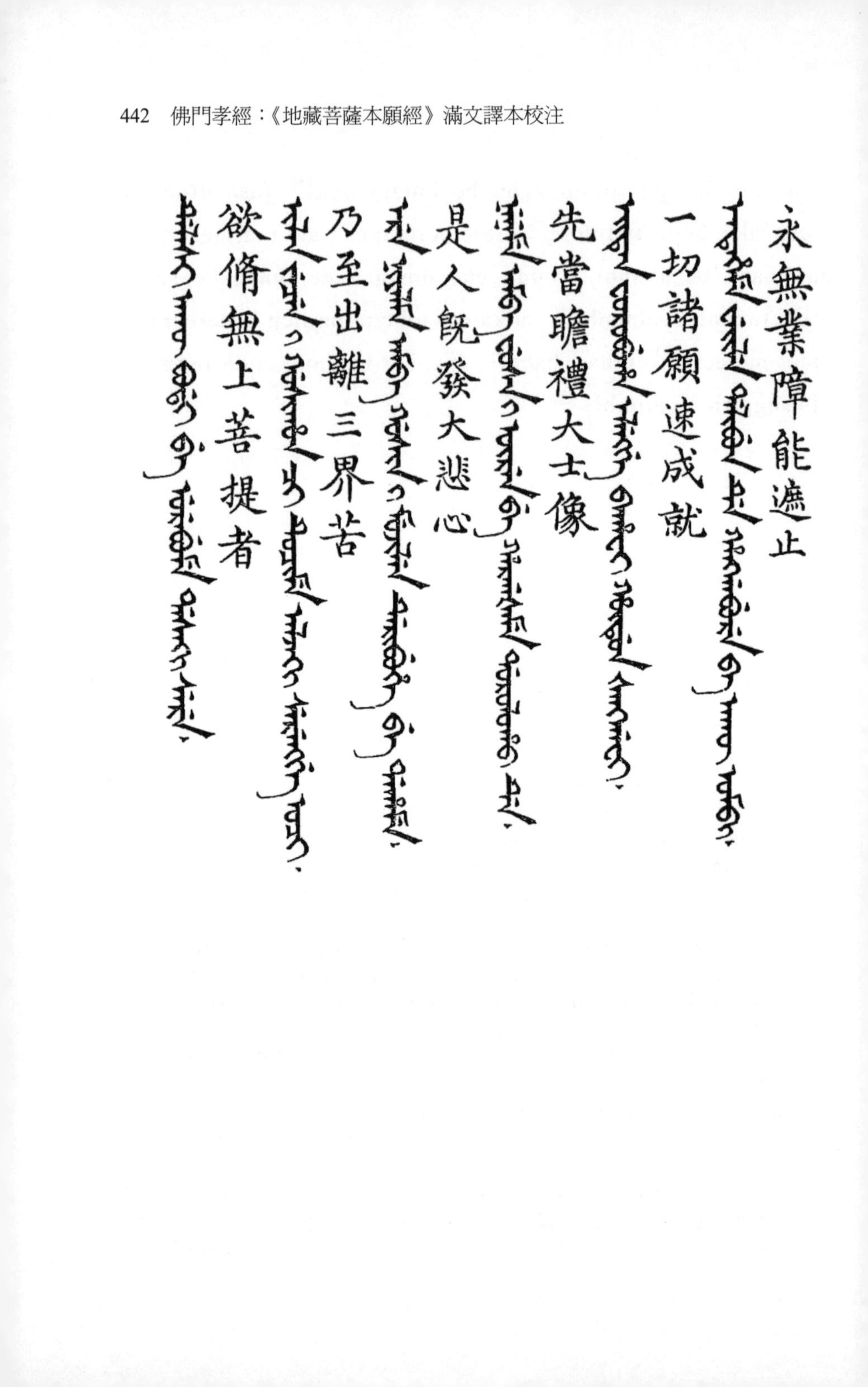

永無業障能遮止

一切諸願速成就

先當瞻禮大士像

是人既發大悲心

乃至出離三界苦

欲脩無上菩提者

delesi akū bodi be urebume dasaki sere, ilan jecen i gosihon ci tucime aljaki serengge oci,[186] ere niyalma amba gosin i mujilen deribuhe be dahame,[187] neneme amba fusa i ūren be hargašame doroloho de,[188] eiten forobuha elengge bahafi hūdun šanggafi,[189] enteheme weile dalibun de hanggabure ba akū ombi.[190]

186 "ilan jecen i gosihon ci tucime aljaki serengge oci"，朱印本滿文省略"oci"。

187 朱印本滿文作"ere niyalma amba jilan i mujilen deribuci tetendere"，句中"amba jilan i mujilen"，合璧本滿文作"amba gosin i mujilen"，漢文作「大悲心」。

188 朱印本滿文作"neneme fusa i ūren be hargašame doroloci"，句中"fusa i ūren"，合璧本滿文作"amba fusa i ūren"，漢文作「大士像」。

189 朱印本滿文作"eiten yaya forobun bahafi hūdun šanggambime"，句中"yaya forobun"，合璧本滿文作"forobuha elengge"。

190 "enteheme weile dalibun de hanggabure ba akū ombi"，意即「業障永遠可以不受阻礙」，合璧本漢文作「永無障礙能遮止」。句中"weile dalibun"，朱印本滿文作"weilen i dalibun"。

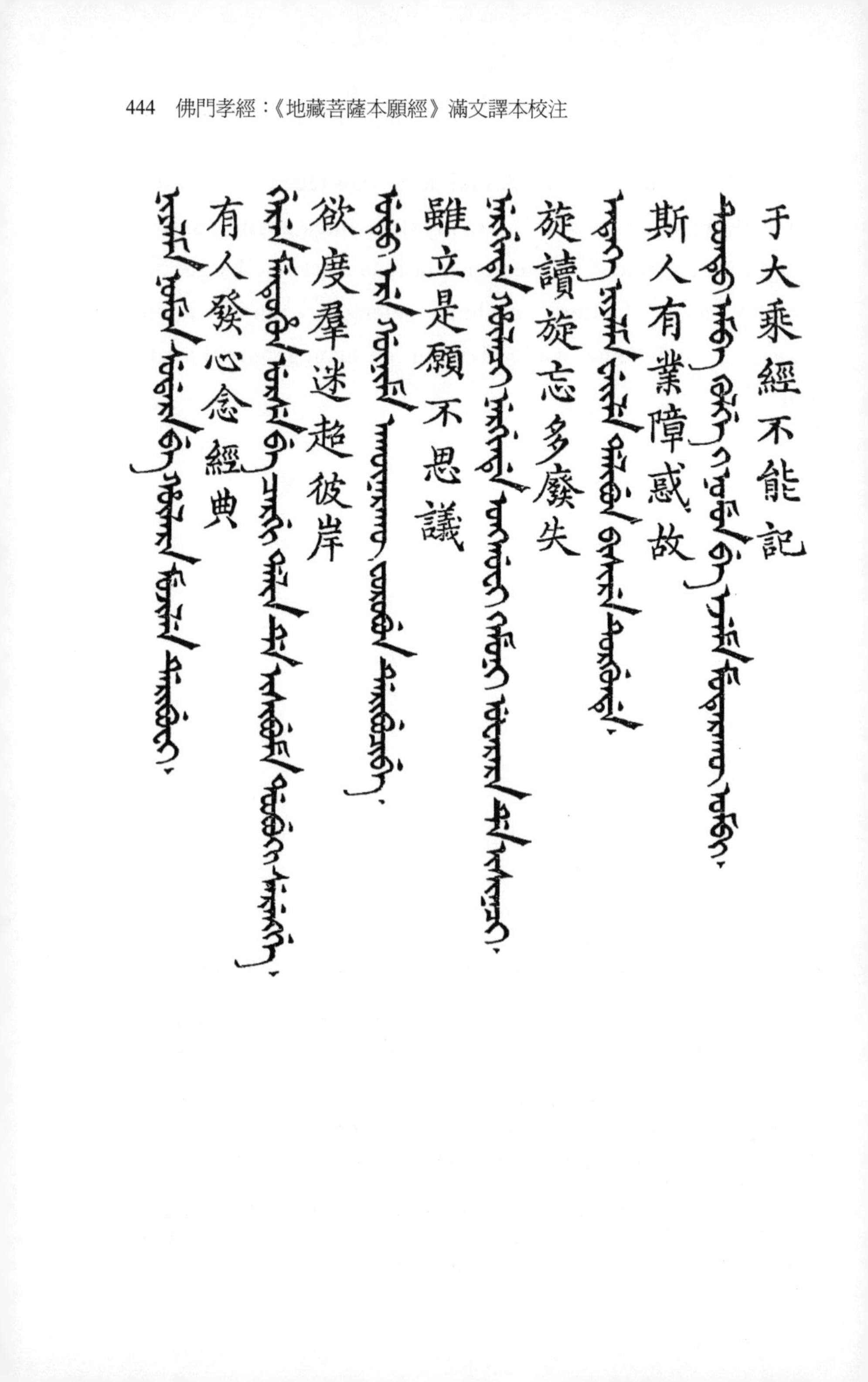

于大乘經不能記

斯人有業障惑故

旋讀旋忘多廢失

雖立是願不思議

欲度羣迷超彼岸

有人發心念經典

niyalma nomun sudara be hūlara mujilen deribufi, geren mentuhun urse be cargi dalin de isibume doobuki serengge,[191] udu ere gūnime akūnarakū forobun deribucibe,[192] nerginde hūlaci nerginde onggofi kemuni ufarara de isinaci,[193] enteke niyalma weile dalibun bisire turgunde,[194] tuttu amba kulge i nomun be ejeme muterakū ombi,[195]

191 "geren mentuhun urse be cargi dalin de isibume doobuki serengge"，句中"cargi dalin"，意即「對岸」，合璧本漢文作「彼岸」。

192 "udu ere gūnime akūnarakū forobun deribucibe"，意即「雖立此不思議之願」，合璧本漢文作「雖立是願不思議」。

193 "nerginde hūlaci nerginde onggofi kemuni ufarara de isinaci"，意即「隨讀隨忘以至於常廢失」，合璧本漢文作「旋讀旋忘多廢失」，句中"kemuni"，朱印本滿文作"urui"，意即「經常」，文義相合。

194 "enteke niyalma weile dalibun bisire turgunde"，句中"weile dalibun"，合璧本漢文作「業障」，朱印本滿文作"weilen i dalibun"。

195 朱印本滿文作"tuttu amba kulge i nomun be ejeme muterakū"，省略"ombi"。

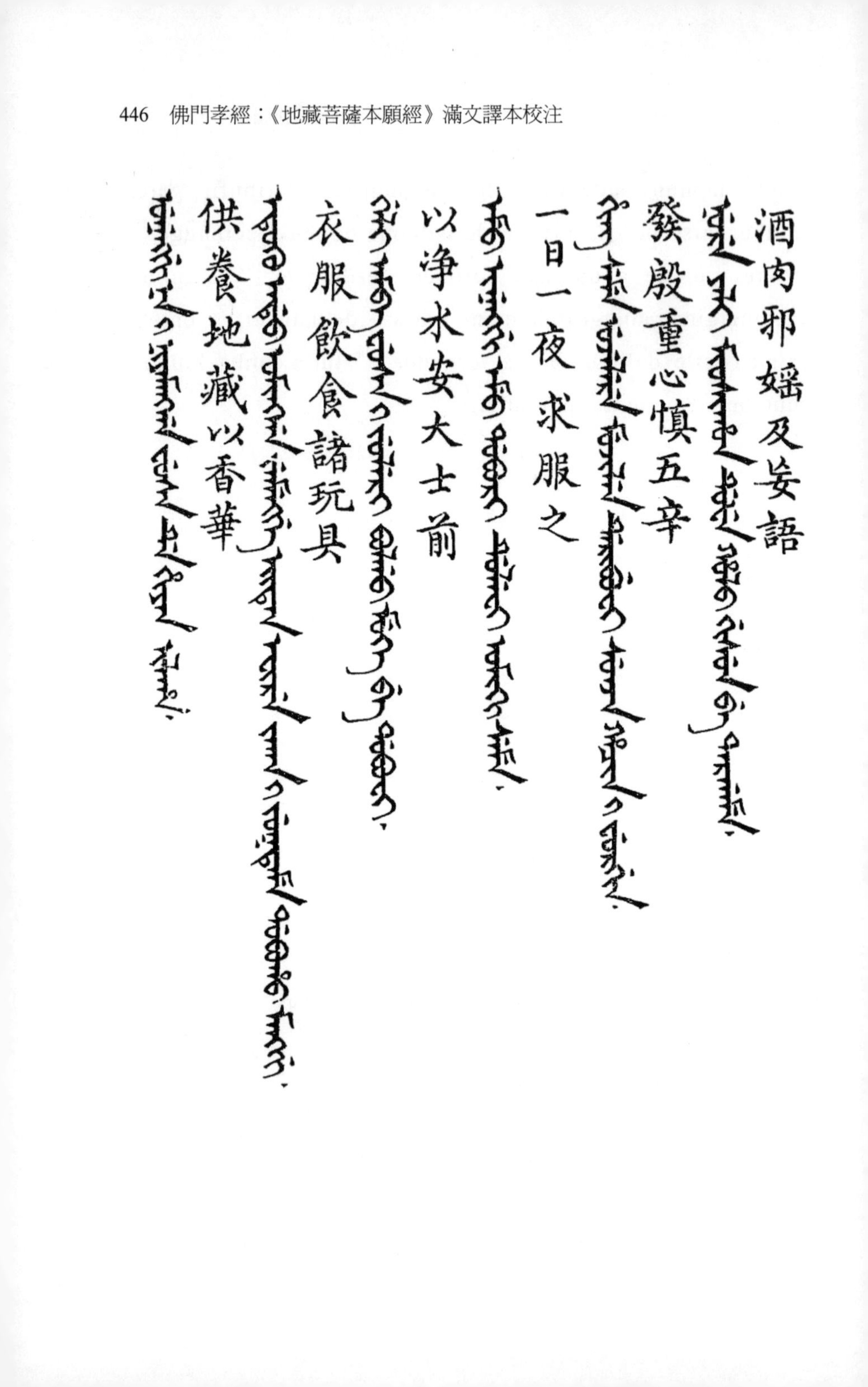

酒肉邪婬及妄語

發殷重心慎五辛

一日一夜求服之

以淨水安大士前

衣服飲食諸玩具

供養地藏以香華

unenggi na i niyamangga fusa de hiyan ilha, etuku adu omingga jemengge eiten efire jaka i jukteme doboho manggi,[196] geli amba fusa i juleri bolgo muke be dobofi,[197] emu inenggi emu dobori dulefi omiki seme,[198] hing seme ujelere mujilen deribufi sunja hacin i furgin, nure yali miosihon dufe holo gisun be targame,[199]

196 朱印本滿文作“na i niyamangga fusa de hiyan ilhai etuku adu omingga jemengge efire jaka i dobome jukteme”，句中“hiyan ilhai”，合璧本滿文作“hiyan ilha”，意即「香花」，合璧本漢文作「香華」；“dobome jukteme”，合璧本滿文作“jukteme doboho”，漢文作「供養」。

197 朱印本滿文作“amba fusa i juleri bolgo muke be sindafi”，句中省略“geli”；“sindafi”，意即「放置」，合璧本滿文作“dobofi”，意即「上供」，漢文作「安」。

198 “emu inenggi emu dobori dulefi omiki seme”，意即「經過一日一夜欲喝」，合璧本漢文作「一日一夜求服之」，朱印本滿文作“emu inenggi emu dobori dulefi omire be baime”，意即「經過一日一夜求服」。

199 “sunja hacin i furgin”，意即「五種麻辣的」，合璧本漢文作「五辛」，朱印本滿文作“sunja hacin i furgin jaka”；“nure yali”，意即「酒肉」，朱印本滿文作“arki yali”； “holo gisun”，意即「謊言」，合璧本漢文作「妄語」。

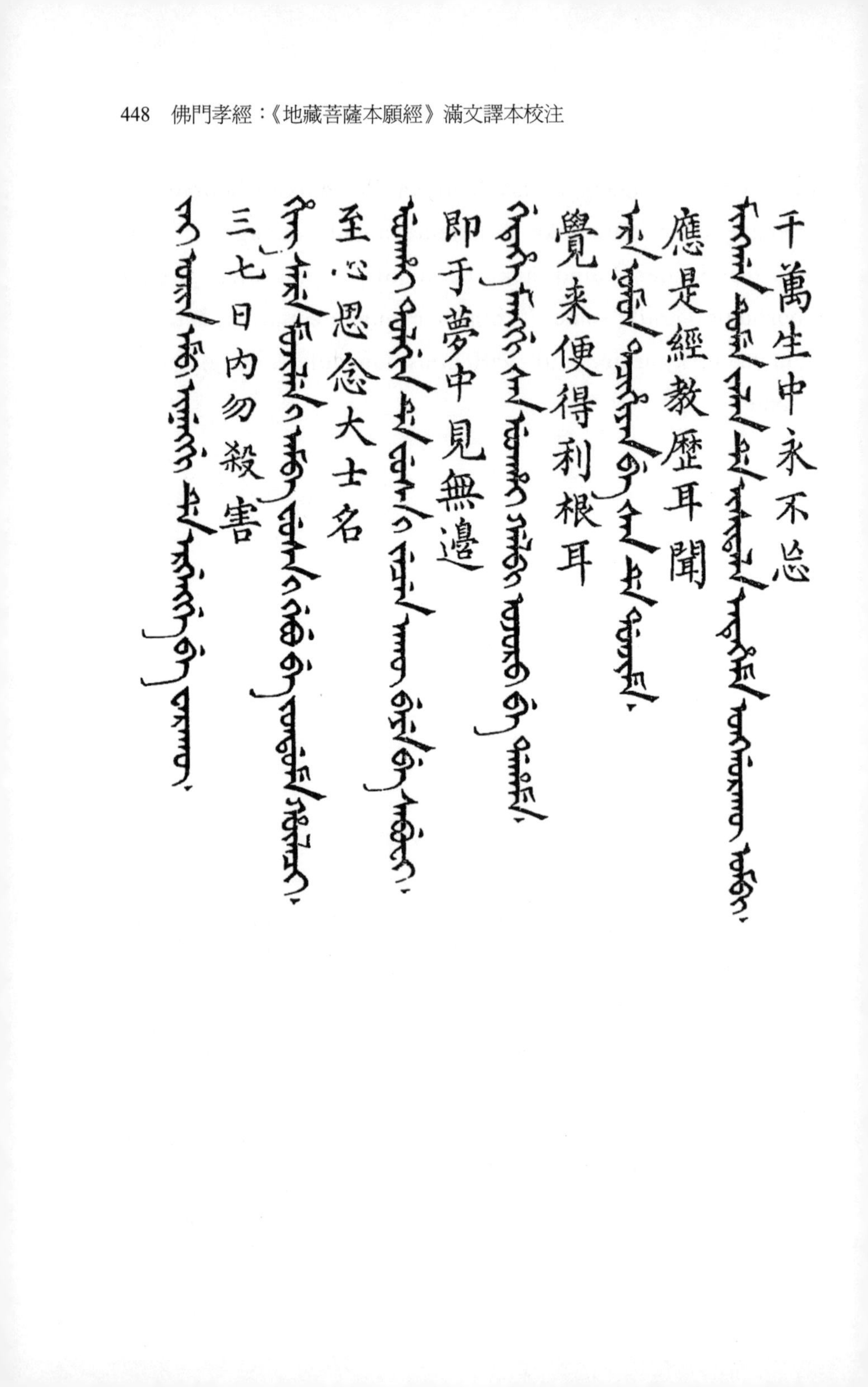

千萬生中永不忘

應是經教歷耳聞

覺来便得利根耳

即于夢中見無邊

至心思念大士名

三七日内勿殺害

jai orin emu inenggi de ergengge be warakū,[200] hing sere mujilen i amba fusa i gebu be jondome hūlaci,[201] uthai tolgin de fusa i jecen akū beye be sabufi,[202] getehe manggi šan uthai galbi ojoro be dahame,[203] ere nomun tacihiyan be šan de donjime,[204] minggan tumen jalan de isitala enteheme onggorakū ombi,

200 朱印本滿文作“orin emu inenggi ebsihe warakū kokirakū seme targame”，意即「二十一日之前戒勿殺害」，合璧本滿文作“jai orin emu inenggi de ergengge be warakū”，意即「再則二十一日內不殺生」，漢文作「三七日內勿殺害」。

201 “hing sere mujilen i amba fusa i gebu be jondome hūlaci”，合璧本漢文作「至心思念大士名」，句中「思念」，滿文作“jondome hūlaci”，意即「想起念誦」，朱印本滿文作“jondome gūnici”，意即「想念」。

202 朱印本滿文作“uthai tolgin de jecen akū beye be sabufi”。

203 “getehe manggi šan uthai galbi ojoro be dahame”，意即「醒來後因爲耳朵便聽覺靈敏」，合璧本漢文作「覺來便得利根耳」，句中“galbi”，朱印本滿文作“galbingga”。

204 “ere nomun tacihiyan be šan de donjime”，意即「耳朵聽聞此經教」。朱印本滿文作“ere nomun tacihiyan be šan de donjime jabduci”，意即「耳朵來得及聽聞此經教」。

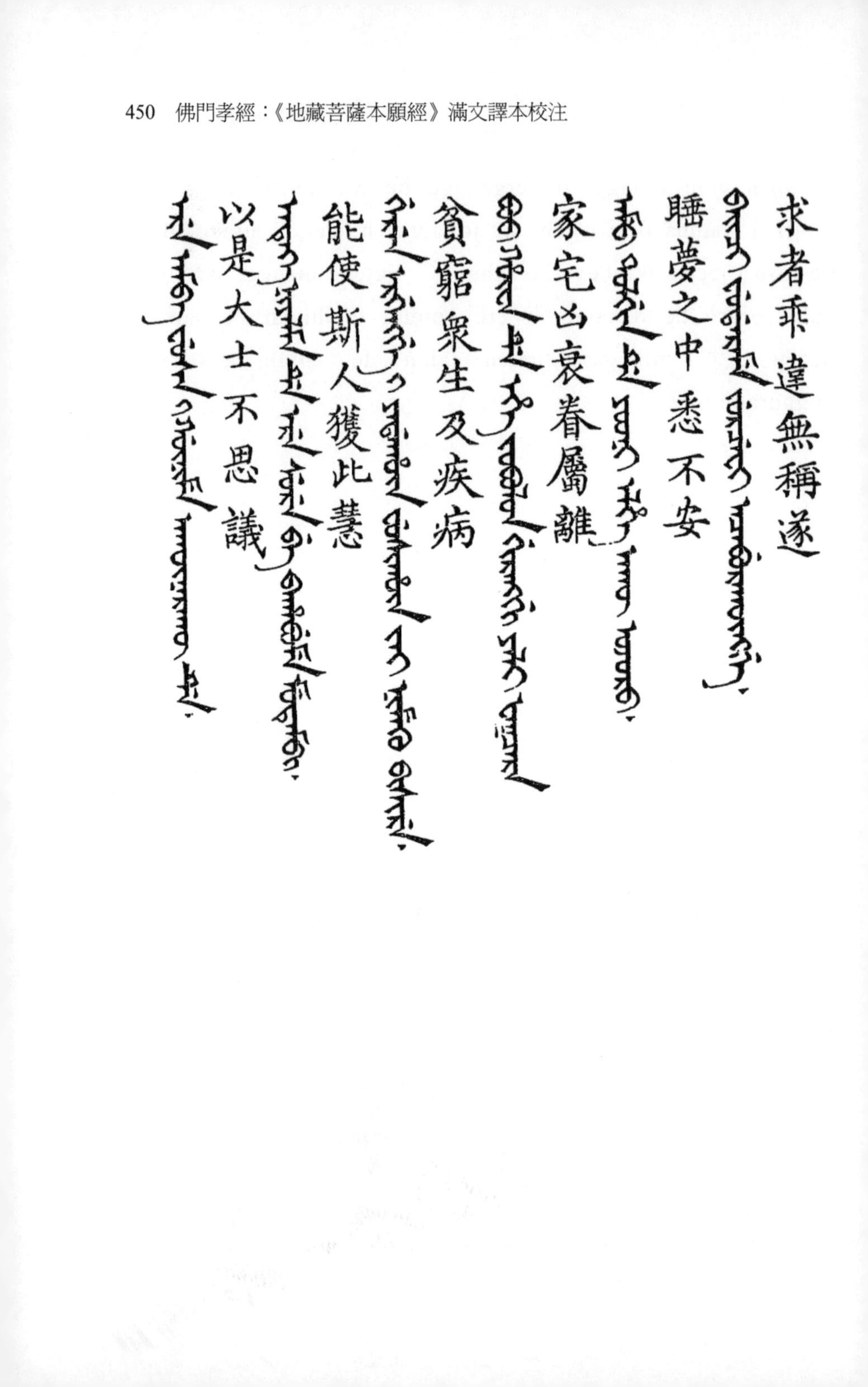

求者乖違無稱遂

睡夢之中悉不安

家宅凶衰眷屬離

貧窮衆生及疾病

能使斯人獲此慧

以是大士不思議

ere amba fusa i gūnime akūnarakū de,[205] enteke niyalma de ere sure be bahabume mutembi.[206] geren ergengge i yadahūn fusihūn jai nimeku bisire,[207] boo hūwa de ehe jobolon giranggi yali fakcara,[208] amu tolgin de yooni elhe akū ojoro, baici fudarame jurcefi acaburakūngge,[209]

---

205 "ere amba fusa i gūnime akūnarakū de"，合璧本漢文作「以是大士不思議」，句中"akūnarakū"，朱印本滿文作"akūnarakūngge"。

206 "enteke niyalma de ere sure be bahabume mutembi"，合璧本漢文作「能使斯人獲此慧」，朱印本滿文作"enteke niyalma be ere sure bahara de isibume mutembi"。

207 "geren ergengge i yadahūn fusihūn jai nimeku bisire"，意即「眾生的貧窮及疾病」，合璧本漢文作「貧窮眾生及疾病」，滿漢文義不合。朱印本滿文作"geren ergengge i yadara mohoro, jai nimeku bisire"。

208 朱印本滿文作"boode ehe gonio gucu giyajan ci aljara"，句中"ehe gonio"，當作"ehe ganio"，意即「災異」，合璧本滿文作"ehe jobolon"，漢文作「凶衰」。

209 朱印本滿文作"baiha ele fudarame jurceme kek sarakū urse"，句中"sarakū"，當作"serakū"，"kek serakū"，意即「不稱心」。

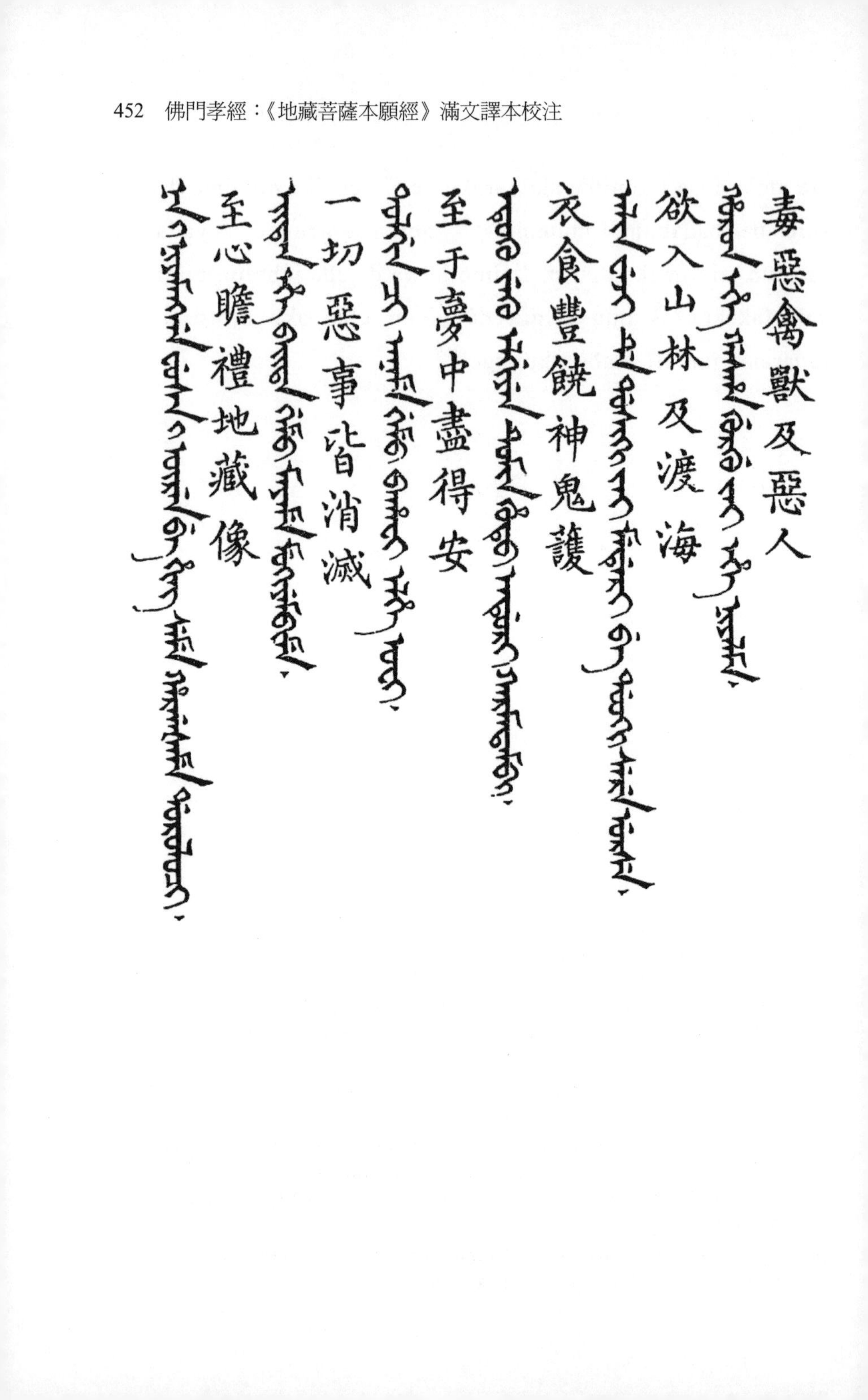

毒惡禽獸及惡人

欲入山林及渡海

衣食豐饒神鬼護

至于夢中盡得安

一切惡事皆消滅

至心瞻禮地藏像

na i niyamangga fusa i ūren be hing seme hargašame doroloci,[210] eiten ehe baita gemu mayame mukiyembime, tolgin ci aname gemu bahafi elhe ofi,[211] etuku jeku elgiyen tumin hutu enduri karmatambi. alin weji de dosiki jai mederi be dooki sere urse,[212] horon ehe gasha gurgu jai ehe niyalma,

210 “na i niyamangga fusa i ūren be hing seme hargašame doroloci”，意即「至心瞻禮地藏菩薩像」，合璧本漢文作「至心瞻禮地藏像」，脫落「菩薩」字樣。

211 “tolgin ci aname gemu bahafi elhe ofi”，合璧本漢文作「至于夢中盡得安」，句中“ofi”，朱印本滿文作“ome”。

212 “alin weji de dosiki jai mederi be dooki sere urse”，意即「欲入山林及欲渡海之眾人」，合璧本漢文作「欲入山林及渡海」，滿漢文義不合。

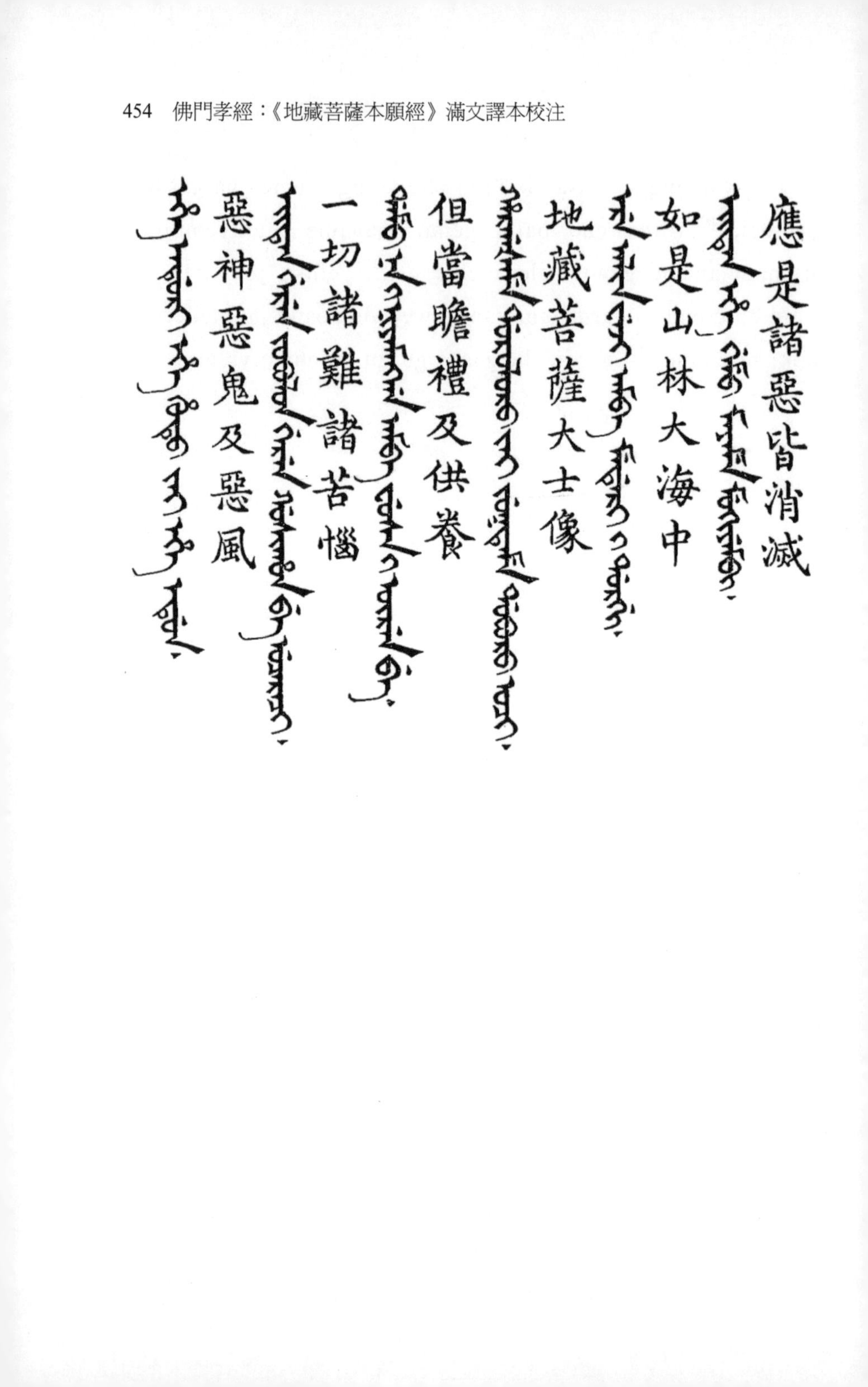

應是諸惡皆消滅

如是山林大海中

地藏菩薩大士像

但當瞻禮及供養

一切諸難諸苦惱

惡神惡鬼及惡風

ehe enduri ehe hutu jai ehe edun, eiten geren jobolon geren gosihon be ucaraci,[213] damu na i niyamangga amba fusa i ūren be, hargašame doroloro jai jukteme doboro oci,[214] ere alin weji amba mederi i dorgi, eiten ehe gemu mayame mukiyembi.[215]

213 “eiten geren jobolon geren gosihon be ucaraci”，意即「若遭遇一切諸難諸苦」，合璧本漢文作「一切諸難諸苦惱」，滿漢文義不合。

214 “hargašame doroloro jai jukteme doboro oci”，句中“jukteme doboro”，合璧本漢文作「供養」，朱印本滿文作“dobome juktere”。

215 朱印本滿文作“eiten geren ehe gemu mayame mukiyembi”，合璧本滿文作“eiten ehe gemu mayame mukiyembi”，漢文作「應是諸惡皆消滅」，滿文脫落“geren”，滿漢文義不合。

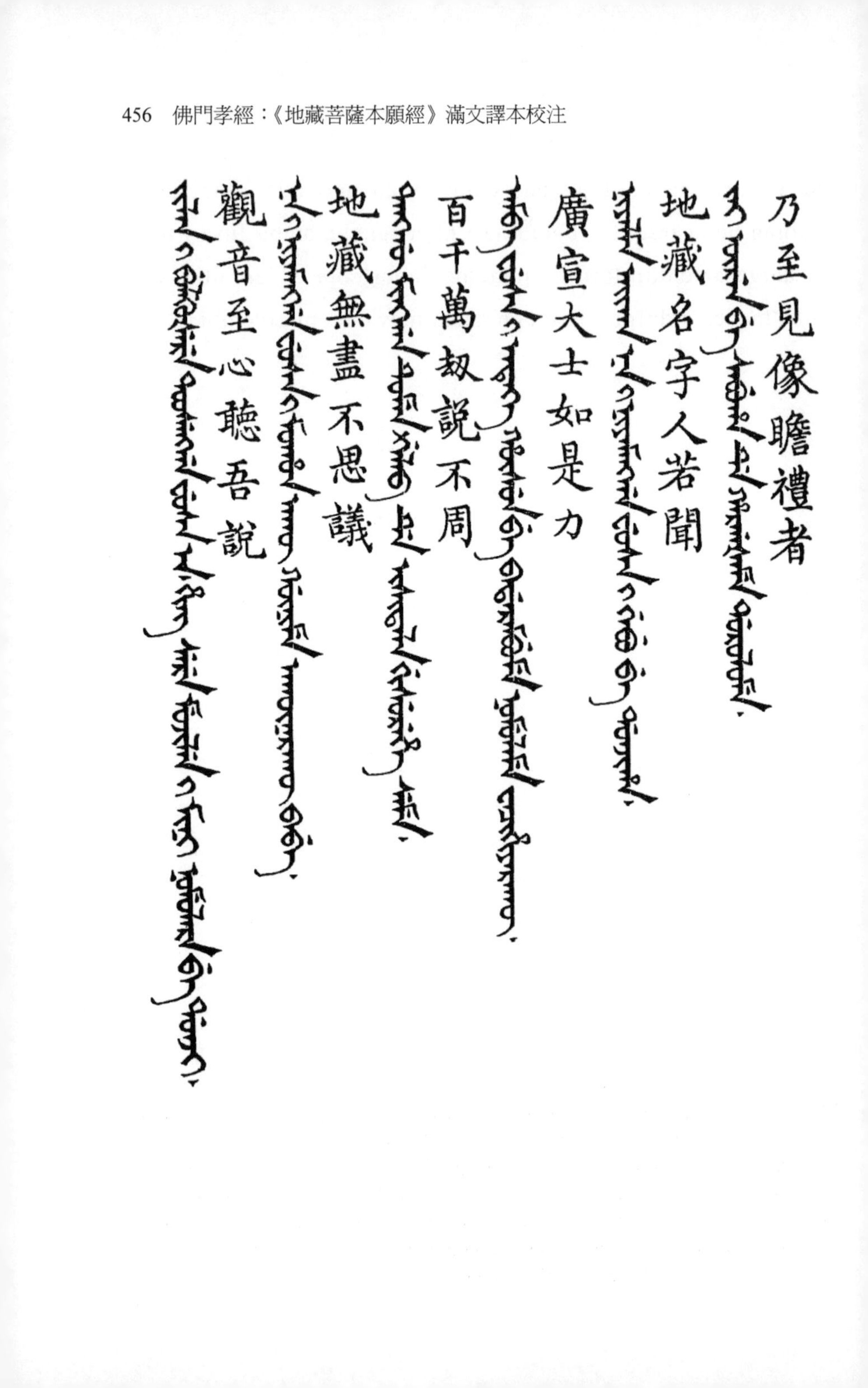

乃至見像瞻禮者

地藏名字人若聞

廣宣大士如是力

百千萬劫說不周

地藏無盡不思議

觀音至心聽吾說

jilan i bulekušere toosengge fusa a, hing sere mujilen i mini nomulara be donji,[216] na i niyamangga fusa i mohon akū gūnime akūnarakū babe, tanggū minggan tumen g'alab de isitala gisurehe seme,[217] amba fusa i enteke hūsun be badarambume nomulame wacihiyarakū,[218] niyalma aika na i niyamangga fusa i gebu be donjiha,[219] jai ūren be sabuha de hargašame dorolome,[220]

216 朱印本滿文作“jilan i bulekušere fusa a, hing sere gūnin i mini gisun be donji”，意即「觀音菩薩，至心聽我的言語」。

217 “tanggū minggan tumen g'alab de isitala gisurehe seme”，意即「直到百千萬劫雖然說」，合璧本漢文作「百千萬劫說不周」，朱印本滿文作“tanggū minggan tumen g'alab otolo gisurehe seme wajirakū”，意即「到百千萬劫雖說也說不完」。

218 “amba fusa i enteke hūsun be badarambume nomulame wacihiyarakū”，意即「廣宣大士如此力說不完」，合璧本漢文作「廣宣大士如是力」。朱印本滿文作“amba fusa i enteke hūsun be badarambume selgiyeci acambi”。

219 “niyalma aika na i niyamangga fusa i gebu be donjiha”，意即「人若聽聞地藏菩薩之名」，合璧本漢文作「地藏名字人若聞」，朱印本滿文作“niyalma aika na i niyamangga fusa i gebu colo be donjire”。

220 朱印本滿文作“jai ūren be sabufi hargašame doroloro”。

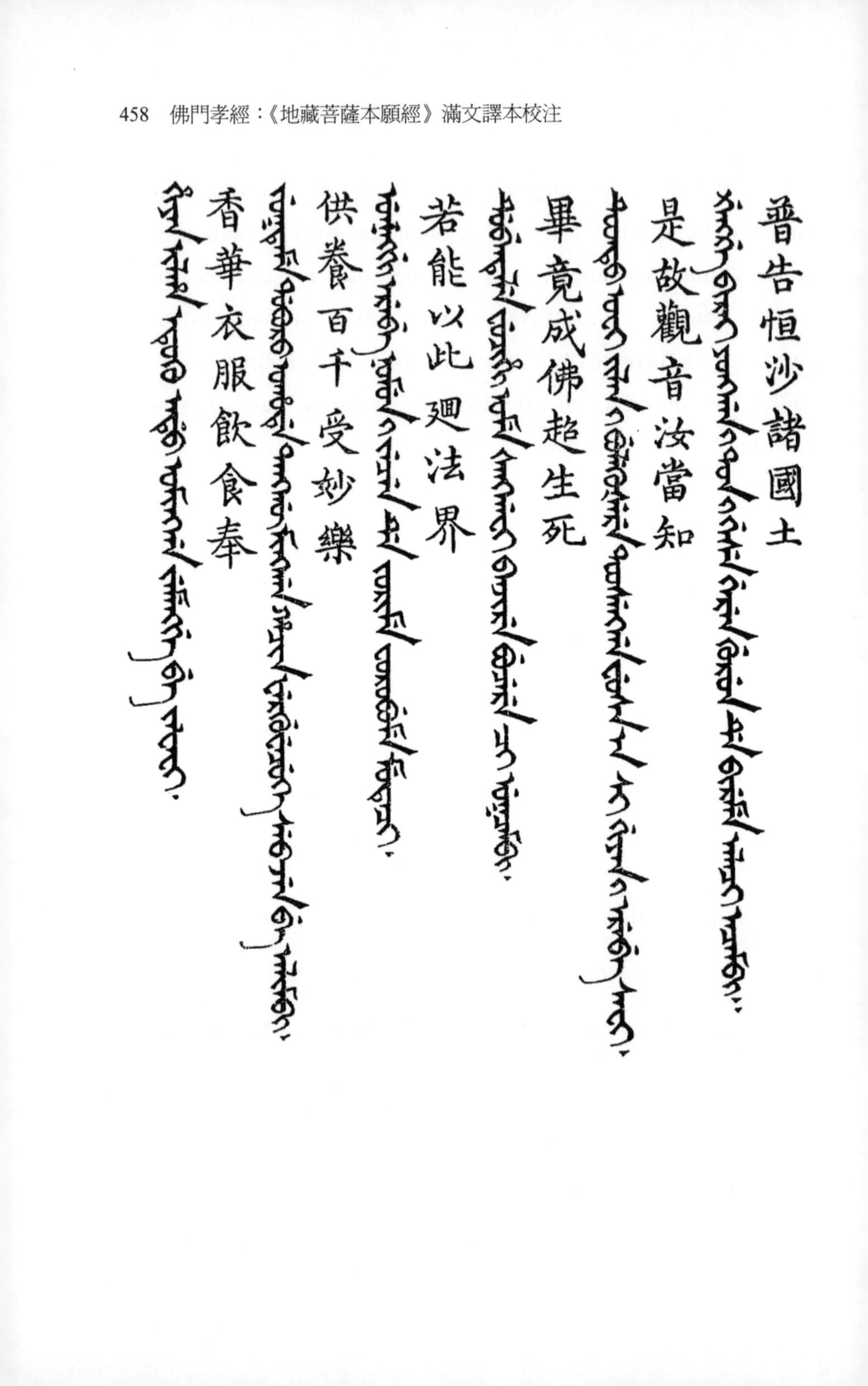

普告恒沙諸國土

是故觀音汝當知

畢竟成佛超生死

若能以此迴法界

供養百千受妙樂

香華衣服飲食奉

hiyan ilha etuku adu omingga jemengge be jafafi,[221] jukteme doboro ohode tanggū minggan hacin ferguwecuke sebjen be alimbi.[222] unenggi erebe nomun i jecen de jorime forobume muteci,[223] dubentele fucihi ome šanggafi banjire bucere ci ukcambi.[224] tuttu ofi jilan i bulekušere toosengga fusa a si giyan i erebe safi, g'angg'a birai yonggan i ton i gese geren gurun de bireme alaci acambi.[225]

---

221 “hiyan ilha etuku adu omingga jemengge be jafafi”，意即「奉獻香花衣服飲食」，句中“jafafi”，意即「奉獻」。

222 “jukteme doboro ohode tanggū minggan hacin ferguwecuke sebjen be alimbi”，合璧本漢文作「供養百千受妙樂」，句中“jukteme doboro”，朱印本滿文作“dobome juktere”；“ohode”， 朱印本滿文作“oci”。

223 朱印本滿文作“unenggi erebe nomun i jecen de forobume muteci”，句中“nomun i jecen”，合璧本漢文作「法界」。

224 “dubentele fucihi ome šanggafi banjire bucere ci ukcambi”，意即「終於成佛脫離生死」，合璧本漢文作「畢竟成佛超生死」。句中“ukambi”，朱印本滿文作“colgorombi”，意即「超然」。按「超脫」，滿文作“colgorome ukcambi”。

225 “g'angg'a birai yonggan i ton i gese geren gurun de bireme alaci acambi”，意即「應普告如恒河沙數諸國」，合璧本漢文作「普告恒河沙諸國土」，朱印本滿文作“g'angg'a birai yonggan i ton i gese geren gurun i ba na de bireme alaci acambi”。

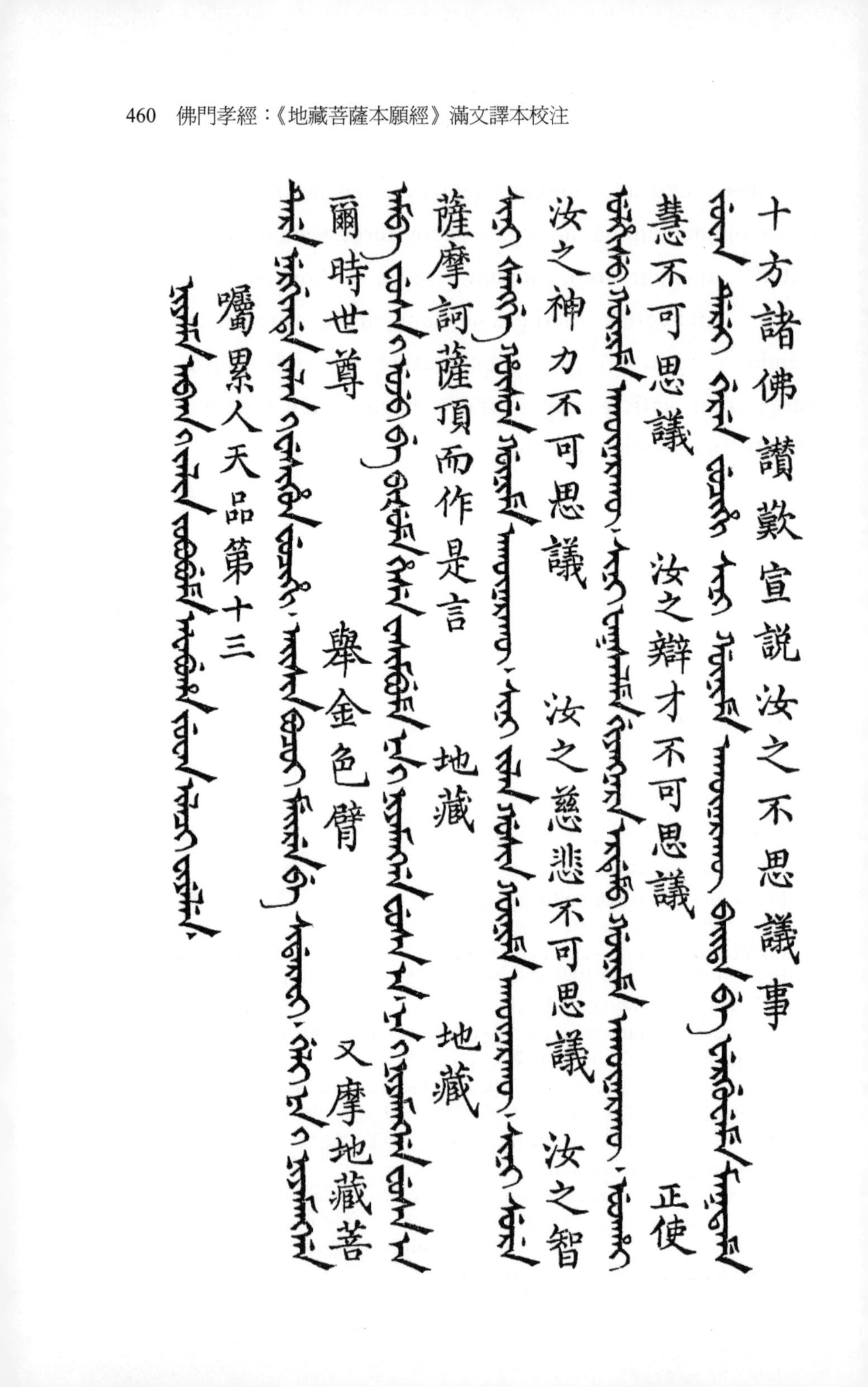

囑累人天品第十三

爾時世尊　舉金色臂　又摩地藏菩薩摩訶薩頂而作是言　地藏　地藏　汝之神力不可思議　汝之慈悲不可思議　汝之智慧不可思議　汝之辯才不可思議　正使十方諸佛讚歎宣説汝之不思議事

niyalma abka i jalin jobobume afabuha juwan ilaci fiyelen.[1] tere nerginde jalan i wesihun fucihi,[2] aisin bocoi meiren be sidarafi,[3] geli na i niyamangga amba fusa i uju be bišume hese wasimbume na i niyamangga fusa a,[4] na i niyamangga fusa a, sini šengge hūsun gūnime akūnarakū,[5] sini jilan gosin gūnime akūnarakū,[6] sini sure ulhisu gūnime akūnarakū, sini faksalame giyangnara erdemu gūnime akūnarakū,[7] uthai juwan derei geren fucihi sini gūnime akūnarakū baita be ferguweme maktame

1 "niyalma abka i jalin jobobume afabuha"，朱印本滿文作"niyalma abka de dahime afabume alara"。

2 "tere nerginde jalan i wesihun fucihi"，句中"tere nerginde"，朱印本滿文作"tere fonde"。

3 朱印本滿文作"aisin boconggo gala sidahiyafi"。

4 「地藏菩薩摩訶薩」，合璧本滿文作"na i niyamangga amba fusa"。「摩頂」，滿文作"uju be bišume"，意即「摸頭」。

5 "sini šengge hūsun gūnime akūnarakū"，句中"akūnarakū"，朱印本滿文作"akūnaci ojorakū"。

6 "sini jilan gosin gūnime akūnarakū"，句中"jilan gosin"，合璧本漢文作「慈悲」，朱印本滿文作"gosin jilan"。

7 "sini faksalame giyangnara erdemu gūnime akūnarakū"，句中"faksalame giyangnara erdemu"，合璧本漢文作「辯才」，朱印本滿文作"faksalame erdemu giyangnara"。

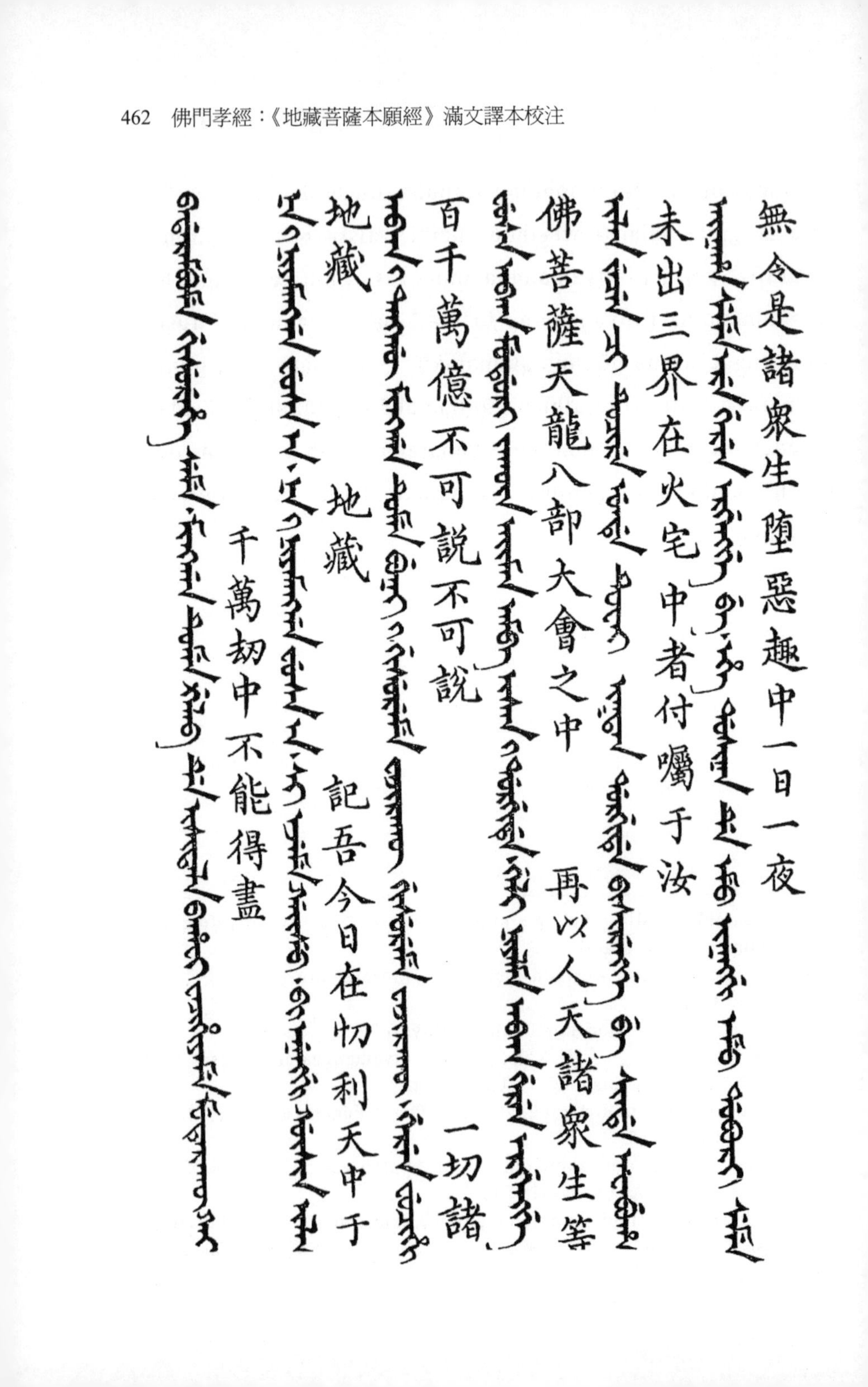

無令是諸衆生墮惡趣中一日一夜

未出三界在火宅中者付囑于汝

佛菩薩天龍八部大會之中　再以人天諸衆生等

百千萬億不可說不可說　一切諸

地藏　地藏　記吾今日在忉利天中于

千萬劫中不能得盡

badarambume gisurehe seme,[8] minggan tumen g'alab de isitala bahafi wacihiyame muterakū kai.[9] na i niyamangga fusa a, na i niyamangga fusa a, si ejeme gaisu, bi enenggi gūsin ilan abka i tanggū minggan tumen bunai i gisureme wajirakū gisureme wajirakū,[10] geren fucihi fusa abka muduri jakūn aiman amba isan i dorgide,[11] geli niyalma abka geren ergengge ilan jecen ci tucire unde tuwai iktan dorgide bisirengge be sinde afabuha ainaha seme ere geren ergengge be,[12] ehe dosinan de emu inenggi emu dobori seme

---

8 "uthai juwan derei geren fucihi"，合璧本漢文作「正使十方諸佛」，朱印本滿文作"yargiyan i juwan derei geren fucihi sa"。"ferguweme maktame badarambume gisurehe seme"，合璧本漢文作「讚歎宣說」，朱印本滿文作"ferguweme maktame badarambume gisureci"。

9 "minggan tumen g'alab de isitala bahafi wacihiyame muterakū kai"，句中"de isitala"，朱印本滿文作"otolo"。

10 "na i niyamangga fusa a"，意即「地藏菩薩」，合璧本漢文作「地藏」；"bi enenggi gūsin ilan abka i tanggū minggan tumen bunai i gisureme wajirakū gisureme wajirakū"，句中"gisureme wajirakū"，意即「說不完」，合璧本漢文作「不可說」。朱印本滿文作"bi enenggi gūsin ilan abka de tanggū minggan tumen bunai i gisureci ojorakū dade gisureci ojorakū"，句中"gisureci ojorakū"，意即「不可說」。

11 「天龍八部」，朱印本滿文作"abka muduri i jakūn aiman"。

12 "tuwai iktan dorgide bisirengge"，合璧本漢文作「在火宅中者」，朱印本滿文作"tuwai boode bisire urse"。

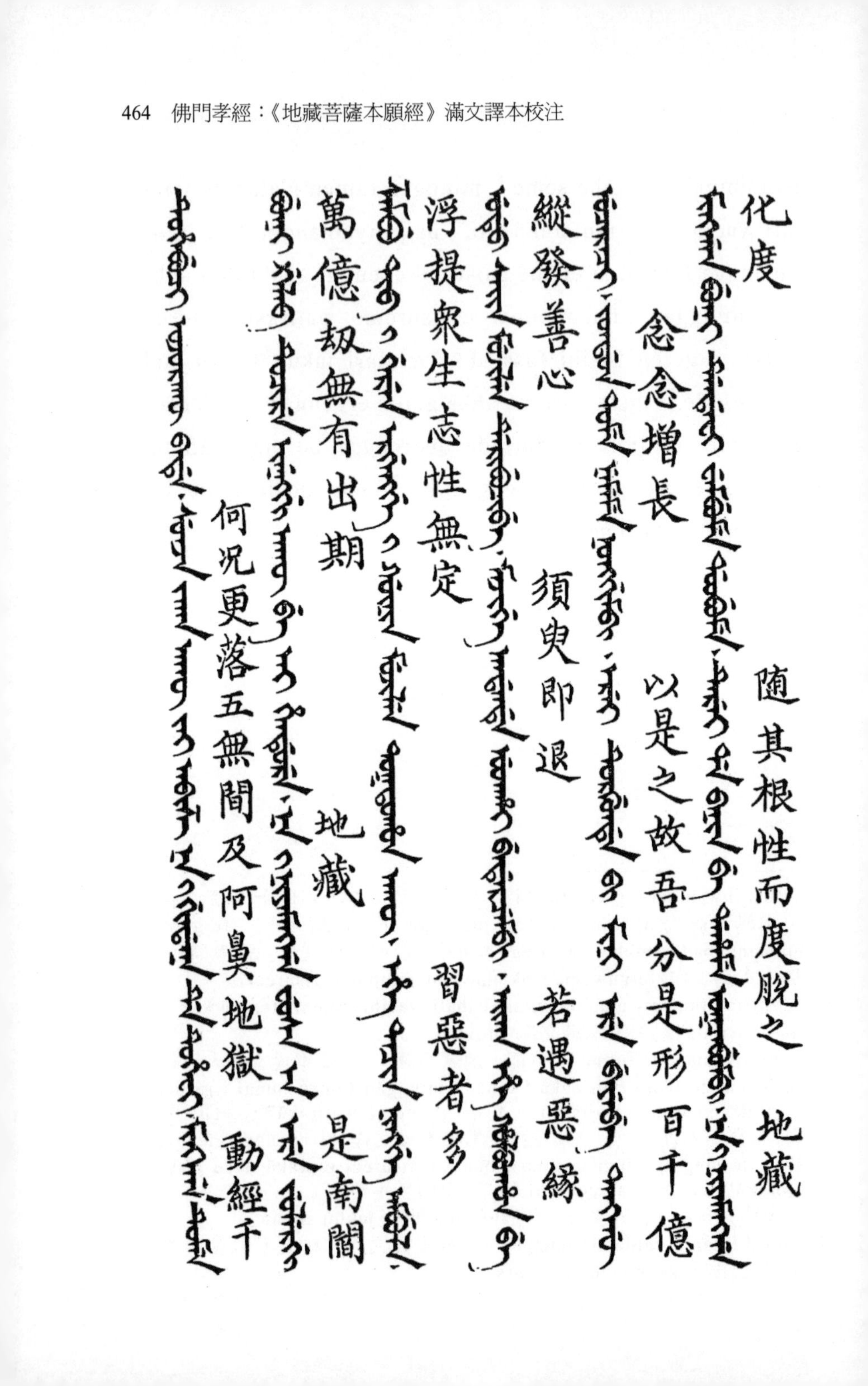

何況更落五無間及阿鼻地獄　動經千

萬億劫無有出期　地藏　是南閻

浮提衆生志性無定　習惡者多

縱發善心　須臾即退　若遇惡緣

念念增長　以是之故吾分是形百千億

化度　隨其根性而度脫之　地藏

tuhebuci ojorakū bade,[13] sunja jaka akū jai abidz na i gindana de tuhefi,[14] minggan tumen bunai g'alab tucire inenggi akū be ai hendure.[15] na i niyamangga fusa a, ere julergi dzambu tib i geren ergengge i gūnin mujilen toktohon akū,[16] ehe tacin ningge ambula,[17] udu sain mujilen deribucibe, majige andande uthai bedercembi, aika ehe holbohon be ucaraci, jondon tome nememe nonggimbi, erei turgunde bi mini ere beyebe tanggū minggan bunai dendefi wembume doobume,[18] terei da banin be dahame ukcabumbi.[19] na i niyamangga

13 "ainaha seme ere geren ergengge be, ehe dosinan de emu inenggi emu dobori seme tuhebuci ojorakū bade"，意即「決不令此諸眾生墮惡趣中一日一夜」，合璧本漢文作「無令是諸眾生墮惡趣中一日一夜」。
14 "jaka akū"，合璧本漢文作「無間」，朱印本滿文作"giyalan akū"；"abidz"，梵語讀如"avīci"，漢文作「阿鼻地獄」，亦即「八熱地獄」。
15 "minggan tumen bunai g'alab"，合璧本漢文作「動經千萬億劫」，朱印本滿文作"minggan tumen bunai g'alab otolo"。
16 "gūnin mujilen toktohon akū"，合璧本漢文作「志性無定」，句中"gūnin mujilen"，朱印本滿文作"mujilen banin"。
17 "ehe tacin ningge ambula"， 意即「惡習者多」，合璧本漢文作「習惡者多」，朱印本滿文作"ehe tacirengge ambula"。
18 朱印本滿文作"bi mini ere beyebe tanggū minggan bunai ome faksalafi wembume doobume"。
19 "terei da banin be dahame ukcabumbi"，句中"ukcabumbi"，朱印本滿文作"doobume ukcabumbi"。

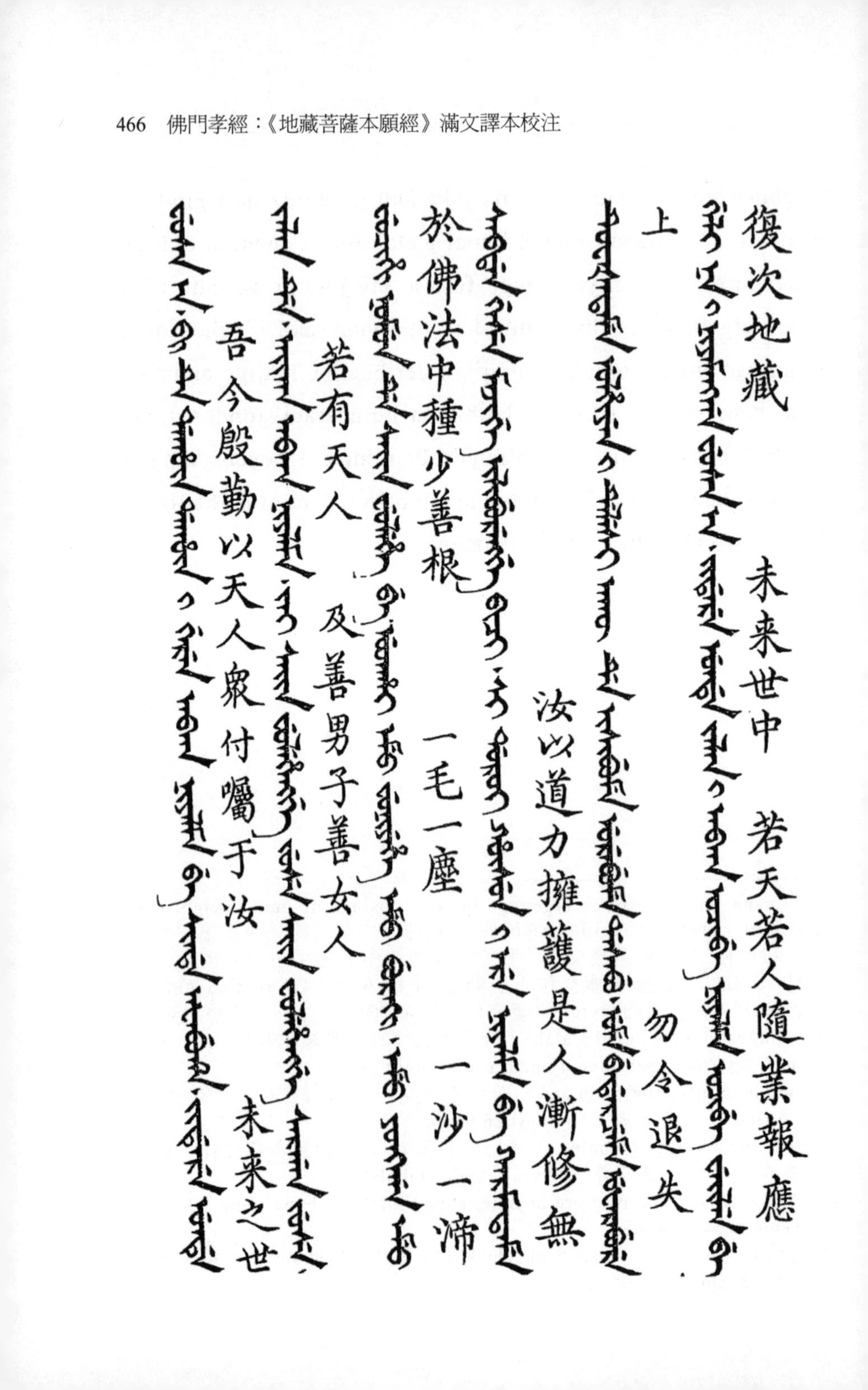

復次地藏　未来世中　若天若人隨業報應

上　勿令退失

汝以道力擁護是人漸修無

於佛法中種少善根　一毛一塵　一沙一渧

若有天人　及善男子善女人

吾今殷勤以天人衆付囑于汝　未来之世

fusa a, bi te dahūn dahūn i geren abka niyalma be sinde afabuha,[20] jidere unde jala de, aika abka niyalma, jai sain fulehengge juse sain fulehengge sargan juse, fucihi nomun de sain fulehe be uthai emu funiyehe emu buraki, emu yonggan emu sabdan gese majige iliburengge bici,[21] si doroi hūsun i ere niyalma be karmatame tuwašatame ulhiyen i delesi akū de isibume urebume dasabu, ume bederceme ufarabure.[22] geli na i niyamangga fusa a, jidere unde jalan i abka ocibe niyalma ocibe weilen be

20 朱印本滿文作"bi te hing seme abka niyalma i geren be sinde afabuha"，句中"hing seme"，合璧本滿文作"dahūn dahūn i"，漢文作「殷勤」。

21 朱印本滿文作"fucihi i nomun de sain fulehe be majige tebure, uthai emu funiyehe, emu buraki emu yonggan emu sabdan gesengge bici"，句中"sain fulehe be majige tebure"，意即「種少許善根」。此句漢譯作「於佛法中種少許善根，即如一毛一塵一沙一滴」。

22 "ulhiyen i delesi akū de isibume urebume dasabu"，合璧本漢文作「漸修無上」，句中"isibume urebume dasabu"，朱印本滿文作"isibume dasabu"。"ume bederceme ufarabure"，合璧本漢文作「勿令退失」，朱印本滿文作"ume bedercefi ufarabure"。

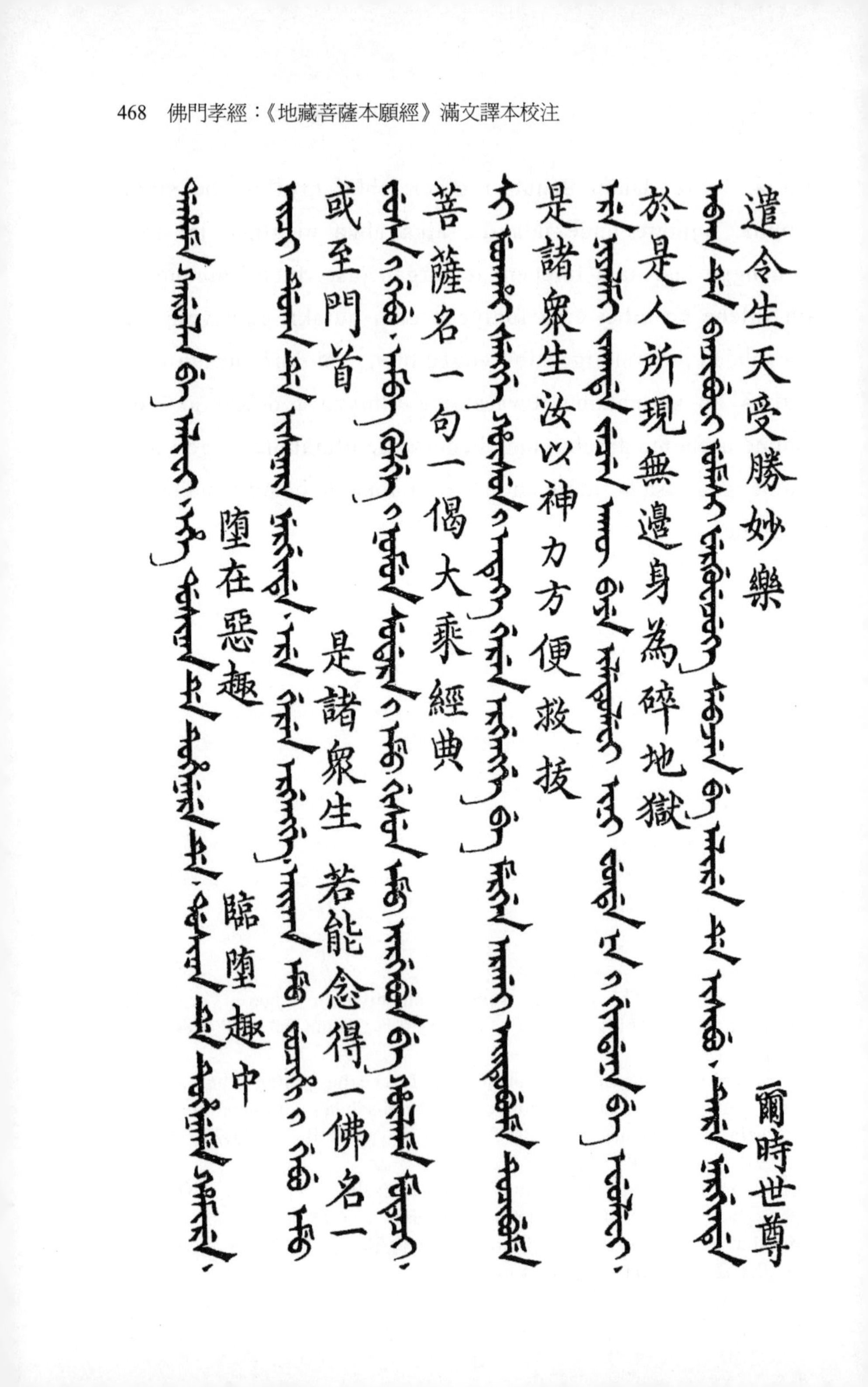

墮在惡趣

臨墮趣中

或至門首

是諸眾生 若能念得一佛名一

菩薩名一句一偈大乘經典

是諸眾生汝以神力方便救拔

於是人所現無邊身為碎地獄

遣令生天受勝妙樂

爾時世尊

dahame karulan be alifi,[23] ehe dosinan de tuhenere de,[24] dosinan de tuheneme hamire, eici duka de isinara nerginde, ere geren ergengge, aika emu fucihi i gebu emu fusa i gebu, amba kulge i nomun sudara i emu gisun emu irgebun be hūlame muteci,[25] si uthai šengge hūsun i enteke geren ergengge be mergen argai aitubume tucibume,[26] ere niyalmai jakade jecen akū beye iletulefi ini funde na i gindana be efulefi,[27] abka de banjibufi umesi ferguwecuke sebjen be alire de isibu.[28] tere nerginde

23 "weilen be dahame karulan be alifi"，合璧本漢文作「隨業報應」，朱印本滿文作"weilen be dahame karulame acabufi"。

24 "ehe dosinan de tuhenere de"，合璧本漢文作「墮在惡趣」，朱印本滿文作"ehe dosinan de tuheneci acarangge"。

25 "amba kulge i nomun sudara i emu gisun emu irgebun be hūlame muteci"，意即「若能念大乘經典的一句一偈」，合璧本漢文作「一句一偈大乘經典」，朱印本滿文作"amba kulge i nomun sudara i dorgi emu gisun emu irgebun be hūlame muteci"。

26 "mergen arga"，意即「明智的方法」，合璧本漢文作「方便」。

27 "ere niyalmai jakade jecen akū beye iletulefi ini funde na i gindana be efulefi"，意即「在此人跟前顯現無邊身替他搗碎地獄」，合璧本漢文作「於是人所現無邊身爲碎地獄」。

28 朱印本滿文作"abka de banjinabufi wesihun ferguwecuke sebjen be alikini sehe manggi"。

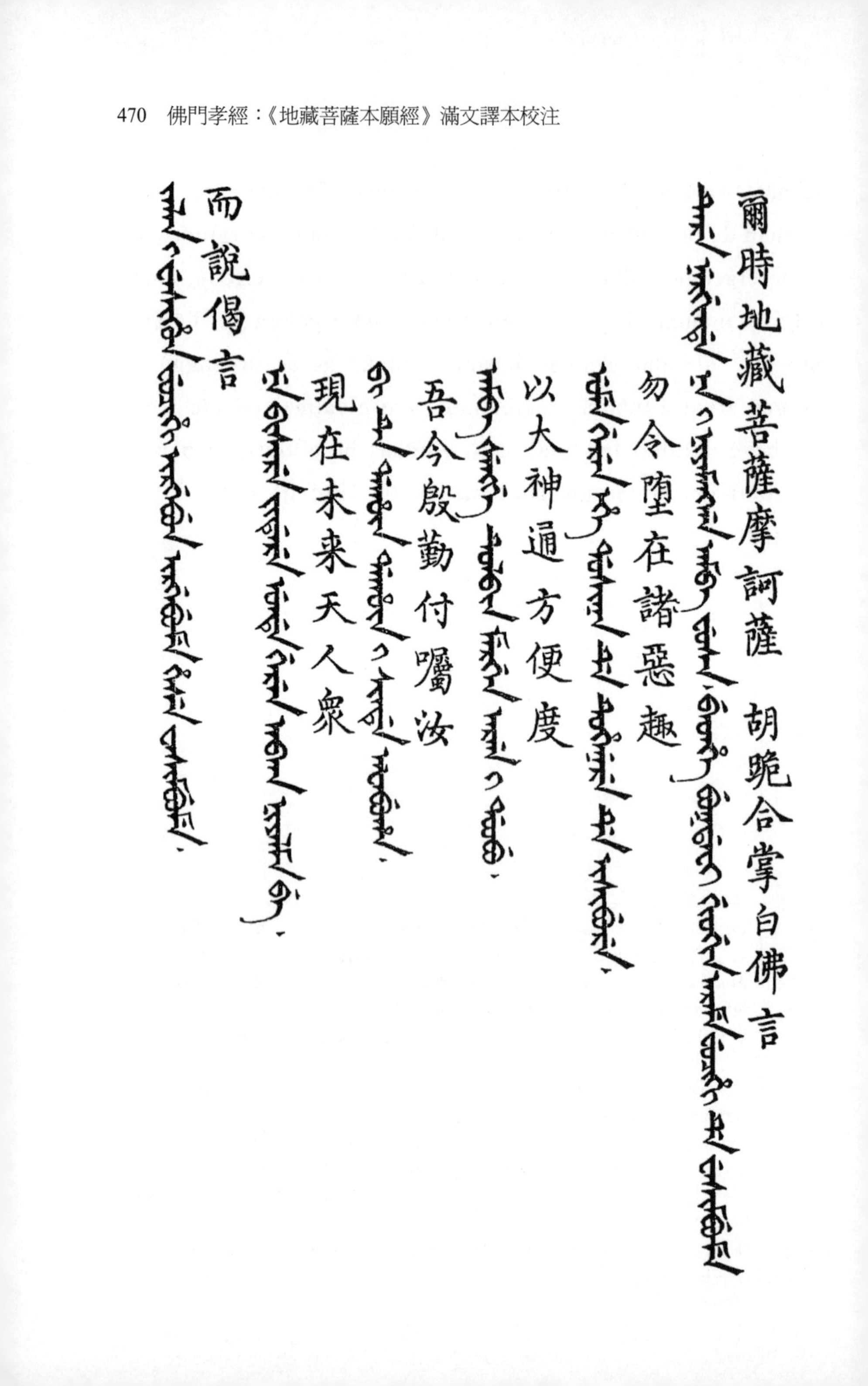

而說偈言

現在未来天人衆

吾今殷勤付囑汝

以大神通方便度

勿令墮在諸惡趣

爾時地藏菩薩摩訶薩 胡跪合掌白佛言

jalan i wesihun fucihi irgebun irgebume hese wasimbume,[29] ne bisire jidere unde geren abka niyalma be,[30] bi te dahūn dahūn i sinde afabuha,[31] amba šengge tulbin mergen arga i doobu,[32] ume geren ehe dosinan de tuhenere de isibure,[33] tere nerginde na i niyamangga amba fusa,[34] bethe bukdafi giogin arame fucihi de wesimbume,[35]

29 朱印本滿文作“nerginde jalan i wesihun fucihi uthai irgebun irgebume se wasimbume”。

30 朱印本滿文作“ne bisire jidere unde abka niyalma i geren be”。

31 朱印本滿文作“bi te dahūn dahūn i sinde afabuha be dahame”。

32 朱印本滿文作“amba šengge tulbin i mergen argai doobukini”，句中“mergen arga”，意即「明智的方法」，合璧本漢文作「方便」。

33 “ume geren ehe dosinan de tuhenere de isibure”，合璧本漢文作「勿令墮在諸惡趣」。朱印本滿文作“ainaha seme ume geren ehe jugūn de tuhenebure”，意即「決不令墮在諸惡途」，句中“ehe jugūn”，意即「惡道」、「惡路」，合璧本滿文作“ehe dosinan”，漢文作「惡趣」。

34 “tere nerginde na i niyamangga amba fusa”，合璧本漢文作「爾時地藏菩薩摩訶薩」，朱印本滿文作“tere nerginde na i niyamangga fusa amba fusa”。

35 “bethe bukdafi”，意即「彎單腿跪」，行請安禮，俗稱「打千兒」。

說是語時 會中有一菩薩

念念脩行 自然于無上道永不退轉

中速得解脫 何況聞諸善事

恭敬 我亦百千方便度脫是人于生死

若有善男子善女人 於佛法中一念

世尊 唯願世尊不以為慮 未來世中

jalan i wesihun fucihi a, bairengge jalan i wesihun fucihi seolere be nakarao.[36] jidere unde jalan de, aika sain fulehengge juse sain fulehengge sargan juse, fucihi nomun de emu jondon i gungneme ginggulerengge bici,[37] bi uthai tanggū minggan mergen arga i doobume ere niyalma be banjire bucere ci hūdun bahafi ukcabure bade,[38] geren sain baita be donjifi, jondon tome urebume dasame yabume,[39] ini cisui delesi akū doro de enteheme bedercerakūngge be ai hendure.[40] ere gisun gisurere nerginde, isan i dorgide emu fusa

36 "bairengge jalan i wesihun fucihi seolere be nakarao"，意即「請世尊不以爲慮」，合璧本漢文作「唯願世尊不以爲慮」，滿漢文義稍有出入。朱印本滿文作"damu buyerengge jalan i wesihun fucihi cangkai seolere be nakarao"，意即「唯願世尊只管不以爲慮」，文義切合。

37 朱印本滿文作"fucihi i nomun de hing sere gūnin i gungneme ginggulerengge bici"。

38 "bi uthai tanggū minggan mergen arga i doobume ere niyalma be banjire bucere ci hūdun bahafi ukcabure bade"，意即「我即以百千明智的方法度此人於生死中速得解脫之地」，合璧本漢文作「我亦百千方便度脫是人于生死中速得解脫」，朱印本滿文作"bi inu tanggū minggan mergen arga i doobufi ere niyalma be banjire bucere ci hūdun bahafi umesi ukcabure bade"。

39 朱印本滿文作"eiten sain baita be donjifi gūnin tome urebume dasame yaburengge"。

40 "bedercerakūngge"，朱印本滿文作"forgošome bedercerakū"。

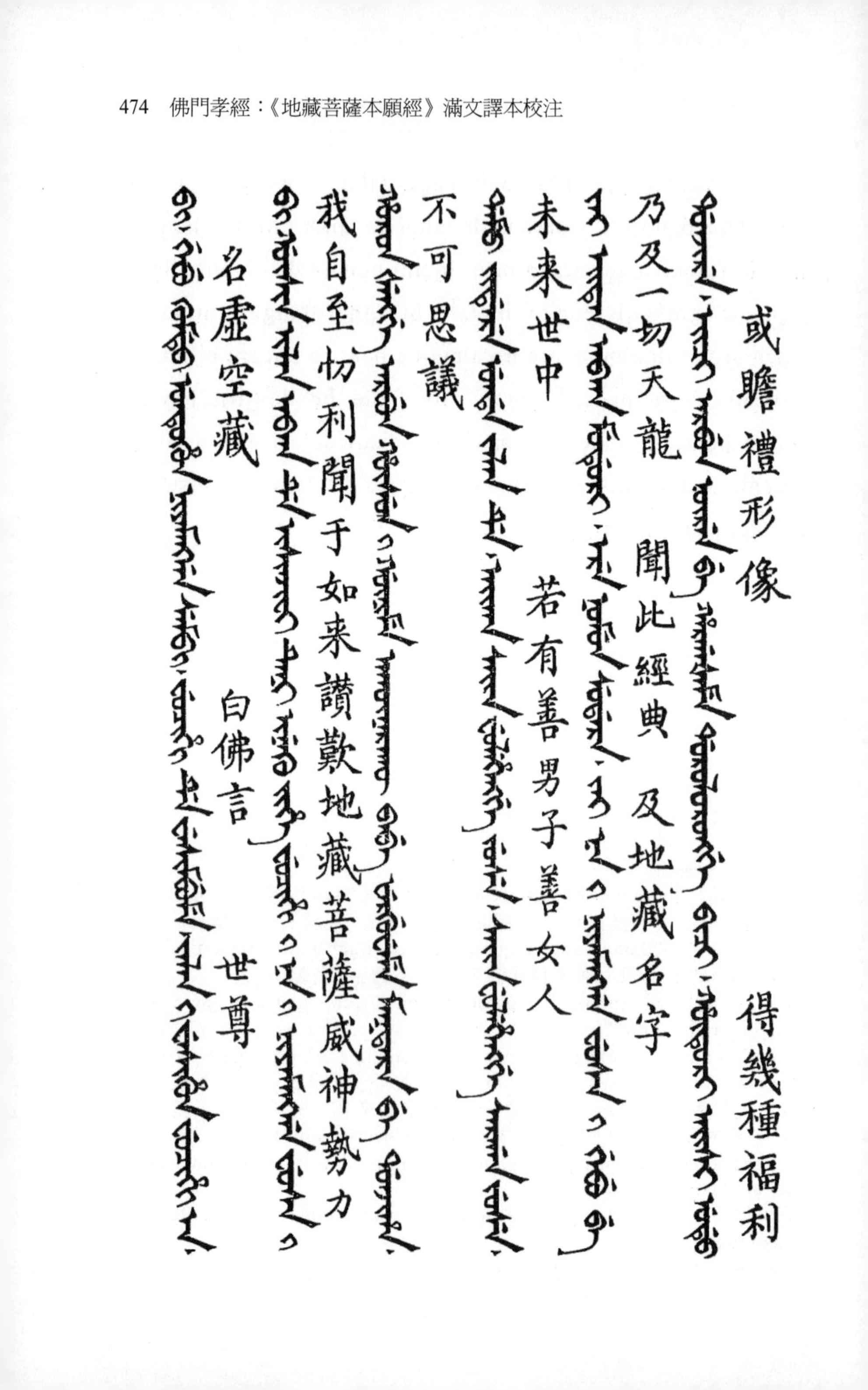

或瞻禮形像 得幾種福利

乃及一切天龍 聞此經典 及地藏名字

未来世中 若有善男子善女人

不可思議

我自至忉利 聞于如来讚歎地藏菩薩威神勢力

名虛空藏 白佛言 世尊

bi,[41] gebu kumdu untuhun niyamangga sembi. fucihi de wesimbume, jalan i wesihun fucihi a, bi gūsin ilan abka de isinjifi teni ineku jihe fucihi i na i niyamangga fusa i horon šengge arbun hūsun i gūnime akūnarakū babe ferguweme maktara be donjiha,[42] damu jidere unde jalan de, aika sain fulehengge juse, sain fulehengge sargan juse,[43] jai eiten abka muduri, ere nomun sudara, jai na i niyamangga fusa i gebu be donjire,[44] eici arbun ūren be hargašame dorolorongge bici, hūturi aisi udu

---

41 "isan i dorgide emu fusa bi"，合璧本漢文作「會中有一菩薩」，句中"dorgide"，朱印本滿文作"dolo"。

42 "bi gūsin ilan abka de isinjifi teni ineku jihe fucihi i na i niyamangga fusa i horon šengge arbun hūsun i gūnime akūnarakū babe ferguweme maktara be donjiha"，意即「我來到三十三天後才聽到如來讚歎地藏菩薩的威神勢力不可思議」，合璧本漢文作「我自至忉利聞于如來讚歎地藏菩薩威神勢力不可思議」，句中"gūnime akūnarakū"，朱印本滿文作"gūnime akūnaci ojorakū"。

43 「善男子善女人」，合璧本滿文作"sain fulehengge juse, sain fulehengge sargan juse"，意即「有善根的男子們，有善根的女人們」。

44 「地藏名字」，合璧本滿文作"na i niyamangga fusa i gebu"，意即「地藏菩薩的名字」，合璧本漢文脫落「菩薩」字樣。

唯願世尊 為未来現在一切衆等

略而說之 佛告虛空藏菩薩

諦聽 諦聽 吾當為汝分別說之 若未来世有

善男子善女人 見地藏形像

及聞此經 乃至讀誦 香華

飲食衣服珍寶布施供養 讚歎

hacin bahara babe, bairengge jalan i wesihun fucihi, jidere unde ne bisire gubci geren de majige nomularao.[45] fucihi, kumdu untuhun niyamangga fusa de hese wasimbume,[46] kimcime donji, kimcime donji, bi sinde ilgame faksalame nomulaki.[47] aika jidere unde jalan i sain fulehengge juse sain fulehengge sargan juse,[48] na i niyamangga fusa i arbun ūren be sabuha,[49] jai ere nomun be donjiha de, uthai hūlame niyeleme,[50] hiyan ilha omingga jemengge etuku adu nicuhe boobai be fulehun bume jukteme dobome,[51] ferguweme

45 朱印本滿文作"jidere unde ne bisire eiten gubci geren de muršeme nomularao"，句中"muršeme"，當作"murušeme"，"murušeme nomularao"，合璧本滿文作"majige nomularao"，漢文作「略而說之」。

46 朱印本滿文作"fucihi kumdu untuhun niyamangga fusa de amala hese wasimbume"，句中"amala"，誤，當作"alame"。

47 "bi sinde ilgame faksalame nomulaki"，合璧本漢文作「吾當爲汝分別說之」，句中"nomulaki"，朱印本滿文作"nomulara"。

48 "aika jidere unde jalan"，合璧本漢文作「若未來世」，朱印本滿文作"eiten jidere unde jaka"，句中"eiten"，誤，當作"aika"；"jaka"，誤，當作"jalan"。

49 "na i niyamangga fusa i arbun ūren be sabuha"，句中"sabuha"，朱印本滿文作"sabufi"。

50 "uthai hūlame niyeleme"，句中"niyeleme"，意即「念誦」，朱印本滿文作"šejileme"，意即「背誦」。

51 "boobai be"，朱印本滿文作"boobai i"。

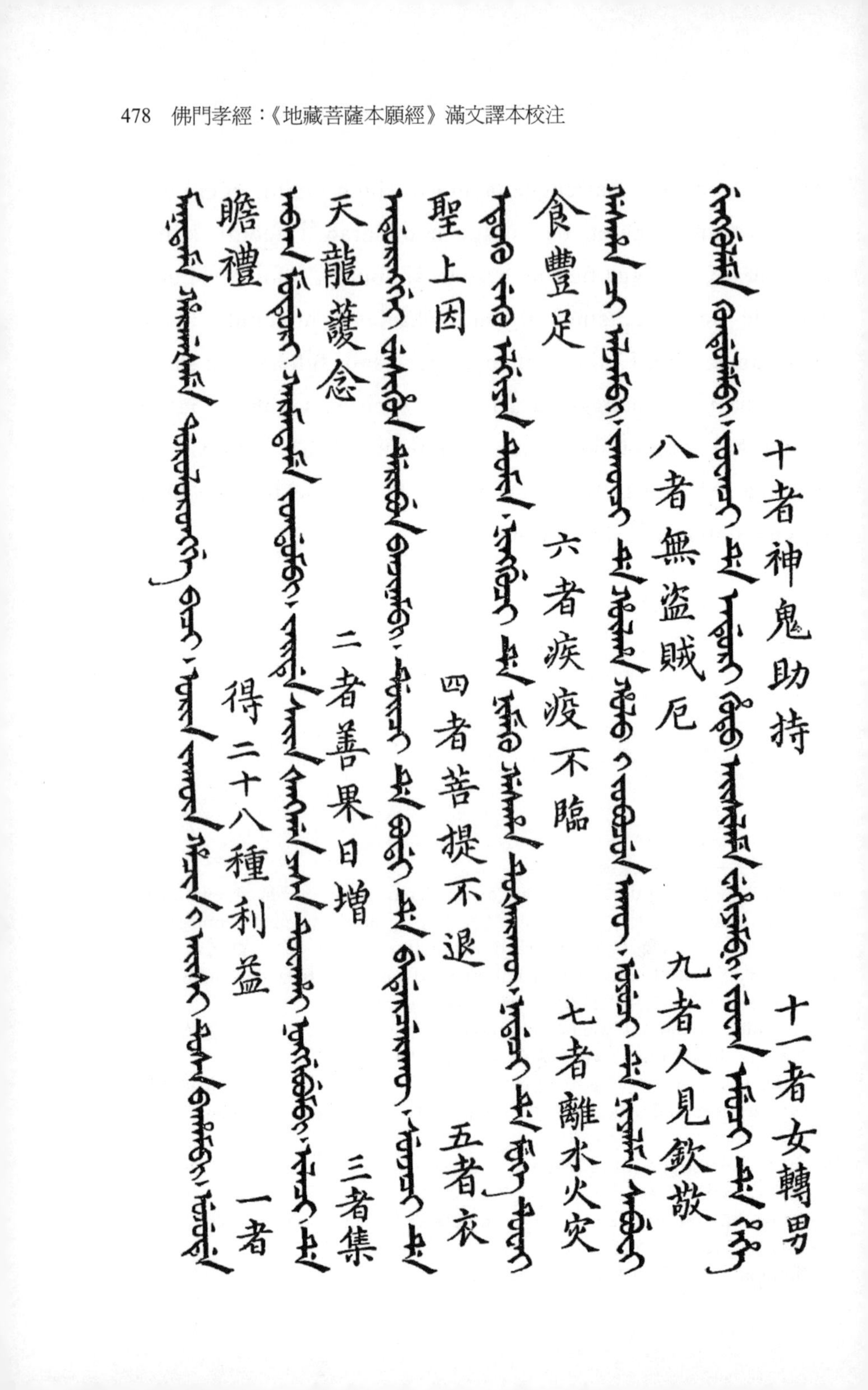

十者神鬼助持　十一者女轉男

八者無盜賊厄　九者人見欽敬

食豐足　六者疾疫不臨　七者離水火灾

聖上因　四者菩提不退　五者衣

天龍護念　二者善果日增　三者集

瞻禮　得二十八種利益　一者

maktame hargašame dorolorongge bici, orin jakūn hacin i aisi tusa bahambi.[52] ujude abka muduri karmatame jondombi,[53] jaide sain šanggan yasa tuwahai nonggibumbi,[54] ilaci de enduringgei wesihun deribun banjinambi,[55] duici de bodi de bedercerakū,[56] sunjaci de etuku jeku elgiyen tumin, ningguci de nimeku gashan tušarakū,[57] nadaci de muke tuwai gashan ci aljambi, jakūci de hūlha holo i jobocun akū,[58] uyuci de niyalma sabufi ginggulеme kundulembi, juwanci de enduri hutu aisilame wehiyembi, juwan emuci de hehe

52 朱印本滿文作"ūren jaka hacin i aisi tusa bahambi"，句中"ūren jaka"，誤，當作"orin jakūn"。

53 朱印本滿文作"ujude abka muduri gūnin de tebume karmatambi"，合璧本漢文作「一者天龍護念」。

54 "jaide sain šanggan yasa tuwahai nonggibumbi"，意即「二者善果目覩增加」，合璧本漢文作「二者善果日增」，朱印本滿文作"jaide sain šanggan ulhiyen i nonggibumbi"，意即「二者善果漸增」。

55 朱印本滿文作"ilaci de enduringge wesihun holbohon iktambi"。

56 朱印本滿文作"duici de bodi bahafi bedercerakū"。

57 "ningguci de nimeku gashan tušarakū"，意即「六者病災不遭逢」，合璧本漢文作「六者疾疫不臨」，朱印本滿文作"ningguci de nimeku geri tušanjirakū"，句中"nimeku geri"，意即「疾疫」，文義相合。

58 "jobocun"，意即「災害」，合璧本漢文作「厄」，朱印本滿文作"jobolon"，意即「災禍」。

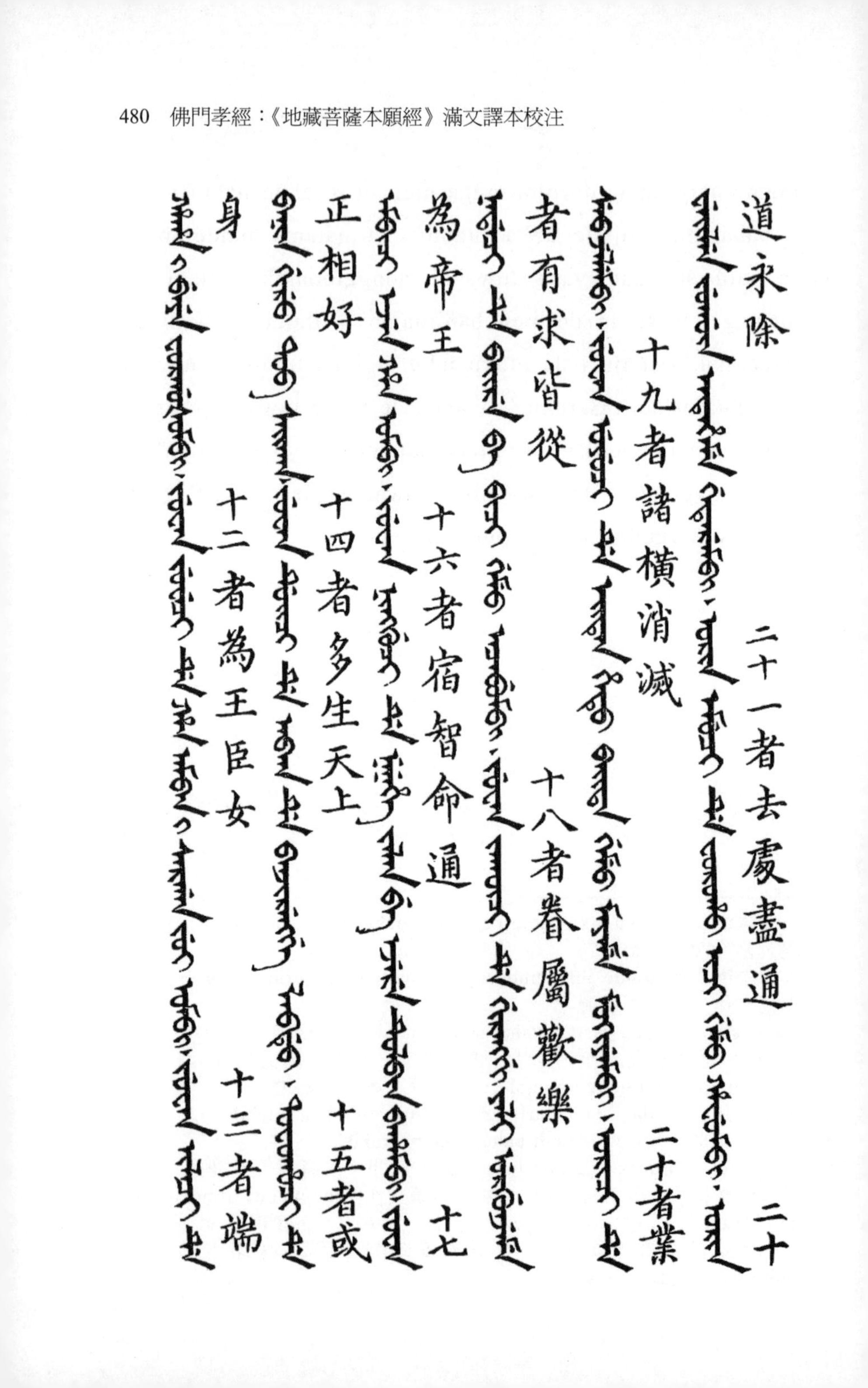

道永除　二十一者去處盡通　二十

十九者諸橫消滅　二十者業

者有求皆從　十八者眷屬歡樂

為帝王　十六者宿智命通　十七

正相好　十四者多生天上　十五者或

身　十二者為王臣女　十三者端

haha i beye forgošombi,[59] juwan juweci de han amban i sargan jui ombi, juwan ilaci de banin giru tob saikan, juwan duici de abka de banjirengge labdu,[60] tofohoci de embici ejen han ombi,[61] juwan ningguci de nenehe jalan be ejere tulbin bahambi,[62] juwan nadaci de baire ba bici gemu acabumbi,[63] juwan jakūci de giranggi yali urgunjeme sebjelembi,[64] juwan uyuci de eiten hetu baita gemu mayame mukiyembi,[65] orici de weilen jugūn enteheme geterembi,[66] orin emuci de foroho ici gemu hafumbi,[67] orin

59 朱印本滿文作"juwan emuci de hehe niyalma haha i beye ome kūbulimbi"，意即「十一者女人變男身」。

60 "juwan duici de abka de banjirengge labdu"，合璧本漢文作「十四者多生天上」，朱印本滿文作"juwan duici de urui abka de banjinambi"，意即「十四者每每生天上」。

61 "tofohoci de embici ejen han ombi"，合璧本漢文作「十五者或爲帝王」，句中"embici"，朱印本滿文作"eici"。

62 "juwan ningguci de nenehe jalan be ejere tulbin bahambi"，合璧本漢文作「十六者宿智命通」，朱印本滿文作"juwan ningguci de duleke sure salgabun sain"。

63 朱印本滿文作"juwan nadaci de bairengge bici gemu acabumbi"。

64 朱印本滿文作"juwan jakūci de gucu giyajan urgun sebjen"。

65 "hetu baita"，意即「橫事」，朱印本滿文作"heturi"。

66 "weilen jugūn"，合璧本漢文作「業道」，朱印本滿文作"sui i jugūn"。

67 "foroho ici"，意即「所向」，合璧本漢文作「去處」，朱印本滿文作"yabure terengge"，意即「行走居住」。

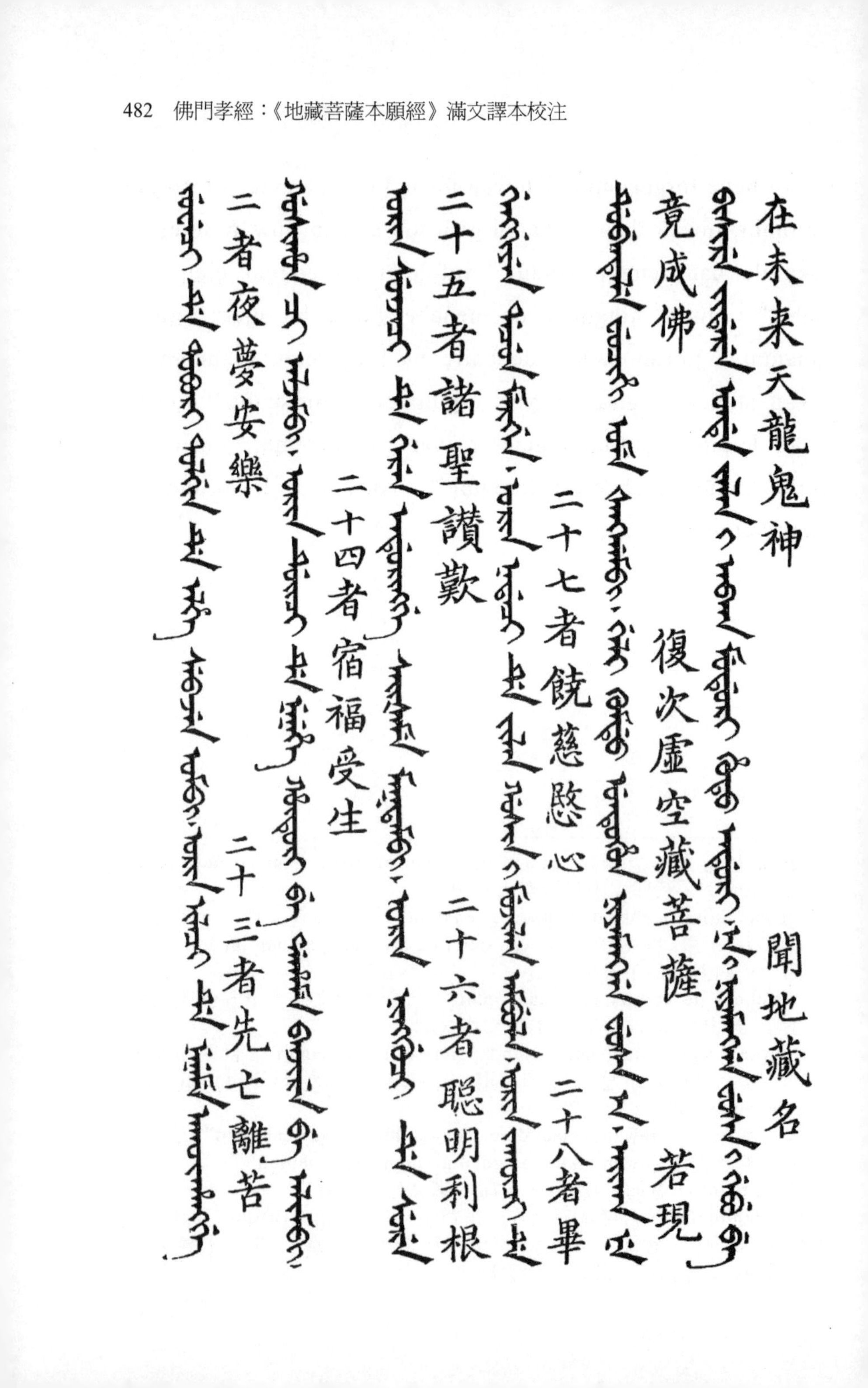

在未来天龍鬼神　聞地藏名

竟成佛　復次虛空藏菩薩　若現

二十七者饒慈愍心　二十八者畢

二十五者諸聖讚歎　二十六者聰明利根

二十四者宿福受生

二者夜夢安樂　二十三者先亡離苦

juweci de dobori tolgin de elhe sebjen ombi,[68] orin ilaci de neneme akūhangge gosihon ci aljambi,[69] orin duici de nenehe hūturi be dahame banjire be alimbi,[70] orin sunjaci de geren enduringge saišame maktambi,[71] orin ningguci de sure genggiyen dacun mergen,[72] orin nadaci de jilan gosin i mujilen ambula,[73] orin jakūci de dubentele fucihi ome šanggambi. geli kumdu untuhun niyamangga fusa a, aika ne bisire jidere unde jalan i abka muduri hutu enduri, na i niyamangga fusa i gebu be

68 朱印本滿文作"orin juweci de dobori tolgin de elhe sebjen "，省略"ombi"。

69 "neneme akūhangge gosihon ci aljambi"，合璧本漢文作「先亡離苦」，句中"akūhangge"，朱印本滿文作"bucehenge"，按"bucehenge"，誤，當作"bucehengge"，意即「死亡者」。

70 朱印本滿文作"orin duici de nenehe hūturi be alifi banjimbi"。

71 "geren enduringge saišame maktambi"，合璧本漢文作「諸聖讚歎」，朱印本滿文作"geren enduringge ferguweme maktambi"。

72 "sure genggiyen dacun mergen"，合璧本漢文作「聰明利根」，朱印本滿文作"sure genggiyen dacun saligan"，句中「利根」，是指修佛天性銳利速疾生妙解，合璧本滿文作"dacun mergen"，朱印本滿文作"dacun saligan"。

73 "jilan gosin i mujilen ambula"，合璧本漢文作「饒慈愍心」，朱印本滿文作"gosin jilan i mujilen badarambumbi"。

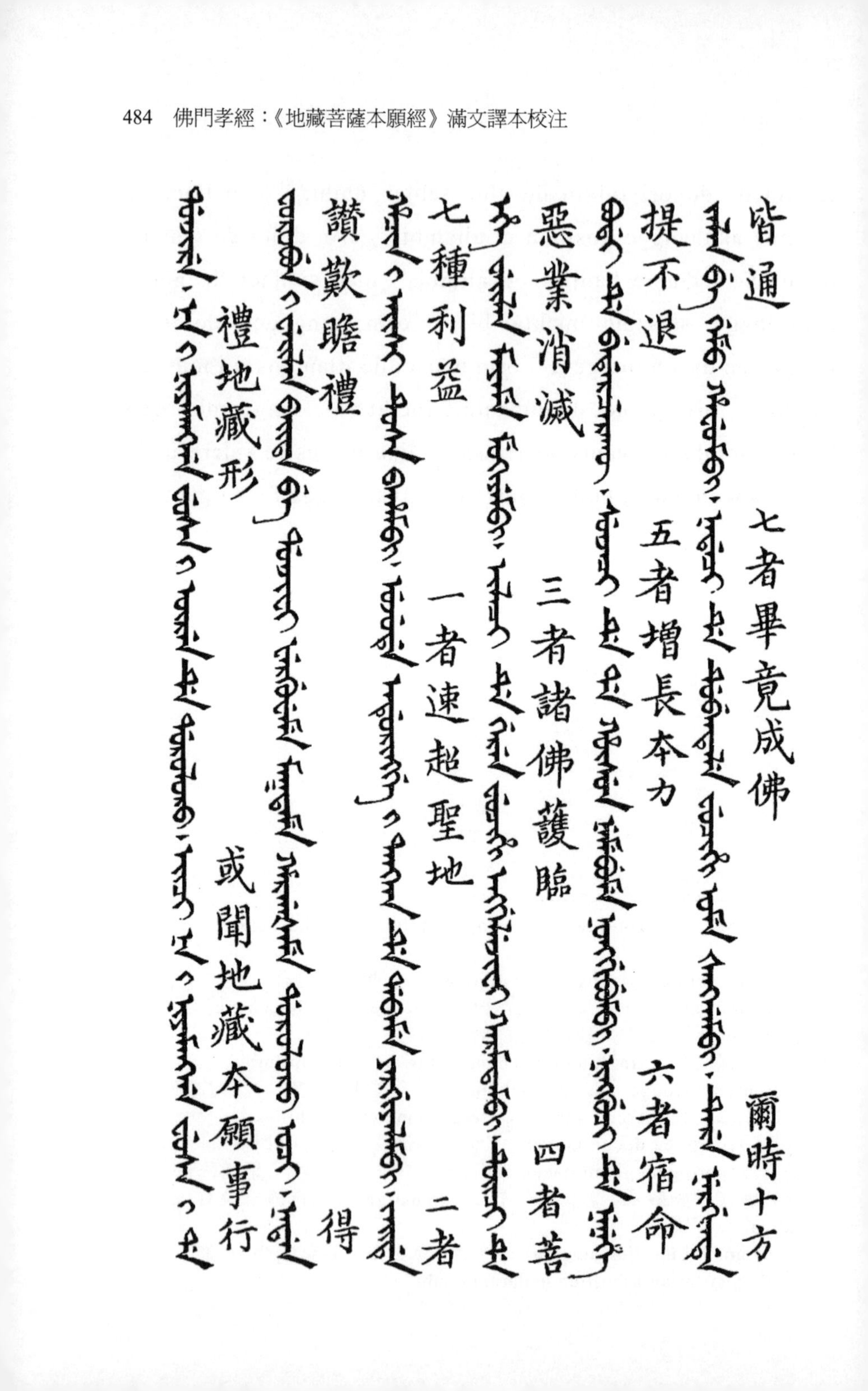

禮地藏形
或聞地藏本願事行
讚歎瞻禮
得
七種利益
一者速超聖地
二者
惡業消滅
三者諸佛護臨
四者菩
提不退
五者增長本力
六者宿命
皆通
七者畢竟成佛
爾時十方

donjire,[74] na i niyamangga fusa i ūren de doroloro,[75] eici na i niyamangga fusa i da forobun i weilen baita be donjifi ferguweme maktame hargašame doroloro oci, nadan hacin i aisi tusa bahambi. ujude enduringge i tangka de dabame yargiyalambi,[76] jaide ehe weilen mayame mukiyembi, ilaci de geren fucihi enggelenjifi karmatambi, duici de bodi de bedercerakū,[77] sunjaci de da hūsun nemebume nonggibumbi,[78] ningguci de nenehe jalan be gemu hafumbi,[79] nadaci de dubentele fucihi ome šanggambi. tere nerginde

---

74 “na i niyamangga fusa i gebu be donjire”，合璧本漢文作「聞地藏名」，句中“donjire”，朱印本滿文作“donjifi”。

75 朱印本滿文作“na i niyamangga i ūren be doroloro”，句中“na i niyamangga”，合璧本滿文作“na i niyamangga fusa”；“ ūren be doroloro”，句中“be”，合璧本滿文作“de”。

76 “enduringge i tangka de dabame yargiyalambi”，合璧本漢文作「速超聖地」，朱印本滿文作“enduringge i tangka de hūdun isinambi”。

77 “bodi de bedercerakū”，合璧本漢文作「菩提不退」，朱印本滿文作“bodi bahafi bedercerakū”。

78 “da hūsun nemebume nonggibumbi”，合璧本漢文作「增長本力」，句中“nemebume”，朱印本滿文作“nememe”。

79 “nenehe jalan be gemu hafumbi”，合璧本漢文作「宿命皆通」，朱印本滿文作“duleke salgabun gemu hafumbi”。按《宿命智經》，滿文作“duleke forgon i hafu sure i nomun”。

一切諸來不可說不可說諸佛如來

及大菩薩天龍八部

聞釋迦牟尼

佛稱揚讚歎地藏菩薩大威神力不可思議

歎未曾有

是時忉利天雨無量香華天衣珠瓔

供養釋迦牟尼佛及地藏菩薩已

一切

juwan dere ci jihe eiten gisureme wajirakū gisureme wajirakū geren ineku jihe fucihi,[80] jai amba fusa abka muduri jakūn aiman i urse,[81] šigiyamuni fucihi i na i niyamangga fusa i amba horon šengge hūsun i gūnime akūnarakū babe iletuleme tucibume ferguweme maktaha be donjire jakade,[82] gemu yala ferguwecuke seme maktahabi.[83] tere nerginde gūsin ilan abka de mohon akū hiyan ilha abkai etuku tana bokida agafi,[84] šigiyamuni fucihi jai na i niyamangga fuse de jukteme doboho manggi,[85] eiten

---

80 朱印本滿文作"juwan derei eiten geren gisureci ojorakū dade gisureci ojorakū"，句中"gisureci ojorakū"，意即「不可說」，合璧本滿文作"gisureme wajirakū"，意即「說不完」。

81 朱印本滿文作"jai amba fusa abka muduri i jakūn aiman"，省略"i urse"。

82 "amba horon šengge hūsun i gūnime akūnarakū babe iletuleme tucibume ferguweme maktaha be donjire jakade"，朱印本滿文作"amba horon šengge hūsun be gūnime akūnaci ojorakū seme saišame tukiyecehe be donjire jakade"。

83 朱印本滿文作"gemu daci akūngge seme maktahabi"。

84 "gūsin ilan abka de mohon akū hiyan ilha abkai etuku tana bokida agafi"，合璧本漢文作「忉利天雨無量香華天衣珠瓔」，朱印本滿文作"gūsin ilan abka ci mohon akū hiyan ilha abkai etuku nicuhe bokida wasifi"。

85 "jukteme doboho manggi"，朱印本滿文作"jukteme dobome wajiha manggi"。

ᠪᡝᡩᡝᡵᡝᡥᡝ᠉ 退

ᡳᠰᠠᠨ ᡤᡝᡵᡝᠨ ᡳ 衆會 ᠪᡝᡵᡝᠨ ᠪᡝᡩᡝᡵᡝᠮᡝ᠈ ᡤᡝᠮᡠ 俱 ᡩᠠᠰᠠᠮᡝ 復 ᡥᠠᡵᡤᠠᡧᠠᠮᡝ 瞻 ᡩᠣᡵᠣᠯᠣᠮᡝ᠈ 禮 ᡤᡳᠣᡤᡳᠨ 合掌 ᠠᡵᠠᡶᡳ 而

geren isan i dorgide bisirengge,[86] gemu dahūme hargašame dorolofi,[87] giogin arame bederehe.

86 “eiten geren isan i dorgide bisirengge”，合璧本漢文作「一切眾會」，朱印本滿文作“eiten isan i dorgi geren niyalma”。
87 “gemu dahūme hargašame dorolofi”，合璧本漢文作「俱復瞻禮」，朱印本滿文作“dahūme gemu hargašame dorolofi”。